中国东北方向
陆海丝绸之路经济带：
联通构想与推进方略

李靖宇　杨占国　等　著

辽宁人民出版社

© 李靖宇等　2018

图书在版编目（CIP）数据

中国东北方向陆海丝绸之路经济带：联通构想与推
进方略 / 李靖宇等著. —沈阳：辽宁人民出版社，2018.11
　ISBN 978-7-205-09035-7

　Ⅰ.①中… Ⅱ.①李… Ⅲ.①"一带一路"—国际合
作—研究 Ⅳ.①F125

中国版本图书馆CIP数据核字（2017）第108868号

出版发行：辽宁人民出版社
　　　　　地址：沈阳市和平区十一纬路25号　邮编：110003
　　　　　电话：024-23284321（邮　购）　024-23284324（发行部）
　　　　　传真：024-23284191（发行部）　024-23284304（办公室）
　　　　　http://www.lnpph.com.cn
印　　刷：辽宁新华印务有限公司
幅面尺寸：185mm×260mm
印　　张：31
字　　数：569千字
出版时间：2018年11月第1版
印刷时间：2019年9月第1次印刷
责任编辑：张天恒
封面设计：丁末末
版式设计：白　咏
责任校对：金　艳
书　　号：ISBN 978-7-205-09035-7

定　　价：98.00元

中国东北方向陆海丝绸之路经济带：
联通构想与推进方略

李靖宇　杨占国　等著

合著者（以完成任务的数量与质量为序）：

张晨瑶　郭乃硕　魏凤兰　刘良忠　刘　刚　刘远鹏

王晓岭　张晶涛　郑樱翠　李锦鑫　修士伟　王　偲

吴　超　孙　蕾　张　潇　张　卓　李　昕　冯笑凝

吴佳璐　刘树森　赵景彪　刘　婧　陈　蕾　何　青

辽宁人民出版社

序 言

进入21世纪以来，美国政客从维护自身的全球霸权地位出发，逐渐感觉到了来自中国和平崛起的压力，所以有针对性地开始蓄谋战略东移，明火执仗地扬起了"亚太再平衡"的旗幡，伙同其盟国还有一些无远见、图私利的国家直向中国围堵而来，特别是在东、南、西三个方向不同程度地使中国陷入了被动局面，对中国一时形成了大"C"形包围圈。显而易见，在美国等霸权势力所构筑的大"C"形包围圈中，只是空出了东北口的回旋余地，主要是因为在这一方向，中俄两国建立了全面战略协作伙伴关系。有鉴于此，李靖宇教授、杨占国博士勇于领受国家使命，领衔著作《中国东北方向陆海丝绸之路经济带：联通构想与推进方略》，主张依托东北这一国家战略区域，通过全面加强中俄两国全面战略协作伙伴关系，并且大力推进中国与中东欧国家的全方位合作，强化"一带一路"的东北取向，进一步密切亚欧两大市场的利益纽带，改善与东北方向的各国外交关系，提升政治互信，以利于形成国际格局新的战略均势，以利于维护当今世界的和平与稳定，以利于造就和巩固中国和平发展的外部环境。这一理论创意符合国家发展利益，值得赞赏。

从国内发展态势来看，区域经济发展不平衡的现象仍然明显存在，东北老工业基地的全面振兴进程并不理想，尤其是辽宁、吉林、黑龙江三省的后进状态令人担忧，已经引起了党中央、国务院的高度重视。近年来，习近平总书记、李克强总理先后到东北地区考察、座谈，并且作出重要指示，仅在2015—2017年间短期内就以中共中央、国务院的名义陆续颁发了《关于全面振兴东北地区等老工业基地的若干意见》《关于近期支持东北振兴若干重大政策举措的意见》，特别是在2016年11月出台的《关于深入推进实施新一轮东北振兴战略，加快推动东北地区经济企稳向好若干重要举措的意见》，采取了分四大部分共十四项重大举措，责任分明，非常务实，为东北老工业基地全面振兴进程注入了强大动力。恰逢此时，李靖宇教授、杨占国博士承担区域责任，领衔著作《中国东北方向陆海丝绸之路经济带：联通构想与推进方略》，把东北老工业基地全面振兴与东北方向丝绸之路经济带开发建设结合起来出谋划策，致力于为各级党委和政府相关决策提供咨询服务。这种学术精神符合中国特色社会主义事业进步要求，应当提倡。

以习近平同志为核心的党中央已经向世界庄严承诺，到2020年在中国全面建成小康社会，同时也锁定了建设海洋强国的战略目标。而要实现海洋强国的战略目标，就必须在两个重点方向实行突破：一是全面经略南海，面向周边国家构建南海区域利益、安全、命运共同体，为完成祖国统一大业做好外缘准备；二是切实加强与俄罗斯、中东欧国家合作，开拓中国东北方向陆海丝绸之路经济带。这样做，有利于把党中央、国务院关于大连建设东北亚重要国际航运中心、辽宁沿海经济带开发、沈阳经济区建设、长吉图经济带通往图们江出海口、哈牡绥宁经济走廊建设、满洲里边境城市开发开放试验区建设、中俄两国边境区域合作开发规划纲要等七大国家战略投放连成一片，使各自相对独立的行政管辖区域构成东北老工业基地全面振兴经济带，为国家"一带一路"建设的东北取向提供依托与支撑。为此，李靖宇、杨占国等学者领衔著作的《中国东北方向陆海丝绸之路经济带：联通构想与推进方略》，论证必须把国家先前向东北综合经济区陆续投放的七大战略规划区域连成一片，打破行政藩篱，把东北老工业基地质变为新型工业基地，裂变为现代装备基地，提升为科技产业基地，建设为生态农业基地和农畜产品出口加工基地，为国家创建东北方向陆海丝绸之路经济带夯实基础。这一智库作为，符合国家利益和人民心愿，应当支持。

东北地区处在"一带一路"向北开放的前沿，而辽宁则是东北方向"一带一路"的陆海连接省份。独特的地缘优势和资源禀赋，再加上历史上延留下来的雄厚经济基础和科技实力，注定了辽宁省域在东北方向"一带一路"开发建设中的重要地位。辽宁作为陆海大省，应当担当起国家使命和区域责任，领衔东北老工业基地全面振兴和东北方向陆海丝绸之路经济带的开发建设进程。立足于国家"十三五"规划开局、全面建成小康社会收官之际的历史碑界，放眼于东北老工业基地全面振兴和中国东北方向陆海丝绸之路经济带的开发建设进程，作者比喻东北区域犹如水，那么辽宁就是船；东北综合经济区水涨，辽宁就自然会船高。东北老工业基地走向全面振兴，辽宁就是水涨船高的直接受益者。为了阐明这一道理，李靖宇教授、杨占国博士领衔著作的《中国东北方向陆海丝绸之路经济带：联通构想与推进方略》，启发和引领东北人尤其是辽宁人一定要在"一带一路"建设实施进程中有所担当、有所作为，抢抓"一带一路"建设推进这一千载难逢的重大机遇，争取尽快摆脱困局，走出东北老工业基地全面振兴的开发新路，引领中国东北方向陆海丝绸之路经济带的开拓进程。这一良苦用心充分体现了作者的使命感与责任心，应当鼓励。

通观书稿可以看出，李靖宇教授、杨占国博士领衔著作的《中国东北方向陆海丝绸之路经济带：联通构想与推进方略》，共设26章，划为六大板块：

一、中国东北方向陆海丝绸之路经济带，呈现两主两辅交错格局。在第一至四章，作者强调要注重依托渤海蓝色新干线，建设东北方向哈大主线陆海丝绸之路经济带；依托京津冀经济圈，开拓东北方向京哈主线陆海丝绸之路经济带。在阐明东北方向丝绸之路经济带的两条主线之后，作者又论证了它的两条副线，即东北东边道经济带和长吉图沿线经济带，主张分别作为东北方向陆海丝绸之路经济带的重点推进方向和战略推进方向。作者证明，中国东北方向陆海丝绸之路经济带是客观存在的，是在历史上由山东人、河北人陆续闯关东踩出来的，是这些前辈流着泪、流着汗、流着血开发出来的。其特征是陆海两域交错，所以呈现出中国东北方向陆海丝绸之路经济带，比其他方向的陆域丝绸之路经济带或者海上丝绸之路更具特色，也就更有面向世界、面向未来的开发价值。作者的这些见解别开生面，值得重视。

二、中国东北方向陆海丝绸之路经济带，以五大核心城市为支撑。在第五至九章，作者把握当年闯关东的行程顺序，依次阐明了东北方向陆海丝绸之路经济带的起点城市——烟台的引擎功能，东北方向陆海丝绸之路经济带的龙头城市——大连的战略平台，东北方向陆海丝绸之路经济带的中心城市——沈阳的主体地位，东北方向陆海丝绸之路经济带的中心城市——长春的支撑作用，东北方向陆海丝绸之路经济带的中心城市——哈尔滨的整合价值，从而印证了上述五大城市在东北方向丝绸之路经济带开发建设中的重大使命。作者证明，东北方向陆海丝绸之路经济带的开拓与形成，虽然也有河北人、当地原住民的参与和贡献，但主要是山东人闯关东开发与建设起来的。其主要起点是烟台，山东人当年分别走水路乘船到大连，或者走旱路绕道渤海湾进入东北，先后会合于沈阳、长春、哈尔滨等地再分流求生存与发展，这样就逐渐形成了上述五大城市。也就是说，上述五大城市，是山东人、河北人在历史上闯关东沿线集散的产物。那么进一步开发建设东北方向陆海丝绸之路经济带，也必须充分发挥上述五大城市的核心作用。作者的这些见解，符合实际，值得采纳。

三、中国东北方向陆海丝绸之路经济带，需要开发五大战略工程。在第十至十四章，作者放眼于中国东北方向陆海丝绸之路经济带的开发创建进程，建议从中央到地方达成共识，充分发挥社会主义能够集中力量干大事的制度优势，下决心开发建设渤海海峡跨海通道、陆海统筹国家大战略取向下的大"S"形海域经济带、辽东湾北顶部海水西调创建跨区域生态经济带，作为东北方向陆海丝绸之路经济带的战略依托；还作出了大连跟进时代潮流创建世界海洋城市总部的战略整合构想和大连市域全力创建东北亚自由贸易先导区的战略转型构想，以期打造出东北方向陆海丝绸之路经济带开发的战略平台。作者证明，东北方向陆海丝绸之路经济带开发建设，应当成为国家的重大举措，首先必须打通渤海海峡跨海通道，密切山东半岛经济区与辽东半岛经济区的合作关系，实现东北欠发达地区与东南沿海发达地区两大市场对接，还要从北到南规划建设大"S"形海域经济带，同时大力推进辽东湾北顶部海水西调创建跨区域生态经济带工程，作为东北方向陆海丝绸之路经济带的依托。作者的这些见解势在必行，值得认定。

四、中国东北方向陆海丝绸之路经济带，必须由点连线玉成整体。在第十五至十八章，作者分别论证了京津冀协同开发开放，经略东北方向陆海丝绸之路经济带的重要依托区域价值；辽宁沿海经济带开发，树立东北方向陆海丝绸之路经济带的国家战略形象；沈阳经济区建设，发挥东北方向陆海丝绸之路经济带的产业示范效应；哈牡绥宁经济走廊，构成东北方向陆海丝绸之路经济带的跨国战略枢纽。作者证明，在东北方向陆海丝绸之路经济带的开发建设进程中，还必须注重发挥重点区域的支撑作用和引擎功能。其中，京津冀协同发展所形成的发达经济圈，正好处在东北方向京哈主线陆海丝绸之路经济带的上游方位，应当注重发挥它在地缘、资源、人才、科技、经济发展、基础设施、优惠政策等方面所形成的综合优势，带动和引导辽宁沿海经济带开发，使之树立起东北方向陆海丝绸之路经济带的国家战略形象；带动和引导沈阳经济区建设，使之发挥出东北方向陆海丝绸之路经济带的产业示范效应；带动和引导哈牡绥宁经济走廊推进速度，使之构成东北方向陆海丝绸之路经济带的跨国战略枢纽，进而匹配和加强从图们江出海口进入俄罗斯海域的东北方向海上丝绸之路，以期中国的对外贸易货物通过北冰洋这条近路进入欧洲市场。作者的这些见解比较务实，值得参考。

五、中国东北方向陆海丝绸之路经济带，应当强化中俄合作关系。在第十九至二十二章，作者分别作出了中俄两国合作开拓21世纪东北方向陆海丝绸之路经济带的战略推进构想、中俄两国边境区域合作实现东北方向陆海丝绸之路经济带的跨国战略对接构想、中俄两国加强海洋合作促成21世纪东北方向海上丝绸之路的战略推进构想和中蒙俄朝四方合作开拓图们江跨国出海大通道的战略推进构想，认定了全面加强中俄两国全面战略协作伙伴关系对于东北方向陆海丝绸之路经济带开发建设的保障作用。作者证明，东北方向陆海丝绸之路经济带既有陆海交叉，也有陆海分流，从而形成了明晰的主干线的路线图：一条是陆域丝绸之路经济带，从山东与河北两个方向汇集于沈阳，火车继续前行至长春、哈尔滨，再从内蒙古东部的满洲里口岸出境进入西伯利亚铁路大通道，跨越俄罗斯和中东欧国家直达欧洲大市场；另一条是东北方向海上丝绸之路，从长吉图沿线通过图们江出海口，进入和借道俄罗斯海域，促进中俄加强海洋合作，充实两国全面战略协作伙伴关系内涵，并且利用俄罗斯先进的造船工艺与破冰技术，开拓北冰洋航道，使中国的货物能够以较低的运输成本进入欧洲市场。作者的这一见解直观简洁，值得借鉴。

六、中国东北方向陆海丝绸之路经济带，要谋划好战略进取方向。在第二十三至二十六章，作者首先认定要以民营经济大发展进一步夯实东北方向丝绸之路经济带的开发基础；要强化经济增长"三驾马车"对东北方向陆海丝绸之路经济带的拉动功能。与此同时，作者还论证了关于中国东北方向陆海丝绸之路经济带开发的陆海统筹战略取向和通江达海战略取向，从而为东北老工业基地全面振兴和东北方向陆海丝绸之路经济带开发建设确定了工程指南。作者证明，开发建设东北方向陆海丝绸之路经济带工程浩大，必须举全国之力才能加以推进。而在这一进程中，要注重发挥企业的主体作用。既要注重发挥国有企业的主体作用，又要注重发挥东北民营企业的主体作用，以求夯实东北方向陆海丝绸之路经济带的开发基础。与此同时，还要合理调动与优化投资、消费、外贸三者之间关系，充分发挥经济增长"三驾马车"对东北方向陆海丝绸之路经济带的拉动功能。考虑到东北地区陆海交错、江河纵横的复杂地质结构，作者还为东北方向陆海丝绸之路经济带开发建设论证与确定了陆海统筹战略取向和通江达海战略取向，在理论与实践、宏观与微观的结合上提出了推进方案。作者的这些见解立意高远且论证充分，值得推广。

由此可见，李靖宇教授、杨占国博士领衔著作的《中国东北方向陆海丝绸之路经济带：联通构想与推进方略》思路清晰，内在逻辑结构严谨；创意新颖，外延科学论证紧凑；知行统一，理论服务发展需要；紧跟潮流，符合国家现实需要；勇于担当，谋划重构世界格局。基于上述认识，表示赞成把《中国东北方向陆海丝绸之路经济带：联通构想与推进方略》作为辽宁人民出版社的重大出版项目，并将成果尽快安排出版发行，同时通过各种渠道上报中央和地方决策部门，以期为党和政府进行务实决策提供咨询服务，为中国东北方向丝绸之路经济带建设提供理论支撑，为新一轮东北老工业基地全面振兴进程提供动力和助力，为正在进行中的东北方向陆海丝绸之路经济带建设争取到更多的优惠政策与资金支持，以出版业的文化情怀为国家和民族复兴作出贡献。

　　作为东北人，得知这部著作即将出版，我心甚慰，特作上述评价将它推荐给国内外广大读者，是为序。

2018 年 11 月 6 日于大连市科学家公寓

（注：丁德文教授，中国工程院院士、中国著名海域学家，国家海洋局第一研究所原所长、研究员，中国海洋大学、上海海洋大学、大连海事大学特聘教授与博士生导师）

目　录

▶ 第四部分

东北方向陆海丝绸之路经济带
必须由点连线玉成整体

▶ 第五部分

东北方向陆海丝绸之路经济带
应当强化中俄合作关系

| 第二十章 |

中俄两国加强海洋合作，促成21世纪东北方向海上丝绸之路的战略推进构想 / 358

| 第二十一章 |

中俄两国合作开拓21世纪东北方向陆海丝绸之路经济带的战略推进构想 / 373

| 第二十二章 |

中蒙俄朝四方合作开拓图们江跨国出海大通道的战略推进构想 / 385

▶ 第六部分

东北方向陆海丝绸之路经济带
要谋划好战略进取方向

| 第二十三章 |

以民营经济大发展进一步夯实东北方向陆海丝绸之路经济带的开发基础 / 406

第一部分

东北方向陆海丝绸之路经济带
呈现两主两辅交错格局

第 **一** 章

依托渤海蓝色新干线，建设东北方向哈大主线
陆海丝绸之路经济带

鉴于哈大主线作为东北地区经济一体化的主要载体，东北地区在跟进党和国家战略部署和战略导向的过程中，必须积极协调东北地区各个经济带的发展空间和功能定位，从整体上明确重点区域的开发方向，即依托辽东半岛到山东半岛的海洋"蓝色新干线"，优先开发作为东北发展主轴的哈大主线陆海丝绸之路经济带，加快形成21世纪东北方向陆海丝绸之路经济带的建设依托，提升东北经济带的地缘潜力，以此来响应国家"一带一路"的建设部署，为进一步开发东北方向的陆海丝绸之路以及加快东北老工业基地振兴步伐作出的努力，所以有必要对此进行深入探讨。

一、哈大主线陆海丝绸之路经济带的路线图解

哈大主线陆海丝绸之路经济带以哈长高速、长沈高速、沈大高速公路为主轴线，沿途从北向南经过东北老工业基地在腹地的国际国内产业转移承载区哈尔滨、中国的汽车城长春、有"东方鲁尔"之称的工业重镇沈阳、东北地区对外开放的窗口大连等一系列大中城市，穿越并覆盖了东北地区最重要的辽中南工业集聚区、长吉经济区、哈大齐工业集聚区等产业集聚区。从地理位置上看，哈大主线陆海丝绸之路经济带的南北方向连接了环渤海经济圈与中俄两国边境口岸经济带，东西方向可以实现和韩、日、蒙古以及中亚地区的联动发展局面；从产业结构上看，哈大主线陆海丝绸之路经济带集聚了东北地区的机械装备业、石油化工业、汽车工业、船舶制造业、冶金工业

等东北地区的主体产业，是全国最大的重化产业经济带，也是东北老工业基地长期发展的产业结构缩影。经过新中国60多年的国家重点建设，哈大主线陆海丝绸之路经济带的国内生产总值占东北三省国内生产总值的70%以上，这里的重要工业品产量在全国市场中也占有很高份额。可以说，哈大主线陆海丝绸之路经济带是中国现代化建设的一个重要支撑点，其发展状况对我国未来经济布局的影响和作用是巨大的。有鉴于此，必须以哈大主线陆海丝绸之路经济带的中心城市为引擎，在东北优化开发主体功能区建设进程中重点促进哈大主线陆海丝绸之路经济带的配套发展，特别是注重发挥该区域在东北方向陆海丝绸之路经济带发展中的辐射功能和带动作用。为此，首先需要作出路线图解。

1. 哈大主线陆海丝绸之路经济带的起点城市——大连的龙头功能

大连市地处欧亚大陆东部地区的枢纽位置，地理位置优越，与东北地区近邻俄罗斯、朝鲜、韩国和日本之间海路与陆路运输十分便捷，与东亚、北美、南美以及世界各地之间的往来十分频繁。大连港拥有生产性泊位200个，万吨级以上泊位76个，承担着东北地区70%以上的海运货物和90%以上的集装箱运输业务。根据大连市"十三五"规划，到2020年，初步建成东北亚国际航运中心、国际物流中心、国际贸易中心和区域性金融中心，构建全方位开放新格局，使大连成为面向东北亚开放合作的战略高地。可以预见，大连作为东北地区面向国内外的重要窗口，凭借其得天独厚的区位优势，必将为加强东北地区与外界的交流与合作提供有利的平台和载体。

大连工业基础雄厚，工业门类齐全，综合配套能力较强。具体来讲，在造船业方面，大连船舶重工已经成为中国第一大造船企业；在软件业方面，大连的软件外包已经引进了众多世界级的企业介入；如此等等。进入"十三五"时期，大连市着眼于加大城市经济开发力度，更好地在东北区域经济一体化进程中发挥引擎作用，在东北地区承担起区域龙头使命，大力发展高新技术产业和新兴产业，努力增加知识经济在整个工业中的比重；进一步强化支柱产业对工业经济的支撑和拉动作用，注重发挥优势产业集群效应；全面改造和提升传统产业，努力提高骨干企业的核心竞争力；加快推进电子信息、柴油机、造船、重要装备机械、石油化工等产业链建设，进一步提高优势产业的配套能力，努力成为石油化工基地、装备业基地、造船基地以及电子信息与软件基地。为此，应积极推动大连城市经济与东北区域经济在新的高度上协调发展。作为哈大主线陆海丝绸之路经济带的起点城市，作为东北地区发展及海陆联动的引擎平台，大连能够发挥出龙头作用，带动哈大高速公路沿线经济带发展，提升陆海丝绸之路经济带开发功力。

2. 哈大主线陆海丝绸之路经济带的中心城市——沈阳的主体地位

号称"东方鲁尔"的沈阳市，既是辽宁省的省会城市，又是东北地区的重要中心城市，更是中国举足轻重的装备制造业基地。进入21世纪以来，作为新中国成立后国家重点建设起来的以装备制造业为主的全国著名重工业基地，沈阳市以振兴东北老工业基地为价值取向，坚持改革开放和工业立市方略，国有经济战略性调整步伐明显加快，外资企业和民营经济迅速成长壮大，城市发展空间和产业布局得到拓展和优化；在装备制造业不断优化升级的过程中，沈阳市域的电子信息、化工、医药等高新技术产业粗具规模，已成为全市经济快速发展的重要支撑；城市经济中的科技创新能力和企业研发能力不断提高，形成了一批具有较强竞争力的产品和企业；城市基础设施建设明显加快，软环境建设得到了长足的进步。而在以沈阳为中心的辽宁中部城市群内，地下蕴藏着丰富的煤、石油、天然气、铁等自然资源；特别是沈阳城市周边的鞍山、本溪、辽阳、营口、抚顺、铁岭、阜新、盘锦、丹东等地级城市，共同构成了资源开发、能源加工、机械制造的新型工业基地，支撑着东北优化开发主体功能区建设进程。位于沈阳附近的辽宁沿海经济带，不仅吸引大连、葫芦岛、锦州、盘锦、营口、丹东"五点一线"城市的加盟，更吸引了上海港等国际大型港口的参与建设。沈阳有东北地区最大的民用航空港、最大的铁路枢纽和全国最高等级的公路网络，是东北地区不可替代的交通枢纽；作为区域性中心大市场，沈阳对周边城市乃至全国具有较强的吸纳力、辐射力和带动力；加之雄厚的工业基础，其综合配套能力很强。

在经济全球化迅猛发展的今天，面对国家全面振兴东北老工业基地的重要战略机遇，可以预见，沈阳以其优越的地理位置、雄厚的工业基础和科技实力、完善的市场体系和发达的交通网络，必将成为我国最具吸引力的投资地区之一，成为以老工业基地和粮食主产区为主要对象的东北优化开发主体功能区建设的重要引擎。

3. 哈大主线陆海丝绸之路经济带的中心城市——长春的支撑作用

从地缘关系来看，长春市地处哈大主线陆海丝绸之路经济带的中心位置，同时作为哈大高速公路沿线经济带的中心城市之一，长春市肩负着支撑哈大高速公路沿线经济带中部经济发展和中部沿线区域发展的带动使命。更为重要的是，长春地处东北松辽平原腹地，拥有得天独厚的地理位置。松辽平原地势平坦，土质肥沃，是闻名遐迩的"黄金玉米带""大豆之乡"，是中国重要的粮食主产区，农牧资源十分丰富，能够支撑长春市域成长为生态农业基地和农畜产品出口加工基地。此外，长春城市周边矿产资源丰富，主要有石油、天然气、煤、油页岩、石灰石等39种矿产，开发潜力巨大。长春又是中国重要的工业基地，工业具有相当规模，经济结构也在逐步优化，汽车产业、农畜产品加工业、光电信息、生物医药、能源、建筑和材料制造等主导产业相对集聚，重点产业快速发展，产值稳步增长，正在成为支撑东北区域经济发展的重要力量。

拥有坚实工业基础的长春市，位于东北亚区域十字交通线的交会点上，公路和铁路交通贯通南北、连接东西，是通向俄罗斯远东西伯利亚地区、朝鲜半岛东岸、日本列岛西岸的便捷通道。雄厚的工业实力和便捷的交通设施，使得长春能够承担起促进周边区域发展、支撑哈大高速公路沿线经济带中部区域建设乃至哈大主线陆海丝绸之路经济带发展的重要使命。

4. 哈大主线陆海丝绸之路经济带的中心城市——哈尔滨的延伸效应

哈尔滨市地处中国东北北部地区和黑龙江省的南部区域，市域广阔。哈尔滨市和长春市都是中国重要的商品粮生产基地。这片广阔的黑土地堪称中国最肥沃的土壤。作为我国6个重要的老工业基地城市之一，哈尔滨市经过多年的建设和发展，已经形成以机电工业为主体，以汽车、医药、食品、机电成套设备制造为优势产业，门类比较齐全的工业体系。其中，电站设备、飞机制造、铝镁合金、抗生素等产品的技术水平，在国内同行业中处于排头地位。凭借特殊的地域优势，哈尔滨一直在努力加大与俄罗斯等国家的经贸合作力度，已经打造了中俄科技合作与文化交流中心、对俄出口加工和物流配送中心、东北亚经贸会展中心等。

第28届哈尔滨国际经济贸易洽谈会，成为中国面向世界各国，特别是对俄罗斯等独联体国家和东欧国家开展贸易和经济技术合作的重要桥梁和窗口。坐落于哈尔滨的东北亚经贸科技合作区，正在逐步成为全国吸收和转化俄罗斯高新技术的基地。哈尔滨未来的发展方向就是将其打造成为以东北亚地区特别是俄罗斯等独联体国家为主的转口贸易中心、承接国际订单中心、东北亚物流中心，以及独联体、东北亚各国及国内各大企业经贸业务地区性总部的集聚地和资源深加工基地。特别是随着哈大主线陆海丝绸之路经济带的顺次推进，哈尔滨必将凭借自己在对俄经贸发展中的特殊地位及雄厚的工业基础，获得国家更多的政策支持，从而进一步发挥出哈尔滨向中俄两国边境区域的延伸功能。

二、哈大主线陆海丝绸之路经济带的综合优势

哈大主线陆海丝绸之路经济带贯穿东北三省，沿途经过东北主要的粮食主产区、矿产资源区、经济开发区和产业集聚区，是东北地区建设优化开发主体功能区中最重要的经济带，其综合了东北地区经济发展与改革各个方面的优势，能够为从整体上加快建设东北优化开发主体功能区提供坚实的资源基础、产业基础与经济创新基础。在此基础上，发展打破行政区划的优势产业集群，优化经济发展模式，加快建设哈大主线陆海丝绸之路经济带，是东北优化开发主体功能区建设进程的重中之重。

1. 哈大主线陆海丝绸之路经济带的资源优势

放眼哈大主线陆海丝绸之路经济带，沿途经过东北主要的粮食产区、矿产资源区、经济开发区和产业集聚区，承担着以老工业基地和粮食主产区为主要对象的东北优化开发主体功能区建设的区域使命。具体而言，哈大主线陆海丝绸之路经济带途经松嫩平原、辽河平原等中国土壤最优质的地区，农业资源十分丰富，适合多种农作物生长及发展各类畜牧养殖业，农业基础雄厚，是中国重要的粮食生产基地。无论是粮食的商品率还是商品量，都名列全国前列，尤其盛产玉米、大豆、水稻等粮食作物，据此正在成长为东北亚农畜产品出口加工基地。松花江、东辽河等主要河流穿哈大主线陆海丝绸之路经济带而过，给沿线地区带来了巨大的经济效益和生态效益。而且沿线地下蕴藏着丰富的煤、石油、天然气、铁，油页岩、石灰石、菱镁石、金刚石等多种矿产资源，仅途经辽宁省域就有中国著名的鞍山、本溪、盘锦等矿产能源基地。由此可见，在哈大主线陆海丝绸之路经济带上，高度配套的农业、工业、能源及矿产资源优势确实为东北优化开发主体功能区的建设提供了坚实的资源保障。

2. 哈大主线陆海丝绸之路经济带的地缘优势

作为东北优化开发主体功能区建设的最主要经济带，哈大主线陆海丝绸之路经济带的区位优势十分明显：南端起点城市大连位于辽东半岛最南端，东濒黄海，西临渤海，处于环渤海地区的圈首，是京津的门户，南与山东半岛隔海相望，并与日本、韩

国、朝鲜和俄罗斯远东地区相邻，是哈大主线陆海丝绸之路经济带的海上门户；中部中心城市沈阳、长春的区域辐射范围较广，能够直接带动辽宁中部城市群及长春—吉林周边城市群的发展进程，进而拉动东北区域内的各个产业聚集区、内蒙古自治区及朝鲜半岛等地区的经济发展；北部的哈尔滨凭借其特殊的地理位置与俄罗斯远东地区贸易交流频繁，通过多年的双边贸易已形成了互惠互利的贸易关系，在获取了宝贵的贸易与市场资源的同时大大拉动了东北腹地经济的发展；更重要的是，哈大高速公路沿线经济带与东北地区的辽宁沿海经济带、东北东边道沿线经济带交叉纵横，相互影响，相互促进，从而能够共同发挥出地缘优势和汇聚效应，也必定会拉动东北优化开发主体功能区建设的整体开发进程。

3. 哈大主线陆海丝绸之路经济带的设施优势

在哈大主线陆海丝绸之路经济带上，基础设施配套，交通网络通畅，沿线的哈大电气化铁路及周边密集的铁路网、省际高速公路网络和城际高速公路网络，已经把哈大主线陆海丝绸之路经济带的各个城市同黑龙江省、吉林省的沿边口岸与辽宁省的沿黄、渤海的数个开放口岸连接起来，并与全国各地相通，从而形成了一个四通八达的陆路交通网络，能够提供优质的公路与铁路运输系统服务，更好地发挥哈大主线陆海丝绸之路经济带的区域引擎功能，促成以线带面的辐射效应。哈大主线陆海丝绸之路经济带经过的东北第一和第二大港口大连港和营口港，承担着东北地区绝大部分的海上运输任务[1]，特别是以大连创建东北亚重要国际航运中心为动力的辽宁沿海港口群，正在构筑着完善的哈大主线陆海丝绸之路经济带的海陆运输体系。在航空方面，哈大主线陆海丝绸之路经济带上也已形成了以哈尔滨、长春、沈阳、大连为中心的航空体系。在此基础上，进一步联动天津、北京及环渤海经济圈内的各个交通要塞，完全可以构筑起东北地区的交通网络，进而成为东北亚地区的交通枢纽。与此同时，域内积极发展的农业保障基础设施及节能环保设施，确立了多个核电、风电等新能源项目的开发与建设导向，能够在一定程度上缓解东北地区局部资源与能源供应的紧张局面。以此为依托，能够保证东北地区的基础设施优势可以顺利地转化为支持区域发展的现实生产力。

---

1 董晓菲，等. 大连港、营口港与腹地经济协同发展比较分析 [J]. 地域研究与开发，2014（10）.

4. 哈大主线陆海丝绸之路经济带的产业优势

哈大主线陆海丝绸之路经济带将是东北经济区的脊梁。哈大主线陆海丝绸之路经济带的工业基础雄厚，是东北老工业基地多年来发展的缩影和象征，是全国最大的重化工产业带，素有"重化工业走廊"之称。在哈大主线陆海丝绸之路经济带上，不仅集聚了东北地区的船舶制造、机械装备制造、汽车制造、农畜产品加工、石油化工和冶金工业等主导产业，而且在这些产业的龙头企业里，很多企业无论在生产能力方面，还是技术水平上，都达到了国际领先水平。其中，哈尔滨电机厂凭借其国际领先的技术水平已成为国内出口发电机产品最多的制造企业；著名的一汽集团是全国规模最大、品种最全的现代化汽车科研生产基地；大成、皓月、德大等企业已成长为国内、亚洲乃至世界的农畜产品加工行业的排头兵；吉林彩晶是国内最大的彩晶生产基地；以鞍钢为主体的钢铁基地，也已经形成了全国最大的钢铁工业体系。而在发展的进程中，哈大主线陆海丝绸之路经济带沿线的产业集中度也在不断提高，形成了大批的优势产业集群，正逐渐成为东北地区最重要的产业集聚区与重工业基地。对于东北优化开发主体功能区建设来说，这些已形成的产业集聚基地，正凭借其强大的区域综合竞争力，进一步加快区域经济协调发展的现实进程。

5. 哈大主线陆海丝绸之路经济带的科技优势

东北区域不仅已经奠定了雄厚的工农业基础，也拥有新中国最早最先进的科技基础。哈大主线陆海丝绸之路经济带，同时也是东北地区最具发展前景的科技产业带。因为这一区域已经集聚了东北地区最全面、最具综合性的科技产业。经过长期的积累，以哈大主线陆海丝绸之路经济带途经的中心城市为主的东北区域内的省属科技开发机构和转制企业达980个、国家级重点实验室20个、国家级工程研究中心22个、国家级高新技术产业园区7个、特色产业基地12个、生产力促进中心100多个、企业设立的技术开发机构达230多家，从而为哈大主线陆海丝绸之路经济带提供了有力的科技支持。以沿线的3个省会城市为例：沈阳科研机构和大专院校数量较多、人才济济、实力雄厚，新中国的第一架喷气式飞机、第一台水下机器人等上百个"第一"均出自沈阳；长春在高新技术产业尤其是在光学电子、精密仪器、激光技术、汽车技术等方面的研究居国内领先地位，我国的第一炉光学玻璃、第一台蓝宝石激光器、第一台电子计算机都诞生在长春；哈尔滨诞生了新中国第一台水轮发电机组、第一艘实验潜艇等多个新中国第一，并通过哈尔滨国际成果展览交易会（简称"哈科会"）搭建的国际科技合作平台，充分利用国际科技资源，引进消化吸收高新技术，在诸多领域填补国内空白，进而增强了自主创新能力和综合竞争力。由此可见，雄厚的科技产业基础、不断提高的创新能力将会对东北优化开发主体功能区的建设和哈大主线陆海丝绸之路经济带的创建，提供充分的人才保障和技术支持。[1]

6. 哈大主线陆海丝绸之路经济带的政策优势

从党中央把"振兴东北老工业基地"纳入中国现代化建设的战略布局开始，逐渐地为东北地区的区域经济发展铺平了道路。在这一进程中，党和国家出台了一系列包括增值税优惠试点、完善社会保障体系等优惠政策。特别是国家实施新一轮东北振兴战略、"哈长城市群"深度布局、哈尔滨新区获批……多重利好下的"十三五"开局让哈尔滨再次处于可以大有作为的重要战略机遇期。其中，为了提高东北区域的物流速度，改善区域经济协调发展的基础设施和环境，交通运输部正在进一步完善和实施东北地区公路、水路建设总体规划，并计划采取税费、信贷等优惠政策，打破东北区域交通基础设施建设中的投融资瓶颈，以利于加快完善东北优化开发主体功能区建设的物流网络体系。更值得一提的是，随着辽宁沿海经济带的快速发展，将进一步放大辽宁港口群及临港产业对东北腹地的辐射功能和带动作用。综上所述，党中央对东北地区投放的各种优惠政策充分证明国家对振兴东北老工业基地的高度重视，对落实区域协调发展总体战略和加强东北优化开发主体功能区建设的大力支持。正是借助这些政策优势，哈大主线陆海丝绸之路经济带开发建设才有的放矢，渐入佳境。

三、哈大主线陆海丝绸之路经济带的价值定位

哈大主线陆海丝绸之路经济带作为东北经济最发达的支撑区域，是老工业基地质变为新型工业基地、裂变为现代装备基地、提升为科技产业基地、建设为生态农业基地和农畜产品出口加工基地的关键部位。从哈大主线陆海丝绸之路经济带创建的路线图可以看出，作为东北地区最重要的经济动脉，能够促进东北区域经济一体化的现实进程，有利于东北地区经济作为整体的竞争力提升；能够加快传统工业与现代科技的

---

1 王继亮. 振兴东北老工业基地过程中科技资源配置问题 [J]. 合作经济与科技，2008（3）.

结合进程，有利于完善东北地区作为中国最早的工业基地进行优化开发的目标体系；能够强化东北地区参与东北亚地区经济合作的实力地位，有利于为东北老工业基地在振兴中实施"走出去"战略提供支持。

1. 有利于加快东北区域经济一体化的现实进程

随着市场经济的快速发展，区域经济在社会进步中所起的作用越来越大。不管是资源型城市，还是深加工型城市，都要有生产力要素把它们紧密联系在一起。因此，加强区域内部合作和一体化发展，便成为东北老工业基地振兴的必然要求。尽管目前东北地区经济发展正在加速推进，但区域内部经济关联度仍然较低，区域一体化进程缓慢，这在一定程度上弱化了东北经济的整体竞争实力。而创建哈大主线陆海丝绸之路经济带，则是通过市场关系把省际区域联系在一起，加强交通联系而促进区域经济一体化，即利用交通一体化来实现区域经济一体化，从而有利于东北区域围绕结构调整、基础设施共享、优势产业集群等多领域，加快区域经济一体化进程，进一步打造出东北经济发展的内部"凝结核"，达到优势互补、共同发展的目的。与此同时，创建哈大主线陆海丝绸之路经济带，也有利于加强沿线地方政府之间的交流与合作，突破行政区划制定有针对性的区域调控政策，建立有效的区域经济一体化组织机制，协调各地方的利益关系，解决各相关地方政府之间的公共服务问题，统一行使跨界职能，具体协商区域内经济合作和经济发展的重要政策问题和相应举措安排，统一规划和管理沿线土地资源、矿产资源、水资源、岸线资源，统一规划区域产业结构和产业布局，统一规划区域重大基础设施体系和生态环境保护与建设，努力形成区域经济协调发展的新格局。[1]

2. 有利于东北优化开发主体功能区的配套建设

根据国家制定的四类主体功能区这一界定和标准来衡量，以老工业基地和粮食主产区为主要内容的东北综合经济区已经成为国土开发密度较高、资源环境开始减弱的特殊区域。有鉴于此，创建哈大主线陆海丝绸之路经济带将从沿线出发大做文章，从整体上优化结构，以生活、生态、生产在空间上合理配置为价值取向，进一步调整和

---

1 张志勇，孙育红. 加强区域内部合作打造"东北经济圈"[DB/OL]. http：//www.gx-info.gov.cn，2007-3-19.

优化区域空间结构，稳定农业生产布局，保障耕地面积不减少，积极利用存量建设用地，提高存量建设用地的使用效率，努力拓展绿色生态空间和城市居住空间，扩大服务业和公共服务空间。以此空间结构理论作为保障，将有利于东北区域省际从哈大主线陆海丝绸之路经济带沿线入手，进行统筹安排，共同采取可持续开发政策，并且根据区域资源、环境的承载能力，合理布局各类生产要素，注重形成合理的空间结构，促进空间及资源要素的合理利用和均衡发展。由此可见，创建哈大主线陆海丝绸之路经济带能够促进各类要素的合理布局，真正做到局部服从全局、全局兼顾局部，达到资源持续、环境友好、区位协调、空间放大、发展全面的目的，从而进一步完善东北优化开发主体功能区的配套建设体系。

3. 有利于拉动东北综合经济区的优势产业集群

在哈大主线陆海丝绸之路经济带的创建进程中，具体表现为通过交通一体化来带动区域经济一体化。因此，哈大主线陆海丝绸之路经济带的创建，必然会有效地增强优势产业集群，促进区域性的优势产业集群建设。根据东北地区优势产业集群的现状，创建哈大主线陆海丝绸之路经济带能够首先强化辽中南工业集聚区建设，使之成长为我国以石化和钢铁为主的重化工业基地，成长为以船舶制造、机床和大型装备制造业为主的装备制造业基地，成长为以软件及计算机辅助配件为主的高新技术产业基地；能够将长春—吉林经济区建设成为具有国际竞争力的汽车产业基地、综合性的石化产业基地、最具竞争力的农畜产品出口加工基地、国家光电产业基地；能够将哈大齐工业集聚区建成我国重要的重型装备制造业基地、石油化工基地和农产品加工基地。与此同时，哈大主线陆海丝绸之路经济带作为东北地区最重要的经济增长极，也代表了东北地区中部的以哈大高速公路为轴线的产业密集带。因此，创建哈大主线陆海丝绸之路经济带，无疑是有利于强化东北中部产业集群的辐射效应，更好地发挥中部优势产业集群的带动效应，进而促进东西部及边缘地区的比较优势成长，参与具有较强竞争优势产业集群的区域产业整合，从整体上拉动东北综合经济区内各大优势产业集群的快速集聚发展。

4. 有利于实现东北老工业基地振兴的目标体系

为了全面振兴东北老工业基地，需要建立起一个符合实际情况的目标体系。即推动老工业基地质变为新型工业基地，裂变为现代装备基地，提升为科技产业基地，建设为生态农业基地和农畜产品出口加工基地。通过创建哈大主线陆海丝绸之路经济带，大力发展以哈大高速公路沿线为轴心的中部产业密集带，充分发挥中部产业集聚带及中心城市群的辐射效应，可以直接带动包括丹东市及其以北的通化、白山、延边、牡丹江、鸡西、佳木斯、鹤岗及三江平原地区的东北东部经济带和包括锦州、阜新、赤峰、通辽、兴安盟、呼伦贝尔、白城、松原、北安、嫩江、大兴安岭等地区的东北西部经济带的协调发展，并可以与包括丹东、图们江、珲春、黑河、绥芬河、满洲里等边境城市和重点口岸的沿边经济带以及包括大连、丹东、营口、盘锦、锦州、葫芦岛等城市为节点的辽宁沿海经济带，共同达到互动互利的区域经济合作境界，从而推进东北综合经济区内的各条经济带的全面、协调与可持续发展，逐步确立东北老工业基地振兴的目标体系。而在这一进程中，哈大主线陆海丝绸之路经济带可以凭借独特的区位优势，联通行政分割区域，大大改变各经济带各自为战的传统模式，进一步促进东北地区各个经济带通力合作，发挥资源与产业优势，延长产业链，提高产业化水平，推进产业结构升级和区域经济一体化，使东北地区能够作为一个区域整体来追求大开放与大发展，从而大大提升东北腹地及周边地区的经济竞争力，加快实现东北老工业基地振兴目标体系的现实进程。

5. 有利于对接辽宁沿海经济带开发的国家战略

在东北综合经济区内，存在着诸如辽宁沿海经济带、东北东边道沿线经济带、京哈大通道铁路沿线经济带、哈大主线陆海丝绸之路经济带、图们江三角洲国际合作开发区等一些重点开发区域。其中，辽宁沿海经济带中的"五点"，包括营口沿海产业基地、锦州湾沿海经济区、大连长兴岛临港工业区、庄河花园口经济区和丹东产业园区。丹东工业园区作为辽宁沿海经济带的一端，分别距朝鲜南浦港119海里、韩国仁川港232海里、日本神户港844海里，是我国东北地区与朝鲜、韩国、日本等国家进行区域经济合作的前沿阵地。值得一提的是，辽宁沿海经济带开发涉及的大连等相关地区，与哈大高速公路沿线经济带重合交错，从而使两个经济带共同把开放前沿和腹地开发紧密地连接起来，促成了互动的区域经济开发格局。这对于东北区域发展对外贸易和促进中外技术交流，均具有积极的促进作用。由此可见，创建哈大主线陆海丝绸之路经济带，也正是为了从东北中部地区向外辐射，把实施"走出去"战略和提升东北地区自身竞争力相结合，把陆域经济开发与海域经济开发相结合，以求加大东北腹地经济与东北亚区域及世界经济的有效联系。与辽宁沿海经济带开发形成互利互动格局，恰好符合创建哈大主线陆海丝绸之路经济带的目标和宗旨。辽宁沿海经济带开发能够为东北腹地经济发展提供"走出去"通道；而哈大主线陆海丝绸之路经济带开发，能够为辽宁沿海经济带提供广阔的腹地市场支持。因此，把哈大高速公路沿线经济带与辽宁沿海经济带开发对接起来，将有利于发挥东北区域的综合优势，有利于提高东北区域的对外竞争力。

6. 有利于提升东北亚区域经济合作的实力地位

从地理位置上来看，创建哈大主线陆海丝绸之路经济带所涉及的相关区域，具有强化东北地区参与东北亚区域经济合作地位的地缘优势。举例来说，营口沿海产业基地、长兴岛工业区等辽宁沿海工业集聚区位于被视为继珠江三角洲、长江三角洲之后的中国第三大经济增长极的中国北方经济发展引擎的环渤海经济圈之上，凭借其天然的口岸优势及雄厚的临港工业基础，肯定会带动东北地区更多地参与东北亚区域经济合作进程，也会促进附近工业区经济的快速发展，进而推动它们所依托的腹地经济迅速崛起。长春依托其东西方向的地理优势和延伸能力，可以强化与俄罗斯、蒙古、朝鲜半岛等地区的经济合作关系；而哈尔滨凭借其与俄罗斯及东欧国家之间的贸易往来通道，将直接拉动东北腹地经济的进一步发展。在此基础上，从现实的角度来看，创建哈大主线陆海丝绸之路经济带能够提高东北区域内各个经济体之间的融合度，加速优势产业集聚，从而把东北地区打造为中国北方对外发展具备整体实力的区域经济体。这也是进一步促进东北综合经济区对外开放、提高对外整体竞争力的现实需要。由此可见，通过创建哈大主线陆海丝绸之路经济带，有利于强化东北地区参与东北亚区域经济合作的实力地位，有利于东北地区成长为极具活力和竞争力的重要经济增长区域，成长为继珠江三角洲、长江三角洲和环渤海经济圈之后的中国第四大经济增长极。

四、哈大主线陆海丝绸之路经济带的对策创意

伴随着哈大主线陆海丝绸之路经济带的规划与发展，其区域联动效应必将进一步凸显，并带动东北区域经济的整体发展，成为东北老工业基地振兴和东北优化开发主体功能区建设的区域引擎。特别是依托正在论证和筹备当中的渤海海峡蓝色新干线，通过加深辽东半岛和山东半岛的互动发展，进一步发挥哈大主线乃至东北方向陆海丝

绸之路经济带的带动作用和辐射功能。还应当认识到，在哈大主线陆海丝绸之路经济带开发的过程中，仍存在诸多现实问题，只有充分认识到这些问题，才能更好地从解决问题入手，加快东北优化开发主体功能区的建设进程。因此，必须遵循国家"十三五"规划纲要指引的优化开发区域的发展方向，着眼于哈大主线陆海丝绸之路经济带优化开发进程中存在的具体问题进行对策创意，以利于东北优化开发主体功能区建设进程中的哈大主线陆海丝绸之路经济带开发。

1. 加大基础设施建设力度，加快区域经济一体化进程

为了从整体上推进东北优化开发主体功能区建设，加快东北区域经济一体化进程，还必须大力强化哈大主线陆海丝绸之路经济带的基础设施建设，提高基础设施的区域化支撑能力。为此，要积极推动沿线及周边的公路、铁路、航空等重大基础设施项目建设的完成和完善，重点构筑沿线现代化的综合交通网络体系，加快跨区域交通基础设施建设进程，完善和优化铁路网，推进省际高速公路建设，重点建设城镇密集区交通网络，以保证加快东北区域交通一体化进程。与此同时，还要进一步加大信息基础设施建设力度，以哈大主线陆海丝绸之路经济带为轴心，加快构建东北区域的综合信息交流和共享平台，加快建设区域性的商贸物流信息平台，不断提高区域物流的信息化水平，完善覆盖面广、高效、便捷、畅通的信息服务网络。在此基础上，还要大力提高中心城市和功能型城市的配套设施建设，应当以产业规划为依据，加强水利、电力等基础设施建设，不断提高哈大主线陆海丝绸之路经济带上主要城市承载大型产业发展的运作能力，特别是要注重强化区域中心城市和功能城市的带动作用与辐射能力，以利于加快东北区域经济的一体化进程。[1]

2. 合理调整沿线经济布局，大力促进优势产业集群化

东北老工业基地的产业集中体现为重化工业及大型机械设备制造业。其中，重化工业和装备制造业在哈大主线陆海丝绸之路经济带上已经形成了较强的实力，并和具有一定比较优势的其他产业集群在一起，形成了明显的网络化发展趋势。但是，目前有很多产业集群尚处于转型的初始阶段，并未完全实现部门管理转向市场配置，特别是一部分支柱产业在运行机制上仍存在着条块分割态势，缺乏主动建立区域产业关联

---

1 王海林，罗光勇. 区域经济发展的理论模式及评价 [J]. 研究与咨询，2000 (8).

度，形成优势产业集群的内在动力。由于各个产业集群之间缺乏利益协调机制，所以导致地方市场分割，自成体系的"小而全"现象仍然存在，这是阻碍区域产业集群发育的重要因素。其中，关键问题还是由于行政分割而导致的经济布局不合理，优势产业集群在空间上的配置、集聚缺乏有力的组织协调机制，致使区域发展规划不能统一而造成了产业集聚困难。根据哈大主线陆海丝绸之路经济带上存在的产业集群问题，应当继续大力调整沿线经济布局，规范区域市场竞争秩序，建立和健全区域市场体系，为形成优势产业集群提供动力和纽带；应当利用国有企业产权结构和区位结构调整的契机，围绕支柱产业及其优势企业的扩张需求，重点在哈大主线陆海丝绸之路经济带配置专业化的产业园区，努力培育省际优势产业集群；应当在促成省际优势产业集群的进程中，积极建立起直接的市场联系和产业关联，促进相关的跨省域优势产业集群一体化，使集群化的优势产业布局成为东北区域经济具有国际竞争力的象征和标志，并且作为东北老工业基地培育综合竞争力和推进区域经济一体化战略的主要内容。[1]

3. 加快发展开发区域经济，实现老工业基地振兴目标

党的十八大明确要求加快转变经济发展方式，把推动发展的立足点转到提高质量和效益上来。而东北地区长期以来由于偏向性的产业发展模式，致使整个区域一直存在着优势产业发展模式不合理、区域经济可持续发展能力弱等问题。为了解决这些问题，在实现东北老工业基地振兴目标体系的过程中，应当以科学发展观为指导，遵循优化开发区域的发展方向，通过加快转变经济发展方式，彻底改变过去那种依靠大量占用土地、大量消耗资源、大量排放污染来实现经济增长的陈旧模式，加快优化开发步伐，进一步明确定位，大力推进经济结构战略性调整，全面提高东北区域经济的整体素质，进而实现科学发展与和谐发展。具体来讲，就是要注重发挥哈大主线陆海丝绸之路经济带的独特产业优势，大力发展船舶制造、机械装备、农畜产品加工、汽车生产、石油化工、冶金工业、新材料开发等优势产业，并且推动各个优势产业之间的协调发展，努力改善区域内企业的发展环境，壮大优势产业规模，促进区域内龙头企业做大做强，促进产业结构不断优化升级，进而做到区域经济的全面优化开发，以利于东北老工业基地的振兴进程中质变为新型工业基地，裂变为现代装备基地，提升为

---

1 赵新良. 加强产业集群和基础设施建设，促进东北经济振兴［DB/OL］. http：//www.nen.com.cn.

科技产业基地，建设为生态农业基地和农畜产品出口加工基地，逐步实现从东北老工业基地振兴到东北优化开发主体功能区建设的目标体系。

4. 注重人与自然和谐发展，创建沿途生态旅游经济带

构建社会主义和谐社会，人与自然的和谐是基础。东北地区长期沿用以拼资源换增长的传统发展模式，不仅造成了区域资源迅速衰减、退化、枯竭，而且导致了严重的生态环境破坏，水资源短缺、水体污染严重、耕地质量退化、草地过牧、森林超采、海洋渔业过度捕捞，生态系统呈现由结构性破坏向功能性紊乱演变的发展态势。对此，早有专家指出，东北老工业基地经济存在的最大问题，并不是产业经济结构不合理、企业亟须整合重组等，而是经济增长与生态环境之间的"新结构危机"，即东北区域正面临着最突出的人与自然的矛盾，这也是全国必须下功夫解决的共同问题。有鉴于此，作为以老工业基地和粮食主产区为主要成分的东北综合经济区关键部位，哈大主线陆海丝绸之路经济带域内的发展一定要注重通过制度创新加大投入力度，努力在工业经济结构调整中全面推进生态环境保护和治理，防治自然环境退化，建设人与自然和谐相处的现代社会，大力发展循环经济；特别是要依托哈大主线陆海丝绸之路经济带上丰富的旅游资源，打造风光旅游品牌，充分挖掘生态旅游资源，促进生态旅游业的快速发展；还要注重加强旅游载体建设，在充分认识和尊重自然规律的基础上，加强生态修复，强化污染治理，构建社会主义和谐社会。

5. 坚持市场化社会化方向，努力提高现代服务业水平

在市场经济不断发展的社会环境下，为了更好地发挥市场在资源配置中的主导地位，我国地方政府职能应从改革开放初期的以调整地方政府和国有企业的权责、产权关系为基本价值取向，发展为以提高地方政府效能与地方公共产品的供给能力、改善地区治理效率与完善地方公共政策体系为主要内容。有鉴于此，在东北老工业基地振兴的过程中，必须充分发挥市场在资源配置中的基础性作用，克服行政干预过多、政府力量过大、市场机制不活、民本经济不强等问题；必须坚持市场化、社会化的大方向，加快政府职能转变，积极推进大中型国有企业股权结构的多元化，努力调整和优化经济结构；必须把发展现代服务业放在更加突出的位置，加强对现代服务业的组织与引导，不断探索发展的新思路、新对策和新举措，进一步增强服务意识；必须大力提高现代服务业的档次和管理水平，优化投资环境，放宽服务业市场准入，形成多主

体竞争、优势互补的现代服务业发展新格局；必须全面加强人才培训，不断拓宽人才培养渠道，积极吸引国内外优秀人才，全方位提高从业人员整体素质，努力打造出可以承担起哈大主线陆海丝绸之路经济带建设重任的优质服务业体系。

6. 发挥中心城市辐射功能，带动区域经济可持续发展

作为人类文明、社会进步的象征和生产力发展的空间载体，城市是一定地域内经济集聚的实体和纵横交错经济网络中的枢纽。因此，可以认定，只有城市及其集聚区的持续发展，才会有区域的持续发展、国家的持续发展。在我国城市化的进程中，完善大城市功能是城市化高潮到来之际的一个战略重点。特别是发展规模较大的中心城市，能够产生明显的集聚效应，从而带来更高的规模收益、更多的就业机会、更强的科技进步动力和更大的经济扩散效应。在这方面，东北区域已经作出了努力。因此，东北地区中心城市对周边的辐射功能和带动作用不断增强，区域经济"增长极"逐渐生成，产业空间集聚和扩散效应初步显现。面向未来，哈大主线陆海丝绸之路经济带所依托的哈尔滨、长春、沈阳、大连这四大中心城市，应以科学发展观为指导，充分发挥自身作为中心城市的环境辐射作用、产业辐射作用和智力辐射作用，从整体上强化区域经济一体化进程，带头转变经济发展方式，完善资源产权制度，创新资源管理体制，推广循环经济模式，采用行政推动与市场引导相结合的推进机制，全面加快技术进步，特别是要注重促进企业的技术改造及产业结构的优化升级，努力提高科技进步与人力资源在经济增长中的贡献率，大力强化区域中心城市的辐射作用，促进东北地区经济的可持续发展，推动东北优化开发主体功能区从整体上成长为可持续发展的区域经济体。

7. 落实国家层级优惠政策，促进东北亚区域经济合作

从实施振兴东北老工业基地战略以来，党和国家陆续明确提出了一系列包括财政、税收、社保等方面的优惠政策，特别是在历史欠税豁免、增值税优惠试点、完善社会保障体系等方面的政策投放力度较大，并且其各项政策效应也已在东北老工业基地振兴进程中逐步显现。从国家实施振兴战略以来，东北地区经济和社会发展速度加快，发展活力明显增强，而且呈现了良好的发展态势。特别是进入21世纪以来，逐渐从东北老工业基地振兴转进到了东北优化开发主体功能区建设，所以对哈大主线陆海丝绸之路经济带开发提出了更高的要求。但是，由于哈大主线陆海丝绸之路经济带各

地方特点不同，使得行政治理分割、区域间的协调性差等问题依然存在，许多国家投放的优惠政策落不到实处，导致了经济发展的块状形态。在哈大主线陆海丝绸之路经济带上，这种经济发展的块状形态已经造成了大量的资源浪费，严重滞后了区域经济一体化，消极影响了从整体上建设东北优化开发主体功能区进程，所以使得东北地区整体竞争力提高缓慢。有鉴于此，在创建哈大主线陆海丝绸之路经济带的过程中，必须进一步打破区域行政分割藩篱，加强各个区域之间的联系，协调整个区域的优化政策运用，带头把国家投放给东北老工业基地的各项优惠政策落实到位；必须从自身特点和周边区域的实际情况出发，以老工业基地和粮食主产区为主要对象，努力从整体上加快东北优化开发主体功能区建设进程。只有这样，才能提高东北地区的对外竞争力，推动东北亚区域经济合作实现战略升级目标，形成全国新一轮对外开放的战略依托。[1]

1　加快部署新一轮对外开放战略 [DB/OL]. http：//stock.eastmoney.com/news/1406，20160901660258454. html.

第**一**章

依托京津冀经济圈，开拓东北方向京哈主线
陆海丝绸之路经济带

京津冀协同发展作为重大国家战略正在徐徐展开，其核心是京津冀三地作为一个整体协同发展，打造京津冀经济圈，努力形成目标同向、措施一体、优势互补、互利共赢的协同发展新格局。京津冀经济圈的快速发展对东北经济区有着重大影响，特别是京津冀一小时交通圈的不断扩容，为开拓东北方向京哈主线陆海丝绸之路经济带创造了更为便捷的交通运输条件和更为广阔的发展空间。其中，京哈铁路作为东北三省的核心铁路干线，南起首都北京市，北至黑龙江省哈尔滨市，主要经由天津、唐山、山海关、锦州、沈阳、四平、长春等城市，全长1388千米，共有车站171个，是中国第一条标准轨距铁路。在东北综合经济区内，京哈铁路贯穿其间，沿线经济比较发达。有鉴于此，作为以老工业基地和粮食主产区为主要成分的东北综合经济区，应当把握国家东北振兴"十三五"规划即将发布的契机，跟从经济全球化和区域一体化的时代潮流，努力在东北老工业基地振兴的大目标实现战略转进之际，依托京津冀经济圈，努力开拓东北方向京哈主线陆海丝绸之路经济带。

一、京哈主线陆海丝绸之路经济带开发的国外经验借鉴

铁路不仅是推进人类文明的重要工具，还是区域经济发展的纽带，经过一个多世纪的改进发展与繁荣，立下显赫功勋。京哈主线陆海丝绸之路经济带的运作和发展，同样离不开繁荣发达的铁路交通系统。从世界发达国家的交通史中可见，各国均对铁

路的发展十分重视，并在各项实践过程中，总结开发经验，进行相关项目改革，加快铁路行业的发展步伐，力争最大限度地发挥铁路沿线经济带对区域和国家发展的积极作用。

1. 美国铁路改革的基本经验

铁路既是工业革命和技术发明的结果，也是促进美国工业革命、技术发明和现代化的重要因素。"铁路时代"把铁路建设推向快速发展阶段。这个时代以1830年为起始点，以巴尔的摩至俄亥俄铁路开始投入运营为标志。铁路的修建带来了经济结构的变化、技术的创新、大企业的产生、政府对经济的干预、社会结构的变化、城市化的加快、农业的资本主义化、广告业的大发展、生产模式的转变以及美国经济在其他方面战略性的变化。[1]铁路不仅促进了美国全国性市场的形成，而且使西部铁路沿线及附近地区步入了早期的繁荣。

进入20世纪30年代，由于经济管制，致使美国铁路公司的客运业务在很大程度上已经成为一项公益性经营活动。为了改善铁路运营的困境，1970年美国颁布了《铁路客运服务法》，放松对铁路的管制，与原来所有的铁路公司签订长期租用合同，其亏损部分由联邦财政补贴，允许大铁路公司放弃它们不愿经营的支线，同时鼓励地方政府和承运人支持或购买这些对他们来说重要的线路。由此，美国铁路竞争市场出现新的变化：许多规模不大，业务量小，货物单一，但机制相对灵活，特别是对劳动用工需求少的小铁路，也能够获得一定生存空间。美国铁路行业也顺利扭亏为盈，适应了新时期经济发展对于运输业的需求。[2]

美国政府对铁路业的管理方法一直走在世界的前列，取得了巨大的成功。相较而言，我国需要进一步改善铁路经营，创新铁路运输管理体制和运行机制，提高铁路客货运输企业的市场竞争活力，提高运营效率效益。因而，只有在适度范围内放松对铁路的管制，运用市场机制配置运输资源，拓宽通过市场化融资建设铁路的途径，才能更大程度地提高铁路系统运行效率，促进铁路沿线经济带的开发与发展。

1　顾宁. 美国铁路与经济现代化 [J]. 世界历史，2003 (6).
2　王绍光，黄万盛，单世联，等. 70年代中国 [J]. 开放时代，2013 (1).

2. 欧洲铁路改革的基本经验

20世纪末，伴随着便捷的公路、高速的航空等交通运输工具的迅速崛起，欧盟各国铁路在运输市场所占据的份额急剧萎缩。20世纪80年代以来，欧盟各成员国开始对铁路实行"网运分离"，进行铁路改革，加速铁路沿线经济带的开发。[1]以德国为例，德国铁路的建设和发展极大地推动了德国工业化和现代化的发展，有力地促进了德国经济的繁荣，铁路所起的作用不亚于关税同盟的建立。它推动了机器制造业的发展，带动了电报业、化学工业、光学工业、银行业及股份公司的发展，促进了德意志各邦国的联系，统一市场的形成，也大大增进了德意志政治文化和思想交流，为德国的统一打下了坚实的基础。随着世界环境的不断变化和发展，德国开始对铁路进行改革，加大力度发展铁路沿线经济，以适应全新的经济环境。

德国铁路改革是将国家铁路组成了一个新的企业——德国铁路股份公司（DBAG）。从1998年开始，DBAG对基础设施、货运、长途客运、短途客运等经营部门进行公司化改组，分别组建为基础设施公司、货运公司、长途客运公司和短途客运公司。各公司之间独立核算，从而实现了路网基础设施与专业运输公司的相互分离。新组建的路网公司负责经营、管理、维护铁路的基础设施，以出售列车运行线的形式向各专业运输公司收取区间设备使用费。各专业运输公司从路网公司租赁车站站场设备，进行列车解编、维修、保养、使用，购置机车车辆，进行市场调查，组织旅客、货物运输。德国铁路公司化改革的长远目标是将铁路股份公司的各子公司分别上市发行股票，使它们成为完全独立经营的股份公司。通过发行股票吸收社会资本，可以使公司由单一国家投资主体转变为社会多元投资主体，从而彻底实现基础设施公司与客货运营主体上下分离、各铁路运输企业平等竞争的目的。

德国铁路的改革和沿线经济带开发对其经济的发展起到了巨大促进作用，其改革的成功使我们认识到：只有认清铁路建设与现代化的关系、争取铁路修筑的自主权，并且不断提高相关人员素质，加强修路意识，才能使铁路的发展有利于经济建设，加快全面推进现代化的步伐。

---

1 余华龙. 国外铁路改革模式的分析及借鉴 [J]. 江西青年职业学院学报，2005（6）.

3. 日本铁路改革的基本经验

日本新干线以其高速性能和安全性、稳定性、高密度闻名于世，并给日本带来了十分显著的直接经济效益和间接收益。新干线的建设不仅带动了日本土木建筑、原材料、机械制造等有关产业的发展，更促进了人员流动，加速和扩大了信息、知识和技术的传播，从而带动地方经济发展、缩小城乡差别。据调查，东海道新干线和山阳新干线，每年约有乘客2亿人次，由此而产生的食宿、旅游等消费支出约为5万亿日元，增加就业50万人。1975年新干线从大阪进一步延伸到九州后，冈山、广岛、大分乃至福冈、熊本等沿线地带的工业布局迅速发生变化，汽车、机电、家用电器等加工产业和集成电路等尖端产业逐步取代了传统的钢铁、石化等产业，促进了日本产业结构的调整。通向仙台、岩手的东北新干线1982年开始运行后，沿线城市的人口和企业分别增加30%和45%，地方财政收入明显增加。日本的铁路发展同其他国家的铁路一样，在发展过程中存在着很多相类似的问题，但最后都通过改革重新焕发生机。

1987年日本铁路实施改革，没有像欧洲铁路那样采取"网运分离"的模式，而是根据自身人口密度大、运输负荷重的特点采取了"区域公司为主，网运分离为辅"的模式，"自上而下"重组，即对拥有和控制铁路资产的公有部门进行重组，按照先改组后进行铁路私营化的方式进行的，即国有铁路以专区划分，组建6个铁路客运公司和1个在全国市场享有特权的铁路货运公司，几个地区铁路公司从国有铁路分离出来后，即向公众出售股票。政府和国会首先制定和通过了《日本国有铁路改革法》及相关的法律、法规，这些法律详细说明了改组进程。[1]根据上述方案设计和法律、法规有步骤地对国铁公司进行股份制改造使得政府管理职能转变，同时加强安全等方面的制度建设，实行运价上限认可制，充分发挥监督委员会的合理分配客流资源与路线、公平处理各方财务与债务、充分协调劳资冲突的重要作用。铁路公司改革对日本来说是一次极为重要的改革，取得了显著成果。一是经济效益大幅提高。1997和1998两年的纯利都在500亿日元以上。二是效率显著提高。改革后，旅客周转量连续7年平均增长3.4%，铁路公司在劳动生产率上与大的私营铁路的差距也在不断缩小，如今日本的铁路运输利用率堪称世界第一。三是促进宏观经济的健康发展。

从日本铁路改革实践的分析可以看出：强有力的政治支持是改革成功的基础，改

1　陈晓东. 铁路改革与规制的经济学分析：以俄罗斯为例［J］. 南京财经大学学报，2013（6）.

革过程中要求各有关部门尽可能给予工作上的大力支持；整个改革过程循序渐进，并通过商业性运作更好地体现国有铁路资产的价值；政企分开是铁路改革成功的关键，只有正确界定和划分政府与企业的职能、责任和权力，合理调整各级政府和企业之间铁路基础设施规划、建设、融资、管理、运营及公共服务等方面的分工，使运输企业成为具有独立经营能力、按商业化原则运行的经济实体，铁路改革才能顺利进行；铁路的企业结构应由市场决定；改革模式的选择必须符合国情。

二、京哈主线陆海丝绸之路经济带开发的区域价值

区域经济一体化是市场经济发展的必然结果，它要求区域内物资、技术、资本、人才等在统一大市场中自由流动，从而发挥其应有的作用，为此需要建立起与统一市场相适应的运输网络。作为东三省综合运输网骨干的京哈铁路是担负着中外交往交通纽带、促进东北老工业基地振兴、建设东北方向陆海丝绸之路经济带的重要引擎。京哈主线陆海丝绸之路经济带的发展与完善，将有力地推动京哈铁路沿线区域经济发展，加快区域经济一体化的进程，其开发论证具有重要的区域价值。

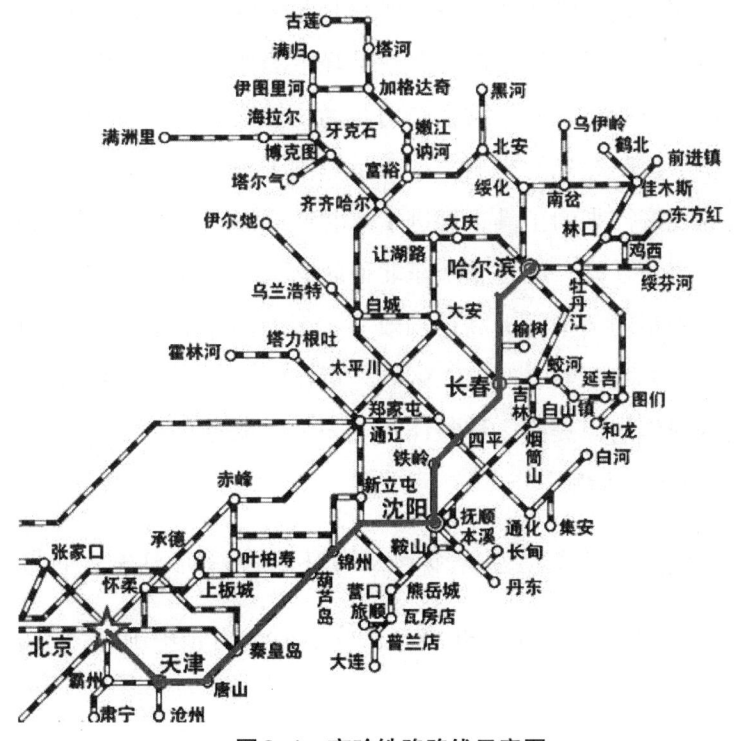

图2-1 京哈铁路路线示意图

表2-1　京哈铁路沿途主要车站及里程

沿途主要车站	北京站	廊坊站	天津站	唐山站	秦皇岛站	葫芦岛站	锦州站	沈阳北站	铁岭站	四平站	长春站	哈尔滨站
里程（千米）	0	74	137	260	422	572	622	867	935	1053	1169	1388

1. 京哈主线陆海丝绸之路经济带开发对东北老工业基地振兴的区域价值

振兴东北老工业基地是党中央、国务院在新的历史时期实施的重大战略决策。由于东北铁路与公路、水路的总体替代性差，加上其资源和工业性产品对其他运输方式适应性的限制，致使铁路成为东北主要运输方式。在目前世界经济集团化、区域化、国际化和我国经济高速增长的新形势下，加快东北铁路建设，加快形成沿海与腹地、东北与华北互动发展的新格局[1]，是促进东北老工业基地全面振兴的重要举措，是培育新的经济增长带、打造全方位开放新优势的重大战略抉择。

作为东三省的核心铁路干线京哈铁路，贯穿中国的华北与东北地区，是连接首都北京与北国冰城哈尔滨的枢纽，以京哈铁路为载体的京哈主线陆海丝绸之路经济带的发展极大促进了东北区域经济协调，对发展东北亚区域经济、促进国民经济水平大幅提高和完善社会主义市场经济体制都具有举足轻重的作用：一是促进了东北与其他地区的经济交往，进一步调整东北区域生产力布局，加快商品流通和市场发育，大大提高了东北地区对整个国民经济的影响力；二是提供了东北与蒙古、俄罗斯、日本、韩国等东北亚国家的经济往来的工具，促进了东北亚经济圈的形成和发展；三是加快了城市、城乡间的交流与互动，促进整个东北地区的文化、经济、政治的融合；四是进一步优化运输生产力布局、全面提高运输效率、大力推进战略装车点建设，充分响应铁道部党组提出的"一主两翼、两线三区域"运输组织战略；五是有利于充分发挥东北经济的带动、辐射作用，提高区域整体竞争力，对促进东北地区乃至全国的改革开放和经济发展产生了积极影响。

2. 京哈主线陆海丝绸之路经济带开发对环渤海经济圈成长的区域价值

20世纪末，珠三角和长三角相继崛起，分别成为引领中国经济的第一极和第二

1　杨杰，叶小榕. TPP与RCEP：区域经济一体化新形势下中国的抉择 [J]. 市场经济与价格，2014（11）.

极。新世纪来临，环渤海经济圈浮出水面，成为中国北方经济发展的引擎，被经济学家誉为继珠三角、长三角之后引领中国经济增长的第三极。环渤海经济圈无论是从人口数量、经济规模，还是从发展潜力角度来讲，都将成为我国经济影响力举足轻重的区域。从地域分布上，环渤海经济圈不是以核心城市为中心形成的完整区域经济，而是由面向渤海的辽东半岛、京津冀地区和山东半岛三个经济板块组成，三块经济区域都有自己的区域规模和人口规模。从经济结构上看，三块经济区域各自有相对独立的经济体系，但又都是面向渤海的开放型经济。因而，三块经济区域的整合，既是环渤海经济圈建设与发展的难点，又是环渤海区域经济发展的必由之路，而区域经济整合很大程度上依赖交通体系的建设与完善，由此可见，环渤海经济圈的成长离不开现代化铁路交通网络的建设。

京哈、哈大铁路作为环渤海地区的交通运输网络的骨干，是全国铁路最密集地区之一，多条铁路主干线和地方线、联络线组成网络状的铁路网络，通向区内和全国各地。首先，京哈主线陆海丝绸之路经济带的开发与发展，能够为环渤海区域提供必要而便利的交通运输，有利于沿线的工业小区、商贸开发区、农副产品开发区以及配套服务区和基础设施的建设，极大提高铁路沿线区域的经济活力；其次，京哈主线陆海丝绸之路经济带的开发与发展，使得环渤海区域能够在依托原有的工业基础的同时，促进高新技术产业和第三产业的发展，改善产业结构，提高产品附加值；最后，京哈主线陆海丝绸之路经济带的开发与发展，可以加快沿海与内陆之间、国内与国外之间的人口、物资流动，实现沿海与腹地、国内与国外的良性互动，大力发展外向型经济，并最终实现环渤海区域资源整合。[1]

3. 京哈主线陆海丝绸之路经济带开发对造就东北亚经济圈的区域价值

东北亚经济圈包括日本、朝鲜半岛、俄罗斯远东西伯利亚地区和我国东北三省等国家和地区，该地区占亚洲面积19%、人口10%，有发达国家、新型工业化国家和发展中国家。在经济区域化的进程中，东北亚经济圈前景十分诱人。我国的京哈铁路在长春与长图、长白铁路相通，在沈阳与沈丹、沈大相接，是一条担负着中外交往的交通纽带，是东北参与国际经济大循环，走向世界的捷径。随着国内经济的快速发展，

---

1 王海运，等."丝绸之路经济带"构想的背景、潜在挑战和未来走势 [J]. 欧亚经济，2014（4）.

京哈铁路的建设也步入了一个新的发展时期，有效带动了中国东北地区延边口岸物资的建设，同时策动了京哈主线陆海丝绸之路经济带开发，这为东北亚经济合作打下了坚实的物质基础。[1]

京哈主线陆海丝绸之路经济带的开发，增加了中俄政治经济交流，刺激了从珲春至满洲里的经济带发展。东北地区的经济循环打破对中原和华北的单纯依赖，从而产生由东向西开放经济的通透力，为东北地区参与国际经济循环提供有力支撑；同时，京哈主线陆海丝绸之路经济带的开发，可以提高东北的开放程度和开边通海能力。东北三省与朝鲜、蒙古、俄罗斯接壤。国务院把4个通铁路的城市——吉林珲春、内蒙古的满洲里、黑龙江的黑河及绥芬河确定为边境开放城市。同时，大连、丹东地区是我国与日本、韩国经济交往的经济重地，京哈主线陆海丝绸之路经济带是连接沿边、沿海与沿线经济的纽带，其建设与发展能够更大限度发挥沿海、沿边开放城市的积极作用。

三、京哈主线陆海丝绸之路经济带开发的综合实力

到2016年，中国普通铁路已经实现了6次大提速。大提速不仅带来运力的大幅增长以及客、货流通的顺畅，并且更大程度地缩短各个城市间的时空距离、降低互动成本，模糊了资源、产业跨地区分布的明显界限。区域之间的交流伴随着动车组列车的开行变得更加频繁，这不仅体现在长三角、珠三角、环渤海地区，而且以沈阳、长春、哈尔滨为中心的东北老工业基地同样受益于铁路的建设和发展，区域间的经济交流和发展更加繁荣。

1. 有利于东北优化开发主体功能区建设

国家关于主体功能区规划的编制是针对我国生态环境比较脆弱、适宜大规模开发的地域空间有限的具体国情，打破了按行政区发展经济的传统模式，积极引导人口分布与经济发展趋势相适应，人口、经济分布与资源环境承载能力相适应，并最终实现城乡之间、区域之间以及人口、经济、资源环境之间协调发展的重大战略举措，是在区域发展中贯彻落实科学发展观的重要体现。主体功能区的形成，不是单纯的区域类

1　刀秀华. 东北亚地区交通运输合作的现状与前景［J］. 黑龙江社会科学，2003（6）.

型划分，它不仅仅是一种空间开发战略，也包含着支撑经济增长、促进城乡区域协调和可持续发展以及更多地参与国际竞争的综合战略考虑。

因此，努力构筑京哈主线陆海丝绸之路经济带，加快形成沿海与腹地、东北与华北互动发展的新格局，是促进东北老工业基地全面振兴的重要举措，是推进主体功能区建设，打造全方位开放新优势的重大战略抉择，具有深远的历史意义和重要的现实作用：一是能够引导限制开发区和禁止开发区的人口逐步转移到优化开发区和重点开发区，促进优化开发区和重点开发区提供稳定就业和住所为外来人口定居落户；二是推动新兴城镇的崛起，便于城市经济功能的发挥，促进东北地区现代化的进程，加快部分区域提升为重点开发区域的进程；三是有利于加速东北地区产业结构的优化升级，科学调整、合理重构老工业基地质变为新兴工业基地的生产力布局，优化开发区域，转移占地多、消耗高的加工业和劳动密集型产业，提升产业结构层次；四是有利于加快东北地区综合运输通道建设，扩大腹地口岸直通和进出口货物运输服务范围，实现高效、便捷的大通关，保障东北地区对外贸易快速发展；五是有利于推进区域经济一体化进程，打破行政区划壁垒，实现沿海与腹地良性互动、优势互补，促进主体功能区的形成和划分，进一步提升东北地区经济整体竞争能力。从以上几个方面可以看出，京哈主线陆海丝绸之路经济带的开发建设，要紧紧围绕全面推进国家主体功能区建设，紧紧抓住老工业基地振兴和沿海开放的双重机遇，充分发挥区位、资源、产业和人才优势，以改革开放和科技创新为动力，通过以点带线，以线带面，外向先导，跨越发展，着力构建沿海与腹地优势互补、对内与对外开放共赢、经济与社会和谐发展的沿线经济带，使其成为率先进入现代化的重点发展区域，从而为把东北地区建设成为国家新型产业基地和新的重要经济增长区域奠定良好的基础。

2. 有利于东北区域产业结构战略升级

产业的空间结构是指人类的经济活动在一定地域上的空间组合关系，是产业部门结构在地域空间上的落实，属于地域综合概念。它包括某一地域的宏观格局与框架，区域的产业布局及产业的空间组合关系，各级经济中心与周围地域以及城市之间的关系，区域结构网络关系和空间结构类型等，概括起来，可以把产业空间结构归结为核心、外围、网络三者的地域组合关系。[1]由于经济一体化的发展和科技进步的推动，世

---

1 顾朝林. 城市群研究进展与展望 [J]. 地理研究，2011 (5).

界各国产业转移的进程仍然保持着较高的发展速度，为处于资源结构与产业结构大调整过程中的东北老工业基地更好地接受产业转移和国际投资提供了宝贵的机遇，以信息技术为代表的高新技术和传统产业的融合，是振兴东北老工业基地的必由之路，面向国际、国内两种资源、两个市场，将是东北地区发展的资源与市场的主要方向。

优越的自然条件、丰厚的自然资源和重要的区位与地缘环境是东北地区的产业空间结构形成与发展的基础，而其空间结构的产业基础是重工业和农业。东北地区产业空间结构的形成过程与结构类型与我国东部沿海地区有着很大的差异。因此，必须在适应世界经济发展的态势和东北地区的自身特点的前提下，制定发展方向和模式。即以重工业和农业为基础，以装备制造业为核心，深化和优化其产业空间结构，大力发展东北三省一区经济一体化。交通通信网络与城镇布局是区域空间结构的载体，也是空间结构的组成部分。交通运输，尤其铁路建设对东北地区重工业和农业的发展起到了先行作用，并成为新时期区域经济合作交流的重要载体。京哈铁路的建设和发展加强了沿线地区的交流合作，能刺激城镇的不断发展，促进东北地区的产业结构调整，掀起产业结构调整的浪潮，并极大地促进了区域要素、人口、产业的聚集和区域资源的合理利用，出现了区域经济健康、持续增长的势头。以京哈铁路为载体的京哈主线陆海丝绸之路经济带的开发和发展可以进一步促进产业结构调整与升级，打造成为区域发展的重要路径及主要动力，进一步优化东北地区产业空间结构。

3. 有利于东北区域加快城市化进程

城市化是一个内涵丰富的历史过程，这个过程是"通过经济要素特别是生产要素（资本与劳动力）由乡村向城市转移来实现的"。其人口流动方面的主要特征是，农村人口向城市转移、集中，城镇人口在总人口中的比重增大；地域景观方面的特征是，城市规模在地域范围内的扩张，城市数目增多；经济领域方面的特征是，资本在空间上向城市集中、聚集。铁路干线建成后，在沿线某些条件优良地点建设不同等级的车站及相应的服务设施，以满足沿线货物、旅客在不同地点的集散要求及增进各地点间相互联系的需要，进而形成铁路枢纽城市、新城镇，或使原有城市得以进一步发展。

京哈铁路的建成形成了若干交通枢纽，其交通优势集聚了沿线地区产业和人口形成枢纽城市，同时扩大了城镇规模并改变区域经济结构，从而提高整个铁路沿线经济带的现代化工业化水平，加快了东北地区城市化进程。首先，京哈铁路的建设促进了铁路枢纽城市的形成。此类城市虽然数量不多，却是铁路发挥作用的直接产物，在国家或地方城市体系的发展中起到关键作用。例如，黑龙江省省会哈尔滨、吉林省重镇四平的形成与发展都是京哈铁路直接作用的结果。由此可见，铁路沿线经济带的城市或地区，可以凭借铁路这个载体取得广泛的对外联系和各种所需物资，建立起区位优势，进而得到更大发展。其次，京哈铁路的开通促进了原有城市规模的进一步扩大。这类城市多因位置优良，经济、历史、文化基础好等原因，较早便发展起来，铁路的开通更使其如虎添翼，发展速度越来越快，城市实力提高迅速，城市间扩散程度不断加深。例如北京和沈阳，二者不仅是全国或区域的政治文化与经济中心，而且成为全国或区域层面的铁路枢纽。最后，铁路沿线会形成珠串状城市群或城市带。城市及城市群发生、发展的决定性内在因素之一便是铁路干线的建设以及大中型工业项目的布局和发展。京哈铁路干线将促进串珠状的城市和城市群，尤其是原材料工业与重工业较发达的区域城市群及交通枢纽型的城市群的产生和发展。例如，哈尔滨、长春、鞍山、沈阳、大连等几十个城市及相应的辽中、哈大齐、吉林中部城市带均分布在哈大沿线。总之，京哈铁路干线多年来的建设和完善，带动了沿线区域的城市和区域的快速发展，已经为京哈主线陆海丝绸之路经济带的形成与发展奠定了基础。

4. 有利于东北区域发展外向型经济

一国或地区为推动该国或地区的经济发展和增长，以国际市场需求为导向，以扩大出口为中心，根据比较利益原则，积极参与国际分工和国际竞争，所建立的经济结构、经济运行机制和经济运行体系即为外向型经济。国内国外的实践充分表明，开放型经济已成为拉动经济增长、增加财政收入、扩大就业和改善国际收支不可缺少的重要力量，发展开放型经济是实现经济腾飞的必由之路。改革开放以来，我国充分抓住国内外有利时机，加快对外开放步伐，不断提高对外开放水平，大力发展开放型经济，促进了经济持续快速健康发展和社会全面进步。从全国来看，东北老工业基地在外向型经济的发展方面存在一定差距，同时也具有很大潜力。

京哈主线陆海丝绸之路经济带的开发能够发挥东北地区的自身优势和潜力，结合新的国内国际政策导向，大力发展外向型经济。首先，能够发挥东北地区在边境上的地缘优势。东北三省毗邻俄罗斯、日本、韩国、朝鲜。日、韩是我国引进技术、资金、先进设备的重要来源地，也是出口的重要市场，俄罗斯是我国重要的经济合作伙伴。京哈主线陆海丝绸之路经济带的建设，一方面，可以改变东北边境地区居民重农轻商的旧观念，促使其把更多的资源转化为产品，投入流通，转化为经济效益，从而有效促进边境贸易的发展，推动边境地区由自产自销的自然经济转化为生产市场所需要的产品的市场经济；另一方面，可以通过京哈铁路与沈大、沈丹铁路的连接，促进与朝、韩、日的经济往来。其次，京哈主线陆海丝绸之路经济带的开发，能够推动东北地区现代物流的发展，为发展外向型经济提供物质保障。国务院发展研究中心原主任张玉台曾说过："在经济全球化不断深化的今天，物流早已走出国门，与国际贸易紧密结合，成为各国互通有无、互惠互利的重要载体。"由此可见物流业对外向型经济快速发展的推动作用。再次，京哈主线陆海丝绸之路经济带的开发，有效促进了发展外贸和外资经济的开发区、出口加工区、自由贸易区等载体的良好发展。由于这些区域之间协作半径小，关联效应较强，易于降低交易成本、改善创新条件、提高效率，可以发挥产业集聚效应，进而带动周边地区的发展，有效地促进了吉林省西部地区的经济腾飞，改变吉林省中间发达、东西两翼较落后，中间与两翼关联性差、中间带不起两翼的经济布局现状。此外，大连—黑河和满洲里—绥芬河及"东边道"铁路的建设，也是带动区域经济发展的重要依托，可谓"一线形成，全线皆活"。

四、京哈主线陆海丝绸之路经济带开发的对策创意

京哈主线陆海丝绸之路经济带的开发建设，是着眼于成功应对区域一体化挑战的需要，响应国家"十三五"规划纲要关于推进"一带一路"建设的大政方针，所作出的经济发展和对外开放的重大布局。在此背景下，京哈主线陆海丝绸之路经济带的开发，必须以区域协调发展观统领全局，实现沿海与腹地之间的良性互动；以沿线产业园区为载体，发展优势产业集群，进一步拉动腹地经济发展；以区域协调综合发展为指导，打破行政区划壁垒，提高东北区域整体优势；以环境保护为原则，科学开发沿线资源，严格控制环境污染，实现经济的可持续发展，拉动东北老工业基地全面振兴的引擎。

1. 落实国家沿线开发部署，创建优化开发主体功能区

根据国家规定，全国国土空间被统一划分为优化开发、重点开发、限制开发和禁止开发四大类主体功能区。四大类主体功能区中的优化开发区域是指国土开发密度已经较高、资源环境承载能力开始减弱的区域；重点开发区域是指资源环境承载能力较强、经济和人口集聚条件较好的区域；限制开发区域是指资源承载能力较弱、大规模

集聚经济和人口条件不够好并关系到全国或较大区域范围生态安全的区域；禁止开发区域是指依法设立的各类自然保护区域。[1]全国主体功能区规划是战略性、基础性、约束性的规划，是国民经济和社会发展总体规划、人口规划、区域规划、城市规划、土地利用规划、环境保护规划、生态建设规划、流域综合规划、水资源综合规划、海洋功能区划、海域使用规划、粮食生产规划、交通规划、防灾减灾规划等空间开发和布局的基本依据。

推进形成京哈主线陆海丝绸之路经济带，将有利于缩小地区间差距，促进区域协调发展；有利于引导经济布局、人口分布与资源环境承载能力相适应，促进人口、经济、资源环境的空间均衡；有利于从源头上扭转生态环境恶化趋势，适应和减缓气候变化，实现资源节约和环境保护；有利于打破行政区划，制定实施有针对性的政策措施和绩效考评体系，加强和改善区域调控，进而有助于创建重点开发主体功能区。而重点开发主体功能区实现其区域定位后，相应的财政政策、投资政策、产业政策、人口政策、土地政策、环境政策和绩效考核政策等都将有所调整：国家将对重点开发区域基础设施建设给予大力支持；引导该区域的产业转移和布局，实行优化的土地利用政策；调控人口总量，引导人口有序流动，逐步形成人口与资金等生产要素同向流动的机制；等等。重要的是，政府绩效考核模式也明显变化，重点开发区域要对经济增长、质量效益、工业化和城镇化水平以及相关领域的自主创新等实行综合评价。由此可见，京哈主线陆海丝绸之路经济带的开发与重点开发区的创建相互依存、互为依托，铁路经济带的快速发展有利于重点开发区的建设，反之，重点开发区的创建可以促进京哈主线陆海丝绸之路经济带的发展。

2. 转变铁路经济发展方式，实现沿线经济跨越式进步

科学发展观强调全面、协调、可持续发展，它客观要求经济发展要坚持速度与结构、质量与效益的统一，最重要的是提高经济发展的质量和效益，而要达到这一要求，必须走内涵扩大再生产之路。铁路经济增长方式的转变，就是要走内涵式扩大再生产道路，提高资源利用效率，充分利用有限资源，以提高铁路发展的质量和效益。[2]

1　国务院办公厅. 国务院关于编制全国主体功能区规划的意见 [EB/OL]. http：//www.gov.cn/zwgk/
2007-07/31/content_702099.htm.
2　常利平. 加快铁路运输经济增长方式转变的思考 [J]. 才智，2016 (21).

因此，转变铁路经济增长方式，实现又好又快地发展，是科学发展观的内在要求，是全面贯彻落实科学发展观的具体实践。

京哈铁路是我国铁路网络的关键环节，转变经济增长方式，可以实施铁路的跨越式发展，进而带动该线路铁路沿线经济区域即京哈主线陆海丝绸之路经济带的协调发展。一是在思想上充分认清经济增长方式转变的必要性和紧迫性，把内涵扩能作为推进铁路跨越式发展的一项重大原则并认真贯彻落实。改革开放以来，我国计划经济体制向市场经济体制转型过程中，首要解决的就是思想观念问题，观念转变才能使思维方式和行为方式发生根本性变化。只有更新观念、与时俱进，才能够改善企业的管理理念和运行方式，提高员工综合素质，充分发挥人的主观能动性，进而提高企业的效率和产品质量，使铁路运输不断向着适应市场经济体制和集约型经济增长方式的方向转变，促进铁路沿线经济带的开发和发展。二是深化改革，调整布局，促进经济效益不断提高。铁路的经营状况和经济基础是决定其跨越式发展能否顺利进行、现代化的目标能否如期实现的关键，因此，如何改善铁路企业的经营状况，提高运营效率就成为重中之重。为此，我们需要紧握时代脉搏，根据我国铁路行业和整个交通运输业的基本国情和具体特点，总结、借鉴国内外的成功经验，对铁路企业和相关部门进行深化的改革和科学调整，转变外延式为内涵式的增长方式，加快京哈主线陆海丝绸之路经济带的开发。三是破除行业壁垒，吸引民间投资。广开渠道多方筹资，能够为企业的技术创新提供雄厚的资金保障。同时，民间资本的投入，有利于改善企业资本结构，减轻国家财政压力，实现铁路多元化经营，并利于先进灵活的管理理念与方法的引进，对于国有资产的优化、重组有着不可忽视的促进作用。四是实施"科技兴路"战略，以科技进步带动经济发展。在引进高新技术的同时，必须大力进行自主创新，强化企业的创新主体地位才能更好地适应铁路跨越式发展的要求，建立起适应"又好又快"增长要求的技术创新机制。

3. 充分利用沿线资源禀赋，促进区域性优势产业集群

铁路的建设是资源开发，尤其是重要的矿产资源合理开发利用及工业化进程的需要。铁路干线的开通使沿线资源的合理开发利用成为可能，同时也能够促进区域优势产业集群的发展。产业集群是提高区域经济竞争力的有效手段，是区域经济发展的强大支撑，也是工业化发展到一定阶段的必然趋势。发达国家产业集群的实践已经进入成熟阶段，其发展模式大体有轴轮式（如日本的丰田汽车城）、多核式（如美国的底特

律汽车城）、网状式（如意大利的马尔凯大区佩扎罗省的木器家具产业集群）、混合式（如美国的硅谷和印度的班加罗尔软件工业园）、无形大工厂模式（如意大利的普拉特毛纺织产业集群）等几种。我国较为成熟的产业集群主要分布在东南沿海地区，其中，上海的产业集群以研发、设计、总部经济为主要特色；江苏、浙江等省已拥有较大规模装备制造产业集群，北京、天津等地以发展总部经济、研发、组装为主；山东以重型装备成套设备的发展著名。这些产业集群，已在推动我国东部沿海地区的经济快速增长过程中发挥了重要作用。

京哈铁路连接首都北京和黑龙江省省会哈尔滨，沿线华北、东北两大平原及其间的丘陵地带为北温带气候，自然条件优越，资源丰富，工农业发达，战略地位极为重要。所通过地区有我国两大粮仓和我国最大的重工业基地。其京沈段线路是中国通过能力最大和最繁忙的铁路交通大动脉之一，是联系"关内"和"关外"的重要干线。沿线为我国重要城市和钢铁生产集中区，有首钢及天津、唐山等地的钢铁厂，有开滦、阜新等煤矿。哈大铁路的沈哈段，是贯穿东北三省的南北干线组成部分，全为复线。沿途除松辽分水岭外，基本上都在东北大平原上通过，物产丰富，城市众多。其北段通过哈尔滨枢纽站与滨州、滨绥、滨北（安）等铁路相衔接，南端通过沈阳枢纽站与沈大、沈丹、沈吉等铁路相交会。所以京哈主线与华北、东北数十条铁路干、支线联系成网，一方面将东北的钢铁、木材、机械设备等产品源源不断地运往关内，一方面又将支援东北地区的关内农产品和东北紧缺物资运往关外，形成全国旅客列车最多、货运密度最大的铁路线。因此，京哈主线陆海丝绸之路经济带的产业建设，应当借鉴发达国家和我国东部沿海地区的成功经验，充分利用沿线丰富的资源禀赋，科学发展，用现代产业集群理念统领产业布局，实现产业组织形式的创新，按照产业链和生态工业链的方式有序展开资源整合和特色工业园区建设。

4. 保护铁路沿线生态环境，保证区域经济可持续发展

为了实现京哈主线陆海丝绸之路经济带的又好又快和可持续发展，必须加大人力物力投入到绿色铁路的建设中，绿色铁路的开发和建设是我国可持续发展交通运输体系的优选方式。铁路运输企业作为社会经济系统的重要组成部分，在担负国民经济大动脉重要角色的同时，也担负着保护环境、为群众创造良好生存环境的重任。绿色铁路，不仅是强调运营时经济效益和环境保护相结合，防止环境污染，更重要的是强调铁路运输所带来的社会效益、生态效益和经济效益，不能因为当代人的急功近利而牺

牲子孙后代的长远福祉。新世纪中国铁路的发展，需要在科学发展观指导下实现铁路的跨越式发展，建立起环境污染轻、运输效率高的可持续发展型交通运输系统——绿色铁路大通道。

目前，沈大、沈吉、京哈铁路沿线全部实现绿化，做到林带贯通，绿化率达到95%以上。哈尔滨铁路局在牙林、绥佳、哈长线，沈阳铁路局在哈大、京通、沈吉线，已分别建设长度不小于50千米的绿色通道建设示范线。哈长线已建成119千米的示范线，沈大线绿色通道也进行了建设，截至目前，京哈段各铁路局均具有自己的绿色通道示范线。[1]"绿化祖国""实行大地园林化"的重要组成部分就是铁路绿色通道建设，绿色铁路建设也同样是生态环境建设的重要内容。只有通过铁路及其沿线的绿化，才能达到社会效益、环境效益、经济效益的高度统一，进而优化沿线地区社会经济环境，改善铁路沿线的生态环境和保障畅通，并最终促进沿线地区的经济结构调整和铁路自身的可持续发展。绿色铁路能够满足新世纪运输需求，符合可持续发展战略的交通运输新体系。

5. 打破行政区划利益壁垒，充分发挥铁路大动脉优势

中国科学院地理科学与资源研究所博士武伟认为：铁路运输沿线经济带是以综合运输通道（包括铁路运输干线及其组合、能源动力及水供应线、邮电通信设施等线状基础设施束）为发展主轴，以轴上或其紧密吸引域内（50—80千米）相互联系密切的城镇或城镇群为主要依托的、不同等级的发展中心及其经济活动共同组成的带状区域经济系统。产业带是经济带范围内部分产业活动发达而密集，分布连续性强，相互间产业和城市关联度大，专业化协作与综合发展特色明显的地段。这就意味着经济带是产业带形成的基础，产业带是经济带发展的更高级形式和阶段，一个经济带内可存在两个或多个产业带。产业带的形成和发展需要区域间的协调合作，因而打破行政壁垒成为加强区域合作的关键。京哈铁路南起首都北京市，北至黑龙江省哈尔滨市，途经河北、天津、辽宁、吉林、黑龙江等四省二市。主要经由天津、唐山、山海关、锦州、沈阳、四平、长春、哈尔滨等城市，通过区域范围广，产业结构迥异，区域间经济层次差异大，行政区划不同，因而其区域间交流往来与京哈铁路的发展是相辅相成的，为进一步加强不同地区、产业间的沟通，充分发挥铁路大动脉的优势，打破行政

---

1 刘强，杨立中，郑韶毅. 绿色铁路在中国的发展［J］. 铁道运营技术，2007（1）.

区划是当务之急。

强化区域发展观，淡化行政区划概念，是实现跨越式发展的前提条件。为了更好地建立统一的市场体系、互惠互利的合作机制和便利高效的服务环境，促进要素自由流动和优化组合，实现良性互动，合作发展，打破行政区划壁垒和自我封闭的经济体系十分必要。因此，京哈主线陆海丝绸之路经济带的各城市之间、沿海城市与东北腹地城市之间要做好区域合作战略规划，完善机制，推动港口、物流及对外开放、产业发展、交通运输、旅游观光、生态建设、人才交流等各方面的实质性合作，促进区域协调发展。为了达到这一目的，一是要研究成立由各个城市首脑组成的有力的、务实的区域协调机构；二是要根据影响区域发展的重大问题，如交通、生态、环境、水资源、产业结构等，建立专题研究委员会，寻找经济圈内的共同利益；三是要在区域整体协调原则指导下，对总体规划进行战略性调整，在此基础上结合现实需要，选择有限的问题，制订行动计划，并付诸实施；四是要推动各地之间发展规划一体化、市场体系一体化、交通信息一体化、贸易与产权交易一体化；五是要促进自然资源共同利用、科技教育人才资源共同利用、基础设施建设的合理化使用、区域产业布局的合理化分工。

6. 强化沿线对外开放力度，加强东北亚区域合作关系

以地缘特征而形成的东北亚，包括中国的东北、华北、西北以及朝鲜、韩国、日本、蒙古、俄罗斯远东地区，占世界经济总量的六分之一。东北振兴要改变现在的"末端"状态，必须促进区域市场要素流动，成为人流、物流、资金流和信息流等市场要素流动的中心。国家需对东北地区实施"特区"政策，吸引人力资源和物质资源积极进入，通过和周边国家共同建设"东北亚经济圈"，将东北置身于通道位置和要素流动中心，才能彻底实现东北区域经济的快速发展。东北亚区域经济合作的主要瓶颈之一是跨国运输和国际物流服务，考虑到可操作性，建设跨国运输走廊和地区国际物流中心就有希望成为启动东北亚区域全面合作的切入点。其建设的基本思路是整合"两纵两横"4条跨国走廊运输硬件设施，并构建跨国运输走廊有效运营的制度保障体系，同时建立三大国际物流中心之间的交流与合作机制，这不仅可以彻底消除冷战留给东北亚的后遗症，而且有利于地区经济合作，实现经济互补，创造地区经济繁荣。

京哈铁路作为东三省的核心运输路线，京哈主线陆海丝绸之路经济带的开发与东北亚的区域协作和经济发展有着千丝万缕的联系。首先，"大哈"运输走廊南连中国东

036 | 中国东北方向陆海丝绸之路经济带：联通构想与推进方略

北地区重要的港口、工业、商贸、旅游和金融中心城市大连，北连俄罗斯远东重要的工业、交通运输、教育和科技、文化中心城市哈巴罗夫斯克。"大哈"走廊联结的其他重要城市还有鞍山、辽阳、沈阳、铁岭、四平、长春、哈尔滨、佳木斯等。"大哈"走廊的铁路系统，大连至哈尔滨段电气化改造正在进行中，哈尔滨到哈巴罗夫斯克市的铁路已延伸到前进农场，距哈巴罗夫斯克市的直线距离约200千米。大连至哈巴罗夫斯克市的高速公路系统正在形成，作为国道主干线"五纵七横"中"五纵"之一的同江至三亚线的重要组成部分的大连—同江高速公路接近完成。同江至边境县城抚远有省道相连，抚远至哈巴罗夫斯克市仅有数十千米没有较高等级公路。其次，"西海岸"走廊西起中国大连和沈阳，分两路沿途经过中国的庄河市、东港市、本溪市，在丹东市会合，再经朝鲜的新义州、新安州、平壤、开城，韩国的首尔、大田、大丘，最后到达釜山；公路系统方面，沿线所有城市都有高等级公路相连，中国境内大连至丹东的高速公路已延伸到庄河一带。[1]

由此可见，东北亚大陆跨国运输走廊和国际物流中心的发展，能够促进中国东北地区与朝鲜半岛、俄罗斯远东地区的市场一体化，推动本地区资源开发，便利本地区与其他经济核心的物流活动，有利于京哈主线陆海丝绸之路经济带的开发，拉动东北亚区域合作关系以及有效促进东北亚经济圈的繁荣和稳定。

---

1 《中国公路学报》编辑部. 中国交通工程学术研究综述·2016 [J]. 中国公路学报，2016（6）.

第三章

东北东边道经济带：东北方向
陆海丝绸之路经济带的重点推进方向

纵贯东北三省东部地区的铁路交通大动脉，素有"黄金通道"之称的东北东部铁路通道，过去也称为"东边道"，是通过新建3段铁路，并且将既有的13条铁路线连通，从而形成一条北起黑龙江省牡丹江市的绥芬河，途经吉林省图们市、通化市，辽宁省的本溪市、丹东市、庄河市，南抵大连市的沿线区域经济开发带，辐射总面积为22万平方千米。创建东北东边道陆海丝绸之路经济带，是具有深远历史意义与重要现实意义的国家大事，特别是应当从强化振兴力度出发，作为东北老工业基地全面振兴进程中的重点开发区域来加以推进。因为在经济全球化、区域一体化的世界大潮流中，国内经济发展也越来越重视区域规划与合作开发，以全面建成小康社会拉动区域经济协调发展进程，已经成为推动我国经济社会发展的一种主导性大潮流。又由于东北作为我国重量级战略区域，振兴东北老工业基地已经到了攻坚克难的关键阶段，亟待增加内生动力，以此"解困东北"，打开东北创新发展的新局面。有鉴于此，创建东北东边道陆海丝绸之路经济带，并且使之释放辐射功能和联动效应，无疑是顺势而动的重大举措，有必要从区域价值、推进方向、面临问题、对策创意等方面加以说明。

一、强化振兴力度，提升东北东边道陆海丝绸之路经济带的区域价值

2004年经国务院审议通过，东北东边道建设纳入了铁道部《中长期铁路网规划》和"十一五"重点工程。延至2006年3月，国家"十一五"规划纲要着眼于促进区域经济协调发展和加快东北老工业基地振兴进程，作出了"加强东北东部铁路通道和跨省区公路运输通道等基础设施建设"的部署。《国务院关于近期支持东北振兴若干重大政策举措的意见》（国发〔2014〕28号）提出要"编制相关发展规划，推动东北地区东部经济带发展"，以促成东北东部经济带，利于东北地区协调发展、开放发展和转型发展。实践先于理论，行动先于规划。其实，早在2005年，东北东边道沿线的鹤岗、佳木斯、双鸭山、七台河、鸡西、牡丹江、延边、吉林、白山、通化、抚顺、本溪、丹东13座地级城市，就通过研讨会的形式提出了构建东北东边道沿线经济带的区域合作思路，并取得了国家有关部委的认同和支持。目前，东北东边道陆海丝绸之路经济带的区域价值，正在得到进一步发掘和利用，有利于加快东北区域经济协调发展进程。

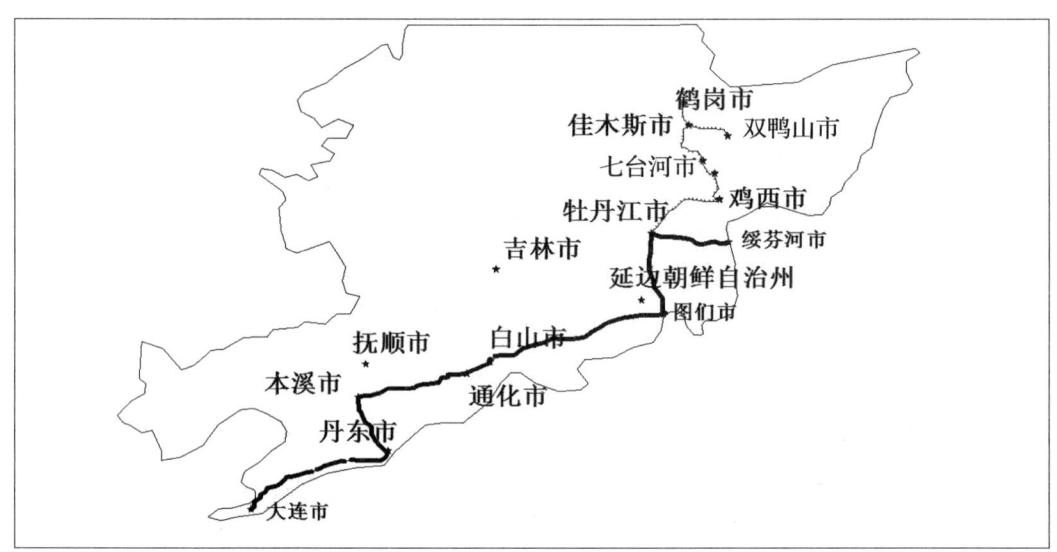

图3-1　13座城市地理位置及东边道铁路路线

1. 东北东边道经济带开发将会成为东北老工业基地振兴的重要引擎

东北老工业基地振兴战略实施以来，作为东北地区唯一的沿海省份，辽宁省注重借鉴国内外沿海区域开放开发的成功经验，利用自身得天独厚的区位优势，依托港口和土地资源，抓住东北老工业基地振兴和全国海洋经济开发的双重机遇，着眼于大力发展沿海经济和临港工业，构筑了沿海经济带开发建设的全方位对外开放格局。随着东北东边道铁路基础设施项目的开发建设，东北东边道陆海丝绸之路经济带将与辽宁沿海经济带一起作为重点开发主体功能区域，拉动加快东北优化开发主体功能区的整体开发进程。也就是说，东北东边道陆海丝绸之路经济带与辽宁沿海经济带联结在一起，能够构成一条"V"字形的互动经济带，共同更好地发挥东北地区对外开放门户的引擎功能，并且进一步延伸到俄罗斯、朝鲜等国的10多个边境口岸，成为中国特别是东北地区同俄罗斯、朝鲜、韩国共同推进国际合作与共同开发的重要纽带。必须说明，在新的历史时期，实施辽宁沿海经济带区域经济开发战略中的"五点"，是指沿渤海一侧的大连长兴岛临港工业区、营口沿海产业基地、锦州湾沿海经济区（包括锦州西海工业区和葫芦岛北港工业区）以及沿黄海一侧的丹东产业园区和大连庄河花园口经济区；"一线"是指西起葫芦岛市绥中县，东至丹东东港市的滨海大道经济带。辽宁沿海经济带的开放开发，能够推进东北区域产业结构、所有制结构、产品结构的战略性调整，促进第一、二、三产业协调发展，促进内资企业与外资企业共同发展，促进各种所有制经济成分共同发展，促进先进的装备制造业、高技术产业、现代物流业、农产品加工业等优势产业加快发展。

辽宁沿海经济带开发所体现出来的这些协调发展、共同发展、加快发展的局面，必将进一步延伸到东北东边道陆海丝绸之路经济带上来，从而以重点开发区域带动东北优化开发主体功能区域的整体进步。应当指出，东北东边道陆海丝绸之路经济带的创建与辽宁沿海经济带开发一样，正在经历着点、线、面三个区域促进经济协调发展的必经阶段。在东北东边道陆海丝绸之路经济带建设初期，将会呈现"站点型"经济的开发格局。而随着东北东边道陆海丝绸之路经济带逐步发展，铁路带来的经济效益会向各个产业全面渗透。也就是说，铁路作为运输体系的中坚力量，对于整个沿线经济带开发、产业结构调整以及经济空间布局优化都能起到"协调者"的辐射作用。可以预见，随着东北东边道陆海丝绸之路经济带逐渐走向成熟，能够推动区域产业经济蓬勃发展并紧密联系在一起，并且必然会促进铁路运输与区域经济实现有机统一。特别是东北东边道陆海丝绸之路经济带与辽宁沿海经济带开发，能够把沿线城市和沿海城市经济统筹协调发展起来，而这两条经济带衔接在一起，将会成为东北老工业基地振兴和东北优化开发主体功能区建设的重要引擎。

2. 东北东边道经济带开发有利于实现东北老工业基地振兴目标体系

东北地区幅员辽阔，区域内交通网络发达，而东北东边道铁路建设工程项目开发，能够进一步把哈大、金城、城庄、丹大、沈丹、凤上、新通化、梅集、鸭大、珲白、和龙、朝开、长图13条铁路连通，并延伸至辽东半岛东北边缘部的丹东港和最南端的大连港。丹东港和大连港作为联系东北地区与华北地区、华东地区、华南地区的水路枢纽，延伸于东北东边道铁路线，整合为"海陆大通道"，有望把东北综合经济区提升为东北亚经济圈内发展最快、外向度最高、最有活力的区域合作平台，据此必然有利于实现东北老工业基地振兴的目标体系，即推动东北老工业基地质变为新型工业基地，裂变为现代装备基地，提升为科技产业基地，建设为生态农业基地和农畜产品出口加工基地，从而进一步建成东北优化开发主体功能区。在这里，有必要说明一下，由于东北综合经济区的主要成分是老工业基地和粮食主产区，所以应当从整体上作为优化开发的区域对象；尽管在东北地区也存在着重点开发区域、限制开发区域和禁止开发区域，但毕竟是少量的，大面积的还是作为优化开发对象的老工业基地和粮食主产区，所以"要改变依靠大量占有土地、大量消耗资源和大量排放污染实现经济较快增长模式，把提高增长质量和效益放在首位，提升参与全球分工与竞争的层次，继续成为带动经济社会发展的龙头和我国参与经济全球化的主体区域"[1]。

为此，大连与丹东作为东北地区的两大出海口，积极实施党中央、国务院关于东北老工业基地振兴战略，努力落实"贯通纵贯东北东部地区的铁路工程，形成东北新的出海通道"[2]的战略部署，注重发挥海洋作为东北老工业基地振兴的得天独厚优势，借助于东北东边道沿线经济带的开发进程，大力贯彻海陆统筹发展方针，坚决实施海陆联动战略，已经初见成效。值得一提的是，素有"北方明珠"之称的大连港区，港阔水深，波平浪稳，不淤不冻，是我国北方四季通航的天然良港，吐量大于吞量，外贸高于内贸，具有创建东北亚重要国际航运中心的内在素质，能够为东北优化开发主体功能区建设提供海上通道；而作为辽宁沿海经济带开发中的丹东产业园区所依托的丹东港，位于鸭绿江入海口西岸，南临黄海，毗邻大连，东与朝鲜半岛隔江相望，处于东北亚经济圈的中心区域，与日本、韩国、朝鲜、俄罗斯以及东南亚、北美、欧盟等地区90多个国家实现了通航，已经成为东北东边道陆海丝绸之路经济带开发的重要出海口。可以预见，大连和丹东这两大出海口，与深入东北综合经济区腹地的东边道铁路相连接，并经鸭绿江大桥与朝鲜半岛铁路相通，有利于国际联运业务的大规模展开，能够进一步放大沿边、沿江、沿海开发开放的区域优势，并且作为东北地区发展外向型经济、走向世界的窗口和桥梁，对东北东边道陆海丝绸之路经济带乃至整个东

1　陆大道. 中速增长：中国经济的可持续发展 [J]. 地理科学，2015（10）.

2　中共中央，国务院. 关于实施东北地区等老工业基地振兴战略的若干意见 [R]. 2003.

北方向陆海丝绸之路经济带开发带来契机和便利。

3. 东北东边道经济带开发能够更好地贯彻"睦邻、安邻、富邻"的基本国策

各民族平等、团结和共同发展，是中国长期坚持的基本原则和基本立场。正是遵循这一基本原则和基本立场，中国注重与相邻国家的和平共处，并针对复杂的周边地缘环境提出了"睦邻、安邻、富邻"政策主张，以求政治上互谅互信，和睦共处；安全上互商互让，谋求和平；经济上互利互惠，共同发展。这一政策主张，对于我国东北地区建设具有重要的指导意义。因为东北地区居住着满族、蒙古族、俄罗斯族、回族、朝鲜族等少数民族，并与蒙古、俄罗斯、朝鲜等国的边界接壤，存在着跨境而居的现实问题，所以促成了特殊的双边区域环境。这种特殊的双边区域环境及地域条件，决定了东北必须认真地、更好地贯彻国家关于"睦邻、安邻、富邻"的基本政策。按照这一基本政策的要求，不仅要注重本国边境区域经济的开发建设，还要努力共同促进双边跨境区域经济的协调发展。

而东北东边道陆海丝绸之路经济带的创建与运作，能够为双边跨境区域经济发展提供最直接的合作平台，能够共同促进中国与相邻国家边境区域经济的共同发展。由于东北东边道陆海丝绸之路经济带地处东北的东部边境地区，位于中国、俄罗斯、朝鲜三国交界处；邻近日本海的吉林省延边朝鲜族自治州，又是东北亚区域经济、人口、地理中心的交会点，素有"东北亚金三角"之称，所以东北东边道陆海丝绸之路经济带与周边国家不仅存在着少数民族跨境而居的现实问题，双边还有着深厚的地缘、亲缘、商缘、文缘关系。因此，对于吉林省延边朝鲜族自治州来说，既有融入东北东边道陆海丝绸之路经济带，加强与东部城市间经济合作的愿望，也有加强边境区域经济合作开发得天独厚的区位优势和资源优势，还有高素质、低成本的劳动力支持以及中国政府提供的优惠政策，所以延边朝鲜族自治州已经成为中国北方的投资热点地区。其主要投资来源是韩国，正在受惠于中朝两国边境区域经济带建设。随着国家振兴东北老工业基地战略的进一步推进和东北东边道陆海丝绸之路经济带的建设进程，必将加速边境区域经济开发，不仅能够推动我国与周边国家共同构建东北亚经济圈，还会把中俄两国合作创建边境区域经济振兴带的任务提上日程。而在共建东北亚区域经济圈和中俄两国边境区域经济振兴带的进程中，进一步促进双方边境地区的全方位开放，将有助于贯彻"与邻为善，以邻为伴"的合作方针。在这一合作方针的指

引下，首先是吉林省延边朝鲜族自治州将发展成为"睦邻、安邻、富邻"政策贯彻的大通道，能够有力地提升我国对东北亚区域的影响力，还会促进东亚地区的和平与稳定，并且在给亚洲地区带来发展机遇的同时也为自身注入活力。

二、强化振兴力度，明确东北东边道陆海丝绸之路经济带的推进方向

随着东北东边道铁路工程建设项目的投入开发和有效启动，东北东边道陆海丝绸之路经济带所带来的经济效益和社会效益也将逐渐显露出来，能够进一步提高区域生产社会化水平，能够进一步推动城市化进程，能够促进优势产业集群规模化的大发展。

1. 促进生产社会化，加快东北优化开发主体功能区建设

一般说来，生产社会化的程度，是社会生产力发展水平高低的重要标志。因此，发展社会生产力，必须注重提高生产社会化的水平。东北东边道陆海丝绸之路经济带的创建和协调发展，将引发区域内城镇、人口、产业所产生的集聚效应，能够将资本、技术、劳动力组织起来，进一步促进沿线企业及其生产规模的扩大，从而使生产走向集中化、大型化。而通过沿线企业生产的集中化、大型化，就可以进一步提高社会生产力水平和规模效益，大大地促进生产社会化的发展进程，大大地提高生产和流通的社会化水平，从而带动东北优化开发主体功能区建设迈上新台阶。

在计划经济体制向市场经济体制的转型过程中，辽宁、吉林、黑龙江三省各自市场经济体制的基本框架已经确立，但是以各省行政区域为经济地理单元的内部市场运作，满足不了东北区域经济一体化的现实需要。在这种情况下，就需要一个协调者将区域经济整合在一起。因为随着市场经济的发展，区域经济在社会发展中起的作用越来越大，不管是资源型城市还是深加工型城市，都有经济要素把它们紧密联系在一起。这样看来，区位条件决定了东北东边道陆海丝绸之路经济带建设必然起步快，辐射范围大，并且与辽宁沿海经济带一起，迅速成长为东北优化开发主体功能区建设新引擎。展望未来，东北东边道陆海丝绸之路经济带建设，能够带动区域经济协调发展，能够促进区域市场的形成和运作。然而，区域市场不会一蹴而就，区域经济发展也是要经历由不平衡到平衡的过程。尽管在东北东边道陆海丝绸之路经济带开发初期，区域经济增长会不平衡，沿线城镇居民收入水平也有可能加大差距，但从长期来看，区域经济增长和人均收入水平一定能够逐渐地倾向于均衡和趋同。综观全局，放

眼过程，可以得出这样的结论：东北东边道陆海丝绸之路经济带建设，必然会有利于造就区域市场经济关系，必然会加快东北优化开发主体功能区建设进程。

2. 促进城市化进程，加快东北东边道经济带建设

城市化水平是一个国家现代化程度的重要标志。对于一个地区来说，城市化水平越高，就越能够推动区域经济持续高速增长。而受地理位置、交通条件等因素的制约，东北东边道沿线区域的多数城市经济发展相对独立和孤立，规模和实力也相对较小，城市经济发展又缺乏合理规划；虽然小城镇建设在东北东边道沿线遍地开花，但是资源得不到有效利用，致使地区之间的经济发展差距持续扩大。在这种情况下，如果不能适时采取有力措施加快城市化进程，加强区域经济开发合作，促进东北东边道沿线区域建设，这一区域就有在国内新一轮发展中被边缘化的危险。有鉴于此，必须不遗余力地推进城市化，以利于加强区域经济合作、提升区域整体竞争力，从而加快东北东边道陆海丝绸之路经济带的建设进程。

中国城市化高潮已经到来，要求东北东边道区域加以跟从和迎接。对于中国来说，城市化高潮的实质，具体表现为区域经济、社会和空间结构变迁和提升的持续演进过程。东北东边道陆海丝绸之路经济带建设将促进工业不断发展，对资源、资金、科技、人才、市场等生产力要素不断提出新的需求，所以能够促使各种生产要素进一步向城市集中；而各种生产力要素的不断聚集，必然会打破原有的区域经济发展格局，协调沿线城市统一考虑和安排区域经济开发规划，统一加强基础设施建设，促使城市经济发展的扩张力能够互相衔接起来。东北东边道陆海丝绸之路经济带沿线大中城市经济开发所产生的吸纳功能和辐射作用，有利于建设适应区域经济协调发展的城镇体系，促进小城镇在区域间进行融合和共同建设，从而促进城市化水平进一步提高，为区域经济开发创造更为良好的投资环境，推动区域经济协调发展。

3. 促进产业集群化，加快边境区域经济振兴带建设

东北地区内部的资源禀赋比较相似，产业结构具有典型的资源型、初级化特征，各城市之间缺乏有效的合作博弈关系，东北东边道沿线的情况更是这样。鉴于这一点，东北东边道沿线区域在促进传统产业聚集向优势产业集群过渡的进程中，必须注重降低成本、刺激创新、提高效率、增强合作，努力形成区域优势产业集群，彻底打破"同构化"和"低度化"的区域产业结构，保障产业的科学化、集约化、协调化和

可持续发展，以利于进一步加快这一区域老工业基地振兴和资源型城市转型进程。而在这一进程中，必须注重通过促进优势产业集群来建设区域经济开发的拉动体系，并且作为一种区域经济开发引擎来发挥作用。

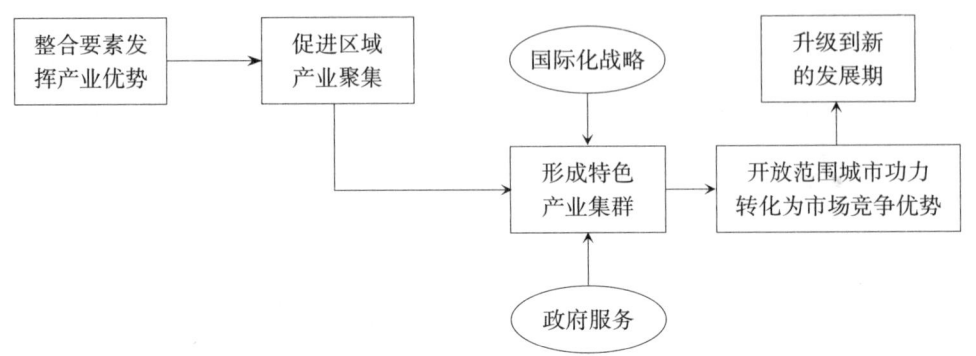

图3-2　东北东边道沿线经济带促进产业升级趋势图

正是着眼于这一点，可以肯定东北东边道陆海丝绸之路经济带开发符合区域经济发展规律（如图3-2所示）。具体地说，就是符合东北老工业基地振兴和东北优化开发主体功能区建设的大趋势。因此，在东北东边道陆海丝绸之路经济带开发的进程中，要根据区域的聚集资源能力、资源富集程度、产业配套条件和生产力要素成本的比较优势，来大力整合优化区域生产力的空间布局，聚合各种生产力要素，充分发挥区域现有的产业优势，逐步形成具有区域特色的产业集群。再加上地方政府的有效服务，能够进一步增强区域经济优势，吸引企业进一步聚集，并且在政府的积极引导下实施国际化战略。在这方面，必须避免在封闭区域中形成的锁定效应，要将区域资源优势通过优势产业集群而转化成市场竞争优势，从而使产业集群升级，进入新的发展期。东北东边道陆海丝绸之路经济带的发展，易于建立具有较大影响力和辐射力的专业化市场，并且通过区域性、特色化的市场提高优势产业集群知名度，有利于开创区域对外贸易的新局面。可以预见，在东北东边道陆海丝绸之路经济带区域内，由于产业集群的形成和强化，能够扭转区域内产业结构趋同的重叠现象，能够促进区域产业分工体系的合理化和高级化，能够促进区域经济转型和产业升级目标实现。并且随着东北东边道沿线经济带辐射功能的进一步提升，可以加快中国与朝鲜、俄罗斯等国的双方边境区域经济振兴带建设进程，逐步达到中国政府关于"睦邻、安邻、富邻"政策的理想境界。

三、强化振兴力度，解决东北东边道陆海丝绸之路经济带面临的问题

只有充分认识到将会面临的各种问题，才能进一步分析问题和解决问题，防止出现"不预则废"的后果，真正做到凡事预则立。认识到这一点，在东北东边道陆海丝绸之路经济带开发建设的过程中，就应当及时发现诸多障碍性因素并且加以排除，从而推动东北东边道陆海丝绸之路经济带开发建设的有序进行。

1. 思想相对封闭，尚未形成区域认同感

从整体上开发东北东边道陆海丝绸之路经济带面临的问题很多，首要问题是当地干部和群众的思想观念相对封闭，缺乏区域经济开发的认同感。而区域认同感是区域存在与发展的文化根基和精神支柱，城市居民及其领导者对区域内外关系的认同程度，对于区域秩序的形成、区域形象的提升、区域市场的建设、区域品牌的树立、区域的可持续发展，均具有重要的推动作用和保障效应。长期以来，东北东边道沿线区域的经济发展水平低、速度慢，其中一个重要的原因就是由于区域内的行政分割和区域本身的相对封闭。因此，在很长的一段时间内，东北东边道沿线的各城市之间的认同感和共同体意识不强，再加上对外开放方面的思想观念又比较落后，致使各个行政区域内各自的内聚性比较强，还存在"排外"现象，所以导致市场化程度低，经济发展活力和动力不足。

由于各个城市缺乏区域认同感，又没有树立起市场经济的共赢意识，所以造成了各谋其利的地方主义，甚至还有以邻为壑的不良形迹。可想而知，倘若长期处于封闭状态，东北东边道铁路沿线各城市就不能成为区域经济开发的核心动力，就不能推动规模化建设，就不能为东北东边道陆海丝绸之路经济带奠定区域经济社会基础，这是大家不愿意看到的现象和后果。由于沿线城镇分别隶属于不同的省市，倘若各个城市仅仅从本地情况出发进行规划和建设，城市之间不能进行积极的协调和统一的安排，对东北东边道陆海丝绸之路经济带建设所采用的规划、设计等项指标不相同，就会为未来的铁路贯通及经济带建设埋下隐患。由此可见，形成包含宽容、开放精神的区域认同感，对于区域交往与区域发展能够起到重大作用，不可小觑。

2. 行政分割强势，难以提高开发接受度

由于东北东边道陆海丝绸之路经济带沿线城市分属于3个省份的事实，所以在客观上就造成了区域内的各自为政现象，对内外开放程度低也成为必然。由于受现行体制的制约，所以在开发过程中，忽视区域整体利益；由于过去计划经济传统的惯性作用，所以各个沿线城市等上级指示、靠上级支持、要上级政策的思维方式依然存在；由于行政区划的阻隔，所以彼此间经济合作还处于自发状态，沿线城市经济合作开发的领域还很窄，力度也不大，又缺乏统一规划和引导。在这种情况下，迫切需要在落实国家战略部署方面达成共识，进行统一规划，采取统一行动。

从目前的实际情况来看，在东北东边道沿线区域，地方政府集利益主体、经济主体、管理主体于一身，是导致区域市场分割的根本原因；地方政府拥有经济调控权，成为导致区域市场分割的体制原因，致使行政性区际关系削弱甚至替代了市场性区际关系。地方政府为了实现地方经济发展目标，促进本地GDP增长和财政收入增加，实现地方政府的政绩目标，必然要追求行政区域内的经济利益最大化，从而不利于东北东边道陆海丝绸之路经济带区域的整体开发。可以看到，政府过多干预微观经济活动，已经成为生产要素流动和企业跨地区发展的障碍；地方行政主体过分追求自身利益，致使行政分割阻碍了统一市场的形成和市场机制配置资源的基础性作用，致使资源优化配置及经济融合难以实现。[1]这种行政分割的局面，是整体开发东北东边道陆海丝绸之路经济带的绊脚石。有鉴于此，要想推动区域经济开发走向成功，东北东边道沿线城市政府就必须在开发政策上相互配合、相互协调，以求取得预期效果。

3. 缺乏市场动力，有待提高区域竞争力

东北东部地区具有共同的历史渊源和人文特征，是一个城市连绵、独具特色的经济区域。与此同时，由于东北东边道沿线城市各有优越的地理位置、丰富的自然资源，再加上煤炭、化工、医药、冶金等领域的开发效益都还有相当大的挖掘空间，所以容易导致各打算盘的心理倾斜和行为失范；由于这些资源并没有得到充分开掘，致使各地区的经济发展水平又相互接近，产业结构雷同，缺少有效的战略整合，区域内城市间产生了过度竞争的压力，从而导致各地方只注重经济效益而忽视社会效益。这

1　姜德波. 地区本位论［M］. 北京：人民出版社，2004.

样做的结果，不仅使生态环境遭到破坏，而且没有形成自身的核心竞争力。进一步的表现是，在计划经济向市场经济发展的过程中，东北东边道沿线的区位优势、资源优势并没转变为经济优势和竞争优势。吉林和黑龙江两省东部地区的表现尤为突出，由于省域之内缺乏出海口，成为其经济发展的软肋，导致资源开发得不到应有的经济效益。

挖掘区域资源潜力，需要以优势产业为载体；产业优势的发挥，需要靠企业的强力推动。然而，在市场化改革的进程中，东北东边道沿线的国有企业体制改革进度缓慢，特别是大企业的产权体制和治理结构还有相当大的部分停留在计划经济时代，为中央和省市政府独资或绝对控股。这种情况导致东北东边道沿线的企业不能主动适应市场需求，继续指望依靠政府来获得和维持期待的市场优势，企业独立竞争意识薄弱，产品售后服务不到位，管理体制仍然落后，从而使企业内部缺乏创新、激励、约束等机制，致使企业核心竞争力差，不能有效地促进优势产业聚集，因而缺乏强有力的区域竞争力。

4. 合作机制薄弱，缺乏统一的信息平台

有效的合作协调机制，是进行资源整合的重要保障。而东北东边道沿线各城市之间的合作协作机制尚不健全，各自为政现象仍然存在。由于缺乏区域经济协调发展的合作机制，致使信息互通性差，城市之间协调和沟通渠道不畅，没有形成紧密的区域经济联系和投资、贸易、科技、旅游信息平台，没有从分工协作上考虑产业布局和长远规划，没有考虑如何作为一个整体参与国际国内市场竞争，从而导致信息交换困难，所以难以实现资源共享。由于东北东边道沿线城市按照各自行政区制定经济和社会发展规划，轻视和忽略区域经济协调发展规划，自然容易造成重复建设和产业结构雷同现象，从而导致各个产业互相低层次竞争甚至互相拆台等消极现象不断发生，令人痛心疾首。

表3-1 区域中的城市是否参与合作的博弈矩阵

		A城市	
		不合作	合作
B城市	不合作	3, 3	2, 8
	合作	8, 2	5, 5

在这里，用表3-1来描述参与区域间的合作博弈矩阵。在这个博弈里，"合作"与"不合作"是可选择的两个策略。而这两个策略的差别在于是否在信息互通、资源共享的基础上获得可观利益，可以用收益指数来表示：假设两座城市都不参与合作，收益指数相等为3，都不高；如果仅有一座城市参与合作，收益指数会发生变化，提高到8；而不参与合作城市的收益指数下降到2。这是因为在地方封锁的条件下，信息不畅，收益减少。如果两座城市都参与合作，收益指数均为5，这个指数低于有差别时的8。这是因为，只有差距才能体现出信息资源共享的重要性。由此可见，A合作、B也合作的策略是纳什均衡，也是唯一的纳什均衡。即在这一均衡中，每一座参与博弈的城市都确信，在给定其他城市战略决定的情况下，它所选择最优战略是回应对手战略。因此，可以得出这样的结论：在区域经济一体化渐成大势的背景下，城市之间建立统一的信息平台，建立起有效整合的合作协调机制，是东北东边道陆海丝绸之路经济带沿线城市的最优战略选择。

四、强化振兴力度，加强东北东边道陆海丝绸之路经济带的对策创意

从积极影响的方面来看，东北东边道铁路沿线区域的传统地缘联系有着深厚的历史基础，而面向未来其区域一体化的范围波及面必然会越来越广。按照国家主体功能区确定的标准来衡量，东北东边道沿线经济带仍然是资源环境承载能力相对较强、经济和人口集聚条件相对较好的区域，应当作为国家重点开发的区域对象来加以建设。特别是在东北地区铁路建设项目加大开发力度的国家背景下，东北东边道陆海丝绸之路经济带建设的进程将会越来越快，必将打造成为东北老工业基地振兴的区域引擎。着眼于为东北东边道陆海丝绸之路经济带重点开发进程提供理论支持，有必要从解决问题出发进行务实的对策创意。

1. 强化区域合作的战略共识，积极调动各种积极因素共建

为了克服行政区划分割市场的现象，在东北东边道陆海丝绸之路经济带的开发过程中，应当进一步增强对区域内城市地位的认同感，并将它们作为区域经济合作的核心载体来加以协调。由于东北东边道陆海丝绸之路经济带开发是在跨行政区域的前提下进行的，所以需要东北三省各级政府特别是沿线13座城市政府通过协商共同出台有利于跨省区要素流动的各项政策，逐步打破行政区划的经济管理机制，建立起政府与

市场的良性互动关系，有效地进行资源的优化配置。

面对经济全球化下的区域合作和竞争，东北东边道铁路沿线城市在破除封闭自给思想的同时，要全方位地树立大开发、大开放、大融合、大发展的市场化意识，打破以行政区划为界的思想藩篱，进一步增强区域经济合作的认同感。而进一步增强区域经济合作的认同感，是新一轮改革、开放与发展的现实要求。特别是在经济全球化下的区域合作和竞争日益加剧的今天，东北东边道铁路沿线城市既要重视对外的合作，更要重视对内的合作，并且为此要建立健全组织协调机制、合作交流机制和政策对接机制，努力促成共赢局面。为了达到这一目的，着眼于开发东北东边道陆海丝绸之路经济带，目前需要拥立一座一线城市作为领航者。从实际情况出发来衡量，丹东是沈丹、丹大、丹通高速公路与3条铁路的会集点，也是辽宁沿海经济带区域经济开发与东北东边道陆海丝绸之路经济带开发的结合点，所以作为战略支点的位置比较突出，能够成为龙头城市来引领东北东边道陆海丝绸之路经济带的开发进程。[1]同时，东北东边道陆海丝绸之路经济带开发需要加强区域合作，进一步增强沿线城市的聚合功能。为此，要努力形成以东北东边道铁路为直径、以现代通信技术为手段的沿线经济带基础框架。只有这样，才能在发挥区域整体优势的基础上，突出区域内中心城市的综合功能，调动各种积极因素，形成共建东北东边道陆海丝绸之路经济带的生动局面。

2. 强化区域开发的产业融合，奠定东边道沿线的经济基础

开发东北东边道陆海丝绸之路经济带必须以产业为基础，所以要充分发挥东北地区现有的工业基础优势，大力发展高新技术，逐渐改造传统产业，促进产业结构的优化升级。针对区域内部产业结构雷同和重复建设问题，应当进一步加强区内协调力度，根据各市的资源特点和比较优势，制定一些共同政策来鼓励和引导生产要素的合理流动，实现生产要素优势互补，最大限度地发挥区域的整体优势，促进区内产业结构调整和产业布局趋向合理和优化。为了促进产业结构的优化升级，东北东边道沿线城市还必须有效整合资源，合理配置资源，强化区域互动机制，处理好发展与资源、与环境、与人口之间的关系，实现区域经济可持续发展；而在这一进程中，要以构筑区域经济综合竞争力为目标，重视发展区域内产业集群，形成优化集群效应。为此，东北东边道沿线城市必须注重构建区域产业优化集群的科技创新平台和创新激励机

1 王树根. 十三个城市谋划构建东北东部经济带 [J]. 振兴东北决策参考，2007 (2).

制，政府出台有关配套政策支持企业创新和产品创新，以利于促进技术升级，加快产业集群优化发展。

随着经济全球化和区域一体化的不断发展，国家之间、地区之间经济的相互依存度日益加深，以产业链为纽带的区域经济合作和共同繁荣已经成为促进经济增长的有效途径和必然选择。有鉴于此，东北东边道陆海丝绸之路经济带开发要注重利用现有的自然资源和交通条件，以旅游和物流为突破口，强化区域产业关联度，并按照区域经济一体化的发展需要，从整体上规划设计、优化整合原有的煤炭、电力、石油、化工材料等产业体系，加强配套服务，延伸产业链条，使东北东边道陆海丝绸之路经济带开发通过城市协作衔接形成体系，努力在特色方面发挥出区域经济优势。为此，东北东边道经济带沿线城市今后不要过分强调在本行政区域内培育和形成主导产业，而是要发挥自身优势，在区域性的主导产业中寻找各自的城市定位，并积极扶持区域支柱产业、主导产业的发展和完善，从而迅速调动和集中配置有限资源，强化区域内产业融合力度，以求进一步增强区域对外竞争实力，为东北东边道陆海丝绸之路经济带开发奠定可靠的经济基础。

3. 强化区域市场的建设力度，有效整合区域性的利益关系

东北东边道陆海丝绸之路经济带开发所面临的体制问题，已经成为阻碍其发展的瓶颈之一。而要解决体制方面存在的问题，必须以市场为导向。因此，在东北东边道陆海丝绸之路经济带的开发进程中，为加快推进市场化运作，必须下决心排除市场发育所面临的各种障碍，建立起有利于市场经济发展的区域协调机构。毋庸置疑，东北三省各级政府能够在这一过程中发挥重大的关键性作用。在这一关键性作用下，各地要努力突破区域的体制制约，突破区域的资源制约，为启动和加快东北东边道陆海丝绸之路经济带开发进程，召唤行政力量退到第二线，让市场经济规律发挥主要作用；而退到二线的行政权力要更加积极地强化服务功能，营造一种为区域经济开发的无差异政策环境，引导区域市场经济健康发展，消除地方保护和区划障碍，并且通过区域内的统一协调，打破各市在资金、人才、技术、资产重组、人口和产品流动方面的各种藩篱，确保形成区域内部统一的大市场，实现生产力要素的自由流动，形成竞争有序、统一开放的区域经济体系。对于东北东边道陆海丝绸之路经济带开发来说，只有通过区域统一市场的建立和运作，才能实现资源共享、互惠共赢。

区域市场一体化的发展，有利于产业的成长、规模经济的形成和交易成本的降

低。在这里，区域市场一体化建设需要有健全的市场体制，而市场体制的完善需要由合理的市场秩序来维持；市场秩序归根到底就是平等竞争秩序，而建立市场秩序最主要的是制定规则，保护平等竞争，防止和消除各种妨碍竞争的行为。为此，有必要在东北东边道沿线选择一座城市设立专门机构，负责协调制定统一规则，定期交流信息，维护市场秩序，为企业的跨地区合作开发做好服务工作。在这方面，丹东市众望所归，应当承担起责任，目前的主要任务是协调建设市场体系。市场体系的建设，需要商贸流通体系的充实和支撑，所以必须通过促进区域内外资金、劳动力、技术和信息的交流，实现生产要素的优化配置和功能互补来改善东北东边道陆海丝绸之路经济带的商贸流通体系。当然，市场体系的建设不能没有企业的发展来支撑。因此，在推动东北东边道陆海丝绸之路经济带沿线企业发展的基础上，可以参考跨国公司的运作机制，发挥分工深化和规模经济的优势，努力在垂直分工与水平分工结合上推动东北东边道陆海丝绸之路经济带区域内企业的联动发展。

4. 强化区域开放的目标认同，进一步延伸欧亚大陆桥功能

必须树立区域一体化意识，强化区域开放的目标认同感，才能有利于形成统一的全方位的开发开放格局，进而整合共同的利益，满足共同的需要，建立共同的目标，共同开发东北东边道陆海丝绸之路经济带。目前，《东北东部经济带发展规划》编制工作已经进入中期阶段。编制该规划是《国务院关于近期支持东北振兴若干重大政策举措的意见》提出的明确要求，不仅有利于加快东北东部地区有关城市转型发展，也是推进实施新一轮东北振兴战略的重要举措。因此，构建东北东边道陆海丝绸之路经济带，是东北各省市必须共同承担的国家战略任务，也是振兴东北老工业基地在思路和方式上的一个新突破，有利于促进东北东部地区城市之间统筹协调发展。在这一新的机遇面前，东北东边道沿线各城市必须形成认同感，共造声势，共拓市场，共创品牌。只有这样，才能把东北东边道沿线城市在全国乃至世界上叫响，以求进一步提升区域经济开发的知名度、竞争力和吸引力。

鉴于东北东边道陆海丝绸之路经济带向北可通过黑龙江省东部的6个口岸与俄罗斯相连，向南可通过鸭绿江大桥与朝鲜半岛两国相交，还能够通过丹东港出海与日本相通，进一步延伸欧亚大陆桥的功能，充分发挥大连至满洲里的欧亚联运大通道作用，所以必须在东北老工业基地振兴的战略安排下加大开发力度。应当充分认识大连至满洲里的欧亚联运大通道的国际区域价值。这条欧亚联运大通道，贯通我国东北三省和

内蒙古东部地区，经过大连、沈阳、长春、哈尔滨这4座大城市和若干大中小城市，以大连为上岸港，能够把我国内地及香港特别行政区与日本、东南亚各国销往俄罗斯和欧洲市场的货物，通过哈（哈尔滨）大（大连）铁路、滨（哈尔滨）洲（满洲里）铁路，由我国最大的陆路口岸、内蒙古的满洲里出境，沿西伯利亚大铁路，经莫斯科到俄罗斯边境城市布列斯特分流，再经波兰的华沙、德国的柏林，直到荷兰的鹿特丹港。东北东边道铁路与这条欧亚联运大通道贯通起来，能够共同促成我国东北地区集聚人才流、物资流、信息流、技术流、资金流的区域创新体系，有利于推进区域产业优化集群，有利于促成区域经济的核心增长极。由此可见，东北东边道陆海丝绸之路经济带作为重点开发的区域对象，必然会成为东北老工业基地振兴和东北方向陆海丝绸之路经济带建设进程中的开发热土，逐步成长为国内外瞩目的区域引擎，发挥出联动效应，承担起区域使命。

第四章

长吉图沿线经济带：东北方向
陆海丝绸之路经济带的战略推进方向

国务院常务会议为进一步推进图们江区域国际合作开发，落实国家全面振兴东北老工业基地的战略部署，打造吉林省的区域经济发展引擎，于2009年10月23日正式批复了《中国图们江区域合作开发规划纲要——以长吉图为开发开放先导区》（以下简称《规划纲要》），把以长吉图为开发开放先导区的中国图们江区域合作开发上升为国家战略。由于规划所覆盖的范围主要包括长春市、吉林市和延边州，是图们江区域的核心地区，所以加快长吉图开发开放先导区建设是提升国际合作和对外开放水平的战略举措，可以为中国边疆地区的开发开放积累经验，推动边疆少数民族聚居区的经济繁荣和社会稳定。当前，在国家应对全球性金融危机挑战、力挺国内经济又好又快发展的形势下，大力推进长吉图开发开放先导区建设已成为关系到国家经济社会发展大局的战略性问题。尤其是在"一带一路"国家构想的指引下，推进长吉图战略与"一带一路"建设紧密结合，有助于实现东北地区与"一带一路"建设的完美对接，这也是东北方向陆海丝绸之路经济带的战略推进方向，即努力把长吉图沿线经济带打造成为东北方向陆海丝绸之路经济带的新通道和新平台，带动提升我国东北地区的整体开放程度，形成横跨东西、兼顾海陆的战略开放格局，所以有必要对此加以现实论证，为图们江区域国际合作开发提供理论支持。

一、长吉图开发开放先导区作为国家战略的时代背景

改革开放以来，中国沿海地区经济社会发展取得了很大的成功，但沿边地区开发进程相对缓慢，开放程度较低。吉林省地处东北亚区域的几何中心，长吉图开发开放先导区既沿边又近海，具备得天独厚的区位优势，必须加快发展进程，肩负起中国沿边开放开发"先行区"和"示范区"的国家使命，以跟进经济全球化和区域一体化的世界潮流。

1. 长吉图开发开放先导区作为国家战略的国际背景

1992年，联合国开发计划署（UNDP）倡导图们江区域合作开发并在北京设立了秘书处，中国政府指定吉林省延边州的珲春市参与图们江区域合作开发，同时成立了相应机构来推进。自此之后，图们江区域开发开始掀起一个较热的浪潮，但主要是围绕着图们江开发的可能性、必要性及图们江开发是选择国际合作开发还是自主开发进行的。因此，大图们江区域合作开发项目已经提出多年，但这一地区一直没有得到快速发展，依然是全球最大且尚未全面开发的资源处女地，被公认是世界最具增长潜力的经济区域之一。

长吉图区域位于东北亚地理中心和新欧亚大陆桥的中心，是东北亚各国贸易交流的枢纽地带，向西毗邻俄罗斯西伯利亚远东腹地及蒙古，东部则是俄罗斯东部和朝鲜的港口群。延边州地处中、俄、朝三国交界，又与韩国、日本隔海相望，是东北亚经济圈和图们江区域国际合作开发的核心区。珲春市位于图们江下游，顺江而下15千米就可以抵达日本海，是中国大陆距日本海域最近的一个地点。但是图们江属于国际河流，中国却没有图们江的出海权。为了获得出海权，中国政府同朝鲜和俄罗斯经过长时间的谈判，最终中国与俄罗斯达成协议，借道俄罗斯的斯拉夫扬卡等港口，终于完成了"借港出海"的第一步。打造珲春出海口不仅是为中国东北地区增加一个新的对外开放窗口，而且是为深居亚欧大陆内的蒙古实现出海愿望的富邻之举。即将建设的贯穿长吉图开发开放先导区的中蒙大通道正是把珲春口岸作为东北亚陆海联运的中转站和出海节点。作为新欧亚大陆桥的咽喉的中蒙大通道不仅能够促进蒙古对外贸易，而且必将成为将东北亚地区六国联系在一起的重要桥梁和纽带。尤其是在后金融危机的背景下，加快建设长吉图开发开放先导区可以促进东北亚各国之间贸易交流，大力

开拓对外通道。而且先导区建设对基础设施投入也可以通过投资乘数效应促进民间投资，成为拉动区域经济发展的有力引擎。

2. 长吉图开发开放先导区作为国家战略的国内背景

自20世纪80年代中国实施改革开放，中国南方的沿海地区城市现代化水平高、实力强。国家赋予的优惠政策使东南沿海经济神速崛起，经济社会发展取得了很大的成功。经过20年的发展，收入差距在区域间、城乡间越拉越大，尤其是边疆地区经济发展缓慢。在这种情况下，根据邓小平"两个大局"思想，党中央先后实施了西部大开发战略和振兴东北等老工业基地战略。自东北老工业基地振兴战略实施以来，辽宁省形成了"辽宁沿海经济带"的发展构想并于2009年9月获得国务院批复；黑龙江设计了"哈大齐工业走廊"发展规划，也在积极同国家有关部门共同推进。吉林省作为东北老工业基地的重要组成部分和东北地区的地理中心，必须加紧制定符合本省实际情况的发展规划，为吉林省的进一步建设指明方向并注入新的动力。2007年1月28日，胡锦涛同志在吉林考察工作时指示："吉林省在推进老工业基地振兴中，可以选择有条件的地区在改革开放、科技创新方面先行试验，带动全省发展。"按照中央领导指示精神并结合图们江区域合作项目，吉林省研究提出了加快建设长吉图开发开放先导区设想。

2009年，中国相继出台了一系列的区域经济规划，区域振兴规划已经成为推动中国经济持续发展的新引擎。中国经济的发展也由原来的单纯依靠中心城市和特区驱动发展，逐步转向依靠区域板块"抱团式"发展的新模式。尤其值得注意的是，在《黄河三角洲高效生态经济区发展规划》于11月23日得到国务院正式批复后，中国沿海地带区域规划实现完整覆盖，犹如为中国经济发展镶嵌一道金边。2010年1月1日，中国—东盟自由贸易区正式启动，中国南方沿海经济发展迈上了新的台阶。为促进中国经济发展形成南北呼应的大好局面，东北亚区域经济合作步伐更加紧迫，必须尽快协商加快东北亚各国的合作开发进程。吉林省地处东北亚的几何中心，作为大图们江开发核心区域的长吉图开发开放先导区既沿边又近海，具备得天独厚的区位优势。长吉图开发开放先导区建设不仅可以借鉴中国沿海地区开放的成功经验，而且为中国沿边地区开放开发承担"先行区"和"示范区"的国家使命。考虑到中国少数民族多聚居于边疆地区，加快建设长吉图开发开放先导区有着提升沿边开放和促进边境少数民族地区繁荣稳定的双重意义。

3. 长吉图开发开放先导区作为国家战略的省域背景

长吉图开发开放先导区不仅是吉林省经济发展潜力最大、经济成长性最好的地区，而且集中了吉林省的众多优势资源。区域面积和人口均占吉林省的三分之一，经济总量占二分之一以上，而且长吉一体化、延龙图一体化已经非常明显，具备整体谋划的基础。长春与吉林两市中心市区距离仅120千米，长春龙嘉国际机场是两市的共用机场；两市之间有高速公路、国道、省道连通，2010年年底竣工的城际快速铁路将两市通车时间缩短为29分钟。近年来，长吉两市在汽车、农产品加工、旅游等产业联系不断加强，以此形成的长吉都市圈对区域经济发展的带动功能非常显著。因此，必须进一步加快长吉一体化建设步伐，打造长吉经济带，为图们江区域合作开发取得长足的发展提供区域引擎。《延吉、龙井、图们城市空间发展规划纲要》（以下简称《纲要》）早已成为延龙图区域发展的指导，充分体现了政府宏观调控的作用，创造了良好的投资环境。相邻城市共同规划发展不仅有效地避免了区域内的重复建设和盲目攀比竞争，而且集中资源使区域整体具备了在特定产业做大做强的条件。

整体规划长吉图开发开放先导区可以促进作为先导区腹地的长春市、吉林市和作为开放前沿延边州的有效联动，促进中国东北地区与东北亚国家资源互补合作，挖掘对外开放合作的潜力，形成具有发展活力的新的增长区域。将长春市和吉林市纳入规划范围可以屏除边境地区经济体量偏小、人口规模比较小、通道建设不完善等不利因素，为加快中国图们江区域合作开发提供了更广阔的纵深和支撑。延边州作为边境地区可发挥对外开放的区位优势，长春和吉林作为腹地可发挥经济、产业和人力资源的优势，形成优势互补。《纲要》对先导区内重要节点城市的功能定位也是非常明确的。珲春市依托区位优势，承担"开放窗口"的角色；"延龙图"加快推进一体化，着力打造吉林省东部中心城市群，承担"开放前沿"的角色；长春和吉林两个大城市立足产业、科教和人才优势，发挥辐射和带动作用，承担"腹地支撑"的角色。

二、长吉图开发开放先导区作为国家战略的路线图解

在长吉图开发开放先导区的总体战略部署中，已经将珲春市作为吉林省对外开放的窗口，将延（吉）龙（井）图（们）作为吉林省对外开放的前沿，将长春市和吉林市作为支撑先导区加快发展的区域引擎（见图4-1），进而明确阐明了各节点城市的主

体功能，所以应当据此作出路线图解。

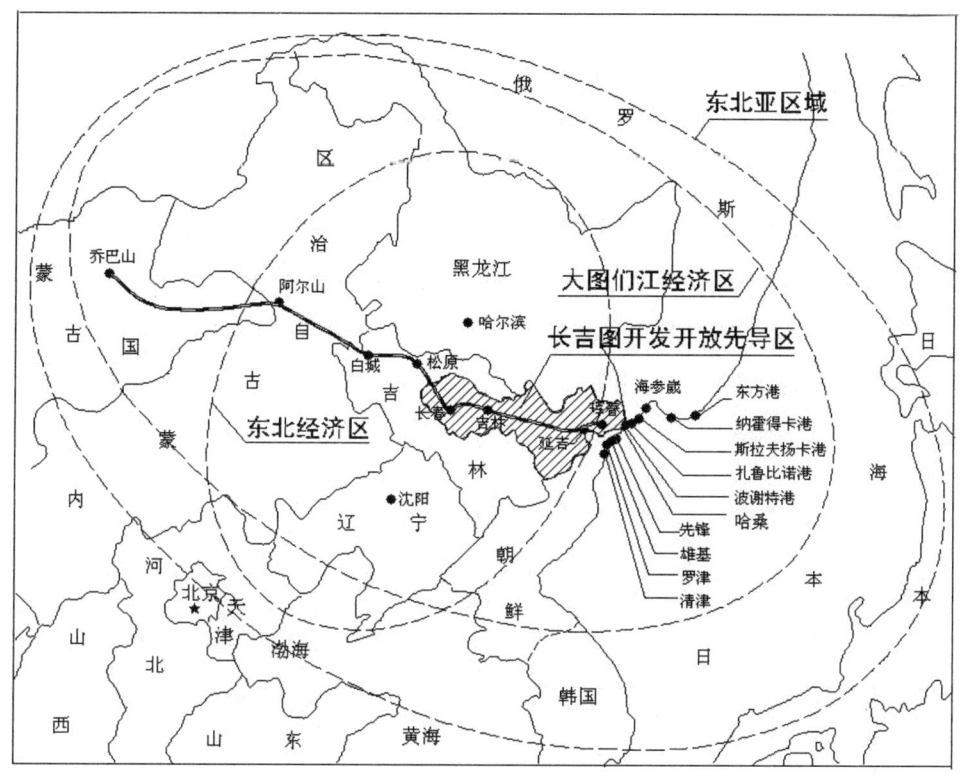

图4-1　长吉图开发开放先导区区位图

1. 长吉图先导区的窗口——珲春

珲春市位于吉林省东南部，与俄罗斯、朝鲜山水相连，是一座拥有25万人口的县级市，也是我国唯一一座既沿边又同时靠海的城市。珲春虽然不直接临海，但通过15千米的图们江下游朝俄界河即可入日本海，而且在珲春市200千米半径内就密集分布着10个条件优良的俄罗斯和朝鲜港口，具备良好的出海条件。珲春市距俄罗斯哈桑区首府斯拉夫扬卡121千米，距克拉斯基诺46千米，距俄波谢特港45千米，扎鲁比诺港72千米；距朝先锋港86千米，罗津港93千米，清津港171千米。区位优势明显使珲春市具备了作为先导区窗口的最重要条件，同时多年的建设使得吉林省这座边境小城已经取得了长足的发展，基础设施条件大幅改善，口岸功能条件不断完善。目前，珲春市内交通十分发达，国道302线、省道201线相接纵贯全境，境内全长200多千米。珲春至防川、西崴子、杨泡、大荒沟、松林的公路或边防公路布满全境。全市等级公路总里程1074.231千米，农村公路已达到村村通。2010年9月27日，长珲高速公路全线通车，经图们车站有直达北京、大连、哈尔滨、长春、沈阳等大中城市的客运列车。

珲春市也是一座旅游资源丰富的城市。吉林省东南部林区是全国闻名的旅游胜地，其中长白山主峰是松花江、鸭绿江、图们江三江源头。而图们江正是流经图们市、珲春市而入海。珲春气候冬暖夏凉，8月份平均气温21.2℃，全市森林覆盖率85%，是天然的避暑胜地。2014年，珲春市实现旅游收入19.3亿元。另外，珲春的矿产资源也是支持当地快速发展的重要优势，吉林省最大的煤田和亚洲最大的钨矿正坐落于此。这里出产的人参、鹿茸、富硒稻米等土特产驰名全国。近年来，珲春市国民经济快速发展，综合实力稳步增强。《纲要》的批复为珲春市带来了新的历史机遇，为此，珲春市必须促进提升对外开放层次，加快合作区建设步伐，切实承担起先行先试、率先突破的历史重任。

2. 长吉图先导区的前沿——延吉、龙井和图们

《纲要》要求把延龙图建设成为图们江区域重要的物流节点和国际产业合作服务基地，以提升延龙图的开放前沿功能。因此延吉、龙井和图们三地必须积极合作，以总体规划共制、基础设施共建、产业发展同构、公共事务同管，推进延龙图城市整合进程。

延吉市位于吉林省东部、长白山脉北麓。地理坐标处北纬42度50分至43度23分，东经129度01分至129度48分之间，平均海拔高度150米。延吉市东、南、北三面环山，西面开阔，中间平坦，呈马蹄状盆地，地势北高南低，地形为丘陵状起伏，境内河流皆为图们江支流。延吉有着得天独厚的自然条件和优越的地理位置，处于东北亚经济圈的腹地，是"东北亚金三角"内中国方的一个支撑点。东距中俄边境仅60千米、距日本海80千米，南距中朝边境10余千米，有着较好的通海条件。延吉朝阳川国际机场是延吉、龙井和图们三市的共用机场，距离三地的车程都在1个小时以内。2008年，延边州政府提议迁建延吉机场，新机场的建设将更好地服务于延龙图的发展。国家发改委印发的《东北振兴"十三五"规划》已将延吉机场迁建项目列为东北四大机场迁建项目之一。目前，已有300多家外资企业入驻延吉市，而且当地充分利用朝鲜族特有的人缘和地缘优势，积极引导城市和农村剩余劳动力进行劳务输出，大力发展对韩、日等国家和地区的劳务经济。

坐落于延吉市西南的龙井市地处"东北亚金三角"腹地，总面积2208平方千米，总人口18.8万人，有朝鲜、满、回等12个少数民族，其中朝鲜族人口12.5万人，占全

市总人口的66.4%。龙井市地理位置优越、交通便利，铁路有5条干线穿越境内；公路有图—乌、松老干线与市内公路网连接。龙井市到州府延吉市及延吉机场仅10多分钟车程，离珲春至扎鲁比诺新航线始发地珲春市仅1小时车程。龙井市地处中朝边境地带，边境线长142.5千米，拥有开山屯、三合两个国家一级陆路开放口岸，三合口岸距离朝鲜清津港仅87千米，是经朝鲜进入日本海的最理想通道。两个口岸年过人能力10万人次、车辆10万台次、货物50万吨以上，可直接与朝鲜、俄罗斯等邻国进行贸易，也可经过邻国进行转口贸易，拥有广阔的边贸商机。龙井市物产资源丰富，特产资源种类繁多，是中国苹果梨、绿色大米、红晒烟、黄牛生产基地，当地生长着124科1072种野生经济植物，其中名贵的药用植物186种，野生经济动物有黑熊、野猪、狍子、林蛙等。境内有世界最大的连片苹果梨园、吉林省最大的人工养熊基地、国家级天佛指山松茸自然保护区，是"中国苹果梨之乡""松茸之乡"。

被誉为"中国朝鲜族文化的摇篮"的图们市是久负盛名的"长鼓舞之乡"，享有"图们江畔第一城"的美誉。图们市地处吉林省东部图们江下游，东与珲春市接壤，东南与朝鲜民主主义共和国北道稳城郡隔图们江相望（边境线长60.6千米），西南与龙井市相接，西与延吉市为邻，北与汪清县相连，总面积1142平方千米，总人口13.3万，其中朝鲜族人口占55%。龙井市区距朝鲜罗津先锋自由贸易区160千米，距中俄边境100千米，距日本海只有130千米，处于联合国开发计划署确定的东北亚经济合作开发区"大、小金三角"接合部。图们市不仅区位优势明显、交通发达便利，是连接中国东北腹地同朝鲜、俄罗斯远东地区公路铁路运输的国际交通枢纽，现已形成陆海空立体交通网络。长珲高速公路的贯通使图们市到达长春市仅4个小时左右。境内多条二级公路与周边县、市相连，初步形成1小时经济圈。铁路交通非常便捷，外与朝鲜半岛相连并可延伸至朝鲜腹地，内是通往北京、哈尔滨、沈阳、长春、吉林、大连等多条铁路线的始发站。在水路交通方面，图们市现已开通经朝鲜罗津港直达韩国釜山、束草以及俄罗斯波谢特和日本秋田、新潟等港口的海上航线。图们市口岸功能齐全，是吉林省唯一有铁路和公路与朝鲜相通的国家一类国际客货运输陆路口岸城市，历来是中国对朝鲜进出口物资的集散地和转运站。

3. 长吉图先导区的支撑——长春市和吉林市

吉林省省会长春市是全省政治、经济、文化和交通中心，也是东北地区中部最大的中心城市，地处东北平原中央，是东北地区天然地理中心。四通八达的自然区位，对发展长春经济十分有利。长春还是全国15个副省级城市之一，有着雄厚的工业基础和农业资源。在新中国工业发展史上很多"第一"都能与长春联系在一起。目前，长春形成了以交通运输设备制造业为主体的工业体系，坐落在长春的中国第一汽车集团公司是中国最大的汽车工业科研生产基地。另外，光电信息、生物医药产业也是长春的重点产业，并在全国有着举足轻重的地位。长春是中国重要的商品粮基地之一，粮食总产量、商品率均居全国大城市之首。长春地处世界三大黄金玉米带之一——吉林黄金玉米带的核心区域，农业高度发达。中国10个产粮大县有七八个来自吉林省，而其中大半位于长春平原，农产品深加工成为带动长春农牧业强劲的发展动力。长春科技教育基础雄厚，拥有普通高等院校39所，独立科研与技术开发机构100多个，中国科学院和中国工程院院士数十位，科研实力在全国大中城市中名列前茅。在光学、精密仪器、生物制品、汽车等方面的研究开发居于国内领先地位，是保障先导区建设的有力智力支持。

　　吉林市地处东北腹地长白山脉向松嫩平原过渡地带的松花江畔，向西124千米就是长春市，东临延边朝鲜族自治州，北与黑龙江省接壤，南与浑江市、通化市毗邻。吉林市三面临水、四周环山，总面积27120平方千米，其中市区3636平方千米。吉林市是吉林省的第二大城市、东北第五大城市（市区人口和建成区面积），是东北老工业基地重要城市之一，以工业重镇的风采崛起于白山黑水之间。目前，市内已经形成了江北、九站、哈达湾、江南4个工业集中区。并且形成了以化工、汽车、冶金、农副产品加工为龙头的产业格局，初步实现了链式发展。根据《纲要》，吉林市重点建设的是北部工业新区，以原有的工业基础和优势，区内重点发展石化、冶金建材产业，并努力发展农产品加工、装备制造、新材料等产业。长春和吉林两市作为长吉图开发开放先导区的腹地，必须率先发展，形成带动整个先导区发展的区域引擎、先进制造业基地、高端服务业中心、科技创新高地和综合配套改革试验区，带动整个区域加快发展。[1]这次吉林省将长春和吉林两个大城市整体纳入图们江国际合作开发范围，共同打造长吉图开发开放先导区，就是为了增强中国参与图们江区域国际合作开发的整体实力，促进图们江开发取得新进展和新突破。

1　长春要带动长吉图加快发展［N］. 长春日报，2010-3-8，第二版.

三、长吉图开发开放先导区作为国家战略的综合优势

长吉图开发开放先导区的区位条件得天独厚，具有较强的资源和环境承载能力，科技和产业支撑能力也较强。随着长吉一体化、延龙图一体化进程的加快和图们江区域合作关系的加深，统筹吉林省域发展的时机已经成熟。因此，必须审时度势，乘势而上，通过政策引导来优化长吉图沿线经济带的发展格局。

1. 长吉图开发开放先导区实现战略推进的地缘关系优势

长吉图开发开放先导区包括吉林省的长春市、吉林市部分区域和延边朝鲜族自治州，面积7.3万平方千米。从地理区位来说，长吉图开发开放先导区地处东北亚的几何中心，是东北亚各国联系的枢纽，向西毗邻俄罗斯西伯利亚远东腹地及蒙古，东部则是俄罗斯东部和朝鲜的港口群，是大图们江经济区和东北老工业基地的重叠区。延边州地处中俄朝三国交界，又与韩国、日本隔海相望，是东北亚经济圈和图们江区域国际合作开发的核心区。在国内，长吉图开发开放先导区北连"哈大齐工业走廊"、南接"辽宁沿海经济带"，是东北地区老工业基地振兴的重要地区。即将开工的中蒙大通道横贯东西，已经开工的东北东部铁路通道连通南北。经济地理的基础理论大卫·李嘉图的比较优势学说和赫克歇尔-俄林的生产要素禀赋理论认为：优越的地理位置有效促进了一个地区竞争优势的形成。从实际情况来看，东北亚区域既有经济发达国家也有新兴的工业化国家；并且各国发展水平、经济结构梯次明显，资源条件也各具特色，互补性较强，合作空间大。20世纪90年代以来，东北亚区域各国之间的经济、技术、贸易合作迅速发展。目前，东北亚区域是全球经济中举足轻重、发展最快的区域之一，GDP总量占到世界经济总量的五分之一。其中，中、日、韩三国的GDP总量占亚洲GDP总量的73%。就中国而言，通过图们江区域经济合作开发参与东北亚区域经济合作，可以促进振兴东北老工业基地战略以及提升的沿边开放层次。长吉图开发开放先导区建设的一个重点工程就是打造图们江的出海口，在图们江口实现海陆联运将进一步繁荣东北亚的贸易往来，推进东北亚区域经济融合。同时，廉价的海运可以促进黑龙江和吉林两省货物的出口或向中国南方运输，大大降低运输成本和时间。

2. 长吉图开发开放先导区实现战略推进的生态环境优势

生态环境是指由生物群落及非生物自然因素组成的有机整体，它作为一种资源具有不可逆性、有限性、整体性。[1]应该明确，生态环境系统的自动调节功能是有限度的，超过其允许的范围就会导致生态失调和环境破坏。吉林省生态环境良好，森林覆盖率高达42.5%；湿地资源分布广阔，占全省面积的9.35%。长吉图开发开放先导区所在的吉林省东南部山清水秀，资源禀赋良好，可利用水资源、能源和矿产等资源丰富，并且有大量建设预留地可供开发利用，为参与区域经济竞争和可持续发展奠定了良好的基础。先导区域内的重点城市全部拥有良好的生态环境，例如长春市是亚洲绿化第一的城市、中国四大园林城市之一；珲春全市森林覆盖率为76.5%，活立木总蓄积量为5.128万立方米，珲春敬信湿地是吉林省主要湿地之一。与图们江毗邻的境外地区拥有富集的石油、天然气、矿产、水产、森林等资源，合作开发空间较大。生态环境优势完全有条件使吉林省在未来的经济发展中大显身手，后来居上。发展工业必然带来环境压力，未来的经济发展不能以牺牲环境为代价，反而要充分发挥生态环境比较优势，实施生态经济发展战略。一直以来，吉林省政府在加快经济发展的同时启动实施了一批生态系统修复工程，不断改善全省生态环境，初步积累了解决开发和保护之间矛盾的经验。《纲要》明确指出：实施长白山天然林保护、松花江流域水污染治理及水体保护、中部黑土地治理工程，进一步提升区域生态承载力和环境容量。并且积极推进跨国自然保护区、跨国湿地等重点地区生态建设和环境保护的国际合作。[2]生态环境资源可以作为区域内独特的旅游资源，发展具有吉林特色的旅游产品，重点推介以生态、民俗、边疆和冰雪为特色的旅游线路。

3. 长吉图开发开放先导区实现战略推进的产业经济优势

长吉图开发开放先导区作为东北老工业基地的重要组成部分，有着雄厚的工业基础以及支持工业发展的丰富资源。东北地区是中国最先建立起来的工业基地，曾被誉为"新中国的工业摇篮"。改革开放以来，随着沿海地区的经济在国家政策的支持下迅

1　姚木根. 江西可持续发展的生态环境优势分析［J］. 价格月刊，2008（10）.
2　中国图们江区域合作开发规划纲要——以长吉图为开发开放先导区［EB/OL］. http：//www.chinajilin.com.cn/content/2009-11/17/content_1770428.htm.

猛发展，东北地区在全国的地位有所下降，但东北依然是全国重工业产品重要生产地。就长吉图先导区而言，区域内集中了吉林省的汽车装备制造、农畜产品加工、石油加工、生物医药和电子信息等产业，经济总量占吉林省的二分之一以上。其中不乏带动区域经济发展作用的国有大型企业。坐落在长春的中国第一汽车集团公司是中国最大的汽车工业科研生产基地，汽车产量占全国总产量的五分之一。为一汽集团提供汽车零部件的企业在2009年为42户，产值36亿元。长春客车厂是国家"一五"期间重点建设的大型国有铁路客车制造企业，是铁道部工业总公司所属从事机车车辆制造的大型骨干企业，是中国最大的铁路客车及地铁电动客车的生产基地，也是目前世界上年生产客车数量最大的制造工厂。在农业和农畜产品加工业，以大成、皓月为代表的农畜产品加工企业已经成长为在国内外行业内有影响力的企业。2007年长春的玉米深加工能力超过美国，居世界第一。长春皓月集团是世界上最大的清真食品生产加工企业，其清真产品远销中东和阿拉伯世界，赢得广泛赞誉。吉林黄金玉米带是世界三大黄金玉米带之一，聚集了中国10个产粮大县之中的绝大部分。高度发达的农业产业为中国建设提供稳定的粮源，是中国的重要商品粮基地和国家粮食战略基地的组成部分。而在发展的进程中，吉林省的农畜产品加工产业集中度也在不断提高，形成了大批的优势产业集群。一些产业正逐渐成为东北地区重要的产业集聚区与工业基地。而对于先导区建设来说，这些已形成的产业集聚基地，不仅是支持先导区建设的有力支撑，而且在加快区域经济协调发展并将形成区域经济发展引擎。

4. 长吉图开发开放先导区实现战略推进的科技支撑优势

吉林省不仅工农业基础雄厚，也拥有中国最早最先进的科技基础，特别是在其优势产业的科研实力尤为突出。2014年数据显示，吉林全省从事科技活动人员14.64万人，其中从事研究与试验发展（R&D）人员4.98万人。全省已建成国家级重点实验室12个，省部（吉林省与科技部）共建重点实验室3个、省重点实验室59个、省科技创新中心（含工程技术研究中心）18个、企业办科技研发机构230个。近年来，吉林省围绕着工业高新技术、农业科技创新、科技惠及民生、中药与生物制药等重大科技领域组织实施了重点攻关突破。汽车关键技术、新型光电子器件及应用技术、高性能特种高分子材料、主要农作物优良品种选育及综合配套技术、玉米生物化工产品及关键技术、重点行业节能减排技术、特色优势新药创制等科技项目有了长足的发展。在长吉图开发开放先导区内集中了吉林省的3所211工程大学——吉林大学、东北师范大学和延边大学。作为先导区腹地的长春市是中国科技文化名城，是新中国汽车工业、光电子技术、生物技术、应用化学的摇篮，拥有著名的中国科学院长春光机与物理研究所、长春应用化学研究所、长春地理研究所等科研院所98个，科研实力在全国大中城市中名列前茅。在东北老工业基地振兴和先导区建设的双重政策的鼓励下，吉林省加大科技投入，加快推进技术创新工程，发展高新技术产业集群，促进科技成果产业化，为产业发展提供强劲支撑和动力。重点建设和完善一批科技创新中心、国家工程实验室、国家工程研究中心、国家和省认定企业技术中心、国家合作平台或研发中心，把长吉图建设成为全国重要的创新型区域。

5. 长吉图开发开放先导区实现战略推进的政策投放优势

长吉图一带是诸多优惠政策的重叠区。2003年，中共中央、国务院下发文件正式提出实施东北地区等老工业基地振兴战略。其后至今，国务院相继出台了《东北地区振兴规划》《国务院关于进一步实施东北地区等老工业基地振兴战略的若干意见》等相关文件。东北地区等老工业基地振兴战略的实施已经为长吉图开发开放先导区建设铺垫了现实的基础，而加快建设长吉图开发开放先导区是吉林省全面振兴东北老工业基地的重大举措。2005年联合国开发计划署图们江区域开发项目第八次政府间协商协调会议一致同意，将1995年中、朝、韩、蒙、俄5个成员国签署的《关于建立图们江经济开发区及东北亚开发协商委员会的协定》，中、朝、俄三国签署的《关于建立图们江地区开发协调委员会的协定》和《关于图们江地区开发环境谅解备忘录》3个法律文件的有效期延至2015年。为配合大图们江经济区建设和加快吉林省的发展，2009年11月，国务院将长吉图开发开放先导区建设上升为国家战略。时任吉林省省长韩长赋在国新办的新闻发布会上指出："可以先行先试，并且进行政策创新，这就是最大的政策。"具体来说，主要在"沿边地区与内陆腹地优势互补和联动发展""开拓陆海联运国际运输新通道""探索沿边地区跨境经济合作模式"方面"先行先试"。这些政策都给予了吉林省大胆探索和试验的广阔空间。与此同时，在珲春及延龙井一带还享有边疆富民及边疆少数民族地区发展的优惠政策、国家赋予出口加工区的优惠政策和中俄互市贸易区优惠政策。延边州是国内同时享受民族区域自治、西部大开发和振兴东北老工业基地三大国家级优惠政策的地区，政策优势极为突出。

四、长吉图开发开放先导区作为国家战略的价值取向

根据国家的战略投放和战略定位，必须明确长吉图开发开放先导区上升为国家战略的价值取向，使之发展成为中国沿边开发开放的重要区域、中国面向东北亚开放的重要门户和东北亚经济技术合作的重要平台，培育成为东北地区新的重要增长极，建设成为中国沿边开发开放的先行区和示范区。为此，要在操作层面上加以细化，以便有效推进。

1. 开发成为吉林省域经济再上新台阶的强力引擎

长吉图开发开放先导区是吉林省经济发展得最快的地区，又是优势资源的集中地。依托现有产业基础和资源条件，可以进一步挖掘吉林省的发展潜力，推动吉林省的经济大发展。为使长吉图开发开放先导区成为具有拉动全省经济发展的强力引擎，必须加快产业结构调整升级、提高产业集中度、走新型工业化道路，将其建设成为国内领先、具有国际竞争力的交通运输设备制造业、石油化工业、农产品加工业基地。大力发展电子信息、新材料等优势产业，加快发展冶金、能源、纺织等特色产业，放手发展一切可以发展壮大的其他产业。发展现代农业，提高粮食产量，将其建设成为能够为全国提供稳定粮源的国家粮食战略基地。并加强绿色、优质、高价的品牌农畜牧产品的生产能力，做到产量与质量齐头并进，提高农业综合生产能力。同时，大力扶持玉米深加工、畜禽产品加工和土特产品加工企业，加强大企业对农业发展的带动作用，实现农业产业化经营。加强交通、水利、电力等基础设施建设，巩固发展基础，集聚发展能量。重点培育以物流业为代表的现代服务业，实现服务业跨越式发展。以长吉图先导区的开放带动吉林省新一轮大开放，实现近海地区与腹地发展的良性互动，对于推进吉林省经济结构战略性调整和经济增长方式转变，加速全省经济社会发展和老工业基地全面振兴，具有重要的战略意义。

2. 推动成为内陆省份大开放与大发展的示范区域

东北地区是中国的老工业基地，有着良好的工业基础，工业多以资源型产业为主，是国家的粮食生产基地和商品粮基地，发展潜力不可小视。但是由于东北地区相对于中国沿海省市开放度较低，市场经济体制建立较为缓慢，计划经济体制制约比较

严重，使其具有城乡二元结构突出，总体经济欠发达的特点。《纲要》赋予长吉图沿边开放先行先试的重大使命，标志着吉林省进入改革开放新时期。时任国家发改委副主任杜鹰在接受中国网专访时表示，长吉图开发开放先导区应该充分利用先行先试的权利，努力探索适应外向型发展的机制并形成一个职能统一的、运转高效的政府服务体系。加快建设长吉图开发开放先导区，形成以珲春为窗口、延龙图为前沿、长吉为支撑的总体布局，打造东北地区对外开放新门户，既可以增强吉林省对日、韩资本的吸引力，又可以提高东北地区经济的外向度、国际化水平和国际竞争力。先导区的经济活动将有力促进沿海与腹地良性互动，构筑东北地区全方位开放新格局。因此，将长吉图创建为我国内陆省份对外开放先导区、新型产业示范区和生态经济功能区，开创我国内地对外开放新模式，为国家统筹国内发展与对外开放、内地与沿海、区域协调发展，探索内陆省以开放带开发、加快发展的新路子，实现全国总体发展战略具有带动性、示范性。

3. 促进成为中国北方产业竞争力提升的新增长极

增长极是指在城市配置不断扩大的工业综合体，并在影响范围内引导经济活动的进一步发展。在一个经济区域中，经济增长极不仅可以迅速增长，而且能通过乘数效应推动其他相关产业的增长。因此，打造区域经济增长极成为许多国家和地区实现经济发展的重要手段。长吉图地区具有区位独特、经济基础完备、政策集成度高、资源丰富、环境容量大的综合优势，是吉林省内各个区域中最有条件培育增长极的地区，也是可以辐射东北亚的经济增长点。通过项目建设以及提高产业集中度带动全省产业发展，将吉林省建设成为国内领先，具有国际竞争力的交通运输设备制造业、石油化工业、农产品加工业基地。大力发展电子信息、新材料等优势产业，加快发展冶金、能源、纺织、矿泉水、人参等特色产业，放手发展一切可以发展壮大的其他产业。发展现代农业，在确保国家粮食安全基础上，加强高效、绿色、水产等优势农产品产业带建设，提高农业综合生产能力；以玉米深加工、畜禽产品加工和特产品加工为重点大力发展农业产业化经营；加快培育和发展优质农产品现代流通业。以现代生产性服务业为重点，推动服务业跨越式发展。加强交通、水利、电力等基础设施建设，巩固发展基础，集聚发展能量。以长吉图开发开放先导区带动吉林省新一轮大开放，实现近海地区与腹地发展的良性互动，可以推进吉林省经济结构战略性调整和经济增长方式转变，加速全省经济社会发展和老工业基地全面振兴。

4. 建设成为沿边地区开放体制创新的改革试验区

长吉图开发开放先导区是迄今国务院批准的唯一一个中国沿边开发开放的区域，承担着内陆沿边开放体制创新的改革试验区的国家使命，为构建全国对外开放新格局做出贡献。改革开放以来，沿海地区开放取得了很大的成功，但是沿边地区开放进程相对缓慢，开放程度相对较低。党的十八大报告明确提出要"促进沿海内陆沿边开放优势互补"，长吉图开发开放先导区既沿边又靠海，并且具备20年以上的合作开发基础，应该实现率先突破为其他沿边地区提供经验。因此，国务院赋予了长吉图开发开放先导区主要在"沿边地区与内陆腹地优势互补和联动发展""开拓陆海联运国际运输新通道""探索沿边地区跨境经济合作模式"方面"先行先试"的权利，探索借港出海、建立综合保税区和跨境经济合作区等方面的发展模式；搞好区域内重大生产力布局，打造具有核心竞争力的新型产业基地；加快国际、省际产业合作园区以及开发区建设，创新招商引资方式，促进区域经济合作；积极引进国内外金融、证券、保险等金融机构，开展国家首批创投基金试点，强化金融服务等。发展的根本动力来自市场，先导区的建设必须促进资本、劳动力和技术等资源在区域内的市场化，深化市场经济的改革。

五、长吉图开发开放先导区作为国家战略的现存问题

图们江区域开发项目自1992年开始提升到国家层面以来进展相对缓慢，仅凭这一点就可以测度出东北亚区域合作关系中存在着某些制约因素，主要表现在政治因素错综复杂、区内一体化水平低、基础设施不够完备等方面。东北亚区域合作潜力尽管巨大，但是潜力是否能转化为现实的生产力，还需要东北亚各国共同作出努力。

1. 区内一体化水平低，协作能力尚待提高

大图们江经济区经济开发涉及中、俄、日、朝、韩和蒙古东北亚区域六国。作为一项国际合作开发项目，合作各方利益的一致性和政策的连续性非常重要。自1992年联合国开发计划署倡导五国共同启动了图们江区域合作开发项目以来，图们江经济区的发展就在各国的利益斡旋中艰难前行。图们江区域的开发价值为世界公认。对于中国，有利于在东北地区培养具有区域意义的增长极；对于俄罗斯，可以促进远东地区

经济发展；对于蒙古，是通过中国实现水路运输理想的出海通道；对于朝鲜，是其实现对外交流往来的试验门户；韩国和日本，可以增强两国在东北亚的影响力、巩固两国的区域利益。虽然东北亚各国对图们江的开发形成了普遍的共识，但是由于各方在具体内容上很难达成一致，所以图们江经济区的发展进程一直处于缓慢的状态。当今世界的经济发展趋势表明：任何地区的发展必须强化区域经济合作，形成完备的产业体系及各城市的主体功能。例如，长三角、珠三角和京津唐地区已经在加快区域的整合步伐。在中国图们江区域，长吉图开发开放先导区的整体规划已经形成，长吉一体化加快推进，延龙图一体化发展开始启动。而在国际合作的层面，中国必须同东北亚各国深入交流，保持密切联系，甚至成立具有一定权力的跨国经济组织，以适应东北亚区域经济合作不断升温、经贸合作日趋增强的有利形势，加快推动图们江区域国际合作开发。

2. 基础设施不够完备，发展潜力有待挖掘

基础设施是国民经济各项事业发展的基础。在现代社会中，经济的发展对基础设施要求越来越高，完善的基础设施可以促进社会经济活动。基础设施本身作为一个产业就可以通过自身的发展带动经济增长，增加整个社会的产出，同时具有集聚资金的重要功效。[1]俄罗斯远东地区曾经是苏联的军工生产基地，长期的封闭隔绝使当地基础设施的发达程度远落后于俄罗斯其他地区。苏联解体后，经济状况又使俄罗斯无力改善远东地区的基础设施，使远东地区的基础设施更加落后，设备老化、技术过时等问题更加严重，严重制约着俄罗斯远东地区与中国东北地区的经贸合作发展。相对而言，朝鲜在本国的东北地区的基础设施比较发达，已经形成了沿图们江的清津—会宁—南阳—罗津—清津的环形铁路网，其中包括电气化铁路237千米。聚集了3个重要港口，即清津港、罗津港和先锋港。自1991年以来，朝鲜大力开发罗津—先锋地区，旨在建设成为朝鲜的自由经济贸易区。与两国地区相比，中国长吉图先导区要好很多，但是远远不能胜任未来图们江经济区的中心枢纽地带的区域使命。长吉图开发开放先导区的建设、东北地区的进一步扩大对外开放和参与东北亚经济合作必将产生大量的交通运输需求，要求建立起高效的一体化交通体系。可喜的是，大图们江经济区的基础设施建设已经得到三国的有力配合并实现了整体规划。陆续形成了《关于支持

---

1 李靖宇. 东北优化开发主体功能区经略论 [M]. 北京：人民出版社，2009.

中国图们江区域（珲春）国际合作示范区建设的若干意见》《中华人民共和国东北地区
与俄罗斯联邦远东及东西伯利亚地区合作规划纲要》等国内和国际文件，以推进图们
江区域的基础设施建设。

3. 区内建设工程浩大，重点项目尚不突出

吉林省要求长吉图开发开放先导区要建设成为我国东北地区重要的新型工业基
地、现代农业示范基地、科技创新基地、现代物流基地和东北亚国际商务服务基地。
在《纲要》中，吉林省提出了涵盖一、二、三产业的工程建设名单。其中，在工业方
面，全力打造具有自主创新能力和核心竞争力的汽车、石化、农产品加工、光电子信
息、冶金建材、装备制造、新材料新型工业基地；在服务业方面，着力发展现代物
流、特色旅游、文化创意、服务外包、商务会展以及金融保险业；在农业方面，加快
灌区改造、沃土培肥、黑土区治理、标准粮田、良种培育和推广、全程农业机械化示
范、生产技术集成与普及、病虫草鼠害预防、空中云水利用等项目建设。同时，《纲
要》要求加大科技投入，重点建设和完善一批科研院所；提升交通、水利、能源、信
息等基础设施的投入；加强生态建设与环境保护，充分考虑了区域经济发展的必要条
件和总体规划。但是，众多的建设项目没有明显的层次区别，重点项目没有突出。这
样不仅分散了资金的应用，而且影响了工程建设的监督和进程。长吉图开发开放先导
区的建设必须明确优先建设一批具有带动功能的工程，保证重点项目能够如期发挥
效用。

4. 政治因素错综复杂，国际合作难以操控

冷战之后，东北亚各国经济形势好转和政治关系改善，为东北亚合作提供了新的
发展机遇，大图们江区域合作开发正是在这样的背景下付诸行动的。但是，东北亚地
区不仅在经济体制和政治制度上有较大差异，而且这一地区拥有多个民族和多种文化
以及各国之间的领土纠纷，使该地区成为世界上历史遗留问题最多的地区之一。特别
是朝鲜半岛的核问题使得东北亚局势不稳定因素有所增加，朝鲜半岛无核化的实现还
需要各方继续努力；日本与中、韩关于领海领土的纠纷还没有停止；日本与俄罗斯的
领土谈判还远未走上正轨，尤其是日本政府对历史不负责任的态度以及一再提高自卫
队的地位，为东北亚各国关系埋下了巨大的隐患。这些不利因素湮没了东北亚区域的
潜力，严重阻碍了东北亚区域合作的进程。当前，由于能源供应动荡成为世界经济复

苏的重要障碍，致使能源成为俄罗斯有力的外交筹码。在东北亚，中、日、韩三国对俄罗斯的能源都有需求，因此四国都认识到了通过能源合作为牵引，加强双边和多边经贸合作的重要性，并努力排除政治因素的影响，尝试着以能源合作为中心，全面实现经贸领域的合作。但是，没有政治协调与合作的深入交流，经济合作的热度就难以保证。就大图们江区域经济合作而言，中朝、中俄关系仍然是最重要的国际关系。在政治层面，政府间的规划和保障更是不可或缺，应该适时建立东北亚区域性的政治合作机制。比如东北亚首脑会晤机制、东北亚合作论坛等，以保障东北亚地区的长期繁荣和稳定。

六、长吉图开发开放先导区作为国家战略的对策创意

从长吉图开发开放先导区的战略定位来看，目前必须注重强化基础设施建设力度，提高公共服务水平，以营造良好的投资环境；必须注重完善区域内生产力布局，努力促成优势产业集群，强化区域合作关系。与此同时，还要在经济发展过程中注意保护生态环境，做到可持续发展。为此，必须适时作出对策创意，以支持逐步达到区域合作开发目标。

1. 强化基础设施建设力度，提高公共服务水平

在基础设施建设过程中应该重点向民生倾斜、向提高发展能力倾斜、向急需解决的问题倾斜，大力实施畅通工程、品质工程、生态工程、素质提升工程、创业就业工程、安居工程，着力健全基本生活保障体系、健全基本医疗卫生保障体系、健全社会安全保障体系，真正让发展成果由人民共享。党的十八大提出了建设"职能科学、结构优化、廉洁高效、人民满意的服务型政府"的行政体制改革要求。提高公共服务水平，就必须不断增强政府的公共服务意识，不断加大政府的公共服务投入，不断创新政府的公共服务方式。进行体制机制创新也是长吉图开发开放先导区先行先试的一个重要方面。在东北亚层面，俄、朝在朝鲜罗先地区交通基础设施方面的合作不断深入；中、俄、韩、日四国共同开辟海上国际联运航线；中、日、蒙三国签署《珲春协议》，共同推动"东方大通道"建设。"东方大通道"又称"中蒙大通道"，从蒙古乔巴山向东经中国的阿尔山、乌兰浩特、长春、图们江至俄罗斯、朝鲜的港口。中蒙大通道建成后，蒙古乔巴山建成蒙古东部地区最大的物资集散中心和交通枢纽，它将有力

地整合东北亚区域的资源，促进东北亚的经济交流和发展。因此，中蒙大通道是长吉图先导区建设的最大的基础设施工程。

2. 全面加强生态文明建设，带动旅游经济发展

吉林省应该充分利用长吉图区域开发提供的难得机遇，突出表现地域文化，塑造特色旅游产品，推出精品旅游线路，塑造长吉图区域特色旅游品牌。吉林省旅游资源丰富，有长白山、吉林（松花湖）雾凇、净月潭森林公园、查干湖风景旅游区等"吉林八景"，更有北方独有的冰雪旅游资源。长吉图开发开放先导区地处三国交界，其中延边州又是朝鲜族聚居的少数民族自治区域，异国风情和边疆风光的旅游项目历来是当地重要的旅游资源。珲春及延龙井一带西部、北部有高山作天然屏障，而且靠近日本海，使当地冬夏气候受海洋的影响十分显著，形成了冬暖夏凉的气候特点。8月份平均气温21.2℃，是盛夏避暑胜地。整合当地的旅游资源，根据市场设计涵盖旅游、文化、休闲、体育、商贸、时尚多个方面的旅游项目。

3. 完善区域内生产力布局，形成产业集群优势

要实现一个地区的经济发展，必须明确本地的优势资源、主导产业，明确重点发展方向，实施围绕主导产业和优势产品倾斜发展的新战略。因此《纲要》提出，将以提高自主创新能力为支撑，大力推进产业结构升级，建设以现代农业和特色农业为基础、以先进制造业和现代服务业为主体的产业体系。[1]以此为指导，区内将重点建设汽车、石化、农产品加工、光电子信息、冶金建材、装备制造、新材料八大新型工业基地；以及现代物流、特色旅游、文化创意、服务外包、商务会展以及金融保险业等现代服务业。先导区各个行政区域必须根据实际情况，确立当地的发展方向。其中，长春市已经形成了以交通运输设备制造业为主体的工业体系，并凭借其重要的商品粮基地地位，发展农畜产品加工产业。作为东北老工业基地的重要节点，长春的工农业基础雄厚，应该发挥其区域的带动和辐射作用。吉林市重点建设的是北部工业新区，以原有的工业基础和优势，区内重点发展石化、冶金建材产业，并努力发展农产品加工、装备制造、新材料等产业。珲春要充分利用沿边靠海优势，集中全力打造中国面

---

1 中国图们江区域合作开发规划纲要——以长吉图为开发开放先导区［EB/OL］. http：//www.chinajilin.com.cn/content/2009-11/17/content_1770428.htm.

向日本海的出海口、推进与毗邻边境地区基础设施的合作建设，把珲春开放窗口建设成为集边境区域性出口加工制造、境外资源开发、生产服务、国际物流采购、跨国旅游等多种对外合作形式于一体的特殊经济功能区。延龙井一带努力成为以先进加工制造业、现代物流、旅游及高技术等产业为主体的产业体系。打造图们江区域的物流节点和国际产业合作服务基地。

4. 充分借鉴先进开发经验，注重发挥后发潜力

从国内外来看，区域经济合作已经有很多成功的范例值得参考。例如我国长三角、珠三角、环渤海、泛北部湾等经济圈的区域经济合作相当成功，并有国内不少省市（区）在区域内相邻中心城市之间推进"同城化"战略。通过共同规划发展、统一理念和行动，实现产业一体化及产业优势互补，提升区域经济、文化、科技的综合竞争能力。从客观上看，后发展地区起步具有特定的优势。一是有成功发展模式可以借鉴。通过比较以往成功或失败的两方面范例，可以形成相对正确的发展思路，发展定位更加明确，区域规划更加合理。二是资金来源的优势。由于存在先发展的地区资金富余，后发展地区就可以依靠引进外资辅助，弥补起步阶段资本积累不足的问题。而且由于后发地区少走很多弯路，在探索过程中的成本会比先发地区低很多，也可以缩短发展的时间。长吉图先导区的建设不仅可以借鉴我国其他地区的发展经验，而且为我国沿边地区发展提供示范。

5. 积极落实国家政策投放，营造良好的投资环境

当前，先导区同时享受振兴老工业基地和图们江区域合作开发的优惠政策，部分区域还享有少数民族、边疆开发甚至西部大开发的政策。党和国家在多年来给予的优惠政策为吉林省创造了良好的外部条件。事实表明，东北老工业基地振兴战略实施以来，吉林省经济和社会发展速度明显加快，基础设施条件逐步改善，呈现良好的发展态势。为促进东北亚合作开发，进一步推进图们江区域改革开放，加快提升中国东北地区沿边开放的水平和质量，国家将长吉图先导区的开发开放上升为国家战略。作为中国沿边开发开放的示范区，国家赋予长吉图先行先试权。因此，吉林省应该大胆探索和试验，积极进行政策创新，大力挖掘发展潜力，营造良好的投资环境。在制定地方政策时，先导区内城市应该加强沟通，加强政策的协调性，注重政策的统一性。做到以国家政策为指导、以区域发展协调为原则的地方政策制定

和实施工程。

6. 加快国际合作开发进程，整合区域经济板块

20世纪80年代末和90年代初期，随着中苏关系正常化、蒙古体制转型、韩苏建交、朝日邦交谈判、中韩建交，东北亚各国的关系逐渐缓和，为图们江口的国际合作开发奠定了政治基础。在此背景下，联合国开发计划署（UNDP）倡导中国、俄罗斯、朝鲜、韩国、蒙古共同启动图们江区域合作开发项目。中国政府响应联合国开发计划署的倡导，对大图们江地区的开发高度重视。当年，国务院委托国家计委批复了《图们江下游珲春地区综合开发规划大纲》，确定了中国参加图们江区域国际合作开发实施自主开发、联合开发和多国合作开发三步走战略。其后，在联合国开发计划署的积极倡导和推动下，《关于建立图们江地区开发协调委员会的协定》《关于建立图们江经济开发区及东北亚开发协商委员会的协定》《关于图们江经济开发区和东北亚地区环境准则谅解备忘录》三个多边文件的签署推进了图们江区域合作开发的进程。2005年，联合国开发计划署在长春召开图们江区域开发项目第八次政府间协商协调会议，将图们江地区开发提升为大图们江区域合作。在将近20年间，关于图们江经济圈开发的多国协定、双边协商及各国国内文件多达数十个。可以看出，图们江经济区的每一次快速发展都是在东亚各国携手努力下共同推进的。在和平与发展已成为全球不可阻挡的时代潮流的大背景下，东北亚各国应当抓住这一难得的机遇，通过对话共同消除经济合作中的不确定因素，形成统一规划和强有力的组织协调，共同完成国际合作开发这个巨大的系统工程。特别是为了加强对外经贸往来，不断拓宽合作领域，图们江战略规划应当与国家"一带一路"发展构想相衔接，拿出更多的资源配备吸引合作，才能更好地把握机遇，实现跨越性发展。所以，应当把长吉图沿线经济带的发展作为东北方向陆海丝绸之路经济带大计划中的一小部分，紧跟"一带一路"建设脚步，实现多方深度合作。在此过程中，本着"平等互利、优势互补、真诚合作、共同发展"的原则，与相关各国对话，消除不确定因素，为本地区的稳定与繁荣作出新的贡献。

第二部分

东北方向陆海丝绸之路经济带
以五大核心城市为支撑

第五章

东北方向陆海丝绸之路经济带的起点
城市——烟台的引擎功能

烟台是山东省7个沿海城市中唯一跨黄、渤两海的城市，它连接辽东半岛和山东半岛，是东北亚重要的交通枢纽。作为全国首批14个沿海开放城市之一，烟台市经过多年的发展，经济总量居全国城市第二十位（2017），工业主营业务收入居第九位。曾获中国最佳魅力城市、四届全国文明城市、中国投资环境金牌城市、中国最佳避暑旅游城市、联合国人居奖等多项殊荣。目前，烟台市已经成为实施山东半岛蓝色经济区和黄河三角洲高效生态经济区两大国家战略的重要节点城市，正在加快推进"四区一岛"建设，致力于打造中国蓝色经济领军城市。与此同时，烟台作为古代海上丝绸之路的起点城市，已在2015年被列为"一带一路"海上重要节点城市。经过40多年的改革开放，烟台经济社会迅猛发展，已成为国家对外开放的重要窗口、通向世界各地的重要节点，形成了融入"一带一路"建设的独特优势。特别是特殊的地理位置和历史渊源，造就了烟台在东北方向陆海丝绸之路经济带上的引擎功能和发展潜力。有鉴于此，烟台要抢抓国家战略机遇，提速打造烟台开放型经济升级版，努力建设成为"一带一路"特别是东北方向陆海丝绸之路经济带的重要支点。

一、烟台作为东北方向陆海丝绸之路经济带起点城市的发展态势评价

作为东北方向陆海丝绸之路经济带的起点城市，有必要回顾烟台城市发展的历史沿革，盘点城市基础设施建设状况、资源禀赋情况以及目前的经济发展概况，以利于

充分挖掘烟台在东北方向陆海丝绸之路经济带建设过程中的综合优势条件，为呼应、对接、深化和融入国家大战略做好充分准备。

1. 烟台城市历史沿革回顾

烟台市具有悠久的历史、深厚的义化积淀和独特的自然环境，自古就是神话故事中的仙境，吸引了历代帝王和文人雅士来此驻足。在其形成发展过程中历经了西周时期的莱子国，明代的海防重镇"奇山守御千户所"，清代军变民地的"奇山社"，清末，烟台被辟为通商口岸，成为我国近代工商业发展的代表性城市之一。多种文化在这里交融与发展，形成了特有的城市风貌，2013年，烟台市成为国务院公布的国家历史文化名城。

烟台自古就是中国海上交流的重要门户之一，也是海防军事重镇。早在6000年前，烟台城区一带就有了原始的人类聚落，到西周初期，即已具备城镇（聚落）形成、发展的社会经济条件。烟台古称芝罘，史载商周时期胶东属古莱子国，芝罘湾是东夷人活动的重要地区之一，文化、经济相当发达。早在春秋时期，就是山东海岸线上的重要停泊点。唐宋时代，是中国与朝鲜半岛和日本进行海上交通的登船点和登陆点之一。但在明代以前的时期，一直没有城市建设，仅分布有多个渔村。明洪武年间，为防御倭寇侵扰沿海，在芝罘设建"奇山守御千户所"，这是最早的城市雏形；同时在北山（即烟台山）上筑狼烟台，"烟台"由此得名。这一时期为满足军需民用，海上贸易逐渐兴盛，烟台山西侧的太平湾成为贸易的港口。

清代撤销奇山所的军事建置，奇山所在原有军户聚落的基础上形成城镇居民点，属福山县管辖。清末第二次鸦片战争后，烟台成为山东省首个通商口岸，烟台山上则设立了领事馆和东海关等机构，山下向南延伸的区域逐渐建设了大量洋行、商号、百货公司、饭庄等，朝阳街由此形成。民国时期，烟台的对外贸易和民族资本主义工商业带动了城市的发展，城市建设以烟台山—朝阳街为中心，沿海岸向两翼扩展，形成我国民族工业发展史上具有代表性的张裕葡萄酿酒公司、宝时造钟厂、生明电灯股份有限公司、政记轮船公司、胶东醴泉啤酒厂、泰生东染料行等工商企业。1934年，设立"烟台特别行政区"，成为一个相对独立的建置。新中国成立初期，烟台城市扩展较为缓慢。改革开放后，作为沿海开放城市，烟台的社会经济发展迅猛，城市规模和辖区范围也迅速扩大。目前，烟台市区形成了由芝罘区、莱山区、开发区、高新区、福山区、牟平区等构成的滨海带状城市结构，总面积达3002平方千米。此外，烟台辖区还包括龙口、莱阳、莱州、蓬莱、招远、栖霞、海阳7个县级市和长岛县，总面积达13745.95平方千米。

2. 烟台城市基础设施盘点

（1）水电网络通信等基础设施

2014年，烟台市发电总装机容量926.3万千瓦，发电量407.6亿千瓦时。海阳核电拥有风力发电机组1159台，总装机容量173.2万千瓦。全市年供水总量8.4亿立方米，日供水量230万立方米。南水北调干线工程全线贯通，配套工程加快推进。目前，烟台建成了数字数据网、国际互联网、市话计算机管理网等多种网络平台。2014年，全市完成邮政业务总量4.4亿元，电信业务总量64.5亿元。电话交换机装机容量209.8万门，固定电话和移动电话拥有量分别达到129.1万部和820.3万部，计算机宽带用户达134.5万户。

（2）交通基础设施

烟台陆路交通通过铁路、公路可直达新疆、内蒙古，参与新亚欧大陆桥经济走廊、中巴经济走廊、中蒙俄经济走廊建设。在海上交通方面，烟台市海陆联运枢纽地位将进一步突出，且烟台港与连云港、青岛港向西运行路线不同，腹地也不同，完全有条件实行错位发展。

航空：烟台空港是国家一类开放口岸，与韩国首尔、日本大阪、欧洲布鲁塞尔和中国香港、中国台北等447个城市通航。2014年，烟台机场起降架次4.3万架次，完成旅客吞吐量430.6万人次，货邮吞吐量4.1万吨。烟台蓬莱国际机场试飞成功，2015年上半年实现正式运营。

公路：烟台全市公路通车里程18189千米，其中，干线达到2353千米，高速公路达到507千米。2014年，烟台公路系统共实施干线公路重点项目16个，建设和改造里程297千米，完成投资14亿元，烟台市路网综合服务能力和水平进一步提升。蓬莱至栖霞高速公路施工招投标工作已完成，已全部获得省相关部门的批复。另外，有8个项目的改建和大中修工程已完工，通车里程245千米，完成投资11.1亿元。烟台市内陆陆、陆海和陆空对接的公路网络迅速扩张，全面推进。

铁路：2014年，烟台火车站开通动车，青烟威荣城铁正式开通运行，蓝烟铁路穿境而过。龙烟铁路加快建设，已累计完成投资逾25亿元。该铁路将为山东北部沿海地区开辟出一条新的铁路运输大通道，解决港区运输的瓶颈问题，成为烟台港西港区最重要的生命线，增强烟台港集疏运能力和核心竞争力。潍莱高铁，青岛至海阳城际铁路、环渤海高铁也分别纳入近期及远期规划。中铁渤海铁路轮渡运输货物656.3万吨，运载旅客32.4万人。目前，烟台正与韩方加强沟通，推进烟台中韩跨国海上火车轮渡项目，这将加速烟台市迈向东北亚物流枢纽城市的步伐。

港口：烟台港是环渤海地区的重要港口，全市港口生产性泊位186个，其中万吨级以上泊位80个。2014年，全市港口实现货物吞吐量3.2亿吨，其中集装箱吞吐量235.6万标箱。

烟台现有十大港区，其中8处为国家一类开放口岸，已与70多个国家和地区的100多个港口直接通航。依托其便利的公路、铁路运输，良好的港口输运条件，外向型经济发展迅速。其中主要的四大港区分别为芝罘湾港区、龙口港区、西港区和蓬莱港区。芝罘湾港区是烟台港现有的核心港区，业务集中于集装箱、客货运输和散货作业，同时，在芝罘湾港区建有全国首批以拓展保税物流功能为试点的烟台出口加工区，烟台港与烟台出口加工区一体化建设，积极拓展国家业务，近年来发展迅速。烟台西港区正在向大型深水专业码头目标迈进，30万吨大型矿石码头、液化油品码头、通用码头相继投入试生产。届时，烟台港将成为拥有四大货种的大型深水专业码头，港口功能将进一步完善，行业地位大幅提升。此外，芝罘湾、龙口、蓬莱、长岛和海阳港区防波堤、航道、专用码头和陆岛交通码头工程将积极推进。以"中华泰山"号成功运营为契机，加快烟台港国际旅检大厅等基础设施建设，不断优化邮轮发展环境，争取交通运输部"公海游"试点落户烟台。目前，国务院正式批复同意烟台港正式开放资质，这将会改善港口投资环境，带动临港产业群兴起，培育新的经济增长点，提升烟台产业群兴起。此外，以大宗货源一体化经营为突破口，全力以赴降低综合物流成本，巩固扩大支柱货源市场份额，努力打造全程物流链，构筑高效统一的港口集群也被视为未来的核心发展方向。

未来烟台还将继续加大基础设施建设力度，加快实施德龙烟铁路建设，积极争取尽早启动中韩火车轮渡项目、渤海海峡跨海通道以及环渤海高铁、潍莱高铁建设，全力打造现代立体交通体系，充分发挥节点城市作用。"陆海统筹、双向驱动、带路融合"的综合立体交通体系的打造，为烟台全面融入"一带一路"建设提供强力支撑，为借势借力"东北方向陆海丝绸之路经济带"搭建起快速通道。

3. 烟台城市资源依托评价

(1) 自然资源

烟台山海相拥，风光旖旎，四季分明，景色秀美。烟台地形为低山丘陵区，山丘起伏和缓，山地占总面积的36.6%，丘陵占39.7%，平原占20.8%，洼地占2.9%。境内海拔500米以上的山脉主要有大泽山、艾山、罗山、牙山、昆嵛山、招虎山等，最高峰为昆嵛山，海拔922.8米。境内河流众多，5千米以上河流121条，其中五龙河、大沽河、大沽夹河、辛安河等8条河流流域面积在300平方千米以上。烟台海岸线、岛岸线909千米，有500平方米以上近岸岛屿72个，面积较大的有芝罘岛、南长山岛和养马岛，有居民的岛15个。烟台属于暖温带大陆性季风气候，雨水适中，空气湿润，气候温和。2014年，平均降水量525毫米，年平均气温12.4℃，日照时数2488.9小时，无霜期284天。

烟台海洋渔业资源丰富，盛产海参、对虾、鲍鱼、扇贝等多种海珍品，近海渔业生物品种200多个，有捕捞价值的100余种，是全国重要的渔业基地。烟台葡萄酒、烟台苹果、烟台大樱桃、烟台海参等8种产品成为国家地理标志保护产品。烟台苹果、莱阳梨、烟台大樱桃、莱州梭子蟹等33种产品获注国家地理标志证明商标。地下矿藏十分丰富，已发现矿产68种，黄金储量和产量均居全国首位，菱镁矿、滑石、钼储量和产量均居全国前5位。沿海大陆架储有丰富的石油和天然气资源，属"富集型"油区。

(2) 人文资源

烟台市文化资源种类多样，特色鲜明。夏朝，东夷族就在此建国，秦始皇统一天下后曾三次东巡，均在烟台留下足迹。烟台是胶东半岛民俗文化的发源地，民间文化源远流长。烟台是全国著名的"京剧之乡""鲁菜之乡"，拥有烟台山近代建筑群等17处全国重点文物保护单位，海阳大秧歌、蓝关戏、胶东大鼓等14个项目被列入国家非物质文化遗产名录。烟台是革命老区，红色文化资源丰富，抗日战争时期建立了胶东第一个根据地，打响了胶东抗战第一枪。胶东红色文化龙头城市建设成效显著。胶东烈士陵园、地雷战纪念馆入选国家级抗战纪念名录和遗址名录。已经成功举办多届烟台文化艺术节。烟台市文化及相关产业总资产超过300亿元，全市拥有各种艺术表演团体10余个，艺术表演场所6个，公共图书馆13个，群众艺术馆、文化馆13个，博物馆8个，文物保护管理机构5个，已建成国家级动漫产业发展基地1个、国家级文化产业示范基地1个和省级文化产业示范基地7个。

烟台旅游资源五彩缤纷。烟台是著名的"人间仙境",也是亚洲唯一的国际葡萄·葡萄酒城,先后被授予"中国最佳休闲城市""中国优秀旅游城市"等荣誉称号。整个城市集"山、海、岛、泉、河"于一体,909千米的海岸线上分布着蓬莱仙阁、"海上仙山"长岛、"小故宫"牟氏庄园、养心天堂福寿南山、全真道教发祥地昆嵛山等众多优质的旅游景区。八仙过海、始皇东巡、徐福东渡等传说,历史悠久的道教养生文化,异国风情的近代开埠文化,原汁原味的胶东民俗文化,更为烟台的旅游增添了神秘与魅力。未来烟台将继续发挥旅游资源比较优势,全力打造中心城市、南部沿海、北部蓬长龙和西部莱州湾四大旅游板块,加快推进海滨度假、海上观光、葡萄酒海岸、海上丝绸之路和乡村生态五大特色旅游带建设,努力把烟台打造成服务功能完善、城市形象突出、产业集聚发展、产品集群发展、市场创新发展、旅游相关行业融合发展的国际滨海度假休闲旅游目的地。2014年,接待海内外游客5481.5万人次,实现旅游业总收入614亿元,分别增长9.6%和13.1%。全市拥有A级景区60个,其中AAA级以上景区38个,三星级以上宾馆99家,全市旅行社达到218家,其中出境游组团社11家。

烟台市科教及卫生医疗资源日益丰富。2013年,共取得国家科技进步特等奖1项、二等奖2项,技术发明二等奖2项,省科学技术奖27项。拥有省级以上工程技术研究中心88家,省级以上企业重点实验室16家,省级以上产业技术创新战略联盟9家,省级企业院士工作站25家。全市拥有普通高等院校15所,在校学生22.6万人。中等职业学校58所,在校生11.1万人。普通中学259所,在校学生30.8万人。小学316所,在校学生26.2万人。特殊教育学校9所,在校学生826人。拥有幼儿园1067所,在园幼儿15万人。小学学龄儿童净入学率、九年义务教育巩固率和初中应届毕业生升学率均达到100%。全市共有医疗卫生机构5384所(包括村卫生室),其中医院、乡镇卫生院、社区卫生服务机构507所,疾病预防控制、监督机构28处,妇幼保健机构14处。卫生技术人员4.7万人,病床床位4.1万张。毓璜顶医院成为山东省区域医疗中心,滨州医学院烟台附属医院建成投用。

4. 烟台城市经济发展概观

根据中国社会科学院发布的《城市竞争力蓝皮书:中国城市竞争力报告No.13》,在2014年全国294个城市的综合经济竞争力城市排行中,山东省有15个城市进入前100名,青岛市位列第16位,为山东省内最具经济综合竞争力的城市。烟台市位列第

31位，仅次于省会济南市（30位）。面对复杂多变的宏观经济环境，烟台市经济在新常态下基本保持平稳运行，主要经济指标增幅保持在合理区间，综合经济实力再上新水平，但经济运行中依然存在一些矛盾和困难。

2014年，烟台全市实现生产总值6002亿元，按可比价格计算，比2013年增长9.1%，分别高于全国、全省1.7个和0.4个百分点。全市完成国地税收入848.9亿元，公共财政预算收入完成490.2亿元，公共财政预算支出574.9亿元。全市完成固定资产投资4101.1亿元，增长15.9%；社会消费品零售总额2377.7亿元，同比增长12.7%。实际使用外资17.7亿美元，全市实现进出口总额527.5亿美元，增长7.6%，对全省外贸增长贡献率达到35.4%，机电和高新技术出口占比分别达到67.7%和42.7%。烟台对外贸易总额列前三位的国家是韩国、美国、日本。2014年烟台市的一、二、三次产业增加值分别达到441.3亿元、3212.4亿元、2348.5亿元，结构比例为7.4：53.5：39.1，规模以上高新技术产业产值达到6091.3亿元，增长12.3%，占规模以上工业产值的40.7%以上。

2014年，全市实现农业增加值441.3亿元，同比增长3.9%，与2013年基本持平。全年粮食总产量262.98万吨，同比增长0.6%，水果产量515.84万吨，水产品产量191.11万吨，蔬菜产量210.49万吨，分别增长1.4%、1.2%、4.7%；肉、蛋、奶产量分别为50.00万吨、23.93万吨、21.03万吨，分别增长1.5%、-1.8%、1.4%。主营业务收入过10亿元的农业龙头企业16家。农产品出口创汇31.5亿美元。农民专业合作社注册总数达到8474家。烟台市大力推广农业标准化示范基地、绿色农业示范区等示范建设，全市农业标准化生产基地达到510万亩。累计认证"三品一标"农产品885个。

烟台是中国近代工业的发祥地之一，孕育出张裕、北极星、三环等一批驰名中外的品牌。2014年，烟台市工业实现增加值2898.14亿元，按可比价格计算，增长8.8%，其中规模以上工业增加值同比增长9.6%，与全省持平，比全国高1.3个百分点，增速同比回落1.9个百分点；主营业务收入、利税、利润绝对额分别居全省第二、三、二位。全年规模以上工业企业产销率98.95%，同比提高0.23个百分点。烟台市进一步巩固提升机械制造、电子信息、食品加工、黄金、现代化工五大传统优势产业，突破发展新能源与节能环保、新材料、生物技术、高端装备制造、新一代信息技术五大战略性新兴产业，做大做精汽车、电脑、手机、船舶、葡萄酒、黄金、核电、聚氨酯、新型铝材、特种化纤十大产品集群。

2014年，烟台市完成服务业增加值2348.5亿元。服务业实现税收361.9亿元，占全部税收的42.6%，服务业完成投资2460.1亿元，占全社会投资的60%。比上年同比增长

10.4%，服务业增速与2013年同期持平，快于全部工业1.6个百分点。其中，批发和零售业实现增加值增长15.9%，金融业实现增加值增长11.8%；信息传输、计算机服务和软件业实现增加值增长7.7%；交通运输、仓储和邮政业实现增加值增长6.4%。全市拥有中国驰名商标81件，山东省著名商标339件；山东省名牌产品211个，山东省服务名牌78个。深入实施服务载体培育"3221"工程，做大做强商贸、旅游、会展、金融、现代物流、房地产等主导产业，突破发展科技信息、商务服务、文化、医疗保健、养老服务、社区服务等新兴产业，加快发展教育、体育、卫生等公共服务，打造全国一流的医疗健康产业基地式城市和养老服务典范城市。

综合来看，烟台市近年来产业结构调整步伐加快，需求结构不断优化，提质增效稳步前行，改革开放纵深推进，取得了一定成效。但受宏观经济影响，整体经济下行压力较大。企业投资意愿不足，招商引资难度加大，房地产增速放缓，实体经济运行内生动力不足，农业增长制约因素增加。目前，烟台市要取得经济持续稳定健康发展和提质增效升级的双成效，仍需狠抓改革攻坚、突出创新驱动、深化对外开放、激发市场活力，统筹稳增长和调结构，以换取短板补齐、弱势做强。

二、烟台作为东北方向陆海丝绸之路经济带起点城市的综合优势认证

烟台市作为东北方向陆海丝绸之路经济带的起点城市有着诸多优势，如优越的地理位置、深厚的历史文化渊源、国家长期以来的发展政策指引以及对外开放优势。这使得烟台市在发展中逐步找准自己的功能定位，结合自身实际精准发力。

1. 烟台的天然区位优势

烟台市地处山东半岛中部，东连威海，西接潍坊，西南与青岛毗邻，北濒渤海、黄海，与大连隔海相望，是东亚地区国际性港城、商城、旅游城。烟台占据山东半岛蓝色经济区整体规划的重要位置，是打造胶东半岛高端产业聚集区的骨干城市，处在国家开发黄河三角洲高效生态经济区的重点区域，是环渤海经济圈的南翼中心城市。烟台市海陆空交通发达便捷：向东面向韩国、日本，可以建立密切的经济联系，开展多领域的经济协作与交流；向西可以借助于威—乌高速和大莱龙铁路以及正在建设和即将建设的龙烟、黄—大和德—东等铁路，将腹地拓展至鲁北、山西、陕西等地南北方向；同时，随着烟大铁路轮渡的开通及蓝烟铁路向南延伸与第二条欧亚大陆桥相连

接，烟台市南北联系将出现历史性突破，将由边缘城市变成节点城市。

2015年3月，国家发改委、外交部、商务部联合发布《推动共建丝绸之路经济带和21世纪海上丝绸之路的愿景与行动》，明确指出在沿海地区要加强包括烟台在内的城市港口建设，充分发挥其开放程度高、经济实力强的优势，产生显著的辐射带动作用。烟台作为我国首批沿海开放城市之一，积淀了良好的经济发展基础，经济发展水平一直在山东省处于较高地位；而临近海洋的水陆交通条件使其在与东亚经济圈乃至国际贸易往来中占据优势；同时，烟台市的临港高端产业基地建设与发展对城市经济产生巨大的拉动作用，这将极大降低城市的生活成本、城市运营成本、创业成本，对烟台城市经济竞争力的提升贡献极大。截至2015年3月，烟台累计吸引"一带一路"沿线国家投资项目1000多个，涉及园区开发、承包工程、资源开采、旅游等诸多领域。烟台正尝试打造"一带一路"上的"烟台产业园"，打造海上合作战略支点城市，在更广空间、更大平台上推动转型发展。

烟台位于连接华东与东北、中国与日韩的核心位置，具有深化国际国内合作、聚集生产要素、吸引各方投资和带动区域发展的良好区位条件。烟台与日韩隔海相望，海上最短距离分别只有549海里和271海里，是中国最靠近日韩的城市之一，是我国与东北亚国际经济圈的交会叠加区域。据不完全统计，长期工作和生活在烟台的日本人有1万多人，韩国人有3万多人。烟台籍在日华侨华人包括留学生达8.8万人，在韩华侨华人包括留学生达3.2万人。2013年，接待入境游客52万人次，其中日韩游客31.61万人次，占到60.8%。烟台与韩国的群山、原州、蔚山、仁川、安山5个城市和日本的别府、宫古两个城市建立了国际友好（合作）城市关系。同时，烟台还是东亚经济合作推进机构十城市之一，该十城市均是中、日、韩三国城市。烟台还设有中日新兴产业园、中韩新兴产业园等多个日韩专业园区。

2. 烟台的历史文化优势

2009年，国家文物局决定将蓬莱和广州、泉州、宁波、扬州港口城市一起，纳入"海上丝绸之路"申报世界文化遗产计划，后来增加北海、漳州、福州、南京，一共9座城市。"中国古代海上丝绸之路"，可以分为从中国南部沿海出发的"南方海上丝绸之路"和从中国的东部沿海出发的"东方海上丝绸之路"。其中，"东方海上丝绸之路"主要是指通向朝鲜半岛及日本列岛等地区的海上贸易交往航线，形成时期可追溯到春秋战国时期的齐国，是已知的我国最为古老的海外贸易和友好交往航线之一。早

　　在商代，山东半岛就开始了远航贸易。春秋时期，山东半岛就与朝鲜半岛建立了经贸往来，战国以后，中国向韩国、日本等东亚国家输出书籍，见于史书最早记载是中国的南北朝时期。随着近年考古发现的不断增加及古登州地区作为东方海上丝绸之路起点的研究深入，烟台"东方海上丝绸之路"首航地的历史地位得到进一步明确。

　　古登州的建置始于唐代，而登州古港的港航活动可以追溯到远古时期。由于条件限制，先民们最初的海上航行是沿着海岸进行的。登州所处的胶东半岛，与辽东半岛之间的渤海海峡，散落着数十个岛屿，为两个半岛之间航路开通创造了有利条件。人们通过逐岛航行从胶东半岛到了辽东半岛。后来人们沿着辽东半岛的海岸继续航行，先是到达了朝鲜半岛，后经朝鲜半岛南端穿过对马海峡到达日本，这就是胶东半岛最早的通向海外的航线，被称作"登州海道"。

　　登州海道开通之后，胶东半岛、辽东半岛、朝鲜半岛、日本列岛之间就开始了贸易和文化的传播与交流。开始时先是各种陶制器皿和农作物的种子，后来是瓷器，人们便把这条海上通道称作"陶瓷之路"。到了秦汉时期，胶东半岛的丝织业发展很快，中国与朝鲜、日本之间也开始了丝绸交易。烟台地区是我国最早植柞养蚕的地区之一，在西周时期丝织业就有一定的规模了，这为"东方海上丝绸之路"的开辟准备了充足的货源，奠定了物质基础。齐国凭借强大的国力，与海外诸国保持着频繁的贸易往来，烟台地区的芝罘等港口是当时最为著名的口岸。考古发现，日本出土了我国战国末年齐国所产丝绢，当时的日本还处在新石器时代，自己还没有丝绸纺织品。这说明，齐国时期已经开辟了从烟台一带出发直到日本的海上贸易航路。

　　秦始皇时期，秦始皇派遣出自齐地的著名方士徐福东渡日本。徐福在日本被视为"蚕桑之神"来祭祀，成为"中国丝绸的传播者和开拓东海丝路的先驱"。目前学术界的观点认为，徐福是龙口人，其东渡日本的始发地就在烟台沿海的港口。2200多年前的徐福东渡，是中国传统文化，特别是齐文化向海外的一次大传播，是中日韩第一次大规模的经济和文化交流，也是中国航海史上的第一次伟大创举。

　　唐朝在烟台地区设置登州，登州港与明州（今宁波）、广州、泉州齐名，并称中国古代四大港口。《新唐书·地理志》记述，唐代中国与周边各国交流的主要交通路线有7条，而海路只有两条，其中一条就是由登州出发，联系新罗和渤海国的登州海行入高丽渤海道，即从蓬莱出发，通过长岛岛链，连接辽东半岛，转至朝鲜半岛的航线。据资料表明，隋唐时，日本曾6次、朝鲜曾30余次派遣隋使、遣唐使沿此路在登州登陆，与我国进行友好往来，当时的登州港曾有过"日出千杆旗，日落万盏灯""帆樯林立，笙歌达旦”的辉煌。

元朝时期，南北漕运的疏通使烟台成为南北水运的中转站，朝鲜半岛的商人在烟台可以买到中国南北方的主要货物。1363年，元朝“立胶东行中书省及行枢密院，总制东方事”，“置胶东行省于莱阳”。这是史上胶东地区唯一一次建省，烟台一带不仅成为通往东方的出海要道，更成为应对东方事务的战略要地。直到明朝，由南京、北京等地至山东半岛，再从登州出海的水陆兼行路线，只需3天便至朝鲜半岛，是最为快捷的路线。

总体来看，从登州（今烟台）始发的东方海上丝绸之路，不仅是沿线各国在经济上互通有无的商贸之路，也是人文交流的文化之路、友好往来的和平之路。烟台作为东方海上丝绸之路首航地，不但拓展了海上丝绸之路经济文化交流的广度，同时也拉长了其时间上的跨度。

3. 烟台的发展政策优势

（1）“一带一路”倡议

2013年10月，习近平总书记访问东盟国家时提出，建设21世纪海上丝绸之路。李克强总理在2014年3月5日所作的政府工作报告中提出，抓紧规划建设丝绸之路经济带和21世纪海上丝绸之路。2015年3月，国家发改委、外交部、商务部联合发布《推动共建丝绸之路经济带和21世纪海上丝绸之路的愿景与行动》，从时代背景、共建原则、框架思路、合作重点、合作机制等方面阐述了“一带一路”的主张与内涵。在“愿景与行动”描述的“一带一路”终极版图上，烟台作为重要节点城市位列其中。随着“一带一路”倡议的实施，作为全国首批沿海开放城市，烟台的对外开放已经从中抢占了先机。“一带一路”沿线国家已经成为烟台市重要的对外合作区域。据烟台市商务局统计，截至2015年3月烟台市累计吸引“一带一路”沿线国家投资项目1000多个，实际使用外资15亿多美元。在吸引外资的同时，烟台企业也积极迈出走出去的步伐。烟台百家企业已累计在“一带一路”40多个沿线国家投资合作项目130多个，主要分布在俄罗斯、新加坡、马来西亚等国家，涉及园区开发、资源开采、加工制造、研发设计、旅游等诸多领域。

（2）“蓝黄”战略与高端产业聚集区战略叠加

2009年6月，山东省出台了《关于建设胶东半岛高端产业聚集区的意见》，胶东半岛各城市均推出了发展不同特点高端产业的规划。烟台市高新技术产业将重点发展生物、电子信息、新材料、新能源和节能环保五大业；制造业重点优化提升船舶及海洋工程装备、汽车及零部件、专用装备制造和冶金工业、化学工业五大产业；现代服务业重点发展壮大现代物流、金融商务、旅游会展、服务外包和文化创意五大产业；特色产业链重点做大做强汽车、手机、电脑、食品、黄金、葡萄酒、船舶、MDI、特种化纤和核电装备十大产品群。高端产业的发展必然为烟台优化产业结构，提升产业和区域竞争力提供强劲的推动力。

国务院2009年11月23日正式批复《黄河三角洲高效生态经济区发展规划》，中国三大三角洲之一的黄河三角洲地区的发展成为国家区域协调发展战略的重要组成部分，其地域范围包括东营和滨州两市全部，以及与其相毗邻的潍坊北部寒亭区、寿光市、昌邑市，德州乐陵市、庆云县，淄博高青县和烟台莱州市。莱州市的目标是充分发挥区位优势和资源优势，加强与黄河三角洲各城市、天津滨海新区、京津冀都市圈、辽宁沿海经济带开发的对接交流，加强与县市区之间的互惠合作，构筑发达的现代化交通体系和区域性物流中心，努力打造设施先进、便捷畅通的桥头堡。

2011年年初，国务院正式批复《山东半岛蓝色经济区发展规划》，标志着山东半岛蓝色经济区建设正式上升为国家战略。地处山东半岛东部、濒临黄渤海的烟台，是连接辽东、山东半岛的枢纽城市，拥有良好的区位和丰富的海洋资源。《山东半岛蓝色经济区发展规划》，涉及烟台的规划就有100多项，试点方案50多条，从产业、项目、政策等方面给予烟台大力支持，充分放大了烟台的区位效应，拓展了城市腹地和开放空间，增强了区域竞争力，必将推动烟台蓝色经济进入一个崭新的发展天地。烟台市根据这一规划，进一步明确烟台的发展定位为：国内蓝色经济领军城市、连接中日韩的交通物流枢纽城市、国际旅游休闲度假城市、海岸带综合管理和海洋生态文明示范城市。自此，陆海统筹、科学发展的新篇章正式开启，烟台迎来了前所未有的重大发展机遇。

在胶东半岛和山东半岛蓝色经济区发展规划中，烟台处于核心区域，并被赋予骨干城市地位；同时，在黄河三角洲高效生态经济区建设中，莱州的发展也是重要一环。作为黄蓝两大国家战略的主要承担者，烟台拥有了巨大的发展潜力和广阔的发展前景，加上胶东半岛高端产业聚集区建设的"三大战略"叠加的机遇对烟台来说千载难逢，城市和区域发展也将面临更大的空间，地位进一步提高，功能进一步强化，在山东省和环渤海经济圈、东北亚经济圈内的区域竞争力也将显著增强。

（3）中韩铁路轮渡项目建设与中韩自贸区建立

2014年，在烟台市相关部门制定的《烟台市参与"一带一路"建设有关平台和支点项目》中，中韩铁路轮渡项目的建设被重点突出，并通过赴上级部门专题汇报、与韩国方面加强沟通互访等方式，积极推动项目中韩双方进程。目前，该项目已入选全省海上丝绸之路第一批重点推进项目，韩国方面对该项目也非常重视，正在加快项目调研论证速度，以便适时开通仁川—烟台试运营航线。中韩铁路轮渡项目建成运营后，来自韩国的列车可以经轮渡抵达烟台，再通过即将开通的德龙烟铁路以及现有的石德线（石家庄—德州）、石太线（石家庄—太原）等铁路，直接抵达新疆并向西一路开往欧洲。这比从连云港出发运输缩短了400—1000千米路程，免去了货物在列车和轮船之间的装卸，大大节省了物流成本和时间成本。

2015年6月1日，中韩自贸协定正式签署。根据协定内容，将围绕两国产业园开展合作。中韩烟台产业园纳入中韩自贸协定框架，面临难得的历史发展机遇。中韩建交后，烟台与韩国的经贸往来日益密切。截至2014年年底，韩国累计在烟台投资项目3550多个，投资领域涉及服装、轻工、电子、机械、食品、建材、海运、商贸、金融等诸多行业。韩国已成为烟台最大的进出口贸易伙伴，烟台四成进出口企业与韩国往来。大宇造船、LG电子、现代新能源汽车等大批韩国知名企业已在烟台扎根。随着中韩自贸区建设的加快，烟台市正与韩国积极推进高端产业等方面合作，包括在新能源领域探索工业厂房屋顶建设太阳能分布式发电站，在物流领域加强航空物流、电商物流合作，在金融领域推进本币结算、股权投资等。2015年，烟台市共7家银行实现韩元挂牌。此外，烟台与韩国仁川、蔚山、群山、原州、安山等市建立了友城关系，每周有120多个架次航班往返韩国与烟台，现在有约5万韩国人在烟台工作和生活，烟台在韩国的华人华侨和留学生也达到3万多人。中韩自贸区的启动将为中韩两国包括烟台带来诸多利益、重要契机和广阔前景，为海上丝绸之路赋予新的涵义。

4. 烟台的对外开放优势

1984年5月4日，烟台成为我国首批14个沿海开放城市之一。烟台以开放的胸襟洞察世界经济脉动，把握城市产业禀赋，集聚发展领先优势。30多年后的烟台，经历着不同寻常的变迁，展现了对外开放的巨大潜力。2013年，全市生产总值达到5613.9亿元，是1984年的45.8倍；地方财政收入达到437.2亿元，是1984年的95倍；全市每4天创造的生产总值和地方财政收入，比1984年全年总和还多。开放型经济提供了全市约40%的GDP、50%的税收、60%的城镇就业岗位。实际使用外资从1984年实现零的突破，到2013年累计吸引90多个国家和地区投资263亿美元，稳居全省第二。1984年全市第一个外资项目投资只有7万美元，2013年外资项目单体外资额平均达到1008万美元。招商引资实现了由引进资金为主向引资、引技、引智立体推进跨越。投资领域不断扩大，拓展延伸到现代制造业、现代服务业、现代农业、高新技术产业等高端、新兴领域。烟台市已经与200多个国家互通贸易，2013年外贸进出口达到493亿美元，是1984年的2036倍，占全省的近五分之一，全国每百亿美元进出口就有1亿美元来自烟台。截至2013年年底，累计实际使用外资263亿美元，其中日韩投资达到66.9亿美元，占到26%。韩国已成为烟台最大的贸易伙伴和第三大外资来源地，全市韩资企业近1000家；日本在烟台投资企业达到400多家，是烟台第三大贸易伙伴和第五大外资来源地。开放为烟台改造提升了一批传统产业，引进新生了一批战略性新兴产业，造就了具有较强国际竞争力的五大支柱产业和十大产品集群。其中，机械制造、电子信息产业主营业务收入超过2000亿元，食品、黄金和现代化工产业超过1000亿元。全市主营业务收入过百亿元工业企业达到17家。可以说，烟台的外向型经济在全国都是领先的，烟台的企业不管在欧美还是在东南亚甚至在西亚、非洲都有非常良好的合作，对"一带一路"沿线国家可以起到很好的示范作用。

从1995年第一条高速公路开工修建，2018年市域范围已建成8条高速公路。铁路轮渡、渤海海峡跨海通道等项目正在加快推进。高效便捷的现代综合立体交通体系的加快建设，使烟台离世界的距离更近了，与世界连得更紧了。城市建设正在实现由滨海小城向国际化现代都市跨越。30年前的烟台，是一个寂静的滨海小城，30年后的烟台在开放中旧貌换新颜，正在昂首迈向国际化现代都市。坚持开放型城市空间发展思路，深入实施"东拓、西联、南进、北展、中优"发展战略；坚持开放型路网辐射带动，在市中心区贯通8条隧道，建成60多条主干道；坚持开放型功能设施先行，精心打造国际博览中心、文化中心、体育公园等城市地标项目，精细编织水、电、气、暖、通信等管网设施，展现给世界的是碧海蓝天、山水相映、历史与现代交融、人与自然和谐的"人间仙境"。2013年，中心城市建成区面积和人口分别达到275平方千米和223万人，是1984年的10倍和5倍。

对外开放给烟台带来发展机遇的同时，也提升了烟台的城市知名度和影响力。烟台市连续多年被评为"中国最佳休闲城市""中国最佳避暑城市"，还获得"联合国人居奖""国际葡萄酒城""最佳中国魅力城市""全国文明城市""跨国公司眼中最具投资价值城市"等城市名片。烟台还将努力提升烟台"仙境海岸"城市品牌在国际上的知名度和影响力，早日与国际著名海岸相媲美。

历经30多年，烟台由单一的经济开放，发展成全方位、宽领域、深层次的开放。从1985年缔结第一个国际友好城市，到与世界22个城市建立国际友城关系；从1995年成功举办东亚城市进出口商品交易会，到成功举办APEC国际贸易博览会、国际果蔬食品博览会、国际葡萄酒博览会和获评中国十大优秀会展城市；从2000年烟台市运动健儿夺得全省历史上首枚奥运金牌，到2012年圆满承办第三届亚沙会；从2001年建立全国首家韩国学校，2009年首次在国外创建孔子学院，到现在与爱尔兰都柏林大学在烟台合作办学；从创办"和平颂"国际青少年文化艺术节，到举办国际友城文化周；等等。30多年的开放，让烟台的变化翻天覆地，更让烟台以更加自信、包容和开放的理念和姿态与世界融合，展翅腾飞。

三、烟台作为东北方向陆海丝绸之路经济带起点城市的发展面临挑战

优势与挑战并存，烟台市仍需正视自身发展中如城市集聚功能不足、行政管理尚显僵化、市场体制尚不完善、产业结构有待优化等潜在问题。

1. 城市集聚功能不足

历经30多年的经济开放和近年来重大发展战略的政策洗礼，烟台的城市经济发展的确在很多方面取得了骄人的成绩，但与丝绸之路其他节点城市相比较，烟台市的经济影响力、带动力和辐射力还不够强，其思想观念还相对保守和陈旧，有些故步自封，城市发展缺乏强有力的科学规划和合理布局。例如，烟台的每个区都建有工业园，每个工业园都有机械、电子、食品项目，区域之间发展并没有彰显各自的优势，反而为了各自GDP和发展的成绩在部分行业上体现出明显的同构性；再如，每个区都建有旅游景点和批发市场，但规模化、专业化和特色化并不高，整个城市产业聚集度比较低。与省内经济发达的青岛市相比，烟台中心城市也有港口、航空、铁路等基础设施，但是这些基础设施的辐射力与拉动力，与青岛相比存在较大差距。烟台港口的货物吞吐量和集装箱吞吐量分别仅是青岛港的二分之一和八分之一左右；航空客运量仅为青岛的五分之一。由于陆海空交通运输能力的限制，严重影响了烟台人流、物流、资金流的集聚，制约了服务业发展。同时，烟台市的旅游资源比较分散，缺乏统一开

发、包装与营销，城市旅游资源得不到很好的开发。由于受财税体制、投入机制等因素影响，烟台中心城区的城市建设呈现明显的不平衡，在基础设施建设、资源共享、产业布局等方面各自为政。在重大基础设施方面，各区和县市都在谋求建设"小而全"的基础设施网络，这种发展现状既占用了建设资金和土地资源，又影响了城市集聚效应的发挥，严重制约了中心城市经济的发展和烟台城市竞争力的提升。

2. 行政管理尚显僵化

改革开放以来，中国行政管理改革30年呈现一个连续的，既相互衔接又不断深化的过程，分为三个主要阶段。即第一阶段旨在突破政治、经济一体化的中央高度集权的体制束缚，重点是"简政放权"；第二阶段是为了适应计划经济向市场经济体制的转轨，重点是转变政府职能；第三阶段以建设服务型政府为目标，重点是推进政府管理模式的转变。行政管理改革既是一场管理革命，又是政府与市场关系、政府与公民关系、国内治理与全球治理关系的深刻调整。秉承这个方向和目的，烟台政府作出了积极调整和深刻改革，但当前仍然存在一些突出问题，行政管理尚显僵化。进入21世纪以来，从公共行政角度主要体现出两个矛盾：一是经济快速增长与发展不平衡的矛盾日益突出，二是全社会公共需求的快速增长与公共物品和公共服务短缺的矛盾日益凸显。形成上述问题的原因固然是多方面的，从公共行政的角度看存在以下几方面的原因。第一，对发展的认识上有片面性，把经济总量的增长等同于发展。表现为政府在过去的现代化建设实践中偏重于经济建设，过多地注重GDP的增长，忽视了社会建设。第二，政府管理理念落后。一些政府部门和公务人员习惯于计划经济条件下形成的管制观念，缺乏服务精神。第三，政府职能转变不到位导致其公共服务职能出现缺位。如政府在基础教育、公共卫生、公共安全、社会养老和住房保障、生态环境等基本公共服务方面的投入严重不足。第四，政府以管制为核心的管理模式没有根本改变，无法满足公众日益增长的公共需求。更有少数政府部门以管理为名谋取部门利益，乱收费、乱罚款、乱摊派，加重企业和公民负担，严重损害了政府形象。因此，进一步深化行政管理体制改革是解决上述问题，消除经济社会发展过程中的体制性障碍的客观要求。

因此，烟台市目前行政管理的关键是要在改革行政管理体制中转变政府的职能，推进政府管理模式的转变。要从审批型经济向服务型经济方向转变；从行政控制型的政府理念向依法行政型的政府理念积极转变，从而建立有限、高效、依法的服务型新政府模式。深化政府经济职能转变的重要基础和前提是要解放思想、转变观念。烟台市政府需要根据国家政策要求，抓紧落实，从转变行政理念、依法公正入手，务实进取，推进各项市场化的改革并且要在合理行政上引入执法为民的服务理念，调整故步自封的旧思路，改变官就是管的观念，充分尊重现有的市场主体向间接宏观管理为主的转变。改变政府只管辖区事务的狭隘思想观念，树立大社会、大群众的观念，从我国经济和社会发展大局高度重新把握政府职能行为、经济行为的范围和把握力度大力建设规范化、创新服务型政府，建立科学的管理、决策和咨询系统，提高政府办事效率，改善政务服务环境，设立专项资金和市级创业投资引导资金，制定财政税收、人才引进、信贷支持、土地利用等方面相关优惠政策，为烟台积极融入"一带一路"特别是东北方向陆海丝绸之路经济带建设提供各种有利的软硬公共服务环境。

3. 市场体制尚不完善

市场机制是迄今为止人类所发现的最为有效的资源配置工具。它以最快的速度、最低廉的费用、最简单的形式传递资源配置信息，使利益相关者能够自主决策并作出迅速反应，从而使各种资源处于有效流动和动态优化配置之中。社会主义市场经济体制强调有效市场和有效政府相结合，将潜藏在社会各主体中的财富、资源、知识、信息、技能和创造力动员起来，成为生产力发展的不竭源泉。

当前，烟台经济进入新常态，创新和居民消费对经济发展的推动作用更加重要，经济结构将更加复杂化、精细化。唯有加快完善社会主义市场经济体制，才能适应新常态，使经济社会生活更富生机活力。相对于北上广等服务业较发达的一线城市及南方一些市场主体多元化的城市，烟台目前很多行业竞争性不足，资源并没有进行合理调配，市场体制改革任务仍很艰巨。相对于经济快速的发展，烟台市的市场化改革在很多方面仍存在明显滞后，这将不利于烟台作为丝绸之路首航地参与外向型的经济合作交流。由于政府仍掌握分配各种生产要素，配置各种紧缺资源的全部权力导致烟台市产业的市场化程度不足，存在一定程度的垄断经营，尤其是第三产业的发展需要高度自由市场化的环境，政府过多的人为操控非但不能促进其发展，反而会使其发展出现畸形。目前，烟台市的金融保险、医疗、教育、铁路航空运输等行业基本上属于垄断或管制经营，民营的医疗、教育机构只占很小一部分比例，加之一些行业市场准入的门槛过高，使得一些新兴力量很难进入原有的市场。而一些大型服务性企业和垄断企业内部资源配置的效率较低，行业的竞争力不够，导致第三产业发展受到限制，高端服务业的发展空间十分有限。此外，由于烟台市的市场体制中法制建设滞后，服务业客户需求与经济总量相比严重不足。市场经济从本质上说是契约经济，保证交易各方诚信履约，妥善解决各类纠纷，法制建设应该是市场体制建设的重要内容，但是目前在资本转移、市场准入申请、资源审批等环节还存在官本位和不同程度的寻租，而且契约纠纷调解中负有公平评判责任的中介机构则很少。

4. 产业结构有待优化

新中国成立以来，烟台市通过对产业结构的不断调整，产业构成发生了很大变化。1949年三次产业占国内生产总值的比重为78.9∶6.63∶14.47，1965年三次产业的构成为60.89∶19.96∶19.15，1986年三次产业的构成为25.53∶47.16∶27.31，1992年第三产业比重超过了第一产业，2000年三次产业的构成为14.3∶51.8∶33.9。2014年为7.4∶53.5∶39.1。从产业构成看，烟台市产业结构演变符合经济发展的一般规律，经济发展状况基本处于工业化中期阶段。经过对产业结构的几次调整，制约各产业发展的主要问题是发展水平和内部结构上的矛盾。第一产业现代化水平还不高，农民收入增长状况和信贷保险等保障机制有待完善，特色农产品如苹果、水产品等品种和产业链条需要继续丰富延伸，产品质量标准和市场交易方式要逐步与国际接轨。第二产业比重仍然比较高，虽然烟台制造业水平在同类城市中较为突出，但仍然存在生产集中度低，高新技术产业规模小，规模效益和集群优势不显著等问题；目前，烟台市经济发展还是以生产制造业的拉动为主，以电子、黄金、机械、食品为代表的第二产业在整个烟台经济发展中占有绝对重要的地位。2007年以来，第二产业所占比重的变化为60.99%→60.9%→60.5%→58.9%→57.69%→56.5%→54.8%，所占GDP比重在逐渐减小，但是变化幅度较小。第三产业比重要超过第二产业，并发挥领先带动作用，还需要很长一段时间。

另外，产业结构趋同、科技投入不足，多渠道投资体系还未建立，与先进地区相比还有差距。一方面，传统行业的比重偏高而新兴支柱产业未成气候，区内产业结构雷同现象严重，分工协作粗放，市区经济一体化未能形成完整规模；另一方面，烟台市产业层次低，产业聚集度较差，目前主要靠几大各自发展的龙头企业支撑，规模化、专业化和特色化水平提升不够，支柱产业的产业链短，创新能力弱，仍以初级产品加工为主，深加工能力不足，没有形成由中小配套企业共同组成的优势与特色产业集群；另外，由于资本投入导向约束和开放式经济的影响，使第三产业投资明显不足，现代服务业发展相对滞后，品牌产品缺乏，未能利用沿海开放城市的优势，大力发展具有自身特色的第三产业。烟台市第三产业从2006年所占比重的30.14%，上升到2013年的37.7%。但这一比重和近邻青岛第三产业占49%的比重差距较大，距离山东省第三产业的平均水平40%也有差距。目前，烟台市第三产业增加值的一半以上都是靠商贸流通、金融、交通运输等传统的流通部门来实现的，而具有高人力资本含量、高技术含量、高附加值的新兴行业，如信息网络服务业、科学研究、软件业、文化创意产业等规模却偏小，竞争力不强，与其他发达城市相比，产业结构、繁荣层次、规模大小等差距较大。

四、烟台作为东北方向陆海丝绸之路经济带起点城市的推进对策建议

针对烟台市现存的城市功能、市场机制、行政管理、产业结构等方面的问题，有必要提出符合实际、操作性强和卓有成效的推进对策建议。

1. 加强基础设施建设，大力提升烟台城市功能

重大基础设施和市政公用设施，是城市经济发展的先行因素。烟台市各区县要进一步结合各自的功能定位和产业布局，打破行政界限，统筹谋划重大基础设施建设，为城市经济发展提供强有力的支撑。中心市区要继续把路网建设作为基础设施建设的重点，完善城市主次干道建设；搞好城区内外交通衔接，畅通城区进出口通道，尽快实现城区交通与城际交通、高速公路、干线公路、港口和客货运主枢纽之间无缝对接，形成市内微循环、市郊中循环、区域大循环的交通格局。要发挥烟台加速确立东北亚交通物流枢纽城市的交通优势，以现代化、系统化、网络化为标准，加大基础设施建设的投资力度，重点加强交通运输、城市道路、通信、供水、供电、供气等基础设施建设，消除城市承载力发展瓶颈；要大力提高公共服务供给水平，完善综合交通体系，提高通行能力和通达深度。要坚持优化布局、完善功能、统筹建设的原则，建设公共设施，如污水处理厂、垃圾处理场等，要实现资源共享；同时，要科学规划建设与人民群众生活、工作密切相关的各项公共服务设施，如商业、金融、文化、教育、卫生、体育等，进一步提升城市承载能力。要发挥烟台优势，积极适应城市化发展需要，加快路网结构体系建设，加强港运联合，构建干支衔接，通畅便捷，配套发展的综合交通运输网络体系。全力配合推进蓝烟铁路电气化改造、龙烟铁路、青烟威

荣城际铁路、中韩铁路轮渡、渤海海峡跨海通道等重大项目研究建设，加强区域内外的联系沟通。

此外，要加快智能化信息平台的发展，努力构建高速网络通道，同时大力完善现有的网络基础设施，为迎接新一代的互联网、移动网络提供保障，加快物联网、云计算发展。整合网络资源，采取相应措施，与高速发展的电子商务、电子物流接轨，为跨境电子商务的发展提供政策支持以及技术保障。

2. 推动渤海海峡跨海通道建设，布局蓝色新干线

渤海海峡跨海通道工程的研究课题自1992年提出，已有20余年的研究历史，渤海海峡跨海通道纵贯渤海湾，将成为连接渤海南北两岸的交通运输主干线。建设渤海海峡跨海通道是竞相发展、抢占先机的需要，也是满足安全、便捷、高效、日益增长的南北跨海运输的需要，还是节约能源、拉动内需、实现可持续发展的需要。跨海通道事业在国家海洋整体开发战略中的作用日益突出，对人类文明和社会进步的影响进一步增强。渤海是我国最大的内海，从辽东半岛沿岸到胶东半岛，三面大陆环绕状如英文字母C，渤海海峡横亘在两大半岛之间，成为山东乃至华东到东北地区的海上天堑。渤海海峡跨海通道研究，是面向21世纪中国东部沿海地区及全国经济和社会发展而提出的一项重大研究课题。该课题的基本设想是：利用渤海海峡的有利地理条件，从山东蓬莱经长岛至辽宁旅顺，建设公路和铁路相结合的跨越渤海的直达快捷通道，将有缺口的C形交通变成四通八达的D形交通，化天堑为通途，进而形成纵贯我国南北，从黑龙江到海南十一省（市、区）的东部铁路、公路交通大动脉。渤海海峡跨海通道是推进海洋强国战略的重要载体。近年来东部沿海地区经济和社会的快速发展，特别是东北老工业基地、环渤海经济圈、辽宁沿海五点一线、山东半岛蓝色经济区等国家战略的推动和实施，对加快渤海海峡跨海通道的规划、建设提出了新的要求。国内外一系列跨海工程在技术、装备、人才等领域的日益发展和成熟，为该项目提供了参考和借鉴，使得适时启动这一特大工程的规划、建设，成为现实的可能。

渤海海峡跨海通道建设的区域经济效应是多方面的。首先，能够促进环渤海区域经济全面协调一体化发展，形成环渤海经济圈内快速、便捷、高效的交通联系，加强京津冀、山东半岛和辽东半岛三大板块的联系，在更大范围内缓解全国铁路和公路运输的紧张局面，为我国沿海地区再添一条铁路运输大动脉。其次，渤海海峡跨海通道可以直接推动东北老工业基地的振兴，加速东北地区经济的发展，打造中国经济"第

四极"，加快实现我国区域经济均衡协调可持续发展。渤海海峡跨海通道串联起山东半岛城市群和辽中南城市群，向北延伸到长吉城市群、哈大齐城市群，将东北经济区和山东经济区联成一体，进而增强东北与东南沿海发达地区的经济交流与联系。再次，兴建渤海海峡跨海通道，将使环渤海地区和东部沿海地区对国际投资界产生巨大吸引力，真正成为资金投入的黄金地带。全方位、多层次开拓东北亚市场，招商引资，大力发展贸易和技术交流，率先构建国际化产业带。而作为通道端点的烟台市和大连市将直接受益，尤其是烟台市从原先的端点城市变为节点城市，为其带来前所未有的发展机遇。综合来看，推动渤海海峡跨海通道将为丝绸之路建设铺设一条陆海贯通、辐射广泛的蓝色新干线，其意义不言而喻。

3. 着力优化产业结构，加快第三产业发展步伐

一个城市在产业上的定位，决定了其发展的潜力以及发展质量。在城市化高速发展的中期，合理优化产业结构和产业布局，发挥主导产业优势塑造城市品牌形象，提高自身的经济实力和知名度，从而提升城市的竞争力是非常紧迫的。烟台在利用其区位优势进行产业布局的同时，必须考虑到与其他城市协同共进，错位发展，创设特色，避免趋同。例如，在港口布局上，要考虑到同青岛港、天津港、大连港等港口的竞争；在软件产业上，要充分考虑到全国其他同类城市比如大连市的产业发展水平和趋势；在工业产业上，要考虑到同青岛、潍坊、日照、大连等城市的产业是否重复，是否存在合作机遇。

烟台市的三次产业结构中，仍然以第二产业为主，第三产业比重相较其他丝绸之路节点城市明显低下，而伴随信息技术的发展，服务业与制造业的融合越来越紧密。因此发展第三产业对优化烟台市产业结构，促进经济社会健康发展具有重要实践意义。今后，烟台市可重点考虑推进现代服务业发展结合区位优势和区域中心城市应承担的功能，重点发展金融、信息服务、服务外包、创意设计、商务服务、旅游和现代物流业等。烟台市应整合金融资源，大力培植地方金融龙头机构，以国际金融机构加快在中国发展为契机，发挥山东半岛乃至环渤海经济圈优势，加强金融机构的功能集聚，加快建设金融后台服务功能，积极吸引国内外金融机构后台项目落户烟台。信息服务业应重点发展信息传输服务产业、数字内容服务产业、信息技术服务产业等。服务外包是当前以跨国公司为主体的国际服务业转移的新形式，也是烟台市现代服务业快速发展的增长点，应重点发展业务流程外包、软件开发外包、物流外包、研发设计

服务外包和动漫影视外包等业务。创意产业发展方面烟台市应重点发展设计类创意产业、IT软件类创意产业和文化传媒类创意产业。商务服务业重点发展企业管理服务、法律服务、咨询与调查服务、广告及职业中介服务、市场管理、包装服务、办公服务等，积极培育引进大型商贸服务项目，规范和提升传统服务业，加强特色商业集群的建设，积极发展跨境电了商务等新型业态。从经济发展与合作的角度看，物流是国际和区域间投资与贸易结果得以实现的重要手段。烟台应依托交通基础设施，以港口集装箱物流为龙头，整合公路、铁路、航空等运输资源，建设烟台港、空港和北明保税物流等大型物流园区及物流设施，搭建全市物流综合信息平台，构筑以港口为龙头的现代物流链条。积极引进国内外著名物流企业，大力发展第三方物流，构筑统一开放、畅通高效的现代物流综合服务体系，建设面向内陆腹地、东北三省和东北亚的重要物流集散地。此外，烟台应充分利用山、海、城一色，岛、林、泉相融以及浓厚的人文历史底蕴和纯朴的民俗风情等丰富的自然和人文旅游资源，重点发展观光旅游型产品，以会展旅游和特种旅游（如葡萄酒旅游）为主的专项旅游产品，带动并促进交通运输、饮食、金融、保险、房地产等服务业的发展，加速产业结构优化升级。

4. 实施人才强国战略，大力推进科学技术创新

烟台要积极融入"一带一路"建设，不仅需要具有广阔视野及开拓精神的各方面领军人才，更需要善于在全球化竞争中把握机遇和争取主动的科学决策。因此，应坚持人才优先战略，抓紧地方智库建设，为烟台更好融入丝绸之路建设提供人才保障和智力支撑。加强人才智力引进的针对性，强化激励政策，提高专门人才的使用效率。依托烟台留学人员创业园，大力引进优秀的高层人才、高技能人才和紧缺型人才，实施人才培养计划，打造人才集聚的高端平台；积极争取国家科研院所重点实验室和科技项目落户，发挥驻烟研究机构和高校的科研优势，开展科技研究和攻关，推进科技成果的转化，同时加大对地区教育的投入，培养适应烟台地方经济发展需要的各类专门人才。

烟台要加大技术创新和高科技产业的资金投入，聚集市域内外资源要素，拓宽科研投入的途径、提高科技转化能力，培育自主知识产权和自有品牌，实施科技兴海战略；围绕主导优势产业发展，提升烟台市的科技创新能力，实现资源优化配置的最大化；大力推动前沿技术攻关，采取奖励机制加快规划和专业化、特色化创新型园区建设，实现合理功能分区，全面增强烟台城市经济竞争力。

5. 加快对外开放步伐，努力提升经贸合作质量

可以发挥烟台作为我国与东北亚国际经济圈交会区域的地缘优势，紧紧抓住中日韩自贸区尤其是中韩自贸区务实推进的有利契机，巩固加深与日韩间的贸易往来。支持中集来福士、杰瑞等烟台本地企业搭乘"一带一路"快车"走出去"，积极研究制定相关政策措施，鼓励企业在沿线国家地区建立合作项目、海外基地，充分参与沿线国际产业贸易合作分工。要采取有力招商引资措施，聚力引进一批沿线国家来烟投资项目，主动对接"工业4.0"等，激发烟台市传统优势产业的生命力，增强战略性新兴产业的扩张力，凝聚工业化和信息化融合的爆发力，围绕节能环保、新材料、高端装备、生物技术、新一代信息技术等战略性新兴产业有针对性地制订实施培育计划，壮大新兴产业规模，探索合作模式。调查企业、产品、技术、项目等支撑未来发展的各种要素，重点打造食品名城、国际葡萄·葡萄酒城、黄金产业名城、节能环保产业城等。应该积极推进烟台市的园区发展，积极吸引"一带一路"沿线国家来烟台投资兴业，建立国别产业园、经济合作区，特别是利用我们的区位优势，加大与韩国、俄罗斯等国的合作力度，加快推进烟台中俄高新技术产业化合作示范基地、烟台中韩产业园、烟台中韩高端产业合作示范区建设。同时，鼓励烟台市企业到沿线国家投资设立经贸合作区、经济合作区、加工业园区等各类合作平台，吸引上下游链条整体转移、关联产业协同布局，提升企业集聚发展能力和投资影响力。

加强对外文化交流是提高对外开放水平的有效途径。烟台作为建设"一带一路"的重要节点城市和东北方向陆海丝绸之路经济带的起点城市，在国际文化交流方面具有独特优势和文化基础，应该完善对外文化交流机制、搭建对外文化交流平台、充分挖掘现有历史文化资源。对于烟台来说，要在经济全球化、区域一体化的大背景下作出正确的战略定位，强调合作多样化与竞争互补结合，实施以面向日韩为重点的经济国际化战略，更多地承接日韩的产业转移，引进更多的终端产品龙头企业落户烟台，积极参与国际竞争、合作与国际分工，参与跨区域的、跨国家的分工协作，多元化拓展国际市场。在新一轮外向型经济发展中必须进一步全方位、多元化地拓展外贸市场，不断扩大国内外市场范围。向资本密集、技术密集产业直至高新技术产业转型，通过提高自主创新能力、产品科技含量，深化出口商品结构的层次，使出口商品趋于多样化，通过提高出口结构的档次，减少对发达国家和地区出口产品市场的过分依赖，形成外贸市场的多元化格局。

6. 发挥丝路首航作用，打造现代特色城市名片

烟台要充分发挥作为东方海上丝绸之路首航地的历史优势，大力弘扬以"海上丝绸之路"为核心的烟台海洋文化，叫响东北方向陆海丝绸之路经济带起点城市的现代特色城市名片。面对重大历史机遇，烟台应结合实施"蓝""黄"两大国家战略，对建设"21世纪海上丝绸之路"进行深入研究谋划，大胆探索，抢占先机，尤其应在筹建自由贸易港区，打造中韩、中日新兴产业园，建设中韩铁路轮渡和中韩、中日陆海联运航线，申报"海上丝绸之路"世界文化遗产等方面先行先试，努力在21世纪海上丝绸之路建设中赢得先机。烟台既是历史上东方海上丝绸之路首航地，又是我国联结日韩的前沿和枢纽城市。烟台市在东北方向陆海丝绸之路经济带的建设中，应在一些重点领域自觉担当、先行先试、积极作为，提速打造烟台开放型经济升级版。

烟台市可以依托会展旅游、文化背景等软因素，借助"宜居城市""文明城市"等荣誉称号进一步展开城市推广，以期在"十三五"期间树立起国际性滨海生态宜居城市新形象。烟台在打造城市品牌工作中，要从烟台市特点出发，挖掘烟台的城市内涵，塑造个性化城市形象，同时高度重视彰显城市文化、提高市民素质，通过打造优秀的城市内涵来提升城市品牌。

第六章

东北方向陆海丝绸之路经济带的龙头
城市——大连的战略平台

21世纪是"蓝色"新纪元，是历史发展新阶段伊始，新一轮海洋大开发正积极有序、如火如荼地开展。海洋科学革命有潜力成为当今世界发展中的主导性潮流，具有不容置疑的世界价值和时代价值。时值"十三五"规划进行中，各级政府的发展布局逐渐将思维转向了海洋，意欲依靠海洋拉动区域振兴。大连作为"东北之窗"在中国可持续城市化进程中脱颖而出，越来越受到世人关注。但是，与此同时大连面临着挑战和迫切需要解决的问题：周边城市间发展竞争激烈，给区域核心城市建设带来严峻挑战；传统产业结构偏重，新兴产业规模偏小，产业进一步优化升级面临较大压力；海洋经济发展缺乏全局性的宏观调控和统筹协调，海洋产业同构、临港产业布局类似等问题日益突出；海洋开发利用活动集聚在近岸海域，经济社会发展与资源环境承载力矛盾逐渐激化。为此，大连必须按照《中华人民共和国国民经济和社会发展第十三个五年规划纲要》所明确的"拓展蓝色经济空间"战略导向，努力发挥大连市域作为东北方向陆海丝绸之路经济带龙头城市的战略平台地位，发挥对东北老工业基地振兴和区域经济协调发展的带动作用和辐射功能，并且面向世界市场大力增强城市经济的综合实力和国际竞争力。

一、东北方向陆海丝绸之路经济带推进中的大连城市发展目标

大连凭借得天独厚的地理位置和优良的口岸优势，以辽宁沿海经济带为依托，以

辽宁省经济开发为战略支点，逐渐成为辽宁省最开放的示范区和经济发展最快的城市，在辽宁经济发展和加快带状城市群一体化建设中起到了促进作用。在现今海洋发展浪潮之中，大连必须把握时代脉动，推进陆海统筹，借助海洋经济推动力，努力在运作东北方向陆海丝绸之路经济带的过程中打造现代化国际名城。

1. 辽宁沿海经济带的核心城市

为促进整个东北地区的发展，推动开放型经济的发展和优势产业集聚区的形成，提升我国东北地区综合竞争力，国务院于2009年7月将辽宁沿海经济带开发正式上升为国家战略。辽宁沿海经济带由大连、丹东、锦州、营口、盘锦、葫芦岛6个沿海市，长约1400千米，宽30—50千米，土地面积约占全省的四分之一，人口约占三分之一，地区生产总值占辽宁省生产总值近二分之一，是东北地区唯一的沿海区域，在辽宁和东北地区经济发展中占有重要地位。[1]

大连市在开发建设辽宁沿海经济带的过程中一直起着龙头城市的作用，特别是在"十二五"期间，国际航运中心渐显潜在发展优势，国际物流中心和区域性金融中心建设为大连市经济发展带来新的契机，现代产业聚集区初具规模，城市空间布局实现新拓展，综合实力显著增强。2015年，全年地区生产总值7731.6亿元，人均地区生产总值110673元，城市经济实力进一步增强。毋庸置疑，大连市已然成为辽宁沿海经济带的核心城市，但是，面临辽宁省前所未有的经济下行压力，大连市仍需在陆海统筹开发进程中继续扮演先导者，结合优势海洋产业，加强海洋战略性新兴产业的培育，实现陆海联动发展，成为辽宁沿海经济带开发陆海统筹的示范区。

2. 老工业基地振兴的"东北之窗"

东北地区作为国家重量级战略区域，地处当今世界政治经济生活最为敏感的前哨阵地——东北亚区域的枢纽位置。曾是我国社会主义工业建设的主要基地，是重要原材料和农副产品的供应基地，为支援全国经济建设作出过突出贡献，但是由于毫无节制地开发利用资源，导致区域经济发展失衡，东北地区逐渐失去领先位置。实施东北地区老工业基地振兴战略，是党的十六大提出的一项重要任务，是党中央、国务院继建设沿海经济特区、开发浦东新区和实施西部大开发战略后，着眼于东北地区在全国

---

1 王海龙，郭雨婷. 浅析辽宁沿海经济带的发展 [J]. 价值工程，2011（1）.

区域经济协调发展进程中的战略地位及对全面建设小康社会的特殊作用作出的重大战略决策。

众所周知，新中国成立初期东北地区资源消耗过度，加上产业布局缺乏科学性，以重工业为主，使得在改革开放后整个东北区域呈现逆增长趋势。大连作为东北振兴的窗口，理应将自身发展与区内其他省市中心城市的发展相协调，按照市场经济规律要求对各城市结构趋同的产业进行整合，发展产业集群，努力推进东北区域经济一体化发展。在推进东北老工业基地振兴战略中，大连应充分利用海洋产业内在调节性，统筹海洋产业结构优化与调整，建设沿海开发区成为参与经济全球化竞争的战略区域，抢占经济发展的制高点，促进海洋经济又好又快发展，成为东北振兴过程中的领头羊。

3. 面向世界的现代化国际名城

美国学者约翰·弗里德曼基于经济联系提出两项划分国际名城的评价标准：一是从国际名城与世界经济体系联结的形式和程度来看，国际名城应当具有不可忽视的重要地位，主要表现在国际名城作为各大跨国公司总部驻地集聚中心的区位分量、国际剩余资本的"安全港"功能、商品生产者的世界市场份额、信息集聚与传播中心作用等方面能够名列前茅；二是从资本控制所确定的城市空间支配能力来看，国际名城吸引全球金融资本的市场交易功能很强，能够发挥出国际金融资本流动的集聚和带动作用。[1] 随着夏季达沃斯论坛的落户，大连逐渐被各类国际性活动看好，使其在国际社会上的认可度大幅增加，越来越接近国际名城的标准，有望在21世纪中期和北京、上海、广州、香港一起成长为地处中国的五大"世界名城"。

大多数国际名城分布在沿海地区，均以海洋为媒介不断壮大。大连市有必要借鉴其他国际名城成功经验，以海洋为出发点，坚持陆海统筹，充分发挥海洋资源优势，发展渔业、交通运输、滨海旅游和海洋新兴产业，合理开发利用海洋资源，保护海岛、海岸带和海洋生态环境，推进海洋经济成为新的经济增长点。在中国城市化高潮即将来临之际，大连必须借助海洋在城市建设和经济发展方面捷足先登，打造面向世界的现代化国际名城。

1　孙国茂，范跃进. 金融中心的本质、功能与路径选择 [J]. 管理世界，2013（11）.

二、东北方向陆海丝绸之路经济带推进中的大连城市经济支撑

随着战略性新兴产业相关扶持政策的密集出台，沿海各地积极布局新兴产业的热度迅速升温，战略性新兴产业也已成为未来经济竞争的必争之地，加快经济发展方式转变的必由之路。大连市应趁势而上，积极把握发展契机，在陆海统筹开发一体化推进中，大力发展海洋战略性新兴产业，使战略性新兴产业逐渐成为城市经济的支柱。

1. 建立完善责任延伸制度，推进节能环保高新技术产业化

自工业革命以来，经济发展一直是以牺牲环境为代价，时至今日地球已不堪重负，各种环境问题日渐突出：煤炭、石油等高碳能源的消耗和温室气体肆意排放，自然生态系统频遭破坏，物种多样性急剧减少等一系列环境问题已成为人类生存的重大威胁。在气候与环境变化的压力下，全球经济不可避免地要走可持续发展的路径，尤其是发展中国家在工业化过程中形成的高耗能、高排放的粗放型增长模式将被淘汰，绿色经济将会大行其道。大连作为滨海旅游的著名城市，更应该落实环境优先战略，推进环保高新技术发展。

大连市部分产业布局规划不合理，重复建设能源浪费现象较多，近几年，大连遭雾霾侵袭较重，急需加大环境治理力度。为此，针对节能环保产业提出以下几点建议：一是市政府充分考虑各地区经济发展水平、产业结构和节能潜力等因素，将节能指标分解落实到各个下级政府和重点用能企业，实行严格的问责制。完善奖惩制度，落实奖惩措施，强化节能目标的年度考核和进度考核。二是继续组织实施热电联产、电机系统节能、能量系统优化、余热余压利用、建筑节能、交通节能、绿色照明等节能改造项目。扩大节能产品惠民工程实施范围，加大节能产品补贴推广力度，组织重大、关键节能技术与产品示范项目，推动重大节能技术产品规模化生产和应用。三是健全节能法律法规和标准。完善节能法相关配套法规，加快制定修订重点用能单位节能管理办法等法规。四是广泛开展宣传动员活动。普及节能环保知识和方法，弘扬健康文明的消费模式和生活习惯，努力营造良好的节能文化氛围。

2. 完善基础设施配套体系，提升信息技术产业综合竞争力

信息技术正在纵深发展并深刻改变人类的生产和生活方式，新一代信息技术依然是产业优化升级的最核心技术。根据《"十三五"国家战略性新兴产业发展规划》，新一代信息技术产业分为六个方面，分别是下一代通信网络产业、物联网、三网融合电子核心基础产业、高端软件和新兴信息服务产业。目前大连市信息技术产业发展蓬勃，逐渐形成了比较优势，占全省电子信息产业半壁江山，但是在"十三五"期间仍需继续把握电子信息产业演进换代的机遇，着力掌握关键核心技术，提升电子信息产业核心竞争力，积极培育信息服务新业态，为大连的新一轮经济增长提供新突破口。

大连市在发展信息技术产业的过程中必须注意以下几点：一是建设新一代信息技术产业基础设施。统筹布局下一代通信网络、数字电视、卫星通信等网络设施建设，形成超高速、大容量、高智能传输网络，加快建设宽带、泛在、融合、安全的信息网络硬件设备，加快重要基础设施智能化改造。二是增强信息技术产业科技创新能力。科技创新能力是经济发展方式转变的根本动力，是提升综合竞争力的决定性因素。大连市必须摆脱掉一贯的"拿来主义"，集中力量开展研发，培育和支持新兴交叉学科，掌握一批具有自主知识产权的核心关键技术和共性技术。三是推动经济社会各领域信息化。将信息技术推广应用到经济社会各个领域，加快农业产业化，加速工业信息化进程，促进教育、医疗、社保等基本公共服务的信息化。

3. 加快传统发展模式转变，创建现代生物产业标准化体系

现代生物学的兴起是人类自我认识的里程碑，而生命科学和生物技术是从根本上左右21世纪人类发展的重大领域，将对改变传统发展模式、构建绿色可再生产业体系、促进人类健康产生革命性投射。所谓生物产业是指以生命科学理论和生物技术为基础，结合信息学、系统科学、工程控制等理论和技术手段，通过对生物体及其细胞、亚细胞和分子的组分、结构、功能与作用机理开展研究并制造产品，为社会提供商品和服务的行业，包括生物医药、生物农业、生物制造和生物医学工程等。大连在生物医药领域已经具备良好的产业基础，特别是在疫苗和生物制剂等方面形成了一定的产业优势，双D园区被科技部认定为火炬计划生物医药产业基地，加上海洋生物资源丰富，有利于海洋生物产业发展。

为满足面向健康、农业、资源环境等经济社会发展重大需求，创建现代生物产业

体系，加快传统经济模式转变，大连必须在已有基础上努力做好以下几点：一是重点培育疫苗与诊断试剂、重大新药创制、现代中药、生物医学工程、化学药物升级改造及海洋生物资源开发，提高化学药物发展水平；二是加快推进海洋生物医药、保健品等生物资源开发项目，凭借得天独厚的海洋资源优势大力发展海洋生物医药衍生产业；三是重点扶持疫苗和诊断试剂产业化、重大新药创制以及化学药物升级改造等项目。

4. 坚持推进产学研相结合，促进装备制造业成为支柱产业

随着社会的进步，科技的发展，装备制造业日新月异。高端装备制造业中所指的"高端"可以从两方面考虑：一方面是指技术上的高端，表现为知识、技术密集，是多学科和多领域高、精、尖技术的交叉与集成；另一方面是指价值链上的高端，一般来讲，装备制造业都具有高附加值的特征。作为我国东北老工业基地的重要城市之一，大连市自新中国成立以来，奠定了雄厚装备工业基础。近几年来，大连市依托装备制造产业集群优势，大力实施品牌战略，不断调整产品结构，推动传统产业升级，实现先进装备制造业品牌向高端产品、高端市场的有效突破。但是在其发展过程中依然存在不少问题，企业自主创新能力较弱，核心技术和关键技术对外依存度较高，投融资体制机制还没有完全改变，融资能力和资本运作能力相对较弱，产业集群效应不明显，缺乏规模优势和协同效应。

针对以上提出的问题，给出以下几点建议：一是利用大连市装备制造业产业优势，调整和优化产业结构和布局，构建完整的产业链和技术链；二是加强产学研有机结合，积极引导企业以技术改造和技术创新为重点，与外部的高等院校和科研院所交流合作，加快科技成果向生产力转化和产业化的进程，从而带动关联产业的技术升级和进步；三是健全装备制造业投融资机构，完善装备制造业投融资管理制度，设立装备制造业专项资金，对国家重点建设工程所需以及结构调整和产业升级有重大影响的重大技术装备的技术进步项目，给予重点支持。只有这样，才能将高端装备制造业培育成大连市国民经济的支柱产业，才能加快大连市装备制造业由大到强的转变。

5. 注重优化能源开发结构，加强新能源产业成熟技术推广

当今世界面临着巨大的环境威胁，由各种传统能源造成的污染已经严重危害人类的生存环境，加上油气能源的不可替代性决定了另寻发展新能源的必要性。新能源技

术发展和产业化是解决能源危机、优化能源结构的根本出路，回顾人类经历的三次工业革命，新能源很可能是引爆第四次工业革命的关键产业。大连市能源产业发展在诸多领域已经形成了一定的竞争优势，例如2016年9月20日，位于大连瓦房店的辽宁红沿河核电站对外宣布：我国东北第一座核电站及最大的能源投资项目红沿河核电一期工程全面建成，这对促进东北老工业基地振兴，调整东北地区能源结构，促进绿色发展、低碳发展具有积极作用和深远意义。

只有新能源得以广泛应用，促成能源发展、环境保护的和谐共存，才能使高消耗、高污染的传统能源发展方式发生改变，大连新能源政策的实施，为能源代替开辟了广阔的空间。走在新能源变革的路上，尽管路途漫长且坎坷，但是前景却是光明的。对此提出以下两点意见为大连市新能源产业发展开拓思路：一是大连应成立节能及新能源协会，汇集全市新能源科研机构、高等院校的专家队伍，为新能源建设项目出谋划策。二是重点发展风能、核能、太阳能、生物质能源及相关产业。研发新一代核能技术和先进反应堆，发展核能产业。加快太阳能热利用技术推广应用，开拓多元化的太阳能光伏光热发电市场。提高风电技术装备水平，有序推进风电规模化发展，加快适应新能源发展的智能电网及运行体系建设。因地制宜开发利用生物质能等。

6. 抢占产业竞争的制高点，大力发挥新材料产业的先导性

新材料产业包括新材料及其相关产品和技术装备。与传统材料相比，新材料作为高新技术的基础和先导，应用范围极其广泛，具有基础性产业的特点，其产业规模过大对于扩大其他产业的规模具有乘数效应。新材料可以从结构组成、功能和应用领域等多种不同角度进行分类，包括新型功能材料、先进结构材料和高性能复合材料等，不同的分类之间又可以相互交叉和嵌套。新材料对于支撑整个战略性新兴产业发展，促进传统产业转型升级，保障国家重大工程建设，具有重要战略意义。

大连市在有机高分子材料、新能源材料、信息材料等领域形成良好的发展基础，涌现一批具有较强竞争能力的新材料企业，部分产品在国内具有明显竞争优势，新材料产业总体规模不断扩大。但是与其他战略性新兴产业相类似，仍旧存在创新能力薄弱、产业链条不合理、产业集群不完善等问题。所以，有必要提出针对性建议：一是加强人才队伍建设。大连市应扩大新材料领域教育内容及范围，进一步明确新材料人才培养目标，建立全方位开放式的教育体系，多层次、多元化、多特色地培养一批具有国际水平的研发人才、多学科交叉的复合型人才和优秀的新材料企业管理人才，以

满足社会对各层次新材料领域人才的不同需求。二是强化知识产权保护。市政府要在国家知识产权保护相关法规的框架下，制定、完善地方性的行政法规，做到知识产权有法可依，扶持专利代理机构的发展，对专利申请费和专利授权后年费予以补贴。三是拓宽新材料企业融资渠道。通过组织金融机构、民间资本参加产品项目推介会等方式，引导民间资本进入风险投资体系，加强风险投资中介机构的建立与发展，指导投资者进行有效的投资。

7. 着力掌握关键核心技术，构建新能源汽车产业创新联盟

新能源汽车是指采用非常规的车用燃料作为动力来源，综合车辆的动力控制和驱动方面的先进技术，形成的技术原理先进，具有新技术、新结构的汽车。新能源汽车包括混合动力汽车、纯电动汽车、燃料电池电动汽车、氢发动机汽车、其他新能源汽车等各类别产品。新能源汽车发展不仅有利于促进节能减排、保障能源安全、推动城市生态文明建设，也有利于促进汽车产业结构调整，促进我国汽车产业跨越式发展。大连是我国汽车发动机及零部件的重要生产基地，是全国首批10个新能源汽车应用示范城市之一。2013年11月，大连市被列为国家首批新能源汽车推广应用城市，截止2016年已推广新能源汽车2386辆，充电设施建设总体进展较快。2016年，大连市把新增1000个充电桩和4座充电站列入重点民生工程，预计总投入1800多万元。

虽然大连市的汽车行业还无法与上海、北京、广州相比，但是新能源汽车发展各大城市都处于起跑线，好的开始就等于成功了一半。为此，大连市政府应做到以下几点：一是利用税收等财政政策引导。政府要实施税收政策帮助企业增强自主创新能力，针对传统动力汽车和新能源汽车实施差别化的税收政策，将生产和消费引导到新能源方向上来。二是加强相关能源产业的发展。新能源产业与新能源汽车产业是齐头并进、缺一不可的，能源产业可以为新能源汽车产业提供更为广阔的发展空间。三是开展燃料电池汽车相关前沿技术研发，大力推进高能效、低排放节能汽车的发展。

三、东北方向陆海丝绸之路经济带推进中的大连城市品牌铸就

大连必须要在以七大战略性新兴产业为经济支柱的基础上，率先在陆海统筹中投放战略目标，为辽宁沿海经济带蓬勃发展夯实基础，为辽宁省经济腾飞注入强劲动力，为东北老工业基地振兴另谋新思路，通过先行先试为中国海洋经济社会全面发展

提供经验。东北方向陆海丝绸之路经济带作为战略性项目是提升大连市综合竞争实力的必要举措，势必会在新一轮的世界海洋发展中为辽宁、为东北、为中国的海洋事业掀起滔天浪潮。

1. 乘借大连作为现代化国际名城的进取态势，促进大连创建世界海洋城市总部

世界范围内海洋科学领域的革命潮流已成为不可抗拒的时代趋势，全球各国纷纷将目光投向具有开发潜力的蓝色领域。与此同时，全球一体化进程将迎来新的高潮，海洋逐渐成为连接世界各国城市的重要桥梁。海洋是人类赖以生存发展的资源宝库，是国际贸易和国际交往的重要通道，是全球气候环境的重要调节器，更是国际政治、经济、科技和军事竞争和合作的重要平台。我国作为海陆兼备的大国，随着经济全球化趋势增强以及国民经济的快速发展，大力推进海洋国土开发、积极争取国家海洋权益是大势所趋，也是拓展经济发展空间的必然选择。[1]

据不完全统计，世界70%以上的财富都集中在各国的沿海城市。在这样的国际发展态势下，大连作为"东北明珠"，建立"世界海洋城市总部"的要求已呼之欲出。大连要勇于担当，以国内巨大的市场为吸引力，以辽宁沿海经济带为切入点，吸纳全球沿海高端城市政府代表和民间优秀人才，积极创办世界海洋城市总部。实际上世界海洋城市总部的基本功能，就是要全面加强世界海洋城市之间的全方位合作，并且要打造世界海洋文化的旅游胜地，加速人流、物流和资金流的契合。大连正在朝着现代化国际名城的理想境界进取，这一战略举措能够以大连为战略基地逐步整合全球资源，为国家海洋经济发展、推动中国成为世界经济轴心国铺平道路。为此，大连应当领受国家使命，主动出面打造"世界海洋城市总部"平台。

2. 助推辽宁沿海经济带开发的国家战略项目，力挺大连创办世界性海洋博览会

历史上中华民族是最早走向海洋的伟大民族之一，曾经有过上千年经略海洋的辉煌历史。然而，后来由于长期的闭关锁国，逐步消弭了国人秉持的海洋意识和海权思

1 张平，朱之鑫，徐宪平. 中华人民共和国国民经济和社会发展第十二个五年规划纲要辅导读本［M］. 北京：人民出版社，2011.

想，致使中华民族曾经一度悄然退出了海洋强国的历史舞台。中国改革开放以来，随着综合国力的迅速增强，海洋经济在国家实施可持续发展战略中的地位日益提升，世界再次向中国敞开了共同经略海洋的新时代大门。在海洋浪潮中，大连市理应乘风破浪，想方设法创办世界海洋博览会，通过世界海洋博览会，充分发挥东北老工业基地振兴的政策优势和临海优势，采用新思路、新体制、新机制、新方式走出一条新路子，成长为现代化、国际性、综合型和具有全国意义的东北优化开发主体功能区，在重振"东北雄风"中发挥世人所期待的那种新型基地效应。

中国民主革命伟大先行者孙中山先生早在《建国大纲》中就规划了"经略海洋"的宏伟蓝图，放眼当今世界，世界强国多数是通过征服海洋立足于民族之林。由于20世纪世界经济超速发展的迫切需求，对陆域资源过度开发利用，已使得陆域所面临的资源、环境、人口等方面的压力越来越大。发达国家早已将希望的目光投向了海洋，致使争夺海洋开发空间的斗争愈演愈烈。中国作为海洋大国，应紧跟时代步伐，积极投入到海洋革命的大潮中。随着辽宁沿海经济带上升为国家战略，大连应利用好来之不易的发展势头，努力开创辽宁全面振兴的新局面。为此，大连市应在成功举办世界达沃斯论坛的基础上，创办世界海洋博览会，为落实辽宁沿海经济带开发的国家战略，做一件实事，为中华民族"经略海洋"大业立下传世之功。

3. 积极发掘"长海国际旅游群岛"发展潜力，打造现代化、高标准的海洋牧场

随着海南国际旅游岛开发规划上升为国家战略，使得国内原本就存在滨海旅游业"南重北轻"的格局更加明显。为改变我国滨海旅游经济发展的不平衡态势，提高北方海岛旅游业的竞争力，满足国内外游客对北方海岛旅游度假场所的迫切需求，有必要在我国北方海域充分开发特色海岛旅游资源。地处我国北黄海区域的海岛县——大连市的长海县域，作为东北唯一的建制群岛，凭借其独特的区位优势、丰富的群岛资源和强大的母城影响力，完全具备肩负这一重大战略使命的实力，创建"长海国际旅游群岛"。并且在打造中国首个群岛型国际旅游休闲度假区的同时，可以为全国海洋经济和旅游业的整体发展作出示范性贡献。

所谓的"海洋牧场"除了是指在一个特定海域内，为了有计划地培育和管理渔业资源而建立的可人工控制的海洋生态系统，还表示在以上基础上合理利用各种海洋资源，开发出一个集休闲、旅游、度假、疗养、行业会展、商务洽谈、高端论坛等于一

体的立体式、全方位、多功能、综合性的海洋空间区域。可以说创建"海洋牧场"，不但有利于改善海洋生态环境，还可以有效解决陆域的粮食问题，进而缓解内陆社会经济发展中出现的各种矛盾，所以必将成为当今世界各国实施可持续发展的战略选择。长海县具备得天独厚的海洋资源优势和创建"海洋牧场"的客观条件，应当抓住历史性机遇期，面向世界创建"海洋牧场"，对国家海洋发展战略及全国海岛县开发作出应有的建设性贡献。为此，大连市作为母城，有必要认定创建"长海国际旅游群岛"和"海洋牧场"的战略价值，促进发挥综合优势，科学摆放支撑项目，主动揭示薄弱环节，以使大连创建"长海国际旅游群岛"和"海洋牧场"的战略构想，具有可行性和操作价值。

4. 跟进国家关于陆海统筹一体化的战略导向，建设东北腹地综合性服务功能区

在后金融危机时代到来之际，特别是在深化改革开放、加快转变经济发展方式的攻坚时期，必须深刻认识并准确把握国内外形势新变化新特点，继续抓住和用好重要战略机遇期，进一步加快东北区域经济的一体化进程，形成沿海与腹地联动发展的新格局，努力在东北第一港口城市大连建立一个具有示范意义的综合服务功能区。国家自2003年实施东北振兴战略以来，不断向东北地区进行战略投放，其中涉及大连的战略投放政策最多，这充分说明大连在东北老工业基地振兴中的重要地位。为此，大连应积极贯彻落实党中央、国务院作出的重要战略举措，跟进国家关于陆海统筹的战略导向，主动承担区域使命和历史任务，切实创建东北腹地综合服务功能区，成为东北腹地的区域引擎和龙头城市。

在新的历史条件下，大连必须根据时代发展的要求和我国实施区域协调发展的格局，适时地把创建东北腹地综合服务功能区确立为长期的战略目标，并使之成为东北亚地区区域发展的应有之义。大连创建东北腹地综合服务功能区的关键环节，是要找准区域产业优势。东北产业经济中有工业和农业两大亮点，必须以这两大产业为依托，千方百计地为它们搭建便利的贸易平台，并注入新的科技附加值，让优势更优、强势更强，推动东北腹地经济又好又快发展。为此，大连必须创建相应的战略产业作为支撑，增强发展的内在动力，提升产业核心竞争力，形成东北地区重要的战略性新兴产业基地、现代装备制造业基地、现代生态农业基地、现代农牧渔产品深加工基地等产业技术的辐射核心区，打造东北腹地独具特色的综合服务功能区。

5. 注重发挥辽东湾北顶部区域地缘关系优势，助力海水西调国家重大战略工程

辽东湾北顶部海水西调创建跨区域生态经济带的战略设想，基本走向是从渤海西北海岸提送海水达到海拔1200米高度，再至内蒙古自治区锡林郭勒盟，然后顺北纬42°线东西走向的洼槽地表，流经燕山、阴山以北，出狼山向西进入居延海，绕过马鬃山余脉进入新疆。在新疆分为北、中、南3条支脉，首先是北支进入艾比湖，再使中支进入吐鲁番和哈密盆地，南支进入罗布泊盆地。这一战略构想，是通过大量海水填充沙漠中的干盐湖、咸水湖和封闭的构造盆地，形成人造的海水湖，以求压住沙尘暴源头。与此同时，还要依靠西北丰富的太阳能使大量海水自然蒸发，作为湿润北方气候的水汽供应源来增加降雨密度，从而达到治理我国北部区域沙漠和沙尘暴，彻底改变华北和西北地区恶劣的生态环境的目的，特别是要为首都北京营造出绿色屏障。

落实党和国家关于"加强水利、林业、草原建设，加强荒漠化石漠化治理，促进生态修复"的战略部署，致力于为京津地区建立起一道防治沙尘暴的绿色生态安全屏障，必须将辽东湾北顶部海水西调创建跨区域生态经济带的国家级大工程提到日程上来。这一重要构想旨在改善我国的生态系统，为区域经济可持续发展奠定基础。关于创建辽东湾北顶部海水西调创建跨区域生态经济带，正是在科学发展观和循环经济理念指导下提出论证的。这既是西部大开发的基础性工程，也是有利于中国北方区域经济可持续发展的重大项目，对于解决我国目前面临的能源和生态两大难题具有战略性意义，特别是能够为首都北京建立起一道生态安全屏障。只有将海水西调国家重大工程落到实处，才能有利于创建以辽宁省兴城市沿海区域为起点、以内蒙古锡林郭勒盟为节点、以新疆吐鲁番盆地为终点的跨区域生态经济带，为保护和优化中华民族的生存空间作出贡献，为国家面向21世纪中期实施可持续发展战略提供示范。

6. 努力加快北黄海沿岸经济带的现代化进程，奠基环黄海经济圈国际合作开发

北黄海沿岸经济带的地位极其重要，无论在东北亚区域大系统中，还是东北地区次级系统中，北黄海沿岸经济带都是不可或缺的组成部分，具有不可替代的区域价值。从目前发展态势来看，沿黄海一线特别是大连市域的庄河市、普兰店市、长海县、花园口经济区以及丹东市下辖的沿海区域都相对落后，已经成为辽宁沿海经济带

开发建设的区域"短板"。这在一定程度上制约了东北作为国家战略区域的发展进程，削弱了我国在东北亚经济圈的影响力，不利于区域经济的协调发展。为此，大连市必须发挥带头作用，强化环黄海经济圈的竞争实力。

辽宁沿海经济带开发从初具规模到发展壮大逐渐步入国家战略投放阶段，已经成为东北老工业基地全面振兴的重要区域引擎，基本形成了"一核、一轴、两翼"的总体布局框架。其中，两翼中的黄海一侧即北黄海沿岸经济带开发建设，具有重要的战略价值。北黄海沿岸经济带的开放战略布局，是辽宁沿海经济带战略的进一步深化和拓展。在国家和区域发展局面良好的背景下，认定北黄海沿岸经济带的开放时机已经成熟。首先是国家东北老工业基地振兴所提供的诸多优惠政策如土地政策、税收优惠政策等，给北黄海沿岸经济带带来的良好机遇。其次是辽宁沿海经济带整体的崛起，对北黄海这一局部区域具有强有力的拉动作用，均为环黄海经济圈国际合作开发奠定了基础。在新的形势下，北黄海沿岸经济带应当明确开发开放的战略取向，采用点轴开发模式，强化大连、丹东的增长极功能，通过交通线辐射带动周边地区。通过战略布局的谋划，找准发展的方向，明确区域系统的结构及功能，最终达到区域整体的科学发展。

第七章

东北方向陆海丝绸之路经济带的中心
城市——沈阳的主体地位

党中央印发关于《中共中央　国务院关于全面振兴东北地区等老工业基地的若干意见》，是在东北全面振兴的关键时期，再次作出支持东北全面振兴的重大战略决策，是党中央又一次对东北地区老工业基地振兴给予的根本遵循和行动指南。当此之际，应当全力推动东北老工业基地新一轮全面振兴，形成振兴发展的好势头，坚决打赢全面振兴这场硬仗。而在这一过程中，应当注重充分发挥区域性中心城市的引擎功能。有鉴于此，沈阳作为东北地区最大的区域性中心城市，必须抓住党和国家大力推进老工业基地全面振兴和促成中国城市化"以大带小"格局的双重战略机遇，加速全面建设小康社会进程，进一步强化作为东北区域最大中心城市的战略地位。因此，有必要从理论与实际的结合上阐明沈阳在东北方向陆海丝绸之路经济带建设中的中心城市的主体地位，以中心城市的城市辐射带动效应助推2030年实现东北全面振兴，使东北成为全国重要的经济支撑带的战略目标，所以应当对此加以定位论证。

一、沈阳作为东北方向陆海丝绸之路经济带中心城市的发展进程

沈阳市位于浑河北岸，浑河古称沈水，因古代以水北为阳，故称沈阳。沈阳历史悠久，孕育了辽河流域的早期文化，是中华民族的发祥地之一。自公元前229年设立候城起，沈阳的建城史已近2300年。自元朝"沈阳"这个名称见于史册开始，沈阳已成为我国关内外交通要冲、商品交易集散地和文化联系纽带；成为东北的重镇之一。

1. 明清时代：沈阳城市初具规模

沈阳自明朝开始便成为"一朝发祥地，两代帝王城"。1372年（明洪武五年），明军攻克沈阳；1386年，改沈阳路为沈阳中卫。为加强防御，1388年在元代土城基础上新建砖城，设东南西北四门，并在城内修十字街通向各门，使沈阳城初具规模。与此同时，明朝在沈阳附近设立了开原、广宁、抚顺三大马市，极大地促进了沈阳商业、手工业发展。1621年（清天命六年），后金汗王努尔哈赤领兵攻占沈阳；1625年，清太祖努尔哈赤建立的后金从辽阳迁都至沈阳，将明代砖城加宽加高，将城内"十"字街改为"井"字街，并大兴土木，修建了融汉、满、蒙、藏等各族文化艺术特色的宫殿及寺塔。1634年（清天聪八年），皇太极改沈阳为盛京；1636年，皇太极在此改国号为"清"，建立清王朝。1644年（清顺治元年），清军入关定都北京后，以盛京为陪都。并于1657年（清顺治十四年）以"奉天承运"之意在沈阳古城区设奉天府，沈阳的经济、政治、文化在清朝飞速发展。以上这些因素，为沈阳日后成为我国东北地区交通枢纽和经济、文化中心奠定了雄厚的基础。

2. 革命年代：沈阳城市声名日隆

19世纪中后期开始，中国进入了轰轰烈烈的革命年代。但是，这并没有影响沈阳城市各项事业的发展。这段时期，沈阳城内民族手工业和工商业迅速发展，与关内外交往规模日益密切，沈阳逐渐成为关外政治、经济、文化中心。1911年辛亥革命后，沈阳成为奉系军阀首领张作霖统治东北的中心，不断实施修铁路、开矿山、办工厂、建银号等建设项目，使沈阳近代工业得到长足发展。1923年8月，奉天省划沈阳县城区及商埠地一带为市区，正式设立奉天市政公所，沈阳首次出现市的建置，并于1929年4月2日将奉天市改名为沈阳市。虽然20世纪战乱频仍，沈阳的工业还是得到了一定的发展。至20世纪20年代末，著名爱国将领张学良少帅先后建立了东北大学工厂、皇姑屯机车车辆厂、东三省兵工厂附设机车厂以及辽宁迫击炮厂附设民生工厂。这四大企业统称为东北自建自营的四大重工业企业。因其技术先进，遂发展成为沈阳市现代机械制造工业的发展基石。在抗日战争、全国解放战争中，沈阳市也因为其地理位置、经济地位的重要而声名在全国日趋响亮，逐步成为我国重要的关外交通要塞、商贸中心。

3. 建设时期：沈阳城市功绩卓著

随着新中国的成立，中国进入了社会主义建设时期。国家为了发展经济，壮大国家实力，采取了地区倾斜的经济发展战略，即把全国有限的资源集中起来，投向少数具备优先发展重化工业条件的地区，使之成为全国的工业基地，然后再支援全国的整体建设。沈阳市的工业基地就是这种国家地区倾斜经济政策的产物。因此，沈阳从一个满目疮痍、民不聊生的殖民地建设成为一个欣欣向荣的、以机械工业为主、门类比较齐全的社会主义工业城市。新中国成立前的沈阳，工业经济虽有所发展，但工业基础比较薄弱，设备陈旧，技术低下；新中国成立后，沈阳工业发生了巨大的变化，先后成立了沈阳市第一机床厂、新光机械厂、沈阳电缆厂、松陵机械公司、黎明机械厂、风动工具厂、矿山机械厂、重型机械厂等一大批现代工业骨干企业；建立了电力、煤炼焦、炼钢、轧钢、冶金、矿山设备、大型机床、飞机、汽车、拖拉机、塑料等新的工业部门，全市工业部门由新中国成立前的65个增加到139个。"一五"时期，沈阳工业总产值年均增长5.2%，重工业年均增长也高于全国的平均数值。从1952年到1978年，沈阳市工业总产值年平均增长幅度为7.5%。

4. 改革阶段：沈阳城市走出困境

1978年，中共中央召开的十一届三中全会，决定全党的工作重点转移到以经济建设为重心，确定了我国以改革开放为动力，全力进行经济建设这个新的战略方针。改革开放的春风，使东北老工业基地焕发生机，遇到了新的机遇，恢复了快速增长势头。但老工业基地已走向成熟，面临着高度集中的计划经济所导致的诸多弊端：资源配置低、经济效率低；重化工业极端发展，农业、轻工业和第三产业落后；城市发达而农村落后；国有经济发达而其他经济落后；呈现二元经济结构和地区内经济结构不平衡状态；企业运行质量低、经济效益差的粗放式的经济增长方式等。沈阳这样一个曾经辉煌一时的东北工业重地进入了前所未有的低谷时期。

自觉中央、国务院提出了振兴东北老工业基地的政策之后，东北老工业基地又焕发了新的生机，开始走出困境。其主要表现为：

第一，经济实力明显提高。经过不断的探索，通过调整生产关系、进行体制创新、加大改变经济结构和技术改造等手段，沈阳市的生产力得到了极大的发展，人民生活水平有了显著的提高，综合经济实力明显增强。到2005年，沈阳市的国民生产总值初步核算达到2240亿元，按可比价格比上年增长16%，比2000年增长90.5%，为10年来最高增长水平。

第二，经济结构有所改善。经过40多年的不断摸索，沈阳市计划经济体制形成的畸形经济结构基本消除，社会主义市场经济体制已经建立，社会主义市场经济得到充分完善。与此同时，重化工业发达，农业、轻工业和第三产业落后的局面基本得到改善，农业生产技术水平大幅提高，现代农业深加工技术正加速发展；以传统产业技术改造和发展高新科技相结合的工业经济结构调整步伐在不断加快；第三产业结构在不断优化，不断兴起金融业、旅游业、房地产业和信息咨询业。到2005年为止，沈阳市国民经济三次产业结构由2000年的6.7：39.0：54.3调整为6.1：43.5：50.4。

5. 面向未来：沈阳城市前景广阔

2003年以来，沈阳市的经济稳定增长，经济发展取得了巨大的成就，并在全国经济发展中发挥了较大的作用。但如果横向比较，其经济发展速度明显落后于其他经济快速发展的大城市。

特别是近两年东北地区下行压力较大，受此影响，沈阳市作为东北区域中心面临着前所未有的挑战。然而，应当清醒地认识到，单从增速上讲，2016年一季度沈阳地区生产总值增幅略有下降，但一般预算收入基本持平，地方税收增长7.8%，税收占预算收入比重提高6个多百分点至84.3%，尤其是经济发展的先行指标，工业用电量和金融机构贷款余额分别增长6%和11.8%。有鉴于此，在新一轮东北振兴中，在经济发展的新常态下，沈阳市应当按照"四个着力"的要求，追求有质量有效益可持续的发展，力争走出一条全面振兴的新路子。凭借新一轮振兴发展的东风，沈阳市应当根据实际出发，以习近平总书记系列重要讲话精神为指导，以发展为第一要务，以振兴老工业基地和构建和谐沈阳为主题，以提高人民生活水平为根本出发点和落脚点，以改革开放和科技进步为动力，开拓出一条改革创新、激发新动力的发展新路子。目前正是沈阳市产业结构转型升级、提升竞争力的黄金时期，是基本实现老工业基地全面振兴的战略机遇期，是加快建设东北地区中心城市的跨越奋进和全面建成小康社会的加速推进的有利时期。

二、沈阳作为东北方向陆海丝绸之路经济带中心城市的综合优势

辽宁省地处东北亚地区的中心地带，濒临黄海、渤海，东与朝鲜一江之隔，与日本、韩国隔海相望，拥有丰富的岸线和良好的港口资源，是东北地区唯一的沿海省份，是中国东北及内蒙古东部对外开放的门户，是中国参与东北亚经济技术合作、交流、竞争的主要基地，是中国东北经济区和环渤海经济区的重要接合部。辽宁的省会——沈阳在未来必将成为东北亚经济圈最富生命力、潜力最大的城市，这些潜力业已形成了支撑东北方向陆海丝绸之路经济带建设的诸多发展优势。

1. 沈阳作为东北区域中心城市的区位优势

沈阳——东北地区最大的城市，东北地区的经济、文化、交通和商贸中心，中国的工业重镇和历史文化名城，同时还位于东北亚经济圈和环渤海经济圈的中心。沈阳位于中国东北地区南部、辽宁省中部，地形主要以平原为主，山地、丘陵集中在东南部，同时，辽河、浑河、秀水河等途经境内，它背倚长白山麓，面向渤海之滨，是辽东半岛的腹地。沈阳属北温带季风影响的半湿润大陆性气候。一年四季分明，冬季漫长；春季回暖快，日照充足；夏季热而多雨，空气湿润；秋季短促，天高云淡，凉爽宜人。

此外，沈阳是新中国重点投资建设起来的重工业基地，素有"机床之乡""共和国装备部"的美誉，为国家的工业化和现代化作出了重要贡献；进入21世纪后，国有经济战略性调整取得明显成效，城市发展空间有了新的拓展，一批世界五百强企业驻足入市，加速了城市产业结构的调整和升级，城市综合实力显著增强；曾与北京、天津、上海等沿海大、中城市一起被世界银行评选为全球最具经济发展潜力的城市之一。在以沈阳为中心的150千米的半径内，有中国著名的钢都鞍山、煤都抚顺、煤铁之城本溪、煤电之城阜新、石油之城盘锦、轻纺之城丹东、化纤之城辽阳和粮食煤炭基地铁岭等这些资源丰富、实力雄厚的辽宁中部工业城市。

2. 沈阳作为东北区域中心城市的设施优势

沈阳市基础设施完备，交通运输发达，是东北经济区通向世界的进出口门户。沈阳作为中国东北地区最大的中心城市和通往中国长城以南地区的必经之路，长期的经

济发展，形成了密如蛛网的航空、铁路、公路运输网络。

沈阳铁路也是东北地区最大的铁路枢纽，是全国最大的铁路编组站。随着各条主要铁路干线的逐步开通，沈阳成为沈山线、沈吉线、长大线、苏抚线等主要铁路干线以及沟海线、辽溪线、开本线等支线交会处。沈阳还拥有四通八达的"一环五射"高速公路网。目前，沈阳至大连、沈阳至本溪、沈阳至抚顺、沈阳至铁岭、沈阳至山海关沈阳段，以及沈阳绕城高速公路均已建成通车，形成了全国少有的高速公路网络。与此同时，能够作为连通世界各地纽带的大连港、正在开发建设的营口新港和锦州港，距沈阳均不超过400千米。这些优势，使作为东北中心城市的沈阳，对东北乃至全国都具有较强的辐射力和带动力。

3. 沈阳作为东北区域中心城市的资源优势

沈阳地区拥有丰富的黑色金属、能源、冶金材料等矿产资源。全市有大型煤田2处，探明总储量18亿吨；探明石油储量3亿吨，已打出3口油井，日产油千吨以上；铁矿储量2500万吨。此外，还有铝、花岗岩、黏土等矿产资源可供开发利用。沈阳的农、林、牧、副、渔业资源较丰富。这些都为沈阳的工业发展奠定了坚实的基础。

同时，沈阳市的土地资源优势无可比拟。沈阳市土地面积广阔，与大连等城市土地开发价格相比，其土地价格极具优势，将成为吸引投资者的亮点。同时，沈阳市的城市空间布局优势更丰富了沈阳的发展内涵。近年来，沈阳开发了120平方千米的浑南新区，集中发展以IT产业为先导的高新技术产业；建立了125平方千米的铁西新区，加快形成全国装备制造业核心基地；建设了42平方千米的农业高新区，着力培育农副产品精深加工示范基地；启动了17千米长的"中央都市走廊"和42千米长的"浑河两岸开发"，构筑起了沈阳未来发展的全新格局；结合承办2006世界园艺博览会，在城市东部的棋盘山风景区规划开发了190平方千米的旅游度假区。上述六大发展空间，不仅为国内外投资者提供众多的商机，也将使沈阳以崭新的形象展现在世人面前。

4. 沈阳作为东北区域中心城市的产业优势

作为东北老工业基地的中心城市，沈阳具有十分明显的产业优势。沈阳现有工业门类142个，在全国生产的210种成套设备中，沈阳占三分之一，汽车及零部件、装备制造、电子信息、医药化工、食品及农产品深加工等支柱产业不断发展壮大。同时，民用航空、钢铁以及有色金属深加工三大潜力产业具备了大发展、快发展的条件。目前，沈阳市的装备制造业进入快速发展阶段。机床行业正在实施整体搬迁改造，已进入了新的高速增长期；沈鼓、沈重和沈矿等通用装备、重矿行业通过搬迁、整合、改造，加快产品、地域、资产等方面的资源整合，取得显著成果；输变电行业一批民营企业开始发育成长，特变电工沈变集团逐步掌握了一批变压器制造领域的核心技术，不断缩小与世界先进水平的差距。通过走自主创新之路，沈阳汽车及零部件产业也已经走出经济低谷，并展现良好的发展势头。与此同时，沈阳市农产品深加工产业也在迅速成长，并逐步成为全市工业的重要支柱之一。

当前，围绕建设世界级先进装备制造基地的目标，沈阳市正集中力量提升产业集群的发展质量和效益，引导中小企业通过集群式发展提升产业整体竞争力。截至2015年年末，已形成超百亿产业集群15个、超千亿产业集群两个，产业集群销售收入占全市规模以上工业总产值的57%，已经成为沈阳工业经济发展的重要支撑。目前确定的19个市级产业集群分布于10个区（市、县），产业类别涵盖了装备制造、汽车及零部件、民用航空、医药化工、软件及电子信息、建材、农产品深加工以及新能源、新材料等多个领域。2016年上半年，19个产业集群完成销售收入2211亿元，上缴税金137亿元，入驻企业1915户，从业人员46万人。此外，围绕企业在创新能力、配套体系等方面的迫切需求，沈阳通过创建小微企业创业创新基地、加快公共服务平台建设等方式，推进产业集群建设由以往单纯量的扩张向质、量共同提升转变。截至目前，沈阳市已建成大东航空航天零部件制造、铁西装备制造、辽中铸锻造及深加工等6个产业集群小微企业创业创新基地，190余家小微企业先后入驻以产业集群为根系、为产业发展注入新鲜血液的创业创新基地，这些小微企业将成为助推沈阳制造转型升级的新生力量。

5. 沈阳作为东北区域中心城市的科技优势

沈阳汇聚了29所高等院校、10所高等专科职业技术院校和46所各类中等学校，拥有国家和省市级科研机构428家，两院院士25人，各类人才130余万人。拥有国家级工程技术中心12个，国家重点实验室9个，国家级企业中心7个，形成了基础研究、应用研究、产品与技术开发相结合的科研体系。纳米、腐蚀控制、机器人、数字化等高新技术达到国际先进水平，形成了信息、自动化、新材料、节能与环保、生物技术与制药、现代农业六大高新技术产业体系。

沈阳经过30多年改革开放的艰苦努力，拥有了一大批专业人才、科研机构、技术工人。涌现了像新松机器人、东软数字化医疗设备等一批令全国瞩目的，具有战略意义的知识技术密集型产业。这些项目的共同特点是，绝大多数都有自主知识产权，有自己的品牌，有研发优势和产业特色，有广阔的国内外市场。为沈阳充分利用国内外两种资源、两个市场，以信息化带动工业化，以工业化促进信息化，加快老工业基地调整步伐，提高信息化水平，发挥后发优势，实现经济的跨越式发展带来了机遇。沈阳浑南高新技术区近年来发展迅速，在全国和国家级高新技术产业开发区中排位保持持续上升。先后引进东软软件园、LG电子、东芝电梯、红旗制药、航天三菱、新松机器人等一批企业，引进近百个高新技术产业化项目。

6. 沈阳作为东北区域中心城市的人才优势

自古以来，人才的质量和数量就决定着组织竞争力。人是一个组织最重要的资源，有了人，社会才能发展，才能进步。沈阳拥有各类科技人才58余万人，其中自然科学领域人才25万人，中国科学院和中国工程院院士25人，在全国大城市中居于前列。全市每万人中有大学生578人，比全国平均数高3倍多。全市拥有各类高等院校30所，各类科研院所400多家，市级以上独立的科研机构132家。国家级工程中心12个，国家重点实验室9个，博士后科研活动站26个，企业博士后工作站5个，市以上独立科研与技术开发机构129个。

沈阳市不仅聚集了大量的各类科技人员，还有充足的产业工人群体，可为企业提供充足的劳动力资源。沈阳产业工人近百万，劳动力十分充足，产业工人文化水平、技术水平、职业道德水平和遵纪守法意识都较高，劳动工资性收入水平明显低于沿海和南方大中城市，在全国主要大中城市中排名靠后，劳动力成本较低。

7. 沈阳作为东北区域中心城市的政策优势

中央提出的振兴东北老工业基地战略，是继建设沿海经济特区、开发浦东和西部大开发战略之后，实施的又一重大战略举措。东北老工业基地振兴战略，给沈阳的发展带来了重大历史机遇。随着国家增值税转型、国债扶持等一系列政策的逐步落实，南资北上、外资涌入势头强劲，沈阳已成为国内外投资者瞩目的焦点，经济发展步入快车道。

2016年3月30日，国务院总理李克强主持召开国务院常务会议，会议确定，在现有11个国家自主创新示范区基础上，再新设河南郑洛新、山东半岛、辽宁沈大3个国家自主创新示范区，促进涌现更多创新活跃、特色突出的升级发展新"尖兵"。应当指出，建设国家自主创新示范区对于进一步完善科技创新的体制机制，加快发展战略性新兴产业，推进创新驱动发展，加快转变经济发展方式等方面可以发挥重要的引领、辐射、带动作用。其中，依托沈阳、大连国家级高新区设立辽宁沈大国家自主创新示范区，打造高新技术产业经济带，对促进东北老工业基地转型升级具有重要意义。毋庸置疑，依托政策优势，在未来沈大新区有条件成长为东北老工业基地改革开放的试验区；成为构建中国和谐社会的先行区；成为实现主导产业创新的先导区；成为社会主义新农村建设的示范区；成为东北老工业基地振兴的重要增长区。

三、沈阳作为东北方向陆海丝绸之路经济带中心城市的目标定位

《沈阳市城市总体规划（2011—2020年）》明确指出，沈阳的城市发展目标是东北亚的国际中心城市、生态宜居之都、先进装备制造业基地、文化名城以及东北亚国际大都市。以此为目标，沈阳作为区域中心城市，正在依托自身的产业优势和城市功能，对其周边城市发挥着日益增长的聚散能力和辐射作用。

1. 创建我国东北地区的区域性中心城市

随着振兴东北老工业基地战略的提出，沈阳市及时确立了全面建设东北区域中心城市的目标。但是根据沈阳现状，其带动和辐射能力以及涉及城市功能的诸多方面与目标要求还有不小的距离，需要采取积极有效的措施才能达到这个目的。

创建东北地区区域性中心城市的首要任务是：调整沈阳原有的城市空间，而城市调整的前提是城市规模的扩张。因此，"拓展城市功能，加快建设东北地区中心城市，使沈阳成为带动辽宁乃至东北振兴的重要增长极"，是所有工作的重中之重。目前，沈阳市正在着手实施"东汽、西重、南高、北农"的空间拓展计划，即建设东部汽车及零部件加工基地和现代旅游休闲度假区、沈西工业走廊、大浑南地区和沈北地区；同时，在沈阳市建立了南北"金廊"和东西"银带"。这个空间拓展计划的实施突破了行政区划，打破了城乡分割，整合了空间资源，优化了产业布局，形成沈阳市东西南北各具特色的空间发展格局。同时，通过对这个独具特色的空间发展布局不难看出，沈阳市将不断强化政府引导职能；不断培育优势产业、特色产业和新兴产业的形成、发展、扩张，加强市场竞争力和产业扩张力；不断形成沈阳市的优势产业集群，形成优

势产业联动。在不久的将来，也可以同辽宁中部城市群中的其他城市的主导产业、优势产业、相关产业和互补产业相连，形成完备的辽宁中部城市群新的东南西北中整体空间发展格局，成为振兴辽宁、振兴东北经济的中流砥柱。

2. 铸就国家级先进技术装备制造业基地

装备制造业是为国民经济各个部门简单再生产和扩大再生产提供技术装备的工业总称，其范围包括机械制造业和电子铬镍钢业中的投资类产品。因此，它是关系国民经济安全及综合国力的战略性产业。它的发展水平直接反映了国家在技术、工艺设计、材料开发、加工制造等方面的综合能力，是决定国家在世界经济发展进程中保持自主地位的关键因素。沈阳素有"装备制造业基地""共和国装备部"的美誉，其工业基础雄厚，产业门类齐全。在全国165个工业门类中沈阳占142个，既有机床、鼓风、凿岩机、水泵、矿山机械、重型机械、输变电等企业组成的传统产业，又有环保设备集团、黎明航天发展集团组成的新兴产业。

如何铸就中国重要的装备制造业基地，构建世界顶尖的装备制造业基地？毋庸置疑，根据沈阳市装备制造产业的比较优势，首先要改造提升机床制造业、输变电制造业、石油装备制造业、冶矿装备制造业这四大传统重大装备制造业，提高传统装备制造业生产的自动化和智能化水平。依靠现代技术培育和发展机器人及其自动化成套设备制造业、数字化装备制造业、燃气轮机动力装备制造业和电子信息装备制造业；不断发展现代装备制造业延伸的新型服务业、成套公司、信息中介平台和现代物流配送等现代服务业。同时，要利用国际汽车产业调整、重组、转移和扩张的有利契机，遵循国际化、规模化、品牌化的产业路线，加强对沈阳市汽车装备制造业的发展。通过与世界先进汽车制造商合作，延伸汽车相关产业链条，扩大汽车整车制造规模，形成较大的汽车产业的集群效应。逐步引进各类汽车项目落地生根，继而形成相互带动、协同发展的循环动力和整体产业核心区。最后，通过提供优惠政策、创新制度、加大资金投入吸引全国及海外的各类技术人才等措施，不断加快对沈阳市高新技术的发展，进一步提高高新产业的产业集聚能力，来加快沈阳整体装备制造业的发展，建成全国先进技术装备制造业基地。

3. 建成大东北现代商贸物流和金融中心

现代物流业是服务业中引导生产、促进消费的先导产业，具有产业关联度高、带动效应强的特点。"十三五"期间沈阳市服务业年均增长值在8%以上，服务业的比重逐年增强。按照"十三五"规划的要求，到2020年，服务业增加值占比将达到50%以上，现代服务业的增加值比重将达到60%左右，形成现代产业体系。伴随着会展业的蓬勃发展，沈阳的商贸物流产业在量级和规模上取得了显著提升。自2005年以来，沈阳陆续开工建设了百科集团钢铁物流中心、沈阳海尔物流配送中心等七大物流项目，在铁西、浑南、张士、沈阳北站等地区规划建设7个现代物流中心，还有多个国内外知名物流企业相继在沈阳落户，使沈阳的大型现代物流企业达到158家，加上仓储、运输设备等，企业总数将超过2000家。在全面振兴辽宁老工业基地进程中，加快推进沈阳区域性现代物流中心建设，具有重大战略意义。现代物流业的发展，将促进辽宁新型产业基地的建设，促进辽宁乃至东北成为国家新兴的经济增长区域，有利于进一步改善投资环境，增强可持续发展的动力，推进经济社会全面发展。近年来，全省加快现代物流业基础设施建设步伐，不断提高物流业的科技含量，引进和吸收新的经营理念，充分利用两种资源，占领两个市场，业务量及相关产业快速增长，培育了一批经营规模较大、效益较好、领域较宽的企业，涌现了一批懂得现代物流的经营管理人才，这些为今后辽宁物流业的发展奠定了基础。

国际经验表明，中心城市一般都是重要的商贸物流和金融中心，从而发挥着对区域经济的要素支持和辐射作用。沈阳建设区域性金融中心具有得天独厚的优势。沈阳的金融机构密度居东北地区之首，全市有各类金融机构及营业网点1900余家。沈阳市的银行业存款、贷款数额都排名东北首位，货币回笼多年来一直稳居全国各大城市之首，为埠外资金流入创造了畅通的渠道。无论是新兴的银行业还是保险业，都将沈阳作为其进军东北的首要阵地。虽然沈阳已具备区域商贸物流和金融中心形成的条件，但是，在东北振兴的过程中沈阳要有实力成为区域中心，还需要采取有力的措施来逐步推动和扶持。因此，沈阳要增强构建区域商贸物流和金融中心的紧迫感。不断加强与国外金融界的广泛联系与合作，加快沈阳市各个银行增资扩股进度，完善企业法人治理结构，通过吸引国内外金融资本，壮大银行融资能力；不断培育和完善证券市场，加快沈阳市规模以上企业的上市步伐；发挥信贷的导向作用，积极发展对科技含量高、市场前景好的重点行业和优势企业的融资。

四、沈阳作为东北方向陆海丝绸之路经济带中心城市的发展对策

作为区域中心城市，优化和提升中心城市的整体服务功能，既是沈阳自身发展、东北地区振兴的迫切需要，也是东北方向陆海丝绸之路经济带发展的迫切需要。作为东北方向丝绸之路经济带上的中心城市，沈阳有必要加大力度发展自身经济，尽早发挥区域中心城市的支撑和辐射带动作用。因此，必须采取以下措施。

1. 坚持优化城市经济结构，着力转变沈阳市域经济增长方式

产业结构优化升级是指产业结构向协调化和高度化方向演进。产业结构协调化是指在产业发展过程中要合理配置生产要素，协调各产业部门之间的比例关系，促进各种生产要素有效利用，为实现高质量的经济增长打下基础。产业结构高度化是指产业结构从较低水平状态向较高水平状态发展的动态过程，即产业结构向高技术化、高知识化、高资本密集化、高附加值化发展。发展分部经济能够充分发挥沈阳作为中心城市的资源优势，促进沈阳地区产业的协调发展；同时，分部经济具有知识性特点，有助于促进中心城市产业结构的高度化。振兴老工业基地，产业结构调整是主线。振兴沈阳老工业基地，不仅要振兴传统老工业，而且要优化城市经济结构，转变沈阳市的经济增长方式工业，协调发展各个产业；不仅是城市经济的振兴，更是城乡和区域协调发展，包括带动周边城市的发展；不仅是经济的发展，更是城市的转型、社会的进步。

2. 坚持走新型工业化道路，积极推进工业经济的跨越式发展

新型工业化道路是指科技含量高、质量效益好、资源消耗低、环境污染少、人力资源得到充分发挥的工业化道路。工业是沈阳市的立市之根、振兴之本，必须始终把工业立市作为全市经济发展的根本方针，努力实现装备制造业跨越式发展，用"中国装备"支撑"中国制造"，提升产业档次，实现工业经济跨越式发展，跻身国内工业强市行列。坚持整合现有资源与引进战略投资相结合，要加大产业结构和空间布局调整力度，切实提高经济增长的质量和效益，实施可持续发展战略，加快建设资源节约型和环境友好型城市，促进经济发展与人口、资源、环境相协调。加快与国际知名公司的合资合作，建成国际水准的通用机械研制基地。依托各个行业内的重点企业，通过

大力整合资源，逐步发展和完善各个产业，进一步提高市场竞争力，建成国际知名的大型民营企业。依托现有优势企业，逐步培育各类产业园区，壮大产业集群，提升产业整体技术水平和市场核心竞争力。还要坚持以信息化带动工业化、以工业化促进信息化，围绕装备制造、汽车及零部件等主导产业发展，改革传统工业产业，加强企业的技术创新，大力推进品牌和标准化战略，加强以优势产业和新兴产业为中心的集成创新，从而提高沈阳工业的国际市场整体竞争能力。

3. 坚持"统筹兼顾"方针，加快城乡区域经济协调发展进程

坚持推进社会主义新农村建设，促进农村工业化、农业现代化和农村城镇化，加快辽宁中部城市群（沈阳）经济区建设，形成城乡区域协调发展的机制。实现农村经济结构优化升级。坚持以市场需求为导向，整合城乡要素资源，在稳定发展粮食生产的基础上，加快发展农业中的二、三产业，通过发展农产品深加工、农业服务业等行业，大力发展农村工业，加速产业集聚，实现规模扩张，提升农村工业化水平；改变传统生产方式，大力加强新沈北现代农业园区及其基础设施建设，发展高产、优质、高效、生态、安全、特色农业，培育形成一批辐射力强的龙头企业。加快农村城镇化进程，加快郊区城市化、农村城镇化步伐；扩大小城镇规模，努力改善农村生产生活条件；推进村镇基础设施、交通设施、生态环境建设，加强对农村文化等硬件设施建设，加速城市现代文明向农村辐射幅度；采取综合有效措施，广泛开辟农民增收渠道，逐步缩小城乡收入差距，改善农村生产生活条件，逐步加快城乡经济协调发展。

4. 坚持壮大第三产业规模，大力强化城市整体开发服务功能

要通过发展服务业、扩大规模，调整结构、提高水平等手段，拓展沈阳市第三产业发展的崭新空间。重点发展物流、金融、保险、信息、旅游、会展、房地产、中介服务等，不断壮大现代第三产业，成为沈阳市拉动整体经济增长、增加财政收入和扩大社会就业的重要力量。不断发展商贸、餐饮、交通运输、社区服务等传统服务业，扩大社会再就业的程度。加大开发和整合全省旅游资源，着力建设旅游基础设施及配套设施，把旅游业培育成第三产业的重中之重。发展竞争力强的集团服务企业，提高整体第三产业层次。积极引进国际物流业、采购中心、金融机构、跨国公司地区营销总部和研发中心等，增强承接国际服务业转移的能力。要紧密结合第一、二产业的发展，大力发展生产型服务业，努力提高为工农业生产、经营、技术开发服务的能力。

房地产投资保持平稳健康发展，金融业运行平稳。

5. 坚持推进体制机制创新，不断提高城市全面对外开放水平

以体制机制创新为着力点，实现新突破，增强内在发展动力。因此要理顺产权关系，进一步深化企业改革；继续完成国有大型企业股份制改造，积极引导和帮助大型企业寻找战略投资伙伴，真正实现投资主体多元化。大力推动汽车和重型机械装备等重点行业的战略性重组，培育和发展一批具有自主知识产权和核心竞争力的大型企业集团。全面完成国有中小企业产权制度改革。创造良好发展环境，支持民众创业致富，加快发展民营经济，使混合所有制经济成为沈阳市的基本经济形态。进一步转变政府职能。不断完善市场功能，推进现代市场体系建设。加快发展产权、技术、资本、劳动力等要素市场。健全社会信用体系。

提高利用外资的质量和水平。充分利用国家关于促进东北老工业基地进一步扩大开放的优惠政策，加大招商引资的力度，积极吸引国内外客商来投资。积极推进招商市场化进程，切实提高引资水平和招商实效。加快服务贸易领域的对外开放，积极创造条件，吸引跨国公司、投资公司、研发中心等入驻沈阳。提高对外开放的质量和水平，加快建设开放型经济。积极参与国际经济技术高层次、多方位、宽领域合作与竞争，不断促进企业的开放、调整、改革和发展。利用国家优惠政策，鼓励外资参与国有企业改革改组改造，鼓励外商投资现代农业、装备制造业、高技术产业、农产品加工业、现代服务业等重点行业，促进整体产业升级和技术创新。进一步转变对外贸易增长方式，优化对外贸易结构，提高高技术产品、具有自主知识产权和自主品牌的产品、附加值高的产品以及服务出口比重，提高加工贸易的产业层次和配套能力，增强出口产品的市场竞争力，提高对外贸易的质量和效益。

6. 坚持区域经济协调发展，带动东北综合经济区再上新台阶

辽宁中部城市群（沈阳）经济区具有很大的发展潜力。辽宁中部城市群经济区建设就是按照突出共同利益的原则，以沈阳为中心形成一个经济区域带，在这个区域带里，大家共同发展，共同做强做大，即以一个城市为龙头来带动周边城市及农村的发展和结构升级。辽宁中部城市群七城市山水相连，风俗相近，经济相系，在空间上有积聚性、产业上有互补性，在历史上有密切合作的经验，特别是高速公路相继建成通车，铁路全面提速，都市圈内已形成以沈阳为中心的1小时交通圈，带动了七城市间人

口、资金、物资、商品等要素的频繁流动。现在促进中部城市经济群区域一体化的条件已经具备，时机已经成熟，振兴老工业基地的过程恰是中部城市经济区建设和发展的最佳时期。而七城市合作协议的签订，对整合中部城市群区域资源，实现优势互补，是一个很好的契机。在辽宁中部城市群经济区的建设过程中，要充分发挥沈阳中心城市的带动作用，实现区域的共同发展。特别是通过实施区域经济一体化战略，以沈阳为区域中心的辽宁中部城市群经济区的发展可以推动东北方向陆海丝绸之路经济带建设加速行进，为辽宁乃至东北地区摆脱经济颓势注入新动力、新活力和新合力。

第八章

东北方向陆海丝绸之路经济带的
中心城市——长春的支撑作用

党的十八届三中全会通过的《中共中央关于全面深化改革若干重大问题的决定》（以下简称《决定》）提出，"坚持走中国特色新型城镇化道路，推进以人为核心的城镇化，推动大中小城市和小城镇协调发展、产业和城镇融合发展，促进城镇化和新农村建设协调推进。优化城市空间结构和管理格局，增强城市综合承载能力"。遵循这一重大战略导向，以我国东北地区为主要对象的东北方向陆海丝绸之路经济带建设，应当注重贯彻"以大带小"的原则，突出沿线中心城市的战略地位，强化中心城市的引擎功能，使之能够肩负起应有的区域使命。有鉴于此，长春作为东北地区重要的中心城市，必须抓住这一次难得的重大历史机遇，充分发挥自身的地缘优势和后发优势，加快融入"一带一路"建设过程中，以中俄蒙经济走廊建设为抓手，加快城市经济的改革开放和工业化进程，加快对外开放步伐，为实现东北老工业基地振兴目标，全面建成小康社会作出贡献。因此，有必要从理论与实际的结合上阐明长春在东北方向陆海丝绸之路经济带建设中的中心城市的支撑作用，从而为在21世纪的国家战略机遇期内长春的城市建设提供理论支撑，应当对此加以定位论证。

一、长春作为东北区域中心城市的引擎功能是在历史进程中形成的

相对于一般城市来说，中心城市是指那些在经济、政治、文化和社会生活各方面都能起重要作用的城市，具有较强的集聚能力、辐射能力和综合服务能力；而从区域

的角度来讲，中心城市是区域中经济相对发达、功能相对完善，能够渗透和协调周边地区经济发展的行政社会组织和经济组织的统一体。[1]但是，中心城市并不是人为指定的，而是形成于特定的历史范畴之内，并且因其具备相对有利的条件，能够获得优越的发展条件，不断吸引各种要素向其聚集，从而逐渐演变为中心城市。长春之所以在东北区域中处于中心城市的战略地位，具有中心城市引擎功能，是有一定历史根源的。

1. 解放以前：城市规模化多元化起步

长春建城的时间并不长，自18世纪初建立长春厅以来仅有200多年历史。但是，考古学上的发现证明，这里却是一片早在4万年前就有人类繁衍生息的沃土。最早的长春史可以追溯到公元前2000年，那时这里被称为"喜都"，已有人口约千户；公元1234年，女真人在这里崛起，并且在北面建立了军事重镇——黄龙府，之后又迁都到中都（今北京），便把这里改称"宽城府"，为北方的军事、政治、文化中心。辽金时期是长春地区历史上最繁荣的时代。随后的扶余国疆域包括了今吉林省大部分，黑龙江省一部分和辽宁省一小部分。此时，长春古代农业开始迅速发展，人口接近百万，城市已经向规模化方向发展，有规划地大力兴建具有不同功能的城池，其中有州县治所，有军事城堡，有交通驿站，有仓储重地，也有贸易中心；同时，亦与西方建立了联系，从西方传来的景教（即基督教）成为大金的国教，宽城成为东方最大的基督教圣地。随着城市的规模发展，长春俨然已具备了成为古代东北中部地区中心城市的优势。清末民初时期，长春城市发展很快，迅速成为真正意义上的东北中部区域中心城市。铁路通车后，长春城市交通职能扩大，通往沈阳、哈尔滨、吉林的货运量大幅度增加，每年运出去的木材、大豆数量均居东北首位。1907年（清光绪三十三年），日本南满铁道株式会社，在长春头道沟与二道沟之间，用5平方千米土地，建成"满铁"附属地，并在附属地内先后修筑了火车站、街路、给排水、电力、邮政通信、煤气、园林绿化及各类建筑设施。随着经济的发展，东北中部逐渐形成了吉林、长春两个经济区。1909年，清政府动工修筑了连接两个经济区的吉林至长春铁路线。由于长春城市交通网日益壮大，所以带动着长春城市经济日益发展，从而使长春城市建设更具规模。

1 　国家计委国土开发与地区经济研究所课题组. 对区域性中心城市内涵的基本界定 [J]. 经济研究参考，2002 (7).

2. 建设时期：合理规划城市职能转型

从1949年中华人民共和国成立到1951年的两年间，长春基本上完成了国民经济主要部分的恢复工作，具备了进一步发展建设的条件。1951年，国家在孟家屯车站对面、铁路以西地区兴建长春第一汽车制造厂。长春市委、市政府以此为契机，制定出以兴建汽车厂带动长春城市建设，变消费城市为生产城市的经济发展战略。与此同时，长春被国家列为东北工业基地重点建设和规划的城市之一，借此发展之势，长春有步骤、有规划地开展城市建设工作，相继兴建中国第一座铁路客车制造厂——长春客车厂，以及中央部属的机车车辆厂、柴油机厂、东光无线电厂、东北光学精密仪器厂等多家大中型企业；创建东北师范大学、长春地质学院（后改称长春科技大学）、东北人民大学（今吉林大学）、长春汽车拖拉机学院（后改称吉林工业大学）、吉林农业大学、吉林兽医大学（后改称解放军军需大学）、吉林军医大学（后改称白求恩医科大学）、长春航空学院、长春光机学院、长春冶金建筑专科学校等一批大专院校；兴建长春应用化学研究所、长春光学精密机械研究所、中国科学院东北地理与农业生态研究所、中国汽车研究所等科研机构。在国家的大力支持下，省、市地方投资的500余处工业、教育、医疗卫生、邮政电信、商业、饮食服务、金融及配套工程也相继开工。正是党的第一代中央领导集体的正确决策，为长春城市建设和发展带来了历史性转折，特别是围绕一汽和中央部属企事业单位工程施工为主线的城市建设步入高潮，推动城市的基础设施不断加强，城市功能日臻完善，人居环境大为改善。

3. 改革以来：全面振兴形成独特优势

以党的十一届三中全会召开为新起点，随着国家重点工作转移到现代化建设上来，长春本着"人民城市人民建，人民城市人民管"和"集中财力、保证重点"的原则，明显地加大了投入，加快了建设步伐。"八五"以来，长春广辟融资渠道，采取政府投资、招商引资等多种办法筹集资金，建设了一批重点工程和现代化设施，从根本上改善了长春的城市面貌。1978—1987年这10年间，长春市共进行了5次较大规模的城市规划，累计投资达689亿元，年均递增22.9%。改革开放初期，长春确定城市性质为全省政治、经济、文化中心，是以汽车等机械制造业和轻工业为主的工业和科技教育城市。1986—1989年间，长春重新构建了城市规模和布局，加快了重点工程项目的规划实施。1990—1994年，完成了新一轮对《长春市城市总体规划（1995—2020）》

的修编任务和把长春市建设成现代化国际性城市的规划研究工作，同时在城市用地、综合交通、历史文化、文物保护、旅游开发、环境卫生、市政公用基础设施等专业规划的研究上取得了较大进展。1995—1997年，长春又进行了跨世纪总体规划修编，规划集中体现了较高的环境和生活质量，体现了产业结构的优化与产业、基础设施和管理的现代化方向。长春城市建设，就是在城市规划调控下，具体表现为同步协调实施交通系统、给排水系统、通信信息系统、能源动力系统、环境保护系统、防灾系统、园林绿化系统七个系统的基础设施建设以及综合开发进程。1998年以来，长春市政府提出了"积极而为，适度超前"的建设方针，紧密围绕拉动工程、凝聚工程、稳定工程、环境工程这四大工程，推动城市建设项目和投资实现了历史性突破，这些历史性突破，不仅是城市功能形成和发展的基本条件，而且是城市文明、发达的标志。改革开放以来，长春按照国务院批准的《长春市城市总体规划（1995—2020）》，努力进行基础设施建设，使城市整体承载力不断上升，功能日趋完善，开始进行凸显特色的城市建设，成为远负盛名的汽车城、电影城、森林城、雕塑城、文化城、科技城，一座区域性的中心城市正在崛起，在东北综合经济区建设进程中已呈现引擎功能。

二、长春作为东北方向陆海丝绸之路经济带中心城市具有综合优势

一般来说，由于受众多因素影响，中心城市会呈现出不同的面貌和作用。这里所说的众多因素，大体可以归纳为两大类：一是基本因素，二是促进因素。基本因素是天然形成的，包括地理位置和自然条件；促进因素是后天发展的，包括政治状况、经济条件、人文因素等。由各类因素综合作用而孕育出的中心城市，作为经济社会发展到一定阶段的必然产物，将成为特定区域系统的极核点，是经济管理和社会文化的中心。长春作为东北方向陆海丝绸之路经济带的重要中心城市，其支撑作用的发挥是由其长期以来形成的综合优势来体现的。

1. 自然资源丰富，区位优势突出

长春拥有得天独厚的地理位置，位于北半球中纬度地带，欧亚大陆东岸的中国东北松辽大平原腹地，这是长春能够成为中心城市的基本因素。整个市区润养于松花江的三级支流——伊通河畔。气候介于东部山地湿润与西部平原半干旱之间的过渡带，属温带大陆性半湿润季风气候类型。松辽平原地势平坦，土质肥沃，是闻名遐迩的

"黄金玉米带""大豆之乡"，是中国重要的粮食生产基地。此外，长春矿产资源丰富，主要有石油、天然气、煤、油页岩、石灰石等39种矿产，开发潜力巨大。长春的东部和南部虽距海洋不远，但由于长白山脉的阻挡，削弱了夏季风的作用；西部和北部为地势平坦的松辽平原，西伯利亚极地大陆气团畅通无阻，各季风的势力影响很大，故其气候特点是冬季寒冷漫长，春季干旱多风，夏季炎热短促，秋季晴朗温差大，四季分明。作为中国首批优秀旅游城市之一，长春在旅游开发上形成了一定的特色。冬季冰雪旅游是长春的热点也是亮点，滑雪、溜冰、参加雪地汽车拉力赛，欣赏冰雕、雪雕等各类冰雪艺术品，令人心旷神怡。同时，长春市也是一座"森林城"，城市绿化率已经达到38.8%，位于全国大城市前列。环城高速公路两侧种有90千米长、550米宽的绿化带。距市区9千米、面积126.5平方千米的"净月潭国家森林公园"，拥有亚洲最大的人工森林的头衔。长春亦拥有农安辽代古塔，日伪时期的遗迹，中国现存三大宫殿之一的伪满皇宫和八大部等著名的人文景观。

2. 工业基础雄厚，产业优势明显

长春市是中国重要的工业基地，工业具有相当规模，汽车、农产品加工两大支柱产业不断壮大，光电信息行业更是发展迅速，长春第一汽车集团公司现已发展成国内规模最大、汽车品种最多的汽车科研生产基地，汽车工业已跃为长春经济的第一支柱产业。长春汽车工业有五大明显的比较优势：支撑力量强大，带动作用明显；产业基础雄厚，形成了集群效应；汽车研发人才优势突出；汽车贸易物流初具规模；拥有较强的质量保证体系和高水平的检测中心。[1]长春的制造业同样比较发达，国有大中型企业相对集中。[2]长春市机械加工能力、制造业配套能力以及制造业最终产品的生产能力，都已具有相当的水平，从而构成了城市制造业的发展优势。2007年，长春制造业迎来新的发展机会：由美国喜多（国际）金融控股集团与吉林省企业合资设立的美国制造工业园（长春）有限公司宣告成立，并落户宽城区，这是全国第一个美国制造业工业园区，也是全国第一个以外商和中商合作、非政府投资兴建的工业园区。在光电领域，长春具有自身优势：一是研发优势，在长春，与光电信息有关的全国著名科研机构有中国科学院长春光机与物理研究所、中国科学院应用化学研究所等；二是人才

---

1 赵永光，王东明. 吉林省汽车产业集群发展对策研究［J］. 经济师，2010（7）.
2 长春市科技局. 2004年度长春市制造业信息化工程进展［R］.

优势，长春现有各类中高级光电信息技术人才4000多人，形成了从博士、硕士到产业工人梯次的人才培养能力；三是产业优势，多年来在光电信息技术领域创造了数十项第一，从而使长春成为中国唯一能生产液晶显示器的城市。特别是长春生产的指纹锁，曾经荣获国际消费类电子协会颁发的"2004年度最佳创新大奖"。

3. 农牧经济发达，开发前景广阔

地处松辽平原腹地的长春市域，地势平坦，土质肥沃，四季分明，雨热同期，农牧资源十分丰富，适合多种农作物生长及发展各类畜牧养殖业。长春市域作为全国闻名的"粮仓"，不仅能够提供高质量粮食，而且更可利用粮食发展工业，长春位于世界著名"黄金玉米带"上，盛产玉米、水稻、大豆，近年来长春的种植作物在优良品种、优化品质方面都取得了很大进展，一批无公害作物已赢得了越来越多的市场份额，所以农牧业成为长春又一支柱产业。长春市种植业结构不断优化，在种植结构的调整过程中，经济作物异军突起，目前，长春市域经济作物已发展到瓜类、薯类、特种油料、优质烟叶、食用菌、花卉、果品等八大类1000多个品种，种植规模也不断扩大。依托粮食资源，现代化的玉米深加工产业群和农畜产品深加工产业群，以及肉牛、肉鸡、生猪等十大产品生产基地，已经初具规模。如果说长春是一个极核，那么其周边的外四县区便是各具特色的集合点，它们与长春遥相呼应，城乡协调发展加速了城市发展的推进进程。在21世纪的国家战略机遇期内，大力调整城市发展布局，是长春市加快推进工业化、城市化、现代化进程，率先在吉林省实现全面建成小康社会奋斗目标的重要举措。除中心城市长春外，各市县侧重特色的协调发展，是长春市域经济整体发展壮大不可或缺的重要环节，而进一步提高粮食综合生产能力，优化种植业结构，加快建设各类优质原料基地，则是加快社会主义新农村建设的重要举措。事实上，农业连接工业、连接城乡，相互辅佐，互动互补[1]，不仅能够促进城市经济发展，还会带动广大农村的千家万户，在落实党的十八大精神的进程中使农民增收。

4. 交通网络通畅，基础设施完备

21世纪是大物流、大流通的时代。长春市位于东北亚十字交通线的交会点，是通向俄罗斯远东西伯利亚地区、朝鲜半岛东岸、日本列岛西岸的便捷通道。长春的铁路

---

1 孙海波，刘俊昌. 城乡经济一体化理论研究进展及评价［J］. 北京林业大学学报（社会科学版），2009（3）.

交通贯通南北，连接东西。近年来，长春在交通建设方面投入力度不断加大，交通运输业取得长足发展，已形成由铁路、公路、民航、管道4种运输方式组成的综合运输体系。在这一进程中，长春市重点发展方便快捷、节能环保的公共交通体系，其中航空业和轻轨发展迅速，特别是龙嘉国际机场投入使用后，开通了北京、上海、广州、首尔、东京等20多条国内国际航线。城市经济的发展离不开商流、物流、信息流、资金流，城市通过其辐射作用，从而促进城市的现代化发展，这也是许多国家工业化过程中的客观规律。对于长春来说，以铁路、公路为主体的交通运输设备制造业在国内有举足轻重的地位，坚实的制造业基础为物流业的发展提供了强大支撑，适合发展各类具有产业依托和地方特色的产区型商品物流。长春市果品、蔬菜、玉米、粮油、汽车、钢材六大国家级批发市场的形成，说明这里的市场流通网络构架已初具规模。长春市西南部汽车物流园区的落成、北部农副产品批发交易储运中心的建立、东南部的生产资料集散地的自发形成，更显示出长春物流业的强大生命力。同时，作为区域性的物流中心，长春将进一步树立和完善城市形象，进一步形成区域性的经济技术中心。应该认识到，只有促使中心城市和区域间建立在合理、互补、互惠基础上，区域性产业分工和配套协作关系逐步形成，并日益成熟，从而增强整个中心城市的经济实力和竞争力，才能发挥中心城市对区域经济的拉动作用和引擎功能，推进互动共荣局面的完善。[1]

5. 文化积淀深厚，人才储备充足

长春的历史虽然不长，可是文化气息却很浓厚，是中国著名的教育科技文化名城。长春现有近200所公、私立大中专院校，层次清晰，特点鲜明，吉林大学、东北师范大学，包括后来划归吉林大学的白求恩医科大学、吉林工业大学、长春地质学院等，早在新中国成立初期就已具规模，其中，白求恩医科大学是中国北京以北最有影响的医科大学，曾经为共和国培养了大量的医疗和医护人才，在新中国的医学史上书写了不可或缺的一页，白求恩医科大学的几所附属医院不但是吉林省最好的综合性大医院，而且在东三省乃至全国都占有一席之地；长春地质学院在同类院校中也位居前列，一直是国家级的重点学校；另外，吉林工业大学、长春税务学院等院校，在全国都是有一定影响力的大学。除大专院校外，长春省属、市属的科研院所也有近70所，

1　中心城市与区域经济协调发展研究［R］. 中宏数据库，2006-10-22.

在高新技术产业发展上有着一定的比较优势，尤其是在光学电子、精密仪器、激光技术、高分子材料、汽车技术等方面的研究和开发，均居国内领先地位。值得一提的是，中国科学院长春光学精密机械与物理研究所、中国科学院长春应用化学研究所、松辽水环境科学研究所等十几个国家级的科研院所，涌现过像蒋筑英这样被树为共和国知识分子楷模的先进人物。除此之外，长春电影制片厂一直是城市的骄傲，在计划经济时期，长影以稳定的产量与高档的质量充实着中国的大银幕，和北影、上影、八一三大电影制片厂齐名。可以说，长春电影制片厂的电影是城市最好的文化广告，长春作为一个文化名城的形象在潜移默化中悄然深入人心。另外，雕塑公园、电影城和长影世纪城，同样是长春城市文化的亮点。其中，雕塑公园中的雕塑不乏名家名作，为长春增添了文化色彩和艺术光辉。

6. 优惠政策支持，投资环境良好

投资环境是衡量一个城市经济竞争力的重要标准之一。根据世界银行2004年发布的一份针对中国23个城市的研究报告显示，长春市投资环境列在A级，仅次于上海、杭州、广州、深圳这4座获得最高分A＋的城市。2017年，长春地区已有外商投资企业11000家，并与60多个国家和地区建立了稳定的经贸关系。以"一汽"为代表的一批颇具实力的国有企业经过体制变革和对外合作，正在发挥对区域经济的强力带动作用。在长春市域内，拥有长春高新技术产业开发区和长春经济技术开发区两个国家级开发区，拥有长春净月潭旅游经济开发区、长春汽车产业开发区、长江路电脑科技产品经营开发区等11个省级开发区，入区企业分别享受国家、省级开发区的优惠政策。其中，长春高新技术产业开发区已进入全国"十佳"高新技术产业开发区行列，长春经济技术开发区被国家列为重点开发区域，长春净月潭旅游经济开发区被列为国家级重点风景名胜区、国家森林公园和国家生态示范区，长春汽车产业开发区被批准为国家级汽车批发市场。除了硬件设施吸引投资以外，软环境的完善同样不可或缺，长春的软环境建设工作正在稳步进行之中：一是深化行政制度改革，提高行政效率和服务质量。以国家实施《行政许可法》为契机，围绕政府机关运行规律，不断探索提高行政效率的新途径，努力最大限度地减少办事程序和工作环节，提高行政效能。二是全面减轻企业负担，规范、整治收费行为，努力打造东北区域一流的投资环境。三是搞好服务，不断修订、补充、完善服务项目的配套措施，最大限度地方便市民、方便企业、方便社会。四是健全监督机制，全面推行行政执法责任制，严格落实责任追究制。在此基础上，长春注重进一步加强制度创新，协调优化城市的软环境和硬环境，为外资企业、民营资本营造一个有利平台，从而使投资环境越来越好，城市竞争力越来越强。

三、长春作为东北方向陆海丝绸之路经济带中心城市应当完善配套功能

所谓城市功能，是指城市在国家和地区范围内的政治、经济、文化、社会活动中所担负的任务和发挥的作用。相对于周边城市来说，中心城市除具有综合经济功能、经济调节功能外，最主要的是要发挥它的聚集与辐射两大功能。长春市正处在发展阶段，作为东北方向陆海丝绸之路经济带的中心城市，必须注重发挥其中心城市功能。目前，长春应着重增强自身的聚集功能，做好内部建设。[1] 为此，长春市要充分利用天然优势，深度挖掘潜力，以老工业基地振兴为目标，以体制改革、结构调整、科技创新、对外开放为动力，集中力量建设现代制造业中心、区域性物流中心和科教文化中心三大中心。

1. 依托交通网络优势，逐步促成区域性物流中心地位

长春作为中国东北乃至东北亚地区重要的交通枢纽，具有明显的交通网络优势。主要表现在：陆路有通向俄罗斯、朝鲜东岸、日本西岸的便捷通道，空路有连接亚洲、欧洲、南北美洲和大洋洲的空中走廊，还有地下网络体系的有力支撑。依托东北亚区域经济合作发展的契机，长春市物流业发展潜力巨大，具备建设区域性物流中心的基本条件。因此，长春将建成以都市圈物流配送为基础、物流园区为核心，综合性物流和专业性物流配送区为节点，国际物流为导向的区域性物流中心，具体来讲，即建设三大物流基地、四大物流园区和七大专业批发物流中心，依托公路枢纽建设杨家店、卫星路、绿新、四季青、远达5个物流配送中心，在农安、德惠、双阳、九台等地各建设一个综合物流配送中心。[2] 长春物流中心建设的目标定位可以分为以下几个层次逐步实现：首先，建设吉林省域内核心的物流中心城市，使长春成为省内和省际物资

1 孙平军，修春亮，丁四保，等. 东北地区区域发展的非均衡性与空间极化研究 [J]. 地理科学进展，2011 (6).

2 张建政，庞德良. 长春市建设区域性物流中心的目标定位及对策分析 [J]. 东北亚论坛，2003 (5).

流通的集散地。其次，建设东北区域内主要的物流中心城市。长春市是中国东北经济区域内的主要经济中心和交通枢纽城市，东北区域与全国的物资互换流通相当一部分可以由此集散和配送，而且长春市汽车工业、农产品、光电子等优势产业的物流需求也是东北地区其他物流中心所不能替代和竞争的。再次，建设东北亚区域内重要的物流中心城市。随着国际物资流通的需求不断扩大，这就要求在长春市的物流发展规划中，一定要从整个东北亚区域的角度来确立长春市的经济地位和发展目标，制订计划，采取措施，在不断建设长春市物流发展的硬环境和软环境的同时，还要加强与东北亚各国、地区、城市的交流合作，特别是大力引进外资，加强经济领域的联系。最后，建设洲际性的物流中心城市，其实现的基础是推动东北亚区域经济合作与发展达到较高的水平和规模，使长春市在区域物流中心建设上取得相当的市场份额。

2. 建设重点商品粮基地，打造全国最大玉米交易中心

随着国内玉米深加工业的迅速发展，极大地刺激了玉米消费市场结构的调整。特别是由于近年来对不可再生资源石油的消费在不断攀升，对石油资源的争夺已成了国际热点，促使玉米加工成燃料乙醇作为替代能源的技术走向成熟，从而导致玉米消费市场的急剧扩张。长春有着稳定的玉米产量，吉林燃料乙醇项目在吉林省域又有着广阔的开发前景，所以有利于把长春建成国家级重点商品粮基地，打造成全国最大的玉米交易中心。另外，由于玉米加工的燃料乙醇能够部分代替石油，所以国际市场上对玉米的需求量在不断扩大，刺激国内、国际玉米现货和期货市场上玉米价格出现大幅上涨，从而使玉米越来越成为拥有较高利用价值的紧俏资源。面对这一广阔的市场前景，长春作为玉米的主要产区，应当抓住机遇，努力做大玉米产业，带动区域经济又好又快发展。因此，长春市有理由也有实力建设成为全国最大的玉米交易中心，逐步在长春区域形成全国性的玉米及其产品的物流配送中心、价格辐射中心和信息交流中心，进而把长春地区建成继郑州小麦市场、哈尔滨大豆市场后的国内最大的玉米交易中心。值得一提的是，长春玉米工业园区建设已经启动。《吉林省长春市玉米工业区总体规划》，计划在长春玉米工业园区开发50万吨的化工醇项目和50万吨聚酯装置项目，还要发展以玉米为原料的羟基丙酸以及琥珀酸系列新产品，年加工玉米800万吨，使之成为国内一流的具有国际先进水平的综合型玉米工业园区，成为全国最大玉米交易中心的主要载体。

3. 大力构筑新兴工业区，实现高新技术产业聚集效应

作为东北区域的中心城市，长春进行合理的产业园区布局，对其发挥聚集效应至关重要。为此，长春市要在充分发挥区位、环境、体制、政策等方面优势的基础上，还必须大力推进体制创新、科技创新、产业创新、环境创新，努力把国家级的长春经济开发区建成机制新、环境美、效益高、开放型、多功能、现代化的新城区，实现由奠定基础阶段向规模扩张阶段的跨越。与此同时，在全面振兴东北老工业基地的热潮中，长春高新技术产业开发区要以加快高新技术产业发展为主线，以建立科技创新体系、促进科技成果转化为重点，积极推动科技进步与创新，以建设数字型、信用型、生态型、服务型、高效型的"五型"高新区为目标，全力打造国内一流并具有国际水准的高新技术产业开发区。目前，长春市域共有五大特色鲜明的开发区：经济技术开发区、高新技术产业开发区、汽车产业开发区、净月经济开发区和长江路经济开发区。着眼于长春实施南拓东展、北优西控的城市空间发展战略，今后要注重发展东北和西南产业新区，打造东南生态居住区，建设南部和北部新城中心城区；要注重发展特色产业集群，培育新的龙头企业，营造一流发展环境；要注重按照"提升老城功能，加快新区开发"的思路，努力整合各种资源，大力发展集群经济、品牌经济和都市经济，提速提质提效，促进城区三次产业协调发展；要注重创新城区工业形态，发展生产型服务业，做大创意型、研发型企业；要注重以中心城区商务楼宇为载体，吸引国内外大公司和大企业集团的总部、研发中心、采购中心入驻，实现人流、物流、资金流、信息流的集聚，积极营造现代化大都市氛围。除此之外，还要大力发展都市农业、设施农业、生态农业和观光农业，带动相关行业集聚发展。

4. 强化人才资源优势，确立区域性科教文化中心地位

长春与东北区域其他中心城市相比，其鲜明优势就是具有科教和文化中心功能，在未来能够作为科学技术进步的策源地和区域创新基地。长春市科技文化的辐射作用，对周边的影响比物流的传递更具渗透性。同时，在引进、消化、扩散国内外先进技术的过程中，长春作为中心城市带动域内乃至全国的技术进步和产品更新换代，具有不可替代的作用。[1]为此，按照《长春市国民经济和社会发展第十三个五年规划纲

1 邓俊. 长春高新技术产业开发区功能定位与产业结构优化研究 [C]. 东北师范大学, 2010.

要》要求,长春必须深入实施科教兴市和人才兴业战略,着力提高自主创新能力;必须充分发挥科技、教育和人力资源优势,实施一批重大基础科学研究、前沿技术研究、产业技术攻关和科技基础设施建设项目,推进原始创新、集成创新和引进消化吸收再创新;必须深化教育改革,加大教育投入,全面推进素质教育,大力发展职业教育,提高高等教育质量,构建现代国民教育体系和终身学习体系;必须推进人才兴业战略,加强人才资源开发和人才能力建设,为经济社会发展提供人才保障和智力支撑。在21世纪的国家战略机遇期,是长春大力实施人才强市战略的时期,要围绕产业需求全力打造人才开发高地。因此,为了支持人才工作,2010年7月,长春市决定将人才工作经费500万元列入财政预算,为人才开发培养、人才引进、人才使用奠定了比较坚实的基础;长春市依托德国汉诺威中国培训中心,要培养国际化的汽车专业技术人才500人;依托产业平台聚集人才,扶持吉大科技园、海外学人创业园等相关园区建设,充分发挥各类平台的吸附效应,吸引国内国际科技产业领军人才来长春创业;依托龙头企业吸引人才,鼓励和支持118个省、市级企业技术中心建设,鼓励具备条件的企业创建企业技术中心和研发中心,广纳专业技术人才。[1]

5. 进一步加大环境保护力度,打造绿色生态模范城市

党的十八大进一步阐明的科学发展观这一重大战略思想,是新一届中央领导集体对发展内涵、发展要义、发展本质、发展要求和发展方法的进一步深化和创新。树立和落实科学发展观,是全面建成小康社会的必然要求,也是提高党的执政能力和执政水平的迫切需要。在东北老工业基地振兴的过程中,长春不仅要抓住这一历史时机,更要在实际工作中努力做好环境保护,走全面协调可持续发展路线,使经济、环境相互促进,形成良性循环,要坚持开发与节约并重、节约优先的原则,大力推行节约型增长方式,建立节约型生产、消费模式,切实提高资源利用效率。为了落实节约资源和保护环境的基本国策,长春市应推动资源节约,加强生态建设和环境保护,改善城乡环境质量,创建人与自然和谐共生、适宜居住创业的生态城市和资源节约型、环境友好型的现代城市,并且在这些方面已经作出了突出成绩。近年来,长春市先后获得"国家环保模范城市""全国十佳绿化城市""国家园林城市""人居环境范例奖"等诸多荣誉。在此基础上,长春市把森林城建设的目标确定为:森林围城、绿带绕城、林

1　长春每年将投入1000万元用于人才开发培养 [N]. 中国教育报,2006-11-13.

水穿城，有房必有树，有水必有林。为此，在城区内重点实施伊通河绿化等工程，改造新建城市公园和郊野公园，城区外围建设环城绿化带、西部防风御沙林，基本恢复以高大乔木为主的绿化风貌，依托净月潭国家森林公园的先天优势，建设净月开发区生态环境工程，高品位、高标准、高水平打造净月开发区，是促进长春建设绿色生态模范城的加速器。在未来的几年里，长春将集中力量培育绿色品牌，创建生产基地，启动生态工业园区示范工程，建设绿色产品营销网络，形成生态经济特色产业，推进生态环保型效益经济发展。

四、长春作为东北方向陆海丝绸之路经济带中心城市发挥引擎功能的对策论证

在"十三五"期间，特别是在贯彻和落实党的十八大精神的过程中，长春市国民经济和社会发展必须以科学发展观统领经济和社会发展全局，继续深入实施依法治市、科教兴市、开放带动、县域突破和可持续发展五大战略，加快建设现代制造业、区域性物流和科教文化三大中心，重点发展优势产业，加快建设产业基地，全力打造特色名城，做大做强区域经济板块，逐步把长春建设成为产业特色比较鲜明、经济结构比较合理、服务功能比较完善、现代化程度比较高的区域性中心城市。

1. 重点推进优势产业，协调经济多元发展

根据国家和地方"十三五"规划纲要的要求，长春市要以市场为导向，以提高经济效益为目标，加快产业结构优化步伐，继续调优第一产业，做大做强第二产业，加快发展第三产业，开发和培育特色名牌产品，推进产业结构优化升级，提高产业竞争力。为此，一是要努力壮大两大支柱产业，加快推进以高新技术为支撑的现代制作业和以市场为导向的农畜产品加工业。二是要大力发展三大主导产业，以光电子技术为依托，重点开发光显示和汽车电子两大产业链条，突出发展光电子器件与材料、光电仪器仪表与设备和软件三大重点领域，培育龙头企业，推进终端产品开发，建设集研究开发、生产制造、贸易物流、综合服务为一体的国家级光电信息产业基地；搞好物流基础设施，重点建设汽车、玉米、陆港、空港四大物流园区；依托重要商品集散地和公路交通枢纽，建设生活资料、生产资料等8个物流配送中心；采用先进的物流管理技术和组织方式，系统整合现有物流组织和资源，培育一大批大型物流企业。三是要积极培育五大重点产业，以满足能源需求为目标，加快本地能源开发建设，积极引进

外地一次能源，大力开发新能源和可再生能源，优化能源结构，逐步建立以能源引进为主、本地能源开发为辅的能源保障体系；以促进经济增长和改善人民生活为目标，进一步完善建筑与房地产市场体系，合理调整住宅开发结构；积极开发农业观光、东北民俗、净月潭森林氧吧、波罗湖湿地、辽金文化、沿江自然风光等几大特色旅游产品；充分挖掘文化资源优势，完善文化产业政策，培育各类文化市场主体，构建以大型文化企业集团为主，中小文化企业联动发展的文化产业体系，不断提高经济效益和社会效益。

2. 加快建设产业基地，强化集聚辐射能力

在"十三五"期间，长春要注重加快九大基地建设，主要包括国家汽车及零部件出口基地、光电信息产业基地、国家高技术产品出口基地、国家轨道车辆研发生产基地、国家鹿业生产加工基地、国内外著名的君子兰花卉产业基地等，全面提升城市竞争力；要注重以一汽为依托，以长春零部件工业为基础，提高研发和制造水平，完善出口服务体系，由主要靠国内市场转向开拓国际市场，不断扩大出口规模，增强基地实力；要注重充分利用国家振兴东北老工业基地和扶持粮食主产区建设这一历史性机遇，加快构筑市域农产品加工体系，建立龙头企业与农民利益联结新机制，带动种养业原料工厂化生产，延长产业链条，提高农产品附加值，促进农民增收致富，不断提高基地建设水平；要注重国家已把长春纳入全国重点发展战略布局这一机遇，全力把市域经济建设成集研究开发、生产制造、贸易物流、人才培养、综合服务为一体的技术创新基地、产业化示范基地和生产要素聚合基地，加快长春光电信息产业的发展。自国家批准长春高技术产品出口基地以来，出口创汇有了较快增长，但必须进一步加快出口基地建设步伐，搞好产品升级和技术储备，推进科技成果转化，扩大出口产品规模；要以结构调整和管理创新为手段，通过国际合作借助外力全面提升基地核心竞争力，确立在中国铁路高速车、快速车和城轨车研制领域的品种优势和先动优势。与此同时，还要积极打造双阳"中国梅花鹿第一乡"，突出建设梅花鹿产业园区、集中养殖园区和科研园区，形成全国最大的梅花鹿种源繁育基地、鹿副产品产销集散地、鹿副产品加工基地、出口创汇基地、标准化示范基地[1]；还要注重依托"中国君子兰之乡"这一知名品牌，建设集花卉培育种植、展览展销、旅游观光、出口创汇为一体的

1 马成坤，于永斌. 对吉林省东丰县梅花鹿特色产业发展的调查研究 [J]. 吉林金融研究，2016（1）.

君子兰花卉产业基地，使君子兰成为长春的一张特殊名片。

3. 全力打造特色名城，提升城市国际地位

对于长春来说，在今后的城市发展中，必须力争突出特色，努力打造特色名城。为此，要进一步塑造特色长春，大力提高城市竞争力，突出建设好特色名城：一是建成国际汽车名城，长春市要进一步增强汽车工业实力，大力发展汽车物流、汽车金融、汽车贸易、汽车科研、汽车展览、汽车旅游，抓好汽车展览馆、汽车主题公园和汽车体育拉力赛场等建设，全力把长春打造成国际汽车名城，使长春成为中国未来具有国际竞争力的汽车产业集群栖息地。二是建成绿色食品名城，长春市要积极建设东北农产品交易中心，进一步提高产品质量和国内外市场竞争力，努力把长春建设成国内外著名的绿色食品城。三是建成科教文化城，长春市必须努力建立以高校、科研院所为主体的知识创新体系和以企业为主体的技术创新体系；必须要突出城市文化特色，丰富文化内涵，营造文化氛围，提高文化品位和整体形象；必须充分发挥优势，建设成为全国具有重要影响的科教文化城。四是建成电影业名城，长春市要以电影产业、电影事业、电影文化、电影旅游、电影娱乐、电影节为重要内容，充分发挥长春电影制片厂的特殊作用，进一步提高长春电影城在国内外的知名度。五是建成森林城，长春市要以森林围城、绿带绕城、林水穿城为建设导向，以城在森林中，森林进入城区内，有房必有树，有水必有林为发展目标，在城市规划区内实施10个市级自然保护区等"绿化工程"，新增林地面积180平方千米。六是建成雕塑城，长春市要把世界雕塑公园的建设放在首要位置，不断创新、充实、提高，努力建设成充分吸收外国文化精华、具有浓郁中国文化韵味的多民族、多国家、多流派的世界级雕塑胜地。为此，必须大力普及雕塑文化，努力形成一种长春所特有的雕塑文化氛围，争取把长春建设成世界一流的雕塑城。

4. 构建三大经济板块，促进区县协调共进

长春市域经济作为一个整体，又可以划分为开发区、城区、县域三大板块。按照《长春市国民经济和社会发展第十三个五年规划纲要》，在今后的5年里要做大做强上述三大经济板块。首先，要大力推进开发区"二次创业"，努力实现"八个新突破"：一是要深化改革，在体制机制创新上实现新突破。二是要依法治本，在软环境建设上实现新突破。三是要集约发展，在拓展空间上实现新突破。四是要狠抓项目，在招商引

资上实现新突破。对于长春经济开发区来说，发展靠的是项目，项目建设是开发区的生命，招商引资就是生命之源。五是要综合治理，在减轻负担上实现新突破。为此，必须加强对债务的科学管理和有效监控，尽快走上规范化、制度化、科学化的轨道。六是要加快发展，在提速增效上实现新突破。七是要以人为本，在建设和谐区域上实现新突破。目标是要把长春经济开发区建设成改革创新的试验区、经济快速发展的先行区、稳定和谐的示范区。八是要振奋精神，在形成合力上实现新突破。在城市空间布局调整方面，长春要对重点建设的区域、鼓励开发的区域、控制开发的区域加以区别对待，合理规划使其走上良性循环的发展轨道。充分发挥长春在区域位置、产业基础、科教人才等方面的优势，努力构建以长春市建成区为主中心，以南部新城核心区为副中心，以双阳、兴隆、机场等为外围组团，以东北—西南为主要工业发展方向，以东南—西北为主要生态建设方向，逐步形成"主副中心、分散组团、轴向发展"的城区发展格局。

5. 注重改善投资环境，增强综合服务能力

研究表明，投资环境的改善，首先要以投资者为中心，所以东北地区的政府部门必须打破以政府为中心的投资促进方法，把从向投资者提出当地政策以及当地经济发展的需要转变为了解投资者的需求。一个主动的、现代的投资促进机构，可以帮助东北地区吸引更多高质量的外国投资者。[1]有鉴于此，长春在改善投资环境的过程中，要注重增强城市综合服务功能，加快城乡基础设施建设步伐，提高城市的综合承载能力和公共服务水平，形成规模适度、布局合理的城镇体系和比较完善的社会化服务体系，加快城市的现代化进程。具体来讲，就是要依据城市总体功能定位，大力发展特色鲜明、各有侧重、协调共进的优势产业，形成特色企业、特色产品、特色街路、特色文化和特色景观，进一步完善城区综合服务功能，提升服务水平，营造生态良好、和谐安定、便民利企的生产和生活环境；就是要大力促进长春经济开发区内部管理企业化，外部管理社会化，精简机构和人员，实行全员聘任制，提高服务效率；就是要建立和完善符合国际标准的市场环境，构建市场活力足、制造成本低、分工合作细的产业服务体系；就是要建立以行业协会为主体的同业信用自律系统和以信用中介机构为主体的市场信用服务系统，实现信用信息的专业化、标准化和市场化，努力为招商

---

1 马友君. 国际经济危机背景下东北地区对俄劳务输出研究 [J]. 东北亚论坛，2010 (3).

引资提供有力支撑。

6. 加大对外开放力度，提高外资利用质量

《国务院关于近期支持东北振兴若干重大政策举措的意见》明确指出，要实施更加积极主动的开放战略，全面提升开放层次和水平，不断拓展发展领域和空间。长春市要推进"引进来"和"走出去"的双向战略，积极融入东北方向陆海丝绸之路经济带，努力构建对外开放新格局。并且在这一过程中，大力开拓国际市场，优化出口商品结构，加大招商引资力度。为此，一是要把"开放带动"战略摆到突出位置，加快发展开放型经济；二是要抢抓机遇，把招商引资作为重中之重；三是要把对外开放和对内开放有机结合起来，加大对外开放力度，鼓励引进与合作。除此之外，长春市还要继续实行引资目标责任制，建立市区间、县区间联手招商、利益共享机制；还要进一步完善招商引资政策，加强与世界五百强等大型跨国公司合资合作；还要创新招商方式，积极探索利用收购、兼并、特许经营、风险投资、投资基金和证券投资等多种利用外资形式；还要努力扩大对外贸易，支持企业向集团化、国际化方向发展，逐步建立起多元化的外经贸主体格局；还要完善支持企业"走出去"的财税、金融、保险、外汇等相关政策，鼓励有实力的企业到境外投资建厂，带动劳务、原料和产品输出；还要加强国际区域合作，特别是注重扩大东北亚区域国际经济技术合作，推进图们江下游地区开发开放，积极推动与俄、日、韩、朝和蒙古等国家在经贸、科技、能源、原材料、矿产资源等领域的合作与开发；还要在加快推进对内放开方面，发挥比较优势，突出产业特色，加强同辽、黑两省及内蒙古东部区域经济合作，提高产业关联度，协调建设跨地区、跨流域的重大基础设施项目，加快东部铁路通道、西部运煤通道、长吉图沿线经济带和中俄蒙大通道建设，实现资源共享、优势互补、互利共赢；[1]还要推进与发达地区经济合作与交流，积极引进资金、先进技术和管理，承接产业、资本转移。而在不断强化对外开放力度的进程中，努力提高外资利用质量至关重要。因此，长春市必须积极推进金融创新，优化信贷结构，增加信贷投入，充分发挥金融工具在市场经济中的促进作用和在对外开放中的链接作用。

---

1 汤晓丹. 内蒙古与蒙、俄、环渤海经济区及东北经济区的经济互补性研究 [J]. 中国乡镇企业会计，2011（1）.

第九章
东北方向陆海丝绸之路经济带的中心
城市——哈尔滨的整合价值

党的十八大提出了新型城镇化战略以后，新一轮城镇化建设在全国范围内全面推开。在新的历史条件和时代背景下，深入推进城镇化进程中，要特别注意坚持大中小城市和小城镇协调发展。按照这一战略部署，在东北方向陆海丝绸之路经济带的建设中，应当在区域城市化进程中坚持"以大带小"原则，推动中心城市肩负起应有的区域使命，强化其引擎功能，带动周边地区经济协调发展。有鉴于此，哈尔滨作为我国东北区域的中心城市，同时也是东北方向陆海丝绸之路经济带的中心城市之一，应当抓住这一重大战略机遇，在中国城市化高潮到来之际，在全面建成小康社会进程中，充分发挥自身的综合优势，进一步强化区域中心城市功能。为此，有必要对哈尔滨在东北方向陆海丝绸之路经济带的中心城市的整合价值加以定位论证。

一、哈尔滨作为东北区域中心城市的发展过程

中心城市是指在一定区域内以一个基点为中心，该中心所提供的服务能满足周边地区的经济发展要求，从而带动整个区域经济的发展与振兴，而区域功能区的建设又为中心城市的发展起着支撑作用，也决定了中心城市的总体发展方向。中心城市的选择需要考虑多方面的因素，不但要有地缘优势，更要有深厚的历史渊源。哈尔滨正因为具有这两种优势，成为黑龙江省的窗口，也是东北地区的重要城市。

1. 哈尔滨在新中国成立以前的城市功能

哈尔滨历史悠久，是金、清两代王朝的发祥地。公元1115年，完颜部女真人完颜阿骨打建立政权——金朝，国号大金，定都会宁（今哈尔滨阿城白城）。1616年，建州女真领袖努尔哈赤称汗，建立"后金"政权。1636年改国号为清，族名为满洲，1644年入关。此后，哈尔滨地区属清王朝阿勒楚喀（阿城）副都统管辖，汉语俗称"哈拉滨"，后称"哈尔滨"。19世纪末，随着东清铁路的修筑，近代城市的雏形开始显露，居民以汉族为主，此外还居住着满、回、蒙古、朝鲜等40多个少数民族。

1896—1903年，随着中东铁路建设，哈尔滨聚集了大量的人口，成为工商业的摇篮，中东铁路建成时，哈尔滨已经形成近代城市。20世纪初，哈尔滨就已成为国际性商埠，聚集了33个国家的16余万侨民，16个国家在此设领事馆。与此同时，中国民族资本也有了较大发展，建立起哈尔滨在当时的北满经济中心，成就了国际都市地位。

2. 哈尔滨在新中国成立初期的城市功能

新中国成立后，哈尔滨迅速从战争的废墟中恢复，经济飞速发展。作为新中国工业的摇篮，哈尔滨市拥有完整的工业体系，石油、煤炭、钢铁、化工、森工、重型机械、汽车、造船、飞机、军工等重大工业项目应有尽有。"一五"时期，哈尔滨是国家重点建设城市之一，苏联援建的156项重点建设工程，有13项设在哈尔滨，成为国家重要工业基地，并迅速由一个消费城市转变为新兴工业城市。在"一五""二五"时期，哈尔滨形成了以国有大中型企业为主体、重工业为重心的工业经济结构，成为国家重要的工业基地。当时，主要产品达3000多个品种，覆盖全国，远销100多个国家和地区。其中，处于国内领先地位的有电站设备、工具量具、飞机和发动机、亚麻纺织、铝镁加工、精密仪表、轴承、电缆、继电保护装置等产品。

3. 哈尔滨在改革年代的城市功能

党的十一届三中全会，为哈尔滨揭开了改革开放的序幕。在党的领导下，哈尔滨的国民经济和社会事业取得了举世瞩目的成就，先后建立了经济技术开发区和高新技术产业开发区，全国首家"内陆港"也落户哈尔滨；从1990年起，连续举办了27届"中国·哈尔滨经济贸易洽谈会"；成功地举行了第三届亚洲冬季运动会和"'98哈尔滨国际北方城市会议"。在国民经济建设中，哈尔滨超额完成了"六五""七五""八五"

"九五""十五""十一五""十二五"计划，为地区经济社会发展奠定了坚实的基础。

改革开放以来，哈尔滨对经济结构加大调整力度，形成了以医药、汽车、食品、电子信息等一些高新技术产业为主的产业格局。"十二五"期间，推进信息化和工业化深度融合，努力培育四大支柱产业：电子信息、汽车、食品、医药；大力发展五大优势产业：装备制造、环保、焊接、新材料、生物工程；积极调整改造六大传统产业：机械、纺织、冶金、建材、石化、轻工，构筑了工业经济新格局。

4. 哈尔滨在东北老工业基地振兴中的城市功能

振兴东北老工业基地的方针政策，是党中央，国务院继东、西部大开发之后，在我国现代化建设进入重要战略时期，提出的又一重要战略决策。哈尔滨是黑龙江省的省会，黑龙江省的政治、经济和文化中心，是东北北部规模最大，综合功能最强的中心城市，更是东北三省重要的老工业基地城市，在制造业、工业技术和科技研发体系中占据重要地位。在振兴东北老工业基地方针的指引下，哈尔滨积极调整经济产业结构，坚持走新型工业化道路，以信息化带动工业化、工业化促进信息化，大力发展科技，发挥人力资源优势，整体经济质量得到加强。据有关数据显示，2016年一季度哈尔滨市经济运行实现"开门红"。经济运行继续保持中高速增长。实现地区生产总值997亿元，完成年计划的16.2%，名义增长13.9%，GDP、规模以上工业增加值、社会消费品零售总额、地方公共财政预算收入4项指标增速居东北4个副省级城市首位。一直以来，哈尔滨在黑龙江省国民经济发展中占据着举足轻重的地位，为周边地区的发展起到了较强的带动作用，哈尔滨的中心城市地位逐渐凸显。

二、哈尔滨在东北方向陆海丝绸之路经济带开发中的综合优势

哈尔滨能够成为东北方向陆海丝绸之路经济带开发中的中心城市，主要是受两方面因素影响，即自然因素和社会因素。自然因素主要指地理位置和自然资源；社会因素主要指发展环境，包括政策、经济、文化、科技等。哈尔滨作为中心城市，无论是自然因素还是社会因素，都有着得天独厚的优势。

1. 哈尔滨在东北方向陆海丝绸之路经济带开发中的区位优势

哈尔滨市地处中国东北北部地区，东北亚中心位置，是第一条欧亚大陆桥的重要

枢纽，是国家批准的唯一的一类内陆口岸，还是陆海联运大通道的转换地，它的牵制、服务、防御和连接东北亚的门户作用举足轻重。哈尔滨市的水、陆、空四通八达，水运航线遍及松花江、黑龙江、乌苏里江和嫩江，并与俄罗斯远东部分港口相通，经过水路江海联运线，东出鞑靼海峡，船舶可直达日本、朝鲜、韩国和东南亚地区；铁路有6条干线与国内外连通，它是东北地区最大的铁路枢纽之一；航空有太平国际机场，已开通国际、国内航线200条，可办理110个国家的客货联运业务，2016年，机场旅客吞吐量跃居东北四大机场之首，全年共运送旅客1627万人次，起降航班12.1万架次，同比分别增长15.8%、12.9%。哈尔滨虽然没有边境线和出海口，但是相邻俄罗斯远东地区，哈尔滨是一个最大的综合性城市，有着很好的接壤互利条件，这也是哈尔滨的区位优势所在。

2. 哈尔滨在东北方向陆海丝绸之路经济带开发中的资源优势

哈尔滨市坐落在素有黑土地之称的北大仓，资源优势明显。农牧产品资源、矿产资源、林业资源、植物资源、各种野生资源十分丰富，其中农牧产品第一产业增加值在全国大城市中居第二位；已经发现各类矿产63种，已探明可供工业利用的25种，其中煤炭、天然气、铜、锌、钨、钼、硫铁矿、熔炼水晶、蛇纹岩、砷、建筑用石、矿泉水等20种矿产在黑龙江省占有重要地位，在已探明的矿产资源中，居黑龙江省前列的矿种有：硫铁矿占55.8%，熔炼水晶占61.2%，蛇纹岩占43.3%，砷占49%以及石棉、硅石、饰面用大理岩、稀散元素碲8种；林业资源包括用材林、经济林、薪炭林、防护林等。林地主要分布在东部山区，张广才岭西北麓，小兴安岭南坡。主要树种有红松、落叶松、樟子松、水曲柳、黄波椤、胡桃楸以及柞、椴、榆、杨、桦等。其中，红松以材质优良享誉国内外，水曲柳以花纹美丽驰名。

3. 哈尔滨在东北方向陆海丝绸之路经济带开发中的产业优势

哈尔滨是20世纪50年代国家重点布局建设的机电工业基地。新中国成立初期和"一五"时期，"南厂北迁"16户大中型企业落户哈尔滨，国家156项重点工程中的13项建在哈尔滨，新增了27个工业行业，迅速成为一个以机电工业为主体，以国有大中型企业为骨干，以投资类产品为重点，门类比较齐全的工业基地。"三大动力""十大军工"名扬全国，电站设备、轴承、工量具、农林机械、工程机械、电工仪表、亚麻、铝镁加工材以及飞机、坦克等军工产品，在全国都居于举足轻重的地位。1960

年，哈尔滨市工业总产值仅次于沪、京、津、沈，列全国城市第5位。经过几年的发展，哈尔滨把工业作为经济发展的重点，确立了医药、汽车、食品、电子信息为哈尔滨市的四大支柱产业，形成了微型汽车、电站设备、工量具、中小型轴承、轻合金材料、轻型飞机和直升机、抗生素原料、亚麻纺织等国内重要生产基地。现在，已经成为工业大城市的哈尔滨，制造业和原料业门类较多，发电设备、汽车、医药、食品（主要是啤酒和乳制品）、纺织（主要是亚麻和涤纶纤维）、石油加工、建材（主要是水泥）、有色金属加工（主要是铝材）等行业在国内都具有一定规模和竞争力。同时，一些高新技术产业（如生物技术、电子软件、焊接切割技术等）及第三产业相对发达。

4. 哈尔滨在东北方向陆海丝绸之路经济带开发中的科技优势

哈尔滨市科技综合实力较强，居全国大中城市前列。截至2017年，已经形成了以大学、大所、大厂科技力量为主，地方科技力量为辅的研究与开发体系，为全市经济社会协调发展提供了强有力的智力支撑。现有哈尔滨工业大学等高等院校24所，科研机构470个，各类专业技术人员40余万人，两院院士38人。拥有一批国家工程中心、技术中心，拥有9个国家级企业技术中心和93个省级企业技术中心，R&D（研究与试验发展）人员4.5万人，其中研究人员2.9万人。形成了较为完善的技术创新和高新技术产业化机制，还培育了一支具有较高素质的管理队伍和产业工人大军，为开展对外经济技术合作提供了很强的人才支撑。企业办科技机构63家，其中发动机、轴承、量仪、空调机、电机、汽轮机、环保制氧、生物制药等21个重点实验室达到国内先进水平；焊接所、兽研所、49研究所、工程力学研究所、703研究所等技术水平居全国领先地位，具有很强的研究与开发实力，为国家"神舟"系列飞船的高质量飞行作出重要贡献。科研投入不断增加，2015年，R&D经费支出98.7亿元，比上年增长1.4%，R&D支出占地区生产总值的比重为1.84%。受理专利申请24787件，增长10.1%；授予专利权12466件，增长34.3%。全年共签订技术合同1725项，成交额82.4亿元，增长5.3%。80项科技成果被授予哈尔滨市科学技术奖。

5. 哈尔滨在东北方向陆海丝绸之路经济带开发中的政策优势

当前，新一轮东北振兴战略规划中的哈尔滨正按照党中央新的发展思路，开辟和谐而科学的新的发展征程。按照黑龙江省"十三五"规划纲要，哈尔滨市以科学发展观为指导，抓紧机遇，开拓创新，积极化解经济运行中的矛盾，努力巩固和发展良好局面，保证国民经济持续快速健康发展，实现全面建成小康社会，振兴哈尔滨的总体目标。按照这个目标，经济已经稳定增长，2016年前三季度，哈尔滨经济运行向好，实体经济表现喜人。在大型企业面临发展转型、结构调整的压力面前，全市规模以上工业企业增加值增长5.6%，消费品市场（零售总额）增长10.3%，其他营利性服务业增长14.8%，实体经济对全市经济形成了有力支撑。转方式、调结构，哈尔滨市对负重前行的工业经济在供给侧结构性改革上发力，开展了化解钢铁行业过剩产能专项活动，解决设备拆除、资金筹措、人员安置等关键问题，全年将压减粗钢产能120万吨。做好产业优化升级大文章，推动食品、装备制造、医药、石化等传统产业向中高端迈进。依据《东北振兴"十三五"规划》，哈尔滨市今后的经济发展思路应当是：继续优化经济结构，加快产业结构转型升级推进资源向优势产业集中，资本向重点企业集中，企业向工业园区集中，实现规模效应、集群效应和品牌效应；转变经济增长方式，发展循环经济；增强自主创新能力，创新体制机制；提高对外开放水平；发展大产业、大企业、大项目；发展现代农业，培育新型农民，推进新农村建设；以高新技术和先进实用技术为指导，信息化为动力，提升传统产业，加快产业升级步伐，力求把哈尔滨建设成为区域性、现代化的国际名城。

三、哈尔滨在东北方向陆海丝绸之路经济带中的城市功能定位

所谓城市功能，是指城市在一定区域内，在政治、经济、文化等方面，有其自身的资源，也要在这些方面肩负一定的任务，对周边地区起一定的带头作用，即不但要有综合经济能力，自身调节能力，而且要发挥集聚和辐射功能。哈尔滨市作为黑龙江省经济的领头羊，处在中心城市的地位，城市功能不容忽视，为此，哈尔滨市应发挥自身积极优势，继续完善自身地位，坚持走独立创新发展道路，在东北方向陆海丝绸之路经济带的建设进程中为周边地区的发展起到先锋模范作用。

1. 强化引擎，为县市发展起带头作用

县域经济是区域经济的基本单元，是宏观经济与微观经济、工业经济与农业经济、城市经济与农村经济的结合点，也是国民经济的重要组成部分。县域经济的发展状况，不仅直接关系到广大农民增收，而且直接影响到经济和社会的全面发展。哈尔滨市地处黑龙江省的南端，周边拥有许多的卫星小城市，并且与大庆、齐齐哈尔形成

了"哈大齐"经济带，哈尔滨及与周边地区的经济是整个黑龙江省经济的命脉，发展好坏直接影响到黑龙江省在东北及全国的地位。[1]哈尔滨市作为中心城市，又拥有各方面的政策优势，在整个经济发展中势必要起着示范带头作用。因此，发挥好哈尔滨市的带头作用，不仅可以带动整个黑龙江省的经济发展，缩小与先进地区差距，更能提前实现全省建成小康社会的目标。为此，应采取的主要措施有：一是搞好立县产业，把培育优势特色产业作为提升县域经济竞争力的关键措施；二是推进农村工业化，把加快二、三产业发展作为牵动农村经济结构战略性调整的重要手段。加快县域经济发展，必须坚持以工业化为主导，尽快提高工业产出在国内生产总值中的比重，就哈尔滨而言应注意做到：一是建设大项目；二是以信息化推动工业化，走新型工业化道路；三是精心打造名牌企业；四是大力开展招商引资和多种形式的经济合作，把投资作为拉动县域经济发展的重要措施；五是改善经济发展环境，发展民营经济；六是加快小城镇建设，推进城镇化。

2. 塑造品牌，努力成为生态农业基地

在哈尔滨市的行政区内，有85%—90%的土地是农村，全市总人口的50%左右是农民。哈尔滨市不仅是一个农业大市，更是一个农民大市。因此，"三农"问题是关系到哈尔滨市经济与社会发展的重大问题。解决"三农"问题，必须加快农业现代化建设。联合国粮农组织制定的农业现代化有三大指标：一是畜牧业产值占农业总产值的50%以上；二是人们的食物构成中动物性食品占50%以上；三是农业人口占总人口的50%以下。根据这个标准，哈尔滨市距离实现农业现代化还有很长的一段路要走。从目前哈尔滨农业发展状况来讲，必须要强调大力发展现代化农业，为早日实现现代化农业提供必要的条件，[2]因此，哈尔滨市要贯彻实施现代农业建设，加快传统农业的改造步伐，运用现代技术和设施装备稳步提高农业综合生产能力，建设安全、优质的粮食、畜牧生产基地；创新农业产业组织形式和经营；积极扶持农业专业合作组织，提高农民组织化程度；加强农村技术和培训，全面提高农民素质，培养一大批有知识、懂技术的科技人和致富带头人；加快农产品市场流通和安全建设，健全和完善农村现代化物流体系，为农业现代化发展做充足的准备。

1　赵映慧，侯春蕾. 黑龙江省城市陆路交通联系分析 [J]. 铁道运输与经济，2013（10）.

2　韩连贵. 关于探讨农业产业化经营安全保障体系建设方略规程的思路 [J]. 经济研究参考，2013（3）.

3. 制定政策，打造冰雪特色旅游城市

素有"冰城"之称的哈尔滨，冰雪旅游是哈尔滨的旅游精品，是春节前后国内旅游四大热线之一，同时也是国家旅游局推向世界的35个王牌产品之一。自20世纪60年代起冰灯艺术名扬四海，并且带动了冰灯、雪雕艺术活动的蓬勃发展，冰灯、雪雕、冰雪大世界等冰雪艺术旅游景点成为哈尔滨冰雪活动的亮丽风景线。哈尔滨冰雪节的诞生，进一步丰富了以冰雪为主题的群众文化生活，冰雪节期间，中外游客可享受到丰盛的冰雪文化大餐；与此同时，冬泳、滑冰、雪地足球等体育运动也蓬勃开展，以观冰戏雪为主体的冰雪旅游推动了全市旅游业的发展。冰雪节经贸洽谈会开办以来，成交金额达上百亿元，极大地沟通了省内外、国内外的物质和信息交流。2016年春节黄金周，尽管受到雨雪天气、交通不畅等不利因素影响，哈尔滨市接待游客量和旅游收入仍保持了稳定的增长。据统计，黄金周期间，哈尔滨市累计接待游客80.1万人次，同比增长7.5%，旅游收入18.62亿元人民币，同比增长11.3%。在哈尔滨，以冰雪为依托，以文化为底蕴，以艺术为形式，以旅游为主导，以效益为目的，以集约化为标志的冰雪产业已初露端倪。"冰雪搭台、文化唱戏、旅游开花、经贸结果"的冰雪产业及其产业链已经形成。因此，培育发展哈尔滨市冰雪产业应做到：加大冰雪产业培植力度，加速产业化进程；以滑雪产业为突破口，加速冰雪产业链形成；加强冰雪产业的宏观调控，实行统筹规划；组建冰雪产业集团，加快市场化步伐；注重基础设施建设，改善产业发展环境；加大人才培养力度，推动产业不断升级。总之，冰雪产业是21世纪的朝阳产业，将是哈尔滨市经济在新世纪实现跨越式发展的必由之路。

4. 面向未来，大力强化中心城市地位

哈尔滨是中国北方一座独具特色的名城，不仅是以重化工业起步的工业城市、东北亚地区重要的国际经贸中心城市，而且辽阔的松嫩平原又使其成为全国粮、木、油、煤生产基地，完整的工业体系更使其成为黑龙江省的核心，因此，黑龙江省的经济发展主要依靠哈尔滨，并且从全国范围来看，哈尔滨的地位也是不容忽视的。未来的经济发展将更加依赖高科技，追求经济效益、社会效益和生态效益三者的统一，竞争将更加激烈。因此，哈尔滨的未来面临着更多的挑战，肩负着更重要的使命。哈尔滨未来应该完善自己，吸取先进的发展经验，发挥优势，扬长避短，大力强化其中心城市地位，为此，笔者认为可采取的措施有：一是依托区位优势和资源优势，加大招

商引资力度，加强开放型经济建设；二是发挥工业比较优势，在产业结构调整中起拉动作用；三是发挥雄厚的科技实力优势，在科技实业化中起推动作用；四是在东北亚经济圈内建立物流中心，保证商品实体的畅通；五是完善开放型经济建设的硬软环境，加强法制建设，规范金融环境，理顺经济政策，改善投资环境；六是以哈尔滨开发区为核心，选择有优势的科技项目，建立科技出口基地。

四、哈尔滨在东北方向陆海丝绸之路经济带开发中的对策创意

随着世界经济全球化和区域经济一体化步伐的加快，哈尔滨作为东北方向陆海丝绸之路经济带开发的中心城市，要保持自己强劲的发展势头，势必要跟随时代的步伐，扬长避短，加大发展力度，走新型工业化发展道路。因此，在"十三五"期间以及贯彻落实党的十八大精神的过程中，哈尔滨市国民经济和社会发展应以科学发展观统领整体经济格局，继续深入完善法制、重视科技发展、提高自主创新能力、加快转变经济发展方式、推动产业结构优化升级、统筹城乡发展、优化土地开发格局、完善基本经济制度和宏观调控体系、提高对外开放水平、加强能源资源节约和生态环境保护、增强可持续发展能力，逐渐把哈尔滨市建设成为高度现代化的区域中心城市。

1. 优化产业经济结构，转变经济增长方式，推进工业结构优化升级

坚持走自主创新和科技进步带动增长方式转变的发展道路，深化经济结构调整，进一步实施工业强市战略，整体提升综合竞争力，积极推进老工业基地走向现代产业基地。实现外延型经济增长方式向内涵型的转变，努力做到科技含量高，经济效益好，资源消耗低，环境污染少，加大信息化带动工业化，工业化促进信息化的力度，走出一条独特的新兴工业化道路。为了实现这一新兴工业化道路，要努力做到依靠自主创新，优化结构，节能降耗等来提升竞争力。自主创新的目的在于：发挥企业技术创新主体作用和创新人才队伍建设；实施一批高科技含量项目，形成一批具有自主知识产权的技术和产品；在突破重点领域、做强重点产业、培育重点企业、储备重点技术四个层面推进高新技术产业规模化发展；深化科技体制改革，要以统筹协调和优化配置科技资源为目的，努力构建科技创新平台，积极实现企业为主体，高等院校和科研院所为依托，科技中介服务机构为纽带的科技带头作用，健全完善科技创新支撑服务平台；用高新技术和先进适用技术改造提升传统产业，以信息化推动产业升级，加

快传统产业与高新技术产业融合，形成促进经济增长方式转变的强大技术支撑和动力源泉。优化结构的目的在于：积极推进资源、资本、企业向优势产业、重点企业、工业园区的集中，整合放大规模效应、集群效应和品牌效应；发挥大企业、大学、大所的牵引作用，延伸产业链条，深化配套协作，做强做大装备制造、高新技术、绿色食品、医药和化工等主导产业，积极培育生物医药、新材料、电子信息等战略性产业；支持优势骨干企业实现规模扩张，加速培育一批具有核心竞争力的企业集团；加快发展现代物流、金融、中介、会展等生产性服务业；积极培育文化娱乐、服务外包、创意设计等新型服务业；着力打造冰雪游、避暑游、生态游三大优势品牌，做好旅游度假产业的发展；运用现代经营方式和信息技术形成结构合理、功能完善、服务生产、便利民生的现代服务业体系；提高产业规划水平，明确产业政策导向，优化产业空间布局，促进产业集群发展，形成具有竞争优势的产业群；加强基础设施建设，完善综合服务功能，推动各类开发区、工业园区突出优势，高速发展。节能降耗的目的在于：以提高能源资源利用效率为核心，以节能、节水、节材、节地为重点，完善资源利用政策，健全资源节约机制，实现资源的循环和高效利用。节能降耗的主要途径之一是发展循环经济，这就需要建设一批循环经济企业、循环经济园区等示范工程，在重点行业、重点领域推行循环经济。实行严格的节能降耗和污染减排目标责任制，对一些污染物排放超标和能源耗费严重的企业依法治理，坚决关停，对于实行节约生产、安全生产和清洁生产的企业要大力支持；在土地管理制度方面，严格执行国家的有关规定，全面落实加强土地调控和管理的各项措施。

2. 坚持统筹兼顾原则，城乡区域协调发展，提升全省整体经济水平

坚持走"工业反哺农业，城市支持农村"的发展道路。落实支农惠农政策，对农民要多予少取，充分调动其积极性，努力增长其收入，促进粮食生产稳步发展，农村和谐美好进步，推动新农村建设。在深入搞好农业结构调整方面要大力加快现代农业和农业科技创新工程的发展，积极推广农业先进实用技术，继续扩大标准化种植业面积，调整粮食品种和品质结构，建设优质粮食产业工程，创建绿色农业基地，积极打造黑土品牌，巩固和提高绿色食品大省地位。继续推进粮牧"主辅换位"，振兴奶业和发展肉牛事业，加快建设滨州沿线奶牛带、中部农区生猪带和东部肉牛产业带。为创建安全优质高效的饲料、饲草生产体系应大力扶持和发展饲料加工业，对家禽定期做病害检查，突出做好禽流感等重大疫病的防控工作，确保畜产品质量和产业安全。加

大对龙头企业扶持力度，提高农业产业化经营水平，重点发展规模以上龙头企业。对粮食生产要精深加工，减少初级原粮的出口。

壮大县域经济实力要统筹城乡产业发展，打破城乡产业分割，增强城乡产业关联度，促进资源和生产要素的城乡互通，引导城市产业、技术、资本向农村转移扩散，大力发展农产品精深加工业，提升县域产业层次；集中培育一批骨干龙头企业，扶持发展"一村一品""一乡一业"的区域经济，强化农户、基地、企业之间稳定合理的利益联结机制，着力打造一批农产品知名品牌，扩大县乡财源；推动农村二、三产业发展，引导农村富余劳动力平稳有序转移就业，做好农民转业创收。加强农村社会事业和基础设施建设，社会事业和基础设施是一个地区文明与进步的体现，因此要统筹城乡社会事业发展和基础设施建设，完善交通、物流、公用设施服务网络，实现基础设施和社会服务设施区域共建，城乡联网，设施共享；加快发展农村教育事业，完善农村义务教育经费保障机制，改善农村办学条件；加强农村医疗卫生事业，健全县乡村医疗卫生服务网络体系；促进农村文化事业，构建农村公共文化服务体系；积极探索和建立农村社会保障体系，建立最低生活保障制度；积极引导社会资本和社会力量建设新农村，综合整治农村环境，推进文明生态村建设，加强农村文化娱乐基础设施建设，促进村容村貌改观。

3. 构建未来竞争优势，发展高新技术产业，走新型信息化产业道路

21世纪是一个知识经济的时代，一个城市要想在竞争中获胜，它就要创造奇迹。哈尔滨作为黑龙江省发展的主力军，应坚定不移地依靠知识、人才、科技、文化发展。依靠科技进步不仅仅是拥有先进的机器，还包括知识的创新、创造等许多方面。当今世界的经济发展，是知识的发展，人才的发展，科技的发展，因此，"文化力"是城市发展综合实力的核心部分，是城市发展的动力和保持活力的重要源泉。哈尔滨市应利用自己的区位优势和与俄罗斯的历史渊源，加大彼此间的科技文化交流与合作，使之成为哈尔滨市发展的一大特色和比较优势。信息技术的发展是一个地区经济进步的动力，因此全面普及应用信息技术，深度开发信息资源，加强信息基础设施建设，推进制造业信息化，保障信息安全，是推进国民经济和社会信息化的必经之路。

加强宽带通信网、数字电视网和下一代互联网等信息基础设施的建设，有利于推进"三网融合"，构建宽带普及、可信可控、人机和谐、质优价廉的综合信息网络平台，有利于增加信息来源，扩大交流平台，实施外向发展。制造业信息化的发展要引

进数字化，即要搞好数字化设计、数字化生产、数字化装备和数字化管理技术的开发应用；建立电站装备、机械装备、汽车、石化、医药、造纸和农产品加工等网络化制造平台；发展制造技术网络化，带动企业间协同发展，在六大基地产业内实施网络连接，逐步形成分工合理、优势集成的产业群；在各企业内部推广先进的信息化管理模式，建成与生产经营、科研开发、销售服务现代管理紧密结合的信息系统，提高企业的自动化、信息化、智能化、网络化水平。信息安全保障的实施要做到坚持积极防御、综合防范，提高信息安全保障能力，开展信息安全风险评估，推行信息安全等级保护制度；强化安全监控、应急响应、密钥管理、网络信任等信息安全基础设施建设；加强信息安全管理体制和技术支撑体系建设，推进信息安全产品产业化。

4. 依托医药资源优势，强化自主创新能力，做大做强新型医药产业

医药产业是哈尔滨市经济的支柱产业。哈尔滨北药资源丰富，现代医药产业优势雄厚，拥有一批高素质的医药科研人员，自主研发能力很强。近几年，哈尔滨凭借这些优势力量，发展了以抗生素、现代中药为主体的化学药品、优势原料药、天然药物和保健品产业，推进了中药现代化，已经成为我国北药生产基地。形成了一批医药骨干企业，如哈药集团、葵花药业等，不但实现医药企业规模化、集群化发展，更为经济增长注入了新的活力。医药业的强劲发展会拉动相关产业的发展，为此，哈尔滨医药业今后的发展方向应该努力做到如下几点：（1）发展保健食品。保健品虽然不具备治疗作用，但具有辅助治疗和功能保健的作用，并且保健品的生产完全可利用现有的药品生产资源，使资源充分利用，也是医药行业开发中的一条新路。在德国，保健食品的数量比医药产品都多，哈尔滨的药品生产企业应学习国外的经验，凭借自身的生产、科研和技术优势，发挥自主创新能力，大力发展医药保健食品行业。（2）发展兽药、农药。随着农业和畜牧业的发展，农药和兽药开始占据着越来越重要的地位。农药和兽药的制备工艺简单，原料单一，哈尔滨完全可以利用自身制药行业的人才、技术优势，确定发展方向，快速发展农药、兽药行业，在此市场领域占有一席之地。（3）发展药用包材和药用辅料。药用包材和药用辅料是医药行业不可缺少的原料，哈尔滨每年都要从外省采购大量的药用包材和药用辅料供医药行业生产需要，这样大大增加了成品药的成本，同时也成为哈尔滨医药发展的瓶颈。为此，政府应该进行导向，积极学习辅料生产经验，利用民营资本，建设生产基地，依靠医药核心产业拉动包材、辅料、试剂等相关产业，形成一个产业的链条，实现本土经济、地域经济的大

发展，扩大医药行业发展思路，壮大医药产业队伍。

医药产业的发展壮大，需要完备的医药基地建设。据此，可以从以下几方面进行医药基地建设：（1）对医药行业的重点品种要加大科技力量、资金的支持，积极培养高科技高附加值、大规模的产业，全力支持研发新药。（2）大力培育品牌企业，对那些具有一定规模、市场半径大的品种，药监部门要做重点保护。（3）号召全市各医疗机构优先使用地产药品，培育人人要为全市经济发展做贡献的理念，形成自觉为家乡经济服务的意识。（4）大力办好医药职业教育和医药技工、高级技师人员的培养工作。（5）各级政府及其职能部门要为发展医药相关行业和培育产业链起导向作用。哈尔滨市医药产业具有很大的发展潜力，因此要在现有基础上，完善产业链条，整合研发能力，调整产品结构，扩大国内外市场，引入高新技术，大力培训医药人才，让医药及相关产业走健康化、规模化、可持续发展的道路，为拉动哈尔滨市经济增长再创佳绩。

5. 提升全民生态意识，建设资源节约型环境友好型的区域中心城市

节约资源，保护生态环境，是经济社会发展的长远大计。尊重自然规律发展经济，逐步形成资源节约和环境保护的增长方式和消费模式。坚持节约、清洁、安全的发展方式；建设低投入、高产出，低消耗、少排放，能循环、可持续的国民经济体系和资源节约型、环境友好型社会。在建设节约型社会过程中要大力发展循环经济。按照循环经济中的减量化、再利用、资源化的原则，通过在资源开采、生产消耗、废物产生和社会消费各个环节中的节约循环化生产，逐步建立全社会的资源循环利用体系。不仅如此，还要发展环保产业，为了环保的发展提供技术支持，应注重开发减量化、再利用和资源化技术与装备，力求使资源有效利用、循环利用和减少废物排放。在发展循环经济的同时还要注重节约能源、节约用水、节约原材料和节约土地。能源是珍贵的不可再生资源。经济的发展是永续进行的，为了可持续发展，要全面加强能源节约工作，强化能源节约和高效利用的政策导向。通过优化产业结构、提高技术和加强能源生产、运输、消费各环节的制度建设和监管，实现结构节能，技术节能，管理节能；在生活方面，积极开发和推广清洁燃料电器，推动新建住宅和公共建筑节能，加快节能技术服务体系建设。水更是宝贵的生产、生活资源，节约用水应推广节水技术，提高水的利用效率，加强水资源管理，实行用水总量控制和定额管理相结合的管理制度，完善取水许可和水资源有偿使用制度，重点推进高耗水行业进行节水技

术改造，初步建立节水型农业、节水型工业和节水型社会。原材料是生产加工不可或缺的要素。为了保质保量地完成生产加工产品，要提高原材料利用率，推进木材节约和代用工作，推广节约材料的技术工艺，鼓励节材的技术创新、管理创新和制度创新，鼓励采用小型、轻型和再生材料，对重点行业的原材料消耗采取管理制度，对产品的包装也要规范，禁止过度包装，减少一次性用品的生产和使用。土地是人类赖以生存的要素，坚持保护耕地的基本国策，继续实行严格的土地管理制度，优化土地利用结构，完善土地规划和用途管制，整治地质环境、盐碱地和废弃地，做好防治水土流失的工作，为了给经济社会加快发展创造条件，应在农村普及土地节约意识，加大土地开发整理工作力度，引导农民适度开发利用土地，提高耕地质量和集约利用水平。

在发展中，既要开发好资源又要保护好资源，合理发展加工和替代产业，充分发挥优势，做好资源循环利用，城市经济的转型应该由原来的资源型向市场导向型转变，由产业单一型向多元型转化。要保护好城市生态环境，加强综合治理和基础设施的建设，完善城市功能。进一步深化改革，在经济建设中逐渐寻找资源型城市经济转型的新机制。

6. 促进对俄战略升级，提高对外开放水平，进一步发展外向型经济

加快对俄经贸科技合作战略升级。积极推进对俄能源原材料投资合作项目建设，加大对俄经贸科技合作"四个基地"建设力度，力争尽快建成一批具有示范带动作用的经贸实体，大幅度增加地产品出口比重。继续争取配额指标，保证对俄合作中的木材、矿产、石油等能源原材料的回运，努力把黑龙江省建成对俄资源进口大省。承办好"中国俄罗斯年"相关活动。继续完善口岸基础设施，拓展绥—波、东—波互市贸易区功能，积极推进黑河黑龙江大桥、洛古河大桥、东北东部地区铁路黑龙江段建设。充分发挥口岸城市作用，全力打造沿边经济带。

哈尔滨应进一步开拓国际市场。加强与东盟的经济贸易联系，巩固扩大对日、韩、东南亚和中国香港地区等传统市场，开拓欧美、中东、非洲、南美等新兴市场，构建多元化的经贸格局。加快贸易增长方式转变，优化贸易结构，努力打造优质品牌，扩大机电产品和高新技术产品出口。支持哈航集团、哈电站集团等企业跨国采购合作。鼓励外资和民营资本以多种形式投资电子信息、航空交通、光机电一体化等高新技术领域的加工贸易，发展一批实力较强的外贸加工企业。深入实施"走出去"战略，合理利用境外资源，建立境外加工基地和营销网络，带动优势产品出口和劳务输

出，积极引导有实力的企业到境外开展工程承包，增加外汇收入。此外，还要加大招商引资力度，提高招商引资质量。优化出口商品结构，扩大高新技术产品、机电产品、绿色食品、中药产品出口。加快出口产业园区和有机农产品生产基地建设。充分利用"哈洽会""冰雪节""哈科会""韩国周"等载体，加强与国际社会的友好交流与经贸往来，全面提升企业的国际化水平。加快国内区域合作步伐，实现优势互补。

7. 积极推进对外投资，开展对外劳务合作，大力度实施走出去战略

党中央适时提出了关于全面建成小康社会的战略部署，同时又把坚持"引进来"和"走出去"相结合的科学论断，作为我国全面提高对外开放水平的战略方针，这是实施"走出去"战略的具体要求和方向所在，它充分体现了中国经济发展在新世纪的战略思想。因此，我们应坚持贯彻大经贸战略，充分利用国内外市场，抓住振兴东北老工业基地的机遇，积极地推动哈尔滨市比较优势企业"走出去"的发展战略，开展国际工程承包和境外投资及劳务输出，推动哈尔滨市对外经济事业快速、健康发展。（1）积极推进对外投资。支持和鼓励各种所有制企业开发境外市场，对外投资，通过以并购、租赁、境外上市、设立研发中心等形式走进发达国家和发展中国家，形成跨国经营群体优势，扩大产品的出口规模，努力在境外市场打响自己的品牌。（2）积极开展对外工程承包和劳务合作。它可以在国际市场开拓资金，为企业"走出去"化解资金难题。哈尔滨市有很多有实力的大型企业：哈电站集团、哈航集团等。这些大企业具有一定的规模优势、资源优势和比较优势，应鼓励其到境外发展。例如，哈电站集团不仅在苏丹、越南、伊朗等国家具有广阔的市场，还深度开发东南亚、中东、非洲和南美洲市场；哈航集团具有微型汽车的自主知识产权和价格优势，在向越南、马来西亚、伊朗、叙利亚等国转让技术的同时，带动相关设备和国内日渐饱和的微型汽车及散件出口。（3）积极扩大高新技术产品的出口。应充分利用科研所的力量，发挥技术人才优势，通过高新技术改造传统产业，培育一批有自主知识产权、国际竞争力强、出口规模大的企业和附加值高的高新技术出口产品，为哈尔滨外贸增长注入新的活力。（4）迅速推动机电产品出口。应充分发挥机电产业优势，以国际市场需求为导向，以科技创新和技术进步为动力，加快出口产品结构调整，强化机电产品出口生产体系建设，大力开拓国际市场，进一步提高哈尔滨市机电产品出口的质量、效益和国际竞争力。（5）加强亚麻制品出口工作。自我国加入世界贸易组织后，国际市场对我国纺织品的出口放宽了政策，这给扩大亚麻制品出口带来有利条件。哈尔滨市要抓住

机遇，发挥自身优势，研究开发亚麻新产品，追求质量与品牌的统一，在国际市场上抢占一席之地。(6) 不断促进绿色食品的出口。哈尔滨市坐落在素有"黑土地"之称的北大仓，广阔而肥沃的土体适宜绿色产品的生产，因此哈尔滨市可以利用天然的农业优势，合理运用市场规则打造农、工、贸一体化的绿色食品出口体系，熟练掌握和运用国际食品质量认证体系和技术标准，培育独具特色的绿色食品国际知名品牌，建立和拓展绿色食品国际贸易渠道。(7) 大力推进中医药出口。中药是我国的特色，为把这一特色发扬光大，使中医药产品打入国际市场，应建设一批中医药国际科技合作基地，开展中医药国际科技合作，培育一批既有国际名牌又有自主创新能力的医药科技企业，实现中医药成果高新技术产业化结构体系。

综上所述，哈尔滨地处东北松嫩平原，作为黑龙江省的省会和东北亚区域中心，第一条欧亚大陆桥的重要节点和东北北部地区对内对外交通的重要枢纽，在东北地区具有举足轻重的地位。同时，作为东北方向陆海丝绸之路经济带的中心城市，它又以发达的联系通道为依托，吸引辐射周边城市与区域，并促进城市之间的相互联系与协作，有效带动周边区域发展的最大地域范围，在未来的发展中，哈尔滨市会以更加强大的势头，在振兴东北老工业基地中发挥巨大的带动作用。

第三部分

东北方向陆海丝绸之路
经济带需要开发五大战略工程

第❿章

渤海海峡跨海通道依托下的21世纪东北方向
陆海丝绸之路经济带的创建进取构想

　　根据习近平总书记关于"一带一路"的建设构想，国家"十三五"规划纲要作出了具体落实安排，其核心价值既是对历史的溯源，又是传承古今的举措，同时也是实现中华民族伟大复兴的重大部署。而作为"一带一路"重大部署主要支点，"21世纪海上丝绸之路"的建设是在经济全球化、文化多元化、发展信息化背景下对国内外资源的整合，对海陆分权的调整，对合作机制的优化，它既是一条开放合作、包容和谐、互利共赢之路，更是一个促进多元经济主体和跨区域联动的开放、互动的沟通平台与合作框架，意在通过"以线带面""以岸带陆"模式，实现更宽范围、更深层次、更高水平的交流与融合。有鉴于此，"一带一路"并非拘泥于部分地区或区域的发展规划，而是一个包容互动、广泛参与的部署安排。而对于东北区域来说，则是提供了新一轮开放与发展的千载难逢的珍贵机遇。应当看到，东北地区长期以来形成了向内陆腹地发展的经济布局，区域产业结构趋同化相对显著。近年来，辽宁沿海经济带开发建设在很大程度上积极推动了对东北区域海陆联动、经济外向性和产业结构调整。在此基础上，东北区域应当更好地把握建设海上丝绸之路的历史机遇，通过建设辽东半岛到山东半岛的渤海海峡跨海通道，即"蓝色新干线"，加快形成21世纪东北方向陆海丝绸之路经济带的战略依托，打造从中国山东省贯通东北地区、联动华北大部分地区，经过俄罗斯和中东欧国家，直达欧洲市场腹地的战略大通道。

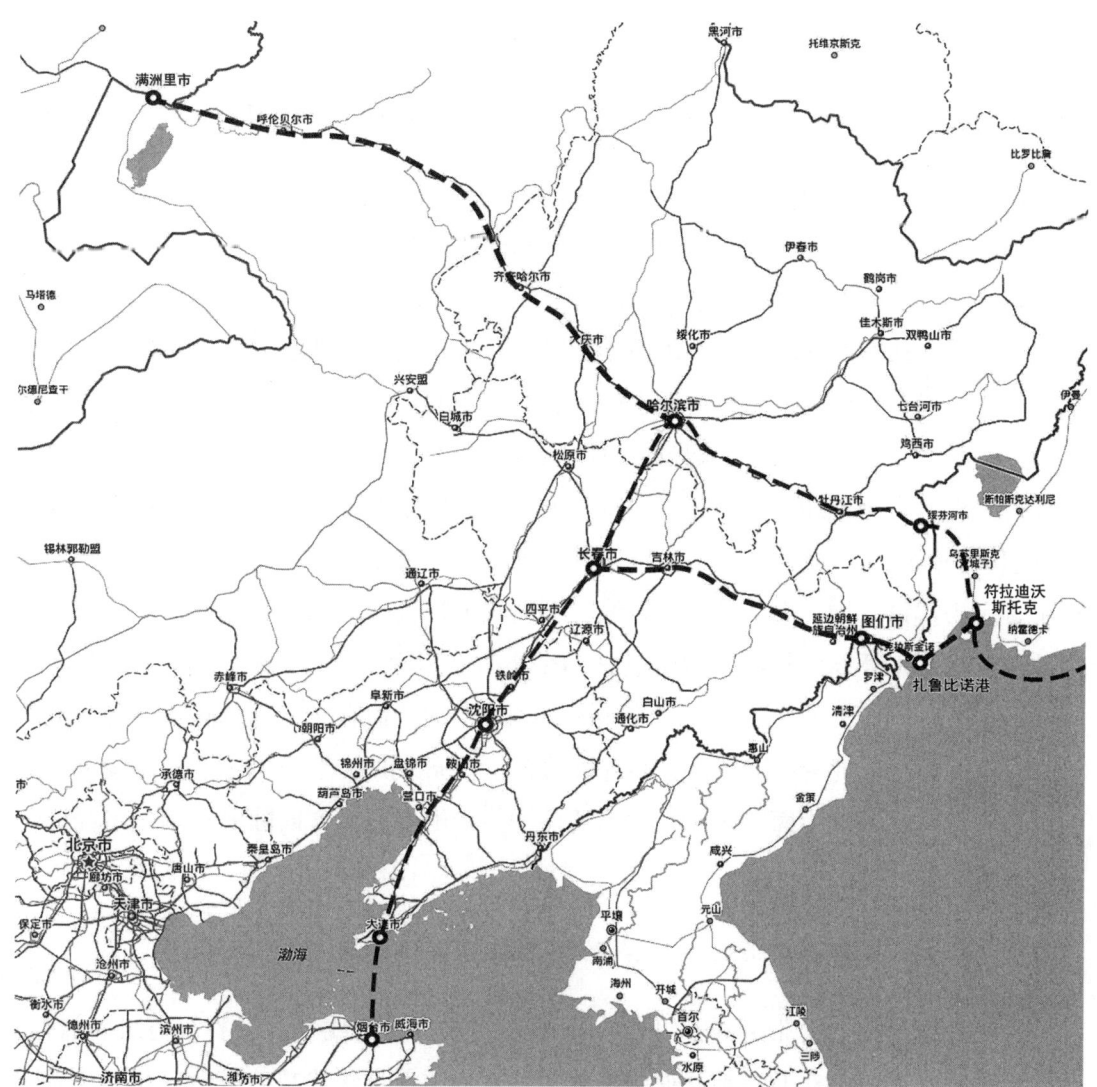

图10-1　21世纪东北方向陆海丝绸之路经济带路线示意图

一、关于创建21世纪东北方向陆海丝绸之路经济带的路线图解

　　基于东北地区的区位特色和发展基础，能够形成绥芬河—满洲里—俄罗斯—欧洲铁路和长春—吉林—延边—图们江到达扎鲁比诺港的战略通道，并能开通从烟台到大连、沈阳、长春、哈尔滨等城市，贯穿我国东北各省的中心城市，然后直达俄罗斯东方要塞符拉迪沃斯托克（海参崴），形成21世纪东北方向陆海丝绸之路经济带的基本轮廓，形成从中国经过俄罗斯和中东欧国家直达欧洲市场腹地的，陆路与海路相结合的

战略通道。

1. 烟台：21世纪东北方向陆海丝绸之路经济带的起点城市

在东北方向陆海丝绸之路经济带的路线图中，山东省烟台市因其特殊的地理区位、临海优势和发展基础，被认定为蓝海新干线的起点和引擎。

烟台坐落于黄渤海之滨，也是山东省唯一的一座濒临黄、渤二海的海滨城市，因此获得了得天独厚的区位优势。2006年，随着烟大铁路轮渡开通，烟台成为烟大交通枢纽的桥头堡，更显现了烟台作为连接东北与华东的关键节点城市的重要地位。该路线的建成投产，一方面依托了烟台自身的区位优势和城市资源，另一方面在很大程度上促进了烟台"蓝色经济"的开发部署。烟台市在探索海洋经济区的过程中，明确了"深度开发海洋、高效利用海岸、科学开发海岛、统筹发展海陆"的总体思路。在此基础上，大力建设"烟—大"蓝海新干线，将会极大提高两地间的运输效率——运输距离减少将近2000千米、运输时间缩短4—6个小时、运输受天气影响变小。这条蓝海新干线的建成，其意义不单是提高运输效率，更重要的价值在于，它将有效促进环渤海区域经济一体化，促进各区域优势的有机结合。[1]与此同时，也有利于充分开发利用烟台优势资源，使其成为面向东北亚的重要门户，能够对东北方向陆海丝绸之路经济带建设发挥引擎功能。

2. 大连：21世纪东北方向陆海丝绸之路经济带的龙头城市

作为辽宁沿海经济带的龙头城市，也是东北东边道沿线经济带的重要组成部分，大连可以依托其背靠东北腹地、连接华北与华东的重要地缘优势，打造东北亚重要国际航运中心，成为东北方向陆海丝绸之路经济带建设的战略平台。

应当看到，随着辽宁沿海经济带的开发建设，既拉动了辽东半岛经济区一体化进程，也加快了东北东边道沿线经济带的建设进程，进而有效地贯通了整个东北区域经济体。在这其中，作为东北地区的南端出海口，大连起到了重要的内陆窗口作用。作为辽东半岛最南端的城市，大连向外与日本、韩国的地缘关系最近，也是跨海进入我国华东地区走向我国台湾地区和东南亚地区最便捷的海上出口。因此，应当以大连、丹东、营口、锦州、盘锦、葫芦岛为重要节点城市，以跨境物流业务为主要发展方

1　杨洁. 东北优化开发主体功能区建设能够为国际合作提供广阔市场空间 [J]. 学理论，2008（16）.

式，尽快实现中俄蒙经济走廊的铁路、公路、口岸等基础设施的互联互通。[1]而内蒙古中东部地区经济复苏、东北老工业基地振兴、环渤海经济圈整体开发，都迫切需要大连尽快成长为集物资流、资金流、人员流、信息流于一身的，能够充分发挥牵动、辐射等多重功能为一体的重要国际航运中心，进而在21世纪东北方向陆海丝绸之路经济带建设进程中发挥龙头城市的战略平台功能。

3. 沈阳：21世纪东北方向陆海丝绸之路经济带的中心城市

早在2010年4月6日，建立沈阳经济区就正式获得批准而上升为国家战略，将会在开发建设中成为东北老工业基地全面振兴的核心力量，并且为此正在全力打造国家新型工业化综合配套改革试验区。而作为核心城市的沈阳，自然会在21世纪东北方向陆海丝绸之路经济带推进中获得主体地位。

这是因为，沈阳是汇聚东北地区经济、金融、科技、人才、文化的中心城市，也是辽宁中部城市群、沈阳经济区的主导城市，所以一直在东北综合经济区中发挥自身的核心城市功能，特别是带动鞍山建设成为世界级钢都，带动营口建设成为东北腹地物流中心，带动铁岭建设成为农副产品和专用车生产基地，带动抚顺发挥石化行业优势，带动本溪发挥冶金工业优势，带动辽阳发挥化纤产业优势，从而共同打造着现代装备制造业基地、高新技术产业基地和农畜产品生产加工基地，也使自身在这一进程中获得了21世纪东北方向陆海丝绸之路经济带建设的主体地位。

4. 长春：21世纪东北方向陆海丝绸之路经济带的中心城市

长春位于新欧亚大陆桥的起点位置，处于东北亚各国贸易交流的枢纽地带，向东是俄罗斯东部地区和朝鲜港口群，向西是俄罗斯在亚洲区域的腹地与蒙古。作为长吉图开发开放先导区的重要依托城市，长春对21世纪东北方向陆海丝绸之路经济带建设将会起到重要的支撑作用。

2009年10月23日，国务院常务会议批准《中国图们江区域合作开发规划纲要——以长吉图为开发开放先导区》。据此，以长吉图为开发开放先导区的中国图们江区域合作开发上升为国家战略，进入新阶段。主要包括长春市、吉林市和延边地区的中国图们江区域开发建设，对于积累内陆边疆开发经验，加深与东北亚各国合作关系，已经

1　2015辽宁省政府工作报告全文，辽宁省第十二届人民代表大会第四次会议，2015-1-27.

产生了示范效应。以长春、吉林两市为支撑，以延吉、龙井和图们为前沿，以珲春为对外窗口，中国图们江区域开发建设在吉林省域经济再上新台阶，建设成为内陆省份大开放与大发展的示范区域、中国北方产业竞争力提升的新增长极和沿边地区开发体制创新的改革试验区进程中，发挥了决定性的拉动功能，从而促进21世纪东北方向陆海丝绸之路经济带中段区域综合价值得到了整体提升。[1]而在这一进程中，长春作为东北地区的一个重要中心城市，起到了显而易见的支撑作用。

5. 哈尔滨：21世纪东北方向陆海丝绸之路经济带的中心城市

作为东北地区最北部的中心城市和省会城市，哈尔滨有着与俄罗斯天然的区位互联和悠久的历史渊源，同时其深厚的老工业基地产业基础以及周边区域交叉的工业建设项目，使得哈尔滨有着明显的区域整合主体资质。

东北方向陆海丝绸之路经济带的中国境内北段陆海经济带建设，各地要实现互联互通，需要打造绥芬河—满洲里—俄罗斯—欧洲铁路和绥芬河—俄罗斯远东港口以陆海联运为主的战略通道，对接俄罗斯的亚欧大通道，使之发挥最大潜能。黑龙江省东部有6个口岸与俄罗斯相连，应当注重发挥大连至满洲里的欧亚联运大通道作用，并以大连为渤海大通道"蓝色新干线"上岸港口，可以把我国华东、华南区域，还有东北亚、东南亚相关国家的物流通过哈大铁路、哈满铁路由陆路口岸运输出境，沿西伯利亚大铁路经过莫斯科，在俄罗斯边境城市布列斯特分流，再经过波兰的华沙、德国的柏林，直到荷兰的鹿特丹港。与此同时，在借助俄罗斯的斯拉夫扬卡等港口，就能够迈出借港出海的第一步，为建设21世纪东北方向陆海丝绸之路经济带打开新局面。而在这一进程中，哈尔滨的整合价值不容置疑。

6. 符拉迪沃斯托克（海参崴）：21世纪东北方向陆海丝绸之路经济带的延伸城市

俄罗斯远东地区经济尚不发达，人口密度较低，但自然资源丰富，加之与中国东北接壤面积较大，所以选择俄罗斯远东中心城市符拉迪沃斯托克（海参崴）作为21世纪东北方向陆海丝绸之路经济带的延伸城市，可以实现区域经济发展的跨国协同效益。

---

1 李靖宇，修士伟. 以长吉图为开发开放先导区的图们江区域合作开发论证 [J]. 延边大学学报（社会科学版），2010. (8).

东北老工业基地全面振兴战略的实施，已经撬动了远东大开发的现实进程，推动中俄边境区域经贸合作出现了热潮。凭借中俄两国不断加深的政治互信关系、日益频繁的文化交流态势以及日渐改善的经济合作形式，通过加大投入边境区域的基础设施建设、继续扩大双方相互投资规模、推动两国贸易规范化与多元化等办法，把以符拉迪沃斯托克（海参崴）为主的俄罗斯远东地区城市纳入到东北方向陆海丝绸之路经济带中进行联动开发，实现跨国战略对接，实现双边经贸合作升级，有助于两国携手抗击全球经济风险，促进双方国内经济的持续快速发展，促成东北亚区域经济发展新格局。当此之际，最重要的战略措施，是争取早日贯通从烟台到大连的"蓝色新干线"，再由大连连接沈阳、长春、哈尔滨等东北中心城市，通过陆路直达符拉迪沃斯托克（海参崴），进而依托符拉迪沃斯托克（海参崴）向俄罗斯和中东欧国家延伸，以求构建起东北方向陆海丝绸之路经济带的基本轮廓。

二、关于创建21世纪东北方向陆海丝绸之路经济带的综合优势

21世纪东北方向陆海丝绸之路经济带南起山东半岛的烟台市，通过渤海海峡跨海大通道与辽东半岛相接，纵跨整个东北区域，直达俄罗斯符拉迪沃斯托克（海参崴），再逐步延伸形成连接我国与东北亚、欧陆国家的重要经济纽带。而区域自身具有的综合优势，则是支撑这条东北方向陆海丝绸之路经济带建设的关键因素。

1. 开创21世纪东北方向陆海丝绸之路经济带的地缘优势

东北方向陆海丝绸之路经济起步于山东北部的烟台市，跨越整个东北地区，具有边疆、临江、近海的区位特点。既包括山东海洋蓝色经济区、辽宁环渤海的沿海地带、长吉图开发开放先导区，也有内蒙古满洲里、吉林珲春、辽宁丹东等多个沿边地带，背依祖国广阔的内陆腹地，是中国区域经济格局中重要的战略区域。从世界整体格局来看，该经济带位于欧亚大陆桥东段，北太平洋西缘，是环太平洋地带的重要组成部分；除了从符拉迪沃斯托克（海参崴）去往欧洲大陆的路径，还可以通过哈大铁路干线直达满洲里，连通西伯利亚大铁路，构成连接欧、亚、美三大洲的"大陆桥"枢纽，也是太平洋各国去往欧洲诸国的陆上捷径。区域内交通运输网纵横交错，俄罗斯、朝鲜、蒙古有数十条公路相连，已建十余个港口与70多个国家和地区通航，并借此与150多个国家和地区保持并不断加深着贸易往来。21世纪东北方向陆海丝绸之路经济带特殊的地缘优势，决定了东北各省区必须不断扩大开放才能谋求更多发展的机会；而越早融入东北亚经济格局，就越有利于东北老牌重工业城市与日本、韩国、俄罗斯这样具有重工业传统优势的国家互动起来，促进资本、重工业技术、劳动力资源的重新配置，从而进一步提高该区域城市的对外开放水平，尽快使这些城市在亚欧市场对接进程中发挥应有作用。

2. 开创21世纪东北方向陆海丝绸之路经济带的资源优势

东北方向陆海丝绸之路经济带涉及的地域辽阔，物产富饶，不仅是我国玉米、大豆、稻谷的主要产地和重要粮仓，而且原煤、原油、原木、原材料等资源丰富。辽宁矿产资源富集，开发利用程度也较高，已发现各类矿产110种，铁、菱镁矿、红柱石、金刚石、硼等矿产保有储量居全国之首。吉林有矿产资源137种，油页岩、硅藻土、火山渣等9种矿产资源的保有储量全国第一，还盛产人参、鹿茸及其他珍贵药材。黑龙江土地条件优越，土地自然肥力较高，耕地面积和可开发土地资源占全国总量的十分之一；是国家重要的木材储备基地，森林面积居全国首位；已发现的矿产有131种，石油、石墨等10种矿产的储量最高，煤炭储量居东北三省第一位。东北素有"天下粮仓"的美誉，适宜的气候条件、肥沃的土壤资源，是东北人赖以生存发展的物质基础，如今更是为东北地区发展现代农业、巩固农业基础地位提供了良好条件。总体来看，东北地区得天独厚的自然资源，长期以来不仅为新中国成立以来工业基地的发展提供了有力支撑，也是21世纪东北方向陆海丝绸之路经济带建设的重要条件。

3. 开创21世纪东北方向陆海丝绸之路经济带的设施优势

国家实施东北振兴战略以来，东北地区基础设施建设得到进一步发展，已经形成水、陆、空、管顺畅衔接的现代交通综合运输体系。多种运输方式的高效整合，为东北地区扩大与国内外市场交易提供了便利。在东北综合经济区内，铁路营业里程1万多千米，占全国的近20%，铁路密度是全国平均密度的2倍多；公路里程15万千米，占全国的近10%；大连港和营口港的货物吞吐量，占全国沿海主要港口吞吐能力的近10%。辽宁沿海区域的五大海港——大连、丹东、营口、锦州、葫芦岛，承载了东北85%以上的海运任务，港口货物和集装箱吞吐量居全国沿海省份前列；空中航线连通国内100多座大中城市，特别是140多个国家和地区。值得一提的是，东北3个省会城市已建成环城高速公路，地铁、轻轨、城际列车等轨道交通工程在陆续建设。随着国家和地方对交通基础设施建设投资力度的不断加大，东北以省会城市为中心，通往省内其他中心城市的公路全面高速化，距离平均为4个小时的车程。因此，可以得出这样的结论：东北地区不断完善的基础设施体系，可以为21世纪东北方向陆海丝绸之路经济带建设提供先行条件，从而提高了面向国内外招商引资兴业的吸引力。

4. 开创21世纪东北方向陆海丝绸之路经济带的产业优势

在国民经济整体布局中，东北地区战略地位显著。在装备制造业方面，东北地区的电站成套设备占全国三分之一；在石油化工业方面，东北地区的原油加工量占全国七分之二，乙烯产量占全国四分之一；在冶金工业方面，东北地区的钢产量占全八分之一；在船舶制造业方面，东北地区的造船产量占全国三分之一；在汽车制造业方面，东北地区的汽车产量占全国四分之一。此外，农产品加工业也是东北的优势所在。根据全球各国工业结构演进的规律可以推测，中国的出口产品结构会发生重大变化，先进装备制造业产品将成为我国新的具有比较优势的市场品种，还有以深加工产品和重工业产品为主的出口产业，将逐步替代当前传统的原材料、纺织品、农产品、轻工业产品为主的出口产业。回溯历史进程，东北地区经过新中国成立后70多年的开发建设，老工业基地主导产业为钢铁、石油化工、汽车、原煤、重型机械、兵器工业，形成的工业体系在全国工业布局中占据着重要的战略地位，发挥出了"装备全国"的基地作用。展望未来，21世纪东北方向陆海丝绸之路经济带建设对产业结构调整产生的促进作用，符合中国经济可持续发展的客观要求，也是产业结构演进规律的必然体现。

5. 开创21世纪东北方向陆海丝绸之路经济带的科技优势

近年来，围绕东北区域的开发建设，国家科技部联合地方有关部门推出了一系列计划和示范专项，取得了明显成效。特别是科技部启动了制造业信息化工程，以信息化促工业化，加快了区域产业结构调整步伐；科技部实施了计算机辅助设计与现代集成管理（CAD／CIMS）应用示范工程，在东北三省作为重点推广普遍受益；科技部在东北组织实施应用数字化设计、数字化加工、数字化管理和网络化制造等专项，加快了东北制造业的信息化进程。在实施科技专项中，在东北地区开发了一大批的优秀产品，如研制开发出数字化医疗影像设备、高档数控机床、工业机器人等名牌产品，在市场上形成了"东北制造"的产品竞争力。可以看到，在科技方面取得的成果，正在引领东北区域经济快速发展，为21世纪东北方向陆海丝绸之路经济带开发奠定了高科技产业集群的良好基础。

6. 开创21世纪东北方向陆海丝绸之路经济带的政策优势

近年来，东北全面振兴与整体开发获得国家、省市各级部门越来越多的关注和支持。仅在2009年内，国务院常务会议就相继正式批复《辽宁沿海经济带发展规划》《中国图们江区域合作开发规划纲要——以长吉图为开发开放先导区》；2010年4月6日，国务院正式批准沈阳经济区成为国家新型工业化综合配套改革试验区，并且指导哈牡绥宁对俄贸易加工区等多个境内外园区飞速发展。政策优势叠加，不仅为东北老工业基地全面振兴进程提供了重要保障，更为21世纪东北方向陆海丝绸之路经济带开发创造了有利条件。及至2013年10月，习近平主席相继提出建设丝绸之路经济带和21世纪海上丝绸之路，李克强总理在2014年政府工作报告中明确要求大力建设丝绸之路经济带和21世纪海上丝绸之路。这样一来，从东北到国家的区域经济开发优惠政策已经形成新体系与新格局。跟进党和国家战略部署，东北正在充分利用政策优势，把握发展的黄金机遇期，加速整合区域资源，以建设21世纪东北方向陆海丝绸之路经济带为目标顺势而为。

三、关于创建21世纪东北方向陆海丝绸之路经济带的价值定位

应当认定，科学开发21世纪东北方向陆海丝绸之路经济带，对外有利于环黄海经济圈、环日本海经济圈、图们江三角洲、中蒙俄经济走廊的开发合作，对内有利于东北、华北和华东地区的联动开发和综合提升，从而使21世纪东北方向陆海丝绸之路经济带成为"一带一路"的重要组成部分，共同带动加快东北老工业基地全面振兴进程。

1. 有利于加快东北区域经济一体化的现实进程

由于长期受计划经济影响，东北地区国有经济比重较高，市场意识相对不足，地方保护和市场分割现象仍然存在，经济发展资源不能充分自由流动，使区域经济发展缺乏合理的产业分工支持，低水平竞争严重浪费资源，所以阻碍了东北区域经济一体化的现实进程。为了改变这一落后现象，东北应当加快转变经济发展方式，在完善社会主义市场经济体制方面取得重大进展，从而加快实现东北区域经济一体化发展目

标。而建设21世纪东北方向陆海丝绸之路经济带，能够把东北区域作为陆海丝绸之路经济带的主体部分进行整体开发，冲破省域自治的狭隘体制束缚，消除行政壁垒，消除市场分割，理顺政府与市场的关系，充分释放市场经济自身的活力，促进形成覆盖东北全境各种要素市场统一的、完善的、共同化的市场体系；能够加大商品交流的广度和深度；构建东北区域商贸网络，并以区域优势为依托，推动各类专业市场和特色市场建设，形成合理布局与分工态势。

2. 有利于东北优化开发主体功能区的配套建设

目前，21世纪东北方向陆海丝绸之路经济带所在区域已经基本形成了衔接高效、管理完善的现代化立体交通综合运输体系；再加上渤海海峡跨海大通道这一蓝色新干线的开发建设，东北优化开发主体功能区的交通运输网络正在实现更新布局。然而，由于行政区划壁垒等原因造成了东北优化开发主体功能区的产业配套、金融配套尚未形成一体化，而与东北优化开发主体功能区建设者相关的环境、医疗、教育等公共基础设施配套也需要提升，所以建设21世纪东北方向陆海丝绸之路经济带还要加大力度。东北方向陆海丝绸之路经济带建设有利于打破行政区划限制，克服地方本位主义思想，从区域一体化角度实现各行业产业的合理配置，实现资源共享和要素自由流动。尤其是国家层面的战略定位，更有利于自然环境和社会的可持续发展，也有利于医疗教育服务水平的全面提升。

3. 有利于拉动东北综合经济区的优势产业集群

东北地区有一批国家重要的大型企业，而相当一些企业却各自为政，基本上是"聚而不集"，产业缺乏紧密联系，产业集中度和集约化程度都不高，部分产业产能过剩造成严重浪费。[1]也就是说，东北地区并不缺大型企业，只是缺乏就近相关的配套企业，缺的是产业集聚所能带来的竞争优势。而建设21世纪东北方向陆海丝绸之路经济带，能够对东北综合经济区的产业进行集群式开发，促进产业集群化和融合化，并且通过连点成线—由线带面的发展模式，在同一发展战略的指导下打破壁垒，产生集聚效应。从长远来看，产业集群能够有效提高企业运营的整体效率，降低生产和交易成本，从而形成区域经济发展的内部整合功能，通过集群式的技术创新和组织创新，培

---

1 李天舒. 东北地区工业比较优势及产业升级途径 [J]. 经济纵横，2007（4）.

育更具竞争力的市场主体，进而提升产业竞争力，形成区域经济发展的综合优势。具体而言，根据东北区域产业优势和集群态势，要逐步打造以玉米产业集群、大豆产业集群、水产品产业集群、农畜产品产业集群、土特产品产业集群、水果产业集群为代表的农业产业集群；以运输机械工业产业集群、石油化学工业产业集群、装备制造业产业集群、制药工业产业集群为代表的工业产业集群；以电子信息产业、生物产业、航空产业、新兴海洋产业为代表的高新技术产业集群，夯实21世纪东北方向陆海丝绸之路经济带的建设基础。

4. 有利于实现东北老工业基地振兴的目标体系

东北地区作为新中国重要的工业基地，由于在国家市场化改革进程中暴露了一系列问题，所以变成了所谓的老工业基地，随后经历了艰难的转型之路：企业经济效益严重下滑，大批职工下岗；东北农业出现了农产品大量积压、农民增收缓慢、农业经济效益低下等较为尖锐的问题。时至今日，东北经济几经起落，经济发展中的体制性、结构性等深层次矛盾仍然制约着东北经济发展。面对经济提振乏力的态势，东北区域必须凝心聚力，转变思路，以建设21世纪东北方向陆海丝绸之路经济带为发展动力和长远目标，才能有利于推动东北老工业基地质变为新型工业基地，裂变为现代装备制造业基地，提升为高新技术产业基地；才能有利于促进东北粮食主产区成长为生态农业基地，发展为农畜产品出口加工基地，从而扭转颓势，为实现东北老工业基地全面振兴的目标体系开辟道路。

5. 有利于充实中俄两国全面战略协作伙伴关系

俄罗斯东部地区自然资源丰富，苏联和俄罗斯历届政府都非常重视东部地区的经济开发，但由于缺乏市场、资金等原因，至今尚未得到有效发展。俄罗斯总统普京在两届任内都非常重视远东区域经济发展，并逐步认识到中国是解决远东和西伯利亚地区发展问题的重要外部因素。当前，中国东北地区与俄罗斯远东地区都面临着经济结构转型和产业布局调整的问题，双方存在着很强的市场互补性。中俄两国面向亚太地区加强合作，推动这两个地区互动发展，符合双方共同利益。为此，《中华人民共和国东北地区与俄罗斯联邦远东及东西伯利亚地区合作规划纲要（2009—2018年）》共推出合作项目300多项，其中涉及基础设施建设与改造等领域的100项左右，还有200多项是双方招商引资合作开发的重点项目。因此，只有在前期项目顺利推进的情况下，才能吸引各类资本陆续投入，以保证后期项目的跟进建设。应当看到，自中俄边境区域合作项目实施以来，尽管两国政府都有加强合作的意愿和行动，但在落实的过程中并不理想，主要原因为俄方项目进展要慢于中方。因此，迫切要求把中国"一带一路"倡议与俄罗斯欧亚联盟战略对接起来，共同尽快推进21世纪东北方向陆海丝绸之路经济带建设。只有这样，才能在国家战略高度，进一步全面加深和充实中俄两国战略协作伙伴关系。

6. 有利于中国强化东北亚区域经济合作的实力地位

纵观和展望21世纪东北方向陆海丝绸之路经济带建设的历史进程，可以从以下几方面加以概括东北区域经济开发态势：贡献巨大，过去曾经有过辉煌时期；多次透支，至今仍然背负着沉重的历史包袱；世人瞩目，全面振兴的时机已经到来；战略取向，将会继珠江三角洲、长江三角洲、京津冀经济圈之后成为中国第四大经济增长极。作为中国北方区域经济发展的强力龙头，21世纪东北方向陆海丝绸之路经济带建设能够改变全国经济发展"南重北轻"的畸形态势；作为中国内陆经济发展的重大引擎，能够缓解全国区域经济发展不平衡的矛盾状态；作为中国区域经济的新增长极，能够成为全国经济发展的强大拉动力量；作为资源优化配置的强势经济带，能够全面激活中国北方的老工业基地；作为中国参与东北亚区域经济合作的重要载体，能够进一步完善中国对外开放的整体格局。在此基础上，能够促成21世纪东北方向陆海丝绸之路经济带与东北亚区域经济合作的紧密关系，共同拉动国内其他地区更加有效地参与东北亚区域经济合作进程，进而强化中国在东北亚区域经济合作中的实力地位。

四、关于创建21世纪东北方向陆海丝绸之路经济带的对策创意

在世界经济版图上，东北亚经济近年来呈现前所未有的繁荣景象，已经成为拉动亚太经济发展的重要引擎。在此大背景下，依托渤海海峡跨海通道，建设21世纪东北方向陆海丝绸之路经济带，既有利于东北地区开放和经济发展，也有利于催生和完善东北亚区域经济合作机制，还能创造条件使东北区域经济在与世界经济更为深化的融合中持续显现巨大的发展潜力，进而逐步推动东北亚区域成长为一个更为成熟的世界经济增长中心。为此，应当瞄准建设目标，以解决现存问题为导向，创新21世纪东北方向陆海丝绸之路经济带的建设对策和方略。

1. 加大基础设施建设力度，拉动区域经济的一体化进程

开创21世纪东北方向陆海丝绸之路经济带，需要加大基础设施建设力度。从山东半岛到辽东半岛，都要注重联通和发挥基础设施功能，尤其是完善的交通设施网络。一是从交通体系上来看，需要建设3条横向的亚欧大陆桥。第一条是从东北通过满洲里进入西伯利亚大通道进入欧洲的陆路丝绸之路经济带；第二条是与以吉林省珲春市为起点直达新疆阿拉山口到中亚地区的铁路系统；第三条是北起俄罗斯雅库茨克，经过黑河大桥，进入渤海海峡跨海大通道与我国东部沿海干线相接。与此同时，还要与东北东边道与西边道相配合，努力形成全面对外开放的交通网络格局。二是从港口体系上来看，涵盖山东半岛与辽东半岛港口群、辽河三角洲港口群和图们江地区港口群，包括东北地区的内河港口与内地干港，需要在3—5年内形成借港出海、走向世界的通达景象。应当看到，近年来国家对港口建设的资金投入，体现了对"一带一路"建设的高度重视。为此，要注重统筹从山东半岛到辽东半岛的港口资源，特别是要加强大连与烟台港口基础设施建设与港口功能对接，以此更好地承接和落实国家战略部署。三是从城市体系上来看，要在以沈阳、长春、哈尔滨等大城市为中心的城市群基础上，沿哈大铁路与公路进一步建设一线多点的现代化城市带；还要进一步推进内蒙古东部地区向东北综合经济区融合；进一步推进以珲春、绥芬河、满洲里为窗口的延伸效应，通过建设陆港联运的大通道，构建东北地区经济技术的合作平台，将更多腹地城市纳入东北亚经济圈，形成更具带动辐射能力的区域城市集群。四是从城市功能上看，21世纪东北方向陆海丝绸之路经济带建设，要着眼于整合区域发展空间，提升城市功能。尤其是要通过沿海城市建设，拉长沿海经济带，加速海陆联动进程，并且通过"以内促外、以外带内"的有效形式，努力形成"一点一轴一面"的发展态势，完善沿海与腹地良性互动的对外开放新格局。与此同时，东北区域中心城市还要注重保持传统产业优势，推进产业转型升级，努力打造现代化的装备制造业研发基地，建设区域性的金融和商贸中心、高新技术产业中心、信息文化产业交流中心，以使东北各大中心城市逐步提升为东北亚重要的中心城市，铸就区域中心城市品牌。

2. 合理调整沿线经济布局，大力加快优势产业集群发展

应当看到，产业集聚作为产业发展的战略推进方式，能够有效促进中小企业发展，拉动农村工业化和城镇化，是解决"大企业病"的有效方案。21世纪东北方向陆

海丝绸之路经济带能够强化沿线产业集聚。为此，可以从以下三种类型入手：一是具有竞争优势的传统产业。东北在历史上形成了以交通运输设备、机械制造、石化、冶金等为主的支柱性产业，即使这些支柱产业后来在全国的地位有所下降，但其生产能力仍然领先于珠江三角洲、长江三角洲和京津冀地区。为了发扬这种优势，需要加快体制创新和机制创新，推动东北老工业基地质变为新型工业基地；需要依靠先进的科学技术做大优势，推动东北新型工业基地裂变为现代装备制造业基地。二是具有资源优势的传统产业。东北作为中国重要的农畜产品生产基地，应当充分发挥农畜产品的资源优势，培育具有区域特色的绿色集群产业。黑龙江和吉林两省可以重点发展具有资源、品牌优势的乳制品加工业，大豆和粮食的深加工产业，肉类制品加工企业，并逐步发展成为大规模的集群产业模式。[1]在此基础上，还可以利用"绿色制造"技术生产出"绿色食品"，推动东北粮食主产区成长为生态农业基地；利用现有的资源优势培育"龙头骨干企业"，充分发挥自身的地缘优势，推动东北粮食主产区发展为农畜产品出口加工基地。三是具有竞争优势的新兴产业。辽宁省为调整和优化传统重化工业的产业结构，应当注重带领东北区域发展海洋产业等战略性新兴产业，择优发展海洋石油开采与加工、海洋高端装备制造、海洋化工等产业；努力推进海洋渔业转型和休闲滨海旅游业，持续发展海水淡化与综合利用、海洋生物医药等海洋战略性新兴产业。在这方面的目标是，以海洋科技创新为动力，积极发展适应市场需求的新兴产业，促进东北产业结构多元化和高级化。

3. 坚持市场化社会化大方向，努力提高现代服务业水平

对于东北地区来说，建设21世纪东北方向陆海丝绸之路经济带，首先必须突破产业升级与优化的关键环节。而加快发展现代服务业，是适应中国经济进入新常态、实现产业成功转型的关键所在。通过对21世纪东北方向陆海丝绸之路经济带所涉及的山东省、东北四省区服务业的现状进行比较分析，可以看到各地方服务业整体运行平稳，对经济拉动能力在不断增强。但整体行业的业绩基数过低，新兴行业发展不足。为此，应当克服东北地区现代服务业发展的制约因素，抢抓21世纪东北方向陆海丝绸之路经济带的重大发展机遇，促进沿线城市现代服务业的快速发展。第一，必须因地制宜培育现代服务业的主导产业功能，实现区域服务业产出最大化。为此，要注重加

---

1 黑龙江省主要行业状况. 黑龙江省统计局 [EB/OL]. http：//www.hlj.stats.gov.cn，2015，3.

强现代服务功能区建设，统筹自然资源与城市资源，促进城乡产业互动发展，全力打造21世纪东北方向陆海丝绸之路经济带的新型城镇化先行区、现代服务业示范区。第二，必须落实好《国务院关于近期支持东北振兴若干重大政策举措的意见》《山东省人民政府关于加快服务业发展的若干意见》《内蒙古自治区加快服务业发展若干政策规定》等相关文件，进一步完善政策体系，特别是要出台服务业资金配套政策，尽快形成现代服务产业新的经济增长点。第三，必须加快政府职能转变，进一步明确部门职责，建立区域现代服务业工作促进平台，统筹协调推进沿线城市产业对接合作，道路互联互通，经贸技术交流，人文沟通到位。为此，还要建立联席会议制度和跟踪督查制度，强化服务业督查和服务业绩效考核。第四，必须创造良好的现代服务业项目的招商环境，依托区位与资源优势，面向内地服务业发达地区加强重点项目招商，拓展现代服务业开发领域，培育服务业新业态。为此，要注重发挥媒体对现代服务业的宣传推动作用，通过召开现代服务业项目招商推介会等形式，吸引国内外大型企业前来投资兴业；注重形成政府、企业普遍关注和积极参与的社会氛围，营造现代服务业发展的良好环境。

4. 注重人与自然和谐发展，创建沿线旅游生态经济景观

在发展经济的同时注重保护和改善环境，保持经济社会的可持续发展，是发展中国家总结发达国家发展历程得到的宝贵经验。有鉴于此，21世纪东北方向陆海丝绸之路经济带沿线各地方政府应当本着可持续发展的原则，处理好经济发展和环境改善的关系，同时注重开发沿线生态旅游项目，以沿线休闲观光、学术旅游等形式扩大经济效益，用生态旅游创造的经济效益反哺自然生态系统。具体而言，第一，沿线要把统筹人与自然和谐发展理念落实到东北方向陆海丝绸之路经济带建设过程中，一方面要促进经济增长方式的转变，另一方面应加大环境整治的力度，要对东北方向陆海丝绸之路经济带建设进程中的水利工程、水源工程、污染治理等项目给予更多的政策支持。第二，沿线要以旅游资源禀赋树立城市经营理念，打造特色城市品牌，塑造良好城市形象。调整和完善城镇体系规划和城市总体规划，突出城市建设规划的整体性和权威性，发掘城市历史文化内涵，加强对历史文物、街区的保护与开发，加强对民俗文化的保护性开发，以地域特色文化增加对海内外游客的吸引力。第三，沿线要推展多样化的生态旅游项目，把生态旅游业作为优先发展的第三产业，注重旅游项目的品牌建设，促进旅游项目精品化和多元化发展。要对接山东半岛、辽东半岛规划推出黄

金海岸旅游主题，要开发东北四省区的中俄边境地区森林保健疗养、度假旅游、野生动物观赏等生态旅游项目，还要注重推进冰雪体育运动旅游、少数民族风情游活动、中俄互市贸易区观光游等项目。第四，沿线要大力发展国际旅游，积极加入国内外旅游网络，抓住世界经济重心向亚太地区转移的机遇，适时发展公务、会议及展览旅游，力争举办一些具有国际影响力的大型会议、商务洽谈、展览等活动。第五，沿线要针对不同消费人群采取恰当的营销策略，吸引海内外游客的广泛参与，促进旅游产业的发展。为此，必须加强旅游业的宣传促销工作，以鲜明的旅游产业形象吸引顾客，提高区域旅游产业核心竞争力。第六，沿线要运用现代管理手段，提高旅游业服务整体水平，以旅游协会等组织形式加强行业自律，开展旅游信誉等级评定活动，促进服务质量的提高。同时，还应培养与提高旅游从业人员的综合素质，提升旅游业服务和管理品质。

5. 全面规划中俄海洋合作，开拓21世纪海上丝绸之路

俄罗斯总统普京在开始他新的任期以来，多次表示要把对华关系放在俄罗斯外交的优先位置，并且在2012年6月访华期间两国元首共同签署了《关于进一步深化平等信任的中俄全面战略协作伙伴关系的联合声明》，其中突出了"全面"二字。由于美国战略重心已经转移到亚太地区，纠集地区盟国频繁地进行海上军事演习，致使中俄两国均有来自太平洋方向的大兵压境之感。有鉴于此，应当把海洋领域合作进一步充实到中俄两国战略协作伙伴关系的内涵之中，以体现其重要性与紧迫感。应当指出，无论是从经济全球化的发展趋势来看，还是从地缘经济利益的视野来看，中俄两国共同提升政治互信水平、加强双方海洋领域战略合作，对于两国经济社会的发展与睦邻关系的巩固，都具有重要的战略价值。尤其要看到，为了有效接入"一带一路"经济带的宏伟版图，也为了将"一带一路"经济带延展到欧洲地区，非常需要开拓东北方向的海上新丝路。有鉴于此，需要加快长吉图区域交通系统建设，这是因为它位于东北亚地理中心，是新欧亚大陆桥的起点，处于东北亚各国贸易交流的枢纽地带，向西毗邻俄罗斯亚洲区域腹地及蒙古，东部是俄罗斯东部和朝鲜的港口群；加快建设以蒙古乔巴山为起点，途经中国阿尔山、白城、松原、长春、吉林、珲春等重要铁路节点城市，最终借俄罗斯和朝鲜港口在日本海形成出海口的"中蒙大通道"工程，争取使"中蒙大通道"工程上升到双方国家战略层面，进而形成21世纪东北方向陆海丝绸之路经济带内纵横交错的与俄罗斯港口群相连的新丝路网，实现中俄海洋合作开发，也可

达到中国借道出海的目的，形成东北方向四通八达的陆海丝绸之路经济带网络，进而形成维护我国安全的重要战略布局。

6. 力挺国家优惠政策投放，成就东北亚区域合作升级版

鉴于当今经济全球化的发展态势，党和国家确立了加快施行自由贸易区战略、构建开放型经济体系的战略导向。但是，中日韩自由贸易协议及中俄蒙朝自由贸易区建设或是限于国际形势或是限于区位因素，总体速度没有达到预期，所以有识之士便把希望的目光投向了21世纪东北方向陆海丝绸之路经济带建设上。为此，东北地区应当依托东北亚区域的枢纽位置，发挥自身的综合优势领衔创建东北亚自由贸易先导区。具体地说，就是要努力把中日韩自由贸易区、中俄蒙朝自由贸易区的推进功能整合在一起，加快东北亚自由贸易区的创建步伐，也能够使自身实现华丽转身，承担起国家使命，主动地提升为中日韩、中俄蒙朝自由贸易的先导区。而在这一过程中，我国东北地区要大力整合两区启动与运作功能，抢先一步成长为东北亚自由贸易先导区，通过加速运作和发展自由贸易市场推动国家经济发展。

7. 创建世界海洋城市总部，整合全球经济资源重振雄风

面对世界经济发展重心的东移大势，应对美国诱使海域主权争端的事件频发局面，中国急需打造一个战略平台，以促成国家海洋战略推进的整体阵容，于是世界海洋城市总部应运而生。在这一运作进程中，我国海洋城市应当以国内巨大的市场为吸引力，扩大全球海洋城市政府代表、知名跨国企业、民间商业组织为会员，积极创造世界海洋城市总部的全球效益。为此，21世纪东北方向陆海丝绸之路经济带中的烟台、大连等作为中国北方的重要海洋城市，应当主动领受国家使命，以沿海经济带为区域载体，以国内巨大市场为战略依托，领衔创建世界海洋城市总部。适应这方面要求，有必要透视整合国内外沿海资源创建世界海洋城市总部的时代背景，并在此前提下认定大连领衔整合国内外海洋资源创建世界海洋城市总部的战略价值。主要体现为，世界海洋城市总部的成功运作，不仅能够促进各国海洋城市经济的协调发展，而且可以为相关城市区域开发带来多种经济效应。又由于大批国内外海洋城市、涉海企业、国际机构的办事处入驻总部，所以还能够提高世界海洋城市总部所在城市的知名度与信誉度，倒逼城市政府提高服务质量，优化商务贸易发展环境，完善城市基础设施和人居环境，鼓励多元文化交融，加快城市国际化进程。这种时代使命，中国作为

负责任的世界大国和第二大经济体，必须勇于担当，以全面经略海洋、建设海洋强国为取向，以中俄两国战略协作伙伴关系为依托，以现代化国际名城大连市域为平台，以号称总部经济之父的曼特教授设计模式为坐标，以作为总部经济典型的硅谷和华尔街为参照，以支撑21世纪东北方向陆海丝绸之路经济带建设为目标，加快整合与发挥世界海洋城市总部的市场功能。

8. 跟进时代潮流运作智库，支撑从陆域到海域经略大业

2015年1月20日，国务院印发《关于加强中国特色新型智库建设的意见》，指出：中国特色新型智库是党和政府科学民主依法决策的重要支撑，是国家治理体系和治理能力现代化的重要内容，是国家软实力的重要组成部分。由于近年来我国民间智库逐渐显示出对国家决策的影响力，因此在21世纪东北方向陆海丝绸之路经济带建设过程中，需要建立符合时代发展的智库进行指导。基于这种需要，智库可以从战略布局的角度制定21世纪东北方向陆海丝绸之路经济带建设的指导意见，从实施、执行的角度制定具体操作步骤和细节，把握新丝路建设的方向和节奏，树立陆海统筹协调发展的经略大业路线图。这其中就需要造就海洋强国建设人才队伍和服务于新丝路建设的专业人才和干部。为此，大连干部培训中心就可以很好地肩负起打造海洋强国人才队伍的历史使命。以此为依托，聚合民间力量创办涉海智库，有助于推动官方智库体制机制改革，提高政府部门的决策水平。而服务于海洋领域开发的独立智库，可以优先在海洋权益与国家领土主权的维护与保障，繁荣海洋经济等国家迫切需要发展的事业上，提供决策咨询报告和学术理论研究成果，更能够发声在先以引导舆论。总的来说，通过组建涉海智库，并牵头协调各方组建行为主体，也就是联系沿线省市的政府职能部门、涉海企业、高等院校、研究机构、民间组织等组成联盟，集各方力量，纳各方智慧，采取行动承担国家使命，推进21世纪东北方向陆海丝绸之路经济带铸造共荣伟业。

9. 站在全面经略海洋高度，力挺陆海统筹上升为大战略

应当强调，以建设海洋强国为目标，以科学发展观为指导，必须力挺陆海统筹上升为国家大战略，继而在陆海统筹的战略取向下协调沿海11个省市区的海洋开发规划，从北到南统一构建中国大"S"形海域经济带。为了达到这一目的，有必要透视中国创建大"S"形海域经济带的时代背景，作出中国创建大"S"形海域经济带的路线

图解，认证中国创建大"S"形海域经济带的战略价值，确认中国创建大"S"形海域经济带的综合优势，分析中国创建大"S"形海域经济带的现存问题，并且有针对性地创意中国创建大"S"形海域经济带的推进对策：增强全民海洋观念，达成陆海统筹共识；加强海陆互动关系，促进产业结构升级；打破行政分割局面，统一海域综合管理；保护海洋生态环境，实现持续发展目标；维护海上通道安全，保障拓展国家利益；妥善处理海权问题，造就和谐海洋氛围；加大对外开放步伐，注重国际合作开发。只有这样努力下去，才能造就中国大"S"形海域经济带，才能筑成"美丽中国"的前沿区域，才能开创出21世纪陆海丝绸之路经济带中国主体部分的繁荣景象。

第十一章

陆海统筹国家大战略取向下的大"S"型
海域经济带创建构想

在当今世界上，由于陆域资源、环境、人口的压力不断增大，所以已经把21世纪推升至海洋世纪。尽管这在一定程度上来说是被迫的，但到目前还是形成了一股浩荡的时代潮流。跟进这一时代潮流，国务院早在2003年就颁发了《全国海洋经济发展规划纲要》，以期把沿海省市区的海洋开发统一纳入到新划定的十一大海洋功能区之中。这种全国性的规划导向，虽然暂时遏制了各自为战的混乱局面，但因缺乏行为主体，因此效果并不显著。在这种情况下，为了推进全国海洋事业，自2009年7月辽宁沿海经济带发展规划出台，至2011年年末河北省沿海地区发展规划实施，国务院先后批复了沿海11个省（区、市）海洋经济发展纲要，并且把地方行为上升到了国家战略层面。此后，沿海地区掀起了新一轮独立规划、各自为政的海域开发新浪潮，不仅项目建设重复现象泛化，盲目竞争，劳民伤财，而且重大工程投放密集，隐患难料，污染加剧，不能把生态文明建设融入中国特色社会主义事业的全过程。有鉴于此，必须力挺陆海统筹上升为国家大战略，并且在陆海统筹的战略取向下协调沿海11个省（区、市）的海洋开发规划，从北到南统一构建中国大"S"型海域经济带，本章对此试作战略构想，以求为落实党的十八大关于"优化国土空间开发格局"的战略部署提供理论支撑。

一、中国创建大"S"型海域经济带的时代背景透视

放眼当今世界，大多数临海国家海洋事业发展蒸蒸日上，中国也在积极跟进这一

时代潮流。自改革开放以来，我国沿海地区经济快速蓬勃发展，世人有目共睹。从国内外经济和社会发展的成功经验来看，沿海地区已经成为引领经济发展和社会进步的前沿与主流地带。有鉴于此，构建中国大"S"型海域经济带条件具备，时机成熟。

1. 中国创建大"S"型海域经济带的国际背景

环顾全球，随着新一轮海洋经济大开发积极有序推进，大多数沿海国家都是通过开发海洋而逐步立足于世界民族之林。据不完全统计，现今世界70%以上的财富和经济总量都集中在沿海城市。[1] 正因如此，太平洋、大西洋、印度洋各自形成了相对独立的区域经济圈，逐步造就了世界性的海陆经济带。[2] 美国大西洋和太平洋经济带，即"双岸"经济带，日本太平洋沿岸工业带等，都是这其中发展的突出代表。中国作为拥有300多万平方千米的广阔海域的海洋大国，应当紧跟时代步伐，积极投入到海洋领域的革命性潮流之中。

2. 中国创建大"S"型海域经济带的国内背景

中国民主革命先行者孙中山先生，早在《建国大纲》中就规划了"经略海洋"的宏伟蓝图，一直呼唤和激励着后来者在这方面奋发有为。新中国成立以来，随着工业化进程的快速发展，我国沿海省份普遍面临陆域空间、资源能源、生态环境等方面的"瓶颈"制约，开始把发展的关注点转向海洋，所以发展海洋经济已经成为促进产业结构调整和经济发展方式转变的重要战略选择。从国家"十五"规划纲要开始关注海洋开发，到国家"十一五"规划纲要明显地在经济和社会发展各领域进一步考虑海洋因素，探索在经济、产业、科技、文化以及政治、军事、外交等多方面如何实施陆海统筹协调的战略，再到"十二五"规划纲要明确提出坚持陆海统筹，引领我国向海洋区域协调发展的大方向阔步前进[3]，最终在"十三五"规划纲要中进一步强调要积极拓展蓝色发展空间，向海洋采取更加进取的发展态势。

---

1 景禹. 大连当创建世界海洋城市总部 [J]. 东北之窗，2011 (14).

2 张耀光. 我国海陆经济带的可持续发展 [J]. 海洋开发与管理，1996 (2).

3 张国强. 我国沿海地区发展战略的启示 [J]. 领导之友，2012 (1).

3. 中国创建大"S"型海域经济带的区域背景

众所周知，中国不仅是一个人口众多、幅员辽阔的陆域大国，也是一个岛屿众多、海岸线漫长的海洋大国，海洋国土面积相当于陆域面积的三分之一。沿海地区是我国人口、工业以及城市分布最为稠密，并且经济增长最快的战略区域。从地域上看，中国地处太平洋经济圈内，与日本、韩国、新加坡等国家及中国香港、中国台湾形成西太平洋经济区。作为亚太经济的发展中心，西太平洋经济区飞速发展令世人瞩目。我国沿海经济带经过数千年的发展奠基，顺沿大"S"型海岸线，呈南北走向，南部有广西、海南、广东；东部除宝岛台湾外，有福建、浙江、江苏、上海；北部有山东、天津、河北、辽宁，共计11个省（区、市）。在这样的黄金区域内，山海兼有，资源丰厚，发展潜力巨大，自然而然地形成了陆海经济带，构成了以山为依托、海为前沿、功能互补、海陆经济一体化的发展格局。[1]

4. 中国创建大"S"型海域经济带的成长背景

改革开放以来，建设沿海经济特区成为国家经济的发展重点，这为沿海经济带发展提供了最重要的战略保障。随着中国加入WTO和经济全球化的发展，已经为沿海经济发展、临港工业升级提供了丰富资源和广阔的国际市场，国际贸易成为沿海城市兴起并演变的重要驱动力量。随后的西部大开发、东北老工业基地振兴、中部崛起等国家战略的相继实施，又为临港产业提供了更广阔的发展空间；国内产业重心转移和要素自由流动，也为沿海城市提供了丰富的物资保障。[2] 我国沿海经济带正是依靠这些实际保障，并依据增长极理论，后经点轴理论，又随梯度推移理论，在科学发展观的指导下，逐步形成、循序成长。[3]

二、中国创建大"S"型海域经济带的全程路线图解

我国沿海11个省市区所构成的大"S"型经济带，北起辽宁省，南至海南省，中

---

1 张耀光. 我国海陆经济带的可持续发展 [J]. 海洋开发与管理，1996 (2).
2 郝雷. 沿海经济带的形成与演进研究——以河北沿海经济带为例 [J]. 经济论坛，2012 (1).
3 张国强. 我国沿海地区发展战略的启示 [J]. 领导之友，2012 (1).

经河北、天津、山东、江苏、上海、浙江、福建、广东、广西，联结渤、黄、东、南四大海域，呈"S"型蜿蜒伸展，故称中国大"S"型海域经济带。近年来，随着辽宁沿海经济带、天津滨海新区、山东半岛蓝色经济区、江苏沿海经济带、长三角经济区、浙江海洋经济发展示范区、福建海峡西岸经济区、珠三角经济区、广东海洋经济综合实验区、广西北部湾经济区、海南国际旅游岛、河北沿海经济带等一系列沿海经济板块及相关规划上升为国家战略，使大"S"型海域经济带的路线有了更为清晰的路线图解（图11-1）。

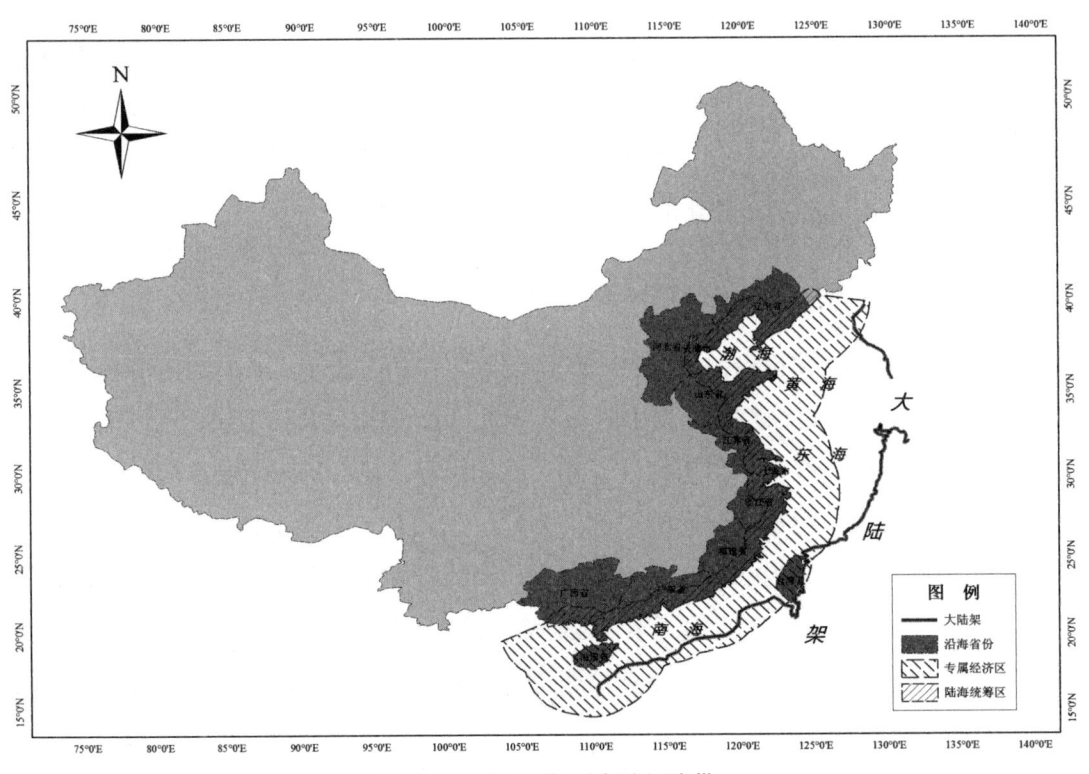

图11-1 大"S"型海域经济带

1. 辽宁沿海经济带

《辽宁沿海经济带发展规划》于2009年7月1日正式获得国务院常务会议批复，因此辽宁沿海作为整体开发区域被纳入国家战略。辽宁沿海经济带位于我国东北地区，毗邻渤海与黄海，以辽宁省2005年提出的"五点一线经济带"为基础，整合包括大连、丹东、锦州、营口、盘锦、葫芦岛6座沿海城市以及所辖21个市区和12个沿海县（市）组成现有的辽宁沿海经济带。陆域面积5.65万平方千米，海域面积约6.8万平方千米，海岸线长2920千米。目前，辽宁沿海经济带已基本形成"一核、一轴、两翼"的总体布局框架。以大连为核心，大连—营口—盘锦为主轴，另有渤海翼（盘锦—锦州—葫芦岛渤海沿岸）和黄海翼（大连—丹东黄海沿岸及主要岛屿）。这"两翼"已经强劲展开。[1]

2. 河北沿海区域

2011年10月27日，国务院正式批准实施《河北沿海地区发展规划》（下文简称《规划》），标志着河北沿海地区发展正式上升为国家战略，至此国家战略实现了对全国1.8万千米大陆海岸线、所有沿海区域的全覆盖。[2] 河北沿海地区包括秦皇岛、唐山、沧州三市所辖行政区，陆域面积3.57万平方千米，海域面积0.7万平方千米，海岸线长487千米。作为最后一个上升为国家战略的沿海发展地区，《规划》将河北沿海地区的战略定位为环渤海地区新兴增长区域、京津城市功能拓展和产业转移的重要承接地、全国重要的新型工业化基地、我国开放合作的新高地、我国北方沿海生态良好的宜居区[3]，大有后来者居上之势。

3. 天津滨海新区

天津市滨海新区位于天津东部沿海，地处山东半岛与辽东半岛交会点上、海河下游、天津市中心区的东面，渤海湾顶端，紧依北京、天津两大直辖市，面积为2270平方千米，海岸线153千米。依据天津市"十三五"规划纲要，提出基本实现"一基地三区"（全国先进制造研发基地、北方国际航运核心区、金融创新运营示范区、改革开放先行区）的发展定位。努力把天津建设成为经济发达之都、创新创业之都、绿色宜居之都、魅力人文之都、和谐幸福之都。[4]天津滨海新区作为综合改革试验区，是中国唯一聚集了高新区、港口、国家级开发区、保税区、海洋高新技术开发区、出口加工区、区港联动运作区和大型工业基地的地区，具有极强的体制创新优势和发展活力，必将成为继深圳经济特区、上海浦东新区之后，又一带动区域发展的新的经济增长

1 辽宁沿海经济带发展规划（国函〔2009〕104号）.

2 张国强. 我国沿海地区发展战略的启示［J］. 领导之友，2012（1）.

3 河北沿海地区发展规划［EB/R］. http://www.ndrc.gov.cn/zcfb/zcfbtz/2011tz/t20111208_449756.htm.

4 天津市国民经济和社会发展第十三个五年规划纲要. 2016年1月29日天津市第十六届人民代表大会第四次会议通过.

极，所以被誉为继"深圳"号、"浦东"号之后的"滨海"号"经济航母"。[1]

4. 山东半岛蓝色经济区

早在20世纪90年代初期，山东省就在全国率先提出"海上山东"的发展战略，与黄河三角洲的开发并列为全省跨世纪的两大工程。2009年4月，时任中共中央总书记胡锦涛视察山东时强调指出：要大力发展海洋经济，科学开发海洋资源，培育海洋优势产业，打造山东半岛蓝色经济区。2011年，国务院以国函〔2011〕1号文件批复了国家"十二五"开局之年的第一个国家发展战略——《山东半岛蓝色经济区发展规划》，这也是我国第一个以海洋经济为主题的区域发展战略。规划主体区范围包括山东全部海域和青岛、东营、烟台、潍坊、威海、日照六市及滨州市的无棣、沾化两个沿海县所属陆域，海域面积15.95万平方千米，陆域面积6.4万平方千米，山东省其他地区作为规划联动区。[2] 山东半岛蓝色经济区统筹海陆和区域资源，目标是培育以青岛为龙头，以潍坊、东营、滨州为西北翼，以烟台、威海、日照为另一翼的"一体两翼"科技创新体系和新兴产业发展体系，以构筑胶东半岛高端海洋产业聚集区为核心，壮大黄河三角洲高效生态海洋产业聚集区和鲁南临港产业聚集区两个增长极，形成青岛—潍坊—日照、烟台—威海、东营—滨州三个城镇组团的"一核、两极、三带"的总体开发框架，面向日韩开拓国际市场，拓展广大西部内陆腹地。

5. 上海现代化国际大都市

上海作为中国第一大城市，位于我国大陆海岸线中部，北接江苏、南临浙江，地处长江入海口和东海的交汇处，区位优势明显。全市海域面积超过8000平方千米，江海岸线总长763千米，其中大陆岸线186千米，岛屿岸线577千米；岛屿16个，其中崇明岛是我国的第三大岛；拥有港口航道、湿地滩涂、渔业、滨海旅游、风能潮汐能等丰富的海洋资源，为发展海洋经济提供了良好的基础条件。根据国家对上海的战略定位及要求，上海到2020年将基本建成与我国经济实力和国际地位相适应，具有全球资源配置能力的国际经济、金融、贸易、航运中心，基本建成经济繁荣、社会和谐、环

1 张国强. 我国沿海地区发展战略的启示 [J]. 领导之友，2012（1）.

2 山东半岛蓝色经济区发展规划 [EB/R]. http：//www.china.com.cn/news/zhuanti/kzgl/2011-05/06/content_22511995.htm.

境优美的社会主义现代化国际大都市，为建设具有较强国际竞争力的长江三角洲世界级城市群做出贡献。[1]

6. 江苏"L"型特色海洋经济带

江苏沿海地区处于我国沿海、长江和陇海兰新线三大生产力布局主轴线的交会区域，包括连云港、盐城和南通三市所辖全部行政区域，陆域面积3.25万平方千米，海岸线长954千米。在《国务院关于进一步推进长江三角洲地区改革开放和经济社会发展的指导意见》（国发〔2008〕30号）中，把江苏沿海地区全部纳入长三角区域范围。江苏沿海经济带建设于2009年6月获得国务院批准，正式上升为国家战略。[2] 国家根据江苏沿海、沿江资源环境承载能力、现有产业基础与发展潜力，推进陆海统筹与江海联动战略，优化海洋产业布局，构建江苏"L"型特色海洋经济带，大力提升北部海洋重化工业板块、中部海洋生态产业板块和南部海洋船舶及海洋工程装备制造业板块的综合竞争力，培育以沿海港口和沿江港口为依托的产业集群，努力形成"一带三区多节点"的海洋经济空间布局。

7. 浙江海洋经济发展示范区

国务院于2011年2月正式批复了我国第一个海洋经济发展示范区规划——《浙江海洋经济发展示范区规划》，从而使浙江海洋经济发展示范区建设上升为国家战略。浙江拥有6696千米海岸线，其中规划可建万吨以上泊位的深水岸线506千米，占全国30.7%；海岛数量2878个，约占全国的40%；滩涂资源近400万亩，约占全国的13%。此外，浙江海域岛屿还蕴藏着丰富的海洋新能源，海岛风能、潮汐能、波浪能等蕴藏量均居全国前列。基于诸多资源禀赋，浙江有条件成为海洋清洁新能源大省，并打造"一核两翼三圈九区多岛"为空间布局的海洋经济大平台[3]，形成以宁波—舟山港海域、海岛及其依托城市为核心区，以环杭州湾产业带为北翼，以温州、台州沿海产业带为南翼，以杭州、宁波、温州三大沿海都市圈为支撑，以9个沿海产业聚集区和诸多岛屿的开发和保护互为主体内容的立体化发展体系。2011年7月7日，国务院正式批准设立

1　上海市国民经济和社会发展第十二个五年规划纲要［EB/R］. http：//www.shanghai.gov.cn/shanghai/node2314/node2319/node22396/node22401/.

2　江苏沿海地区发展规划细则［EB/R］. http：//feature.mei.net.cn/rdp/news/20091216/316449_2.htm.

3　浙江海洋经济发展示范区规划［EB/R］. http：//www.gov.cn/jrzg/2011-03/01/content_1814117.htm.

浙江舟山群岛新区，使之成为我国继上海浦东、天津滨海、重庆两江之后的又一个国家级新区，也是首个以海洋经济为主题的国家级新区，对于促进浙江经济转型、创新海岛开发模式具有特殊意义。

8. 福建海峡蓝色经济试验区

福建居于中国东海与南海的交通要冲，东隔台湾海峡与台湾省相望，是中国距东南亚、西亚、东非和大洋洲最近的省份之一。海峡西岸经济区东与台湾省一水相隔，北承长江三角洲，南接珠江三角洲，是我国沿海经济带的重要组成部分，在全国区域经济发展布局中处于重要位置。福建省在海峡西岸经济区中居主体地位，与台湾省地缘相近、血缘相亲、文缘相承、商缘相连、法缘相循，具有对台交往的独特优势。[1] 因此，国务院在《海峡西岸经济区发展规划》的批复中明确指出："支持福建开展全国海洋经济发展试点工作，努力建设海峡蓝色经济试验区。"以此为战略支点，福建正式跨入中国海洋经济开发试点省的先进行列。

9. 广东海洋经济综合试验区

2011 年 7 月，国务院正式批准实施《广东海洋经济综合试验区发展规划》。至此，以山东、浙江、广东这 3 个省域为代表的 "3+N" 沿海经济区发展格局基本形成。规划主体区涵盖了广东全部海域和广州、深圳、珠海、汕头、惠州、汕尾、东莞、中山、江门、阳江、湛江、茂名、潮州、揭阳 14 座城市，海域面积 41.9 万平方千米，陆域面积 8.4 万平方千米。除了囊括粤东、粤西两大增长极外，广东海洋经济综合试验区还将珠江三角洲地区的佛山、肇庆及环珠三角地区的粤北等相邻地区作为联动区，从而进一步扩大了辐射范围。[2] 据此，广东海洋经济综合试验区将充分发挥海洋经济第一大省的优势，努力构建 "一核、两极、三圈、四带" 的空间布局，建成提升国家海洋经济竞争力的核心区、促进海洋科技创新和成果高效转化的聚集区、加强海洋生态文明建设的示范区和推进海洋综合管理的先行区。[3]

---

1 国务院关于支持福建省加快建设海峡西岸经济区的若干意见 [EB/R]. http：//www.gov.cn/zwgk/2009-05/14/content_1314194.htm.

2 广东海洋经济综合试验区发展规划 [EB/R]. http：//www.gdofa.gov.cn/index.php/SpecNew?id=325.

3 张静，姜秉国. 我国海洋战略性新兴产业发展的政策体系研究 [J]. 中国渔业经济，2015（4）.

10. 广西北部湾经济区

广西北部湾经济区地处我国沿海西南端，主要由南宁、北海、钦州、防城港四市所辖行政区域组成，另外加上玉林、崇左两个市域物流区，即谓"4+2"海域经济圈。[1] 根据空间布局和岸线分区，规划建设中的南宁、钦（州）防（城港）、北海、铁山港（龙潭）、东兴（凭祥）5个功能组团，目前区域联动发展态势初步显现。[2] 2008年1月16日，国家批准实施《广西北部湾经济区发展规划》。国家发改委在通知中强调指出，广西北部湾经济区是我国西部大开发和面向东盟开放合作的重点地区，对于国家实施区域发展的总体战略和互利共赢的开放战略具有重要意义。为此，要把广西北部湾经济区建设成为中国—东盟开放合作的物流基地、商贸基地、加工制造基地和信息交流中心，成为带动、支撑西部大开发的战略高地和开放度高、辐射力强、经济繁荣、社会和谐、生态良好的重要国际区域经济合作区。事实上，随着中国—东盟自贸区的运作和成功举办六届中国—东盟博览会，广西北部湾经济区已经成为连接东盟最便捷的国际大通道。

三、中国创建大"S"型海域经济带的战略价值认证

大"S"型海域经济带，共经全国11个省市区，毗邻四大海域，其地理位置对我国战略发展有着极其重要的价值，加之各地具有天然的资源禀赋、独特的区位优势、雄厚的工业基础、发达的交通体系、深厚的文化底蕴等，相信在国家政策的指引、制度的保障下，其战略价值会更为突出。

1. 有利于彰显中国特色社会主义的制度优势

中国特色社会主义是马克思列宁主义与中国实际相结合的社会主义，是中国人民在改革开放和社会主义现代化建设实践中总结出的一条在社会主义初级阶段如何建设社会主义的成功道路。中国特色社会主义之"特"，在于它是一种在经济、政治、文

1　广西北部湾经济区发展规划 [EB/R]. http：//www.gx.xinhuanet.com/dtzx/2008－02/21/content_12502698.htm.

2　张国强. 我国沿海地区发展战略的启示 [J]. 领导之友，2012 (1).

化、社会等方面都具有鲜明中国特色、符合中国国情的社会主义，是中国共产党人和中国人民基于中国国情自主探索的结果。中国沿海地区经过几分几合的战略布局，最终创建大"S"型沿海经济带，进一步提高科学技术的创新成长，培育更多高素质人才，推动中国陆域与海域经济的全面发展，这必将有利于保持党和国家活力，调动广大人民群众和社会各方面的积极性、主动性、创造性，有利于解放和发展社会生产力、推动经济社会全面发展，有利于维护和促进社会公平正义、实现全体人民共同富裕，有利于集中力量办大事、有效应对前进道路上的各种风险挑战，有利于维护民族团结、社会稳定、国家统一，即彰显了中国特色社会主义制度优势。

2. 有利于国家宏观经济统筹布局的协调发展

宏观调控是指国家从经济运行的全局出发，按预定的目标通过各种宏观经济政策、经济法规等对市场经济的运行从总量上和结构上进行调节、控制的活动。在我国，现代市场经济都是由宏观调控的市场经济。在发挥市场基础性作用的前提下，加强宏观调控不仅是弥补市场失灵的一般要求，而且在中国当前市场发育不够健全的情况下，显得尤为重要。海洋与陆地的发展相互依托，即需要使沿海省份与内陆省份间连成一线，而非相互隔绝。创建大"S"型海域经济带，不仅统筹了全国沿海地区的陆海一体化发展，更有利于国家宏观经济统筹协调发展，将我国沿海经济带打造成世界性的海陆经济带。

3. 有利于打造区域经济协调发展的战略依托

区域协调发展涉及区域经济、人口、资源、环境以及区域产业结构之间的相互关系和区域间协作联合。我国区域经济协调发展，主要是处理好东部和中西部、沿海和内地的关系。经过多年来的发展，全国陆域区域经济布局更趋合理，区域经济协调发展取得了更大的成效，已初步形成城市群区域发展基本格局，但海洋开发既是全球性的持续发展问题，也是区域性的持续发展问题，各个国家和地区，为了达到区域持续发展，需要进行各种研究，制定区域发展模式，进行科学决策。我国大"S"型海域经济带的创建和发展，将保持海陆区域经济与社会发展的合理性和连续性，使区域经济的发展与区域环境变化相协调。[1]

---

1 鲍捷，吴殿廷，蔡安宁，等. 基于地理学视角的"十二五"期间我国海陆统筹方略［J］. 中国软科学，2011（5）.

4. 有利于形成全国海洋经济开发的整体阵容

经济开发区的建设将推动科学研究，开发高技术产业。改革开放以来，经济开发区作为国家吸引外商直接投资的重要载体，在我国经济发展进程中作出了重大贡献。随着陆域经济发展矛盾的日益突出，加之海洋开发的利益导向，海洋经济区将在社会主义市场经济体制下得到不断发展，并逐步走向成熟。然而各沿海经济区发展通过各自的比较优势，陆续出现了产业趋同、资源利用不合理、生态保护不到位等陆域经济发展中遇到的问题。大 "S" 型沿海经济带的创建将整合全国各沿海经济区，充分利用其资源禀赋、交通联系、产业合理分工等条件，优势互补，进一步形成全国海洋经济开发的整体阵容。

5. 有利于加快后金融危机时代的大开放步伐

后金融危机时代的到来，特别是在我国深化改革开放、加快转变经济发展方式的攻坚时期，再一次提醒我们必须深刻认识并准确把握国内外形势新变化新特点。当前通过发展海洋经济来推动国家海洋事业发展是一个较适合且易被国际社会所接受的路径，而从我国目前针对海洋问题的政策和措施看，正是通过此路径提升国家开发利用海洋及其资源的能力，从而为建设海洋强国提供服务和保障。因此，需要继续抓住和用好重要战略机遇期，将我国大 "S" 型海域经济带的创建推入发展的浪潮，跟进国家关于陆海统筹的战略导向，连同陆域经济的改革发展，进一步加快沿海经济区域经济的一体化进程，形成沿海与腹地联动发展的新格局，努力在国家陆续推出沿海经济区发展的各项规划之后，共同加快我国在后金融危机时代开放的步伐。

四、中国创建大 "S" 型海域经济带的综合优势支撑

一般说来，海域资源禀赋是指一个国家和地区拥有的海域资源数量和质量。[1] 从这方面来看，中国大 "S" 型海域经济带绵延的海岸线与内陆腹地联系密切，并依托渤海、黄海、东海、南海这四大海域的资源禀赋，其综合优势尤为明显。

1　黄世峰. 科学合理开发海域资源推进福建海洋经济健康可持续发展［J］. 海洋开发与管理，2013（1）.

1. 中国创建大"S"型海域经济带的区域结构

中国位于太平洋西岸，欧亚大陆东部，是一个海陆兼备的国家。其领土总面积为1260多万平方千米，其中陆地面积960万平方千米，内海和边海的水域面积约300万平方千米；大陆海岸线长18000多千米，沿海有许多优良港湾，便于船舶避风和停靠。我国沿海区域地势处于中国的第三级阶梯，从北至南顺沿大"S"型海岸线，依次濒临渤海、黄海、东海、南海四大海域，经由除台湾省以外的11个沿海省市区。沿海地区各主要港口通往世界各大洲，都具有较好的可达性。特别是自长江口以南的各大海港，均在东亚至西亚、非洲和欧洲的主航道附近。这种重要的区域结构，加上庞大的经济实力，使沿海地区成为我国参与国际经济循环的主阵地。[1]

2. 中国创建大"S"型海域经济带的资源配置

在我国广阔的沿海区域中，拥有众多的海洋资源。我国管辖海域里，已收录20200多种海洋生物，约占全世界海洋生物总种数的十分之一。其中，海洋生物资源可以利用于食品、药物、新材料、能源、饲料等领域，还有宜盐土地及滩涂84万公顷。在海洋矿产资源方面，我国目前发现的深海石油资源量估计有200多亿吨，天然气资源量估计约为8万亿立方米。沿大陆架浅海区广泛分布的铜、煤、硫、磷、石灰石等矿的开发，主要集中在山东省、广东省、海南省、福建省和广西壮族自治区。从海洋空间资源方面来看，依据长达18000多千米的海岸线以及300多万平方千米管辖海域，我国海洋空间资源的利用功能，主要包括交通运输、生产、通信和电力输送、储藏及交通、娱乐设施等方面。[2]

3. 中国创建大"S"型海域经济带的产业链条

国内外经验表明，经济发展主要靠产业链条来支撑。从大"S"型海域经济带紧邻的四大海域来看，环渤海地区是软件产业链高端的引领者。在环黄海地区，依靠与各国地理位置的相邻性，生产要素的互补性以及文化上的共通性，为开展国际合作提供了基础。"环黄海经济圈"正是中、日、韩三国依托黄海区域而建立的跨国经济合作体

1　黄建蓬. 中国沿海地区发展研究 [J]. 科技广场，2005（9）.

2　张瑜，王淼. 海洋空间资源管理研究综述 [J]. 中国渔业经济，2015（1）.

系。该地区聚集着半导体、汽车、钢铁等生产厂家，已经成为从基础材料生产到成品加工组装的世界性生产基地。[1] 而在东海区域内，有著名的渔场舟山渔场，盛产大小黄鱼、墨鱼和带鱼，被称为中国海洋鱼类的宝库。东海海底蕴含着丰富的油气资源，被誉为第二个波斯湾。因此，中国在东海区域的石油项目也为数众多，包括春晓油气田、八角亭油气田、平湖油气田等。在南中国海域，由于南沙群岛的曾母暗沙盆地被中国地质学家认定为南中国海石油和天然气开发最好的地区之一，所以南海区域的石油天然气勘探和开采将成为该地区最为显著的支柱产业。

4. 中国创建大"S"型海域经济带的基础设施

毫无疑问，日益完善、功能发达的基础设施，是中国沿海地区发展潜力的重要组成部分。近年来，我国沿海地区的基础设施质量，得到了很大幅度的提升，特别是航空港的吞吐能力大增，上海、北京、广州等大都市正在成为具有一定国际意义的航空运输枢纽，厦门、大连、深圳等都开辟了众多的国内外航线。高速公路基本上已经将沿海地区的主要城市联系起来，以这些大城市为起点也建设了配套的通往中西部地区的国道主干线。在通信方面，沿海地区大多数城市已经铺设了海底光缆，从而进一步沟通了与发达国家的联系。值得一提的是，津港邮轮码头已经与港澳地区和日韩、欧美对接，这些都为发展海洋旅游业创造了良好条件，也能够支撑中国创建大"S"型海域经济带。

5. 中国创建大"S"型海域经济带的科技力量

依靠科学技术进步参与国际竞争和商品交换，来推动本国或本地区的现代化建设，已成为当今世界发展经济的时代潮流。[2] 在这一大背景下，不仅陆域经济是这样，海域经济更是如此。随着改革开放的不断深化，我国海洋经济实力和海洋科技装备能力不断提升，已经初步具备了经略海洋的基础和条件。[3] 实施大"S"型海域经济带发展战略，必然要充分发挥我国科技力量和人力资源的雄厚优势。早在1988年，国家就出台了《国务院批准国家科学技术委员会关于动员和组织科技力量为沿海地区经济发

---

1 赵玉杰，孙吉亭. 我国黄海海洋产业发展的机遇与挑战 [J]. 中国渔业经济，2010 (5).

2 国务院批准国家科学技术委员会关于动员和组织科技力量为沿海地区经济发展战略服务的决定 [EB/R]. http：//www.chinalawedu.com/falvfagui/fg22016/1846.shtml.

3 金永明. 中国建设海洋强国的路径及保障制度 [J]. 毛泽东邓小平理论研究，2013 (2).

展战略服务的决定》，已经取得了显著的成就，如海洋石油201、海洋石油981的建成，"蛟龙"号载人潜水器7000米级海试的成功。据统计，我国有各类科技人员数百万，其中半数集中在沿海地区，多数重大科技成果都出在这一地区，这是一般发展中国家所不具备的智力资源。加之沿海地区还拥有素质较好、费用低廉的劳动力资源。这种劳动力资源与智力资源相结合，将为实施沿海经济发展战略提供极为有利的支撑条件。[1]

6. 中国创建大"S"型海域经济带的优惠政策

中共中央和国务院在1984年5月作出决定，进一步开放天津、上海、大连、秦皇岛、烟台、青岛、连云港、南通、宁波、温州、福州、广州、湛江、北海14个沿海港口城市。随后，又有针对性地为这些城市安排了一系列优惠政策：一是实施众所周知的对外开放政策，不仅能发挥这些沿海城市的自身优势，更好地利用先进国家和地区的资金、技术、知识和市场，推动老企业的更新改造和新产品、新技术的开发创造，增强产品在国际市场上的竞争能力，促使区域从内向型经济向内外结合型经济转化；二是允许沿海开放城市放宽利用外资建设项目的审批权限，国家积极支持沿海城市利用外资、引进先进技术改造老企业；三是鼓励兴办经济技术开发区，并对中外合资、合作经营及外商独资企业给予优惠待遇，实施增加外汇使用额度和外汇贷款等优惠政策。而后依托沿海城市设立各大经济区，又使优惠政策更加普及，更加系统。例如，江苏省国税局在掌握立法精神的前提下，通过对现有政策的集成、叠加和细化，制定出台了《加快推进沿海开发税收优惠政策》。这些从中央到地方的各种优惠政策，为中国创建大"S"型海域经济带提供了有力的战略支点。

五、中国创建大"S"型海域经济带的现存问题分析

尽管中国沿海地区已成为世界上发展最快和最具经济活力的地区之一，但伴随经济快速持续增长，这一地区资源、环境、人口等方面的压力日益凸显且加剧，土地退化、水质下降、生态功能破坏使沿海地区已成为我国人为的生态脆弱带，从而对该地

---

1 国务院批准国家科学技术委员会关于动员和组织科技力量为沿海地区经济发展战略服务的决定［EB/R］. http：//www.chinalawedu.com/falvfagui/fg22016/1846.shtml.

区人文和经济社会可持续发展构成了严重威胁。对于诸多现存问题，必须认真对待。

1. 用海规模不断扩大，涉海矛盾日显突出

在我国沿海地区，随着海洋经济的不断发展，各行业对近海沿岸海域的需求量逐渐增大，涉海部门之间在用海方面的矛盾日益突出。由于海洋产业结构的演变，海洋产业逐渐倾向于高附加值、高技术含量的二、三产业，致使作为第一产业的渔业所占比重持续下降。具体表现为，受滨海旅游业、海上娱乐项目、港口物流业以及临海工业等产业规模不断扩大的影响，近岸5—5米等深线海域内的空间供求矛盾及各行业之间用海矛盾日益突出。[1] 特别是传统渔业与非渔业之间用海矛盾难以协调，内部与外部、浅水与深水海域开发也出现了不平衡弊端。然而，由于海域的使用始终受到多部门、多行业的利益驱使，所以在开发利用海域时难以做到统筹兼顾。

2. 产业集聚程度不高，区域结构有待优化

进入21世纪以来，国家深化改革与扩大开放，使各沿海地区自主权扩大，无疑会对调动各地方的积极性，加快区域经济发展，优化区域产业结构，发挥重要作用。2015年，我国沿海省市区海洋产业结构为5.1∶42.5∶52.4，已与发达国家海洋经济中一、二、三产业发展基本持平（第一产业一般在8%以下，第二产业在40%—50%以上）。[2] 但与此同时，在没有统筹规划的指导下，亦会诱发 "诸侯经济" 的出现，不利于发挥整体优势。即从地域系统出发，追求自我完善的经济体系，忽视或回避区际合理分工和优势互补，以致出现与毗邻地区面向同一市场覆盖面的建设项目，使未来产品销售竞争更加白热化。[3] 例如，在环渤海地区，产业集聚程度较低，而辽宁盘锦大型石油化工基地、河北省曹妃甸钢铁石化基地、黄骅大型石化基地、天津滨海新区石化钢铁基地又相对密布，趋同严重。[4]

---

1 翟伟康，徐文斌，李晋，等. 我国海域使用现状特点及存在问题的分析 [J]. 海洋开发与管理，2012 (3).

2 谭欣欣，张金平. 蓝色经济发展模式定位研究——以烟台市为例 [J]. 环渤海经济瞭望，2013 (2).

3 金京，张二震，戴翔. 论新形势下我国开放型经济发展战略的调整 [J]. 经济管理，2015 (6).

4 张国强. 我国沿海地区发展战略的启示 [J]. 领导之友，2012 (1).

3. 区域经济发展失衡，尚未形成协调格局

虽然改革开放以来沿海发达地区三大产业都有很大发展，但仍存在着农业基础薄弱，工业素质在总体上不高的问题。在我国沿海地区，除少数大城市外，第三产业发展仍然滞后，仍没有摆脱粗放型的经济增长方式，与经济全球化迅速发展的要求不相适应。本来，辽宁、天津、河北等省市属于老工业基地。在这里，虽经过多年来的结构调整，成效不小，但是仍然存在着资源型产业比重过大、层次较低、拓展产业发展空间困难、企业社会负担重等问题；重型机械制造、钢铁、化工产品在国内外市场上竞争能力很弱，"结构性危机"仍然比较严重。而对于江苏、浙江、广东和福建来说，过去多年来的产业调整虽有较大收效，少数产品在国际上有了一定的竞争力，但这些地区的企业规模较小，原材料及能源供应不足，开发能力还是较弱，难以适应建设海洋强国的现实需要。

4. 节能减排力度不高，生态环境压力较大

由于长期的经济高速增长和大规模城市化，加上土地特别是耕地资源短缺，沿海地区的生态环保压力变得越来越大。此外，挤占良田与围海造地，乱开山石与乱占耕地现象，也在经济过热地区随处可见，使得土地承载潜力有限的沿海用地变得更为紧张，环境问题日益严重。根据国家海洋部门统计，在全国实时监测的457个入海排污口中，有七成以上不达标，造成三分之一左右近海海域污染。虽然各地沿海区域发展规划无一例外地写入了"加强海洋生态保护""加强海洋生态文明建设""推进海洋可持续发展"等条文，但我国沿海地区生态环境的现实情况堪忧。与此同时，水资源短缺也已成为沿海地区社会经济发展的制约因素。不论水资源短缺的北方环渤海地区，还是水资源丰富的南方沿海发达地区，都普遍存在水资源的供需矛盾。近年来，环渤海地区平均年缺水量已达70—100亿吨，长江三角洲也由于水体污染而逐渐丧失供水能力。工业、城市集聚区严重的三废污染，使海洋、湖泊、河流等水体受到大面积污染。在苏南地区，不仅难于找到清洁的地表水，且地下水污染也很严重，主要污染类型有石油类、非离子氨、挥发酚和高锰酸钾指数等，致使许多工业城市空气质量下降。[1]

---

1 黄建蓬. 中国沿海地区发展研究 [J]. 科技广场, 2005 (9).

5. 市场机制尚不完善，管理体制亟待改进

在我国经济发展的新形势下，地方利益与保护主义不约而同地结合为一体，与社会主义市场经济新体制产生对抗。尽管行政区在发展国民经济，组织生产、流通、消费中发挥着积极作用，但在某种程度上又束缚了生产力的发展，出现了相互封锁、彼此排斥、以邻为壑、画地为牢的非正常经济行为。[1] 在海域使用管理方面，亦可看出一些问题尚待解决。自从《海域使用管理法》实施以来，我国海域使用管理取得了明显成效，基本实现了海域资源的有序、有度和有偿使用管理，但仍然存在部分用海单位和个人不能严格按照海域使用管理的要求，在未取得海域使用权的情况下便占用海域。据全国海域使用现状调查资料统计，除了天津不存在未确权就用海的情况外，其他优化省市区都不同程度地存在着未确权先用海的情况，其中广东省比例最大，为95.0%，辽宁省最小，为7.76%，上海市也大于80%，其余沿海各省市均在50%左右。[2]

6. 海上通道安全不保，海上威胁双重并存

众所周知，当前国际形势复杂多变。具体到中国沿海问题，主要是国家海洋权益受到严重威胁。从沿海四大海域来看，除属中国内海的渤海湾相对稳定外，其他海域均是险象环生，只是程度不同而已：在环黄海区域，朝韩两国关于黄海海域划界主张，均对我国提出新的领海要求，还有韩美联合军演不断闹事；在东海海域，日本在霸权主义的撑腰下无视我国领海主权的行为，钓鱼岛一再被非法涉足，有恃无恐；在南中国海域，更有菲律宾、越南、马来西亚、印度尼西亚、文莱等国分别占据我国南海43个岛礁，不仅严重地损害了全国海洋权益，而且直接威胁着海上通道安全。从世界范围来看，作为中国进口石油重要通道的马六甲海峡，目前尚无法完全控制，且有日、印等国觊觎，多方插手威胁海上通道安全；美军部署3条岛链，妄图围堵中国海洋崛起，如同恶虎在侧令人难以入睡。

---

1 郭喜来. 我国沿海地区持续发展隐患浅论 [J]. 科技导报，1994（2）.
2 翟伟康，徐文斌，李晋，等. 我国海域使用现状特点及存在问题的分析 [J]. 海洋开发与管理，2012（3）.

六、中国创建大 "S" 型海域经济带的科学发展论证

着眼于建设海洋强国的战略目标，认真分析中国创建大 "S" 型海域经济带的现存问题，必须以党的十八大精神为指导，统筹考虑海域资源禀赋、环境压力、生态特征、外部干扰、自然驱动等因素，有针对性地作出中国创建大 "S" 型海域经济带的推进构想创意，以利于整合沿海 11 个省市区的海域开发规划，加快中国大 "S" 型海域经济带的创建进程。

1. 增强全民海洋观念，达成陆海统筹共识

国家 "十三五" 规划纲要从大局出发，确立了 "拓展蓝色经济空间" 的战略导向，这是一种面向未来、影响深远的战略选择。大力开发海域经济，不仅能够带动陆域腹地经济进步，并能够进一步促进整个国民经济快速、协调与可持续发展。[1] 因此，国家新的战略实施，要从改变落后于时代的思想开始，摒弃过去那种海洋资源无价的传统观念，树立全新的国土观，这并不仅仅是从口号上提出，更应落实在政策乃至教育上。首先，在政策上，必须把海域纳入国土资源开发体系，并将资源开发的战略布局重点逐步向海洋倾斜；必须对海洋资源进行科学的价值评估和工程核算，作出海洋资源有偿使用的政策安排，以保证海洋资源的合理利用与有序开发。其次，在教育方面，借助全国人民对自身生长环境的认知和情怀，通过新闻、报刊、城市广告等媒体宣传方式，加大对陆海统筹发展意识的宣传与强化，推动海洋经济开发与可持续发展的理念深入人心，普遍达成陆海统筹共识，并且力挺陆海统筹开发上升为国家大战略。

2. 加强陆海互动关系，促进产业结构升级

借鉴国际经验，中国升级海洋产业结构，应通过 "优化提升一产，开拓壮大二产，培育发展三产" 的战略路径，大力发展战略性新兴海洋产业。随着海域资源的开发进程，沿海地区陆域产业的发展对海洋资源和海洋空间表现出越来越强的依赖性；而海洋产业的发展，也强烈地依赖着沿岸陆域经济的高度发展和技术的高度发达。陆域成熟产业的相应技术成果，广泛应用于海洋经济领域，使海洋资源开发效益提高，

1　于良臣. 关于中国陆域经济与海域经济协调发展的战略思考［J］. 太平洋学报，2006（2）.

带动海洋产业门类日益趋向 "陆地化"。如海洋潮汐发电、海洋化工等海洋新兴产业，正是利用陆域资源开发的高新技术扩散与传播的结果。与此同时，海洋渔业和海洋油气开采等海洋产业的发展，还需要以强大的造船、钢铁、电子、机械、仪表等更广泛的陆域产业高度发达为前提。[1] 滨海旅游业的发展，也离不开陆域提供食品、资源、交通、住宿、娱乐等要素的具体支撑，尤其是离不开陆地为海洋旅游产业提供技术、人力、财力和后方基地。

3. 打破行政分割局面，统一海域综合管理

应当指出，无论是海域经济带还是沿海城市群，都是由不同等级的城市、不同级别的行政主体组成的经济复合体。因此，在制定沿海空间开发规划时，必须根据轴线发展规律确定战略取向。早在1987年，陈传康就曾提出TYIS发展战略。他认为，在梯度开发理论的基础上，应当考虑加强出海联系和加强一定轴线的各增长极的联系。 参考这一思路，放眼于中国大 "S" 型沿海经济带的创建进程，必须下功夫整合沿海各省市区县经济活动和近海海域环境，打破区域经济板块分割的行政格局，制定全国沿海经济带的统筹规划；必须对沿海经济带的空间边界、行政边界进行战略性调整，注重强化沿海区域发展的整体观念，促进生产要素的自由流动，尝试建立大区域产业联盟区；必须通过 "由点到轴，由轴到面" 产业梯度格局，加强产业横向上的均衡性和协调性。其中，最为关键的是，要立足长远利益，建立沿海城市联盟，促进沿海城市的密切合作，逐步将 "沿海经济带" 升格为 "沿海经济圈" 建设，全面提升沿海城市化水平。[2]

4. 保护海洋生态环境，实现持续发展目标

海洋生态文明是我国生态文明建设不可或缺的重要组成部分，美丽中国离不开美丽海洋。[3] 在现今温室效应日益突出、各种海洋污染和环境破坏的实例面前，必须注重在推进海洋经济发展的同时，通过建设海洋生态项目、设立海洋保护区、加强海洋环境监测评估、普及海洋生态教育等措施，来保护海洋生态资源，已经是势在必行。在

---

1 徐胜. 我国海陆经济发展关联性研究 [J]. 中国海洋大学学报（社会科学版），2009 (6).

2 郝雷. 沿海经济带的形成与演进研究——以河北沿海经济带为例 [J]. 经济论坛，2012 (1).

3 王玉银. 强化业务技术支撑助推海洋生态文明建设 [J]. 海洋开发与管理，2012 (12).

因海制宜的前提下，许多沿海国家和地区已在这方面付诸行动。如英国在近海设立了30个海洋保护区；美国在西北夏威夷群岛设立珊瑚礁生态系统保留区，以加强珊瑚礁与深海珊瑚保护；韩国曾实施过以各类群体为教育对象的海洋环境管理动员项目，包括名誉海洋环境监视员制度、垃圾零运动和青少年海洋环境帮助者制度。[1] 借鉴国外经验，我国必须优化海洋经济区布局，合理利用海洋资源，保护海洋生态环境，采取有效措施使之可持续发展，切实做到发展与保护并重；必须响应联合国环境与发展大会对气候变化的监测号召，将海平面变化纳入主要监测内容之一，还要提高沿海相关地区的防灾抗灾设计标准，加强海岸及河口地区防护工程，增加抵抗风暴潮和洪水能力；必须采取多种方法和有效措施，严格控制地面沉降，对沿海新建城市和开发区要提高抗灾设计标准，且应纳入沿海地区行政长官的任期目标责任制中，以避免短视行为；必须加强整体研究、宏观调控和优化协调，以确保中国大"S"型海域经济带开发建设进程。

5. 妥善处理海权问题，造就和谐海洋氛围

当前，在我国主权的四大海域中，除山东半岛与辽东半岛之间的渤海属于中国的内海外，黄海、东海、南海海域的国家安全形势均不容乐观。在我国约300万平方千米主权海域中，有一半左右被他国染指和侵占。[2] 由于美国霸权主义行径的悍然介入，致使日本、菲律宾等国政客蔑视我国领海主权的行为有恃无恐，还有越南等东南亚国家见利忘义，掠夺性开发我国南中国海域的石油资源。因此，中国在加强海域立法工作、尽快完善海洋管理制度的同时，还必须努力提高广大人民的海洋文化水平，促成维护海洋权益的全国氛围；必须强化海军行为能力，维护国家海洋主权安全利益；必须加大双边外交谈判力度，和平解决海岛主权争端；必须排除外部势力干扰，注重在双边关系中解决问题。尤其要注重与美国的外交谈判，从根本上解决海域主权争端问题。与此同时，还要坚决清算日本军国主义侵华的滔天罪行，允许在当年被日本侵略者危害最大的城市和地区有组织地声索赔偿，打消当前日本右翼势力的嚣张气焰。只有敢于伸张正义，正确引导国际舆论，才能造就和谐海洋氛围，使中国海域领土主权神圣不可侵犯，逐步实现历代志士仁人关于"经略海洋"的宏图遗愿。

1　谭欣欣，张金平. 蓝色经济发展模式定位研究——以烟台市为例 [J]. 环渤海经济瞭望，2013（2）.

2　景禹. 陆海统筹应成国家战略 [J]. 东北之窗，2013（2）.

6. 制订综合管理方案，维护海上通道安全

在现今复杂混乱的国际环境下，统筹维护好国家海上主权与海上通道安全至关重要。自2001年正式加入世界贸易组织以来，我国对外贸易快速发展，海运也逐渐成为其主要的运输手段，且当前又正处于我国建设海洋强国的关键时期，可以想见今后将会有更多的货物需要海上通道运达，保障不断地对外拓展国家利益。这样看来，中国和平发展，离不开海上综合力量的提升，离不开海事管理制度的完善，离不开海外市场布局的规划，离不开综合管理方案的制订。因此，我国应从自身和国际合作两方面着手，首先要改变原有的近海防御政策，面向远洋大力提高海上力量，加强中国海军远洋作战能力，以利于保障我国海上通道安全；与此同时，还要构建涵盖外交拓展机制、港航管理机制、港航企业配合机制、海事安全机制、能源管理机制在内的海上能源运输通道安全保障机制，实施综合性的管理方案。[1] 为了有效维护我国的海上通道安全，还必须努力造就 "东进西拓北上南下" 的四通八达格局。所谓 "东进"，就是要保障太平洋出海大通道顺畅无阻；所谓 "西拓"，就是要开拓印度洋出海大通道；所谓 "北上"，就是要通过日本海进入北冰洋航线；所谓 "南下"，就是要维护南中国海域的国际通道安全走向远洋。只有这样，才能为实现建设海洋强国的战略目标而扬帆远航。

7. 加大对外开放步伐，注重国际合作开发

开放性是海洋经济的基本属性之一。因此，我国必须坚持以对外大开放来促进海洋大开发，实施 "走出去" 和 "引进来" 相结合的发展战略，主动参与国际海洋经济合作与竞争，在经济全球化和世界海洋开发格局的整体框架下推进海洋经济发展。[2] 具体来讲，就是要利用中国沿海地区资源丰富、基础设施完善、劳动力素质好、科技力量雄厚等多种优势，大力发展外向型经济，提高在国际分工和国际竞争中的分量和地位，并且借助国外的资源、资金和技术，进一步走向国际市场；要注重以大 "S" 型海域经济带为战略依托，统筹沿海地区和广大腹地的对外贸易，或者通过产业协会，或者通过建立大型企业集团，或者通过政府的直接干预，建立起中国出口产品特别是劳动密集型产品出口的卡特尔即价格联盟，并加强与其他发展中国家的国际合作，在中

---

1 赵旭，高建宾，林玮. 我国海上能源运输通道安全保障机制构建 [J]. 中国软科学，2013 (2).
2 曹忠祥. 我国海洋经济发展的战略思路 [J]. 宏观经济管理，2013 (1).

国出口的大宗产品上建立类似于国际石油输出国组织（欧佩克）的机构，大幅度提高出口产品价格。与此同时，还要大力发展与发达国家之间的贸易，注重在北美、西欧、东亚这三大世界重量级的市场格局中保持进取态势，使之成为中国产品特别是高端产品的市场。[1]

综上所述可见，中国创建大"S"型海域经济带，将是国家迄今最大的海洋战略工程。作为国家实施陆海统筹战略的区域载体，作为中国海上通道安全的战略依托，作为建设海洋强国的前沿阵地，中国大"S"型海域经济带必须进一步加大创建力度。为此，应当在科学发展观的指导下，统筹陆海规划，合理配置资源，优化产业结构，加快发展速度，争取到2020年造就中国大"S"型海域经济带，并且以此为示范工程和战略引擎，来带动实现中华民族伟大复兴的"中国梦"，落实党的十八大作出的战略部署，即到2021年中国共产党成立一百年时全面建成小康社会；到2049年新中国成立一百年时建成富强民主文明和谐的社会主义现代化国家。这是全球中华儿女共同建设海洋强国的战略构想，也是历代志士仁人全面经略海洋的宏图遗愿，一定能够顺势应时得以实现。

1 贾根良. 我国对外经济发展方式的六大陷阱与突围路径 [J]. 经济理论与政策研究, 2010 (12).

第十二章

辽东湾北顶部海水西调，创建跨区域生态
经济带的战略推进构想

进入 21 世纪以来，党和国家十分注重加强能源资源节约和生态环境保护，增强可持续发展能力，号召开发和推广节约、替代、循环利用和治理污染的先进适用技术，发展清洁能源和可再生能源，保护土地和水资源，建设科学合理的能源资源利用体系，提高能源资源利用效率，特别强调要致力于"加强水利、林业、草原建设，加强荒漠化石漠化治理，促进生态修复"[1]。这一重要论断，旨在改善我国的生态系统，为区域经济可持续发展奠定基础。辽东湾北顶部海水西调，创建跨区域生态经济带，正是在科学发展观和循环经济理念指导下提出的战略构想。这是西部大开发的基础性工程，有利于中国北方区域经济的可持续发展，对于解决我国目前面临的能源和生态两大难题具有重大意义，特别是能够为首都北京建立起一道生态安全屏障，所以有必要进行战略推进构想。

一、辽东湾北顶部海水西调，创建跨区域生态经济带的推进路线图解

辽东湾北顶部海水西调，创建跨区域生态经济带的战略设想，其基本走向是从渤海的辽东湾北顶部的兴城市，提送海水达到海拔 1200 米高度，再至内蒙古自治区锡林

1　胡锦涛. 高举中国特色社会主义伟大旗帜为夺取全面建设小康社会而奋斗 [M]. 北京：人民出版社，2007.

郭勒盟，然后顺北纬42°线东西走向的洼槽地表，流经燕山、阴山以北，出狼山向西进入居延海，绕过马鬃山余脉进入新疆。在新疆分为北、中、南3条支脉，北支进入艾比湖，中支进入哈密—吐鲁番盆地，南支进入罗布泊盆地（图12-1）。这一战略构想是通过将大量海水填充沙漠中的干盐湖、咸水湖和封闭的构造盆地，形成人造的海水湖，以求压住沙尘暴源头。与此同时，还要依靠西北丰富的太阳能使大量海水自然蒸发，作为湿润北方气候的水汽供应源来增加降雨密度，从而达到治理我国北部区域沙漠和沙尘暴、彻底改变华北和西北地区恶劣的生态环境之目的，特别是要为首都北京营造出绿色屏障。[1]

图12-1　海水西调，创建跨区域生态经济带的路线图解

1. 跨区域生态经济带的起点辽宁省兴城市域的天然优势

海水西调取水口地点的选择，从理论上讲必须满足三个约束条件：一是海水西调取水口的海水水质要符合一类海水水质标准，水体中的悬浮物较少，比较清澈等；二是根据调水目的地的实际需要来确定取水口位置，并且要尽可能使调水路径最短；三是所选择的取水口，能够保证调水路径爬越的最低高度高程。据此，经过专家多方论证、多地调查研究，最终将辽宁省兴城市确定为辽东湾北顶部海水西调，创建跨区域生态经济带的起点。

---

1 田小明. 如何改善由于缺水而持续恶化的西北、华北地区生态环境？专家学者提出大胆设想海水西调治理沙漠沙尘暴 [N]. 中国矿业报，2003-12-20 (1).

兴城市位于渤海辽东湾西岸，在小区域内有辽河、绕阳河、大小凌河等径流注入；在渤海湾的大区域内，还有黄河、海河、滦河等大陆河流注入，每年汇入陆源淡水约612亿立方米。因此，渤海海水含盐量相对较低，盐度常年维持在23—31克/升。另外，渤海是一个相对封闭的内海，它一面临海，三面环陆，北、西、南部分别与辽宁、河北、天津和山东三省一市毗邻，东面经渤海海峡与黄海相通。渤海海域面积77284平方千米，大陆海岸线长2668千米，平均水深18米，最大水深85米，20米以内的浅海区域面积占一半以上。同时，地处中国大陆东部最北端的渤海，即北纬37°07′至41°00′，东经117°35′至122°15′的区域，属于北温带，夏无酷暑，冬无严寒，平均气温为10.7℃，年降水量为500—600毫米，近海水质清澈，工业污染相对较轻，天然饵料丰富，海水理化指标适中，符合长期调水要求。

选择辽宁省兴城市域作为取水口，不仅因为这里处于渤海的辽东湾，而且经过分析论证，认定当地的地理条件比较适合施工。兴城市位于辽宁省西南、"辽西走廊"中部、渤海辽东湾西岸，东距沈阳314千米，西距北京417千米，是连接东北、华北的交通要塞。同时，兴城市地势是西北高东南低，东南沿海为平原，中部多丘陵，西部为山区。这种地形可大大降低海水西调过程中的爬升高度，有利于降低海水西调的施工成本和长期调水的耗能成本。另外，兴城市属北温带亚湿润的河北气候区，日照充足，四季分明，气候宜人，适合工程施工和基础设施维护。正是由于具备了以上多方面的天然优势，兴城市才能够成为海水西调创建跨区域生态经济带取水口的最优选择。

2. 跨区域生态经济带的节点内蒙古锡林郭勒的内在动力

辽东湾北顶部海水西调，创建跨区域生态经济带的重要节点是内蒙古自治区锡林郭勒盟。锡林郭勒盟位于北京的正北方和内蒙古自治区的中部区域，东经111°59′至120°00′，北纬42°32′至46°41′，总面积20.3万平方千米。北与蒙古接壤，边境线长1098千米，有二连浩特和珠恩嘎达布其两个对外开放的陆路口岸。南邻河北省张家口和承德地区，西连乌兰察布市，东接赤峰市、兴安盟和通辽市，是东北、华北、西北区域的交会地带。尤其是锡林郭勒盟与首都北京城市中心的直线距离只有460千米，南部草原距北京市域最近距离仅为180千米，与内蒙古首府呼和浩特市直线距离为470千米，与沈阳市直线距离为620千米，具有对外贯通欧亚、对内连接东西、国内北开南联的重要作用。[1]

锡林郭勒盟地处干旱和半干旱地区，年降雨量仅为150—350毫米，而年蒸发量达2000—2700毫米。由于缺水严重，荒漠化的土地面积已达13万平方千米，占锡林郭勒盟总面积的65%。锡林郭勒盟境内有大小湖泊1363个，其中淡水湖672个。曾经是天然渔场的查干淖尔湖是浑善达克沙漠腹地湖群中最大的湖泊，面积达237平方千米，最大蓄水量10亿立方米，而今已经干涸。地质学家的调查显示，查干淖尔及其周围大量干涸湖盆所含粉尘物质的最小直径3.9微米左右，是京津地区沙尘暴的主要沙尘源之一。虽然黄河穿过内蒙古地区，但为了保证下游地区的生态需要，也不容许扩大从黄河提用的水量。而开采地下水又会影响当地的草原生态环境。可以说，锡林郭勒盟实施的以发展电力和煤化工为主体的褐煤开发战略以及生态保护需水，已经远远超出了域内水资源的承载能力，所以只能采取新的水资源开发思路。而渤海湾深深地嵌入大陆，是距离锡林郭勒盟最近的辽阔水域。国家发展和改革委员会、国家海洋局和财政部于2005年联合编制《海水利用专项规划》，计划到2020年我国海水淡化能力要比现在提高20倍，日生产能力将达到80万—100万立方米，海水直接利用能力每年要达到550亿立方米，并积极发展海水化学资源的综合利用。因此，向大海要水，是解决我国西北地区水资源短缺的重要途径。

锡林郭勒盟的煤炭资源探明及预测储量为1882.8亿吨，可采储量722亿吨。其中，褐煤占99.5%，而褐煤最大的特性就是高水分和易风化，不适合远距离运输。虽然锡林郭勒盟是全国最大的褐煤生产基地，但缺水一直是制约这里煤化工产业发展的瓶颈。因此，锡林郭勒盟大胆设想："用现代调海水技术将海水调到锡林郭勒盟，利用煤化工丰富的余热开发海洋化工，可以获得大量的淡水，以解决锡林郭勒盟生态用水和建设煤化工集群和电力集群用水。"可以预见，如若辽东湾北顶部海水西调，创建跨区域生态经济带的战略构想成为现实，锡林郭勒盟将发生翻天覆地的变化，也将给内蒙古自治区的经济发展带来前所未有的重大转机。

3. 跨区域生态经济带的终点新疆吐鲁番地区的拉动作用

放眼望去，辽东湾北顶部海水西调，创建跨区域生态经济带的终点是新疆。新疆具有草原面积大，草场类型多，荒漠草地面积比重大，不可利用沙漠面积大，干旱少

---

1 谭征. 渤海能解内蒙古之渴吗？[J]. 百科知识，2007（10）.

雨，草原生态十分脆弱等特点。由于牧区的水利建设长期以来没有得到足够重视，水利基础十分薄弱，大面积的草场存在"有草无水，有水无草"的现象，加之过度放牧、乱砍滥伐等原因，致使天然草地退化、沙化日趋加重。可以说草原畜牧业仍是新疆各族农牧民赖以生存和发展的重要基础，为了推动牧区经济发展以及提高牧民生活水平，有效地改善天然草地的生态环境，新疆少数民族自治区政府已采取了以草定畜、划区轮牧、围栏封育、季节性放牧、休牧等措施，但是收效甚微。其根本原因就是作为上述措施的根本保障的牧区水利建设跟不上。由于牧区水利建设长期投入不足，天然草地无法进行有效的补充灌溉，人工草地建设也发展缓慢，严重地制约了新疆的畜牧业发展。

随着西部大开发战略的深入实施，国家正在不断加大生态环境建设投入力度，要求新疆必须把改善生态条件作为首要任务。2010年11月5日，为克服水资源困境，为新疆水资源解决方案增添新智慧，"陆海统筹·海水西调高峰论坛"在乌鲁木齐市召开。[1] 此次高峰论坛上，与会专家一致认为新疆水资源平衡问题的解决不仅有利于新疆经济实现跨越式发展，更有利于我国生态、能源、地缘、文化和民生的聚合。"陆海统筹 海水西调"工程是我国当前的一项重大战略选择，有利于区域优势资源共享。缺水的多数省份往往拥有着丰富的煤矿等资源，新疆与内蒙古等兄弟省份协同合作可以共同推进这一战略的实施。

新疆的地形具有"三山夹两盆"的特点：北面的准噶尔盆地向西开放，而南面的塔里木盆地被天山山脉、帕米尔高原和昆仑山脉所围绕成为封闭盆地；吐鲁番盆地位于天山山脉的断裂下陷处。由于这种特殊地形构成了天然的冷凝系统，所以海水西调过程中被蒸发的水汽主体部分，将由西北风推向西祁连山，部分水汽在大气振荡与环流作用下聚向博格达山（5445米）—喀尔力克山（4925米）山脉南坡以及阿拉沟上游水源山地，有利于增加盆地北侧和西边山区的降水量，增加盆地内的淡水资源。有鉴于此，从我国西部大开发战略的21世纪实施远景来看，若分阶段推进辽东湾北顶部海水西调工程，最终将海水引入吐鲁番盆地，使水面积扩大到数千平方千米，再加上罗布泊人造海，会导致两个湖泊大面积蒸发，必将为吐鲁番盆地东部区域增添十分可观的云气资源，从而进一步改善新疆地区的生态环境。[2]

1　新疆研讨调渤海海水入疆［N］. 新疆日报，2010–11–8（1）.

2　霍有光. 西调渤海水改造北方沙漠与遏制北京沙尘暴［J］. 世界科技研究与发展，2002（2）.

二、辽东湾北顶部海水西调，创建跨区域生态经济带的综合优势认证

关于辽东湾北顶部海水西调，创建跨区域生态经济带的战略构想并不是主观臆断，而是经过深思熟虑、统筹全局的思考之后提出的。可以说，这种战略构想，是在党和国家关于发展循环经济先进理念的指引下，把握新一轮西部大开发和东北振兴的重要契机，充分发挥西北地区得天独厚的资源优势，依托沿途省区地方政府的大力支持而提出的。

1. 循环经济理论为海水西调，创建跨区域生态经济带提供了战略性导向

循环经济（circular economy）是国家实施可持续发展战略的主要内容之一，其目的就是要解决经济、社会和自然的矛盾和问题，建立起可持续发展理论的实践模型。广义地讲，循环经济就是把清洁生产与废弃物的综合利用融为一体的生产过程。本质上作为一种生态经济，它要求运用生态学所揭示的自然规律来指导人类社会的经济活动。具体说来，循环经济是对物质闭环流动型经济的简称。因为从物质流动的方向来看，传统工业社会的经济是一种单向流动的线性经济，即"资源—产品—废物"的线性经济过程，依靠的是高强度地开发和消耗资源，同时也高强度地损坏生态环境。而循环经济则是一种促进人与自然协调与和谐的经济发展模式，是在科学发展观指导下的一种经济运行方式，它要求以"减量化、再利用、再循环（3R）"为社会经济活动的行为准则，运用生态规律把经济活动组织成一个"资源—产品—再生资源"的反馈式流程，实现"低开采、高利用、低排放"的生产模式，以最大限度利用进入系统的物质和能量，提高资源利用率，最大限度地减少污染物排放，提升经济运行质量和效益。因此，循环经济作为一种经济形态，已为西方发达国家所广泛地采用，并成为一种新的经济增长方式。[1]

根据上述理念，党和国家倡导的循环经济主要包括资源的循环利用和节约，实现以最小的资源消耗和最小的污染代价，来获取最大的经济和社会效益。其核心是最大限度地提高资源的使用价值，其结果是节约资源、提高效益、减少环境污染。应当认定，辽东湾北顶部海水西调创建跨区域生态经济带这项重大的战略工程，完全符合党

---

1 郝家龙，翟纯红. 循环经济与资源城市成长路径 [M]. 北京：新华出版社，2006.

和国家当前发展循环经济的先进理念：一是通过填充大量海水形成人造海水湖来镇压沙漠；二是在海水提运的过程中，利用淡化后海水发展煤化工产业和生态农牧业，其中工业余热可以用来搞暖棚养殖。推广地膜覆盖等技术，实现在沙漠上种棉花、玉米。同时，效仿以色列以节水为特色的农业发展模式，以科技节水使大片沙漠变沃野良田。此外，通过西北地区丰富的太阳能来大量蒸发调运的海水，以求增强北方气候的水汽供应源，从而达到治理西北沙漠，彻底改善西北地区生态环境的目的。可以预见，随着海水西调工程的不断推进，新型农牧业、化工业迅速发展，海水调运、淡化成本将最终缩减为零；同时，显著地促进区域经济的发展和繁荣，产生极强的集聚效应，从而加快沿线城镇化进程，整体上以循环经济为主线，带动沿线经济欠发达地区实现经济腾飞。应当指出，这一工程也是内陆参与海洋开发战略的重要途径，对解决我国西北地区面临的能源和生态两大难题意义重大。可见，辽东湾北顶部海水西调创建跨区域生态经济带这项重大工程，不仅具有生态效益、经济效益，更具有社会效益、政治效益。

2. 新一轮区域发展战略为海水西调，创建跨区域生态经济带提供了契机

进入21世纪以来，党中央对实施西部大开发战略提出了明确要求。国务院在2000年1月成立了西部地区开发领导小组，实施西部大开发战略拉开了序幕。此后，党的十七大明确提出，要继续实施区域发展总体战略，深入推进西部大开发。截至2016年1月，我国西部大开发战略走过了16个年头，在西部干部群众和全国人民的共同努力下，西部大开发成果显著。如今，西部地区已成为我国经济发展的"先锋板块"。尤其是2008年以来，国际金融危机导致全球经济发展进程明显放缓，我国经济增长也略有放缓，但西部地区却"反梯度"隆起，成为我国迎战危机、扩大内需、挖掘发展潜力、拓展回旋空间的重要支撑。2009年10月9日，国务院办公厅出台了《关于应对国际金融危机保持西部地区经济平稳较快发展的意见》，指出："中央资金投入将继续向西部地区倾斜，逐步增加对西部地区一般性转移支付和专项转移支付；中央扩大内需新增投资将继续向西部地区倾斜，重点投向西部地区民生工程、基础设施、生态环境和灾后恢复重建等领域，增加投资规模，优化投资结构"，为进一步促进西部经济平稳较快增长提供支撑。同年，国务院常务会议讨论并通过了《辽宁沿海经济带发展规划》，辽宁沿海经济带的开发上升为国家战略。这标志着我国西部和东北地区都已迎来新一轮以国家战略投放为坚实后盾的发展新机遇。2012年1月9日，国务院讨论通过

《西部大开发"十二五"规划》和《东北振兴"十二五"规划》，为促进我国东西部区域经济良性互动、协调发展，最终实现全面建成小康社会目标提供了行动指南。

辽东湾北顶部海水西调，创建跨区域生态经济带这一国家战略工程的起点、节点和终点分别位于辽宁、内蒙古和新疆3个省区。而在这3个省区中，起点处于辽宁沿海经济带的开发大潮中，是东北老工业基地振兴的龙头部分，后两者属于西部大开发国家战略支持下的区域范围。随着新一轮西部大开发和辽宁沿海经济带带动东北老工业基地全面振兴新格局的形成，我国区域经济协调互动机制也将不断完善，这有利于推动我国西部地区与东北地区开发的良性互动、优势互补和共同发展。而辽东湾北顶部海水西调，创建跨区域生态经济带这项国家战略工程，不仅有利于实施国家区域经济开发的总体战略，更有利于形成西部与东北两大区域的联动发展格局。

3. 独特资源与成熟技术是海水西调，创建跨区域生态经济带的有力支撑

作为水资源的开源增量技术，海水淡化已经成为解决全球水资源危机的重要途径。截至2010年，世界上已有120多个国家和地区在应用海水淡化技术，全球海水淡化日产量约3775万吨，其中80%用于饮用水，解决了1亿多人口的供水问题，所以"向海洋要淡水"已经形成了方兴未艾的新兴产业。跟进世界的发展潮流，中国日淡化海水能力目前已经达到16万吨，特别是在反渗透法、蒸馏法等主流海水淡化关键技术方面均取得重大突破，完成了自主知识产权的3000立方米/日低温多效海水淡化工程，以及5000立方米/日反渗透海水淡化工程；已建成运行的海水淡化水产量约为3.1万立方米/日；海水直流冷却技术已进入万立方米/小时级产业化示范阶段。中国海水淡化成本逐年下降，已接近5元/立方米的水平。根据全国海水利用专项规划，预计到2020年，中国海水淡化能力将达到每日250万—300万吨。为此，国家积极支持海水淡化产业，自2008年1月1日起，企业的海水淡化工程免征所得税，从而为海水淡化基地的建成与运行提供了有利条件。

在这种有利的条件下，内蒙古锡林郭勒盟已经在这方面有所作为。锡林郭勒盟的褐煤储量在全国居首位，为在将来建成能源和化工基地提供了有力保障。然而，对于锡林郭勒盟来说，在发展经济的过程中不能搞重复浪费，要遵循可持续发展和循环经济的理念进行操作。这就要求在西部能源开发中，国家应当改变目前简单的一次性输出能源的开发模式，提高资源在当地加工利用比例，延伸产业链，增加经济效益，努力扩大就业面；应当在西部建设一批能源深加工的工业项目，促进东部工业西移，加

快西部新型工业化进程，促进地方经济快速发展，真正实现地方由资源优势向经济优势转变，使开发区域群众走上富裕道路。在国家的政策安排下，内蒙古自治区应当大力支持锡林郭勒盟建设以煤液化、天然气化工为主的国家重化工业基地。为了达到这一目的，一是要在煤炭和水资源富集区，广泛建立大型坑口热电联产项目，加大就地转化力度，缓解运力紧张局面，这也是实现"西电东送"的最优选择；二是要实施以煤气化为基础的多联产技术，加速煤炭资源综合开发利用，在主产区大力发展新型煤化工产业，开发煤炭气化、焦化和液化技术；三是要在石油、天然气主产区合理布局，加大化工项目的开发力度，支持地方建设大型化工基地的积极性，延长化工产业链，造福于沿线民众。[1]

4. 地方政府的大力支持是海水西调，创建跨区域生态经济带的基本保障

内蒙古锡林郭勒盟草原沙化态势十分严重，其中位于锡林郭勒盟中部区域的浑善达克沙地60%沙土裸露，是北京、天津沙尘暴的主要沙源地。如不加快治理，沙化必将很快蔓延，不仅会使西北地区生态环境继续恶化，也将严重影响当地农牧业发展和人民生活。在这种严峻形势下，当地政府和人民群众自然会产生改善沙漠蔓延、生态环境恶化的激情和强烈愿望。再加上域内有在全国储量第一位的、独特的褐煤资源优势，是发展电力和煤化工的优良原料，从而为创建跨区域生态经济带提供了有力的能源支撑。

目前，受沙漠化、沙尘暴危害最大的内蒙古锡林郭勒盟，已经看到了辽东湾北顶部海水西调，创建跨区域生态经济带这项国家战略工程的重大区域价值，不仅可以改善当地恶劣的生态环境，解决水源短缺的问题，同时还能够促进开发当地丰富的褐煤资源，发展煤化工业。因此，锡林郭勒盟率先行动起来，积极支持海水西调工程和海水淡化产业。在2010年，锡林郭勒盟已经着手开发引海水淡化、发展循环经济的产业项目，包括输海水工程、煤矿、选煤厂、电厂、矩阵及发电装置及一系列附属工程和产业延伸工程，计划完成投资2亿元，前期工程进展顺利，其开发前景非常乐观。[2]正是由于干旱缺水，导致生态环境恶化和褐煤资源得不到开发的双重压力，才逼出了锡

1　任志军，左理，范建荣. 2005年西部能源资源工业发展中存在的问题与对策 [R]. 中国西部经济发展报告，2006.

2　新疆研讨调渤海海水入疆 [N]. 新疆日报，2010-11-8（1）.

林郭勒盟人的胆识和智慧，使他们能够先接受辽东湾北顶部海水西调，创建跨区域生态经济带的战略构想，进而出面组织专家进行认真的调查研究，率先提出了内蒙古自治区锡林郭勒盟引海水淡化循环经济产业项目示范工程方案，从而大大加快了海水西调，创建跨区域生态经济带的实现进程。值得注意的是，在这之前，国家的战略投放已经到位。国务院制定的煤化工产业中长期发展规划，明确规划蒙东—辽西为全国7个现代煤化工产业区之一，从而为锡林郭勒盟实施褐煤开发战略、推动辽东湾北顶部海水西调，创建跨区域生态经济带这项国家战略工程，提供了有力的政治保证和政策支持。

三、辽东湾北顶部海水西调，创建跨区域生态经济带的主体功能定位

作为国家重量级的战略性大工程，辽东湾北顶部海水西调，创建跨区域生态经济带需要进行功能定位论证，需要确定行为主体来承担这一国家使命。内蒙古锡林郭勒盟泓元海水淡化公司是率先提出，正在推进辽东湾北顶部海水西调，创建跨区域生态经济带这一划时代创举的行为主体。该公司主张实施的海水西调工程，是中国跟进践行联合国《21世纪议程》的引擎工程，是维护和优化中华民族生存发展空间的战略工程，是国家面向未来推进陆海统筹一体化的示范工程，是国家优先深入实施西部大开发战略的品牌工程，是国家大力倡导循环经济和绿色产业的先导工程，依靠科学技术进步实现跨越式发展的效益工程。这些定性的创新观点，在国内外海洋经济和区域经济开发界均属首创，充分展示了内蒙古锡林郭勒盟泓元海水淡化公司的时代风貌和民族品牌。

1. 中国跟进践行联合国21世纪议程的引擎工程

1994年3月25日，经国务院第十六次常务会议审议通过，中国政府作出了履行《21世纪议程》等文件的庄严承诺。一直以来，中国政府积极跟进并严格践行联合国《21世纪议程》，高度重视环境保护工作，将环境保护作为我国的一项基本国策。近年来，中国在环境保护方面取得了一系列重大成果：国家环保法律体系初步形成，重点流域区域污染治理工作取得了积极进展，全国森林覆盖率达到18.2%，荒漠化和沙漠化整体扩展的趋势得到遏制，自然保护区的面积已经占到国家陆地面积的15%。与此同时，国家环境保护投入力度不断加大，"十五"期间国家环境保护投入8388亿元，"十

一五"为2.16万亿元，占国内生产总值的1.41%[1]；"十三五"时期这一数字预计达到15万亿元，意味着环保投入力度正在进一步增强。总体看来，我国已经形成了一个包含应对国际气候变化目标在内的节能环保体系，在解决我国自身发展问题的同时，将为世界环保事业作出更大贡献。

当前国际局势激流暗涌，环境保护议题已经从一个单纯的科学议题转变为复杂的国际政治、经济和外交议题，其背后彰显着各国政治、经济发展利益和外交力量的角逐态势，我国在这方面努力发挥大国作用。尽管中国环保工作得到了国际社会的一定认可，但是在应对环境变化方面的政策、目标、实际效果以及各种困难，中国还需要作出更多务实努力。正是在这一大背景下，以内蒙古锡林郭勒盟泓元海水淡化公司为行为主体的辽东湾北顶部海水西调，创建跨区域生态经济带工程，是在各级政府的支持和领导下，积极跟进践行21世纪议程，以邓小平理论和"三个代表"重要思想为指导，深入贯彻落实科学发展观，努力提高生态文明水平，为加快建设资源节约型、环境友好型社会而作出的积极探索。众所周知，我国水资源短缺的矛盾非常突出，海水污染严重影响东部沿海区域经济可持续发展，西部大开发战略因为水资源匮乏而实施不力，我国淡水资源有限，解决起来却难度很大。在这种情况下，辽东湾北顶部海水西调工程将海水大规模开发利用，战略意义十分重大：一是将从根本上解决困扰我国华北、西北地区300万平方千米国土的水源、沙尘暴、森林、草地、可耕地、产业结构、人口分布等一系列生态问题；二是能够发挥渤海功能，改良荒漠化土地5万平方千米，相当于台湾岛的1.4倍，进而使华北、西北地区至少200万平方千米土地可以得到更加有效、合理的利用；三是策应根治黄河泥沙、悬河、断流和水患的国家举措，并以相当于三峡工程安置行政移民120万人、花费800亿元相对较少的投入，带来自发移民5000万—8000万人，还具有实边富边的国防意义；四是开辟东北、华东交通捷径，每年可以节省数百亿元的运输费用，使之成为北方贫困地区"输血""造血"的扶贫富民工程。由此可见，辽东湾北顶部海水西调，创建跨区域生态经济带工程是中国跟进践行联合国《21世纪议程》的引擎工程。该工程从我国经济社会可持续发展需要出发，在改善我国生态环境的同时有助于塑造中国积极健康的国家环保形象，以利于我国在未来全球环境保护议题中发挥更大作用。总之，保护生态环境是全社会、全世界和全人类的共同意愿，需要每个人的热心关注与真情投入，海水西调工程在这方面可

1　国家环境保护"十二五"规划. 2011–12–20.

以率先垂范，大有可为。

2. 维护和优化中华民族生存发展空间的战略工程

科技部"中国湖泊水质、水量与生物资源调查"显示，近50年来，新疆消失湖泊的数量为62个，约占全国湖泊消失总数的四分之一。作为新疆第一大盐水湖的艾比湖正在以每年38平方千米的惊人速度"极度萎缩"，湖水面积从1500多平方千米锐减至530平方千米，原先的湖区已经裸露，变成沙漠带。粉尘在阿拉山口12级大风的携带下，可飘到5000千米以外，每年在艾比湖流域刮起的含盐粉尘多达480万吨以上。艾比湖一旦消失，北疆地区都会被沙漠化，直接威胁到天山北坡经济带的可持续发展和新亚欧大陆桥的安全运行，还将危及河西走廊及整个华北地区的生态环境；内蒙古锡林郭勒盟有可利用草原面积18万平方千米，是内蒙古草原的主体部分，也是京津地区的重要生态屏障。长期以来，由于人畜持续增长，草原长期超载过牧，导致草原沙化退化不断加重。世纪之交的三年特大自然灾害，使几十年积累的生态危机集中爆发，草原退化沙化加剧，生态屏障功能明显削弱，南部浑善达克沙地流动半流动沙丘急剧扩展，西部荒漠半荒漠草原和部分典型草原约5万平方千米几乎寸草不生，生态系统濒临崩溃。与此同时，内蒙古地区沙漠每年都在向北京移动，且与之越来越近，在内蒙古甚至整个中国都产生了环境难民，并引起社会动荡。根据联合国估计，自从1980年以来，在中国北部，沙漠已经吞噬了81万公顷农田、将近243万公顷牧场和650万公顷森林，几乎四分之一中国已经是沙漠了。中国北方持续的沙漠化已经把世界上发展最快的经济体、一个拥有13亿人口的国家推向了全球淡水危机的前沿。

内蒙古锡林郭勒盟泓元海水淡化公司提出的辽东湾北顶部海水西调，创建跨区域生态经济带工程，是为了维护和优化中华民族生存发展空间所提出的国家战略工程，要将渤海之水淡化输送途经内蒙古锡林郭勒盟终到新疆艾比湖、哈密—吐鲁番盆地以及罗布泊地区沙漠，化戈壁为良田，使千年楼兰胜景再现。然而，海水西调构想一经提出即遭到了众多反对意见，不外乎成本忧虑，耗电忧虑，渗漏忧虑，污染忧虑等。试问三分之一国土面积之新疆和内蒙古需要水吗？万分需要！尤其在新疆，对水的需求如饥似渴。海水西调首先是个民生工程，集中力量办大事，这正是社会主义政治制度之优越性所在，一切其他的生态问题不外技术性问题，是科学发展中的问题，是前进道路上的问题，况且部分专家学者已经证实，海水西调在技术上和工程量上完全可行，例如为了不占用土地避免途中渗漏和高程提升的便利，海水长途运输采用管道方式；海水淡化与化工和煤化工以及管道输送海水等技术，所需装备设备基本可以立足国内解决；在投资方面，一些知名的国际投资公司大都表现甚为积极的支持态度，项目一旦通过国家立项、组织实施，然后努力做好项目的推介工作，除国家适当投入引导和公益事业部分的投资外，主体投资可以通过市场解决。[1]海水西调，济我浩瀚沙田，造福沿途人民，实乃史上未有之壮举。国家成功实现了西气东输、西电东输、西煤东输、南水北调，这些都是造福我中华儿女千秋万代的伟大成就，而海水西调具有更多反哺意义，绝非痴人说梦、纸上谈兵。就目前来看，海水西调只等"人和"，若政府和社会各界上下一致，创造条件全力支持，就定会换来滔滔海水向西奔涌！

3. 国家面向未来推进陆海统筹一体化的示范工程

中国有长达1.8万千米的大陆海岸线和1.4万千米的岛岸线，渤海、黄海、东海、南海等广阔海域，是我国的"蓝色国土"，海洋与陆地共同构成了中华民族赖以生存与发展的物质基础。《中华人民共和国国民经济和社会发展第十二个五年规划纲要》提出的"坚持陆海统筹，制定和实施海洋发展战略，提高海洋开发、控制、综合管理能力"，首次在国民经济和社会发展规划中明确提出"陆海统筹"，这无疑是中国发展思维上的重大战略转变，是在分析我国和世界发展的历史经验教训、未来我国发展战略需求及世界发展趋势后作出的正确选择。"十三五"规划纲要更是提出"拓展蓝色经济空间"，继续坚持陆海统筹发展海洋的基本路线。由此可见，海洋是我国目前能源资源开发、促进经济社会发展的重要载体，所以十分需要辽东湾北顶部海水西调，创建跨区域生态经济带这样的国家重量级战略工程，来有效延伸中国海域的大"S"形经济带，使二者成为功能互动、利益攸关的新经济走廊，成为中国区域经济开发的新增长极，成为大连作为东北亚重要国际航运中心的支撑腹地，成为亚洲太平洋地区的海洋示范工程，成为当今世界"风景这边独好"的希望所在。

海水西调工程主要涉及的省区有新疆、内蒙古自治区以及辽宁省。自振兴东北老工业基地战略实施以来，东北三省与内蒙古东部地区广泛开展深层次、宽领域合作，互惠互利、合作共赢的局面逐步形成。根据《东北四省区合作框架协议》，今后东北四

1　鹿守本. 海水西调的可行性及生态价值分析 [J]. 太平洋学报，2010（12）.

省区合作的重点事项主要是"三个合作协议"和"四个行动计划"。而海水西调工程无疑是强力推进东北四省区继续深入开展合作的助推器，同时也将是我国实现陆海统筹一体化进程中的示范工程。具体体现在四个方面：一是在推进东北区域战略性新兴产业合作方面，东北区域产业、研发、资源等基础条件较好，可以共同培育和发展一批应用于海水西调工程中的具有核心竞争力的海洋高技术先导产业，由海水淡化与综合利用等海洋化工技术与煤化工技术、海水管道运输技术、无公害循环生产工艺等技术集成高新技术产业群，从而在东北区域共建一批产业创新平台和载体，形成全国战略性新兴产业发展高地，抢占未来区域竞争的制高点。二是在西部大开发、振兴东北"十三五"规划出台之际，不论从全国大局落实中央决策部署，还是从东北地区现实需求，共同维护区域能源安全都很有意义。内蒙古煤炭、草原等资源极为丰富，通过海水西调工程加强东三省与内蒙古东部地区乃至内蒙古、新疆的全面合作，推进辽东湾北顶部海水西调，创建跨区域生态经济带，有助于加快锡林郭勒、呼伦贝尔沙地综合治理，有利于推动东北大生态的整体保护，有利于大东北结构优化和经济转型。特别是对共同发展煤炭、煤制气、煤化工等产业，合理配置煤炭资源，具有积极的现实意义。三是在加快建设东北东部经济带合作方面，东北域内拥有17个边境口岸，辽宁沿海经济带和长吉图开发开放先导区纳入国家战略，将成为东北东部加快发展和沿边开放的大动脉。海水西调在提升东北区域对腹地经济的拉动作用的同时，进一步提高了中国北方腹地的对外开放水平。四是海水西调工程线路开辟了东北、西北交通捷径，有利于转变物流业发展方式，提高区域物流效率和降低物流成本，形成中国北方地区物流新产业等。也就是说，海水西调工程在为干旱半干旱的西部地区勾画了一条维持生计的生命线同时，也为东北区域打造了一条能源输送带。这种情景，不正是陆海统筹思想和海洋支持西部大开发的生动而有力的写照吗？由此可见，辽东湾北顶部海水西调，创建跨区域生态经济带，是在真正意义上海洋支持西部大开发和实践国家面向未来推进陆海统筹一体化的国家发展战略的示范工程。

4. 国家优先深入实施西部大开发战略的品牌工程

自西部大开发的号角吹响，新疆大地的热情以高昂的姿态爆发出来，曾经荒芜的土地涌动出无限活力，西气东输、塔里木河治理、精伊霍铁路、独山子石化千万吨炼油百万吨乙烯等一系列标志性工程先后建成并成为新疆发展史上的新地标。2015年，新疆全区实现生产总值9324.8亿元，增长8.8%，增速高于全国1.9个百分点，综合经济实力进一步增强，新疆和西部兄弟省区市一道成为中国发展的又一个增长极。内蒙古自乘上国家西部大开发的快车，充分发挥资源、区位等优势，使经济、社会驶入高速发展大道。2015年，内蒙古自治区全区生产总值达18032.79亿元，比上年增长7.7%，增速高于全国平均水平0.8个百分点，实现了"十三五"良好开局。正是有了西部大开发战略的实施，新疆与内蒙古的经济社会事业出现了大跨越、大繁荣、大发展。

尽管如此，我们还应当看到崛起的新西部和东部沿海地区的差距依然存在，所以"十三五"时期要坚持把深入实施西部大开发战略放在区域发展战略优先位置，努力实现地区生产总值和城乡居民收入增速均超过全国平均水平，补齐西部这块国民经济的"短板"。可以说，没有西部的繁荣稳定，就没有全国的繁荣稳定。而新疆维吾尔自治区和内蒙古自治区作为西部大开发的重要阵地，其发展情况直接影响着西部大开发战略实施的推进进程，迫切需要打造辽东湾北顶部海水西调，创建跨区域生态经济带这样的品牌工程将西部大开发战略引向深入，为实现全面建设小康社会目标打下坚实基础。具体体现在以下几个方面：一是在明确主体功能区方面，海水西调工程对列入国家层面规划的新疆和内蒙古地区区内的重点经济区（如新疆天山北坡经济区重点经济区、吐鲁番—哈密经济区等）、农产品主产区（如内蒙古河套灌区）、重点生态区（如鄂尔多斯生态治理区）、资源富集区（如"金三角"煤炭、石油、天然气资源富集区）的建设和发展均有不同程度的推动作用；二是在基础设施建设方面，海水西调工程突出交通和水利两个关键环节，在巨大的生态效益和经济效益的推动之下，各级政府将加快构建适度超前的、与海水西调工程实施过程中采用的技术功能配套的、安全高效的现代化基础设施，在助力海水西调工程顺利运行的同时带动基础设施投资，从而提升当地基础设施建设水平。三是在加大生态建设和环境保护力度方面，以循环经济为理论支撑的海水西调工程可以从源头上扭转生态恶化趋势，加强环境综合治理和节能减排。具体来说，西调之海水可以形成以人造海为依托的湿地，在湿地种植碱生、沙生植物就可以改良草场，还可以依靠生物工程，选育抗重碱、耐海水的优良品种，用植被覆盖裸露的沙漠，发展农业和畜牧业。人造海还可以形成当地降水，有利于飞播种草，大区域育草固沙，使流动沙丘逐渐变为半固定、固定沙丘，最终使沙漠变成绿洲。四是在发展特色优势产业方面，由于褐煤水分高、易挥发、易自燃且热加工易碎，通过低温干馏，可将褐煤转变为半焦、煤焦油以及煤气，使其不再易挥发、易自燃，降低运输成本，而为优质电煤。由此，以海水为动力，将推动建成一批与褐煤深加工和运输技术相配套的产业基地和国家能源基地。海水西调路线好比一条卧在我国北部的一条巨龙，环渤海地区是头，内蒙古沿线地区是身，新疆就是尾。陆海统筹、海水西调作为我国深入实施西部大开发战略的品牌工程，一旦工程得以实施，这条巨龙就活了，必将使我国北方地区发生根本变化，由此带动经济腾飞。

5. 国家大力倡导循环经济和绿色产业的先导工程

辽东湾北顶部海水西调，创建跨区域生态经济带这一国家重量级战略工程，是我国在区域层次上对于循环经济发展模式的极富创新精神的实践和探索。海水西调工程本身是一项环保型的"绿色工程"，其设计理念为资源循环利用，最大限度地减少废弃物排放，力争做到不损害环境。第一，海水西调可构成两个循环体系。一是区域经济循环——以当地丰富的煤炭资源做能源建设大型火力发电厂，电厂的廉价电力用于"海水西调"；利用主机余热（廉价蒸汽）搞海水淡化，淡化水可电厂自用，其他工业用或民用；高度浓缩的海水，可就地建厂发展海洋化工、制盐、提钾、提溴、提碘等。这样的统筹设计，可使西调海水基本实现零排放。二是自然循环，工程设想将提水口选在渤海，渤海水体交换非常缓慢，纳污且净化能力很低，大量提取海水必将增强海区的水体活跃度，提高渤海自净的效率，促进渤海海水大循环；同时，西调海水将在沙漠地区形成"人造海"和大片湿地，靠自然蒸发，增加空气中的湿度，增加当地的降雨量，减少蒸发量，改善当地的生态环境，实现水的大循环。[1]第二，海水西调工程中拟增加风力发电子项目。以绿色、环保和可再生的风力发电作为海水西调的能源支撑，是基于节能减排和哥本哈根会议中我国承诺减排温室气体目标及项目能源多样化原则所进行的积极尝试。此外，海水西调工程可以在沿途管道建造海水湖间有淡水湖带；筑造疏林—草原组成的"绿色长城"，建成北部生态屏障；形成绿色食品产业带；形成中小城市和生态城镇带；形成以自然与人文景观为特色、干旱和半干旱地区取得生态恢复、与建设经济与社会可持续发展的新型标样区等一系列绿色产业带。[2]由此可见，海水西调工程能够科学利用海水资源，繁荣海洋经济，示范循环经济，做大生态经济，是国家大力倡导循环经济和

1　张宝印. "海水西调"：离现实有多远 [N]. 新疆都市报，2010-11-17.

2　鹿守本. 海水西调的可行性及生态价值分析 [J]. 太平洋学报，2010（12）.

绿色产业的先导工程。

6. 依靠科学技术进步实现跨越式发展的效益工程

迄今为止，南水北调是当今世界上最大的远距离、跨流域、跨省市调水工程，也是新中国调水史册上最值得书写的一笔。南水北调由150多个设计单元工程、2700多个单位工程组成，且建筑物种类众多，技术难度高，所涉及的许多硬技术和软科学是世界级的，是水利学科与多个边缘学科联合研究的前沿领域。南水北调最突出的特点就是技术创新贯穿于工程始终：中线穿黄工程，要从黄河底下复杂的地层中开凿数千米的隧洞，克服以往盾构施工尚未遇到的许多困难，并保证隧洞不漏水；北京段PCCP管道工程是国内首次大规模使用直径4米、双排、埋深达20米的预应力钢筒混凝土管的项目，在国际上也绝无仅有，加之工程沿线地形复杂，从生产、运输到安装，攻克多个技术难关，管道制作就获得两项国际专利；自主研制成功了大型渠道混凝土机械化衬砌施工成套设备，比国外的设备自重降低三分之二，价格降低80%。

不同于过去传统的调水工程是从高向低调水，而且是调淡水，海水西调是从低向高调，并且是调海水，而且一旦渤海水淡化利用得以实现，京津一带将直接受益，这将极大缓解南水北调水源地水资源缺乏危机。另外，南水北调工程主要采用明渠形式，施工难度大，如下穿黄河的技术、经过膨胀土地区的技术、高架渠道的防地震技术、与数百条河流的交叉技术；中国早已掌握海水淡化技术，无论是利用火电厂的余热还是利用薄膜技术，而且采用内径3.2米的纤维绕夹砂玻璃钢管（实验证明此管无生物附着，不腐蚀，抗压强度大）结合隧洞的管涵输水方式，对其他河流生态体系和地下地质结构破坏较小，还可以保证99%的海水到达目的地。在工程造价方面，根据海水西调的构思，调1立方米水到新疆为10元人民币，低于南水北调工程调1立方米水到北京的20元人民币。另外，海水西调工程中涉及的高新技术，还有如在海水西调工程中拟增加风力发电子项目中的应用的矩阵式集风装置，利用锡林郭勒盟丰富的风能资源（总蕴藏量达5亿千瓦以上，占全国总量的20%），在微风条件下即可推动风轮旋转发电，可大大地增加每年的发电日数。经投资与效益评估，在试验平台的装机容量为50万千瓦，电价0.125元/度，每年发电量4亿度时，每年收入为5亿元，运行成本为1147万元（含税收7500万元），年利润为38530万元，而项目试验平台总投资约为3.5亿元，促成当年的年利润即可返还全部投资且有剩余；在建设能源和煤化工基地过程中，将采用"洁净煤技术"，通过对煤炭进行洗选、脱硫、碳捕捉和碳理疗、液化、气化、煤化工、多联产等技术，在煤炭转化为电力、油气的同时，产生更多的化工产品和工业产品，并把废弃物资源化。洁净煤技术能最大限度地减少二氧化硫和温室气体的排放，达到现代环保理念与要求；将利用煤发电和煤化工生产过程中的余热蒸汽作能源，选取"低温多效蒸馏浓缩淡化+多效蒸发结晶分离"方案，其工艺流程是：海水预处理后，进入低温多效淡化装置，经过多效浓缩分离过程，产出淡水和10%近饱和浓缩海水（即卤水）；浓缩海水（卤水）进入多效蒸发结晶分离器再浓缩分离，先后结晶出自然盐、石膏、高温盐等，最后剩余的盐分及杂质经干燥蒸发形成固体的卤块。若输送海水为每年22亿立方米，即可生产淡水达18.7亿立方米，生产的复合海盐为5760万吨/年，以及其他海水化学资源产品。按现行价格，仅海水化工产品的销售每年可达257亿元人民币，预计只要10年即可收回调海水至新疆的总成本。[1]可以预见，海水西调工程将串联起沿线连绵分布的数百工程建筑物，构建成一个巨大水网，在广阔的神州大地上铺展开来，而支撑这一切的都是技术创新。由此可见，辽东湾北顶部海水西调，创建跨区域生态经济带不仅是一个造福人民的综合性生态工程，更是一个依靠科学技术进步实现跨越式发展的效益工程。

四、辽东湾北顶部海水西调，创建跨区域生态经济带的践行价值取向

辽东湾北顶部海水西调，创建跨区域生态经济带工程，是一项充分认识沙漠整治和沙尘暴治理的长期性和艰巨性而提出的百年大计工程。海水西调可以改善沿线生态环境，调节北方气候，发展调水工程的沿线经济，特别是提水区工业走廊和沿线城市带建设等。因此，必须准确地判定辽东湾北顶部海水西调，创建跨区域生态经济带这项国家战略工程的行为价值取向。

1. 创建海水提取功能区域，为渤海海水循环流动注入动力

渤海是我国唯一的半封闭型内海，海域面积约7.7万平方千米，由莱州湾、渤海湾、辽东湾和中央盆地四部分组成，三面环陆，自身水体交换相对缓慢，海洋生态系统脆弱。据专家估计，渤海海水的循环周期大约需要15年，自身的纳污净化能力非常

1　鹿守本. 海水西调的可行性及生态价值分析［J］. 太平洋学报，2010（12）.

有限。与此同时，环渤海地区常年注入渤海的河流共有40余条，很多河流都是跨省、市、县域的，城市污水和工业废水向这些流域排放，最终汇入渤海，其中黄河、海河、辽河位居我国严重污染河流的前四名。据统计，近年来进入渤海的年污水量达28亿吨，占全国排污水量的32%。各类污染物质70多万吨，占全国入海污染物质总量的47.7%，使渤海成为一个人工纳污池和大然垃圾场。其中，以辽东湾、渤海湾和莱州湾的污染最为严重，三湾的污染量占整个渤海污染总量的92%。污染物主要有无机氮、无机磷、石油类和耗氧有机物，此外还有重金属（见图12-2）。[1]2010年，环渤海沿岸共监测陆源入海排污口96个，超标率为82%，其中山东半岛沿岸陆源排污口超标排放率最高，达96%，天津沿岸次之，为92%。而在全国四个海区中，渤海沿岸超标排放的排污口最多，比例高达90%以上。此外，由于独特的地理环境累积于渤海的沉积物中的污染物质，在海水动力条件、物理化学条件发生变化及微生物溶解等强力作用下，使得吸附于海底的污染物会发生解析作用而释放，形成"二次污染"，成为渤海海底随时爆发的"化学定时炸弹"。同时，渤海湾沿岸有大小港口近百个，油污染也非常严重。以上这些因素，综合导致渤海海域环境质量逐年退化，污染范围不断扩大，生态破坏日趋严重，必须采取措施加以解决。

因此，如何拯救日益恶化的渤海环境，尽快为渤海治理拿出方案，已成为当前十分紧迫的重大课题。辽东湾北顶部海水西调，创建跨区域生态经济带工程提出之后，人们不禁眼前一亮，因为它为渤海环境治理提供了一种新选择。从理论上讲，全面启动海水西调工程，每年将从渤海抽调上百亿吨的海水，从黄海补充的新鲜海水会自动从渤海海峡流进，这无疑能加速渤海海水的循环能力，改善渤海水质。如今，国家为治理渤海污染，在投入巨资而成效甚微的情况下，通过抽取海水的方式，加快海水自我循环，改善渤海水质，它的经济价值和生态效益是显而易见的。这种一举多得的抽调海水措施，要比投入数百亿人民币直接治理渤海污染要经济得多，而且会更加有效。[2]

1　渤海现状［EB/OL］. 猫扑大杂烩，http：//dzh.mop.com.
2　谭征. 渤海能解内蒙古之渴吗？［J］. 百科知识，2007（10）.

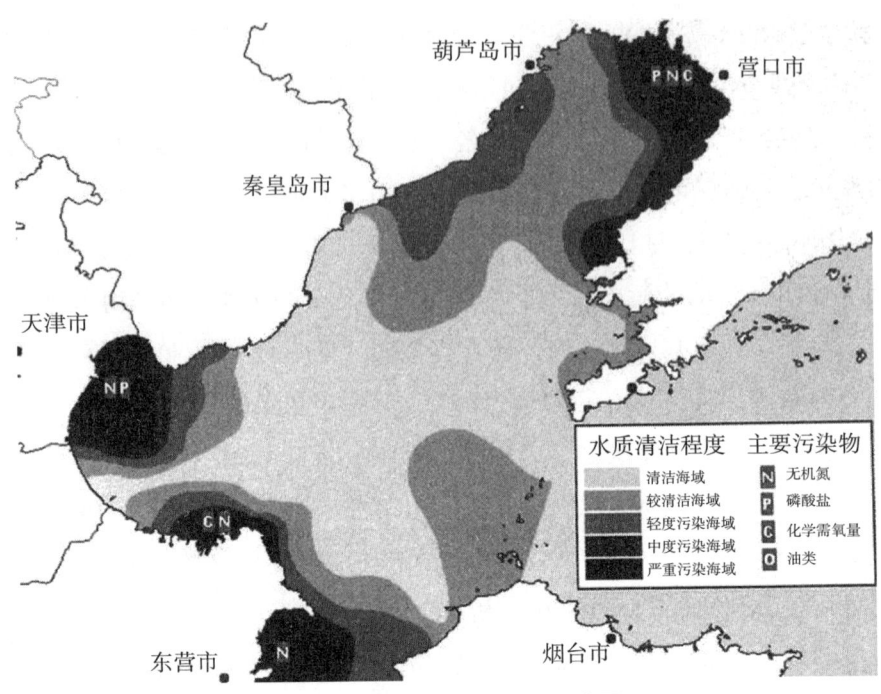

图12-2 渤海湾污染现状示意图

2. 开发沿线生态产业基地，为区域经济协调发展提供支撑

辽东湾北顶部海水西调，创建跨区域生态经济带，能够建成提水区段工业走廊、海水养殖基地、能源和煤化工基地、海水淡化基地、海洋化工基地等产业基地，这将为沿线经济发展注入活力。

提水区段工业走廊：可以创建渤海西北海岸长300千米、宽10—50千米、总面积达1500—7500平方千米的山区提水区段工业走廊，能够增加就业岗位，促进当地经济发展；必将加快新兴的海水利用技术产业和相关产业发展，有利于实现西部开发与海域开发的有效结合。

海水养殖基地：可以形成约5000千米长的海水流域和湖泊沿岸，发展海水养殖业和生态农业。海水西调工程还能够形成串珠状的河湖水系，沿线六大湖均可建成养殖区，即提水站矩阵水库养殖区、内蒙古东部达来诺尔—查干诺干湖海水养殖区、西部拐子湖—居延海海水养殖区、玛纳斯湖 - 艾比湖海水养殖区、吐哈盆地海水养殖区、罗布泊海水养殖区6片规模养殖区。因此，内蒙古和新疆一些牧民将改牧从渔，脱贫致富，同时还可以减轻畜牧业对草原的压力。[1]

能源和煤化工基地：锡林郭勒盟的褐煤储量巨大，是发展电力和煤化工的优良原料。一旦海水西调工程得以全面实施，困扰锡林郭勒盟的最大问题便会迎刃而解，褐煤的生产和运输困难局面也将得到扭转，从而使能源和煤化工基地的建设成为可能。届时，锡林郭勒盟计划每年利用褐煤2000万吨，生产燃气100亿立方米，除供应内蒙古地区使用外，还将大量供应北京、天津等城市的消费市场。

海水淡化基地：在海水西调工程中，主要的海水淡化流程为，海水经预处理后，进入低温多效淡化装置，经过多效浓缩分离过程，分离为淡化纯水和10%浓缩海水。而淡化后的浓海水采用多效蒸发浓缩工艺，浓度增到22%，并获得淡水。在浓缩过程中，二水硫酸钙析出并分离经净化成为石膏产品，用于建筑材料或其他用途。而22%的浓缩母液与已分离出硫酸镁的回收高低温盐混合，经多效蒸发结晶析出氯化钠盐浆经脱水，干燥即为成品精制盐。最后，综合利用制盐母液生产盐化工产品。该海水淡化技术较为科学合理，同时又能收到节能减排的理想效果。可以预见，经过一段时期的实践操作，将极大地推动我国在海水淡化技术方面进一步完善和提升，同时促成在调水沿岸建成超级海水淡化工厂，为全国乃至全球海水淡化事业提供技术借鉴，其经济效益和社会效益相当可观。

海洋化工基地：用现代技术将海水提调到锡林郭勒盟，利用煤化工丰富的废热和余热开发海洋化工，可以获得大量的淡水资源。同时，还可以从海水中分离出氯化钠、氯化钾、氯化镁等十几种固体产品。而利用北方沙漠丰富的太阳能资源，能够营造出若干超大型的"海水自然淡化工厂"、制盐和发展海水综合利用工业，从而获得一举多得的实际效果。[2]

3. 促成京津地区绿色屏障，为改善区域生态环境做出表率

由于受降水区域分布不均的影响，中国水资源区域分布也极为不均，所以出现了南多北少、东多西少的分布格局。按径流深可将全国划分为5个水量带，自东南向西北依次为：丰水带、多水带、过渡带、少水带、干涸带。[3]西北地区则处于少水带和干涸

1 王晓涛. 海水西调，营造秀美山川 [J]. 大陆桥视野，2002 (1).

2 鹿守本. 关于海水西调治沙改善生态的基本认识的建议 [C]. 国土资源管理改革与发展战略论坛2007年度研讨会论文集.

3 李润田. 中国资源地理 [M]. 北京：科学出版社，2003.

带，常年干旱少雨，当地年降雨量大都在400毫米以下，有的地方是100毫米左右，而年平均蒸发量却高达1200毫米以上。再加上过量抽取地下水，致使地下水位从20世纪五六十年代以来下降了50—70米不等，低于维持绿洲生态的临界水位，所以造成了绿洲植被枯死、生态功能降低、土地严重退化的现象。[1]值得注意的是，在陕北地区和内蒙古鄂尔多斯地区，内蒙古科尔沁、西拉木伦河上游、锡林郭勒盟及察哈尔草原，宁夏中东部地区、贺兰山西麓山前平原，甘肃若水流域、阿拉善中部及河西走廊绿洲边缘地带，沙漠化还在不断地向外扩展。目前，从首都北京向西，依次分布着七大沙漠，它们是浑善达克沙地、毛乌素沙漠、库布齐沙漠、乌兰布和沙漠、腾格里沙漠、巴丹吉林沙漠和塔克拉玛干沙漠。在空间上，它们是呈纬向连续展开的，分布于东经75°至东经122°、北纬47°的高原、盆地和平原之间，总面积达70多万平方千米。除沙漠之外，西部地区还有近60万平方千米的戈壁。其中，内蒙古沙漠化土地最多，达80560平方千米；陕北地区沙化21686平方千米；甘肃沙化面积10736平方千米。在上述沙化土地中，正在沙漠化的土地约67000平方千米，强烈沙漠化的土地约60000平方千米，严重沙漠化的土地约35000平方千米。

针对这一严重趋势，海水西调工程建设的最重要作用是治理沙漠和扩大绿洲，增加降水量的最终目的是扩大内蒙古和西北绿洲面积。江南空气湿润，才使大地常绿。同样，海水西调工程若能给内蒙古和西北地区带来大量雨水，不但能够使干湖得以灌注，而且雨水、雪水又可使干涸的河床和低洼地区成为充满淡水的河流和湖泊。一旦海水西调工程得以成功，则以上七大沙漠将获得基本治理，内蒙古北部和西北地区的生态环境将得到改善，植被也将在雨水下得到最大程度的恢复，至少可创造出100万平方千米的新绿洲。这样一来，京津地区沙尘暴的沙源就会得到根本消除。毫无疑问，海水西调工程能够为京津地区创建一道绿色生态屏障。

4. 完善水利资源保障系统，为大力发展循环经济提供条件

必须说明，增加内蒙古北部和西北地区的年降水量，是海水西调工程实施的主要目的。从伊犁水汽交换模式可以看出，在内蒙古北部和西北广大地区，具备冷凝山脉和夏季缓和的稳定风向和风力，若再补充足够的供蒸发水源，必将大大增加各水汽交换单元的山区降水量。其中，受益最大的是天山—祁连山北坡中的天山东中段和祁连

---

1 何家理. 2005年西部生态环境状况分析与预测 [R]. 中国西部经济发展报告，2006.

山中西段。尤其是在祁连山西至阿尔金山之间，降水增加幅度将会最大。与此同时，还会增加走廊北山和走廊平原的降水量。而增加降水量必将扩大内蒙古北部和西北地区的绿洲面积。预计在海水西调工程启动50年以后，每年径流量将增加一倍。在罗布泊水面达到5000平方千米的10年以后，疏勒河和党河径流量将增加5—10倍，走廊北山将逐步绿化，整个走廊会出现类似关中平原的绿色美景。同时，走廊北山绿化后也将发挥一定的冷凝作用，增加北山降水量，形成区域性径流，从北山北坡流入巴丹吉林沙漠和腾格里沙漠，使之逐渐成为绿洲。展望未来，在海水西调工程启动后的100年当中，内蒙古北部和西北地区将会持续增加降水量，扩展径流至少可创造出100×104平方千米的新绿洲。这100×104平方千米新绿洲，能够吸收大量的二氧化碳，将对解决全球变暖这一世界首要环境问题做出巨大贡献。同时，海水西调工程每年调1000×108—2000×108平方千米海水的水汽蒸发，必将大大改善水道沿线内蒙古和新疆气候，尤以吐哈盆地最为明显。若灌注吐哈盆地1000平方千米湖水后，夏季火焰山气候也将得到极大改善。与此同时，内蒙古北部气候也将获得明显好转，冬季将提高平均气温，极大地有利于内蒙古地区的畜牧业发展。[1]

海水西调在不断地增加我国北方区域水资源总量的过程中，直接受益的区域是燕山和阴山以北、贺兰山以西的省区，主要包括内蒙古、新疆、甘肃和辽宁；间接受益的区域是华北、西北诸省区，主要包括陕西、山西、河北、宁夏、青海和山东。同时，海水西调工程渠道沿荒漠地区和干涸盐湖分布，从而使海水西调与南水北调渠道以及黄河、海河均不相交，互不干扰，还会相互补充，有利于形成我国水资源配置的新格局，使之成为21世纪与南水北调互补性很强的战略性水利工程，所以令人向往和欣慰。[2]

5. 奠基新城市带建设工程，为西部经济社会发展铸就引擎

城市带一般具有如下特征：以某一交通干线为轴线，同一流域或地貌，呈带状分布；城市沿交通干线或流域分布，距离相近，联系密切；以共享某种要素或资源为依托，呈带状供给；经济活动以城市为中心沿轴线两侧集聚，形成产业密集带。随着沿

1 陈昌礼. 海水西调与我国沙漠和沙尘暴的根治 [J]. 中国工程科学，2001 (10).
2 李成尊，汪劲，陈昌礼. 海水西调构想的超前论证与遥感 [C]. 2005年全国海洋高新技术产业化论坛论文集.

线城市不断扩张，相邻城市实体空间相互连接，城市带就发展成为高级形态的城市连绵带。辽东湾北顶部海水西调，创建跨区域生态经济带这一国家重量级战略工程一经实施，将会使我国广大北方城市自东向西连接起来，建设成为一条具有区域特色的生态城市带，对于充分发挥调水工程效益，促进我国经济社会可持续发展，具有重大现实意义。

干旱和半干旱地区、植被退化、生态环境恶化的主要原因，必然有其干旱少雨的自然条件原因，但主要还是过度放牧。内蒙古自治区有关部门研究认为：应改变畜牧业的生产方式，由放牧转变为"舍饲圈养的高效养殖业开发工程"，并进行"生态城镇建设"。此两项举措，既是保护草原生态和推进牧区经济与社会发展的需要，也是牧区移民的生产生活的安置办法。在生态小城镇建设方面，高效的、集约化的养殖开发基地的建设，必然带来各种产业的形成和从牧区向基地的人口流动及各种配套行业的建立，城镇也就自然形成了。因为这种城镇是以生态建设为指导、以生态产业为主线形成的，将其定名为生态小城镇是适当的。在广大的农牧区和干旱区域成片、成带生态小城镇的建设，一定会推动区域经济与社会的发展，其城市化的经济与人力优势也必然成为区域植被生态恢复和生态建设的基本力量。城市绿化及其向四周辐射延伸，可以使城市之间的林带和其他绿化连接起来，形成成片或成带的绿色区域，从而创造优越的生态环境，并为其区域经济与社会可持续发展提供支撑条件。在高效养殖业开发工程方面，利用海水淡化所生产的淡水及其开始时水温较高（40℃—45℃）的特点，用在建设牲畜舍饲圈养的暖棚、淡水水产养殖和蔬菜种植的温室、大棚供暖的热源。此举不仅使余热资源得到充分利用，而且降低了牧畜越冬病亡率，并解决了冬季生长缓慢等弊端，同时也为牧区开展多种经营、增加收入开辟了新路子。另外，海水淡化水的余热还可以利用在牧区的新型生态循环经济的发展上。高效养殖业有大量的粪便和尿液排泄，按设计的规模每年产生的粪便将达110万吨，尿液、废液达700万吨。拟通过修建沼气池，利用生物发酵的方法进行处理，所产生的沼气用于取暖、做饭，也可用于发电。沼渣用于种植业的肥料，培肥地力，以杜绝化肥使用带来的污染物的残留；沼液则通过管道送到高效种植基地，作为有一定肥力的水源用于蔬菜和花卉等植物的灌溉用水。实现物质和能量在人工设计的生态系统内循环流动，同时也达到节能减排的环保要求和产品的真正无公害化。[1]由此可见，辽东湾北顶部海水西调，创建跨

---

1 鹿守本. 海水西调的可行性及生态价值分析 [J]. 太平洋学报，2010（12）.

区域生态经济带工程，可以促进沿线地区的新城市带的建设，为新一轮西部经济与社会发展铸就强力引擎。

五、辽东湾北顶部海水西调，创建跨区域生态经济带的现存问题分析

在我国国土整治与经济发展进程中，推进辽东湾北顶部海水西调，创建跨区域生态经济带工程，对于解决西北区域干旱问题，使之适应经济社会可持续发展需要意义重大。然而由于海水西调工程涉及国土、水利、气象、海洋、湿地、治沙、林业、地貌、水文、地质、环境等诸多领域，所以很多问题还需进行多学科综合研究，寻求最佳解决方案。

1. 从上到下尚未达成普遍共识

值得注意的是，在海水西调工程提出和论证之初，便立即引起很大的反响，其中也有一些不同看法。有学者认为，海水西调作为世纪工程，每年要耗去相当于整条黄河电能供应，耗能量太大难以保证；海水西进沿途是否会造成土地盐碱化，也有人表示担忧。虽然有些地方官员表示了积极姿态，但是少数学者仍持保守立场。他们认为，在世界的区域开发历史上，把海水引到内陆的做法都是没有前例的，虽然在引水和淡化的技术层面已经没有困难，但还不能说该项目就没有任何问题。其中，最主要的疑问就是海水西调工程的环境影响，到底是弊大还是利大？对于这一问题没有把握。因此，有的专家建议在将此项"梦想工程"变为现实之前，应进一步论证海水西调对渤海生态系统、西部生态环境的影响以及沿线环境风险，对沿线人民要有一个比较清楚的交代。

海水西调工程作为百年工程，投资额度大，经济和社会效益更大。当然，这么大的工程不能说动就动，还需要进一步探讨和进行科学论证，不能操之过急。英吉利海峡隧道从提出到建成，用了200年；长江三峡工程从提出设想到开工，时间长达70多年；南水北调这一宏伟工程，也经过几十年的反复认识和论证。海水西调更是一个伟大的世纪工程，要让人们接受，恐怕也需要一定的时间进行讨论和论证。但是，应当看到，海水西调战略构想一旦成功实践，那么被称为"死亡之海"的大沙漠，将成为一片绿洲，对此要坚信不疑。[1]

2. 由于行政分割导致决策障碍

辽东湾北顶部海水西调，创建跨区域生态经济带的起点是辽宁省兴城市，节点是内蒙古锡林郭勒盟，终点是新疆吐鲁番地区。这是一条由东至西贯穿若干个省市的跨区域大工程，单是中心点就涉及三个省区。因此，如何调控好海水西调工程的整个进度，如何协调地方政府在各个子项目施工过程中的相互配合问题，如何均衡工程收益问题等都是必须考虑到的。海水西调工程前期的最大受益者是内蒙古自治区，但是前期工程的主战场却是在辽宁省域。在这种情况下，内蒙古地方政府如何与辽宁地方政府协调好利益分配关系，也会关系到这一工程的可行性。

为此，内蒙古锡林郭勒盟具体负责"引海水淡化开发草原生态产业项目"的泓元海水淡化公司，已经出面与辽宁省有关部门协商，初步形成了双赢的工程建设方案。其中说明，海水西调工程建设所需要的材料、人力等等，都要优先考虑辽宁省的意向和安排。由此可见，这一工程一旦合作立项，就不再是某一省区单方面的事了，所以国家层面必须建立协调机制，成立专门的协调机构，通过这种方式来保障工程施工进度，均衡各方利益。

3. 沿线工程开发缺乏成熟技术

到目前为止，我国兴建的跨区域调水工程有南水北调、引滦入津、引滦入唐、引黄济青、引黄入晋、东北的北水南调工程、引江济太、广东的东深引水工程、甘肃的引大入秦工程等。其中，调水规模最大的为南水北调工程，东线、中线和西线到2050年调水总规模为448亿立方米，其中东线148亿立方米，中线130亿立方米，西线170亿立方米。

比较而言，海水西调工程虽然效益很大，但是确实存在不少问题需要解决。一是提水段海水渗漏问题。从渤海辽东湾北顶部的兴城市到内蒙古锡林浩特之间的山区流经段，有可能产生海水渗漏的问题。二是高原引水渠道盐碱化问题，跟进的措施必须提前安排。三是沿渠海水浓缩问题，也要有相应的技术加以预防。四是超大型海水淡化设备供给问题。由于国内需求不大，企业没有生产超大型海水淡化设备的实践经

1　古欣. 中国：海水西调治沙漠 [J]. 科学24小时，2002（9）.

验，这就需要有关部门联合攻克技术难关，组织国内企业进行生产。总之，这样复杂的工程建设，而且还要符合循环经济发展要求，必须采用高新技术。为此，既要关注使用国产化的高新技术装备，又要对积极引进高效益的国外高新技术装备加以支持。[1]

4. 工程浩大，巨额资金难以筹集

海水西调工程包括四部分：第一部分是围垦渤海工程，分为拦海大坝、渤海铁路、渤海高速公路等二级工程，主体工程大约需要20年才能完成。第二部分是海水西调工程，可以分为两期：一期工程包括海水淡化、京津调水、晋冀补水、内蒙古调水造湖工程；二期工程包括陕甘宁补水、居延海弱水补水工程，工程计划30年完成。第三部分是黄河改道工程，分为上游洮河—渭河改道工程、下游"悬河"改道工程，工程计划5年完成。第四部分是绿染塞北工程，工程计划50年完成。从时间角度讲，这一工程是百年大计。[2]再者，海水西调工程百余个提水站矩阵一次性投资量虽然不大，但第一问题是该项目几乎每年都需要整条黄河电能供应提水，长期下去将是耗能大户。

在海水西调工程中，仅内蒙古自治区锡林郭勒盟引海水淡化循环经济产业项目一期总投资额就高达628亿元，其中建设费用567亿元。而根据泓元公司的测算，规划的项目在完全实施的情况下，静态投资回收期（包括3年建设期）为税前6年左右、税后7年左右，内部收益率为20%左右。如此巨大的资金额度，肯定一时间难以筹集。再加之目前国际金融危机阴霾未散，世界经济结构处于深度调整的关键时期，而我国国内通货膨胀水平不断提高、物价上涨、自然灾害频现，这些不利因素都会在一定程度上影响海水西调创建跨区域生态经济带工程的实施进度。

5. 外蒙环境隐患需要稳妥从事

事实上，我国沙尘暴的沙尘源有很大部分来自北方邻国蒙古。蒙古属典型的大陆性气候，年平均降水量约为200毫米，水资源严重短缺，且又分布不均。北部地区有色楞格等数条河流，每年5—6月份北部山区的积雪还未完全融化就迎来了雨季，这就是蒙古北部森林茂密的原因。与之相比，蒙古的中南部地区水资源严重短缺，使这一地区的自然生态环境不断恶化。尤其是近年来"白灾"（雪灾）、"黑灾"（沙尘暴）频

1　世界各国调水工程扫描——美国［EB/OL］. http：//www.cnpv.com/News.2004.2.28.

2　韩冰天. 海水西调系统工程之构想［N］. 中国信息，2006-5-17（8）.

发，严重地阻碍了蒙古经济的发展。乌兰巴托至扎门乌德600多千米间的各个城市，由于受制于缺水而发展缓慢。其中，扎门乌德因缺水至今人口不足1万。对于拥有丰富矿产资源的东戈壁、南戈壁、中戈壁等省，这一矛盾更为突出，许多矿产因缺水而无法开采。

为了更好地治理沙尘暴源头，我国与蒙古还需要在海水西调工程开发方面进行合作。蒙古南部平原基本上都是沙漠和戈壁，其中戈壁靠近中蒙边境，与阿拉善盟之间有长达733.48千米国界。内蒙古的二连浩特低洼地带，一直延续至蒙古东南部的东戈壁省。因此，在这方面不能只治理国内的沙漠而忽视国外的隐患。只有两手都抓，才能从根本上解决沙尘暴问题。[1]

六、辽东湾北顶部海水西调，创建跨区域生态经济带的推进对策创意

辽东湾北顶部海水西调，创建跨区域生态经济带的重大战略举措，既符合当今世界普遍倡导的循环经济先进理念，也是内陆参与海洋经济开发战略进程的有效途径，对于解决我国目前面临的能源和生态两大难题意义重大。因此，需要得到国家发改委、科技部、海洋局等有关职能部门的通力合作和大力支持，将海水西调的战略构想作为重大开发课题，争取纳入国家重点规划项目之列。

1. 加强科学论证，做好试点工程

目前，围绕辽东湾北顶部海水西调，创建跨区域生态经济带战略构想的质疑很多。这一巨大工程所涉及的能源问题、资金问题、气象问题、地质问题、水文问题、效益问题等等，都必须进一步加以论证，需要邀请有关海洋、水利、气象、地质、农业、能源、系统工程等方面的专家进行多视角、全方位的实地调查研究。对正反两方面意见和相关的各种资料进行深入分析，把握工程的利弊得失关系，综合考虑有利条件和不利因素，进行仿真性研究。特别是要加快进行海水西调工程前期的总体规划研究，对该项目的意义和价值必须形成统一认识，全面把握工程的艰巨性，对项目的经

1　晨风. 中蒙合作戈壁造"海"[J]. 海事大观. 2004（2）.

济效益和市场前景必须做好前瞻性预测，对项目在技术上的可行性必须进行跟踪研究。[1]此外，还要报请内蒙古自治区和辽宁省共同成立的工程专项协调机构，在项目施工过程中加强研究和论证，理论联系实际地解决问题，及时给予令人信服的实事求是的说法和解决方案。总的来说，必须充分考虑辽东湾北顶部海水西调，创建跨区域生态经济带工程可能出现的各种问题，做到提前部署、整体规划、跟踪服务、总结经验，以便发挥引海水淡化发展循环经济产业项目的示范效应。

2. 健全协调机制，均衡各方利益

辽东湾北顶部海水西调，创建跨区域生态经济带的工程设计和规划，具有先进性和可操作性。因为它把促进当地工农业发展与改善生态环境结合起来了，把煤化工发展与海水化工发展结合起来了，把内蒙古发展与新疆发展结合起来了，把西部大开发战略推进与海洋经济开发建设结合起来了，还主张坚持走污染物零排放和资源零消耗的循环经济发展新路子，所以应当鼓励大胆去闯。当然，如此复杂的领域结合、地区结合、环境结合、生产结合，必须大力推进市场、资金、技术等方面的多种合作：一是要协调有关企事业单位做好合作的组织工作，保证操作方案逐步落实；二是要发挥政府主导作用，落实责任，形成合力；三是要引入监督机制，保证工程质量，防止贪污腐败，确保各方利益均衡。此外，建议由国家海洋局主持，相关职能部门协调运作，涉海企业共同参与，依托每年一届的海洋强国论坛和太平洋论坛，组建中国陆海统筹推进委员会，促进沿海省市区承担国家战略使命；创建中国海域开发银行，统筹资金管理，解决融资难题，为全国海洋经济发展与繁荣提供金融支持；创建中国海洋商会，作为落实"主权在我，共同开发"的市场主体，维护我国海域经济安全，促进我国海洋经济繁荣发展；创建世界海洋城市总部，为举办常设的世界海洋博览会整合资源；整合涉海职能设立国家海洋事业部，作为全面经略海洋的领导机构。总之，必须围绕国家利益大局，充分发挥社会主义制度能够集中力量办大事的优越性，并且要把国家、地区、企业以及相关单位的各方利益协调好，以求加快锡林郭勒盟引海水淡化发展循环经济产业示范项目的实施进程，确保海水西调这一世纪工程走向成功。

---

1 杨娟、夏凌. 全国海陆统筹"引渤济锡"发展战略研讨会召开［EB/OL］. 中国水利水电工程网，2008-10-11.

3. 出台优惠政策，鼓励技术创新

21世纪是以高新技术产业化为市场经济开发主题的时代。由高新技术带来的"溢出效应"，肯定会给辽东湾北顶部海水西调，创建跨区域生态经济带工程带来强劲的内生动力。因此，在"十三五"时期，国家应加大国债资金对煤化工、海洋化工等领域高新技术产业化的投入力度，对于涉及技术引进、创新开发方面给予优惠政策待遇。在与海水西调工程相关的征地、拆迁安置问题上给予优惠政策支持，减免相关税费。在工程实施的过程中，国家和地方在财政税收方面必须实施优惠政策，积极引导民营企业参与工程投资和建设。国家要鼓励科技人员投身海水西调创建跨区域生态经济带工程的技术研究工作，引导走技术引进与技术创新相结合的路子，在政策上给予积极扶持，加快海水淡化设备制造进度。从实际需要出发，国家应加大对海水综合利用技术研发的投资力度，建立海水综合利用创新基金，吸纳国内外资本金进入海水综合利用领域，引导股市热钱转化为永久性投资。与此同时，还要注重利用国际金融危机阴霾未尽之时，到国际市场上大量引进高新技术人才，为海水西调工程提供高端人力资源保障。

4. 健全法律制度，完善评价标准

要从根本上解决海水西调所面临的诸多问题，充分发挥这项造福工程的作用，实现预期目标，必须加强我国跨流域调水方面的立法，依靠法律的权威来实现对这项超大工程的有效管理。长距离调海水，在我国历史上是没有过的，管理经验、评价标准和立法经验十分欠缺，这就要求我们在进行立法准备时，必须把视野放宽阔一些，放眼世界，借鉴世界所有国家在长距离调水方面取得的有益经验为我所用。同时，必须结合国情，结合自身实际情况实现引进消化吸收再创新相结合。还要着力理念和体制创新，着力探索和研究国内外调水工程尚未解决的问题。可以说，南水北调工程造就了我国水利工程的世界科技领先地位，并且在全国范围内形成了一种从上到下集中力量办大事的良好氛围；同时，南水北调办曾经公开向国内外征集调水法律法规和政策，其意义在于，它为我国其他领域的立法树立了良好的榜样，开辟了新的途径。海水西调工程应在此基础上，建议国家立法机关和法律起草部门广开立法言路，充分吸取跨流域调水相关立法经验和管理模式，加快制定先进完善的相关管理法律法规，形成评价体系，切实防止和克服闭门造车倾向，避免法律法规脱离实际、违背规律的"短命"现象。具体来说，建议国家海洋局组织制定海水利用（包括长距离调取）的法

律制度和有关的海水水质的专门技术标准，组织这类海水淡化技术的推荐和指导，组织开展大规模调水对海区的环境影响评价及相关问题研究等。[1]

5. 进行市场运作，拓展融资渠道

海水西调工程所需资金数额巨大，必须拓展融资渠道来筹集资金。第一，可以借鉴南水北调工程的做法，采取由国家开发银行出任牵头行的银团贷款方式。南水北调主体工程建设资金通过中央预算拨款（中央国债）、南水北调工程基金和银行贷款三个渠道筹集，其中银行贷款占工程建设资金的45%。第二，可以借鉴国外经验发行债券，尝试通过募集债券来减轻国家负担，推进辽东湾北顶部海水西调，创建跨区域生态经济带工程。其具体做法是，国家通过发行债券筹集工程需要资金。然后，国家水资源管理局再根据各地用水的需求量，与当地的地方水利局签署长期用水订单合同，用各地方水利局上缴的水费来偿还发行的债券，各地方水利局再把水卖给下一级用水单位，用市场化的运作方式解决资金瓶颈问题。如果有新的地区要求用水，也用同样的办法解决资金和水源分配问题。收上来的钱，除了偿还债券，余额还是要用于调水工程的建设、维修及服务。第三，通过市场化运作融资，保障海水西调工程建设。一般说来，手中若有好项目，融资就不难。启动海水西调工程，必须加强与企业合作，在前景明朗、利益丰厚的市场化运作和利益驱动下，相信会有战略企业家愿意加入融资行列。[2]

6. 优化产业结构，促进区域经济

为了改善生态环境和发展循环经济，要以辽东湾北顶部海水西调，创建跨区域生态经济带工程为依托，注重优化工程沿线产业布局，努力形成海水综合开发利用的产业带。为此，应当运用市场手段，调整沿线区域的产业结构，出台优惠产业政策加以整合，扶持相关产业链的培育与发展，形成相对完善的海水综合利用产业带。从渤海的辽东湾北顶部到内蒙古东南边界，可建成山区提水站工业走廊经济带，从而带动中国版图颈部区域经济发展；在海水西调沿线，除直接为调水服务的水电业外，还可以发展生态农业、畜牧业、旅游业和山区种植业。海水西调工程所形成的众多串珠状河

1　鹿守本. 海水西调的可行性及生态价值分析 [J]. 太平洋学报，2010（12）.
2　徐以升. 国开行牵头组建银团融资488亿元支援南水北调 [N]. 第一财经日报，2005-3-30.

湖水系统，可大力发展海水养殖业，有利于内蒙古和新疆牧民向渔民转进，从而找到一条大规模致富奔小康之路，使原来的不毛之地变成渔村，甚至渔民城镇，并可缓解草原压力。此外，由于海水西调工程是内蒙古锡林郭勒盟恢复草原生态和实施以发展电力和煤化工为主体的褐煤开发战略的主要内容，所以该工程应当与锡林郭勒盟地区待建的煤化工、海洋化工、生态工程形成新型的循环经济发展产业链和产业带。

7. 加强国际交流，凝聚多方合力

为了有效地治理沙尘暴，我国已与蒙古开始合作。目前，中蒙双方生态合作主要是在信息交流和草原保护方面，将来还可以进一步增大调水量形成中蒙大海子，这对双方都有好处。值得注意的是，蒙古政府已经正式批准在境内实施"北水南调"规划，决定上马这项富民强国、具有战略意义的水利工程，并得到了中国公司的参与和帮助。所谓"北水南调"规划，是将蒙古北部丰富的淡水资源，以蒙俄边境的苏赫巴托尔市为起点，通过管道引至蒙古的南大门扎门乌德，全长约1100千米，所需资金约150亿美元（含一座大型水电站项目），预计5年左右完成。该规划一旦得以推进，不仅可以为蒙古"绿墙防护林带计划"的顺利实现提供水源保证，也会对根治沙尘暴和草原沙漠化、改善所经之地的生态环境、促进当地经济发展发挥重要作用。因此，在联合国经社理事会、世界银行等机构的资助下，蒙古将在南部修建一道贯通东西长约3000千米的绿化带，加上其"北水南调"工程，能够使蒙古境内的沙尘暴发源地的沙漠化问题得到一定程度的治理。[1]这样看来，应当注重把辽东湾北顶部海水西调工程与蒙古"北水南调"工程对接起来，以利于根治沙尘暴的源头，重现蒙古大草原"风吹草低见牛羊"的生态景观。此外，还要扩大项目开发力度，争取联合国和国际社会的广泛关注和支持，吸收国内外各个方面的积极力量，加强合作，共谋发展，共同促进辽东湾北顶部海水西调，创建跨区域生态经济带国家战略工程早日达到理想境界。

1　薛丽娟. 蒙古规划北水南调，计划将贝加尔湖水引入北京 [EB/OL]. http：//www.sina.com.cn，2005-5-16.

第十三章

中国大连跟进时代潮流，创建世界海洋城市总部的战略整合构想

世界著名的海洋城市如纽约、伦敦、东京等，它们有着类似的发展规律和特征：以相对较小的国土面积，集中了大量的人口，创造出极高的经济价值，并成为该国的核心命脉区域和最重要的政治、经济、文化中心地带。又由于海洋议题是当前国际社会的重要议题，海洋城市自然会成为世界海洋经济、海洋社会发展的重要载体和重点研究对象。然而，在全世界范围内，各个海洋国家、海洋城市发展水平不同，发展环境不同，评测标准不同，需要一个统一的平台促进相互了解，推进合作事宜，所以"世界海洋城市总部"便应运而生。而大连作为中国重要的海洋城市、辽宁沿海经济带的区域引擎，要勇于担当，以得天独厚的地缘优势，以国内巨大的市场为吸引力，[1]以辽宁沿海经济圈为切入点，以总部经济模式吸纳全国乃至全球海洋城市政府代表、国际海洋机构、商业组织为会员，积极创办世界海洋城市总部。应当明确，构建世界海洋城市总部，能够以民间力量逐步整合全球海洋资源，能够为大连创建东北亚重要的国际航运中心、成长为现代化国际名城打造品牌，并以此落实国家"十三五"规划纲要和党的十八大关于陆海统筹开发的战略部署，所以有必要加以战略整合构想。

1　李靖宇，李锦鑫. 辽宁省域应当创建陆海统筹开发的国家战略先导区［J］. 决策咨询，2011（9）.

一、大连整合国内外沿海资源，创建世界海洋城市总部的战略价值认定

习近平主席在2014年3—4月访问欧洲期间，先后向荷兰、法国、德国、比利时等国领导人发出了加强海洋、极地等新兴领域合作的郑重倡议，并且得到了积极回应。由此可见，党和国家不仅把建设海洋强国的重大部署在国内付诸实际行动，更向国际社会作出庄严宣示，所以应当因势及时打造战略引擎，把创建世界海洋城市总部提到日程，并且根据这一目标取向，明确大连创建世界海洋城市总部的战略价值，即有利于海洋资源的计划性开发，有利于海洋的持续性发展，有利于海洋战略的示范性启动，有利于海洋权益的协调性维护，有利于海洋安全的全球性建设。只有认定大连创建与运作世界海洋城市总部的战略价值，才能准确把握大连作为世界海洋新平台的发展定位。

1. 大连创建世界海洋城市总部有利于海洋资源的计划性开发

辽阔的海洋蕴藏着丰富的生物、矿产、化学、能源等各种自然资源，堪称地球上一座巨大的蓝色资源宝库。据科学家估算，全球海洋中拥有近百万种动物，其中仅鱼类就有2万余种，生物资源总量达26万亿吨，储存着相当于陆地上全部农产品1000倍的食物原料；已经探测海底石油1350亿吨，天然气储量140亿立方米，发现海底煤田约296个，特别是海底固体矿产如铜、铁、镍、硫、磷、石灰石等20多种。此外，还有海滨砂矿、多金属结核、热液矿藏、可燃冰等多种丰富的海底矿产，所以有识之士把海洋称为"地球宝贵的能源财富"[1]。

然而，由于人类活动的负面影响，海洋正面临严重的物种灭绝危机。目前，全世界70%的海洋生物，其中包括77%的鱼类等生物资源遭到极限或过度开发，每年有近8600万吨的鱼被捕捞。这一势头如不加以限制，预计到2050年世界鱼类贸易将陷入停滞。与此同时，随着海底锰矿的过度开发，再加上铜、镍、钴等矿产品的价格上涨，导致对海底矿藏开发的进一步加剧。可以说，海洋既是商业投资的热土，也是人类社会赖以生存的生态底线。面对一窝蜂似的海洋资源掠夺性开发，急需一个能够统筹全局，维护海洋可持续发展的协调和控管平台。在这种形势下，大连跟进世界潮流创建

---

1 李润田. 全球海底怎么划分 [N]. 环球时报，2004-09-22（5）.

世界海洋城市总部，正是以此为己任，以可持续发展为第一宗旨，科学评估海洋资源对人类社会的战略价值，引导人们有计划地开发和利用海洋资源，协调减轻海洋的环境压力，并以此来努力逐步达到海洋与人类和谐共存的理想境界。

2. 大连创建世界海洋城市总部有利于海洋经济的持续性发展

世界上75%的大城市、70%的工业资本和人口集中在距海岸100千米的海岸带地区。[1]尤其在人类社会面临地球表面"资源日趋枯竭、环境日益恶化和人口不断增加"三大威胁的情况之下，各沿海国都把发展海洋经济作为21世纪的战略重点，尤其是随着海洋科学和海洋工程的发展，扩大开发利用海洋的规模已成必然趋势。

全世界陆域资源的过度开发，造成了很多地区资源不能永续利用的窘迫局面，对环境也形成了永久性伤害，原油泄漏、垃圾倾倒、工业废料排放等行为已经达到了相当严重的程度。当沿海大陆成为各国各地区发展工业的首选地时，干净的海洋似乎难以为继。为了避免重走牺牲环境发展经济的惯性老路，应当重新梳理与勇于摒弃海洋经济发展的传统模式。大连创建世界海洋城市总部正是基于这种思想，创意出了海洋事业的创新发展模式，即以总部为战略支点，搭建世界海洋城市经济文化交流合作平台，将全球3000多个海洋城市的海洋产业发展信息整合过滤，用于推动海洋产业管理法制化、信息化发展，优化海洋的开发布局，强调海洋开发规模、强度与生态环境承载力相适应，促进海洋高新技术的应用与发展，大力发展海洋循环经济，高度重视发展新兴海洋产业以及对未来海洋产业等方面进行深入研究，并适时为政府决策机构提供决策咨询服务。总的来说，大连创建与运作世界海洋城市总部，将全球海洋经济发展做全局考虑，按照市场经济原则进行统筹安排，为世界各地的海洋城市可持续发展提供路径，是一改过往海洋经济各自为政、盲目无度的开发局面的有力举措。

3. 大连创建世界海洋城市总部有利于海洋战略的示范性启动

鉴于海洋开发的经济价值和战略意义，进入21世纪以来，主要海洋国家开始了新一轮的海洋经济政策和战略调整。美国于2004年制定的海洋战略《21世纪海上力量合作战略》沿用至今。在未来的20年甚至可能更长的时间里，美国的国家战略重点是"回到海洋"。目前，欧盟在调整海洋政策方面又前进一步，并为欧盟"蓝色增长战

1　李明龙. 论广东建设海洋经济强省的必要性与必然性 [J]. 南方论刊，2011 (9).

略"提供了新的政策工具，通过促进可持续的海洋发展和投资安排，努力把蓝色经济推动欧洲经济增长和创造就业方面的潜力变为现实。2008年3月，日本内阁会议批准了以《海洋基本法》和《海洋基本计划草案》为基础的《海洋基本计划》。该计划是2013—2017年的日本五年基本海洋政策指导方针，以"确保海洋安全"和"海洋国际合作"为核心。

毋庸置疑，海洋是当今世界发展的主战场，世界各海洋国家都在紧锣密鼓地调整海洋战略。国务院总理李克强在2014年政府工作报告中明确指出："海洋是我们宝贵的蓝色国土。要坚持陆海统筹，全面实施海洋战略，发展海洋经济，保护海洋环境，坚决维护国家海洋权益，大力建设海洋强国。"这是自2013年中央政治局常委集体学习、研究海洋强国战略，建设海洋强国、发展海洋经济被纳入国家战略高度后，政府工作报告中再次提出建设海洋强国、发展海洋经济。其关键点在于首提"全面实施海洋战略"，要求全民树立海洋蓝色国土意识，并且要将发展海洋经济、保护海洋环境与海洋维权紧密结合起来。为此，中国必须重新评估战略环境，制定海洋强国战略的实施细则，然后根据该战略分配国防资源以支持国家战略重心的转变。需要指出的是，大连创建世界海洋城市总部，除了承接世界各海洋城市的经济合作项目之外，更重要的是通过世界海洋城市总部这一媒介，系统分析并提供目前各国的海洋战略、海洋外交的评估报告，区分我国海洋战略所承担的主要任务的优先等级，提醒潜在的外交威胁，依据我国海洋战略指导关键任务，并且为国家海洋战略规划的制定提供决策咨询服务，以利于我国海洋战略的示范性全面启动和适时调整。

4. 大连创建世界海洋城市总部有利于海洋权益的协调性维护

当前世界，有关海洋权益的斗争愈演愈烈，其斗争主要特征为：在海岛归属和海域分割问题上各持己见，局面僵持不下；在海洋主权不明确的情况下，某些国家加快了对海洋资源的掠夺性开采；更为严重的是，部分海域争端已出现诉诸武力解决的迹象。海洋权益关系国家安全，海洋问题已经成为当今世界范围内最重要的国际问题和民族问题之一。在这种情况下，哪个国家谋高一筹，就能取得战略上的主动；哪个国家麻木不仁，就会陷于被动。鉴于这一认识，国际海洋权益的斗争问题，已经到了不能不引起我们高度重视的时候了。

目前，中国已发展成为高度依赖海洋的外向型经济，对海洋资源、海上通道的依赖程度大幅提高。然而，纵观中国海域现状，除渤海属于中国的内海，不存在他国染指海域主权的情况外，黄海、东海、南海这三大海域，分别与8个邻海国家存在海域主权主张的重叠区。[1]受此影响，我国海洋资源遭到掠夺，海域被瓜分，岛礁被侵占，战略通道安全受到威胁，周边海域冲突多点爆发。[2]加上美国等西方强国对中国快速发展抱有强烈的戒备和抵触情绪，对中国周边国家不断进行渗透，企图通过太平洋和印度洋形成对华的实质性围堵。由此可见，中国目前周边海洋权益面临着严峻形势，维护中国海洋权益已经刻不容缓。正所谓国家兴亡，匹夫有责，面对国家海洋权益受到的严重威胁，大连应充分认识到维护海洋权益是发展之要、民生之需，积极领受国家使命创建世界海洋城市总部。这一创举，不仅是为建设海洋强国作出了务实性努力，同时也是支撑国家战略向维护和拓展中国海洋权益优先布局的应有之义。

5. 大连创建世界海洋城市总部有利于海洋安全的全球性建设

"海洋强国"这一理念的提出，部分外媒认为这是中国进军海洋的宣言，意在"谋求海上霸权"，有可能给世界和平发展带来威胁。事实上，与世界其他大国对海洋的掠夺与侵袭不同，中国在走向海洋的过程中始终秉持着敬畏之情。早在600年前，郑和船队浩浩荡荡所到之处，带给世界人民的是财富、友谊与和平。时至今日，中国海军护航编队为各国商船护航，中国"和平方舟"号医院船巡诊救护，都是在维护和平的旗帜下进行的。[3]即便是近期，在应对岛屿争端过程中，面对挑衅和滋事，中国政府和军队始终坚持有理有利有节，表现出了对和平的诚恳坚守。

全球范围内部分地区出现的海上霸权主义、海上恐怖主义行为，尤其是美国战略重心强行转向亚太地区，已经搅得太平洋海域险象环生。在这种态势下，一方面，中国必须认清穷兵黩武、倚强凌弱、好勇斗狠的帝国主义本质，坚决反对那种以一己之私妄图搞乱亚太地区乃至整个世界的霸权主义行径；另一方面，中国建设海洋强国，最根本的目标取向是树立起和谐海洋的理念和旗帜，完全不是西方"逢强必霸"思维定式下的"威胁论""争霸论"。大连创建世界海洋城市总部，正是考虑到我国作为世界海洋大国和联合国常任理事国，有责任协调开创全球海洋安全新局面而推出的有力举措。通过构建世界海洋城市总部，可以设立海洋争端协调机构，健全争端解决机

1 李靖宇，陈欢. 关于中国海洋开发的国家权益安全战略构想 [J]. 中国软科学，2013 (4).
2 刘赐贵. 我国周边海洋形势和权益维护 [EB/OL]. 国家海洋局网站，http://www.soa.gov.cn/xw/hyyw_90/201410/t20141016_33826.html，2014，4.
3 十八大提海洋强国战略 加强重视海权 [N]. 文汇报，2012-11-14.

制；形成世界沿海各国对接窗口，搭建各国海洋事务协商平台；互通海上自然灾害与人为污染情报，形成海洋生态环境实时信息监控机制；搭建世界海洋文化传播媒介，稳步推进海洋社会健康发展，等等。创建世界海洋城市总部以支撑海洋强国建设，是协调沿海国家共同建设和平之海、友谊之海与和谐之海的务实努力，有助于塑造海洋安全新格局，有助于提升我国在世界海洋事务中的话语权。正如习近平总书记所希望的那样，是在"接过历史的接力棒，继续为实现中华民族伟大复兴而努力奋斗，使中华民族更加坚强有力地自立于世界民族之林，为人类作出新的更大的贡献"[1]。

二、大连整合国内外沿海资源，创建世界海洋城市总部的综合优势支撑

大连作为海洋经济与文化较为发达的城市，在历史上就已经享誉全球。在黄、渤二海的怀抱中，孕育了这座美丽的海滨城市，宜人的气候与旖旎的风光无不令人心驰神往。而今在国家政策的指引下，大连作为国家第一批开放的沿海城市，更是焕发了海洋之子的青春与活力。可以看到，除了在地缘条件上的先天优势之外，大连创建世界海洋城市总部已经具备了沿海资源优势、基础设施优势、经济发展优势、科技人才优势以及政策投放优势。这些综合优势，表明大连有条件创建世界海洋城市总部，能够借此机会促进大连成长为具有和平象征与合作价值的现代化国际名城。

1. 大连创建世界海洋城市总部的地缘关系优势

大连地处欧亚大陆东部的枢纽区域，东濒黄海，西临渤海，南与山东半岛隔海相望，北依辽阔的东北平原，与俄罗斯、朝鲜、韩国和日本之间海路与陆路运输十分便捷[2]，与北美、欧洲都有着频繁的海路交通贸易联系。目前，大连已与世界160个国家和地区的300多个港口建立了贸易往来，开辟了集装箱国际航线75条，基本覆盖了全球各主要港口，承担东北地区70%以上的海运货物和90%以上的集装箱运输，从而确立了大连作为中国东北区域经济核心的重要地位。

可以认定，大连独特的地理位置，构成了创建世界海洋城市总部的天然区位优

1　中共中央文献研究室. 习近平关于实现中华民族伟大复兴的中国梦论述摘编 [M]. 北京：中央文献出版社，2013.

2　王晓双. 大连旅游业发展的利弊探析 [J]. 大连旅游业发展的利弊探析，2010 (6).

势。首先，大连是辽宁沿海经济带中岸线最长、面积最大、重点项目最多的城市，同时还是哈大高速公路经济带南端的起点城市。通过重点开发，优化布局，提高大连城市经济的国际竞争力和区域地位，必将大力提升东北地区对外开放水平，从而加快东北老工业基地振兴和东北优化开发主体功能区建设的步伐。其次，大连是环渤海经济圈辽东半岛部分的掎角城市，与天津、青岛之间形成了"三足鼎立"的互动局面，其更好地发挥区域引擎作用会促进我国经济第三大增长极的进一步形成，提升环渤海地区参与东北亚地区及全球经济发展协作的实力地位，进而促进南北协调、带动三北地区及周边的发展。由此可见，充分发挥大连独特的区位发展优势，将会给东北老工业基地振兴带来新的机会，也能促进环渤海经济圈开发水平的进一步提升，从而增加和彰显中国参与东北亚地区乃至世界经贸往来中的竞争优势。

2. 大连创建世界海洋城市总部的沿海资源优势

大连的基岩海岸分布较多，港湾交错，港阔水深，深水逼岸，掩护条件好，彼此毗连的优良港址资源集成各种功能和吞吐能力，成为大型港口群。[1]这一海域特点，对港口建设和海洋运输极为有利，所以为大连承担国家使命，建设东北亚重要国际航运中心，奠定了坚实基础。

大连港口群作为东北亚重要国际航运中心的重要依托，已经形成了以大连港集团为主体，以北良港、大连港埠公司、大石化等公共与货主码头为补充的码头作业群，具备了建设区域性国际大港的基础与潜能。特别是随着众多世界级码头在大连的建成，东北保税物流网络加快建设、大窑湾保税港区的封关运作，使得大连海铁联运规模已跃居全国首位，东北亚重要的国际航运中心已初具规模。而在持续推进大连作为东北亚重要国际航运中心的进程中，大连充分发挥沿海港口资源优势，联动了辽宁港口群的整体优势，正在打造布局科学、结构合理、层次分明、功能完备的现代化港口群，不断增强对东北腹地经济的辐射力和带动力，并且开始形成了沿海与腹地互为支撑、良性互动、共同发展的共赢氛围。据统计，在2015年全球港口货物吞吐量的排行榜中，大连港以3.36亿吨的年货物吞吐量位居全球第11位。由此可知，中国港口贸易规模稳步上升，而大连港作为我国连通世界的北方明珠，已经逐渐成长为承担国际航运贸易业务的中坚力量。

1　刘文展. 科学利用海洋资源　发展壮大海洋经济（上）[J]. 辽宁经济，2011（11）.

3. 大连创建世界海洋城市总部的基础设施优势

大连之所以能够成长为有实力承担国际航运贸易业务的中坚力量，主要是在于城市基础设施建设已经形成了优势。改革开放以来，尤其是近20年来，大连城市的经济、社会始终保持了旺盛的发展势头，综合实力显著提高，特别是城市基础设施建设和城市环境绿化保持了全国的领先地位，城市功能日益完善，已初步搭起了现代化国际城市的主体框架。

总体来看，大连创建世界海洋城市总部的基础设施优势已经具备：第一，大连全域城市化布局逐步展开，东北亚重要国际航运中心基本功能进一步完善，形成以"两港"为核心、"两路"为支撑的通达域内域外的立体交通网络和航运中心框架；第二，大连空港航线网络已覆盖全国、辐射日韩朝俄蒙、连通欧亚美非澳，客货吞吐量和航班起降架次三大运输生产指标均处于东北各机场前列；第三，以哈大客运专线、丹大快速铁路为主的客运通道，以哈大铁路为主的货运通道，客货分离的新型铁路布局已现雏形，高铁、动车增光添彩；第四，城市供水、供电、供气、供热能力大幅提升，地铁、快轨等域内重点交通设施建设取得重大进展[1]；第五，区域性金融中心建设全面启动，已有60个外资金融机构入驻，2015年大连商品交易所跻身全球衍生品交易所第八位；第六，大连市会展、商贸等综合服务功能明显增强，进出口商品交易会、软件交易会、大连海事会、大连服博会、大连夏季达沃斯年会等，正在铸就大连国际会议目的地城市的亮丽品牌。

4. 大连创建世界海洋城市总部的经济发展优势

2016年，在外部环境复杂严峻和经济下行压力增大的不利条件下，前三季度，大连市实现生产总值（GDP）5881.2亿元，按可比价格计算同比增长5.8%，增速比上半年加快0.8个百分点，比上年同期加快2个百分点，已连续6个季度回升，并与2014年全年持平。其中，规模以上服务业运行态势较好，营业收入连续10个月保持平稳增长，龙头企业拉动作用凸显；前8个月，全市运输业呈现稳中有进的发展态势，内部结构调整出现积极变化，但是进出口和投资需求不足、航运指数低迷等压力仍将存在。

---

1 大连市国民经济和社会发展第十二个五年规划纲要. 大连市第十四届人民代表大会第四次会议批准. 2011-1-15.

全市应开动"互联网+物流"思维助力运输业，继续保障运输经济健康运行；利用外资持续向好，同比增幅自4月份以来不断扩大。1—10月，全市新批外资企业162家，实际吸引外商直接投资25.6亿美元，比上年同期（下同）增长8.7%。

建设区域性金融中心，是辽宁沿海经济带开发开放这一国家战略赋予大连的光荣使命。大连抢抓东北老工业基地全面振兴和辽宁沿海经济带开发开放的双重机遇，大力优化金融生态环境，积极引进国内外知名金融机构落户，区域性金融中心集聚力、辐射力不断提升。截至2015年，大连金融服务区已经聚集257家银行、保险、证券、融资以及相关中介服务机构，成为东北地区金融机构密度最大、开放程度最高的金融聚集区；大连东港商务区，包括欧力士中国总部、德意志银行亚洲总部、鞍钢金融中心等7家金融机构正通过自建总部大厦或购置办公楼的方式，加快入驻步伐。高新区金融服务外包基地、科技创新城金融服务基地和保税区离岸金融中心，以这些金融功能区为支撑，大连市的区域性金融中心建设正加快推进。

5. 大连创建世界海洋城市总部的科技创新优势

改革开放以来，大连在科技创新之路上硕果累累：作为全国科技体制改革首批试点城市，连续6年荣获全国科技进步先进市，并且先后被科技部等国家职能部门授予软件产业国际化示范城市、全国科技企业孵化器体系建设试点城市、国家知识产权示范城市创建市、国家知识产权保险试点城市、国家节能与新能源汽车示范与推广试点城市等称号。尤其是生态科技创新城的启动，标志着大连已经进入低碳高端产业的全新发展阶段，必将引领全国创新城市建设的新潮流。

科技是国家强盛之基，创新是民族进步之魂。[1]科技创新，正是支撑和引领大连经济社会科学发展的不竭动力。尤其是大连近年来在海洋科技创新领域持续发力，注重提高海洋经济发展的科技支撑能力，不断完善海洋科技创新平台，加快国家级科技兴海产业示范基地建设，大力实施科技人才、知识产权和国际化战略，加速产学研协同创新，推动海洋产业向价值链中高端跃进，增强发展的可持续性等方面，均有建树。通过这些务实努力，大连海洋科技发展水平显著提高：2013年，大连市共有17项海洋科学技术成果获得国家、省部级科技奖励，奖项涉及海洋渔业、船舶制造业、海洋装备制造业、海洋油气业以及海洋战略性新兴产业等各个海洋经济领域。由大连海事大

1 中共中央宣传部. 习近平总书记系列重要讲话读本 [M]. 北京：学习出版社，人民出版社，2014.

学主持完成的"岸船空基海上油膜探测传感识别技术及应用"项目，获得了2013年度国家技术发明奖二等奖，还有"基于大气压强电离放电的规模快速致死海洋入侵生物技术及应用"和"一体化船舶智能应用终端开发与支撑体系集成创新"，分别获得辽宁省技术发明一等奖和辽宁省科技进步一等奖。

6. 大连创建世界海洋城市总部的政策投放优势

鉴于大连在区域经济发展中的重要地位，国家不断给予优惠政策支持。从2003年《中共中央国务院关于实施东北地区等老工业基地振兴战略的若干意见》提出要把大连建成东北亚重要国际航运中心，到2009年国务院通过《辽宁沿海经济带发展规划》，不仅强调大连建设东北亚重要国际航运中心，还要求大连建设东北亚国际物流中心、区域性金融中心和现代产业聚集区，再到2013年9月3日国务院总理李克强在大连视察期间，结合当前我国经济社会发展情况，就强化改革创新驱动战略，进一步加强经济体制改革，保障改善民生等方面发表了重要讲话，明确表示东北老工业基地将与中西部沿长江区域和西南中南腹地一同成为本届政府的区域发展重点，并且对大连进一步赋予了国家使命。可以看到，党和国家为推动大连城市经济发展，持续引入新机制，不断注入新动力，督促采取新措施，从而使大连获得了充分的政策投放优势，保障其在东北老工业基地全面振兴、辽宁沿海经济带开发开放以及东北亚自由贸易合作中，能够不断地发挥龙头带动作用。

2019年是新中国成立70周年，是决胜全面建成小康社会第一个百年奋斗目标的关键之年。因此，大连市注重全面贯彻中央总体工作部署和习近平总书记一系列重要讲话精神，把改革创新贯穿于经济社会发展各个领域和各个环节，通过深化改革不断为经济发展增添新活力。应当指出，实施自由贸易区战略是党中央、国务院顺应全球经贸发展大趋势的有力举措，是全面深化改革的突破口，国家在加快建设上海自由贸易试验区的同时，也把试点城市扩大建设列入重要日程，这为大连加快申办和建设自由贸易区提供了难得机遇。大连建设国家级自由贸易区，将在开放型经济、航运物流、技术引进、文化教育等领域，先行加大合作措施，形成新一轮招商引资热潮和外资企业结构优化局面，从而进一步改善产业结构，破解城市经济、区域经济发展改革中的一些瓶颈性问题。可以说，大连建设国家级自由贸易区，既是国家区域战略布局的重大选择，也是进一步发挥大连作用，实现我国南北均衡协调发展，服务和带动东北老工业基地全面振兴的现实需要，所以能够进一步扩大政策投放优势。

三、大连整合国内外沿海资源，创建世界海洋城市总部的关键环节把握

大连承担国家使命，加快世界海洋城市总部进度，无论战略价值还是现实意义都很重大，所以应当锐意进取，注重整合国内外沿海资源，把握世界海洋城市总部创建的关键环节，使世界海洋城市总部项目能够尽快发挥战略支点作用。

1. 联合国经社理事会支持，增强世界海洋城市资源的整合力

浩瀚的海洋需要人类的理性经营。在《联合国海洋法公约》框架下，已经形成规模并产生一定影响的海洋机构有大陆架界限委员会、国际海底管理局、国际海洋法法庭、联合国海洋事务和海洋法司等。各个组织机构以海洋为核心议题，本着和平、发展、合作、共赢的理念，与组织成员一起，致力于协调处理沿海国利益和国际社会的整体利益，积极引导海洋事务，努力维护公平、公正的国际海洋秩序。[1]

海洋事务复杂、敏感，中国政府需要不断加强与全球海洋国家的沟通与交流，支持海洋领域的国际合作，为海洋稳定发展作出应有的贡献。然而，我国现存的海洋机构和组织协会尚未在国际上形成稳定影响，这不利于中国海洋事业的有效拓展。世界海洋城市总部创立的目标，就是要整合国内国际海洋机构的职能分配和发展规划，在海洋渔业、海洋生物技术、海洋运输、海洋能源、海洋环保、海洋通信电子等海洋事务和海洋热门产业上提高中国的参与度。为了实现这一目标，应当把创建世界海洋城市总部的提案上报联合国经社理事会。因为联合国通过授予经社理事会"咨商地位"的方式，承认国际社会重要的非政府组织，同各类非政府组织建立工作关系，可以发挥这些组织在国际事务中的积极作用。大连创建世界海洋城市总部，通过上报材料充分论证项目的可行性，获得联合国经社理事会的认可，以扩大海洋城市总部在世界范围的影响力，并且实现其首要信条，即促进海洋国家和有关国际机构加强协调与合作，有效维护《公约》的完整性与执行力，使各国共同应对海洋利用和海洋保护中遇到的各种挑战，建立和谐海洋秩序，共谋海洋持续发展大计。为此，联合国经社理事会能够通过驻中国机构和海洋项目代表玉成此事。

---

1 新华网. 中国与国际机构共商世界海洋和平利用与合理开发 [EB/OL]. http：//news.xinhuanet.com/fortune/2012-11/24/c_113787755.htm，2012-11-24.

2. 国家发展和改革委员会立项，促进世界海洋城市总部可以顶天

着眼于落实党的十八大关于"提高海洋资源开发能力，发展海洋经济，保护海洋生态环境，坚决维护国家海洋权益，建设海洋强国"以及"坚持对外开放的基本国策，不断推进理论创新、科技创新、文化创新以及其他各方面创新"的重大战略部署，大连积极筹谋振兴中华、经略海洋的可操作方略，提出创建世界海洋城市总部的宏伟设想，目的就是要以海洋开发与合作来提振区域经济、助推海洋强国宏伟目标得以实现，体现了对我国海洋事业的充分关切和关心国家大事的社会责任感。

在辽宁省、大连市政府有关部门和相关研究机构的共同努力下，世界海洋城市总部项目得以不断向前推进。其中，创意中的世界海洋城市总部网络信息部主要是保障"世界海洋城市总部招商论坛网"的基本运作及功能扩展；世界海洋城市总部资源情报部的目标是打造最大规模的覆盖全球的城市之间招商引资情报平台，并且借助世界海洋城市总部招商论坛网的兼容能力，从全球5000余个城市汇集的上百万条信息中，核实具有实际意义、可操作项目，接洽国内上千个城镇、开发区的对口招商引资；工程技术部主要负责对海洋城市总部项目进行具体的进度控制、质量控制、安全控制以及成本控制，为项目顺利推进做好基础性服务工作。另外，计划与人民论坛网、辽宁沿海经济投资发展有限公司、江苏三棱科技发展有限公司等实力雄厚的企业达成投资合作意向，与澳大利亚等国家和中国香港地区建立合作关系。目前，关于世界海洋城市总部的论证工作正在紧锣密鼓地开展，以使得项目开发阵容更加充实，论证更为有力，发展前景更为广阔。必须明确，世界海洋城市总部的设想符合陆海统筹国家战略的目标取向，关系到国家切身利益，且涉及领域众多，所以应当上报国家发展和改革委员会，得到国家的充分认可和支持，并且借助于发改委的组织、协调、动员能力推进项目发展，以利于形成从国家到地方步调一致的支撑力量。

3. 依托中国海域开发大势，推动世界海洋城市总部能够落地

值得一提的是，中共中央在《关于全面深化改革若干重大问题的决定》中要求"推进丝绸之路经济带、海上丝绸之路建设，形成全方位开放格局"。这体现了党和国家已经把"建设海洋强国"的重大部署付诸实际行动，正在逐步铺展关于大规模开发海洋、科学合理利用海洋资源，依靠海洋实现全方位对外开放的战略布局。

为了落实党中央和习近平总书记的重要指示精神，急需各地方政府、研究机构以

及各方有识之士提出更具系统性和针对性的量化发展目标，使国家战略落到实处。为此，大连还应时因势做出关于创建世界海洋城市总部的战略整合构想，这不仅是有利于中国海域大开发的战略态势，也能够响应国家面向海洋的战略转进，立足于发展绿色的可持续的产业经济，体现以旅游、观光、会议、金融、贸易、文化、IT产业等为主体无工业化道路，已成为大连未来的发展导向而提出的新课题，即"推动社会持续发展的新动力"——世界海洋城市总部项目的启动。大连创建世界海洋城市总部，使其作为全世界海洋城市讨论、研究、探索、解决海洋及人类未来发展问题及各种相关事务的国际平台，同时也是加盟城市派往驻在国城市的常驻机构和城市代表处，代表派出城市政府或商会组织的利益与驻在城市进行交往交流合作等事务。该项目是一个国际性大文化、大商务、大合作的宏伟工程，既能承接国家海洋战略，又可结合壮大海洋经济合作队伍的实际情况，把大连逐步打造成为中国海域开发大潮中推展国家海洋利益的中坚力量。

4. 充分发挥母城开放功能，完善世界海洋城市总部基础设施

开放是大连的城市气质，更是大连的发展优势。国家"十二五"开局以来，面对国内外复杂的经济形势，大连紧抓东北老工业基地全面振兴和辽宁沿海经济带开发开放两大机遇，大力实施开放引领战略，对外开放事业成就辉煌：实际利用外资从2007年的31.6亿美元发展到2013年的136亿美元。英特尔、STX、固特异等全球知名企业纷至沓来，极大促进了大连产业结构调整和发展方式转变；通过建立进出口运行监测、百强出口企业重点服务、进出口协调联动等机制，争取国家专项资金，优化进出口商品结构，形成了以船舶、成品油、纺织品、机电产品、高新技术产品为主的出口格局，出口产品的科技含量大幅提高；积极推进"走出去"战略，引导企业开展境外投融资和并购，大连港集团、大连重工起重集团等企业竞相迈出国门，"大连制造"在国内外的知名度和影响力显著提升。总体来说，大连通过实施开放引领战略，用全球视野和战略思维谋划发展，使得城市的国际化元素更加丰富，为建设现代化国际城市提供了强大动力。大连的高度国际化形象和日臻完善的母城开放功能，是创建世界海洋城市总部的重要依托。

大连在全力推动对外开放的进程中，位于旅顺南路这片黄金热土中的小平岛，经过近10年的潜心运作已初成规模，规划发展并被定义为"国家级国际化科技旅游综合体"，其区域价值不言而喻。由于多年来的不懈耕耘，这里从一个海上生活城区，逐步

成长为"高端服务业总部基地""高新区行政中心延伸带"，升级为集科技、商务、旅游、行政、居住于一身的综合新城。应当认定，大连创建世界海洋城市总部的发展理念完全符合小平岛的规划方向，项目均具有产品类型多样、科技创新度大、绿色环保等特点。2016年，大连小平岛湾区配套的亚洲屈指可数的能停泊1000余艘游艇的港口已经基本建成，百万平万米的办公楼、会议中心等基础配套设施也已建设就绪，可以与世界海洋城市总部项目实现功能对接，并且辅助其发挥在大连市域的窗口和平台作用。

四、大连整合国内外沿海资源，创建世界海洋城市总部的现存问题分析

在经济全球化与互联网时代，海洋已成为构建和谐世界的重要依托和保障。然而，由于海域争端、霸权主义势力、恐怖主义行为、海盗活动等多种行为作祟，致使全球海域安全形势相当严峻。在这种形势下，大连创建世界海洋城市总部的海域宏观环境堪忧，维护中国海域开发安全迫在眉睫。

1. 沿海国家海洋权益争端迭起，不易形成世界海洋城市总部创建合力

国际边界研究所的调查报告显示，全球425处海上边界，有265处没有得到有关方面的正式认同。这是由于《联合国海洋法公约》根据具体情况所持的标准不同，所以存在海域划界纠纷的国家之间都倾向于按照于已有利的标准来划定，这就导致相关海域的渔业资源、石油天然气资源和其他矿产资源开采权，以及具有战略价值的海上通道区域，至今没有明确的主权归属，使得岛屿和海域主权争端频发，大有愈演愈烈的失控势头。

在海洋权益维护方面，我国已经被多次推向了国际舆论的风口浪尖：在黄海，我国与韩国之间划界纷争的潜在矛盾很大；在东海，我国与日韩之间存在包括钓鱼岛、苏岩礁主权归属问题在内的海域划界争端；在南海，大片海域已被某些东南亚国家分别划入各自的专属经济区，多数岛礁被邻海国家所霸占，并且在西方大国的撑腰下合伙进行掠夺性开发。[1]必须承认，中国自古以来由于重陆轻海的地缘战略思想影响根深蒂固，捍卫与强化海洋安全的努力起步较晚，所以导致周边邻海国家肆无忌惮地侵占

---

1 李靖宇，陈欢. 关于中国海洋开发的国家权益安全战略构想 [J]. 中国软科学，2013（4）.

我国的海洋国土，严重地损害了国家核心利益。上溯到19世纪中期，西方帝国主义便利用海上武力侵犯我领土主权，几陷我于亡国灭种之危机。为避免重蹈覆辙，必须全面透视中国面临的海域争端的矛盾实质，深度剖析利害关系，为建设海洋强国扫清外部障碍，以形成世界海洋城市总部的创建合力。

2. 美国战略重心转移至亚太地区，谋求一己之私搅得全球海洋不得安宁

以钓鱼岛问题为代表的亚太地区海域争端的出现和发酵，是美国当年埋下的祸根。不仅如此，目前世界各地出现的政治动乱和局部战争，都和美国霸权主义肆意行为有关。美国想控制中东资源就以"反恐""消灭大规模杀伤性武器"为借口发动战争，同时又挑唆有关中东国家之间剑拔弩张，以便由它进行控制和驾驭[1]，这难道是一个负责任的世界超级大国应有的行为吗？而在美国一手制造了中东地区乱局之后，又把国家战略重心转向亚太地区，特别是在东亚地区拉帮结伙，妄图围堵中国的和平发展。为此，美国首先是在南中国海域制造了紧张局势，又进一步诱发了钓鱼岛冲突。与此同时，美国还时而扮演调停人的角色，时而向某些与中国存在摩擦的国家给予公然打气撑腰。更值得关注的是，美国一直间接地控制着对中国海上通道安全来说至关重要的马六甲海峡，钳制着中国的海上命脉，还企图拉拢印度制约中国。美国如此煞费苦心地进行战略布局，其"制衡中国"而称霸世界的政治图谋，早已是"司马昭之心，路人皆知"。

海洋问题不仅关乎国计民生，而且关乎民族复兴。[2]千百年来海权的逐渐衰败，已经将中华民族推向亡国灭种的危机边缘。而今日之中国，早已甩掉了列强戴到中华儿女头上的"东亚病夫"帽子，再也不能容忍外部势力气势汹汹地在家门口寻衅闹事，绝不会对当代霸权主义因袭列强衣钵的横行霸道而熟视无睹。因为中国人民已经站起来了，获得了应有的大国地位，不仅是联合国安理会常任理事国和世界各大组织的重要成员，对世界事务具有决定性的话语权，而且具有强大的综合国力和军事保障能力，有条件也有能力对霸权主义势力给予迎头痛击。中国人不惹事，也不怕事，确信世界历史给予的昭示："弱肉强食不是人类共存之道，穷兵黩武无法带来美好世界。"[3]

---

1 闫娜. 简析美国挑起动乱和局部战争的动因 [J]. 锦州师范学院学报（哲学社会科学版），2000（1）.

2 李靖宇. 以海洋强国姿态拥抱世界 [N]. 辽宁日报，2012-11-20.

3 习近平. 弘扬传统友好，共谱合作新篇——在巴西国会的讲演 [N]. 人民日报，2014-7-18（3）.

试看今日之世界，和平与发展的时代潮流浩浩荡荡，顺之者昌，逆之者亡。美国霸权主义行径及其少数猖獗的追随者日本等国逆时代潮流而动，如果不尽快改弦更张，就会被钉在历史的耻辱柱上。通过创建世界海洋城市总部，举办世界海洋城市总部高峰论坛，可以在这方面陈明利害关系。

3. 日本右翼势力借机兴风作浪，妄图重温"大东亚共荣圈"黄粱美梦

钓鱼岛的战略价值极其重大，它不仅在于岛屿本身7平方千米的中国主权标志，更在于其潜在的经济与军事价值。因此，中国必须保卫钓鱼岛的国家主权，绝不能容许日本的染指和霸占合法化，这是国家核心利益的基本要求和坚定立场。目前，钓鱼岛问题已经成为中日两国东海海域争端的风向标。尤其是在日本政府将钓鱼岛所谓"国有化"以来，中日两国围绕钓鱼岛的紧张对峙不断升级，业已成为亚太地区一个高危爆点。

美国放纵日本上演钓鱼岛所谓"国有化"闹剧，隐藏着一个重大的政治军事阴谋：美国在20世纪70年代初期把钓鱼岛管辖权私下相授日本，就是要笼络日本成为其在东亚地区的帮凶和打手，特别是诱使其作为美国实施重返亚洲战略的马前卒和急先锋；而日本上演钓鱼岛闹剧，则是要以维护领海主权为招牌大肆扩张军备，把自卫队推升为国防军，为军国主义扬幡招魂，图谋重温"大东亚共荣圈"的黄粱美梦。由此看来，美日之间实属狼狈为奸，必须予以揭穿。与此同时，日本积极介入南中国海域争端问题，意欲在南中国海域浑水摸鱼，为其抢占钓鱼岛争取战略空间。必须明确，钓鱼岛之争，决定着中日东海海域划界争端的解决方向，也关系着中国未来发展的战略空间，所以中国的立场决不能后退半步。还应看到，中日两国合作的历史源远流长，相互借鉴与合作的综合优势远远大于障碍。在未来几十年里，各方仍然要保持冷静克制，不要受一些别有用心的极端民族主义势力蛊惑，因为只有这样才能抵制外来势力的干预和搅局。在目前官方渠道尚未顺遂的情况下，可以通过世界海洋城市总部高峰论坛向日本发出声音，向右翼政客猛击一掌，促发其悬崖勒马。

4. 有史以来农牧文化惯性作用，国内尚未形成全面经略海洋广泛共识

从夏代至春秋时期，我们祖先就开始了海上捕捞、海上交通、海产品交换等活动，现代意义上的海洋利用初现端倪。秦汉时期，秦朝成为中国历史上第一个统一的中央集权的封建国家，对下辖的海疆、分散的海上力量进行了统一集中管理，开创了

前所未有的一统江山和海疆局面。唐宋时期，中国的海洋事业处于腾飞阶段，活跃的沿海经济活动、繁荣的航海事业，为中国海洋事业的全方位发展提供了物质基础和前提。元末明初，是我国古代海洋事业发展的鼎盛时期，这一时期经略海洋的代表事件是郑和七下西洋的壮举。到了明中叶至清初，由于封建帝国"重农抑商"，实行了一系列"禁海"的消极保守政策，不仅使中国错失了走向海洋、引领世界的战略良机，而且从鸦片战争开始遭受了主要是来自海上的百年屈辱，并且导致以后四五百年间中国社会与世界发展严重脱节。

面对中华民族的深重苦难，中国革命先行者孙中山先生积极践行"兴海权，振中华"的民族主义理想；中华人民共和国的开国领袖毛泽东承前启后，果敢地采取了"收回旅顺军港，决定领海宽度，捍卫国家海洋权益"等一系列重视海洋的实践作为，适时地推进了"兴建水利，缔造海军，经略海洋"的重大决策，彰显了一代伟人的雄才伟略。党的十八大继往开来，积极跟进当今世界的时代潮流，敢于迎击美国战略重心正在转向亚太地区所带来的严峻挑战，高举中国特色社会主义的伟大旗帜，从全面建成小康社会出发，坚决地作出了"提高海洋资源开发能力，发展海洋经济，保护海洋生态环境，坚决维护国家海洋权益，建设海洋强国"的重大战略部署，为中华儿女把握21世纪战略机遇期全面经略海洋指明了前进方向。然而，相对于国家战略的明确指向，国民的海洋意识却异常薄弱，不少国民对我国海岛与海域面积、地理位置、重要性等方面了解不足，甚至有很多人只知道中国版图960万平方千米的陆域国土面积，不知道还有300多万平方千米的管辖海域。可见，我国国民海洋意识与国家版图意识严重缺失，对国家海洋权益缺乏敏感，不利于在创建与运作世界海洋城市总部方面达成共识。

5. 沿海省市区各为主体大开发，呼唤共建大"S"形海域经济带行动

2012年，覆盖我国全部11个沿海省（区、市）的地方海洋功能区划已悉数出台。自从国家"十二五"规划提出"推进海洋经济发展"战略以及《全国海洋功能区划（2011—2020年）》正式获批以来，一张由宏观到微观、从中央到地方的海洋经济发展规划网开始在全国铺开。值得注意的是，随着海洋经济产业类型向规模化、多样化发展，沿海11个省市区提出针对本地的规划方向及政策内容难免重复，由此在一定程度上带来了产业同质化问题，出现了重复建设、盲目竞争现象。因此，中国海域开发亟待整合，需要形成全局开发战略兼顾地方实际情况的总体规划，显得尤为重要。

伟大的革命先行者孙中山先生早在《建国方略》中就发出了"经略海洋"的庄严号召，中国太平洋学会10年前就论证了"陆海统筹"的战略价值，直到国家"十二五"规划纲要明确提出"坚持陆海统筹"，为中国确立了海洋开发应当在陆海统筹战略实施中设置好国家推进格局的总基调。紧随其后，世界海洋城市总部发展研究院的科研团队在此基础上进一步诠释：所谓陆海统筹战略，就是要在国家的统一领导下，充分调动和发挥从中央到地方的两个积极性，把沿海陆域100千米、海域200海里专属经济区，从南到北打造大"S"形的中国海经济带，形成陆海统筹的主体功能区，并且以此陆海统筹主体功能区为依托，面向全部主权海域和海岛推进海上屯田战略，从而管辖和开发所有的中国主权海域，实现全面规划海域新板块，最终真正形成陆海统筹开发的战略态势。[1]只有造就陆海统筹战略取向下的中国大"S"形海域经济带，才能够为创建与运作世界海洋城市总部提供有效和有力支撑。

6. 母城尚欠国家使命担当精神，需要在建设创新性政府中跟进时代潮流

目前，大连正处在一个新的重要发展阶段，其显著特征是：经济发展的水平更多地取决于对外开放的水平；经济发展的空间更大程度上依靠对外开放空间。因此，在统筹抓好基础创新和集成创新的同时，应当更加注重通过高水平、高质量的对外开放，构筑要素驱动、创新驱动、知识驱动有机结合的发展模式。有鉴于此，大连提出了加快推进创新型城市建设的发展路线图，以利于进一步提高城市的自主创新能力，充分发挥科学技术在大连全面振兴老工业基地中的引领和支撑作用。

然而，从历史上看，由于殖民、移民、渔民的惯性作用，致使大连作为母城尚欠国家使命的担当精神，导致在海洋开发领域的创新水平还远远不够，部分海洋产业还存在一些亟待解决的薄弱环节。一是市场经济体系建设和企业的改革、改制还需要进一步深化。目前，大连市大多数涉海企业创新能力不足，知识产权意识淡薄。二是创新体系建设还存在问题，尤其是涉海科技中介服务体系和海洋科技投融资体系与发达地区相比差距较大。三是创新型人才仍显匮乏，尤其是缺少海洋领域的创新型科技企业家，缺少海洋科技创新领军人物。四是海洋创新文化尚未成为城市的主流文化，从上到下尚未形成海洋文化创新氛围，而这些问题的解决，要靠大连母城拿出国家使命

1 李靖宇，何青. 陆海统筹战略取向下的中国大"S"形海域经济带创建构想［J］. 港口经济，2013（7-8）.

的担当精神，在建设创新性政府的进程中跟进时代潮流培育海洋产业、海洋科技、海洋文化领域的创新意识，并且以创建世界海洋城市总部的创新型项目启动为引擎，打造大连以创新驱动海洋经济发展的城市文化品牌。

五、大连整合国内外沿海资源，创建世界海洋城市总部的操作对策创意

习近平总书记在2013年8月28日至31日先后考察大连、沈阳时发表重要讲话，站在全局和战略的高度，精辟阐述了海洋经济发展、老工业基地振兴的一系列重大问题，明确指出辽宁沿海经济带要发挥区位和先发优势，突出大连作为中心城市的带动作用，进一步建成产业结构优化的先导区、经济社会发展的先行区。[1]这既是对大连全市人民的巨大鼓舞，也为大连海洋经济发展指明了方向。而创建与运作世界海洋城市总部，正是以总书记的重要讲话精神为指导，助推大连整合国内外沿海城市资源，实现跨越式发展的有益尝试，也是发挥大项目的引领作用，促进大连建设成为产业结构优化的先导区、经济社会发展的先行区的思维拓展与实践自觉。鉴于大连创建世界海洋城市总部在政策环境、产业基础、文化背景、技术创新等方面仍面临着很多现实问题和主要障碍，有必要逐一展开务实的操作对策创意。

1. 举办世界海洋城市总部论坛，达成跟进时代潮流共识

在大连，创建世界海洋城市总部的行为主体是世界海洋城市联盟委员会（WCCU），发展目标是联合和吸收全世界约3000个海洋城市加盟，计划在2015年前完成600个海洋城市入盟并完成世界海洋城市总部（World Coast City General）基地项目建设。鉴于网络经济已经成为当今世界发展最快、创新最活跃、带动力最强、渗透性最广的战略性新兴产业，所以首推世界海洋城市总部招商论坛网，计划采集并筛选发布全球约5000家企业近百万条招商信息，并筹备建设产品的设计和供应商采购模块，使其能直接面对终端客户进行宣传推广和在线销售报名。

以产品开发与销售为导向的网络合作，能够迅速促进世界海洋城市总部会员的联合与交流，甚至可以使得同一地区、同一城市的竞争对手化干戈为玉帛，建立起战略

1　新华社. 习近平在辽宁考察时强调深入实施创新驱动发展战略［EB/OL］. http：//news.xinhuanet.com/politics/2013-09/01/c_117178960.htm，2013-09-01.

合作伙伴关系。产生这种质变的核心，是网络连接能为多方提高交易效率，提供与达到信息的实时互通。世界海洋城市总部招商论坛网，能够使国内外的中小企业之间，以这种网络化联盟形式不断优化合作环境，促进互信，建立起一个无边界的"利益共同体"。在此基础上，拟定每年举办一届世界海洋城市论坛，届时来自全世界150个海洋国家代表将云集大连。论坛期间将举办多场商务洽谈会和研讨会，共商促进海洋经济可持续发展和实现多方合作共赢的大计。总体目标是，通过举办世界海洋城市高峰论坛，在全世界形成一种关注海洋的向心力和凝聚力，提升中国在全球海洋事务中的影响力，向世人展示中国愿意为全球经济稳定作出贡献的良好意愿与战略取向。

2. 协调各方组建行为主体牵头，采取行动承担国家使命

2010年12月18日，世界华人华侨华商联合总会执行主席、联合国和平大使梁海洋博士来大连，与合作伙伴共同启动"世界海洋城市总部"项目，并组建21人的筹备工作组，先后实地考察大连小平岛、旅顺口区、金州新区卧龙湾，与当地政府就世界海洋城市总部落地问题进行会晤，并得出结论："小平岛湾区"的自然条件和发展规划及现有条件比较适宜"世界海洋城市总部"基地项目的选址要求。与此同时，梁海洋博士还向时任大连市委书记唐军推荐了世界海洋城市总部项目，并向高新区管委会提出了落户申请，就项目开发前景进行了多角度展望，得到了大连市委、市政府以及高新区管委会的高度重视，同意并全力配合项目落户大连小平岛。在此之后，大连高新区管委会多次对世界海洋城市总部项目进行课题性调研，并向国务院发展研究中心提出将世界海洋城市总部项目列入国家重大项目的调研申请，得到批复后协调国务院九部委联合实地考察。

经过多方努力，从中央到地方，已经形成了对大连创建世界海洋城市总部的高度关注，展开了推进该项目的深入探讨和广泛合作。尽管如此，在项目的发展进程中，仍需把握世界海洋城市总部的创意初衷，不断挖掘世界海洋城市总部的创意内涵。因为大连创建世界海洋城市总部的立意，是站在把脉全世界海洋城市发展方向的理论高度，所以需要跳脱既有思维桎梏，以全球视野考虑世界海洋城市总部的发展模式。第一，要着眼于大连在辽宁沿海经济带中的龙头作用，带动丹东、营口、锦州、盘锦、葫芦岛等沿线城市形成合力，联结天津、青岛、上海、杭州、福州、广州、深圳等东部较为发达沿海城市，形成国内的海洋城市战略联盟，再向美国、俄罗斯、英国、法国、德国、日本、挪威、荷兰、澳大利亚等发达海洋国家发出邀请，形成由内到外层

层递进的组团进取阵容。第二，要注重发挥世界华人华商华侨联合总会的整合作用，借助于中华宋庆龄国际基金会的国际威望，与世界各地富有影响力的涉海机构、社团、协会进行联系，共商世界海洋城市总部的发展事宜。第三，要加强与世界五百强企业代表和国内重点企业加强往来，为世界海洋城市总部寻求合作机会。第四，要不断壮大由中国太平洋学会、大连海洋经济研究会以及有关高校海洋经济研究单位共同组建的世界海洋城市总部的学术队伍，创建海洋智库加以支撑，并且与中国科学院海洋研究所、美国伍兹霍尔海洋研究所等世界顶尖的海洋研究机构签署合作备忘录，协力共赴经略海洋大业。总的来说，大连创建世界海洋城市总部，需要广泛联系全国乃至世界各国的政府机关、企业联盟、研究机构、民间组织等，目标是集各方力量，纳各方智慧，共同推进世界海洋城市总部的创建，一起创造21世纪的海洋辉煌。

3. 尽快报告联合国经社理事会，整合全球沿海城市资源

咨商地位是联合国与非政府组织之间正式关系的核心，也是非政府组织积极参与联合国事务与国际事务的重要途径。[1]因此，大连创建世界海洋城市总部必须拥有咨商地位，争取在联合国的工作框架下享有特许权利。除了能得到经社理事会的临时议程，指派授权代表以观察员身份列席理事会的公开会议外，联合国秘书长还将授权对世界海洋城市总部提供活动便利，其中包括：迅速有效地酌情颁发经社理事会及其附属机构的各种文件；获得联合国的新闻与宣传服务；安排有关团体或组织就世界海洋城市总部特别关注的事项进行非正式讨论；在联合国大会处理经济、社会和有关领域各问题的公开会议中适当安排世界海洋城市总部的席位并协助取得各种文件等。

世界海洋城市总部完全符合联合国经社理事会列举的对于获得咨商地位的非政府组织的条件：第一，大连举办世界海洋城市总部福州高峰论坛致力于开展相关海洋热点问题探讨，属于联合国经社理事会的关注对象，其创办宗旨完全符合联合国宪章精神、宗旨及原则，并且能够积极支持联合国开展工作，甚至能够扩展联合国在世界范围的影响力。第二，世界海洋城市总部的资金来源已经敲定，由世界华人华侨华商联合总会负责引进该项目包括30亿美元的总投资。第三，世界海洋城市总部具有一定的代表性和国际性，其所有成员均以民主的方式参与组织活动，践行民主决策机制，能够按照联合国经社理事会的要求向联合国提交其预算和资金来源证明材料，以及来自

1 吴琳. 联合国是非政府组织参与国际事务的重要舞台 [J]. 当代世界，2010 (4).

政府的资助报告和按时提供项目活动报告。2015年，在联合国经社理事会获得咨商地位的非政府组织已达2869个，而我国仅有20个非政府组织具有咨商地位，占总数的0.7%。有鉴于此，努力整合全球海洋城市资源推进世界海洋城市总部，通过获得联合国的咨商地位而具有正式的法定地位，可以带动我国非政府组织积极主动地参与国际交流及其他国际事务，并且由此在不同程度上代表中国参与和影响一些重大的国际决策，这样有助于不断提升中国的国际地位和不断加深国际事务的参与度。

4. 促进国家发展和改革委员会立项，推动沿海区域协调行动

大连作为因海而兴的海滨明星城市，大力发展海洋事业，率先建成海洋强市，为建设海洋强国作出新的更大的贡献，这是历史赋予大连的责任和义务。近年来，大连在海洋渔业、滨海旅游业、海洋船舶工业、海洋交通运输业、海洋盐业、海洋化工业、海洋工程装备业、海洋生物医药业、海洋电力业、海水利用业等方面发展迅速，海洋经济发展速度始终高于国内生产总值增长速度，取得了令人瞩目的成就。然而，大连虽然是一个海洋大市，但和海洋强市还有一定的距离。

事实上，全国各地关于"海洋强市"的提法屡见不鲜，但始终未能打开局面。有鉴于此，大连坐拥世界海洋城市总部这一具有开创性的高端项目，应当抓紧完善海洋全面发展战略规划，为建设海洋强市争取国家政策支撑。具体而言，大连要进一步展开创建世界海洋城市总部的功能论证：第一，注重以世界海洋城市总部为平台，规范会员城市善用科技手段，集约与合理配置海洋资源，以避免同质化竞争为前提，制定各自海洋开发规划，以求错位、并肩发展。第二，注重配合西部大开发、东北大振兴、中部大崛起、东部大转型的发展要求，统筹规划陆域与海域开发，形成由内陆向海洋的产业链衔接发展模式。第三，注重推广各类科技保障开发手段，避免重复传统陆域开发中出现的粗放开发、低端利用资源现象。第四，注重建立海洋生态检测与评价体系，敦促各沿海城市强化海域环境监管力度，以维护海洋生态系统安全。大连创建世界海洋城市总部，能够为国家部署海洋安全战略提供创新思路，所以应当提交国家发展和改革委员会立项，推动沿海相关区域协调行动，确立世界海洋城市总部作为辽宁沿海经济带战略、东北全面振兴战略、海洋强国战略的重点项目，在更大范围形成积极影响，为区域经济协调发展与跨越式发展注入强心剂，为我国经济战略转型提供新生动力。

5. 力挺陆海统筹上升为大战略，创建海域经济带来支撑

目前，包括我国在内的世界大多数国家都已将海洋经济开发纳入国家发展战略，并同时赋予其带动新一轮经济增长的重要使命。然而，时至今日，中国仍然没有正式把海域国土开发纳入到国家区域发展总体战略中去，也未作为一个独立的区域单元进行整体规划研究。有鉴于此，世界海洋城市总部发展研究院在论证世界海洋城市总部项目的科研工作中，着眼于弥补国家海洋战略投放的缺失，首创关于陆海统筹国家战略推进格局构想，认为中国应当在陆海统筹战略实施中设置好区域经济协调发展格局。

为了论证与启动陆海统筹国家战略推进格局，支撑世界海洋城市总部的创建与运作，必须在理论与实际的结合上进行综合性创新：第一，开发中国大"S"形海域经济带，促成陆海统筹主体功能区。即将我国沿海11个省、市区规划连在一起，整合沿海陆域100千米、海域200海里专属经济区，从南到北打造大"S"形的海域经济带，并且以此为依托面向全部主权海域和海岛推进海上屯田战略。这样的海域格局建制，可以使中国的海洋战略更加主动，便于进行国家海域的整体开发。第二，推出辽宁和广西两大海洋经济先导区，目的是拉动东北亚与东南亚的合作关系，铸就东亚大市场，与北美、西欧形成三足鼎立的世界经济新格局。第三，打造以山东半岛蓝色经济区、浙江海洋经济发展示范区和广东海洋经济综合试验区为龙头的三大沿海经济区发展布局，做强国家陆海统筹开发的经济增长极，分别面向黄海、东海、南海来承担国家维权使命，统筹推进国家发展利益。第四，继续做强珠江三角洲、长江三角洲、环渤海区域、广西北部湾四大陆海统筹开发经济增长极，拉动海洋经济跨越式发展。第五，规划开发图们江出海大通道工程、印度洋出海大通道工程、辽东湾北顶部海水西调工程、北黄海沿岸经济带建设工程、黄河三角洲高效生态工程这五大海洋战略工程，奠定国家陆海统筹大格局。第六，主张以世界海洋城市总部为平台，创建中国陆海统筹推进委员会，整合涉海职能设立国家海洋事务部，创建南中国海域开发特别经济区，创建世界海域开发银行，举办世界海洋博览会，作为国家全面经略海洋的战略支点，为建设海洋强国提供保障。应当认定，世界海洋城市总部发展研究院作出的关于陆海统筹国家战略推进格局构想，是值得称道的科学论证和政策主张，有利于完善全国区域经济开发格局，有利于为落实党的十八大关于建设海洋强国的重大战略部署提供有力支撑，有利于全面展示中华民族风貌和国家繁荣景象，从而自觉地担负起"坚持中

国道路、弘扬中国精神、凝聚中国力量"的光荣使命。[1]

6. 积极开展多层次的海洋外交，力排干扰建设和谐海洋

国际上对于中国的快速发展可谓是百味杂陈：中国经济上的强劲发展给疲软的世界经济注入了强大的动力，但是中国逐渐强大也让某些国家惶恐不安。这其中最为关注中国发展势头的莫过于美国，因为美国害怕中国的持续高速发展对其世界霸权地位构成威胁，更担心会取而代之。出于这种"以小人之心度君子之腹"惯性思维模式，美国大力推行所谓亚太再平衡战略，企图以巩固与日本、韩国、菲律宾等国的同盟关系在东亚地区拼凑"小北约"等手段来震慑与围堵中国，以维护美国在亚太地区的主导地位与偏私利益。

外界对于中国崛起的担忧是完全没有必要的，因为中国正在倡导人类命运共同体意识，主张"在追求本国利益时兼顾他国合理关切，在谋求本国发展中促进各国共同发展，建立更加平等均衡的新型全球发展伙伴关系"。[2]而作为中国整体战略的重要组成部分，国家海洋发展战略应当服从并服务于和平发展的国家大战略，努力探索和实践和谐海洋发展之路，避免重蹈西方大国崛起而引发的地区冲突和世界战争的铁血老路。有鉴于此，大连市创建世界海洋城市总部，领会国家战略意图，从理论与实践的结合上刻意求新，创树与践行中国海域开发大安全观。其战略导向非常明确：保障国土空间安全，统筹陆海两域国家开发战略；保障海洋权益安全，以区域为对象采取有效对策；保障海洋经济安全，把可持续发展作为目标取向；保障海洋生态安全，分别解决各大海域污染问题；保障海洋社会安全，创新涉海职能部门管理模式；保障海上通道安全，大力完善四通八达战略格局；保障海洋军事安全，务实推进区域和谐海洋建设；保障全球海洋安全，加大步伐跨入海洋强国行列。总之，通过树立与践行中国海域开发大安全观，中国将通过和平与合作的方式解决历史遗留的和发展中所遇到的海洋资源、领海争端等问题，妥善处理好与美国等西方大国之间的关系，并以全面建设中俄两国战略协作伙伴关系来加以示范和引领，以求得自身的海洋安全与发展，向国际社会兑现和平发展的庄严承诺。

毋庸讳言，中国正在从具有全球影响力的区域性大国走向世界大国，并在全球议

1　中共中央宣传部. 习近平总书记系列重要讲话读本 [M]. 北京：学习出版社，人民出版社，2014.
2　习近平. 弘扬传统友好，共谱合作新篇——在巴西国会的讲演 [N]. 人民日报，2014-7-18 (3).

题中发挥越来越重要的作用。这就要求中国进一步在国际社会中塑造负责任大国的形象，提供更多的类似世界海洋城市总部这样的全球性或者地区性的公共平台，使中国真正成为国际秩序治理进程中的参与者和建设者。有鉴于此，大连整合国内外海洋资源，创建世界海洋城市总部的推进前景值得展望：采取市场化运作原则，能够保证行为主体各得其所；发挥母城综合优势，能够加快东北亚国际航运中心；依托辽宁沿海经济带，能够铸就东北振兴区域引擎；促进沿海经济一体化，能够共建大"S"形海域经济带；引进世界先进生产力，能够为建设海洋强国提供支撑；注重各国核心利益关切，能够促成全球海洋安全体系。可以认定，逐渐显现的综合优势与积极的进取精神，使得大连这座现代化国际名城能够在新一轮改革开放中赢得先机，并且将会率先向着深蓝海洋挺进；而其身后的广袤腹地，也将在"北方明珠"的辐射下力拔头筹，登上更为广阔的世界舞台。

第⑭章

大连市域全力打造东北亚
自由贸易先导区的战略转型构想

鉴于当今世界上自由贸易区的发展态势和市场价值，党的十八大作出了"统筹双边、多边和区域开放合作，加快实施自由贸易区战略，推动同周边国家互联互通"的战略部署；习近平总书记在参加十二届全国人大三次会议上海代表团审议时明确指出"加快实施自由贸易区战略，是我国新一轮对外开放的重要内容"[1]，再次强调了国家要加快自由贸易区建设、构建开放型经济体制的战略导向。而大连市域地处东北的龙头地位、东北亚区域的枢纽位置，有条件承担国家使命，成长为东北亚自由贸易先导区。具体地说，就是要努力把中日韩自由贸易区、中俄蒙朝自由贸易区的推进功能整合在一起，整合两区启动与运作功能，抢先一步成长为东北亚自由贸易先导区，为国家"提高抵御国际经济风险能力"作出务实努力。

一、大连市域打造东北亚自由贸易先导区的时代背景透视

依据国家"十三五"规划的宏伟蓝图，大连市域提升为东北亚自由贸易先导区首先要弄清楚当前的大环境，才能做到有的放矢。以下分别从国际背景、国内背景、区域背景、政策背景四个角度透视大连市域打造东北亚自由贸易先导区这一重

1　习近平. 加快实施自由贸易区战略 加快构建开放型经济新体制［N］. 习近平在中共中央政治局第十九次集体学习时强调. 人民日报，2014-12-5（1）.

要命题。

1. 大连市域打造东北亚自由贸易先导区的国际背景

经过多年的快速发展，大连与日本、韩国、俄罗斯、蒙古和朝鲜保持着密切的经贸关系，已逐步成长为东北亚地区经济合作的中心城市，在国际分工体系中起到承上启下的作用。目前，大连软件业出口有70%面向日本，促使很多日本企业的外包业务和企业活动地域不断扩大；在大连的韩国投资企业已超过2500家，投资额高达100亿美元。特别是中韩自由贸易协定谈判于2014年11月10日取得圆满成果，这将使大连面向韩国的物流运输、产业技术合作、跨境旅游业直接受益；另外，中俄签署《联合声明》提出，要努力推动中俄贸易额突破1000亿美元大关，要实现这一目标，其突破口在扩大开放，而我国面向俄罗斯以及东北亚各国对外开放的突破口应属大连。可见，大连应当成为东北亚经济发展中的一个发动机，必当有所作为。

然而机遇与问题并存。其一，钓鱼岛争端问题：钓鱼岛原本就是中国的固有领土，法理依据和历史依据充分，不容争辩。自日本首相安倍晋三上任以来，屡次拿钓鱼岛问题挑衅并抹黑中国形象，其种种谬论严重影响了中日两国关系。其二，朝鲜半岛及朝核问题：近年来朝鲜半岛问题一直是东北亚地区的一个聚焦热点，其局势也是非常敏感复杂。长期以来，朝韩双方一直用冷战思维处理半岛问题的分歧与争端，紧张的对峙不仅加剧了南北分裂的痛苦，而且也造成了半岛局势的动荡和东北亚地区局势的紧张。其三，美日行为造成中日韩自由贸易区谈判受挫：中日、日韩的岛屿争端问题在部分国家的渗透下不断升温，严重影响了贸易区的进展。在此关键时刻，当事国各方需冷静思考，认清中日韩合作能够给三国带来实实在在的利益，从维护东北亚地区整体利益的高度，排除不利因素影响，务实推动三国政治、经济、文化等各领域合作不断走向深入。

2. 大连市域打造东北亚自由贸易先导区的国内背景

2002年，党的十六大提出全面建设小康社会的宏伟目标，如今我国实现了国内生产总值从10万亿元到30万亿元、经济总量跃升到全球第二位的新跨越，为实现现代化建设奠定了经济基础。继往开来，党的十八大明确提出全面建成小康社会目标的新要求，并创造性地提出了建设中国特色社会主义事业总体布局由经济建设、政治建设、文化建设、社会建设、生态文明建设组成的"五位一体"的目标体系，进一步丰富了建设社会主义事业的理论体系，是贯彻落实科学发展观的一个新部署。以此为目标，这需要促进消费、投资、出口协调拉动，均衡发力，让"三驾马车"跑得更快、更好。

作为拉动"三驾马车"的核心抓手，自由贸易区的建设意义非凡。为此，中国在改革开放的历史进程中，始终保持积极的态度来促进东北亚自由贸易区的构建，向东北三省一区投放了诸多有利于外向型经济发展的政策和资金扶持。可以看到，东北区域不但享受老工业基地的对外开放政策，还共享沿海地区发展、西部大开发及边疆少数民族地区的优惠发展政策。在此背景下，东北三省一区的对外开放稳步发展，其中，辽宁省已成为东北地区对外开放的重要门户；长春、吉林、延边积极拓展对外通道，长吉图开发开放先导区建设取得积极进展；内蒙古自治区"向北开放"战略深入实施，积极打造中俄蒙国际经济合作走廊，与俄罗斯、蒙古两国在能源、交通等领域的合作不断加强。

3. 大连市域打造东北亚自由贸易先导区的区域背景

众所周知，我国东北为共和国的工业发展作出过不可磨灭的贡献，从20世纪50年代至80年代，东北向全国各地提供了上百万台机械设备、上千种工业产品以及大批管理干部和技术工人。在抗美援朝保家卫国运动中，东北人民贡献了巨大的力量，人民成群结队奔赴朝鲜前线并捐输大量物资现款支援朝鲜人民解放战争。因此，国家历来十分注重东北的发展。2016年11月，《东北振兴"十三五"规划》出台。对东北地区发展提出了新要求，同时也注入了一剂强心剂，开创了东北地区全面振兴的新局面。

目前，东北振兴已进入攻坚克难的关键阶段。如何克服东北老工业基地在当前发展面临的困难是迫切需要解决的问题，需要认清形势，进一步推动东北地区资源的优化配置。当此之际，大连市域要积极承担国家使命，成为国家战略的行为主体，积极努力打造东北亚自由贸易的先导区，成为振兴东北的领跑者。自振兴东北战略实施以来，在东北地区，国家对大连投放的重大战略项目和优惠政策居多。又由于国家"十三五"规划纲要提出了"拓展蓝色经济空间"的战略要求，明确指出"坚持陆海统筹，壮大海洋经济，科学开发海洋资源，保护海洋生态环境，维护我国海洋权益，建设海洋强国"。因此，大连应该积极贯彻落实党中央、国务院作出的重要战略举措，以实际行动推进陆海统筹开发一体化，务实发展海洋经济，巩固在辽宁沿海经济带中的龙头地位，以便更好地在东北振兴进程中发挥引擎作用。

　　4.大连市域打造东北亚自由贸易先导区的政策背景

　　从政策背景来看，大连市域提升为东北亚自由贸易先导区有如下优势：首先，作为东北老工业基地城市之一，大连可以享受增值税扩大抵扣范围和固定资产、无形资产加速折旧的优惠政策。同时，大连市相应的产业园区还可以享受到人才政策、创业优惠政策、企业奖励等其他优惠政策。刚成立不久的金普新区享受的优惠政策将包含土地、金融、税收、人才等诸多领域。其次，把握好国家沿海区域优惠政策，整合国内外资源领衔创建世界海洋城市总部。从2006年起，辽宁省"五点一线"沿海经济带享受到了一系列新增优惠政策。大连应该利用好国家沿海区域优惠政策，以辽宁沿海经济带为切入点，会聚全球沿海城市的政府代表或民间商会代表，整合国内外资源领衔创建世界海洋城市总部。通过世界海洋城市总部这样开放性的地区合作平台，更好地开展与国内外沿海城市的合作与交流。最后，廓清国家支持大连市创建东北亚重要国际航运中心的政策走廊，要循名责实。大连国际航运中心建设的目标十分明确：到2020年，建成大连国际航运中心。大连作为"北方明珠"，是东北地区开放的龙头，拥有建立东北亚国际航运中心的良好区位优势和基础条件，因此，大连应该根据相关规划和政策，着力打造港口布局合理、服务功能优质完善、港口对经济发展牵动作用更强的东北亚重要的国际航运中心。

　　大连正处在重要的战略机遇期，鉴于东北亚各国之间越来越紧密的互动关系，应当从区域发展战略角度筹谋自由贸易先导区的建设。无论是中日韩自由贸易区，还是中俄蒙朝自由贸易区，其建立必定有利于加强区内各国间的经济联系，有利于提高东北亚地区参与国际市场的竞争能力，有利于全球经济一体化发展。因此，大连市域应当自觉地领受国家使命，利用好各项优惠发展政策和权限，力挺东北亚自由贸易先导区建设。

二、大连市域打造东北亚自由贸易先导区的发展历程论证

　　自2010年1月1日中国—东盟自由贸易区成立以来，我国陆续与31个国家和地区签订了自由贸易协定，在自由贸易区框架下各国的关于边界协商、贸易谈判、政治安

全、高层互访活动日益频繁。[1] 可以看到，中国在参与自由贸易区建设的过程中开辟了我国对外关系的新篇章，利于我国在全球经济博弈中获取更大利益，为此有必要回顾我国自由贸易区的发展历程，以及适时展开的大连市域提升为东北亚自由贸易先导区的探索路径。

1. 1992—2002 年为探索阶段

在这一历史阶段，相对于国家经济的高速扩张性增长，东北经济却处于不断下滑状态。这是由于东北的国有经济比重过大，战线过长，产业结构单一，使得东北在重视效率的市场竞争大潮中逐渐落后于沿海地区，随着改革的推进，结构性矛盾和体制性障碍突出。在此期间，东北地区为了扭转局面，不断探索转型发展之路。然而从结果来看收效甚微，东北地区的支柱产业还是集中在工业上，经济结构没有实质性改变。值得注意的是，在此前，1984 年，大连等 14 个沿海城市，被国务院批准为全国首批对外开放城市，从此大连带领辽宁省转身向海，成为中国改革开放的先锋城市，成就了今后在东北及黄渤海地区的开放龙头地位。同年，大连经济技术开发区获批成立，是中国首个国家级开发区，进而成为拉动大连市、辽宁乃至整个东北对外开放的重要载体。面向海洋，东北地区有望改变传统的经济增长方式，拓展新的增长空间和增长极。

2. 2002—2007 年为奠基阶段

2003 年，国家提出"振兴东北"的口号，以期让老工业基地甩掉历史包袱重新出发。同年，《关于实施东北地区等老工业基地振兴战略的若干意见》出台，对东北的体制机制创新、产业结构调整、能源城市转型等问题作出指导。东北十年振兴之路由此拉开。此后，中央紧锣密鼓地向东北地区投放了一系列促进振兴的优惠政策，经过努力，东北地区等老工业基地振兴战略取得初步成效。[2] 在此背景下，2005 年，辽宁提出开发沿海经济带，实施"五点一线"开放开发战略。这一战略的提出在辽宁改革发展进程中意义非凡，表明老工业基地全面振兴的总体格局已经拉开，建设国家新型产业

1　赵祎诚. 中国与中亚国家建立自由贸易区的实证分析 [J]. 发展与社会，2007（12）.

2　2003 年：振兴东北老工业基地 [EB/OL]. http：//news.xinhuanet.com/politics/2009-10/10/content_12203805.htm.

基地的架构已经形成。因为开发辽宁沿海经济带，符合振兴国家东北老工业基地、完善我国沿海经济布局和对外开放的总体发展战略，还为中国最北端的沿海地区带来新的发展机遇。

3. 2007—2012年为成熟阶段

在这一时期，《东北地区振兴规划》《关于进一步实施东北地区等老工业基地振兴战略的若干意见》相继出台，总体目标是经过10—15年的努力，实现东北地区的全面振兴，[1]同时，进一步强调要将东北建设成为具有国际竞争力的装备制造业基地、国家新型原材料和能源的保障基地、国家重要商品粮和农牧业生产基地等战略定位。应当看到，在这一阶段的亚太地缘政治格局中，东北亚正在成为中美日俄4个大国博弈的重要阵地，具有不可替代的地缘战略价值。这一时期"东北亚经济圈"尚在起步，正因为它不成熟，同时又囊括了世界经济发展最快的发展中国家中国、老牌发达国家日本以及新型工业国家韩国，所以发展潜力巨大。着眼于中国东北地区地处东北亚腹地，与该地区的俄、蒙、朝、日、韩毗邻，自国家提出振兴东北老工业基地以来，东北与邻近国家的经贸往来更是受到前所未有的重视。这对于地处东北亚区域核心的大连，为建设东北亚航运中心更提供了千载难逢的机遇，而大连和东北亚各国的经济交往频繁，成就显著。

4. 2012—2020年为提升阶段

鉴于中国经济的快速增长和成功入世，使原有的东北亚地区经济格局发生了改变，东北亚区域经济一体化合作显示出强劲势头。同时，我国正以世界大国的姿态越来越多地进入全球和区域性事务。这些都为我国把握时机，利用经济高速增长的优势在东北亚经济圈一体化进程中发挥积极的主导作用奠定了基础。我国东北地区是东北亚的地理中枢，具有显著的地缘优势。党的十八大报告明确提出，全面振兴东北地区等老工业基地，使老工业基地焕发出新的生机和活力。随着《全国老工业基地调整改造规划（2013—2022年）》《东北振兴"十三五"规划》等一系列政策的密集出台，老东北已经驶入经济发展的快车道。大连市域领衔建立东北亚自由贸易先导区，整合中日韩、中俄蒙朝自由贸易先导区功能，获得相应的优惠政策支持，不仅是落实党的十

1 国家发展和改革委员会、国务院振兴东北办、东北地区振兴规划，2007-8-20.

八大精神，振兴东北老工业基地的务实行动，更是将国际能源供给国融入我国产业链条，从根本上突破能源供给的瓶颈，以及将东北生产基地融入世界产品市场，抢占东北亚经济圈制高点的必然选择。为此，大连应当顺势而为。

三、大连市域打造东北亚自由贸易先导区的战略价值认定

大连市域提升为东北亚自由贸易区这一战略举措，可以最大限度地将我国东北地区乃至我国广大腹地尽快地融入东北亚地区的经济大循环中，谋求有利位置，有利于与中日韩俄朝蒙各国合力造就东北亚区域经济新型合作关系，促成东北亚大市场，为此有必要系统全面地论证其战略价值。

1. 有利于满洲里成就国家重点开发开放试验区的现实进程

我国最大的陆路口岸内蒙古自治区满洲里市，作为中俄货物运输和人员往来的重要中转站已有百年历史。如今满洲里已经展现出我国向北开放桥头堡的重要枢纽作用，又由于中俄蒙战略协作伙伴关系不断深化，丝绸之路经济带、跨欧亚铁路建设等跨国合作项目的对接，满洲里市被国家确定为中蒙俄经济走廊的重点产业园区和陆海联运的重要节点[1]，发展前景不可限量。

目前，中国从满洲里出口到俄罗斯的商品主要是家用电器、服装鞋袜和农产品等，其中农产品出口以果菜为主，粮食和食用油籽增幅较大。而我国经满洲里从俄罗斯进口的商品主要是木材、石油、钢铁和化工原料。俄罗斯远东地区能源丰富，但勘查和开发程度极低，45%以上的燃料需求由外部输入。蒙古地大物丰，地广人稀，资源虽丰富，但完整的地勘系统和矿业系统尚未形成。俄罗斯远东和蒙古区域，其资源和能源直接辐射东北老工业基地，可以成为我国境外能源基地。所以，大连市域提升为东北亚自由贸易先导区，整合满洲里对俄蒙的口岸功能，进一步深入发掘满洲里作为中国北方桥头堡的重要战略地位，有利于支撑东北边境区域—满洲里带动广大华北和东北腹地城市资源融入东北亚市场，同时成就满洲里作为国家重点开发开放试验区的现实进程。

---

1 杨博. 满洲里市 2015 年政府工作报告［R］. 满洲里市第十四届人民代表大会第四次会议，2015-1-20.

2. 有利于落实党和国家关于民族和边境地区的特殊优惠政策

实践表明，随着中国综合国力的提高，国家越来越关注边疆民族地区，边境贸易与边疆民族地区的经济发展以及该地区的安全稳定，在全国区域发展战略布局中的地位越来越突出。[1]

应当指出，边境贸易不仅可以繁荣边境经济，还可以带动沿边地区扩大开放，使广大边疆少数民族地区与沿海、沿江一道成为开放的前沿。着眼于落实党和国家关于民族和边境地区的优惠的对外开放政策，大连市与丹东等边境城市完善招商体制和运行机制，充分利用沿海、沿江、沿边的地理位置，外向型经济发展迅速；加强与内蒙古呼伦贝尔、吉林延边等边境地区的互动合作，与新疆、内蒙古的部分城市在丝绸之路经济带建设上加强联系，建立开发性的金融机构，开展基础设施建设合作，加强物流、旅游业的合作往来。通过这些努力，大连市域在自觉提升为东北亚自由贸易先导区的过程中，深入落实党和国家关于民族和边境地区的特殊优惠政策，带动民族和边境地区开放，以促进其经济社会发展。

3. 有利于内蒙古东部地区加快融入东北综合经济区的发展步伐

2007年，内蒙古自治区东部地区的5个盟市正式纳入振兴东北等老工业基地战略实施范围。自纳入东北振兴统一规划之后，东北四省区对外开放事业协调发展，达成了《东北四省区对俄合作框架协议》，从打造区域性国际合作区，加强口岸合作，协调对俄经贸合作，跨境旅游等九个方面，进一步提升了我国东北区域的对俄开放的整体水平。与此同时，东北四省区在旅游和航空互动发展、公路交通、海关和检验检疫合作等方面也形成了框架协议，逐步稳定了东北综合经济区各省区的合作基础，以及引领东北地区对外开放战略升级。

当前，内蒙古自治区东部向东北三省的高效绿色的能源大通道项目建设得以不断推进，而东北综合经济区的技术、资金等优势对内蒙古东部地区的带动作用越来越明显，尤其是辽宁沿海经济带的港口群，是东北三省和内蒙古东部共同的出海大通道。有鉴于此，大连市域提升为东北亚自由贸易先导区，有利于进一步发挥港口优势，拉

---

1 谭浩. 新动力 新生活 新憧憬——优惠政策助力少数民族地区走向繁荣发展之路 [N]. 中青在线—中国青年报, 2008-5-27.

动东北腹地和内蒙古自治区东部地区的对外开放事业跃升至新高度；同时，腹地与沿海地区良性互动，可以解决区域经济发展不平衡的问题，有助于加快民族地区融入东北综合经济区的开放步伐。

4. 有利于加快东北亚区域内中俄蒙朝自由贸易区的启动进程

当前，中国区域发展战略也应进入全面升级阶段，而积极推动自由贸易区建设是提升国家国际地位、扩大发展空间的重要手段，东北亚各国应当以实际行动加强自由贸易互动合作。中俄朝蒙自由贸易区的启动，不仅是从区域经济合作角度出发，更是从东北亚安全大局考虑所做的必然选择。相对于美国和部分欧洲国家组成的军事同盟，以俄罗斯一己之力无法与之抗衡；中国也面临美国等分裂势力干扰：台湾问题、南海诸岛主权问题、西南方向与印度的领土争议等；蒙古穷困落后，与中俄两国相邻凸显战略地位之重要，美国、日本企图拉拢渗透蒙古以制衡中俄；朝鲜作为东亚安全局势的一个不稳定因素，也是各方势力争夺的焦点。

如果不尽快认识到和处理好中俄朝蒙国家之间的关系，东亚各国很有可能陷入美国和部分西方国家分裂势力的阴谋之中，当此之际，需要在全球战略的高度审时度势形成共识，组建中俄朝蒙东亚战略共同体，即以中俄朝蒙自由贸易区的形式，将四国紧密地联系在一起。这样一来，中俄互为战略依托，可以共同抵御分裂势力造成的威胁，有利于中俄两国夺取战略主动权。对于蒙古和朝鲜来说，东亚一体化可以在一定程度上保障其国家安全。由此可见，建设中俄蒙朝自由贸易区有利于深化各国政治互信，有利于拓展经济合作与加强国际事务的协调配合。由此可见，中俄蒙朝自贸区建设势在必行，而大连市域提升为东北亚自由贸易先导区，有利于加快催动中俄蒙朝自由贸易区的启动进程。

5. 有利于发挥中日韩自由贸易区的谈判、启动、运行的倒逼效应

2002年中日韩三国领导人峰会上首次提出中日韩自贸区设想，历经10余载的磋商谈判未取得实质进展甚至陷入停滞状态。而中韩自贸区谈判于2014年11月结束，是迄今为止我国涉及贸易额最大、涉及范围最广的自贸协定谈判。受此影响，据韩国预测，韩国GDP有望在未来5年内提升1.25%。[1] 又由于中国国内生产总值规模已达到了

---

1 徐立凡. 中韩自贸区释放的内外效应 [N]. 京华时报，2014-11-11 (2).

韩国的7倍，能够承受韩国商品大举进入中国市场。中韩自贸区谈判取得了巨大成功，凝聚了两国多年来的不懈努力，但也是几经波折，尽管如此，双方始终秉持着相互尊重、合作共赢的原则，努力化解矛盾，最终促成了中韩自贸区谈判完成，这于中韩两国无疑是振奋人心的。

相对于中韩自贸区谈判取得圆满成果，中日韩自贸区谈判推进乏力。韩日自贸区谈判自2003年以来共举行过六轮，分歧主要集中在农产品市场开放和扭转贸易逆差等方面，最核心的问题在于对独岛领土主权归属和慰安妇等历史问题，双方僵持不下谈判中断至今。中日自贸区谈判的情况就更糟。近几年，中日两国在东海海域的管辖和开发、钓鱼岛归属等问题上产生重大分歧，对两国关系造成消极影响。制约中日和韩日双边关系的最主要因素是日本对待历史的态度，如果日本在历史问题上依然故我，并且妄图修改宪法走向对外扩张的道路，那么中日关系和韩日关系将无从改善，中日韩自由贸易谈判也将会遥遥无期，再加上一些外来分裂势力横加干涉挑拨，有可能引起地区安全局势动荡，必须予以正视。此次中韩自贸区谈判成功的意义深远，从长远来看，借助中韩自贸区谈判所产生的示范效应，大连市域提升为东北亚自由贸易先导区，有利于对中日韩自由贸易区的谈判、启动、运行产生倒逼效应。

四、大连市域打造东北亚自由贸易先导区的综合优势整合

东北亚区域正在快速成长为一个极富特色和发展潜力的经济圈，而大连作为环渤海地区和中国东北区域的重要城市，其独特的地缘优势和广阔的腹地资源，为大连提升为东北亚自由贸易先导区提供了坚实的基础支持；完善的基础设施和极具生命力的创新驱动型产业，为大连的经济发展提供了不竭动力；优惠的政策投放，为大连提升为中日韩、中俄蒙朝自由贸易先导区提供了政策保障。

1. 大连市域打造东北亚自由贸易先导区的地缘关系优势

大连地处欧亚大陆东岸，辽东半岛最南端。背靠东北三省和内蒙古东部的广大腹地，横跨黄、渤海，与山东半岛隔海相望，与日本、韩国、朝鲜、蒙古和俄罗斯远东地区相毗邻。由于大连的地缘关系优势，大连港口是东北亚区域转运远东、南亚、北美、欧洲货物最有条件的港口。2003年，党中央明确提出把大连建设为东北亚国际航运中心，通过多年拼搏进取，如今大连港已经具备了这样的承载能力，东北亚国际航

运中心框架已经形成。2016年，港口拥有现代化专业泊位80余个，万吨级以上50多个。大连港内外贸集装箱班轮航线90余条，航线覆盖100多个国内外港口。大连外贸集装箱吞吐量占东北口岸的97%，有力地支撑起了大连在中国北方于东北亚区域发挥的物流中心和航运枢纽的作用。

大连建设现代国际航运中心，就是要使国际航运中心、区域金融中心、物流中心和国际大都市的战略定位多位一体，联动发展。随着国家"一带一路"建设的深入推进，大连作为关键节点城市，大连区域的海陆综合联运体系建设都将积极融入国家"一带一路"布局当中，这将极大地带动信息流、资金流和商品流的集聚和辐射，使大连真正成为国际性的航运、金融、贸易中心，从而在整个东北亚地区参与国际合作与竞争中发挥更大作用。

2. 大连市域打造东北亚自由贸易先导区的资源禀赋优势

大连拥有长达1906千米海岸线，226个各具特色的岛屿，大连的临海资源优势在于得天独厚的自然地理优势、天然优良的港口条件和扎实的工业基础。同时，丰富的海洋矿产资源、海洋生物资源、海水资源、海洋能与海洋空间资源也为大连发展海洋经济奠定了坚实基础：大连三面环海，海洋能资源蕴藏丰富，沿海可开发的潮汐电站装机容量预计可达6000千瓦时，年发电量可达12亿千瓦时。大连沿海海洋生物资源丰富，周边海域海水适宜发展海洋渔业，盛产海参、鲍鱼等名贵海产品，品质在全国同类海产品中位于前列。大连瓦房店地区现已探明金刚石矿田，储量约占全国的54%。

大连的滨海旅游资源优势独具，使大连成为享誉海内外的避暑胜地和旅游热点城市。南部沿海风景区、旅顺口风景区、金石滩风景区和冰峪沟风景区是大连四大名胜风景区，设有别墅休闲中心、国际游艇俱乐部等各种娱乐中心。市内旅游资源有国家AAAAA级旅游景区金石滩、森林动物园、星海广场、老虎滩海洋公园等。一年一度的烟花爆竹迎春会、滨海路徒步大会、樱花节、国际服装节、啤酒节、旅游博览会等大型活动，给大连城市更增商机和活力。[1]高端化、时尚化和参与性，使旅游业成为大连的明星支柱产业，成绩斐然。

1　国家旅游局. 大连2015年春节黄金周旅游综合情况，2015-2-26.

3. 大连市域打造东北亚自由贸易先导区的基础设施优势

根据国务院批准的城市轨道交通建设规划，大连正在建设以高速铁路、城市快速轨道、高速公路和综合交通枢纽构成一体化的综合交通体系。第一，在高速铁路的建设中，哈大高速铁路穿越大连、沈阳、哈尔滨、长春等东北重要城市，对大连地区的发展起到强有力的拉动作用。第二，大连地铁1号线和2号线项目总长67.6千米，工程投资总额约313.09亿元，2018年，地铁1、2号线基本完工，地铁5号线、4号线和7号线前期工作已全面启动。另外，大连城市能源供给保障能力进一步提高。目前，天然气使用比率大幅提高，城市供热体系逐渐健全，为居民生活和工业生产提供有效保障。农网供电可靠性接近城市电网水平，电网设施更加安全可靠。

随着全域城市化战略的顺利实施，大连城市功能日趋完善，城市综合竞争力显著提高，大连作为生态宜居城市的特点逐渐明显。大连一体化的环保设施日臻完善。"十二五"期间，城市生活垃圾无害化处理率、生活污水处理率分别达到100%和95%，林木绿化率达到50%，海洋生态环境与资源保护取得新进展。总体来看，持之以恒地加强基础设施建设，坚持不懈地进行生态治理，与日俱增的城市环境魅力，全面提升的城市综合实力，为打造大连成为亚太地区的现代化国际大都市做好了充分准备。

4. 大连市域打造东北亚自由贸易先导区的腹地支撑优势

大连发展离不开东北腹地支撑。首先，从土壤资源的角度来看，东北平原土层深厚，土壤肥沃，地表水和地下水适宜引灌。据统计，尚有万亩宜农荒地，草原万公顷，发展农牧业潜力巨大。其次，矿产资源。2012年，东北地区现发现的矿产共377种，探明储量的矿产也有232种，是国内有较多矿种的地区之一。东北地区石油资源量已达225亿吨，可采量为72亿吨，天然气4.5万亿立方米，可采资源量为2.5万亿立方米。随着经济的发展和技术进步，东北地区丰富的自然资源正待挖掘，新型产业不断兴起，发展前景广阔。

为了尽快提升资源整合能力和综合运输能力，东北地区不断推进四通八达的现代交通运输网络建设，带动物流向纵深发展：第一，形成了丹东、满洲里、绥芬河三大铁路口岸，以滨州、滨绥线为横轴，以哈大线为纵轴的铁路线路。第二，形成了联系国内的西部、中部、进出关运输通道、环渤海跨海运输通道，形成了多级公路网络。

第三，空运业务以沈阳机场为枢纽，大连、哈尔滨、长春机场为干线。国际航线覆盖日本、韩国、俄罗斯、德国和朝鲜等国家的24个城市。现代化的交通运输体系，有利于进一步发挥东北腹地的支撑优势，使我国东北加速区域经济的结构调整和产业升级，密切人员往来、人文交流，促进旅游业发展等。同时，根据东北亚国际航运中心的建设模式，即以东北腹地现代化的物流运输体系为平台，以腹地货物集散运服务和加工增值为主，提高综合运输体系效能，可以强化东北腹地综合运输体系对大连东北亚国际航运中心建设的支撑作用。

5. 大连市域打造东北亚自由贸易先导区的创新驱动优势

当前，大连市充分发挥科技创新的引领作用，正在逐步提高自主创新能力，建设更具活力的创新型城市。首先，高新园区的创新驱动，为创新型城市提供重要引擎。大连高新技术产业园区拥有近百个国家级研发中心和企业研发中心，8个公共技术服务平台，3600余项授权专利。区域内有大连理工大学、东软信息技术学院等12所高等院校，设有中科院大连化物所等50所科研机构，汇聚大学学历以上人才10万余名，建立博士后工作站12个，是大连建设智慧城市的中坚力量。

其次，金州新区作为辽宁沿海经济带重要的现代产业聚集区，努力成为大连快速发展的增长极。其中，装备制造和汽车零部件产业集群产值分别突破900亿元和400亿元大关，尤其是智能装备制造实力突出，石化产业集群保持千亿级规模。[1] 另外，金州新区大力培育新兴产业集群，扶持生物医药、新材料、光电子等结构优化、清洁安全、附加值高的新兴产业发展，以创新驱动增强产业竞争能力。"十三五"期间，金州新区预计培育2—3个新兴产业集群，销售收入争取超过千亿元以上。为了努力培育和形成新的竞争优势，大连正在不断提高自主创新能力，加快建立和完善创新体系，在培植企业技术创新主体、建立公共科技服务平台、科技人员培育和引进等方面不断努力，以期为建设东北地区区域性创新中心、为自由贸易区先导区建设发挥驱动作用。

---

1 2015年金州区（金州新区）政府工作报告［R］. 2014年12月26日大连市金州区（金州新区）第七届人民代表大会第三次会议，2015-1-26.

6. 大连市域打造东北亚自由贸易先导区的政策投放优势

大连既是我国首批沿海开放城市，又是重要的老工业基地城市，无论从东北老工业基地振兴，实现区域经济协调发展的国家战略，抑或是从形成全方位扩大对外开放格局的角度看，大连的发展至关重要，有资格优先获得自由贸易区试点批准。

2016年，大连集中了经济技术开发区、国家级高新技术产业园区、保税区和保税港区、出口加工区、金石滩旅游度假区等国家级开放功能区，以此为依托，大连外贸进出口总额占东北的20%，对日韩贸易占东北的38%，国内生产总值占大连市的36%。特别是《大连金普新区总体方案》已获得国务院批准，以此为契机，大连可以将金普新区建设成为大连面向东北亚开放合作的战略高地，成为带动老工业基地转变发展方式实现全面振兴的先导区。在申报自由贸易区方面，大连保税区集"保税区、保税港区、出口加工区"为一身，具有独特的产业优势、人才优势和开放优势。目前，保税区不断增加金融商务、装备制造、现代服务业等内容，力争以高标准建设自由贸易区升级版。结合政策投放优势，大连整合各技术产业和开放先导区功能，有条件率先启动自由贸易区建设进程，并提升为中日韩、中俄蒙朝自由贸易先导区，为新时期我国深化东北亚区域经济一体化作出卓越贡献。

五、大连市域打造东北亚自由贸易先导区的现存问题分析

目前，东北亚经济圈已经成为世界上最具竞争力和最具潜力的地区。有鉴于此，大连作为我国对外开放的窗口城市以及正在建设的东北亚国际航运中心，应当把握申报自由贸易区的难得机遇，认清并着力解决思想观念、干部作风、地区阻碍、人才缺乏、资金和合作方面的问题，自觉构建并提升为东北亚自由贸易先导区，以扭转竞争劣势，抢占东北亚经济发展的战略制高点。

1. 思想观念落后，不利于达成共识

目前，制约大连乃至东北老工业地区快速发展的根本原因，就是广大干部群众的思想观念尚不适应新形势、新情况和新任务的需要。长期以来，东北传统的黑土地文化与整个区域的发展史紧密相连，对东北地区的开放和发展产生一定的制约作用。具体来说，一是依靠着肥沃的黑土地，东北人形成了靠山吃山、得过且过的怠惰心理，在一定

程度上导致了非农产业发展滞后；二是受计划经济体制影响，东北人形成了对于经济发展缺乏主动性和自觉性的行为模式；三是由来已久的东北地区粗犷豪放的文化特点，表现在生产上就是偏于粗放型的经济增长方式；四是东北区域存在重实轻文的价值取向，这种取向在一定程度上使得东北地区的产业结构偏重，第三产业发展滞后。受此影响，东北地区在历史上长期受到传统思想观念的束缚，从政府到企业家、从官员到民众，普遍受传统的因循守旧的观念影响，使得东北地区长期陷入企业效率低下、经济发展落后的困局，在与国际接轨、吸引外资等方面，发展的活力始终弱于东南沿海地区。由此可见，长期形成的传统思想观念是制约大连先行一步建设自由贸易区的首要因素。

2. 地区藩篱障碍，不利于统一规划

改革开放以来，非均衡发展战略下沿海地区率先发展，之后地区间发展差距有明显扩大的趋势。为此国家着手抑制和解决区域经济发展失衡的问题，其中，在沿海、沿江、沿边的发展战略形成之后，国家逐步设定西部大开发、促进中部崛起、东北老工业基地振兴等战略布局，这是从国家层面来看。与此同时，国家为推进国内各省区之间的区域的竞争与合作，实现区域经济的良性互动发展，相继出台十多个区域发展规划和区域发展指导意见，逐步启动区域主体功能区建设，致力于逐步缩小发展差距，实现区域基本公共服务均等化。然而，目前行政区经济走向区域经济，在一定程度上突破了行政区划的界限，但东北地区各自为战、部门垄断和地方保护问题突出，给地区之间的协调带来诸多掣肘因素：东北区域各省市合作机构隶属于不同部门，组织形式不统一，受体制、利益、绩效考核等因素影响，工作重点难以契合，统筹兼顾与多元化的激励合作机制尚未形成，以及区域经贸合作的基础上，各地方产业转移、资源共享等方面仍需继续推进，跨区域的户籍制度约束，财税、行政审批项目和程序的行政壁垒等体制问题还需尽快解决。

3. 高端人才缺乏，不利于转型发展

资料显示，目前在人力资本投入方面，东北三省处于全国平均水平。但是，从人才对经济发展的贡献率看，东北三省远远低于长三角和珠三角地区。[1]整体来看，东北

---

1 新华网. 专家称东北人才呈三多三少态势值得警惕 [EB/OL]. http：//news.xinhuanet.com/tech/2012-07/06/c_123379052.htm，2012-7-6.

地区高端人才缺乏呈现以下特点：首先，复合型人才缺乏。尤其是缺乏综合素质高、有前瞻意识、善于经营策划的"复合型"人才，以及有广泛影响的学科带头人、文化领军人物和高科技型人才；其次，人才培养制度不完善，目前没有一条完整的发现、培养、提拔、激励制度，不能从制度上保障人才政策的持续和实施；再次，在人才评价方面，东北地区的人才市场人才评价的综合化、产业化水平低，人才市场配置机制不完善，人才市场服务功能不能满足高层次人才配置的需要。应当认识到，东北地区高端人才缺乏，人才对国内生产总值贡献率较低，难以适应高新技术发展的需要，这不利于在新一轮经济结构调整和竞争中，有效发挥高端复合型人才对加快产业发展、优化产业结构方面的积极作用。

4. 资金配套不足，不利于项目落实

从全省范围来看，近年来辽宁省各市GDP增长率普遍下降，这也是东北地区的一个普遍情况。从全国角度来看，与沿海发达港口城市相比，大连市的经济基础较弱，缺乏带动力强、技术水平高的支柱产业和具有高附加值的拳头产品；大多数行业之间缺乏联系，集约型发展程度较低。与广东沿海的珠江、深圳相比，2014年大连国内生产总值8001亿元，分别是深圳的50%、上海的34%。在环渤海经济区的主要城市中，大连的国内生产总值、人均地区生产总值排名居中间水平。大连的经济发展水平制约了商贸流通业、金融业、物流、商务服务等服务行业的发展，而资金配套政策不到位是制约大连东北亚航运中心发展的首要原因，尤其高附加值、高成长性的国际战略工程项目难以落地，招商引资对经济社会发展的拉动效应没能充分发挥出来。

5. 俄蒙对接不力，不利于合作进程

冷战结束后，东北亚各国从政治军事领域转向经济领域，以经济发展为诉求，淡化了因制度和意识形态的差异引起的国家之间的摩擦。当此之际，东北亚区域的经贸合作与发展格局以及东北亚各国的双边关系格外引人注目。俄罗斯、蒙古和中国相依相邻。蒙古是东北亚各国家通往中亚、欧洲诸国的陆路要道。俄罗斯和蒙古两国良好的双边关系不仅于双方有利，更事关中国推进与东北亚和中亚这两个重要地区国家之间的互动关系的现实进程，特别是对中国的经济建设、国家安全战略方面将产生重要影响。中蒙历史源远流长，当前中国的经济优势在蒙古不断扩大，已连续多年成为蒙古第一大贸易伙伴和投资国，然而顾忌到俄罗斯方面因素，双方合作只能选择性地开展。近年来，俄罗斯在蒙古的影响力有减弱的趋势，俄始终希望在蒙古保持一种优越的甚至是排他性的地位。正是这个原因导致俄蒙贸易对接十分不力，甚至曾一度影响到两国的政治关系，这也导致了两国之间的移民、资源共享等多个方面的问题。

六、大连市域打造东北亚自由贸易先导区的推进对策创意

大连领衔打造东北亚自由贸易先导区，有利于进一步加快大连港口、物流及金融服务业发展，形成新一轮招商引资热潮和外资企业结构优化局面，成为我国东北区域振兴发展的新引擎。为此，大连应当进一步深化改革开放，提升产业层次，完善服务功能，提高国际竞争力，进一步深化与东北亚各国各领域的合作，着力破除约束区域经济一体化的体制和机制障碍，为抢先提升为东北亚自由贸易先导区作出务实努力。

1. 克服思想障碍，树立自由贸易价值观念

大连打造自由贸易先导区，要树立正确的、与时俱进的自由贸易价值观，从根本上解放思想，形成建设自由贸易先导区的内在动力。树立正确的自由贸易价值观，可以从以下三个方面着重理解。

第一，根据剩余价值学说，只有在一个日趋开放的时代，劳动才能创造价值。国际贸易越活跃，国与国之间的相互依存越迫切，各国出于本国利益便对于合作利益积极维护。一个国家的经济发展不再以其他国家受损或落后为前提，而是以双方的共同发展作为基础。所以只有互利共赢的开放型发展战略，才能更好地服务于国家战略。第二，贸易与和平密切相关。政治科学家发现一个规律：民主国家之间很少交战。也就是说存在贸易的国家之间战事较少。当两个国家进行贸易时，只有维持和平稳定的状态才能使双方有获利的可能，自由贸易对于维护和平起到的是激励作用。第三，自由贸易的政治文化碰撞。由于国家和地区间的政治文化背景不同，在自由贸易的谈判磋商过程中，一定会发生意识形态的相互碰撞，甚至激烈的摩擦。但世界上所有国家的文化中都有平等互利、维护和平的主张，而中华民族的文化强调包容性，这种文化特性的作用下就可以最大限度地减少与其他国家的冲突，从而使发展自由贸易构建自由贸易区成为可能。中国始终坚持和平共处五项原则，

始终尊重他国合理的经济利益，坚持主张推动贸易和投资自由化、便利化，实现与各国经济政治外交的互利共赢，这理应是指导大连建设自由贸易先导区的价值观念和行为准则。

2. 建立协调机制，处理好各方面利益关系

在后危机时代，全球经济复苏势头企稳，但是复苏的道路曲折漫长。同时，东北亚国际社会安全形势不容乐观。东北亚各国错综复杂的利益关系与受多重因素影响下不断变化的权力结构，使得该地区安全环境具有不稳定性和不确定性。为此，要正确处理东北亚各国的利益关系，以东北亚自贸区为平台，推进地区安全合作，加强经济政策、环境保护与地区安全的协调机制建设。

首先，建立风险规避机制，是东北亚能源安全迫切需要解决的问题。能源安全是国家安全的重要组成部分，而石油安全是能源安全的核心。东北亚地区对中东市场的石油依赖度约为3/4，能源运输主要依靠海运，存在较大的安全风险。[1]东北亚国家应积极构建凝聚多国力量，整合各自资源的多边合作体系，中日韩可以利用各自的资金、技术和劳动力等资源加强与俄罗斯的能源合作，本着互惠互利的原则，变过度竞争为充分合作中的良性竞争。其次，建立经济政策协调机制，抵制各种形式的贸易保护主义，积极推进东北亚区域贸易自由化与便利化，以本区域利益最大化为目标，加强政策协调和配合，简化和规范办事程序，积极营造公开、平等、透明的经贸环境，以投资为纽带提升地区经济一体化水平。再次，建立环境保护协调机制。以可持续发展为东北亚地区经济合作的原则和目标。重大项目的最终决策必须进行环境影响评价后方可启动，对环境评价不合格的项目应暂缓或停止上马。由本区域的环保专家和相关政府官员组成环境影响评价机构，切实增强环境影响评价机制的权威性和独立性。

3. 实施人才战略，注重形成先行先试合力

当今世界科学技术的飞速发展，加剧了国家间综合国力的竞争，这种竞争的背后是人才的竞争。我国几十年的经济发展表明，什么时期尊重知识和人才，什么时期的经济就有较大的发展。我国自新中国成立以来在知识分子政策上几经反复，最终统一

1　陈海英，郭晓立. 东北亚区域能源安全合作模式的选择［J］. 工业技术经济，2008（4）.

了认识，即只有尊重知识、尊重人才，合理地使用人才，才能充分发挥人才在现代化建设中的巨大作用。

高层次人才是自由贸易区获得竞争优势的重要来源，为此大连市域应当实施人才战略，尽快开展与自由贸易区建设相适应的人力资源的开发和培育。第一，联系大连市各高校科研院所，有针对性地开展人才的开发和培养战略；定期调查各行业从业人员技术状况和需求，以此为依据有的放矢地制订人才培训计划；设立员工技能发展基金，建立职业培训中心，负责就业前培训和在职专业技术人员轮训等。第二，形成跨区域的人才联合培养计划，以多样化、复合型人才培养为目标，进行多学科渗透交叉的人才培养的模式研究与实践。注重紧缺型技术应用型人才的素质培养。第三，应改革户籍管理体制，消除政策性障碍，使人才享有较高的国际通行自由度，简化出入境手续，引导企业人才积聚和流动优化配置，构筑区域性的人才资源高地。第四，税收优惠政策激励。为吸引海外人才可适当降低个人所得税税率，公司所得税、营业税等税赋给予优惠政策。第五，建立全球化的人才智库。与全球人才库建立联系，为人才提供行业发展的最新信息和适当的就业机会，为有意寻求职业发展机会的人才和雇主建立联系，提供一站式的工作生活投资服务，形成旅外人才智库名录，随时提供给用人单位以备咨询。

4. 创建开发银行，扶持重大战略工程建设

大连建设东北亚自由贸易先导区，离不开金融业的强力推动和有力支撑，尤其面对当前东北亚各个国家间的自由贸易往来频繁，中国应当积极创建东北亚开发银行，为东北亚自由贸易提供金融支持。

第一，设立东北亚开发银行，重点支持自由贸易区综合交通网络建设、城市供电供水等基础设施以及回报期较长的重大项目建设，做好协同发展的金融服务。第二，打造金融产业服务平台，向国家争取自贸区政策性信贷资金、产业发展基金等方面的优惠政策。发展总部经济引进各类金融总部来大连设立产品研发、客户服务和数据备份中心等后台机构。第三，发挥金融交易中心作用，推进东北亚地区各国家、城市之间交易的互联互通。统一抵押制度，推进区域内支付、清算、信用担保、融资租赁等业务一体化。第四，建立投资基金，扶持多层次、多类型的创业投资，形成结构合理、功能完善的基金业发展格局。第五，重点扶持海洋重大战略工程建设。海洋经济是当前东北亚各国的重点发展领域，更是大连的战略新兴产业，东北亚开发银行应着

重向海洋经济提供金融支持，使重大海洋工程项目能够顺利在大连落地；重点支持海洋战略新兴产业项目建设，加大临港工业和港口码头建设的设备投资；进一步深化金融机构改革，推动完善海洋经济开发金融组织体系；努力健全直接投融资体制，积极促进完善海洋经济开发资本市场；积极推进沿海经济外延发展，逐步扩大区域经济规模；稳步探索海洋金融支持策略，拓展陆海统筹开发空间；能够顺势布局全国海洋开发银行，完善陆海统筹海洋管理金融体系等。

5. 发掘市场潜力，推动自由贸易战略升级

大连市打造东北亚自由贸易先导区需要先行先试推出一系列改革措施，以自我革新的勇气深入解放思想，探索以创新与开放为驱动的发展路径，激发市场潜力，推动自由贸易战略升级。

第一，激发土地供给潜力。通过鼓励出让综合用地，根据土地用途差别化供地，鼓励盘活存量建设用地等方式，最大化利用区内土地资源，提升自贸区土地价值。第二，推进平台经济建设。建设跨境电商平台、特色保税交易平台、大宗商品贸易平台、现代物流平台等一批重点平台经济项目发展，并且在此基础上形成自贸区模式的统一的平台体系，包括金融服务体系、智能物流体系、信息共享体系、信用评价体系、风险统计监测体系等。第三，提升金融服务功能。推进人民币资本项目可兑换、金融利率市场化、人民币跨境使用。引导民营资本和外资金融机构进入金融服务业，建设国际金融交易平台，创新金融市场产品。第四，窗口"一体化"服务。报检业务采取统一窗口运作，统一受理报检，内部分别流转，查验结果相互认可的模式，进出口贸易企业将可享受一站式服务；同时，通过推行负面清单、先批后审、外汇资本金意愿结汇等，提高企业进出口贸易业务效率，为自贸区发展提供更为便利化的服务。第五，进一步推进服务业贸易开放。扩大信息、航运、金融、文化、动漫等优势产业的出口，积极培育研发、设计等新兴服务业的出口，大力培育服务贸易的新型业态，[1]形成以技术、质量、品牌、服务为核心的外贸竞争新优势，提升大连在国际贸易价值链中的地位。

1　沙吉会，张道航. 大连积极申办自贸区　打造开放升级版 [N]. 大连日报，2015-1-20 (B4).

第四部分

东北方向陆海丝绸之路经济带
必须由点连线玉成整体

第●●章

京津冀协同开发开放：经略东北方向
陆海丝绸之路经济带的重要依托区域

中国经济蓬勃发展令人瞩目，但区域发展不平衡现象显得更为突出。其中，城市群之间竞争大于合作。京津冀区域的城市群与其他城市群相比发展表现并不令人满意，需要着力推进京津冀区域协同开发开放，以开放促发展，并且能够作为经略东北方向陆海丝绸之路经济带的重要依托区域。本章着力剖析了京津冀协同开发开放的基本背景、进取态势，并从国际国内经济形势双重影响、国际贸易保护主义抬头明显、"资源环境"与"市场环境"双约束等角度剖析了京津冀协同开发开放所面临的挑战，从而展开推进思路，作出对策创意，即优化贸易结构，提升对外合作质量；推进贸易转型，注重密切产业协作关系；优化贸易措施，进一步提高便利化水平；扩大利用外资，提高外资辐射效益；瞄准重点领域，不断加大对外投资步伐。

一、京津冀协同开发开放的背景解析

改革开放以来，中国经济发展从整体上表现为明显的"南盛北衰"的格局。经过几十年的发展，中国南部经济逐渐进入经济增长相对稳定的调整期。自2002年以来，以京津冀区域为代表的北方经济开始显现发展活力，成为推动中国经济增长的重要力量。

1. 京津冀协同发展上升为国家战略

2015年4月《京津冀协同发展规划纲要》获得通过，标志着国家战略层面对京津冀区域一体化做出了顶层设计，为京津冀协同发展工作有序开展提供了有力的政策支撑。为破解合作中的难题，三地积极探索建立横向与纵向相结合、公平与效率兼顾的区域协调机制。不仅形成了具体落实协同发展工作的横向会商机制，而且通过成立京津冀协同发展办公室审议安排一体化的重大事项，促进了纵向协商机制的完善。可以说，政策机制的有力保障为以区域为整体的对外经济合作创造了条件。

2. 京津冀三地发展阶段具有互补性

表15-1　2014年京津冀区域经济发展概况

地区	人均国内生产总值（元/人）	产业结构	城市化率（%）
北京	93213	0.83∶22.32∶76.85	86.3
天津	99607	1.3∶50.6∶48.1	82.01
河北	38651	12.37∶52.16∶35.47	48

数据来源：统计年鉴（2014年）。

根据钱纳里的人均国内生产总值与经济发展阶段的关系、库兹涅茨的三次产业结构与经济发展阶段关系以及钱纳里等人的城市化率与工业化阶段之间关系，对2014年京津冀三地人均国内生产总值、三次产业结构和城市化水平指标进行综合分析可知，北京处于后工业化阶段，天津处于工业化后期，而河北处于工业化中期。北京高端化、服务化特征明显，构建了以服务经济主导的产业格局，创新是发展的主要驱动力。天津表现为二产为主导，二、三产业并行发展的结构，大规模工业和服务业正处于扩张阶段，正向创新驱动发展阶段过渡。河北的产业体系主要建立在资源型工业的基础上，产业结构层次较低，在区域分工中处于低附加值环节，经济发展质量亟待提升。以上分析表明，北京在后工业化阶段必然遵循产业结构演进规律，提高产业准入门槛，向周边转移不符合首都功能定位的产业和企业。天津为实现更高级别的经济发展阶段，将会进一步拓展发展空间，寻求互补合作的新高地。河北所面临的产业升级的压力较大，承接发达地区的产业转移已成为其必然选择。因此，无论从促进要素资源流动、优化地域空间，还是从发挥增长极的集聚效应等方面考虑，深化对外开放对于处于不同发展阶段的京津冀三地提升区域国际竞争力将具有显著的作用。

3. 北京疏解非首都核心功能焕发生机

改革开放以来，北京经济社会发展水平和"为四个服务"的质量不断提升，然而北京城市人口、资源、环境和发展之间的矛盾日益尖锐，城市病日益凸显。调整疏解非首都核心功能是摆在北京城市发展的首要大事，以此缓解基础设施、公共服务、生态环境对人口的承载压力。"十三五"期间为破解功能、产业、人口过于集中于中心城区的难题，治理"大城市病"，同时缩小远郊地区、环京贫困带与北京中心城区的发展落差，应逐步优化城镇化的空间布局，保持中心城区繁荣的同时，促进外围地区发展，在扩散中实现均衡式协调发展的空间效应。通过产业技术的扩散转移，将促进京津冀产业整合、布局优化和链接融合。通过经济功能疏解促进三地产业对接合作，打造区域间产业发展的利益共享格局，为对外开放的顺利推进创造优越环境。

二、京津冀协同开发开放的进取态势

京津冀区域是我国的政治、文化中心所在地和人口、经济密集区，是我国参与全球经济竞争的重要基地和率先实现现代化的区域，同时也将是我国未来大规模推进国际化的重点地区，在我国政治、经济、社会发展中具有重要的战略地位。特别是随着我国对外开放步伐加快，京津冀区域开发进取态势良好，经济外向度显著提高。

1. 对外贸易态势稳中向好

（1）对外贸易规模

表15-2　2011—2015年京津冀贸易额、增长率、占比（单位：亿美元、%）

年份	北京			天津			河北			京津冀	
	贸易额	增长率	占比	贸易额	增长率	占比	贸易额	增长率	占比	贸易额	增长率
2011年	3894.9	29.1	71.27	1033.91	25.9	18.92	536	27.4	9.81	5464.81	28.42
2012年	4079.2	4.7	71.05	1156.23	11.8	20.14	505.5	-5.7	8.81	5740.93	5.05
2013年	4291	5.1	70.06	1285.28	11.2	20.98	548.8	8.5	8.96	6125.08	6.69
2014年	4156.5	-3.3	68.2	1339.12	4.2	21.97	598.8	9.1	9.83	6094.42	-0.51
2015年	3195.9	-23.1	65.84	1143.47	-14.6	23.56	514.8	-14.2	10.6	4854.17	-20.35

数据来源：根据相关年份的北京、天津、河北统计公报的资料整理。

从表15-2的数据可以看出，北京的进出口贸易额在三地中规模最大，2014年后下滑趋势明显，特别是2015年经历了断崖式下降，已降至3195.9亿美元，但仍绝对领先于津冀两地。增长率下降幅度过快，由2011年的29.1%下降至2015年的-23.1%。在区域中所占比重也逐年下降，已由2011年的71.27%降至2015年的65.84%；天津的进出口贸易额持续上升后于2014年达到1339.12亿美元的峰值。增长率虽然也逐年下降，但下降幅度要明显小于北京。在区域中的比重逐年提升，2015年已接近整体占比的1/4；河北的规模总量变动呈现与增长率同步变化的趋势，2015年进出口贸易额为514.8亿美元，不足天津的一半。增长率波动幅度较大，在区域内的比重于2012年出现下降后逐年提高，至2015年已超过1/10。京津冀地区总体贸易规模在2013年到达了时限内峰值6125.08亿美元后，2014年和2015年连续下滑，其中2015年随增长率的大幅下降，规模总量跌至4854.17亿美元，是"十二五"期间的最低点。另外，京津冀对外贸易中进口占比较大，已成为国内进口贸易的重点区域。2015年，三地进口总额3466.24亿美元，占地区进出口总额的71%，占全国进口总额的21%。

（2）对外贸易结构

货物贸易方面。北京的出口产品中，绝大部分为工业制成品，其出口额占出口总额的80%以上，其中机械及运输设备出口额超过了出口总额的一半，而相当部分的汽车产品的零部件生产工厂设在河北地区。进口产品中，初级产品进口额占到了进口总额的60%，其中矿物燃料、润滑油及有关原料进口额占进口总额的50%以上，铁矿砂主要用于供给河北钢铁产业生产。另外，还有集成电路、飞机等主要工业制成品进口。天津的出口产品中，工业制成品的出口额占出口总额的95%，其中又以机电、高新技术产品为主。进口产品中，工业制成品进口额占进口总额的70%以上，其余为初级产品。进口的汽车、飞机等产品，除满足北京市场需求外，大部分通过北京市场向国内市场分销。河北的出口产品以钢材、轻工、纺织等劳动密集型和粗加工产品为主，进口则主要由能源、原材料等大宗商品拉动。

服务贸易方面。三地服务贸易发展不平衡现象突出，且有不断拉大的趋势。2015年，北京、天津、河北第三产业的比重分别为79.8%、52%、40.2%。可以看出，北京服务经济的特征已十分明显，而天津、河北还相对滞后。在三地服务贸易中，也体现了服务经济的差异特征。北京的服务贸易在规模和结构上都领先于天津、河北，已达到中等发达国家水平，正向高端化发展，以金融服务、信息服务等为代表的新兴服务贸易日趋成熟，技术出口合同金额位居全国首位，2015年实现服务贸易进出口总额

1302.8亿美元。天津虽然作为北方经济发展中的重要一级，但仍没有摆脱传统服务贸易为主的格局，运输服务、旅游服务等传统领域仍有较大规模，而附加值高的新兴服务贸易还未能在优质资源相对密集的环境下得到释放，2015年服务贸易进出口总额初次突破230亿美元。河北传统服务贸易特征更加明显，新兴服务贸易占比仅三成左右，2015年实现服务贸易进出口总额77.5亿美元。从服务贸易发展进程看，京津冀缺乏服务贸易产业链的深层次互动与合作，新兴服务贸易发展未能得到本区域乃至环渤海地区广阔腹地的支撑。

（3）对外贸易依存度

表15-3　2011—2015年京津冀外贸依存度（单位：%）

年份	北京	天津	河北	京津冀
2011年	157.22	59.67	14.29	68.64
2012年	144.65	56.64	12.01	63.29
2013年	136.28	55.39	12.01	61.01
2014年	119.7	52.32	12.5	56.32
2015年	86.66	43.06	10.76	43.62

数据来源：根据相关年份的北京、天津、河北统计公报的资料整理和计算而来，美元与人民币汇率按各年份平均汇率换算。

从表15-3的数据可以看出，三地的外贸依存度存在着较大差距，北京要远高于津冀两地。"十二五"期间，北京、天津的外贸依存度都有不同幅度的下降，但是北京的降幅更大，两地差距明显收窄，至"十二五"末北京为86.66%，天津为43.06%。河北虽然在2014年结束了外贸依存度的下滑趋势，但是2015年再次回落至10.76%，处于时限内的最低水平。从区域整体的外贸依存度来看，京津冀在"十二五"期间逐年下滑，2015年跌落至43.62%，反映出外部市场需求低迷的状况。

2. 实际利用外资有所增长

（1）利用外资规模

表15-4　2011—2015年京津冀实际利用外资额、增长率、占比（单位：亿美元、%）

年份	北京			天津			河北			京津冀	
	外资额	增长率	占比	外资额	增长率	占比	外资额	增长率	占比	外资额	增长率
2011年	70.5	10.9	27.79	130.56	20.4	51.47	52.6	20.5	20.74	253.66	17.55

续表

年份	北京			天津			河北			京津冀	
	外资额	增长率	占比	外资额	增长率	占比	外资额	增长率	占比	外资额	增长率
2012年	80.4	14	27.64	150.16	15	51.62	60.3	14.7	20.73	290.86	14.67
2013年	85.2	6	26.61	168.29	12.1	52.56	66.7	10.6	20.83	320.19	10.08
2014年	90.4	6.1	25.89	188.67	12.1	54.03	70.1	5.1	20.08	349.17	9.05
2015年	130	43.8	31.32	211.34	12	50.92	73.7	5.1	17.76	415.04	18.86

数据来源：根据相关年份的北京、天津、河北统计公报的资料整理。

从表15-4的数据可以看出，天津实际利用外资水平较高，到2015年实际利用外资额已经达到211.34亿美元。增长率有下滑趋势，2015年已降至12%。"十二五"期间，在三地中的占比一直稳定在五成以上。北京实际利用外资水平相对经济规模还有较大提升空间，2015年实际利用外资额为130亿美元。增长率波动较大，2015年实现了43.8%，是"十二五"期间增长最快的年份。占比自2012年持续下降后，2015年实现了反弹，首次在区域中的比重超过了30%。河北是区域内利用外资水平最低的省份，2015年实际利用外资额仅为73.7亿美元。增长率在2012—2014年持续下降，2015年保持了2014年的较低水平。2011—2014年间，占比在20%—21%区间波动，2015年下降至17.76%。从区域整体来看，2015年三地实际利用外资总额冲高至415.04亿美元，增长率在2012—2014年持续下降后，2015年出现了明显反弹，达到18.86%，为"十二五"期间的最大值。

（2）外资投向领域

从外资的投向来看，北京主要集中于体现后工业化发展阶段经济特征的商务、信息、科技、金融、物流等服务为主的生产性服务业，其中投资性总部、金融租赁、科技研发项目增长较快。天津在保持战略性新兴产业和高端制造业引资规模的同时，服务业引资比重逐渐上升，特别是现代服务业领域已成为外资新的重点投向，引资结构总体呈现优化趋势，表现出了工业化后期的发展特征。河北的引资与处于工业化中期阶段，并加速推进工业化进程是相吻合的，长期多集中于工业项目，并且资源消耗、劳动密集型项目居多，多为一般制造业，水、电、气的生产与供应业。因城市规模、区位和配套产业的因素，河北的商业、金融和旅游等服务业领域外商投资较少。从区域总体来看，外资投向与京津冀各地的发展阶段和经济结构具有较好的契合关系，京津两地与河北具有明显的互补性。虽然利用外资对于促进京津冀区域经济发展起到了一定作用，但关键技术外溢效应还不够理想，亟须为提升区域创新能力而助力。

（3）外资依存度

表15-5　2011—2015年京津冀外资依存度（单位：%）

年份	北京	天津	河北	京津冀
2011年	2.85	7.54	1.4	3.19
2012年	2.85	7.36	1.43	3.21
2013年	2.71	7.25	1.46	3.19
2014年	2.6	7.37	1.46	3.23
2015年	3.53	7.96	1.54	3.73

数据来源：根据相关年份的北京、天津、河北统计公报的资料整理和计算而来，美元与人民币汇率按各年份平均汇率换算。

从表15-5的数据可以看出，区域内天津的外资依存度最高，北京、河北与天津差距较大，京津冀三地都在2015年达到了"十二五"期间的峰值。天津在经历了2012年和2013年的持续下降后，2014年开始反弹，2015年外资依存度实现了7.96%。北京在2013年和2014年连续两年下降后，2015年止跌回升至3.53%。河北是三地中外资依存度最低的，"十二五"期间表现出提高的态势，2015年增长至1.54%。京津冀整体的外资依存度不高，"十二五"期间波动较大，虽然2015年提高至5年内最高的3.73%，但与国家三大发展引擎中的长江三角洲和珠江三角洲相比仍差距明显。

3. 对外投资规模逐步扩大

北京的境外投资主要集中于拉丁美洲和亚洲地区，行业主要是租赁和商务服务业、房地产业、批发零售业。对外承包工程主要集中在房屋建造类、交通运输建设类和水利建设项目。2015年，北京境外投资中方实际投资额95.55亿美元，比上年增长75.0%。对外承包工程完成营业额35.5亿美元，比上年下降0.7%。天津的境外投资主要集中在美国及东盟地区，投资的主要领域有港口、基础设施合作和机械、化工、电子零部件等。对外承包工程项目主要集中在石油化工、电力工程、交通运输建设、工业建设、房屋建筑等行业。2015年，天津境外投资中方实际投资额74.61亿美元，比上年增长1.6倍。对外承包工程完成营业额47.63亿美元，比上年增长18.1%。河北的重点分布在新加坡、印度、马来西亚等亚洲国家和地区。制造业是对外投资中位居首位的产业，其中设备制造业最为突出，另外在化工业、批发零售业和采矿业也有一定的投资比例。对外承包工程项目主要集中在石油、建材和电力等行业。2015年，河北境外投资中方实际投资额23.5亿美元，比上年增长51.7%。对外承包工程业务完成营业额35.7亿美元，比上年下降12.6%。从京津冀对外投资的整体格局来看，近年来出现了一些新的趋向，如在投资主体上，民营企业日益成为"走出去"的主力军，在投资区域上逐步向"一带一路"沿线国家和地区倾斜。同时，如具有国际经验和竞争力的本土投资银行、律师和会计师事务所等中介机构对参与境外投资企业的服务能力还相对不足等现象也较为突出。

三、京津冀协同开发开放面临新挑战

经过改革开放的30年发展，京津冀城市群取得令人瞩目的发展成就，但是与长江三角洲城市群和珠江三角洲城市群相比，还存在一定差距，这就需要分析京津冀区域在发展过程中存在的问题，才能对症下药，实现更大的发展。

1. 国际国内经济形势双重影响

国际金融危机虽然已经过去8年，但后续影响仍在持续发酵，主要发达经济体投资和消费的疲弱态势没有得到明显改观，而金融领域去杠杆化的持续，则使产能过剩形势不容乐观。受世界经济整体表现低迷的影响，我国重要贸易伙伴有效需求不足，进口消费品和资本货物显著下降，同时跨国公司等主要市场主体的投资能力和意愿还难以恢复到危机爆发前水平。国际宏观经济形势的动荡，使京津冀三地对外贸易和吸引外资受到较大波及，出口企业订单减少，利润大幅下跌，未来出口前景仍存在较多不确定性因素，而如何提高吸引外资能力、优化外商投资结构方面都需要在政策和营商环境上作出适当安排。目前，国内经济正在经历着"三期叠加"的深度调整，国内市场低迷对进口需求增长起到了负面效应。特别是京津冀优化生产力布局背景下，淘汰落后产能、限制低端产业发展已成未来时期的发展共识，这将对投资需求起到一定的抑制作用，从而会降低对资本品和原材料的进口需求。

2. 国际贸易保护主义抬头明显

世界各主要经济体为尽快缓解全球性金融危机所造成的冲击，达到实现扩大出

口、增加就业的目标，而不断采取各种贸易保护措施。与危机前不同的是，各国的贸易保护措施由防御性转向以邻为壑，贸易摩擦进入多发区。为解决实体经济空洞化问题，发达国家普遍实施了"再工业化"政策，鼓励本国在海外设立的企业将工厂搬回国内以减少在海外的投资，显现了投资保护主义抬头的迹象。同时，很多国家实施了以进口替代为特征的产业政策，对相关行业进行财税和金融支持。值得注意的是，主要发达国家已将保护主义延伸到新兴产业，企图以资金和技术优势，控制新兴产业研发、生产的关键领域与关键环节，制造技术贸易壁垒。京津冀作为我国重要的科技资源聚集和产业引领区域，正面对贸易保护主义向新兴产业蔓延和高技术引进受到严格限制的复杂环境，北京、天津重点打造的信息技术、生物技术、节能环保、新能源等新兴产业的发展会受到一定的制约。

3. "资源环境"与"市场环境"双约束

京津冀作为首都经济圈的空间范畴，在过去近40年的发展中，工业化和城镇化进程加速推进，但同时由于资源环境空间管制不力，城镇建设用地增长过快、工业园区企业污染排放超标、城乡能源消费结构亟待优化等问题凸现，大气污染物和水污染物排放量已超出环境容量，造成区域生态功能弱化和区域性环境问题频发。京津冀属于资源型缺水地区，加之近年来城市规模的急剧扩张，造成用水需求逐年加大，水资源供需一直处于紧平衡状态。可以看到，京津冀经济社会发展与资源环境承载力不足的矛盾正日趋尖锐，"不宜居""不宜业"已经成为制约区域发展的短板。京津冀虽然作为我国三大发展引擎之一，但多年来由于诸多行政壁垒造成市场一体化进程缓慢，而政府对微观经济活动的过多干预，促使地方各级政府实际成为政企不分的市场主体，对具有活力的非公有制企业带来了挤出效应，进而引发资本市场的活力与动力相对不足，资本需求未能得到有效激发，市场行为被一定程度扭曲。"资源环境"与"市场环境"双约束下，客观上对国际先进生产要素引进和知名企业落户产生了负面效应，不利于增强区域的整体对外开放能力。

四、京津冀协同开发开放的推进思路

根据京津冀区域自身特点，要全面实现该地区城市群协同开发开放，应在整体上明确推进思路，做到有的放矢、循序渐进。

1. 发挥区位优势，大力拓展开放空间

京津冀地处东北亚经济圈的中心地带，又处于亚欧大陆桥的战略要地，有着面向东北亚、中亚以及欧洲实施全方位开放的区位优势，对于我国扩大对外开放有着重要的地缘意义。在国家对外战略的总体布局下，京津冀巩固同美国、东盟、拉美等传统贸易伙伴关系的同时，应利用地缘优势，加大与欧洲、中亚和东北亚区域的合作，扩大国际贸易版图，开拓新的贸易格局。通过推动"一带一路"建设中陆路、陆海、航空、网络传输通道等基础设施建设，延伸对外经贸的空间范畴，建立与亚投行、丝路基金等平台的对接机制，促进优势产业在沿线国家和地区布局，深化国际产能和商贸流通合作，凸显其在"一带一路"建设向北开放中的重要作用。东北亚经济圈内各国由于地理位置相互连接和接近，经济利益相互关联，是我国对外经贸往来的重要区域。京津冀应充分利用居于东北亚核心地理位置的区位优势，不断开展与区域内各经济体的交流，加强地方间的次区域合作，提升在东北亚经济中的活跃度和融合度。目前，东北亚政治环境复杂，双边及多边贸易往来受到一定干扰，在此背景下，一方面要在维护好国家利益的前提下，继续保持与日韩之间的经贸与技术合作；一方面要开拓东北亚贸易的新格局，充分挖掘俄罗斯远东地区、蒙古、朝鲜的丰富能源和矿产资源的市场潜力，加强在基础产业上的开发力度，提高区域经济发展所需的能源资源保障能力。

2. 发挥协同效应，打造门户开放高地

发挥好首都经济圈在国家对外开放中的独特优势，打造凸显国家门户地位的国际交往战略高地。目前，国家正在实施京津冀协同发展、"一带一路"、长江经济带三大决策，其中除长江经济带外，其他两个直接覆盖京津冀区域，凸显了京津冀在未来国家战略中的经济带动作用。特别是京津冀协同发展战略为打造国家重要发展高地作出了顶层设计，深化对外开放对打造区域增长极意义重大。在这一战略背景下，应通过区域协调发展体制，不断打破行政壁垒，以调整优化区域生产力布局为导向，夯实发展基础，构建统一开放的区域市场，深度参与全球分工。在这一过程中，要优化对外开放的软硬件环境，促进全球高端要素资源聚集，有效提升区域整体竞争力，在全国对外开放格局中成为具有突出作用的板块。应根据京津冀协同发展战略中对北京"国际交往中心"、天津"北方国际航运核心区、改革开放先行区"的定位，突出北京的

"一核"作用，加强北京、天津的"双城"联动效应，通过两地深化合作实现同城化发展，在京津冀对外交往与经济合作中发挥引领和带动作用。此外，优化京津冀城市群空间结构，发挥区域节点的各自比较优势，打造对外开放的载体平台。提高石家庄、唐山、保定、邯郸等区域性中心城市和张家口、承德、廊坊、秦皇岛、沧州、邢台、衡水等节点城市的城市综合承载能力和服务能力，打造成为区域内具有竞争力的开放窗口。

3. 统筹一体设计，强化利益共享导向

做好首都经济圈统筹发展的格局设计，以宏观布局为统领，市场一体为目标，共促对外开放成为区域发展的重要牵引力。要提高统筹协调能力，建立三地相关职能部门的联动会商与协作机制，以规划协同作为顶层设计的主要手段，密切联结区域内贸易、投资与服务的链条。要实现区域内政策共享，对三地各自获得的国家批准的先行先试政策，可探索在其他两地符合条件的特定区域直接推广采用。特别在保税功能相互延伸上要率先实现突破，将天津自由贸易区的保税政策向北京、河北辐射，促进京冀腹地实现保税功能的覆盖。北京天竺综合保税区在空港建设中要发挥作为首都空港的区位优势，积极探索、先行先试，对可复制的优惠政策向天津、河北延伸，实现贸易便利化、引资结构优化和金融创新模式的共享。要加强设施整合与对接，根据各地功能定位和对外战略需要，合理规划布局综合保税区、出口加工基地、口岸等对外开放前沿地区，并整合区域基础设施系统，特别是交通运输系统、能源系统和市政设施系统，通过有效对接与协作，建立高效畅通的物流体系，降低经济圈内要素流动成本，提升区域对外往来中的经济关联性。完善资本市场、产权市场、技术市场和人才市场，实现资本、技术、人才等要素的自由流动，在贸易转移、生产转移、投资转移效应日益显现的基础上，提高区域经济系统的开放度。

五、京津冀协同开发开放的对策创意

贯彻落实国家区域发展总体战略部署，促进区域协调发展、协同发展、共同发展，京津冀区域开发开放，应当注重优化贸易结构，提升对外合作质量；推进贸易转型，密切产业协作关系；优化贸易措施，进一步实现便利化；扩大利用外资，提高外资辐射效益；瞄准重点领域，加大对外投资步伐。

1. 优化贸易结构，提升对外合作质量

京津冀在发展对外贸易中应通过培育贸易新型业态和功能，实现量的扩张与质的提升。培育壮大贸易主体，在深化国资国企改革中推动大型贸易企业通过引入非公有资本和集体资本实现投资主体多元化，达到放大国有资本功能、提高企业国际市场竞争力的目的。鼓励和扶持具有全球战略眼光和国际营销能力的民营企业开展海外业务，开拓国际市场，培育民营经济成长为区域对外开放的生力军。积极推动货物贸易结构升级，在出口方面，具有一定技术优势的航空航天、3D打印、节能环保等产业应向国际市场扩张，并将贸易产业链向研发设计、营销服务延伸，增强贸易产业国际影响力。扶持具有自主品牌和知识产权的高附加值产品出口，推动贸易产业链向高端演进。在进口方面，积极发展离岸贸易和转口贸易，扩大核心技术、先进设备器械、精密仪器、高档消费品的进口，并推动商品进口流程的全程便利化，通过建立国内市场渠道，扩大京津冀进口高端产品和技术对国内其他地区的辐射效应。要及时跟进产业结构优化调整步伐，促进服务贸易结构升级。发挥好首都经济圈的资源优势，加大制造业国际贸易中包装、运输、售后服务、品牌管理的增值服务，支持发展文化、教育、科技等新兴服务贸易。加强信息互换，密切三地外包产业合作，共同开拓境外服务外包市场，并促进服务外包延伸至价值链高端。

2. 推进贸易转型，注重密切产业协作关系

根据三地各自比较优势，通过各地产业结构的调整和空间重组，打造产业内部纵向与产业之间横向紧密联系的区域产业链，促进开放型产业梯次发展。北京、天津的货物贸易中，机电和高新技术产品占有较大的出口比重，而河北则以劳动密集型和粗加工产品出口为主。近年来，由于土地、劳动力等要素成本增加和技术扩散的需要，应利用好河北空间资源和要素价格相对低廉的优势，将部分京津两地的制造业和高新技术产业向河北转移，并通过财税手段加速企业向河北境内的京津冀共建产业园区转移，在形成京津冀区域优势互补产业链的同时，实现河北产业结构的升级，进而推动河北出口货物贸易转型。针对天津、河北在服务贸易领域与北京有着较大差距，仍然主要集中于传统领域的现状，要优化两地服务业结构，逐步提高附加值高的新兴服务贸易的比重。其中，以京津冀协同发展和天津自由贸易区建设为契机，加强京津两地新兴服务业合作，鼓励金融、保险、咨询等行业向天津聚集，促进天津服务贸易率先

转型。推动有条件的河北省内城市承接京津两地转移出来的信息、通信等行业，通过技术引进转变贸易增长方式。

3. 优化贸易措施，进一步提高便利化水平

加速京津冀要素跨境流通速度，降低企业贸易成本，就要改善外贸服务体系，全面推进贸易便利化，为京津冀区域经济企稳向好发挥支撑作用。加强三地口岸通关协作，深化区域通关一体化改革，逐步建立完善大通关制度，形成统一规范的口岸管理体制，探索开展"一站式"通关服务，实现三地口岸相关管理部门信息互换、监管互认、执法互助，为贸易企业和商务活动提供方便、快捷的通关服务。增强内陆口岸与沿海口岸的合作，促进京津冀内陆开放向纵深发展。发挥好"互联网+"作用，推进三地国际贸易信息互联互通，简化跨境贸易和投资人民币结算业务流程，降低企业交易成本。利用好物联网技术与平台，促进"物联网+"的运用，加强三地物流企业合作，合力打造一流的物流仓储设施，开展国际物流服务。建议在探索天津自由贸易区发展的基础上，在首都新机场临空经济区建立覆盖北京、天津、河北的综合度更高，辐射范围更广，更具有区域整体利益的自由贸易区。并在新贸易区内配置更多贸易功能，培育符合国际市场发展形势的新型业态，促进京津冀对外开放迈向深水区。

4. 扩大利用外资，提高外资辐射效益

在京津冀区域经济转型升级的背景下，促进存量外资企业向低污染、低能耗、低水耗和高附加值转型，同时实现向研发、采购以及结算等功能的拓展。在承接国际产业转移和吸引外资中，推动增量外资更多投向先进制造业、战略性新兴产业、现代服务业，鼓励参与新型城镇化建设和国有企业改制重组。应扩大利用外资的溢出效应，逐步从传统的"引资""引技""引产能"向更加注重引进和培育国际化高端管理和技术人才，吸收现代管理理念转变。应在创新产业集群招商和配套招商模式中，结合三地各自功能定位，发挥好京津两地技术与人才优势、河北要素价格与空间优势，优化引资空间布局，加强外资在区域内的产业协作关系，形成跨国公司总部及其研发、运营、结算和采购中心在京津两地，生产基地在河北的分布模式。另外，为京津两地置换更多发展空间，同时有效利用河北的生产空间，还应引导在京津两地有转移需求的外商投资企业向河北具有一定生产和服务功能的城镇和产业园区转移。

5. 瞄准重点领域，不断加大对外投资步伐

实行对外投资向价值链高端延伸战略，推动京津冀企业投资于欧美发达经济体具有比较优势的价值链环节和领域，通过建立研发中心和营销网络，或直接收购优质企业，获取研发、营销、品牌等战略资产。为淘汰和转移京津冀过剩产能，同时规避贸易保护主义的阻碍，要鼓励具有比较优势的制造业企业直接在境外投资建厂，并支持三地企业共建境外产业园。为缓解能源资源类生产要素供求平衡的压力，应鼓励在能源资源丰富的国家和地区直接投资，建设能源供应基地和原料基地，降低因通过贸易方式获取能源资源而受到国际市场价格波动的影响。整合三地资源，加大对外基础设施投资力度，促进技术、装备和资本联合开拓新市场。支持建筑设计、建筑材料、工程施工企业发挥各自优势，联手开拓海外市场，承揽境外工程和劳务合作项目。在企业走出去的过程中，要做好服务工作，共建京津冀境外营销网络，实现相关企业之间信息资源共享。引导金融、会计、咨询、法律等领域的企业或机构更好地服务于海外投资和对外援建项目。

第十六章

辽宁沿海经济带开发：打造东北方向
陆海丝绸之路经济带的地域格局

　　辽宁沿海经济带地处我国东北沿海地区，毗邻黄海和渤海，包括大连、丹东、锦州、营口、盘锦、葫芦岛这6个沿海城市所辖行政区域，陆域面积5.65万平方千米，海岸线长2920千米，海域面积约6.8万平方千米。2010年末，常住人口约1900万人，地区生产总值7050亿元，人均地区生产总值39415元。辽宁沿海经济带是东北老工业基地振兴和我国面向东北亚开放合作的重要区域，在促进全国区域协调发展和推动形成互利共赢的开放格局中具有重要战略意义。特别是在当前世界经济版图发生新变化、海洋领域革命新潮流即将到来、全国范围进行现代产业建设之际，辽宁沿海经济带作为全国海洋经济布局重要部分，东北地区唯一的沿海区域，新兴的现代产业基地和国家战略投放区域，迎来了难得的发展契机。国内外发达城市及成功企业的发展经验表明，无论是在宏观还是在微观经济领域，形象的力量虽不能直接度量，但是对于一个区域寻求突破、谋求发展存在潜移默化的深远影响。因此，辽宁沿海经济带应在恰逢东北方向陆海丝绸之路经济带规划开发的机遇期内开拓创新，在推进落实国家区域发展布局中谋划和定位辽宁沿海经济带的外经贸工作，找准与沿线国家的合作契合点，加快实施"走出去"战略，逐步形成自觉全面融入"一带一路"建设的区域合作大格局。并且在这一进程中，借助国家区域大战略将辽宁沿海经济带的形象打造成品牌，并发挥形象感染力和品牌影响力，为辽宁沿海经济带发展培养潜力、明晰战略目标、拓展发展空间。

一、打造辽宁沿海经济带的时代价值

国务院常务会议在2009年7月1日讨论并原则通过《辽宁沿海经济带发展规划》，表明辽宁沿海经济带开发已经上升为国家战略，将为东北老工业基地的全面振兴注入动力，也能够为环渤海经济圈的整体开发提供助力。这是长期酝酿逐步形成的大思路，从中央到地方都很重视。《辽宁沿海经济带发展规划》指出，辽宁沿海经济带是东北老工业基地振兴和我国面向东北亚开放合作的重要区域，在促进全国区域协调发展和推动形成互利共赢的开放格局中具有重要战略意义。

1. 辽宁沿海经济带开发是完善我国海洋经济布局的需要

辽宁沿海经济带地处环渤海地区重要位置和东北亚经济圈关键地带，资源禀赋优良，工业实力较强，交通体系发达。辽宁沿海经济带的开发，对于振兴东北老工业基地，完善我国海洋经济布局，促进区域协调发展和扩大对外开放，具有重要战略意义。[1]

《全国海洋经济发展规划纲要》依据自然条件、经济水平和行政区划，把我国海岸带及邻近海域划分为11个海洋经济区，辽宁海域涵盖了其中3个，可见辽宁沿海在全国沿海经济布局中具有重要地位。然而，很长一段时期内，辽宁沿海的表现并没有像长江三角洲、珠江三角洲一样引人注目，我国沿海持续呈现"南重北轻"的局面。但从2009年起这一局面发生清晰转变——《辽宁沿海经济带发展规划》在国务院常务会议上的通过和启动实施，一方面，承接了国家大力开发海洋经济区的方针，是我国对发展海洋经济新一轮的战略投放；另一方面，由于区位相邻，辽宁沿海经济带开发战略是对随后推出的《黄河三角洲高效生态经济区发展规划》和《中国图们江区域合作开发规划纲要》等区域规划的有力支持和推动，这不仅在全国的沿海区域开发战略中，而且对于完善全国海洋经济开发布局，起到了承上启下的重要作用。又由于党的十八大提出建设海洋强国、发展海洋经济的战略部署以来，我国海洋经济保持持续增长势头，总体实力不断提升，海洋经济已成为拉动国民经济发展的有力引擎。"十三五"规划纲要提出，要拓展蓝色经济空间，坚持陆海统筹，发展海洋经济，科学开发

1　周克坚，等. 东北优化开发主体功能区经略论 [M]. 北京：人民出版社，2009.

海洋资源，保护海洋生态环境，维护海洋权益，建设海洋强国。这标志着我国沿海经济下一阶段将以全方位开发为目标。承担国家使命，辽宁沿海经济带的开发应当对完善全国海域经济布局、促进海洋开发的国家战略全面实施，促进"新东北"经济增长极构想的实现负责。

2. 辽宁沿海经济带开发是环渤海经济圈开发的重要部分

辽宁沿海经济带处于环渤海地区，所以这个经济带的开发开放对于京津冀都市圈、山东半岛城市群的经济区可以形成互动，起到内外联动、优势互补、相互促进的作用。另外，从经济区位方面来看，辽宁沿海经济带加快开发开放，对提升我们与东北亚地区的经济合作，包括其他的区域经济合作具有很重要的意义。

在区域发展新战略下，我国经济版图逐渐发生了历史性的突破，区域一体化特征逐渐凸显。2014年12月11日，中央经济工作会议指出，要重点实施"一带一路"、京津冀协同发展、长江经济带三大决策。"十三五"期间，这三大区域经济带将成为我国区域发展与合作的战略重点。在新的经济格局中，加快环渤海地区合作发展，是推动落实"一带一路"、京津冀协同发展重大决策和深入实施区域发展总体战略的重要举措。而区域间的配合则是新时期的必要途径。长江三角洲、珠江三角洲的成功经验表明，经济区的崛起需要淡化行政区划概念，贯彻区域经济协调发展战略。辽宁沿海经济带作为环渤海经济圈的一部分，造船等产业表现突出，港口产业也具有重要地位，是环渤海发挥增长极作用不可或缺的部分。通过辽宁沿海经济带的开放作用，环渤海经济圈还可以借助于俄罗斯、蒙古的资源条件，发挥技术模仿与技术引进等后发优势。综上，辽宁沿海经济带开发开放应积极推进海洋经济和大力发展潜力产业，实施协作化战略。潜力产业是待开发的、未来具有广阔市场前景的产业，也是产业结构升级、经济可持续发展的接替产业。从国内外发展态势看，海洋资源已成为经济发展的战略性资源，海洋经济成为重要的潜力产业，山东在海洋产业十三大类中选择八大产业作为潜力产业重点发展；河北和天津部分地区掀起填海造地热，渤海已经成为各省市争夺的重要目标。而辽宁沿海经济带的海洋经济以传统产业为主，总量较小。辽宁拥有广域的海洋资源，应增强海洋意识，由沿海向海洋进军，否则将会在新一轮的海洋经济发展中丧失更多的开发利益。目前，辽宁应在提高海洋渔业科技含量和产品附加值的同时，增加海洋二、三产业比重，重点发展海洋船舶业、海洋油气开发、海洋能源以及海洋生物工程等潜力产业。

3. 辽宁沿海经济带开发为东北老工业基地振兴提供引擎

辽宁沿海经济带作为东北沿海的特殊区位条件、优良的资源禀赋及其工业基础和交通体系，使辽宁沿海经济带成为东北老工业基地振兴的引擎。除对东北腹地经济总量的拉动外，辽宁沿海经济带沿海的港口群、已有一定基础的临港产业都是发展海洋经济的优势条件，是促进东北老工业承接国际先进产业转移的重要亮点。东北区域所有的港口资源都集中于辽宁，这些港口为东北腹地的国际贸易和货物转运提供了畅通的运输方式，是促进区域经济发展的优势资源；而东北腹地的经济发展，也会增加辽宁港口的功能和货物吞吐量，从而使港口所在的城市发展壮大。因此，辽宁沿海经济带与东北腹地的互动发展，不论在深度上还是在广度上都有待进一步加强和深化。

辽宁沿海经济带积极实践开发开放战略，已取得了一定成果，已成为推动东北老工业基地振兴的新的助推器。新时期东北老工业基地振兴战略仍是党中央、国务院在新的历史时期实施的重要战略。党的十八大报告明确提出，继续实施区域发展总体战略，充分发挥各地区比较优势，优先推进西部大开发，全面振兴东北地区等老工业基地，大力促进中部地区崛起，积极支持东部地区率先发展。因此，还应当在已取得成果之上做切实推进。加快推进东北方向陆海丝绸之路经济带建设，形成辽宁沿海与东北腹地互动发展的新格局，是加快东北老工业基地全面振兴的重要措施，是培育新的经济增长极、打造全方位开放的新格局的重大战略部署，具有极其重要的区域价值和现实价值。辽宁沿海经济带的现代服务业、高新技术产业是以服务东北腹地为主要宗旨的，沿海与腹地的产业互动是东北腹地进行产业结构调整、升级的重要渠道之一。区域之间实行灵活互利的资源配置政策，促进辽、吉、黑及内蒙古东部地区各类生产要素自由流动，有效整合资源，拓宽发展空间；必须加强辽宁沿海与蒙东等腹地在能源、原材料、矿产资源开发等方面的合作力度，促进沿海地区提供港铁联运等便捷、高效的出海通道，腹地提供煤炭等丰富的矿产资源，实现辽宁沿海经济带与东北腹地货物实现港铁联运、联营关系，形成利益共同体；必须加快推动辽宁沿海经济带与东北腹地在关键技术装备、人才交流与培养、信息咨询服务等方面的合作交流，逐步打破行政区划界限，建立互联互通的人才、信息、技术等方面的共享平台；必须发挥大连作为辽宁沿海经济带核心城市的牵动作用，积极构建区域企业总部基地，为东北地区产业发展提供技术、信息咨询等综合服务；必须推动辽宁沿海经济带所在区域的企业积极牵手省内合作者，加强与黑龙江、吉林两省的合作关系，打破地区封锁和市场分割，优化资源组合，加快东北区域经济一体化进程。

4. 辽宁沿海经济带开发有利于造就东北亚区域合作关系

东北亚地区各国发展水平差别较大，产业结构与层次相去甚远，资源、资金、劳力、市场环境千差万别，因此区域合作前景广阔。辽宁沿海地带依靠连接东北亚各国的地缘优势，联动包括环渤海等我国其他区域参与东北亚合作与交流，有利于促进区域内资源的优化配置，推动东北亚由多个双边合作向多边合作转化，加快实现东北亚区域经济合作的战略升级目标。一方面，辽宁沿海经济带开发有利于"引进来"战略发挥，辽宁沿海经济带得天独厚的地缘优势，方便承接日韩产业结构的调整转移，吸收日本、韩国先进的科学技术、管理方法和项目投资，加快自身产业结构的调整和升级；又能够加强与俄罗斯的经济技术交流与合作，充分利用西伯利亚与远东地区丰富的石油天然气资源，借以缓解我国资源相对不足的困境，从而打破能源供给"瓶颈"，实现经济可持续发展。另一方面，辽宁沿海经济带开发有利于"走出去"战略发挥，辽宁沿海经济带在高新技术项目的研发、转化方面有相当大的操作能力，对俄罗斯、日本和韩国具有一定的吸引力。

随着世界经济重心向太平洋地区的偏移，东北亚经济圈成为全球最具潜力的发展区域之一。各国产业梯度明显、互补性强、地缘相近、文化相亲，合作潜力巨大，发展前景广阔，有望成为世界第三大经济区。辽宁沿海经济带地处东北亚的中心地带，在区域与国际分工中扮演了重要角色，作为东北地区沿海开放的前沿，已经在东北亚区域经济合作中发挥了独特的作用，有潜力成为东北亚区域经济的核心。此次东北方向陆海丝绸之路经济带的进取方向，更有利于将其诸多优势转化为对东北亚影响力的强大推动力。因此，在对辽宁沿海经济带国家战略形象进行考量时，应当将东北亚的区域合作关系作为考虑内容之一，以使其更好发挥作用，推动东北亚区域一体化进程，促进区域合作交流，履行责任，增强东北亚转危为机的能力。

二、打造辽宁沿海经济带的基本内涵

作为东北地区的区域引擎和现代产业基地建设的先行区，辽宁沿海经济带在进行创新、吸引投资和国际化发展等方面显示出了潜力。因此，辽宁沿海经济带应根据自身的这些特点，在东北方向陆海丝绸之路经济带的建设过程中注重树立"有活力、有实力、有亲和力"的区域形象，这种区域形象应体现在经济与文化两个方面，具体来说，包括以下几个目标。

1. 树立有活力的现代产业集聚带形象

在经济方面，"有活力"体现在：现代产业对传统粗放型产业的取代、逐步完善的产业链条、优化的产业结构。辽宁沿海经济带在现代产业建设、产业结构调整优化上已经取得了阶段性成果，如果继续追求卓越、敢于争先，努力建成现代产业基地，则能够使其经济沿着健康的轨迹发展，从而使辽宁沿海经济带在实现经济实力不断增强的同时，不断挖掘自身潜力、发挥优势，成为一个非常具有吸引力的、经济发展充满活力、前景广阔的经济区域。这种经济充满活力的区域形象将增加中国市场乃至国际市场对辽宁沿海经济带发展的预期，伴随着这种预期而来的将是资金、人力、技术的注入，又为辽宁沿海经济带发展增加动力。

一方面，从供给层面来看，产业集聚其实就是要素集聚。因此，影响要素集聚的因素自然就是影响产业集聚的因素。在产业集聚效应形成过程中发挥决定性作用的则主要有四种要素，即人才、技术、资金和市场。通过人才、技术、资金和市场四大集聚的相互作用，形成了辽宁沿海经济带的专业化产业集群或特色产业集聚区。辽宁沿海经济带上升为国家战略以来，在政府政策的强力引导下，新兴集聚产业和特色集聚产业正逐渐向工业园区集中、向更高级别和更具国际竞争力的现代产业集聚区的建设目标迈进。在产业集聚经济增长转型的过程中，沿海经济带集聚产业经济的规模不断扩大，技术含量和品牌竞争力正在不断提高。从地域空间看，沿海各市集聚产业有着各自的行业类别和特点，产业集聚丰富多样。从行业类别看，沿海经济带集聚行业主要集中在适合大中型企业经营的装备制造业、原材料工业、石油化工产业、有色金属冶炼业，企业间的分工和协作日趋紧密。另一方面，当今经济全球化、区域一体化进程不断加快，城市群与都市圈的建设在区域经济开发中显得愈加重要；随着全球性产业转移潮流的形成，发达国家与新兴工业化国家的制造业、现代服务业越来越快地向发展中国家转移；科技进步极大地推动了国家创新体系、区域创新体系以及产业创新体系的加速建立，形成了以高科技为支撑的产业集群。城市群是工业化与城市化进程中逐渐形成的一种高级空间组织形式，是实现区域经济发展的动力和参与国际竞争与合作的战略点、切入点。近年来，国内沿海地区高度重视沿海城市群的建设与临港产业的发展，将沿海地区的率先发展作为区域经济发展的核心内容，把加强港口建设和加快发展临港经济作为促进经济发展的战略支撑点。区域经济一体化、全球性产业转移以及知识经济时代的到来为辽宁沿海城市群提供了快速发展的机遇，辽宁沿海经济带应当把握机遇，在区域内实现跨行政区域的综合产业集聚带的战略形象。

2. 树立有实力的龙头经济带形象

"有实力"的经济振兴带形象主要指积累雄厚的海陆经济实力，使海洋与陆域经济共同呈现出振兴之势。当今世界，新一轮的信息科学、生命科学、海洋科学三大革命方兴未艾，实践孙中山先生提出过的"经略海洋"战略的时机已经成熟，各沿海区域应共同下功夫将海域整合为新板块。辽宁沿海经济带，也是中国从海洋大国向海洋强国实现战略转进的重要组成部分，因此，需要提高海洋经济实力，使海陆经济都呈现振兴之势。随着区域竞争力的提高，辽宁沿海经济带在中国、东北亚地区，乃至全球的地位都必将随之提升，"实力雄厚、值得信赖、有能力承担"的形象也应随之树立起来。

辽宁沿海经济带业已形成了若干个颇具竞争力的临港产业。造船、机床、内燃机车、成套设备等装备制造业具有较强的国际竞争力；石化、冶金等原材料工业在国内具有举足轻重的地位。大连的数控机床和船舶制造、营口钢铁深加工、长兴岛石化、丹东仪器仪表、锦州光伏产业、盘锦石油装备等一批具备比较优势的产业集群，产业分工较为合理，良性竞争的态势已初步形成。找准优势，错位发展，是生存法则。经济发展一定要走出"合成谬误"困境。辽宁对沿海经济带7个城市整体功能、产业布局规划要做得更细一些；制定政策，根据各地优势，错位发展具备比较优势的产业。同时，还要加强对关键技术的研发；尽量延长上下游产业链，形成产业集群，提高产业丰厚度。

3. 树立有亲和力的国际性经济带形象

在全球经济一体化浪潮中，国际化发展道路是一个区域发展的长久之计。并且，辽宁沿海经济带所处的东北亚地区不乏工业化及资源型国家，各国有互补优势，只有打破冷战思维的延续，争取东北亚的区域合作，进而打开通往国际的市场才能使辽宁沿海经济带及东北地区全方位走向世界，因此，在东北方向陆海丝绸之路经济带这样的国际区域经济战略合作中，辽宁沿海经济带需要树立有亲和力的区域形象。具体体现为宽松的经济环境和积极参与国际分工合作的态度。民主化的管理方式，市场经济效果的充分发挥，国有经济、民营经济、外资经济的公平竞争环境将为辽宁沿海经济带来更多机遇，也能够提高辽宁沿海经济带的国际知名度和国际地位，从而使其发展成为国际性的经济区域。

由此，要把港口和开发区摆到更加突出的位置，充分发挥其在对外开放工作中的先导和示范作用。辽宁沿海经济带客观上有两大优势：一是港口优势。沿海6个城市都有港口，新建和续建的共59个港口、码头项目。其中大连港、营口港已经步入中国十大港口行列。二是开发区优势。沿海经济带拥有大连开发区、高新园区、保税区、金石滩旅游度假区、丹东边境经济合作区、营口经济技术开发区等8个国家级开发区，还有20多个省级开发区。这是沿海经济带扩大开放的优势所在，必须强化支持港口和开发区的发展，使其真正成为沿海经济带对外开放的龙头和窗口。要突出港口建设，加快港口基础设施建设，提升港口功能。大力培育临港经济产业，支持港口经济发展，全力打造港口经济平台，通过港口平台参与国际和地区间的分工与合作，加速各种生产要素在港口城市和附近区域的集聚和整合，带动港口城市及其周边地区制造业的快速发展，进而为银行、保险、贸易、中介服务等生产性服务业，以及旅游、餐饮、商业、会展等消费性服务业的快速发展提供巨大的空间。尤其是要发挥大连东北亚国际航运中心的作用，带动辽宁沿海经济带经济融入全球经济体系，取得国际分工优势，进一步提高对外开放的层次和水平，牵动经济带产业升级和结构调整。开发区要充分利用国家政策的优惠条件，加快建设，使之真正成为经济发展的主战场、招商引资的主平台、人才资本技术集聚的主阵地、创新创业的集聚地。要明确功能定位，创新发展理念。按照各开发区建设的整体布局和合理规划，根据区内地理环境、资源环境、人文环境及产业优势制定明确的园区功能和产业定位，形成各具特色、合理布局、错位发展、有机互动的整体发展格局。要把港口与开发区发展紧密联系起来，实现港区联动，依港兴区；全面启动组团开发，通过资源整合、要素整合、功能互补，实现沿海六城市一体化发展，通过外向型企业和关联产业向沿海集聚，形成产业链条体系，把沿海地区建成区域一体化的外向型经济协作区，促进辽宁及东北地区进一步扩大对外开放，在更大范围、更广领域、更高层次上参与国际经济合作与竞争。

4. 树立有凝聚力的联动型经济带形象

辽宁"五点一线"沿海经济带及其腹地拥有重要的经济资源。辽宁沿海经济带的海滨公路将辽东半岛和辽西走廊围成一个扇形区域，在该区域内分布着辽东半岛沿海经济区、辽西沿海经济区和辽宁中部城市群经济区三大区域。这里自然资源丰富，40多种矿产资源储量居全国前三位，辽宁90%以上的经济总量集中于此，原油产量、木材供应量、商品粮、电站成套设备、汽车产量、造船产量、钢产量都居全国前列。辽宁省的重点企业也分布于此，此外，普通机械制造业有沈阳机床集团、大连机床集团、沈阳重型机械集团等全国知名骨干企业，其中精密机床制造业效益水平高于全国平均水平，市场占有率居全国第一位。交通运输设备制造业有大连机车制造厂、大连新船重工、渤海造船重工等，造船能力排全国第二。此外，东软集团、大连软件园等高新技术产业迅速崛起，成为辽宁新兴产业的代表。

辽宁三大城市区域的所有产业优势、技术优势、原材料优势等都可以为沿海经济带所用，应通过产业链条的延伸、高新技术的应用与转化等各种途径将辽宁三大城市区域的现实优势转化为沿海经济带的发展优势，推动沿海经济带形成强大的区域聚集力和吸引力，实现生产要素在沿海经济带的优化配置，这将为沿海经济带的发展打下坚实的基础。特别值得一提的是，辽宁"五点一线"沿海经济带与辽宁中部城市群在空间上遥相呼应，互为支撑。辽宁中部城市群集中了沈阳、鞍山、抚顺、本溪、营口、辽阳、铁岭等一大批大中型城市，城市化水平高达54%，居国内城市群的前列。这些城市群全部位于以沈阳为中心的百公里半径内，基础产业发达，工业实力雄厚，原材料工业企业规模大，在全国占有举足轻重的位置。所有这些优势，都将在辽宁沿海经济带乃至环渤海经济区实现专业分工、优势互补的格局中发挥重要的作用。发挥区域引擎作用与东北腹地一体化发展、参与环渤海地区互动合作共同打造中国第五大经济增长极，是辽宁沿海经济带自提出到上升为国家战略过程中一直以来的宗旨和主要目的。因此树立起有亲和力的形象，采取主动的态度，积极争取并保持与其他区域的高度合作关系是实现辽宁沿海经济带价值的要求。"合作型经济带"的形象将使辽宁沿海经济带在竞争中更多地争取到区域间的双赢。而生产要素是区域经济发展的重要组成部分，东北经济区要打破行政壁垒，打破地方保护主义，促进要素在区内的自由流动。辽宁沿海地区是对外开放的前沿和区域经济的增长点，要促进沿海地区与东北腹地之间生产要素的互动，特别是推进人才、科技、资本等向沿海地区流动，通过发挥沿海地区的极化效应快速增强沿海地区经济实力，进而再通过发挥扩散效应带动腹地区域经济互动发展，形成沿海与腹地一体化发展的格局。基础设施建设是经济发展的前提和基础，良好的基础设施必然会带动经济的发展和繁荣。同时，经济发展了，也会促进基础设施的更新换代，使之更加完善。辽宁沿海经济带与东北腹地要实现互动发展，必须对全区的基础设施进行统一规划和建设，推进基础设施一体化。完善、便捷的基础设施是沿海与腹地实现良性互动格局的根本保障。为此，要进一步促进沿海与腹地交通一体化、能源一体化、水资源一体化、环境保护一体化，以基础设施一体化为载体，加速东北经济区一体化进程，进而推动东北老工业基地实现全面振兴。

5. 树立环境宜人的生态化经济带形象

辽宁沿海经济带具有亲和力的形象，还应体现为经济发展对环境的亲和力。在全国范围内倡导低碳模式之际，探索符合区域发展情况的低碳发展路径，将实现经济建设与环境的和谐发展，使辽宁沿海经济带树立起如其龙头城市大连所树立的"宜居城市""绿色城市"形象相似的"绿色经济带"形象。在党的第十八届中央委员会第一次全体会议上，习近平总书记提出，人民对美好生活的向往，就是我们的奋斗目标。而"绿色经济带"的形成，将有利于辽宁沿海经济带经济的可持续发展，良好的环境将增强对人才、投资的吸引力，提升居民的幸福感指数及满意度，也对辽宁沿海经济带旅游业等第三产业发展具有积极作用。

推进辽宁沿海与腹地互动发展，必须坚持以科学发展观为指导，加强生态环境保护，推进经济社会生态全面协调可持续发展。为此，东北地区要强化环境保护一体化，大力发展循环经济，加强污染治理力度，开展植树造林、发展节能环保产业。一是要抓紧制定东北地区协调统一的环境保护规划和生态补偿政策，建立东北地区的环境安全与资源安全监控体系和预警机制，保护好东北地区的水资源，土地资源和森林、湿地资源。二是发展环保产业。大力发展新材料、新能源、节水技术、清洁生产技术等节能环保产业。特别是沿海地区，应在发展环保产业方面走在东北地区的前列。沿海各城市要成为东北地区环保产业发展示范城市，引领和带动东北腹地环保产业的发展。大连市被国家财政部、科技部等四部委联合确定为我国节能及新能源汽车示范推广试点城市之一，应抓住这一难得机遇，加大研发力度，发展并大力推广新型节能环保汽车，为东北地区汽车产业发展提供新的思路和市场空间。三是加强环境保护意识的培育。要在全区范围内开展环境保护教育，使环保深入人心，让保护环境成为企业、社会、公民的自觉行为。同时，加大环境保护的宣传力度，通过各种媒体，宣传环境保护的重大意义，努力在全社会营造一种热爱环境，保护环境的良好氛围。

三、打造辽宁沿海经济带的科学论证

有活力的产业集聚带，有实力的经济振兴带，有亲和力的国际性、合作型经济带和绿色经济带形象的构想是基于辽宁沿海经济带的现有优势和发展需求确立的。要树立这样的区域形象，辽宁沿海经济带还需要从产业结构、管理方式、发展战略、海洋经济开发几个方面进行努力。

1. 为建设现代产业基地，促传统产业现代化

辽宁沿海经济带现阶段的产业结构远没有实现高级化，第二产业仍占主导地位，第三产业次之，第一产业占比重最小，三次产业中尤其是第一、第二产业中，传统的粗放型农业、缺乏活力的传统重工业等传统产业仍占多数。因此，想要树立经济发展"有活力"的形象，想要建设现代产业基地，还需要做出长时间的切实努力。第一，要转变农业发展方式，发展都市型现代农业；第二，淘汰掉已经缺乏潜力和价值的工业产业，升级缺乏活力但仍有升级潜力的产业，集中力量将优势工业做大做强。第三，利用大连等城市的人力资源优势，提高自主创新能力，推进传统产业在企业管理、技术方面的现代化发展。第四，第三产业的发展中，要注重面向生产、面向民生的现代服务业的发展，努力将辽宁沿海经济带建设成为现代产业基地。

传统产业向现代化过渡策略选择方面，首先，拉长产业链条是改造提升传统产业的重要途径。辽宁沿海经济带内部的传统产业大多属于能源、原材料加工产业，产业链条短，终端产品少，附加值不高。在认真研究分析国际国内产业布局以及产业带内产业演变过程的基础上，立足现有基础和优势，在拉长产业链条上做文章，在增加产品附加值上下功夫，实现产业转变，壮大支柱产业。其次，提高自主创新能力是改造提升传统产业的中心环节。积极引导和支持创新要素向企业集聚，促进科技成果向现实生产力转化。一是掌握核心技术。二是实施名牌战略，结合自身优势力争打造一批国内国际知名品牌。

2. 为提高经济综合实力，重点发展优势产业

从总体来说，东北腹地主要是以资源开发为主的产业结构。东北地区是我国重要的商品粮食生产基地、装备制造业基地、钢铁基地、原材料基地。东北经济结构偏

重，货源以资源性、粗加工产品为主，油品、粮食、钢铁矿石占海运量的60%，高附加值、适箱货物少。通过对黑、吉、辽三省产业比重可以看出，东北腹地正处在工业化中期阶段，重化工业将会在一定时间内占据主导地位。虽然振兴东北老工业基地已经成为我国经济发展的重要任务，但是化解历史上形成的深层次矛盾，不可能一蹴而就，其总量不足，结构不合理，适箱货物比例低的状况将依然存在。在全部货物中适箱产品仅占25%左右，而大连港口对适箱货物的集化率已经达到了85%左右，处于较高水准。东北腹地产业结构需要进一步优化升级，发展电子信息、新材料、新能源等新兴产业，建立新兴产业基地，增加适箱货种。

增强辽宁沿海经济带的综合实力不但要追求经济绝对数的增长，也要求有不断优化的产业结构作保障。产业结构优化一方面要求辽宁沿海经济带发挥自身优势，提高优势产业——装备制造业、服务外包、软件信息业的市场竞争力；另一方面要求辽宁沿海经济带提高经济发展的活力，逐步提高第三产业比重，降低第一、第二产业比重。其中，装备制造业作为辽宁沿海经济带的优势产业应当重点发展，但是作为重工业产业其又缺乏活力，对环境影响大，经济效益又低。因此，装备制造业应当寻求升级，可以将重型装备制造业向东北腹地进行产业转移，培育现代化、数字化的新型装备制造业，或高精度、高科技要求的装备零件的发展。这样既能够利用辽宁沿海经济带在装备制造业方面的优势，也对其进行了升级，满足产业结构高级化的要求。而服务外包业，软件及信息产业，大连和营口的港口产业、旅游产业等作为辽宁沿海经济带的优势产业[1]，既具有发展潜力又对产业结构高级化有益，应当作为重点进行建设，以打造经济发展"有实力""有活力"的区域形象。

3. 为全面经略海洋目标，率先陆海统筹战略

要树立海洋经济"有实力"的经济振兴带形象，辽宁沿海经济带应当以大连为核心，从以下几个方面努力：注重发挥区域龙头城市作用，完善大连城区的哑铃式结构，实现"北方明珠"的区域价值；切实推进海陆经济联动发展，树立辽宁沿海经济带开发中"以海兴带"的形象；支持辽东湾北顶部海水西调工程，对接蒙古北水南调战略；支持大连出面创办世界海洋博览会，铸就"国际会议之都"的城市品牌；依托长海县域创建海洋牧场，在全国海洋经济中发挥示范作用；大力开发北黄海沿岸经济

1　国务院关于进一步实施东北地区等老工业基地振兴战略的若干意见［N］. 大连日报，2009-11-22.

带，成为海上屯田的国家战略依托。

一是，发挥大连在东北地区对外开放的龙头和窗口作用，通过外引内联，引领腹地工业走廊进一步对外开放，发展外向型经济。同时，发挥大连市技术、区位、科技、人才等优势，不断增强沿海地区的辐射和带动作用，促进区域互动发展。二是进一步发挥哈大交通运输轴线的作用，推进沿海地区与腹地工业走廊建立更紧密的互动关系。哈大交通轴是东北地区的大动脉，沿海与腹地之间的互动全靠这条交通大通道，为此，应以大连港为龙头，加强管道、高速公路、高速铁路的建设，强化海铁联运，增强运能运力，建立综合高效交通运输体系，为沿海与腹地工业走廊互动奠定坚实基础。三是加强沿海地区与腹地工业走廊的产业合作，通过拉长和延伸产业链条，形成分工合理、优势互补、互惠互利的产业发展格局。哈大齐工业走廊应在装备制造、石化、食品、医药、高新技术和现代物流业等方面加强与沿海地区的对接与合作，形成特色产业集群。四是鼓励沿海地区与腹地工业走廊相互投资、相互持股，培育跨区域、跨行业的大型企业集团，使之成为区域互动的主体。通过培育利益共同体，促进沿海地区与腹地工业走廊形成一体化发展格局。五是加快推动沿海经济带与哈大工业走廊在关键技术装备、人才交流与培养、信息咨询服务等方面的合作交流，逐步打破行政区划界限，破除地方保护，建立互联互通的人才、信息、技术等方面的共享平台，为实现区域良好互动格局提供现实保障。

4. 为融入国际市场格局，完善区域管理方式

要打造"有亲和力"的国际化经济发展的区域形象，应当完善区域内的管理方式，使管理更加民主化，使市场机制与宏观调控有机结合起来，让市场经济的效果得到最大程度的发挥，为国内外投资营造宽松的环境，增强市场的公平、公正、公开性，以实现国有经济、民营经济、外资经济公平竞争。同时，积极参与国际竞争，开拓国际市场、参与国际分工合作，尤其加强东北亚地区的合作关系，努力利用辽宁沿海经济带的现存优势将其建成国际航运中心、信息中心、会展中心和旅游胜地。不但使辽宁沿海经济带成为东北与国际市场的衔接，也提高了辽宁沿海经济带的国际地位，从而为其树立有亲和力的国际性经济区域的形象。

沿海经济带上各个城市具有不同的比较优势，各城市发展离不开彼此在城市功能上的分工。这种分工最终体现在产业和企业的分工上。在产业上，依据各城市自身的产业优势，深化区域内的产业分工，形成优势互补、资源共享，既合作又竞争的有效

率的区域分工合作体系。在企业上，组建跨地区集团公司，打破行政划分导致的市场分割，发挥企业规模经济的优势，推动资源和要素在区域内的自由流动和配置。总体上，辽宁沿海经济区在发展初期阶段应形成以大连为核心，其他六市为节点的发展格局。充分发挥大连市在经济增长方式转变、产业升级、对外开放和区域合作方面的引领作用，努力推动其他六市的优势产业发展。在辽宁沿海经济区发展成熟阶段应实行城市群发展战略，从"单中心"向"多中心"的模式转变，构筑以中心城市为主，中小城镇紧密联系的城市群结构。

5. 为强化合作服务意识，建立现代战略体系

区域合作是沿海经济带发展的必然选择，而行政区划已成为一个阻碍。因此，打破区域内各城市行政区之间的贸易壁垒、行政壁垒和各种政策特权，破除行政保护，避免过度竞争，营造公平竞争的市场秩序。各市应通力合作，维护市场竞争秩序和市场效率，促进沿海经济带统一商品市场和资本市场的形成。辽宁省政府和相关政府机关应从宏观上规划经济带建设，引导各城市有序竞争。辽宁沿海城市经济联合体在原有的基础上应进一步完善区域间协调机制，从实质上深化合作层次并拓宽合作领域。此外，鼓励非官方组织或机构参与区域协调和产业规划，赋予这些组织协调和监督的权利。进一步完善基础设施，从海、陆、空三个方面科学规划建设沿海经济带内通道，同时推进沿海经济带与东北地区及全国各地联系的交通网络，建立效率化的交通运输体系。

为树立起辽宁沿海经济带与东北腹地及环渤海地区的互动发展的"有亲和力"的合作型经济带形象，首先，辽宁沿海经济带要建立起合理的战略投放体系，对内实施区域一体化战略。目前，辽宁沿海经济带开发的基本框架已经拉开，沿海经济带上的10余个地区都享受沿海开发的优惠政策，积极性前所未有地调动起来了。在这种情况下，关键是要提高和统一认识，明确作为国家战略的辽宁沿海经济带开发是要为从东北老工业基地振兴的大方向实现战略转进提高强力支撑。其次，辽宁沿海经济带在承接国际产业转移、吸引国内国外投资之时，应多考虑与东北腹地在工程、项目、产业建设上的合作，以实现沿海与腹地双赢。再次，在产业结构调整时，要注意与东北腹地产业的对接，尽可能使辽宁沿海经济带的现代产业为东北腹地服务，发挥服务外包业、信息产业、新材料新能源产业的现有优势，成为为东北、环渤海、东北亚乃至全球服务的经济区域。

6. 为发展创新循环经济，探索低碳发展路径

辽宁沿海经济带自然环境优美，拥有丰富的海洋与陆域资源，要树立起"绿色经济带"的形象就要注重对环境与资源的保护。这就需要辽宁沿海经济带探索低碳发展路径，推动高效而又低成本的创新性经济的发展。首先，要做好全区的能源发展规划，统筹全区的能源调配。要充分体现节约利用原则，对能源进行有节制的开发。同时，对那些耗能大的项目，尽可能不上马，或通过技术进步，降低能源消耗。其次，由东北各省区共同开发内蒙古东部地区的煤炭资源。内蒙古东部地区煤炭资源丰富，也是未开发的处女地，要通过建立煤炭产业基地，对内蒙古东部地区的煤炭资源进行统一开发和统筹调配，支持东北老工业基地全面振兴。要确保区内煤炭资源能够合理有序开发利用。然后，共建能源基础设施。选择适合的地方，由东北三省共同出资兴建风电站、水电站及核电站等，确保东北地区电力需求。2016年9月，中国东北第一座核电站——红沿河核电一期工程全面建成。这对促进东北老工业基地振兴，调整东北地区能源结构，促进绿色发展、低碳发展等诸多方面均具有深远意义。与此同时，东北地区还要强化水电站、风电站的建设。特别在草原、海岛等风源丰富的地方，建立风力发电站，可考虑在内蒙古东部地区、辽宁沿海地区大力发展风电。另外，应积极开发新能源。充分利用沿海地区海洋能丰富的优势，大力开发潮汐能、海浪能、太阳能等新能源。利用东北腹地农业资源丰富的优势，大力开发生物质能，特别发展农村沼气、农作物秸秆能源化、燃料乙醇等清洁能源。

环境保护与污染治理还需要政府、企业、居民多方面的共同努力。可参考发达国家的经验教训并结合辽宁沿海经济带具体情况考虑强化环境治理绩效，实行绿色国内生产总值核算制度。这样能够提高政府部门保护环境、治理污染的积极性，避免在经济发展的同时过度使用资源、破坏环境。同时应当完善与环境有关的法律法规，将环境污染的惩处措施合法化、具体化，能够加强对企业的约束作用。在立法立规过程中，在对环境问题进行科学研究过程中，都面临着环境调查技术、量化技术不足的问题，因此应当加强对环保的科学研究投入，使环境监管、研究更加有效，为提高环境保护效率奠定基础。最后，环境补偿机制也是新时期应当考虑的构想。从宏观经济角度来看，环境补偿机制能够对造成环境污染、破坏的企业或个人进行严格的环境税收，这在一定程度上能够限制其对环境的破坏，最终，通过各方面不断努力，将辽宁沿海经济带打造成环境优良的宜居城市带、环境友好的绿色经济带。

第十七章

沈阳经济区建设：发挥东北方向
陆海丝绸之路经济带的产业示范效应

　　跟进后金融危机时代的世界经济发展潮流，也为进一步改变中国市场经济发展"南重北轻"的亚健康状态，国务院于2010年4月6日正式批准设立沈阳经济区为国家新型工业化综合配套改革试验区。这既是党和国家在改革发展全局和战略高度上做出的重大决策，也是为辽宁省域陆海统筹开发一体化在东北全面振兴进程中又好又快发展的关键部署。由于沈阳经济区是随着近代中国工业化与城市化进程而渐成规模的，又随着新中国城市发展的日益区域化与现代化这一路径而逐渐壮大起来，所以必然会成长为我国重要的工业基地、东北全面振兴的龙头区域和辽宁省域经济增长的核心部分。与此同时，在"一带一路"建设深入推进的背景下，沈阳经济区作为我国重要而又有着鲜明特色的地区，有条件打造成为东北方向陆海丝绸之路经济带的区域发展新引擎。站在历史的新起点，沈阳经济区要紧紧围绕推动"十三五"规划实施和全面落实创新改革任务两大重点，适应经济发展新常态、新要求，积极推进东北方向陆海丝绸之路经济带建设，构筑区域发展新格局。需要强调，沈阳经济区的成功建立和发展必然有助于发挥东北方向陆海丝绸之路经济带的产业示范效应，这同时也是推进辽宁省域陆海统筹开发一体化的产业化进程以及增强内生动力，加快东北老工业基地振兴发展的务实举措。

一、沈阳经济区发挥产业示范效应的路线图解

沈阳经济区包括沈阳、鞍山、抚顺、本溪、营口、辽阳、铁岭、阜新8座城市（图17-1），区域面积75000平方千米，占全省50.8%，总人口2359万人，占全省55.6%。沈阳经济区地理位置优势明显，产业集中化程度较高。

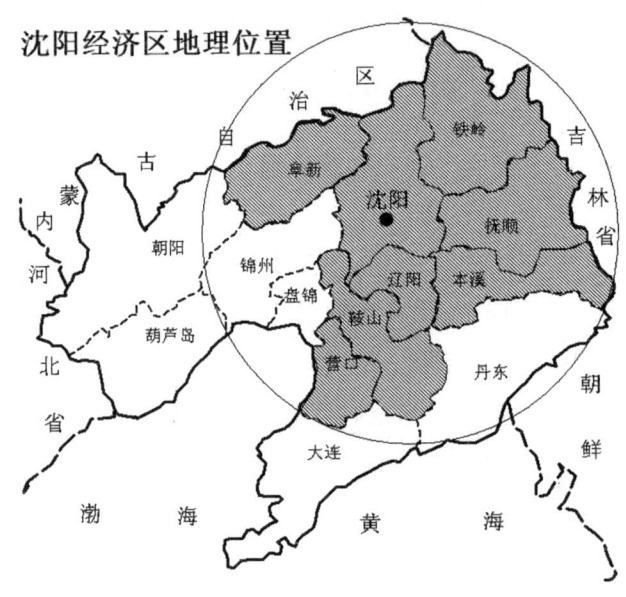

图 17-1　沈阳经济区示意图

1. 沈阳：沈阳经济区的核心城市

沈阳地处中国东北地区南部、辽宁省中部，地形主要以平原为主，同时还位于东北亚经济圈和环渤海经济圈的中心。沈阳总面积13000平方千米，市区面积3495平方千米，2018年总人口730.2万人。它是东北地区最大的中心城市，是东北地区的经济、文化、交通和商贸中心，是中国的历史文化名城和工业重镇。沈阳拥有全国最大的铁路编组站和全国最高等级的高速公路网，以及东北地区最大的民用航空港。它是新中国成立初期国家重点建设起来的以装备制造业为主的全国重工业基地之一。在以沈阳为中心的150千米半径内，集中了以基础工业和加工工业为主的七大城市，形成了资源丰富、结构互补性强、技术关联度高的沈阳经济区。沟通世界各大港口的大连港、营口港和锦州港，距沈阳均不超过400千米，具有得天独厚的区位优势。

2. 鞍山：建设成为世界级的钢都

鞍山市地处辽宁省中部，地区总面积9252平方千米，总人口347万人，它是以祖国钢都著称的重工业城市。鞍山北接沈阳，南接大连，位于东北装备制造业中心和东北亚国际航运中心两大城市之间，既有接受双方辐射的先天优势，又有衔接双方互动发展的能力。同时，大连、营口等港口对外开放度的加大，又为鞍山走向国际市场开辟了新航道。鞍钢经过大规模的技术改造，主体制造装备和生产工艺达到国际先进水平，已跻身世界最具竞争力钢铁企业。在与本钢进行战略重组之后，正向着世界五百强企业目标迈进。

3. 抚顺：发挥石油化工产业优势

抚顺市总面积10816平方千米，市区面积675平方千米，人口227万人。地理位置优越，东与吉林省接壤，西距沈阳40千米，南与本溪相望，北与铁岭毗邻。距沈阳桃仙国际机场40千米，距营口港200千米，距大连港400千米，与各地均有高速公路和铁路相接，交通十分便利。[1] 由于紧靠中国东北政治、经济、文化中心城市沈阳，两市的产业结构有很强互补性，抚顺市与沈阳形成错位和互补发展。从抚顺产业结构看，以石油炼制为基础的石油化工和精细化工为主体产业，其产值已占抚顺全市规模以上工业总量的60%，许多产品在国内同行业中居于领先地位。

4. 本溪：集成冶金产业再发展接续产业

本溪位于辽宁东南部，地处辽东半岛腹地，呈哑铃形分布。全境总面积8411平方千米，人口156万人。东傍吉林，西邻辽阳、鞍山，南接丹东，北靠沈阳、抚顺。交通四通八达。沈本高速公路、沈丹高速公路、本辽高速公路、东北东部铁路、沈丹二线铁路等建设与开通，使得本溪的交通更加便捷。历史上，本溪是煤铁资源型城市，冶金工业门类较全。然而随着资源枯竭、环境污染等问题的出现，本溪正在由传统工业型城市转变为现代工业型城市，由"黑色发展"向"绿色发展"之路转变，通过大力发展生物医药产业，本溪逐步走上可持续发展之路。

1　周克坚. 东北优化开发主体功能区经略论 [M]. 北京：人民出版社，2009.

5. 营口：建设东北腹地超大物流航运中心

营口面积为4970平方千米，人口242万人。营口港是东北第二大港，在东北众多港口城市当中，其区位比较优势突出。营口距东北商贸中心沈阳166千米，距大连104千米，正处于辽宁两个重要城市的交叉地带。相对于沈阳，营口有沈阳无法比拟的海上交通优势。而相对于大连，营口与东北腹地的距离更近，从而使其拥有更加便捷的陆路通道，大大降低了运输成本。同时，它处于辽东、辽西经济分水岭地带，使其既可以获取廉价的劳动力资源，又可获得先进的技术工艺。营口全市海岸线总长96.5千米，滩涂总面积19.7万亩，海域总面积1053.4平方千米。2009年，世界经济衰退，而营口港发展势头不减，全年货物吞吐量17603万吨，以同比增幅16.7%列全国第二位，跻身我国亿吨以上吞吐量大港第十位，现已初步具备建造大型国际海运物流中心的潜力。

6. 辽阳：形成化纤产业为龙头的发展模式

辽阳地处沈阳经济区中段，全市总面积4731平方千米，人口178万人。辽阳地理位置优越，交通、通信方便。长大铁路、沈大高速公路贯穿南北，距沈阳桃仙国际机场60千米，距营口鲅鱼圈港162千米，距大连港332千米。辽阳是一座拥有2400年悠久历史的文化古城，目前它是一座新兴的现代石化轻纺工业城市。辽阳市工业门类比较齐全，包括石油化纤、轻工、纺织、化学、机械、电子、建筑材料、能源等多个主要行业。另外，辽阳是国家重点化纤工业基地之一。辽阳石油化纤工业公司是国内具有现代化技术装备和管理水平的特大型石油化纤联合企业。

7. 铁岭：建设成农副产品和专用车生产基地

铁岭市位于辽宁省、吉林省和内蒙古自治区交界处，地处松辽平原中段、辽宁东北部，南部紧靠沈阳和抚顺，总面积13000平方千米，人口300万人，其中农业人口207万人。铁岭是吉林、黑龙江两省通往其他省市和出海口的重要通道，距沈阳桃仙机场80千米，距大连港530千米，距营口港290千米。铁岭市是农业大市，素有"辽北粮仓"之称。2015年，粮食总产量达到46.35亿公斤，再创历史新高。畜禽养殖业发展迅速，牛、猪、羊、鸡饲养量不断增加。就建设辽宁专用车生产基地而言，铁岭具有优越的区位优势，它位于长春、沈阳两大汽车城的中间地带，因此它具有发展汽车零部件及整车组装等相关配套产业的先决优势。

8. 阜新：打造沈彰新城并做好资源型城市转型

阜新市位于辽宁省西北部，东达沈阳及辽东沿海城市，西至朝阳、内蒙古赤峰，往南经锦州可直下京津，北上经通辽可到霍林河矿区，是辽宁西部的交通要冲，总面积10355平方千米。阜新要以建设沈阳装备制造业配套基地为目标，大力发展装备制造及配套产业，积极承接沈阳产业辐射和转移，建设沈彰新区，打造沈阳卫星城。阜新成为全国第一个资源型城市经济转型试点市以来，依靠比较丰富的矿产、土地、人力、能源等优势，着力培植多元化产业发展模式，全市经济呈现持续较快发展的良好态势。

二、沈阳经济区发挥产业示范效应的现实价值

经多年来的建设，同时国家又给予了政策上的绝对支持，沈阳经济区的振兴势在必行、刻不容缓。沈阳经济区加快发展为现代产业基地这一战略定位，不但正确合理，且具有重要的现实意义。因为它适应区域经济一体化发展趋势的迫切需要，可以示范和带动全国范围内建设现代产业基地，是增强并且提升东北区域竞争力的有效途径，还将全方位实现辽宁沿海经济带与沈阳经济区联动。

1. 适应区域经济一体化发展趋势的迫切需要

随着经济全球化和区域经济一体化的深入，国家之间、地区之间的发展不能仅仅依靠一个或几个超大城市的经济发展来带动，而是越来越表现为建立以大中型城市为核心的经济区或城市群来增强区域竞争力。规划建立和发展经济区和城市群，已经成为世界各国各地区经济发展的重大战略决策选择。沈阳经济区的设立正是顺应这一发展趋势的需要。要重振沈阳经济区，关键要解放思想，加大改革开放力度；挖掘内在潜力，发挥自身优势；各个领域要联合起来，发挥互补优势，走共同发展道路。为此，必须认识到，区域经济是按照自然资源、地缘环境、内在联系、人文条件、商品流通、文化意识、民族传统以及社会发展需要而形成的地区经济联系与协作，是地理因素与经济因素的统一。不但地理上要相接，经济上联系也要紧密，如此才能真正形成区域经济一体化。经济一体化的基础是建立在产业分工合理、市场联系紧密上的。

跟从时代发展潮流，沈阳经济区若想成为世界城市系统至少是我国城市系统中的一个重要节点，应承担起资金、技术、信息、人才等聚集和扩散枢纽的责任，发挥有效的组织、带动、示范等作用。因此，必须顺应经济全球化和区域一体化的客观趋势，抓住"一带一路"建设推进所带来的政策机遇、日韩产业转移所带来的发展机遇和我国工业化加速所带来的市场机遇，积极构筑区域经济一体化的发展格局。

2. 示范和带动全国范围内建设现代产业基地

应当指出，国务院批准沈阳经济区进行新型工业化综合配套改革试验，目的在于鼓励沈阳经济区在重点领域和关键环节的改革上，要大胆探索，率先突破，走出一条中国特色新型工业化、城镇化道路，以此带动东北等老工业基地全面振兴，为全国范围内建立新型工业化发展模式、加快经济发展方式转变，发挥示范和带动作用。沈阳经济区只有全面贯彻落实这一重大战略部署，才能肩负起国家赋予的重大历史责任，做出循名责实的榜样作用。就具体而言，沈阳经济区有其自身的特点和情况，计划经济时期留下的工业基础是沈阳经济区建设现代产业基地的优势和载体，布局在沈阳经济区的铁路、能源化工、重型机械、飞机、军工、钢铁等重大工业项目，奠定了中国工业化的基础。沈阳经济区必须充分利用制造业上的基础优势，积极实施经济结构调整、国有企业制度改革，使产业结构合理配置并优化，发展具有国际竞争力的技术资本密集型产业，唯有如此，沈阳经济区才能发展为具有世界影响力的现代产业基地。另一方面，沈阳经济区先试先行，必将进一步推动辽宁全面振兴。它将为区内各市注入强大发展动力，激发巨大发展潜能，成为加快辽宁全面振兴的新引擎，有力地推动老工业基地又好又快发展。沈阳经济区加快发展为现代产业基地，必将大幅提升辽宁的知名度和影响力，得到国内外普遍重视，并将其成功经验示范全国。

3. 增强并且提升东北区域竞争力的有效途径

沈阳经济区的发展具有多方面的积极功效。首先，沈阳经济区的发展对振兴东北起着重要作用，在国家实施宏观经济均衡发展战略部署上具有积极作用；其次，沈阳经济区经济发展的各项指标在辽宁省占有相当大的比重，这说明沈阳经济区的发展对于辽宁省经济再造辉煌将起到关键的推动作用；再次，对于沈阳经济区自身而言，沈阳经济区经济社会发展将给区内8个城市带来新的发展机遇。八城市都要牢固树立起经济区一体化发展理念，要知道任何一个城市都不是孤立的，而是建立在国内外市场经济联系之中。特别是沈阳作为沈阳经济区的中心城市，是整个东北地区的经济、政治、文化、科教的核心。根据东北要振兴、沈阳要先行的现实要求，中心城市对周边城市的辐射功能和带动作用日益突出，沈阳应凭借厚重的工业基础，有责任也有能力完成这一使命。总之，沈阳经济区作为东北腹地的重要工业区，加快其发展为现代产业基地，不仅是响应国家振兴东北的战略需要，也必将成为持续增强东北区域整体竞争力的内在原动力，为全面振兴东北老工业基地作出更大的贡献。

4. 实现辽宁沿海经济带与沈阳经济区联动发展

对于辽宁沿海区域，应当依照现有的产业基础和比较优势，解放思想，开拓创新，形成更为科学的产业链和集约型、规模型的生产体系，为实现辽宁老工业基地的大开放、大振兴，创建与国际国内相接轨的对外开放新平台。同时，要充分利用国家打造辽宁沿海经济带开发战略的有利时机，依托沈阳经济区内产业间的相互联系和沿海核心城市（大连、营口等）经济功能的互补，大力发展沿海产业经济。

内陆地区经过多年发展，无论是基础设施配备，还是产业结构紧密性上都比较完善。在装备制造业和重化工业上具有较强的先发优势；在原材料供应上自然资源优势很突出；在人才方面沈阳经济区内各类技术工种相对齐全，工人经验丰富、技术熟练。沈阳经济区应充分挖掘潜力、发挥长处，合理利用辽宁沿海经济带的影响力和知名度，多与跨国公司合作，引进国际上的先进技术，大力发展国际贸易，为我国装备制造业走向国际市场作出积极贡献。另外，加强沈阳经济区与辽宁沿海经济带在市场信息上的沟通和产业优势互补上的协调优化力度，此举能更好地发挥腹地与沿海的组合优势，扩大对外开放水平，加快辽宁老工业基地振兴步伐，真正实现海、陆全方位联动。

三、沈阳经济区发挥产业示范效应的价值取向

跟从国家设立沈阳经济区为国家新型工业化综合配套改革试验区的战略部署，作为国土开发密度较高、资源环境承载力开始减弱的特殊区域，应当科学定位开发区域的发展方向，继而成为带动全国经济社会发展的龙头和我国参与经济全球化的主体战略区域。为此，根据沈阳经济区的现实情况，确定它的功能价值取向，进而在整体上推进沈阳经济区发展为现代产业基地。

1. 发展为现代装备制造业基地的价值取向

当今世界，装备制造业是一个国家工业化水平和国际竞争力的重要体现，是中国实现经济腾飞和提升综合国力的重要基础。布局在沈阳经济区内的钢铁、能源、化工、机械、汽车、飞机、军工等重大工业项目，奠定了沈阳经济区成为现代装备制造业的初步基础。自新中国成立以来，沈阳经济区装备制造业已形成了巨大的规模和生产能力。石化、冶金、装备制造、电子工业等产业在全国的地位举足轻重，尤其在数控机床、工业机器人等先进制造技术方面优势明显。从沈阳市的装备制造业来看，2015年，沈阳装备制造业增加值占规模以上工业比重达52%，上升2.4个百分点，进一步发挥支撑和带动作用。未来，沈阳市要深入贯彻落实《中共中央国务院关于全面振兴东北地区等老工业基地的若干意见》精神，落实省委、省政府的部署要求，积极推进工业稳增长和制造业强省建设，提高核心竞争力，促进装备制造业做大做强。

具体而言，沈阳经济区打造现代装备制造业基地要依托骨干企业，需要做优做强数控机床、通用石化装备、输变电装备、工程机械、重矿装备和汽车及零部件等优势产业；要提升专业化水平，大力发展模具、铸锻件、仪器仪表、液压气动密封装置、传动装置和特种材料等基础产业；要实时跟从国际装备制造业升级转型的新趋势，力争在高新技术装备制造业领域取得重大突破。此外，沈阳经济区具有产业技术工人的储备优势。在装备制造业的产业技术工人数量方面，沈阳经济区拥有较高的存量，并且工种门类齐全。在沈阳经济区内，围绕装备制造业还建有多所工种俱全的技术学校，为快速培养高素质的产业技术工人提供了摇篮。另外，沈阳经济区作为老工业基地，科研基础好，具有很强的科研实力，大专院校、科研院所云集。以东北大学、大连理工大学为代表的数所知名高等学府综合实力突出，已经为沈阳经济区打造现代装备制造业基地提供了坚实的人才和科研基础。

2. 提升为高新技术产业基地的价值取向

高新技术是一种融汇知识密集和技术密集的先进生产力，建立在现代自然科学理论和最新工艺技术基础之上，体现在人们利用与改造自然界的动态过程，能够为社会带来巨大经济效益和社会效益而创造出的各种有效手段与方法的总和。因此，在沈阳经济区的建设当中，必须对高科技产业基地的建设加以重视。

大力发展以高新技术产业为主体的新兴产业，是改变沈阳经济区产业结构中重化工业占比过高状况的关键。发展高新技术产业，首要任务是大力推动电子信息技术、先进制造技术、航空航天技术、生物技术、新材料技术以及高效节能与环保技术的引进、吸收和创新，用高新技术改造传统产业，加快科研成果转化和产业化步伐，从而进一步发挥各级各类高新技术园区对沈阳经济区经济发展的辐射、示范和带动作用。目前，在沈阳经济区内建有沈阳、鞍山、本溪、营口等多个国家级高新技术产业园区，还有生物医药产业化基地、特种材料产业化基地、低碳生态科技产业园等多个特色产业基地。沈阳经济区应积极发挥沈阳、鞍山、本溪等高新技术产业园区的龙头作用，大力发展信息、自动化、新材料、生物医药等高新技术产业，推动了区域经济的快速发展。值得一提的是，沈阳经济区在信息、新材料、自动化、生物技术、能源等领域取得了一批具有自主知识产权的专利成果，进一步为沈阳经济区提升为高科技产业基地创造了有利条件，并提供了高端科技依托。

3. 成长为农畜产品生产加工基地的价值取向

从实际出发，沈阳经济区是农畜产品主要产区，有成为农畜产品生产加工基地的条件。然而，必须重点突出粮食和畜禽加工转化，实现从土地到餐桌的多层次、多环节的精深加工增值。必须根据市场需求，按国际标准组织名、优、特产品的生产和加工，注重构建产、供、销一体化经营体系，进而带动外向型农业，推动绿色食品农业、农畜产品出口深加工业的大发展，向生态农业生产的深度和广度进军。

经过多年发展，沈阳经济区畜产品供给能力显著增强，已经成为名副其实的畜牧业生产主要地区。目前，区内生产的肉类、蛋类，特别是奶类等产量在全国都占有很大比重，人均占有肉、蛋、奶量均位于全国前列。沈阳经济区畜牧业在国家和地区的大力扶持下，更是呈现良好的发展局面。主要表现为：一是畜牧业产业结构调整初见成效，畜产品质量得到提高。沈阳经济区的生猪外销量持续增长，规模化养鸡的优势不断巩固，肉牛养殖快速发展，特别是奶牛及牛奶的生产近几年来取得了长足的进步。与此同时，畜产品质量也有提高，优质三元杂交瘦肉型商品猪、优质肉牛、鸡肉、羊绒、鸡蛋等10余种畜牧产品在日本、韩国、东南亚等国家和中国香港地区都享有较高的信誉。二是加大龙头企业建设力度，产业化经营成效明显。沈阳经济区着眼于发展生猪、肉牛、蛋鸡、肉鸡、奶牛等主导产品，已经扶持发展了一大批农畜产品加工企业，充分发挥了牵动农户、联结市场、推进畜牧业产业化的积极作用。三是饲料工业发展迅速。以饲料原料工业、添加剂工业和饲料机械工业相配套的饲料工业生产体系逐步形成，从而为畜牧业和水产养殖业的发展提供了强有力的支撑。

四、沈阳经济区发挥产业示范效应的科学论证

就现实而言，促成沈阳经济区发挥其自身优势的环境已经形成，那就是国家设立沈阳经济区为国家新型工业化综合配套改革试验区，并且陆续发布了沈阳市推进沈阳经济区建设工作要点等政策规划。特别是我国围绕扭转东北地区经济下行态势、促进东北老工业基地振兴，先后发布《中共中央国务院关于全面振兴东北地区等老工业基地的若干意见》（中发〔2016〕7号）、《东北振兴"十三五"规划》（国函〔2016〕177号）、《国务院关于深入推进实施新一轮东北振兴战略　加快推动东北地区经济企稳向好若干重要举措的意见》（国发〔2016〕62号）等重要文件。这些政策文件不仅提升了全社会对东北振兴的自信心，也给沈阳经济区发展创造了有利条件。抓住这些历史性机遇，在新的历史条件下，促进沈阳经济区发展为现代产业基地应当采取正确科学的构想创意。

1. 突破落后观念制约，强化市场运作机制

转变观念，突破体制性障碍，依据市场经济原则定位政府角色。沈阳经济区必须通过学习和教育转变计划经济观念，突破计划经济体制性障碍，树立市场经济意识，依照市场经济原则定位政府功能。具体而言，在沈阳经济区发展过程中，政府的主要精力应切实转向创造公平、稳定、透明的政策环境；维护市场经济秩序，为投资者提供重要公共产品和高效率的服务；明晰产权，政企分开，形成企业内部化的财务预算约束机制，真正给企业以自主权，使其成为独立的市场主体；促进南北商界、企业界的沟通与合作，推动东北民营企业经营理念创新。转变观念的另一表现就是要彻底解放思想，大力发展民营经济。改革开放到今天，民营经济在我国社会发展中的贡献日益突出，其经济总量已占我国国内生产总值总量的55%以上，吸纳城镇就业的80%以上，已经成为国民经济的重要组成部分、社会就业的主要渠道、经济增长的重要支撑和国家税收的主要来源。沈阳经济区应该深刻解放思想，花更大的气力发展民营经济，才能弥补改革开放近40年来在这方面所欠下的债。在政府营造良好的市场运行机制环境下，真正做到在工业和民营经济两方面，两手都要抓，两手都要硬。

2. 打破地区保护壁垒，市场主导利益分配

建立一体化的共同市场是实现沈阳经济区区域合作的基础。为此，沈阳经济区要充分保证各种生产要素通过市场自由地流向报酬率最高的地区，保证各产业布局主体能自动选择综合成本最低的市场，必须发展完善的市场体系和统一的市场。因此，沈阳经济区要运用现代信息技术推动各种要素市场网络化、系统化，形成各类市场的联合体，从而促进在各地市场充分发展的基础上，推动区域统一市场的形成。在实体经济方面，要加强沈阳经济区内城市间的互动。譬如首先，各城间可实行工商联手，互设商场、市场、连锁店、专卖店，定期或不定期召开各种类型的展销会、交易会，加大商品交流的广度和深度；其次，可以建立沈阳经济区产权交易机构，由此能更加有效地开展区域性资产重组、异地并购、产权交易等活动。另外，还可开展跨地区的资产评估、咨询策划、竞价拍卖、权证变更等业务，从而为沈阳经济区各市合作创造有利条件。[1] 最终实现彻底瓦解地区保护主义，加强地区间协同发展，充分运用市场经济这只看不见的手，从而有效带动沈阳经济区经济的持续发展。

3. 加强城市之间合作，协调区域内部关系

在沈阳经济区内，努力建设沈阳至各城市城际轨道交通，尽快形成沈阳经济区城际快速轨道交通系统。启动环经济区高速公路建设。同时，沈阳经济区各城市在相互交界地带将分别建立旨在加强经济合作的载体。为此，本溪将北拓经济技术开发区，逐步与沈阳南部副城相连接；抚顺将西扩经济技术开发区，逐步与沈阳浑南区相接，并共同保护和开发浑河，同时将抚顺高湾地区纳入沈阳世博园总体规划建设；辽阳将在与沈阳市交界处规划建设工业园区，与沈阳西部工业走廊相接；铁岭将做大做强新台子工业园区，适时将铁岭县南迁，逐步与沈阳北部开发连接起来，共同建设沈阳保税物流园区；阜新工业区与沈阳西北部相连接，打造沈彰新城；营口市将举全市之力建设大营口港，为沈阳经济区各城市货物出关、散货运输、物流周转提供便捷的口岸服务。[2] 另外，沈阳经济区可分别由八城市轮流定期举行针对协调区内经济社会发展关

---

1 姜长云，洪群联. 加强产权和技术交易服务体系建设的探讨 [J]. 首都经济贸易大学学报，2012 (1).

2 吴超，等. 沈阳经济区在辽宁省域陆海统筹开发一体化中的产业示范效应研究 [J]. 区域经济评论，2013 (5).

系的会议，通过签署和执行各项关于沈阳经济区协调发展的政策规定，来指导和规范区内各市区更好更快地共同发展。只有加快整合与协调发展的步伐，从而推动城际合理分工、有序竞争、紧密联系和协同合作格局的形成，才能促进沈阳经济区的发展与区域竞争力的提高。[1]

4. 优化主体产业结构，增强产业集群优势

虽然沈阳经济区的重化工业份额较高，但多数城市存在主导产业不明晰，专业化、社会化分工体系不清晰，重点发展方向不明确等问题。因此，沈阳经济区发展应该抓住问题的主要方面，积极实施向主导产业和优势产品倾斜发展的新战略。沈阳经济区应选择综合效益高、增长潜力大、能带动本地区经济增长、能推动产业结构升级、向高度化演进的产业。可侧重于机床、航空、汽车、造船、发电设备等重大装备制造业及零部件工业，钢铁、化工等重化工业，食品、电子、医药等优势行业，部分具有优势的高新技术产业和能吸纳大量就业的劳动密集型产业。此外，沈阳经济区应利用现有的和潜在的产业集群优势，以市场为基础，政府为主导，促成"产、学、研"三方联合，积极推动产业集群化，以提高企业的竞争力，通过产业集群来带动沈阳经济区经济的增长。目前，沈阳经济区正在形成多个特色产业集群。譬如本溪正在以调结构、转方式为主线，大力发展生物医药这一战略性新兴产业，加速转变成为以生物医药、钢铁深加工、旅游度假等多元产业为支撑的现代城市。

5. 发展高新技术产业，转变经济发展方式

21世纪是以信息技术为特征的高科技时代。沈阳经济区在对传统产业进行调整和改造的同时，应大力发展以信息技术为主的高新技术产业，用高新技术改造传统产业，发挥高科技产业对传统产业的渗透、辐射和带动作用，助力传统产业升级，实现传统产业跨越式发展，使之走上新型工业化道路。高新技术所具有的高度渗透性可有效促进产业边界的模糊和融合。信息产业的全球化趋势造成了产业分工开放化，为产业结构转换，实现跨越提供了所需要的基本要素，甚至给整体产业优化协调引入了良机，使产业结构跨越式转换成为现实。"十三五"时期是我国全面深化改革、加快转变经济发展方式的攻坚时期。而转变经济发展方式的重要手段之一就是通过发展高新技

---

1 杨靖宇，聂华林. 兰州—西宁区域经济一体化试验区建设研究 [J]. 地域研究与开发，2010（4）.

术，提高创新能力来使之取得实质性转变。当前沈阳经济区面临着前所未有的发展机遇，这要求其必须大力发展高新技术产业，以此优化产业结构，加速经济发展方式实质性转变，大力发展低碳经济、循环经济，迎合世界经济发展趋势，使沈阳经济区的现代产业成为具备生存能力、竞争能力和长久生命力的国际化产业。

第十八章

哈牡绥宁经济走廊：构建东北方向
陆海丝绸之路经济带的跨国战略枢纽

2016年，黑龙江省将推进对俄贸易规模化、投资合作产业化、口岸通关便利化、境外园区标准化、机制建设常态化，打造对俄经贸合作升级版，努力构建贸易先导、投资主导、产业支撑、通道顺畅、互利共赢的对俄经贸合作新格局。2016年，实现全省对俄贸易增长5%，对俄投资增长2%。为进一步扩大对外开放，加快东北老工业基地振兴，应当参照国内外促进区域经济发展实践，结合哈牡绥宁经济走廊的实际情况，承担起哈牡绥宁经济走廊作为东北方向陆海丝绸之路经济带对中俄边境区域合作跨国战略枢纽的历史使命和角色担当。

一、哈牡绥宁经济走廊促进中俄边境区域合作的基础条件

在创建哈牡绥宁经济走廊促进中俄边境区域合作的历史进程中，有必要全面透视哈牡绥宁经济走廊促进中俄边境区域合作的综合交通条件、区域外部条件、区域内部条件以及省域范围条件。

1. 哈牡绥宁经济走廊促进中俄边境区域合作的综合交通条件

哈牡绥宁经济走廊地处黑龙江省东南部，毗邻俄罗斯远东经济和旅游业最发达的滨海边疆区，位于黑龙江省经济发展和对外开放的主轴线（黑河—齐齐哈尔—大庆—哈尔滨—牡丹江—绥芬河）上。东北地区南北主轴通道301国道和滨绥铁路贯穿东西，

并与俄远东滨海边区相通；到达图们的图佳铁路、201国道在牡丹江交会，使得哈牡绥宁地区成为黑龙江两条重要国际大通道（哈尔滨—牡丹江—俄罗斯海参崴—日本新潟的传统通道和哈尔滨—牡丹江—图们—日本海的新兴通道）的交会点，以海参崴为起点的大陆桥运输和以图们江为起点的大陆桥运输都要经过该地区。其中，以海参崴为起点的太平洋大陆桥运输，经出绥芬河、牡丹江、哈尔滨，通过满洲里到俄罗斯赤塔与西伯利亚铁路相接的路线，比全部经由西伯利亚铁路要短1100多千米，运输成本节省30%。此外，哈牡绥宁经济走廊拥有绥芬河、东宁、牡丹江、哈尔滨4个国家一类口岸。迄今为止，绥芬河口岸依然是黑龙江省25个口岸中唯一的铁路口岸。

2. 哈牡绥宁经济走廊促进中俄边境区域合作的区域外部条件

与经济走廊相连的俄罗斯远东经济区是俄罗斯资源最丰富的地区，其燃料、能源和资源的潜力在俄罗斯联邦各经济区中名列前茅。[1]苏联时期煤炭地质总储量的30%、河流水利能量的27%都集中在这个区；林木资源丰富，森林面积达218亿公顷，木材蓄积量超过22013亿立方米，占全俄木材总储量的26.16%；渔业很发达，捕鱼量在俄罗斯各经济区居第一位。与哈牡绥宁经济走廊接壤的滨海边疆区经济发达，森林资源丰富，原木蓄积量达18亿立方米，海岸线长1350千米，是全俄重要渔业基地之一。滨海边疆区在炼油、电力、木材采伐、重型机械制造等方面具有较强的优势。

3. 哈牡绥宁经济走廊促进中俄边境区域合作的区域内部条件

目前，哈牡绥宁经济走廊已成为我国对俄经济技术合作的热点地区，是全国最重要的中俄商品集散区域。其中，牡丹江和哈尔滨已经成为对俄商贸核心城市，黑龙江省三大中俄互市贸易区（绥芬河、东宁、黑河）中两个位于该区域。近年来，越来越多的企业看中经济带的资源优势和对俄以及东北亚市场的巨大商机，该区域已成为我国南方地区北上开拓俄罗斯和东北亚市场的重要桥梁，以及我国最大的对俄商品营销网络地带。仅牡丹江市在俄境内设立的经营中国商品的专业或综合批发市场就达35个，年销售额超过200亿元，经牡丹江进出口的货物总量占黑龙江省对俄进出口总量的3/4，年过客量达200多万人次。

---

1 黄登学. 俄罗斯与美国对抗根源的几点思考 [J]. 东北亚论坛，2016 (5).

4. 哈牡绥宁经济走廊促进中俄边境区域合作的省域范围条件

"十三五"期间，黑龙江省将把区域经济发展作为新突破点。目前，黑龙江省已初步形成了以绥满综合交通带为轴线，连接牡丹江、哈尔滨、绥化、大庆、齐齐哈尔的主轴经济带。哈牡绥宁经济走廊的规划建设，将进一步完善黑龙江省区域经济发展的主轴经济结构，扩大黑龙江省对内、对外的影响力、辐射力和吸引力，成为黑龙江省区域经济发展的又一大亮点，有利于实现黑龙江省由东北亚地理中心向物流枢纽中心、经济中心的转变。

二、哈牡绥宁经济走廊促进中俄边境区域合作的总体思路

哈牡绥宁对俄产业经济带的发展将紧密围绕对俄经贸科技合作战略升级。结合中俄市场需求，利用区域优势和资源禀赋，优化整合经济带内各市县资源，扩大中心城市牡丹江和哈尔滨对俄产业集聚效应和扩散能力，以促进对俄进出口加工、农业、经贸、科技合作、现代物流和旅游会展业发展为目标，科学合理地规划对俄产业经济带发展的空间结构和各城市的发展功能定位，形成多层次、多功能的城市空间发展体系和对俄产业集群。

1. 哈牡绥宁经济走廊促进中俄边境区域合作的发展定位

充分利用哈牡绥宁经济走廊对外口岸的优越区位条件，依靠经济走廊现有的经贸业、加工业等优势产业基础，建立以牡丹江为中心、哈尔滨为依托，以经济走廊内10个城市（绥芬河、东宁、穆棱、林口、宁安、牡丹江、海林、尚志、阿城、哈尔滨）为增长点，以滨绥综合交通带为轴线的经济区域。在城镇体系的空间布局上，构建多层次、多功能、定位鲜明的城市体系；在产业布局上，构建以商贸业、旅游业、会展业、农牧业为引领，对俄进出口加工产业、现代物流业、对俄科技合作等主导产业为重点，多种产业相互承接、相互联系、相互拉动的产业集群。把这一经济走廊建设成为城市空间布局合理、多种产业相互协调配套、经济运行高效的外向型发展的经济区域。使之成为实施黑龙江省对俄经贸科技合作战略的核心区域，并逐渐发展成为拉动东北亚区域经济增长的发展中心。

2. 哈牡绥宁经济走廊促进中俄边境区域合作的发展目标

到2030年，哈牡绥宁经济走廊基本建设成为黑龙江省重要的经济区域和全国对俄经济技术合作的示范区域；形成哈牡绥宁国际大陆桥国际经济带，发展成为包括俄罗斯滨海边疆区在内的以中俄经济为主体的东北亚发达的产业经济带；建成具有一定国际竞争力的进出口加工产业集群集聚区和全省对俄经贸合作示范带。

3. 哈牡绥宁经济走廊促进中俄边境区域合作的发展步骤

至2020年，重点发展优势产业，通过牡丹江、绥芬河、哈尔滨等中心城市的优先发展，使之形成龙头并发挥带动示范和辐射作用。[1]2020—2025年，培育主导产业，并使发展条件较好的城市连成发展轴，进而以轴带面，推动整个区域的快速发展，通过发达地区的产业梯度转移，实现产业升级与结构优化。2025—2030年，全面发展阶段，通过发展轴的带动与辐射作用，进一步扩大经济带的经济规模与影响范围，围绕出海大通道，形成哈牡绥宁国际大陆桥经济带，全面提升黑龙江省在东北亚经济圈的地位。

三、哈牡绥宁经济走廊促进俄罗斯产业经济发展的进取方向

哈牡绥宁对俄产业发展主要是围绕两种资源、两个市场，发展优势产业和主导产业。主要发展对俄经贸产业、对俄进出口加工产业、对俄农牧业、现代物流业、旅游会展业和对俄科技合作产业。

1. 哈牡绥宁经济走廊能够促进对俄经贸产业

经贸产业是该区域的传统优势产业。该区域具有得天独厚的地缘与口岸优势，已初步形成了集果菜、轻纺、消费类电子产品、木材、废金属、化工原料等多种类产品、多层次的市场体系。这为进一步开展东北亚区域经济合作创造了基础性条件。该区域对俄经贸产业发展重点应扩大经贸产业的范围和规模，提升合作的水平，创新贸易的形式，把经济走廊中的牡丹江市和哈尔滨市打造成为东北亚商贸中心城市。

---

1 姜振军. 中俄共同建设"一带一路"与双边经贸合作研究 [J]. 俄罗斯东欧中亚研究，2015（4）.

2. 哈牡绥宁经济走廊能够促进对俄出口加工产业

目前，黑龙江省紧紧围绕"中蒙俄经济走廊"国家战略导向，努力推进对俄全方位交流合作，促进对俄经贸合作向深层次、宽领域拓展。针对俄罗斯市场的消费需求，重点发展俄罗斯市场需求的轻工、纺织、电子、建材、食品、化工等行业。利用俄罗斯进口资源，在产业带内发展纸浆、石油、海产品、矿产品等产品的精深加工。具体来说，即以进出口加工基地为依托，全力扩大地产品出口规模。依托大型机电企业，建设对俄机电产品出口加工基地；依托建材生产企业，建设对俄建筑材料加工基地；依托沿边重点口岸等边境市县，建设对俄果蔬加工基地；依托畜牧优势，建设对俄猪肉出口加工基地。建设进口俄罗斯木材精深加工基地以及木制品加工基地。总体而言，以对俄贸易加工园区为载体，建设全国一流的对俄出口加工基地，使之成为发展外向型经济的突破口和国际经贸大通道上工业走廊的窗口。

3. 哈牡绥宁经济走廊能够促进对俄农业与牧业

按照建龙头、带基地、兴产业的思路推进农业产业化，引进先进的技术和优良品种，大力发展以生猪、肉牛、果菜、食用菌为重点的对俄出口种植、养殖和产品加工。建立完善的县（市）为主的露地蔬菜、棚室蔬菜、水果和食用菌出口生产基地。具体而言，就是在301国道两侧建立区域连片、特色突出、分工合理的对俄农副产品出口生产基地，进行规模化、标准化、专业化生产，建设以东宁、宁安、海林为主的露天蔬菜出口生产基地，以穆棱、宁安和市区城郊为主的棚室蔬菜出口生产基地，以东宁、宁安、穆棱为主的水果出口生产基地，以东宁、林口为主的食用菌出口生产基地，以海林、宁安为主的优质米出口生产基地，以穆棱、宁安为主的肉类出口生产基地。[1]

4. 哈牡绥宁经济走廊能够促进对俄现代物流业

得天独厚的区位优势和综合交通条件，巨大的物流需求和增长空间，使现代物流业被确定为经济走廊的优势产业和主导产业。对俄通道将哈尔滨、牡丹江和海参崴连接起来，形成东北亚重要的国际物流区域，推动黑龙江省作为东北亚物流中心的发展

1　郑治. 黑龙江对俄贸易合作现状分析与对策探讨 [J]. 商业经济，2009（13）.

进程。该区域应重点发展边境口岸国际物流，实现境内外物流一体化。重点建设以物流园区为重点的物流基础设施系统和搭建物流信息系统；建立和完善区域物流服务体系，提供方便、快捷、高效、低成本的物流服务；构建以牡丹江市区为中心、区域内其他城市为节点的，联结口岸和境外大型专业批发市场的现代物流网络体系。

5. 哈牡绥宁经济走廊能够促进对俄旅游会展业

特色的地域风貌、丰富的生态旅游资源和优越的旅游区位为经济走廊发展对俄通道旅游提供了有利条件。对俄通道旅游走廊上拥有丰富的旅游资源：渤海国上京龙泉府遗址（世界文化遗产），避暑度假胜地——镜泊湖风景名胜区、东北虎林园、东宁要塞、亚布力滑雪场、哈尔滨冰灯等。该区域旅游业的发展要加大经济走廊上旅游资源的整合力度，使中国雪城与中国冰城在对俄通道旅游走廊上有机结合、互动发展；要加强与邻国的旅游合作，把哈牡绥旅游产业走廊延伸到海参崴地区，构建畅通的国际旅游通道，辟建国际旅游走廊，实现国际无障碍旅游。同时，依托旅游业的优势和区位条件发展会展业，创办中国边境城市发展论坛，东北亚进出口商品交易会等展会，促进东北亚区域经济合作的全面拓展与提升。

6. 哈牡绥宁经济走廊能够促进对俄科技合作产业

俄罗斯经济虽经过了多年的徘徊，但其科技水平仍然保持一定的高度。哈牡绥宁经济走廊可依靠良好的地缘优势以及经贸往来优势，开展对俄科技全面合作，实现科技互补。主要发展对俄信息领域合作，加强信息服务平台建设，建立面向两国双向的技术、人才、资金、企业、市场及政策等资源信息库，创建辐射全国各地、服务中俄合作的信息服务平台，建设对俄科技合作产业园区，形成集研发、孵化、生产为一体的物流、中介、金融、商服等功能配套齐全的对俄科技合作产业园区。

四、哈牡绥宁经济走廊促进中俄边境区域合作的现存问题

改革开放以来，对俄经贸成绩卓著，但潜在效益和整体优势还没有得到完全发挥，主要是：对外开放度低，对经济的拉动力弱；贸易主体弱小，市场化程度不高；产业结构与俄方市场供求对接度低，对俄贸易进出口商品结构不尽合理；具有发挥潜力的科技合作和加工贸易比重低、增长慢、优势不突出；大通道建设和基础设施建设有待进一步加强。哈牡绥宁经济走廊向国际市场拓展的空间和潜力相当大，但由于诸多因素制约没有充分发挥出来。

1. 哈牡绥宁经济走廊的经济外向度相对偏低

哈牡绥宁经济走廊生产加工能力滞后，对俄出口的服装、鞋帽、家电等大宗骨干商品几乎都是南方产品。地方出口商品只有低附加值的水果、蔬菜、塑料编织袋、塑料门窗等二三十种产品，其比重不足5%，而进口的木材、纸浆、原油等产品也多是原字号进、原字号出，就地加工不足10%。经济外向度低，不仅难以给对俄贸易提供有力的产业支撑，同时也大大削弱了边贸对全省经济的整体拉动作用。如果对俄进出口的产品有50%是黑龙江省自己的产品，那么全市的产值就会增加550亿元，并带动一批相关产业的大发展。

2. 哈牡绥宁经济走廊的产业结构调整不到位

传统产业结构与俄罗斯趋同。俄方市场大量需求的商品诸如服装、鞋帽、家电和其他日用消费品等，哈牡绥宁经济走廊的部分企业生产能力较弱，限制了对俄贸易的发展。

3. 哈牡绥宁经济走廊的对俄经贸合作主体弱小

对俄贸易50%以上是由个体商贩实现的，目前在哈牡绥宁经济走廊还没有形成一批具有跨国生产经营能力的市场主体，基础设施建设薄弱。对俄经贸运输瓶颈问题十分突出，大通关的能力还没有形成。

4. 哈牡绥宁经济走廊诸多重点项目没有达到预期目标

建立莫斯科中国精品城、原油来料加工合作、绥芬河公路口岸改造、境外建立电视机装配生产线等开放重点工作没有完成预定目标。以上诸多既有中俄两国政策制约以及国内外市场和合作伙伴发生变化等客观原因，也存在责任单位重视不够、推进不力等主观因素。因此采取切实措施，进一步加快对俄经贸科技合作战略升级十分必要。

---

1 王彦庆，李燕. 哈牡绥对俄产业经济带发展战略研究 [J]. 商业研究，2008 (6).

五、哈牡绥宁经济走廊促进中俄边境区域合作的对策创意

为了加快哈牡绥宁经济走廊对俄经贸合作提档升级，促进黑龙江省经济建设快速发展，提出如下对策措施：发挥各自优势，加强重大项目和主要领域合作；加大对俄投资，提高双边经贸合作规模和水平；优化出口结构，推进对俄经贸科技合作战略升级；搭建合作平台，大力优化边境区域贸易投资环境；采取远近相结合的原则，进一步开拓俄罗斯市场；完善对应协调机制，优化对俄经贸合作的政策安排。

1. 发挥各自优势，加强重大项目和主要领域合作

黑龙江省与俄罗斯毗邻，有25个开放口岸，有便捷的陆路、水路和航空交通，具有地缘、人文、政策、技术和劳动力等多方面优势。俄远东和西伯利亚地区幅员辽阔，资源丰富，科技实力强，发展潜力大。特别是经过十几年的经贸合作与交流，黑龙江省与俄远东地区从政府间到企业界已建立了良好的公共关系和广泛的合作渠道，这是进一步扩大合作的有利条件和坚实基础。当前，黑龙江省一批对俄森林采伐加工、矿产资源开发、房地产开发以及跨国加工贸易等重大项目已相继启动。今后，我们应重点推进有利于双方经济繁荣的重大项目，加强在石油、林业、矿业、农业、建筑业、物流通道建设、科学技术等主要领域的合作，尽早建成一批大项目，以大项目合作推动和实现三个转变：边境贸易向一般贸易转变，单纯贸易向经贸合作转变，经贸合作向投资和科技等领域全方位转变。

2. 加大对俄投资，提高双边经济与技术合作水平

尽管黑龙江省的经济发展还不具备进行大规模对外投资的能力，但黑龙江省的企业已经走向俄罗斯，在很多领域积极拓展，取得了较好的成效。黑龙江省应在巩固现有成果的基础上，增加对俄投资，用来加强口岸和交通设施的建设，以支持对俄经贸合作。黑河—布戈维申斯克界河大桥有望开工建设，洛古河—波科洛夫卡界河大桥的建设在积极筹备中。绥芬河、东宁、黑河等口岸的3个互市贸易区在完善中。同时，黑龙江省投资1亿元支持启动了五大对俄出口加工基地：哈尔滨松北区东北亚经贸科技合作区、哈尔滨香坊区对俄出口加工区、牡丹江对俄贸易工业园区、东宁口岸对俄进出口工业园区、绥芬河对俄出口加工区。此外，黑龙江省投资建设的能源、原材料基

地，对俄农产品出口基地和科技合作基地在进展之中。为进一步拓展投资渠道，黑龙江省应积极组建对俄投资企业集团，吸收大公司、大企业及金融等部门参加，积极开拓投资市场，找准对俄投资的切入点，以点带面，从重点领域开拓，带动对俄投资的全面发展。同时，应将吸引外资与对俄投资并举，在双向投资中形成互通有无、互惠互利的格局。

3. 优化出口结构，推进双边经贸合作再上新台阶

针对俄罗斯消费水平迅速提高的实际，扩大各类中高档名牌商品出口，增加优质名牌商品的份额，高中低档兼顾。在进一步扩大纺织品服装、轻工产品、农副产品等国内优势产品出口的同时，提高机电产品和高附加值产品在贸易中的比重。把经济技术合作作为对俄经贸工作新突破的主攻方向，支持高科技企业技术创新和扩大生产规模，扶持和培育一批经济实力强、技术水平高、地区经济特色突出的大型科技龙头企业；大力发展产业基地，建立新材料、医药等特色产业基地和对俄科技合作产业示范基地，通过基地的积聚效应，加速先进技术组装配套，实现技术、人才、资金、管理的集成，通过基地的示范引导、辐射带动作用，实现先进技术的传播和扩散，加快高新技术企业的规模和集群化；围绕六大基地建设和发展特色高新产业，以相关高等院校、科研单位为依托，以技术实力强大的中型企业为重点，构建黑龙江省科技创新体系；加强高科技技术产业开发区和各类科技园区的建设，使它们真正成为自主创新、信息辐射、人才汇集、资金吸纳的基地，成为黑龙江省体制创新、产业结构调整、承接国有资本、吸纳下岗职工的主力军，成为黑龙江省老工业基地振兴的一支有生力量。

4. 搭建合作平台，大力优化边境区域贸易投资环境

为了加快黑龙江省对俄经贸合作的步伐，双方应合力打造有利于对俄贸易的软硬环境。第一，口岸通道建设是发展对俄贸易的基本前提，双方要共同加快对应口岸建设，增加投资，整顿口岸秩序，取缔不法行为，提高口岸工作效率。第二，应加快黑龙江省铁路基础设施建设和推进中俄黑龙江大桥建设，以解决制约两国间现有口岸过货能力的瓶颈问题。第三，双方应充分利用一年一度的"哈洽会"这一重要的桥梁和窗口，进一步加强合作和交流。充分利用中小企业开拓国际市场专项资金，组织企业参加俄地方政府举办的各种展览展销活动。第四，黑龙江省应加快建设中俄经贸合作

网站，为双方企业发布项目，开展政策、法律咨询和电子商务服务。还可利用黑龙江省投资服务中心这一渠道，为俄罗斯各州区开展中俄经贸合作发布相关信息，协助俄方企业寻找合作伙伴，提供全程无偿代理服务。第五，要加大检验检疫力度，把好出口质量关，用可靠的产品去开拓俄罗斯市场。

5. 采取远近相结合的原则，进一步开拓俄罗斯市场

推进对俄经贸合作仅靠黑龙江省自身之力是不够的。要加强南北联合，共同开发俄罗斯市场。积极吸引东南沿海省份以及香港地区的资金、技术，把黑龙江省对俄贸易的地缘优势和公共关系优势同南方省市的资本优势、品牌优势相结合，实现双利双赢。黑龙江省和其他省份在出口加工、资源开发、科技等领域的合作具有极大的潜力。同时，本着黑龙江省拓展对俄市场的基本策略"立足远东，突出滨海；拓展西部，推入腹地"，应以开拓延边州和长春市场为主。延边州特别是珲春市应利用其边境接壤的优势，把重点放在滨海边疆区，再逐步向远东其他州区拓展，巩固已有的市场份额，稳定客户关系，加强业务联系，不断扩大贸易规模。长春应发挥其在工业、科技、商贸等方面的优势，带动吉林、通化、白城等市，全力开拓西伯利亚、乌拉尔地区市场，并向俄欧洲腹地市场拓展。

6. 完善对应协调机制，优化对俄经贸合作的政策安排

进一步加强黑龙江省与俄各毗邻州区政府部门定期会晤机制，培养良好的公共关系，推进重点合作项目、维护中俄企业合法权益等事项的落实，及时解决双方经贸合作存在的重大问题。黑龙江省在贯彻执行国家出台的一些边贸优惠政策的同时，应加大对俄贸易的信贷支持力度。坚持国有、民营一视同仁的原则，全面放开对民营企业的限制，赋予股份制企业和民营企业更多的对外贸易经营权。鼓励企业到俄境内投资建厂，参与工程招投标，从省级对俄专项资金中划出一部分资金用于鼓励对俄出口省内产品，为企业开拓俄罗斯市场创造有利条件。

东北方向陆海丝绸之路经济带
应当强化中俄合作关系

第十九章

中俄两国边境区域合作实现东北方向
陆海丝绸之路经济带的跨国战略对接

20世纪末，我国相继提出西部大开发、东北振兴、中部崛起战略，与东部地区优先开发的"四大板块"共同构筑了中国区域发展的总体战略。"十二五"期间，在"四大板块"战略的基础上，又提出了"一带一路"、京津冀协同发展、长江经济带"三个支撑带"布局。"十三五"期间，在现有区域发展总体格局的基础上，将继续深入实施区域发展总体战略，即"四大板块"与"三个支撑带"协同推进的战略大布局。基于东北地区的发展现状，振兴东北将成为我国区域发展战略布局中的重中之重，而要从根本上解决东北地区的经济增长问题，实现"四大板块"协调发展，不仅要对内实施区域一体化战略，还要对外大力推进区域国际化战略，努力在对外开放中来实现这一重大战略目标。这样做，完全符合党的十八大提出的关于适应经济全球化的新形势，必须实行更加积极主动的开放战略完善开放型经济体系的战略导向。应当看到，俄罗斯作为中国最大的邻国，是东北地区完善开放型经济体系首先要考虑的合作对象，更是为两国在边境区域合作实现东北方向陆海丝绸之路经济带的跨国战略对接提供了有利条件。有鉴于此，中俄两国合作创建从远东与西伯利亚地区到东北与环渤海地区的边境区域经济振兴带具有重要的战略价值。

一、中俄两国边境区域经济振兴带开发的价值取向

在东北方向陆海丝绸之路经济带的建设进程中，中俄两国边境区域合作从长远来

看具有重大意义。这一边境区域经济振兴带的开发，能够对新一轮东北振兴起到积极的促进作用，能够对中俄两国贸易结构改善发挥有效的拉动功能，能够全面推进中俄两国的战略协作伙伴关系，并且能够使中俄两国在东北亚区域经济一体化的进程中进一步加强各自所处的战略地位。这样看来，有必要进一步明确中俄两国边境区域经济振兴带开发的价值取向。

1. 创建中俄边境区域经济振兴带，有利于加强东北优化开发主体功能区建设

推进形成主体功能区，是落实科学发展观，统筹城乡发展、统筹区域发展、统筹人与自然和谐发展的一项重大战略举措，直接关系到我国经济社会发展的全局和中华民族立足于世界民族之林的前景。所谓主体功能区，是指根据不同区域的资源环境承载能力、现有开发密度和发展潜力而划分出来的开发类型区。而确定主体功能区的目的，是统筹谋划未来人口分布、经济布局、国土利用和城镇化格局，确定主体功能定位，明确开发方向，控制开发强度，规范开发秩序，完善开发政策，逐步形成人口、经济、资源环境相协调的空间开发格局。主体功能区一般划分为四类：优化开发区、重点开发区、限制开发区、禁止开发区。国土开发密度已经较高、资源环境承载能力开始减弱的区域是优化开发区；资源环境承载能力较强、经济和人口聚集条件较好的区域为重点开发区；资源环境承载能力较弱、大规模聚集经济和人口的条件不够好，并关系全国或区域范围生态安全的区域为限制开发区；依法设立的各类自然保护区必须划为禁止开发区。根据上述原则界定，以老工业基地和粮食主产区为主要成分的东北综合经济区，应当从整体上进行优化开发。

按照《东北振兴"十三五"规划》所作出的战略部署，从东北综合经济区的主要成分是老工业基地和粮食主产区这一实际情况出发，必须努力在国家振兴战略的推进中使东北老工业基地质变为新型工业基地，裂变为现代装备基地，提升为科技产业基地，建设为生态农业基地，成长为农畜产品出口加工基地。为了实现这一区域目标体系，面向俄罗斯加强区域经济合作是东北优化开发主体功能区建设的明智选择。俄罗斯作为世界科技强国，拥有悠久的科学传统，科技实力雄厚，发展潜力巨大，其研究与开发队伍的数量和质量居于世界前列，这与中国东北地区的技术需求和产业基础之间形成了较为明显的互补关系。因此，加强与俄罗斯的科技合作，是东北优化开发主体功能区建设特别是加快提升产业层次和经济结构的现实选择。

2. 创建中俄边境区域经济振兴带，有利于深化中俄两国战略协作伙伴关系

2017年，中俄战略协作伙伴关系进入第三个10年，步入了新的发展阶段。在2016年这一年里，两国高层交往更加频繁，仅中国国家主席习近平和俄罗斯联邦总统普京就进行了5次会晤，两国总理、议长和委员长、外长等也分别进行了多次会晤，双方政治互信得到进一步深化和加强。2016年6月，习近平在《中俄睦邻友好合作条约》签署15周年纪念大会上讲话时指出，应当深入推进两国发展战略对接和"一带一路"建设同欧亚经济联盟建设对接合作，进而在欧亚大陆发展更高水平、更深层次的经济合作关系，使中俄关系发展带来的福祉不仅惠及两国人民，还要惠及整个地区国家人民。[1] 自2001年签署《中俄睦邻友好合作条约》以来，两国各领域合作不断向前发展。应当指出，中俄两国全面战略协作伙伴关系的基础是经贸合作，只要经贸领域的合作操作到位，完全可以进一步深化两国间全面战略协作伙伴关系。中俄两国互办"国家年"活动所取得的累累硕果很好地说明了这一点。

中国和俄罗斯互办"国家年"活动，是由两国元首共同倡导和确定的。2006年在中国举办"俄罗斯年"，中俄双方共同在文化、经贸、工商、新闻、学术等许多领域组织了250多场内容丰富的活动，在两国政府、地方、企业的积极参与下，使"俄罗斯年"取得了丰硕的成果。2007年在俄罗斯举办"中国年"，在已经取得经验的基础上，进一步体现了民间和地方特色，从而使中俄两国战略协作伙伴关系进入了更加广泛和深入的层面。从2006年、2007年的"中俄国家年"，到2009年、2010年的"中俄语言年"，再到2012年、2013年的"中俄旅游年"，国家级文化活动的接连举办极大地推动了两国老百姓之间的直接交流。且不说这几项大活动框架下举行了数以千计的各类交流活动，仅仅在2012—2013年两年举办"中俄旅游年"期间，两国互访的普通游客数量已经有了大幅提升。目前，到俄罗斯旅游的中国游客数量居第二位，仅次于德国，而俄罗斯也已成为中国第三大旅游客源国。可以认定，中俄多年以来在经济、贸易、文化等多个领域、多种形式的交流，是推动已取得累累硕果的中俄两国战略协作伙伴关系长期稳定发展的重要举措。以此为参照系，双方应在经贸合作上设定新的目标以延续中俄战略协作伙伴关系的稳定发展势头。恰逢此时，中国正在积极实现东北老工业基地振兴和努力策动东北方向陆海丝绸之路经济带建设；与此同时，中蒙俄三国签

---

1 李新. 丝绸之路经济带对接欧亚经济联盟：共建欧亚共同经济空间 [J]. 东北亚论坛，2016 (4).

署了《建设中蒙俄经济走廊规划纲要》，这是"一带一路"框架下首个正式开建的多边经济走廊，是多边开放合作的成功典范，充分体现了三方秉持共商共建共享原则，推进"一带一路"建设的决心和信心。因此，中俄双方应当注重在区域开发方面进行战略对接，合作创建东北与环渤海地区同远东与西伯利亚东地区的边境区域经济振兴带。这一明智的战略选择，将对中俄全面战略协作伙伴关系的长久稳定起到重要的推进作用。

3. 创建中俄边境区域经济振兴带，有利于加快东北亚区域经济一体化进程

在区域经济一体化的进程中，中俄两国根据比较优势的原理，能够通过加强专业化提高生产效率，能够通过市场规模扩大来促进区域经济开发，能够通过公平竞争进一步增强区域经济效率，能够通过区域创新体系的创建而提高生产数量和质量。这些积极作用，致使区域一体化成为当今国际经济关系中最引人注目的趋势之一。在一般情况下，区域经济一体化依其深化程度，可分为优惠性贸易安排、自由贸易区、关税同盟、共同市场及经济同盟等形式，对中国而言，区域经济一体化应从构建自由贸易区开始。在中俄两国之间搭建一个适合的自由贸易区框架，对我国经济发展将起到多方面的积极作用。首先是市场扩大效应，建立自由贸易区，能够为双方的产品贸易创造更便利的条件。在中俄两国边境区域市场形成后，由于市场范围的扩大，就会促进企业发展，使生产者不断地扩大生产规模，降低成本，享受到规模经济利益，并可进一步增强区域内企业特别是对非成员国同类企业的竞争能力。其次是促进自由贸易区内企业的有效竞争。随着中俄两国市场开放度提高，竞争程度必然也会提高，这有利于提高经济效益，促进科技进步。经验表明，发达国家的大型跨国公司往往会通过垄断等方式，对发展中国家的经济形成投资挤出和技术抑制，而中俄两国周边国家以发展中国家为主，这种投资挤出和技术抑制的效应远比发达国家弱，这有利于我国企业在竞争中逐渐学习成长。

在整个世界范围来看，区域经济一体化的表现形式大多都是相邻国家之间利用地缘优势和经济联系加强区域经济合作，以求实现互利共赢的经济效益。中国和俄罗斯共处于东北亚区域内，双方不仅有长达4300千米的漫长边界线，而且两国边境地区的民间交往具有良好基础。更为重要的是，中俄两国边境地区在资源、人力、科技、金融、市场等生产力要素方面具有明显的互补性，可以通过在边境地区构建自由贸易区这一有效举措，来拉动两国经贸合作再上新台阶。基于这一认识，中方应当根据东北

老工业基地振兴战略实施的对外开放需要，进一步加大两国边境地区对应口岸的合作开发措施，并以此为接合部形成各种对接点来拉动两国相关地区之间的经济合作水平。具体地说，就是要进一步促进俄罗斯远东与西伯利亚地区同中国东北与环渤海地区之间的合作进程，面向未来规划与创建边境区域经济振兴带。这一目标的提出和确定，不仅有利于提高中俄两国经贸合作水平和额度，而且有利于加快东北亚区域经济合作的现实进程，所以有必要作出这一区域性合作的政策安排。

二、中俄两国边境区域经济振兴带开发的现实优势

可以满怀信心地说，中俄两国边境区域经济振兴带的创建并不是纸上谈兵，而是有着很多现实优势作为支持。中俄两国边境问题虽然曾一度影响了双方经济合作进程，但自从双方边境问题合理解决，建立起一条和平边界后，中俄两国经贸合作的障碍正在消除，政治互信也在逐渐加强。而战略协作伙伴关系的全面发展，则为中俄两国交往历史添上了浓墨重彩的绚丽篇章。特别是中蒙俄经济走廊的建设，展示了"一带一路"建设的巨大潜力和广阔前景，更加促进了两国间的政治互信，经贸合作水平也不断提高，从而为两国全面发展战略协作伙伴关系奠定了基础，也为双方合作创建边境区域经济振兴带提供了良好的现实保证。

1. 传统的地缘优势是中俄两国合作创建边境区域经济振兴带的基本依据

在边境地缘关系方面，我国东北正处于东北亚区域"地理相邻"的地带，与俄罗斯、蒙古、日本、韩国、朝鲜相邻，有着4637千米的边境线。其中，仅与俄罗斯之间的边境线就长达4300千米。这样的地缘优势，为中俄两国共同创建边境区域经济振兴带提供了基本依据。自从1982年中苏两国外贸主管部门换文，恢复自1967年中断的中苏边贸活动以来，两国边贸获得了快速发展，已经成为双边经贸合作的重要组成部分。1991年苏联解体后，俄罗斯远东与西伯利亚地区轻工业产品贫乏的弊端，在整体经济急剧下滑中更加明显，急需大量价格低廉的轻工业产品，如服装、食品等。那时我国沿边开放战略的制定与实施，为中俄两国边境贸易提供了动力。因此，我国对俄的边境贸易得到了迅速的增长。进入新世纪以后，中俄之间的经贸合作更是稳步升级，双方边境贸易走向繁荣，既是中俄两国战略伙伴关系建立与发展的结果，也是中俄两国经贸合作未来的发展方向。2014年，黑龙江省对俄贸易实现232.8亿美元，增长

4.1%，占全省进出口总额的59.8%，占全国对俄贸易总额的24.4%；内蒙古对俄贸易值达到30.54亿美元；吉林珲春市52家对俄贸易企业实现进出口额3.65亿美元。由此可见，中俄两国边境贸易已在双边贸易中占据重要地位。

为了促进中俄两国边境贸易稳定的发展，国务院和东北各省级政府已批准设立了12个中俄边境区域互市贸易区，它们分别是黑龙江省的黑河、绥芬河、东宁、同江、抚远、虎林、密山、饶河、逊克、萝北，内蒙古自治区的满洲里，吉林省的珲春。其中，有3对互贸区办理了简化俄罗斯公民进入中方一侧互贸区手续的换文，它们是黑河—布拉戈维申斯克互市贸易区、满洲里—后贝加尔斯克互市贸易区和绥芬河—波格拉尼奇内互市贸易区；有2对已经国务院批准与俄方办理换文，它们是珲春—哈桑、东宁—波尔塔夫卡。在互市贸易区的推动下，中俄两国近年来边境贸易迅速发展，边境地区合作形式也日益多元化，边境地区合作环境和条件不断改善，人员、商品、服务、信息交流更为快捷，贸易和投资更为便利，这种积极的态势为中俄两国进一步深化战略协作伙伴关系提供了物质基础。在如此良好的势头下，中俄两国更要致力于规范边贸秩序，改善贸易结构，加强口岸基础设施建设，扩大相互投资和经济技术合作，完善边境区域贸易服务体系，从而提高双方边境贸易合作水平，为中俄两国合作创建边境区域经济振兴带提供有力保障。

2. 良好的政治环境是中俄两国合作创建边境区域经济振兴带的可靠前提

俄罗斯是中国的最大邻国，历史上中俄两国有着较为类似的社会发展情况，今天两国又面对着较为类似的社会经济问题和改革任务，应当在各自的发展进程中相互借鉴和学习，在平等互利、彼此尊重、不搞对抗、积极合作的框架中发展双边关系。这样做，不仅会增进两国人民的福祉，也将推动多极化国际新秩序的形成。值得一提的是，近年来中俄两国在政治领域表现出来的互信为双方经贸合作起到了重要的保障作用。当然，这种政治互信是循序渐进表现出来的。1994年9月，中俄两国建立了"建设性伙伴关系"；1996年4月，中俄两国确定了"战略协作伙伴关系"；2001年7月，中俄两国签署了《中俄睦邻友好合作条约》，真正以法律的形式将"世代友好，永不为敌"的双边关系原则确定下来。中俄两国元首的定期会晤机制，政府总理的定期会晤机制，中俄友好21世纪委员会以及政府各部门、各层次之间的协作机制的不断完善和运转，大大增强了彼此信任，深化了双方在各领域的合作关系。上海合作组织的建立和运行，中俄两军联合演习的成功举办，都是双方政治互信的集中体现。可以认定，中俄两国之间的政治互信，不仅为双方在政治领域合作起到了积极作用，在带动其他领域合作关系的发展中也起到了良好的效果。

伴随着中俄两国战略协作伙伴关系的全面发展，双方顺应时代的潮流，在巩固和完善合作机制的同时，更加注重这种关系的务实性和效益性。有鉴于此，中俄两国领导人高屋建瓴地决定互办国家年、旅游年等互动交流活动。这些活动的根本目的，就是要宣传和巩固中俄两国人民友谊，扩大和加深双方的互利合作，推动双方战略协作伙伴关系迈向新的台阶。这些不断拓展的往来活动，标志着中俄两国睦邻友好关系在新世纪不仅在健康地向前发展，同时也为两国人民在各个领域扩大交流拓宽了渠道，奠定了良好基础。特别是有助于提高双方的政治互信水平，深化两国人民的交流与友谊，提高两国间的经贸合作水平。这是中俄双方在总结历史经验教训基础上作出的正确选择，必将为中俄战略协作伙伴关系的内涵充实与全面发展，并且在真正意义上对深化中俄两国经贸合作关系起到积极作用。

3. 经济的优势互补是中俄两国合作创建边境区域经济振兴带的有利因素

中国与俄罗斯结成战略协作伙伴关系以来，双方经贸合作取得了长足发展。2017年是中俄两国进一步深化战略协作伙伴关系至关重要的一年。中国已经具备了国际制造业优势，并且这种优势日益凸现出来；而俄罗斯则拥有丰富的能源和原材料资源。由于中俄两国在经济结构和外贸结构上均形成了一定的差异和互补关系，从而为双边贸易规模继续扩大能够起到重要作用。进入21世纪以来，中国已形成了星罗棋布、各具特色的高新技术产业群；而俄罗斯由于工业结构不合理，虽然在资源开采和初加工工业上占尽优势，但加工业特别是机械设备制造业的发展受到了极大的限制，资金不足和设备陈旧等问题始终没有得到很好的解决。俄罗斯产业结构的特点，决定了在可预见的若干年内，仍需要进口大量的消费品和工业制成品，而中国经济结构需要能源和原材料的稳定供应，所以双方在能源领域的合作是推动贸易增长的重要因素。

可以预测，中俄两国在未来可以围绕能源、森林、矿产、土地等领域合作启动大项目，双方在俄罗斯建筑市场、旅游市场以及保税区建设方面都具有联合开发潜力。在劳动力市场上，中俄两国存在互补性。中国是人口大国，拥有丰富的劳动力资源，特别是与俄罗斯接壤的东北地区有大量的富余劳动力，而且这些劳务人员可以接受俄罗斯的报酬水平和生活条件。俄罗斯是劳动力资源比较缺乏的国家，尤其是远东地区更是捉襟见肘。2009年，据俄罗斯专家估计，远东地区劳动力缺口目前在50万人左右，农业、林业、建筑业的劳动力尤为缺乏。因此，中俄两国有必要通过合理的方式，在利用劳动力资源方面为双方经济合作注入新的动力。然而，在劳务合作方面，由于俄罗斯存在着矛盾心理：一方面确实需要中国的劳动力资源，另一方面担心引进中国劳动力资源会造成移民问题，致使双方的劳务合作水平同实际需要还有不小的差距。为了解决这方面问题，两国政府必须充分认识这种互补性，并且进一步开发、深化两国经济合作领域。

三、中俄两国边境区域经济振兴带开发的功能定位

如何定位中俄两国边境区域在东北方向陆海丝绸之路经济带建设中应该发挥的功能是一个至关重要的课题。"到2020年，东北地区体制机制改革创新和经济发展方式转变取得重大进展，发展的平衡性、协调性、可持续性明显提高，与全国同步实现全面建成小康社会宏伟目标"，这是《东北振兴"十三五"规划》对东北地区的发展战略做的进一步的规划，中俄边境区域经济振兴带的开发必须沿着同样的发展思路，依靠改革创新，坚定信心，破困前行，闯出一条新形势下老工业基地振兴发展的新路。

1. 抓住良好机遇，在边境区域建设现代工业基地

东北老工业基地是新中国成立后，国家实施工业化发展战略，通过建设一批重点工业项目形成的。在"一五"期间，苏联全力支持中国经济的发展，援助中国工业的振兴。苏联共向中国援建了156个项目，其中有58个是建设在东北的。长期以来，东北地区为国家建设提供了大量的物资和装备，输送了大批人才和技术，为我国建设独立完整的工业体系和国民经济体系，推动工业化和城市化进程，增强国防实力和综合国力，作出了历史性重大贡献。然而由于开发的不合理，使大部分资源基本上已经达到了枯竭的临界线而无法再生，使之在经济上作出了超负荷的贡献，从而导致许多国有大中型企业缺乏滚动发展的再生能力，这一次巨大的历史性透支为东北地区背上了沉重的包袱。

自从实施振兴东北战略以来，仅4年时间，东北地区的发展活力就明显增强，遏制住了前些年经济下滑的势头，呈现良好的发展态势，经济步入快车道趋势日益明朗。东北地区已经崛起成为继珠江三角洲、长江三角洲、环渤海地区之后的中国第四经济增长极。国务院相关领导小组审时度势，为加快东北地区振兴及时地制定了《东北地

区振兴规划》，提出了要将东北地区建设为现代工业基地的振兴目标。我们不可忘记在中国工业发展道路上苏联所提供的帮助，在东北地区新一轮的大发展中，仍可与俄罗斯合作完成在东北地区建设现代工业基地的目标。现如今的俄罗斯已经形成了以九大工业部门（能源、黑色冶金、化学和石油化工、机器制造和金属加工、木材加工和造纸、建筑和材料、轻工、食品和微生物）为中心的完整的工业体系，其先进的技术可以为东北发展所借鉴。如今，在"一带一路"的跨国区域经济规划的大背景下，东北地区可与俄罗斯进一步合作，利用俄罗斯在工业上的优势，优先振兴数控机床、大型炼油和乙烯成套设备、大型煤化工成套设备、大型冶金设备、大型发电设备、超特高压输变电设备、大型船舶装备、轨道交通设备等装备制造业，将东北地区建设成为具有国际竞争力的重型机械和大型成套装备制造业基地，具有国际先进水平的数控机床及工具研发和生产基地，国家发电和输变电设备研发与制造基地，全国重要的汽车整车和零部件制造及出口基地，具有国际先进水平的船舶制造基地，国家轨道交通设备制造基地。

2. 跟从时代潮流，在边境区域建设科技产业基地

当今世界，科学技术已成为国际经济竞争的核心要素，各国都将提升本国科技创新能力视为战略重点。在全球化、信息化的时代背景下，国家间技术转移的速度在不断加快，大大促进了知识在全球范围内的流动，国际科技合作对于一个国家经济的健康发展已是必不可少。中国和俄罗斯是两个在世界上有着重要影响的国家，又互为邻国，近年来，两国政治互信关系不断加强，经贸往来日益扩大，科技交流与合作逐步深入。俄罗斯作为世界科技大国，拥有广阔的市场，中俄两国的相互依存与合作空间巨大。两国间在科技领域的合作具有悠久的历史，20世纪50年代中国就和苏联有很多合作，不过那个时候中国的科学技术基本处于空白，苏联主要是对中国进行援助。但是经过这么多年的发展，中国在许多方面，包括航空航天等，建立了一个相对比较齐全的体系，中国完全可以在互利的情况下与俄罗斯展开合作，这对于两国的经济发展都会起到重要的促进作用。

2016年是《中俄睦邻友好合作条约》签署15周年，也是中俄建立战略协作伙伴关系20周年。这一年，中俄元首在双边和多边场合实现5次会晤，推动两国全面战略协作伙伴关系迈向更高水平。俄罗斯总统普京在接受新华社社长独家专访时表示，俄中两个邻国之间的互信"达到了前所未有的高度"，为双边合作奠定了坚实基础。2016

年，两国有20多个政府间合作机制高效运行。2016年6月下旬普京访华期间，两国元首签署中俄联合声明、关于加强全球战略稳定的联合声明和关于协作推进信息网络空间发展的联合声明3个重量级文件，并见证经贸、金融、能源、基础设施、技术创新和农业等30多项合作文件的签署，充分显示出当前中俄关系的密切程度。此外，中俄政府首脑第二十一次定期会晤2016年11月在俄罗斯圣彼得堡成功举行。两国总理共同见证签署约20项政府和企业间双边合作文件，真正体现了中俄务实合作的全方位、多角度、深层次和宽领域。未来，中俄两国将加强以下几方面的合作：一是加强在地区多边框架下的协调配合，推动相关机制的健康发展。二是推动地区热点问题的政治解决进程，加强网络、反恐、反导等领域的合作，维护好地区的和平稳定。三是积极开展"一带一路"建设和欧亚经济联盟建设对接合作，推进亚太自贸区建设和互联互通，实现互利共赢。突出重点、强化落实，通过中俄与地区国家共同努力，一定会为亚太地区和平稳定与繁荣发展提供更大保障。

3. 加强中俄对接，在边境区域建设生态农业基地

作为中国重要的粮食主产区，东北地区如何改变农业发展的现状，创建生态农业基地，不仅具有全国意义，有利于国计民生和全面建成小康社会，而且具有国际意义，对于世界的粮食市场的稳定会产生积极影响。利用先进的科学技术提高农业现代化水平，已经成为东北地区建设生态农业基地的重要手段。在东北边境区域建设生态农业的过程中，必须充分利用科技的支撑作用，来实现从落后的农业向现代化农业的转变。作为中国最大的邻国，俄罗斯拥有雄厚的农业科研力量，全国共有310个农业食品科研机构，有9.4万名农业科研人员。近年来，俄罗斯农业科研成果显著，试验田单位面积产量高于普通田的50%，畜产品率高20%—30%。有鉴于此，我国向俄罗斯开展现代农业科技合作对在边境区域建设生态农业基地具有重要意义。

中俄两国农科院签署了多次科技合作协议，在作物育种与栽培、植物遗传资源的研究和利用、农作物病虫害防治、兽医、畜牧等领域开展了合作，取得了一大批科研成果，促进了两国农业的发展。东北地区在与俄罗斯开展农业科技合作的过程中，黑龙江起了重要的带头作用，为其他地区作出了良好的示范。从20世纪80年代末至今，黑龙江省农科院开展了实质性的对俄罗斯科技交流和合作，先后与苏联科学院系统及农科院系统所属的20余个科研单位建立了科研联系与合作关系，引入了10多项俄罗斯先进技术，引进并交换小麦、大豆、玉米、马铃薯、沙棘、黄瓜、亚麻等种子资源300

余份；选派年轻专家、学者赴俄培训。黑龙江积极开展中俄农业科技合作，引进俄罗斯先进技术、人才。近几年，绥芬河、东宁、黑河等口岸纷纷建立与俄农业合作科技园区，黑龙江省内的科研院所、大专院校等在与俄罗斯农业科研合作项目上不断拓展新的领域。

4. 依托自然优势，在边境区域发展边境旅游产业

随着社会的发展，旅游业已成为中国经济发展势头最强劲和规模最大的产业之一。旅游业在城市经济发展中的产业地位、经济作用逐步增强，旅游业对城市经济的拉动性、社会就业的带动力以及对文化与环境的促进作用日益显现。有鉴于此，在东北老工业基地的振兴过程中，旅游业应该注重发挥它一贯的拉动作用。随着中俄"国家年"活动的成功举办，两国之间旅游持续升温，2016年中国仍然是俄罗斯第一大入境客源国，而中国也成为俄罗斯游客出境游增长幅度最大目的地之一。据统计，2016年全年，中国访俄游客数量达到107.3万人次，同比增长15%；俄罗斯访华游客达到118.3万人次，同比增长31%。值得一提的是，中俄两国红色旅游合作交流不断推进，成为两国旅游合作的新增长点。红色旅游是俄罗斯旅游部门为中国游客量身定做的旅游产品。俄罗斯为此特别开发了许多红色旅游项目。在列宁故乡乌里扬诺夫斯克，列宁曾读过大学的喀山市，还有圣彼得堡和莫斯科等地，都专门为中国游客设计了红色旅游产品。乌里扬诺夫斯克是俄罗斯最早面向中国游客发起红色旅游倡议，并推出红色旅游线路的地方。该州旅游部门在2014年就设计了专门面向中国游客的红色旅游线路，将传统的莫斯科、圣彼得堡线路与乌里扬诺夫斯克、喀山等城市对接。俄联邦旅游署署长萨福诺夫此前曾表示，红色旅游项目现在是俄中合作的优先方向之一，这一项目得到俄文化部的高度肯定，被列为俄罗斯2020年旅游发展战略性目标，获得俄国家旅游发展专项拨款。

我国东北地区拥有丰富的旅游资源：哈尔滨、吉林的冰雪旅游基地，黑龙江五大连池、内蒙古阿尔山等地的火山岩熔地貌观光、火山湖观光，大兴安岭、小兴安岭、长白山、辽宁东部森林旅游，呼伦贝尔、锡林郭勒、科尔沁草原观光，黑河、满洲里等重点边境口岸城市的边境旅游等都具有较强的竞争力[1]，关键是如何发挥这些旅游优势，吸引俄罗斯的游客。国务院振兴东北地区等老工业基地领导小组已经认识到发展

1 振兴东北网. 东北地区振兴规划 [EB/OL]. http://www.chinaneast.gov.cn，2007-8-20.

旅游业的重要性，在《东北振兴"十三五"规划》中已提出积极发展旅游产业的目标，并进入务实型操作阶段。在东北众多城市中，绥芬河市在开发旅游市场中所做的努力值得其他城市借鉴。绥芬河与俄罗斯远东地区山水相连，是国家批准的一类口岸。从1988年起，绥芬河市以传统节日元宵节为契机，每年举办一届旅游文化节，吸引了越来越多的俄罗斯游客。绥芬河市与俄罗斯滨海边疆区以俄罗斯"中国年"为契机，举办了中国民俗表演等活动，促进了双方旅游文化发展。由于俄罗斯年平均气温较低，中国的海滨城市已成为俄罗斯游客钟爱的休闲度假之地。大连市政府借助2008年北京奥运会的契机，打出了"奥运在北京，观光在大连"的口号，面对国际旅游市场的开发，大连市根据国家旅游局海外促销的总体部署，结合大连市海外客源市场的实际状况，采取了渐进式的有针对性的开发，确定了加速开发俄罗斯的战略目标。大连运用旅游网络宣传、媒体报道、广告投放、召开旅游说明会等促销手段，起到了明显的宣传效果，俄罗斯政府相关部门已正式向国民推出"北选大连，南选三亚"的中国海滨度假游倡议。

四、中俄两国边境区域经济振兴带开发的制约因素

根据马克思主义哲学原理，任何事情都是具有两面性的。纵观中俄关系的发展历程，两国都在坚定不移地推动双方全面战略协作伙伴的关系向前发展，希望实现世代友好，这是两国和两国人民的共同意愿，也是必然选择。尽管如此，中俄两国薄弱的经贸合作基础、相对比较混乱的合作秩序以及"灰色清关"等问题一度扰乱两国的合作。另外，两国间的合作多为政府间的合作，商业企业参与较少，合作主体比较单一，这种情况将在一定程度上影响中俄两国边境区域经济振兴带的创建。

1. 贸易结构不平衡，不利于合作的长远发展

中俄两国在资源、资金、科技、劳动力、教育、人力资源开发等市场经济要素上具有明显的互补性，表明双方在经贸合作上潜力巨大、市场对接的空间价值巨大。近年来，中俄两国经贸合作成效显著，双边贸易增长很快。然而随着中俄贸易额快速增长，贸易结构失衡问题已成共同关切。中俄经贸合作过去呈现"小范围""低层次""低水平"的特征，已经不适应两国经贸合作的进一步发展。中俄经贸合作必须转换发展战略，形成以"大范围""大经贸""多形式""多主体""多层次""高起点"为基本

内容的发展战略。

这些年来，我国出口俄罗斯的商品仍以低档的轻工产品和农畜产品为主，科技含量和利润较低，并且在俄罗斯的市场空间狭小。我国进口自俄罗斯的主要商品包括石油、矿产、木材等初级的资源开发产品，由于现在国际能源价格上涨得过高过快，中俄双方均不希望能源在中俄贸易中所占的比重过大。因此，传统的贸易结构已经开始制约中俄双方经贸合作的发展，有鉴于此，大力发展机电产品贸易成为中俄两国经贸合作继续稳定和高质量发展的优先选择。机电产品是俄罗斯对中国出口的传统产品，20世纪50年代至90年代，俄罗斯的机电产品在中国市场竞争力较强，中国自俄罗斯进口的机电产品主要集中在载重汽车、核电站、民用航材、电站设备、机床等领域。近年来，俄罗斯对华机电产品出口开始逐年下降，而中国对俄机电产品的出口则快速增长，机电产品取代轻纺产品成为中国对俄罗斯出口的第一大类商品。目前，在中俄机电产品贸易中也存在着一定的贸易不平衡。中国对俄机电产品出口大大高于自俄机电产品进口，且这一现象呈进一步强化势头。这种不平衡产生的原因在于两国产业结构的差异，以及由此造成的各自产品的国际竞争优势不同。而这样不平衡的态势将不利于两国长远的合作。中俄双方领导人共同希望我国可增加俄罗斯机电产品的进口，以改善贸易结构失衡问题。

2. 合作条件不宽松，区域基础设施不够完备

当今世界经济全球化深入发展，合作经济的势头方兴未艾，在经济上的相互依赖持续加深，各毗邻国家间的边境区域经济带更是有如雨后春笋，对国家的经济发展起着重要的促进作用。东北作为中国重要的老工业基地，与我国的全面战略协作伙伴国俄罗斯间的边境区域经济合作，无论在地理位置上还是在历史渊源上都有着绝对的优势。

基础设施的完备对东北老工业基地的振兴及俄罗斯远东地区的开发均起到重要的作用。边境区域经济的良好发展则离不开完备的基础设施，基础设施本身作为一个产业就可以通过自身的发展带动经济增长，增加整个社会的产出，同时具有吸引外国资金的重要功效。远东地区虽有丰富的自然资源，但该地区生产技术不配套、基础设施比较薄弱。在苏联时期，该地区是全国重要的军工生产基地，长期以来实行封闭政策，与外界隔绝，基础设施建设不能与社会发展同步，基础设施的发展程度低于俄罗斯其他地区。向市场经济转轨后，持续多年的经济危机使远东地区的基础设施更加落

后，设备老化、技术过时等问题更加严重。不仅远东的铁路、公路等运输能力低，港口的吞吐量也很小，严重制约着远东地区与我国东北地区的经贸合作发展。我国东北地区的基础设施与俄罗斯远东地区相比，在大多方面要好上很多，但是东北区域的公路交通事业与振兴东北区域经济发展的需要相比，与实现全面小康社会和现代化目标的需要相比，交通基础设施仍然存在一定的差距。公路总量不足，农村公路通达深度偏低，影响城乡同步发展；高速公路尚未形成网络，干线公路技术等级和服务水平不高；沿海港口总体能力不足，结构性矛盾突出，功能单一，集疏运体系不完善。东北老工业基地的振兴必将产生大量的交通运输需求，要求公路水路交通继续加快基础设施建设，提高整体运输能力。东北地区的进一步扩大对外开放、发展对外贸易、参与东北亚经济合作，则有赖于公路水路交通提供基础条件。东北地区经济一体化的发展趋势也要求建立高效的一体化交通体系。

3. 合作主体比较弱，缺乏大企业大项目支撑

经贸主体是对外经贸合作的具体操作者与实践者，经贸主体层次的高低，是决定着对外经贸合作战略升级的关键所在。中俄城市的合作空间非常巨大，前景也非常广阔。因为在中俄的合作过程中，除了中俄边境的边贸城市和边境城市之外，中国内地的城市和地区与俄罗斯的省市地区之间在这么多年的过程中还建立了50多对友好城市，这50多对友好城市，加上外贸城市、边贸城市和边境城市是中俄区域合作的真正的主体。作为中俄经贸的主体和重要的载体，作为城市来说，它们之间并没有真正形成一种合作的机制。市场化水平低、开放程度不够是没有形成有效的合作机制的主要原因。并且地区之间存在一定的歧视和限制，中俄双方政府在边界公共事务办理方面也有一定的差距，效率比较低下，尤其是俄罗斯城市相关政策的限制，为中俄双方的贸易的便利带来一定的障碍。城市公共平台和机制是促进中俄战略合作的关键，在中俄双方则缺少一个公共的平台和机制。

从企业方面看，自我国实行振兴东北老工业基地战略，推行"走出去求发展"战略进入实质性推进阶段以来，通过多年的发展以及企业机制的转换，各边境地区民营外经贸主体已经成为对俄经贸科技合作的主力军，在中俄贸易中这些民营企业作出了不可磨灭的贡献。从改革开放之初的小商小贩，到常年坚持运作的边贸企业，再到去俄罗斯投资建厂，民营企业经过商海风浪的起伏颠簸，逐渐成长壮大，日趋成熟，成为中俄贸易的中坚力量。然而这些民营企业的实力不够强大，企业规模偏小，缺少资

金，缺乏专业化，集团化经营能力差，效益水平不高，技术水平低，产品档次低，缺乏国际市场竞争力。国内一些名牌企业的知名商品还没有占据俄方主要市场，这严重影响中俄经贸的快速发展。俄罗斯参与中俄经贸往来的主要是政府或官方机构，真正有实力、成规模、有效益的企业很少，缺少大规模投资合作项目的支撑。缺乏科学决策，可行性研究深度不够，盲目合资合作，投资不到位，引进的工艺、设备落后等原因，造成企业运行质量不高，要实现两国间经贸合作的战略升级就必须加强与俄大企业集团的沟通与合作。

4. 贸易秩序不规范，"灰色清关"不利于双边贸易

贸易秩序混乱已成为制约中俄两国贸易快速发展的主要障碍，这里包括两方面的问题：一是指一般贸易秩序。中俄两国均处在经济转轨时期，至今未能形成有效的行业协调和管理机制，而这些机制是发达市场经济条件下维持正常经济秩序的基本条件。在缺少行业协调的情况下，两国国内的经营秩序异常混乱，恶性竞争、低价竞销行为十分普遍，在中国假冒伪劣产品比比皆是。这种混乱的贸易秩序又延伸到对方市场，在俄罗斯市场上中国纺织服装商家之间竞相削价，不仅扰乱了贸易秩序，而且损害了中国商家，甚至生产厂家的利益；而在中国市场上俄钢铁生产企业也相互压价，以致造成中国对俄钢铁企业的反倾销。另一个是中俄两国间特有的问题，即包机包税，或称"灰色清关"。20世纪90年代初苏联解体后，急需进口大量便宜货品，于是大批华商在中俄间做起民间贸易。然而俄海关清关手续烦琐，关税混乱，为了鼓励进口、简化海关手续，俄罗斯海关委员会允许清关公司为货主代办进口业务。这些公司与海关官员联手，将整架飞机的货物以包裹托运的关税形式清关，此类清关通常比正规报关关税降低两三倍。后来，这种清关方式被推广到海运、铁运和汽运，统称为"灰色清关"。

"灰色清关"降低了华商进口货物的成本，也为不懂俄文和不熟悉当地复杂报关程序的华商提供了方便。同时，它加速廉价货物通关，丰富了市场，促进了俄罗斯的经济发展。然而这一贸易形势使华商承受来自俄罗斯有关部门的巨大压力。因为没有合法凭证，税务部门或其他部门会以此为由进行搜查、扣货、罚款、没收等，并且数额越来越大，这样造成的后果是受害企业损失惨重，投诉无门。并且一旦货物被抄走，基本上是没有回头路了，因为货物很快会被拿到另一个市场出售。而这又几乎是中国商品进入俄罗斯市场的唯一方式，如果不采取这样的方式，俄罗斯的市场就会被土耳

其等其他国家抢占。这种贸易方式已经渐渐不适合俄罗斯经济的发展。俄罗斯目前很少有正规清关公司，绝大部分都是"灰色清关"。因为灰色清关公司都是俄罗斯一些官商勾结组建的带有黑社会和地方垄断性质的清关公司，他们通过改变出口品种、少报货物数量等手段虚假报关，截留中国边贸公司上缴的关税，从中非法获取暴利，给国家的税收带来了严重的损失，影响了俄罗斯的经济发展和市场秩序，制约了中俄贸易合作关系的战略升级。

五、中俄两国边境区域经济振兴带开发的推进对策

在中俄边境创建区域经济振兴带，不论对中国还是对俄罗斯，都是加快国内经济发展的重要举措。我国可利用东北方向陆海丝绸之路经济带的建设促进全国区域经济协调发展，俄罗斯通过西伯利亚与远东地区的发展带动其国内的经济发展。为此，双方应该根据本国的情况积极地推进创建进程，促进双边经贸关系进一步升级，加强能源方面和科技方面的合作。同时，制定相关的宏观政策来支持边境经济带的建设，加大对相关地区基础设施的建设，进一步促进物流产业的完善。

1. 下功夫提升双边经贸合作关系，加大两国相互投资力度

从目前的情况来看，中俄两国经贸合作的发展态势良好，已经进入了务实合作、不断攀升、更加具有操作性的新阶段。对于这一新阶段的到来，中俄双方都十分重视与珍视。长期以来，中俄两国一直通过原材料领域合作扩大双边贸易额。长此以往，不利于两国经贸关系的成长，改善双边贸易结构是深化双边经贸合作关系的首要问题。"中国年"活动的一个重要并具实质意义的成果就是双方根据两国元首提议成立了中俄机电商会，这对优化双边贸易结构有重大意义。自中俄机电商会开始筹建以来，国内企业反响积极。中俄机电商会作为中俄双方合作的一种全新模式，是两国发展双边经贸关系的创新机制，在推进中俄机电领域企业的交流与合作方面可起到重要的作用，推动了中俄机电产品贸易的发展，也将促进中俄双方的进一步改善双边贸易结构。

为深化双边经贸合作关系，加大相互投资力度是必不可少的。加强中俄投资合作，是提高两国经济合作水平的现实选择，也是更好地促进各自国家经济社会发展，取得更大共同利益的重要途径。为了进一步深化投资合作、促进共同发展，两国领导层应加快制定投资合作整体规划。研究提出两国投资合作的总体目标、重点领域、实

施步骤和保障措施，形成既有长远性、前瞻性，又有较强操作性的整体规划。并且要进一步完善中俄投资促进会议机制，加大政策支持力度。双方采取联合调研、专家座谈等多种形式，加强经常性沟通和协调。在条件允许的前提下，为两国重点投资项目提供融资、税费等优惠政策，在审批、劳务配额、人员签证、货物通关等方面给予便利。除此之外，双方应尽快规范经贸合作秩序，实现战略升级。目前，俄罗斯经商环境恶化，很多中国企业不敢到俄进行投资；又由于中国"倒爷"在俄罗斯的一些不负责任的行为，使我国企业的信誉度受损，俄方很多居民和企业不愿和我方合作，这都对深化经贸合作关系产生了负面的影响。对此我们要认识到中俄经贸合作的特殊性。两国都是转型国家，都处于向市场经济的过渡时期，因此在体制、制度、法规等方面都不十分健全，且由于两国转轨的指导思想和路径选择都不尽相同，因此在经贸合作上出现一些摩擦并不奇怪。只要双方本着互相尊重、互赢互利的原则，多沟通、多协商，增进相互理解，中俄经贸合作一定会进入良性互动的轨道。

2. 加快双边能源领域的合作进程，实现多种合作方式并存

能源合作是中俄全面战略协作伙伴关系的一个重要组成部分，也是加快开发中俄边境区域经济振兴带的重要手段。经过多年的努力，中俄两国在能源领域已经结束了磨合期，开始进入一个全新的合作时期。俄罗斯正在实行它的大东部战略，为促进其远东地区的开发，俄罗斯大打能源优势这张王牌，周旋于东北亚地区以及美国和欧洲之间。不过俄罗斯一直认为中俄两国的经贸关系特别是能源合作，具有很强的互补性：俄罗斯可以拥有一个长期稳定的石油销售市场；中国则部分地解决了经济发展中所需的能源供应问题。因此，能源合作成为中俄经贸关系乃至中俄战略协作伙伴关系中的重要组成部分。

2016年6月25日普京对中国进行的国事访问牵动着社会各界的神经，各大媒体争相报道访问的相关细节。普京访华期间，除了两国元首共同发表的关于加强全球战略稳定等3份联合声明和1份关于促进国际法的声明之外，双方还签署了近30份涉及经贸、外交、基础设施、技术创新、农业、金融、能源、媒体、网络、体育等领域的合作文件，这份沉甸甸的成绩单足以说明中俄关系确实处于一个健康、良好的上升通道。在上述成果中，能源领域的合作依然占据着重要的位置。6月25日，在中俄领导人的共同见证下，中国国家电网公司与俄罗斯电网公司签署了关于双方设立合资公司开展电网业务的股东协议。据此，合资公司将在俄罗斯开展输配电网投资、建设、运营和

EPC业务。由于俄罗斯电网老化严重，该合资公司的成立可以充分发挥中国国家电网公司的技术优势和电网建设改造的丰富经验，有利于中国电力技术、装备、工程和服务等进入俄方市场，进一步提升中国电力企业的国际化发展水平。此外，在油气合作方面，俄罗斯石油公司虽然没有如外界所猜测的那样将其部分股份出售给中国，但是与北京控股集团有限公司签署了出售其位于东西伯利亚的子公司Verkhnechonsk 20%股份的协议。近年，随着中俄石油管道的投入运营和东线天然气管道的开工建设，能源合作已经成为拉动中俄贸易和投资的最主要动力。据统计，在过去的10多年里，中国通过贷款和石油供应优先权等方式对俄罗斯能源企业的投资超过1000亿美元。自2015年中俄能源战略伙伴关系建立后，双方能源合作稳步推进，而普京2016年访华又为夯实中俄能源战略伙伴关系添上了浓墨重彩的一笔。

3. 注重发挥科技园区的载体作用，提高科技成果产业化水平

东北老工业基地要在中国新一轮经济发展中重振昔日雄风，重新焕发青春，就必须进一步加强高新技术产业园区建设，为高新技术产业的发展创建优质环境，以便加快高新技术产业化的进程，加快高新技术成果转化为生产力的进程，进而加快东北地区经济振兴的步伐。进入20世纪50年代以来，发达国家经济的迅猛发展，无不受惠于其高新技术产业的突飞猛进。日本在确立了"科技立国"的战略决策后，积极推动高新技术应用于民用领域，极大地提高了整个工业的技术水平，使日本迈进了知识经济时代的大门。根据发达国家发展高新技术产业的经验，结合东北地区的现状来看，大力发展高新技术产业，必须以高新技术产业园区为依托，为高新技术成果的转化提供良好的平台与有效的途径。这是因为，高新技术不同于传统产业，它只有在适合其产业化的技术、经济、政策、法律、社会和文化的环境中才能取得长足的发展，才能真正显示其强大的生命力。

大连在这一方面为东北地区的其他城市作出了表率。高新技术产业已成为大连经济的支柱产业。大连作为中国第一个"创建软件产业国际化示范城市"，被确定为国家软件出口基地和半导体照明产业化基地，正在向中国东北地区最大的软件开发基地和中国最优秀的软件产业基地之一的目标迈进。哈尔滨高新区充分利用区位、人才、资源等优势，持续加大对俄合作推进力度，不断开创对俄合作新局面。高新区与俄罗斯科学院远东分院、圣彼得堡国立技术大学、萨马拉航天城等科研院所建立长期合作关系，并与俄近百家企业建立了联系。园区规划了1.9平方千米土地，辟建中俄科技合作

产业化基地。黑龙江哈工大中俄科学技术合作有限公司是国家科技部批准，黑龙江省政府以哈尔滨工业大学为依托组建的国家级对俄（包括独联体其他国家）科学技术交流合作机构，是国家对俄科技合作的骨干力量。它通过将独联体国家的高科技项目引进国内，充分利用哈工大现有的国内外的人才资源、网络、专业和企业策划能力，将国际先进的高新技术产业化模式与国内的具体情况相结合，为众多迅速成长的国内科技企业向更高层次、更大规模发展提供服务。长春高新区依托龙头企业和重点科研单位，成立了吉林省医药知识产权保护联盟、吉林省软件出口联盟、吉林省合同研究组织（CRO），促进了产业集群内部在技术研发和市场开拓上的紧密合作。园区通过引导集群创新和联合技术攻关，推动了相关产业重大关键技术的突破。园区进一步加快中俄暨独联体国家科技合作基地建设。目前，该科技园综合孵化大厦和发光显示基地工程已竣工，对接科技项目达到20个。随着医用激光器、大屏LED等一批高技术项目相继入园，高新区与俄罗斯及独联体国家在技术、信息、人才等方面的交流合作进一步加快。

4. 加快东北地区的基础设施建设，带动区域经济共同发展

基础设施主要包括交通运输、机场、港口、桥梁、通信、水利及城市供排水、供气、供电设施等部门所需的固定资产，它是一切企业、单位和居民生产经营工作和生活的共同的物质基础，是城市主体设施正常运行的保证，也是吸引外商投资的重要条件。在投资者对投资地进行考察时，基础设施通常是最先引起注意的因素。只有过硬的基础设施，才能达到吸引外商投资的目的。为加快东北经济振兴，国家已经放宽外商投资东北地区城市燃气、热力和供排水管网建设、经营项目的股比限制，允许外方控股。另外，东北地区应尽快完善交通设施的建设。重点加强干线公路超期服役、老油路改造和连接县际的公路大修改造，同时结合大修对省际和连接商品粮基地的公路进行建设与改造。在港口布局上，形成以大连和营口为主枢纽港，丹东和锦州为地区性重要港口，其他中小港口为补充的沿海港口分层次布局。在建设重点上，加强集装箱码头的建设，加快大型专业化原油、铁矿石码头的建设以及出海深水航道的建设。通过稳定现有投融资政策、简化审批程序、积极拓展农村公路建设资金来源、加大财政投入力度来加快公路建设。通过加快建立和完善统一的规划管理体系、以市场化为手段加快沿海港口的发展步伐、加大国家对港口基础设施建设的投资力度、加快港口集疏运体系的规划和建设、扩大主要集装箱港区保税功能，推进国际集装箱中转业

务、积极促进沿海产业带和大型工业产业基地的形成。

俄罗斯经济目前面临的最大问题是基础设施薄弱，尤其与我国相邻的远东地区。俄方为了保障滨海边疆区经济的发展，也宣布在滨海边疆区将大力发展动力基础设施和石油及天然气运输基础设施，发展对东北亚地区国家的出口。为此，俄方将在联邦计划框架内在滨海边疆区南部修建500十伏输电线路，以利于电力出口；在建立天然气统一开采和统一运输系统框架内建设天然气输送管道；实施滨海边疆区煤气化计划；实施天然气出口计划。为实现上述目标，最重要的举措是建设具有年输送能力达8000万吨前景的"东西伯利亚—太平洋"俄罗斯石油管道系统。此外，滨海边疆区还计划综合发展工程基础设施。最首要的是在符拉迪沃斯托克建设净化设施。该建设工程的实施除联邦拨款外，还必须吸引其他投资。

5. 进一步促进运输业和物流产业发展，提高边境现代物流能力

运输业和物流产业作为促进经济增长的支撑产业，在东北老工业基地振兴过程中具有重要的地位。我国政府已扩大了东北地区这些产业的对外开放，对铁路客运和货运、跨境和境内公路运输及定期、不定期国际海上运输业务和国际集装箱多式联运业务等经批准可放宽外资股比限制；此外，外商投资物流企业的试点可扩大到辽宁、吉林、黑龙江三省。另对外商投资的大型港口码头、鼓励类的临港工业和物流项目给予政策支持，并予以优先审批。大连海关为了促进物流发展，联手沈阳、长春、哈尔滨、满洲里海关，实现跨关区合作，打破了东北地区现有的关区限制，使跨关区通关作业程序从"两次申报、两次放行"转变为"一次申报、一次放行"，东北物流大通道也随之变得畅通起来。这些措施和行动在引进外资投资运输业和物流业方面起到积极的作用，不少来自海外及港澳地区的物流企业均认为东北地区存在巨大的物流商机，对在东北地区建立物流公司表现出了浓厚的兴趣。

现如今，东北地区确定了优先发展现代物流业的发展方向。统筹规划省际物流节点设施和物流通道，改造和建设物流公共信息平台、公共物流配送设施，积极推进企业物流管理信息化。按照国家的规划，将会根据东北地区各个城市的优势对其物流资源进行整合，在东北地区建立一个完整的物流网络体系，形成由几个稍大的物流中心及众多小物流中心组成的东北物流环境。目前已经将具有港口优势的大连定位于"东北亚航运中心"，对于沈阳物流业的发展，最重要的是工业物流，而沈阳在设置物流机构时，应该紧紧跟住原铁西搬迁的工业企业，因为它们正是沈阳物流发展最重要的力

量。吉林省应该依托汽车、石化、农产品深加工、医药等主要支柱和优势产业以及长春、吉林等中心城市，来培育和发展一批具有较强竞争力的大中型物流企业。努力加大物流市场开放力度，建设一批各具特色的物流产业园区、物流中心。鼓励采用现代物流管理技术，制定物流标准，建立物流公共信息服务平台。积极创建物流协会。加快推进"十三五"期间铁路干线、高速公路和国道等综合交通通道以及长春、吉林枢纽等基础设施重大项目的建设，大幅度提升全省交通运输网的能力和管理水平。黑龙江省物流业目前规模较小，还没有形成真正的产业。主要瓶颈是因为黑龙江省目前尚未出台全省现代物流业发展规划，物流项目建设缺乏科学的指导和宏观调控，致使该省物流中心城市地位没有形成，物流业发展受到影响。因此，黑龙江省的现代物流发展规划，要与辽宁、吉林、内蒙古等周边省份的物流发展规划做好接口，形成大的物流市场环境，并制定相应的具有较强前瞻性和可操作性的优惠政策。

6. 加大国家宏观调控的实施力度，创建跨国境农业经济带

农业作为俄罗斯经济的基础，对远东地区整个经济状况有着很大影响。与我国东北地区毗邻的俄罗斯远东地区属于俄罗斯的农业不发达地区，农业危机直接影响到该地区食品工业的发展和居民的生活。近几年，俄罗斯出台了一系列旨在稳定和发展农业的政策和措施。但是，远东地区的农业依然困难重重。而我国东北地区是中国的粮食主产区，在粮食生产上拥有丰富的经验，但是由于经济利益的驱动，东北地区一度盲目追求产量，在农业生产中大量使用化肥、农药等化学物质，这不仅大大污染了环境，而且使农业用地用养失调，土壤有机质和土壤肥力下降。而俄远东地区多数耕地被撂荒，三分之一的耕地多年闲置，其中30%的土地是土质肥沃的弃耕地。再加上在吸引外商投资农业开发方面，俄政府出台了许多优惠政策以遏制俄远东地区农业的严重退步和萎缩，因此与俄远东地区创建跨国境的生态农业经济带具有现实上和经济上的意义。

开展对俄农业合作，要本着"政府搭台，企业和农民唱戏"的原则，重点突出符合俄罗斯市场需求的绿色、有机和无公害的粮食、蔬菜、养殖和土特产品开发，通过政策鼓励、项目引导和提供服务等措施，广泛吸引国内沿海发达地区的大企业、大集团，利用他们的资金、技术、管理优势，走联合开发的路子，推动农民、企业、农产品、技术、设备和生产资料等全方位、多渠道、宽领域地走出去，加强指导和服务，集中抓好技术、政策和外语培训，重点搞好信息服务，将对俄农业境外开发情况纳入

农业信息网络化建设，定期发布俄有关法律法规、农产品贸易、质量认证、进出口关税和市场供求等相关信息，努力减少境外开发的风险。为实现生态农业经济带的创建，东北地区要进一步完善农业基础设施。东北地区多年来农村基础设施建设投入一直不足，很多地方的农田水利等基础设施建设都不尽完备，不少原有设备也早已老化，而税费改革后"两工"的取消更使农田水利建设陷入无人过问的尴尬境地。东北地区的粮食储存设施大多比较简陋，绝大多数粮食仍然采取露天存储的方式。存粮的设施、技术非常原始，不但增加了粮食存储成本，也不敢保证存粮的安全性。这些都与创建跨国境农业经济带的目标不相符，应该尽快解决这些问题。为迎接跨国境农业经济时代的到来，东北地区还应加快现代粮食物流业的完善。现在，东北现代粮食物流的框架已经形成，以大连北良港为龙头，以东北各省区的193个中转库、收纳库为支撑点的系统工程，已开始发挥积极的作用。

第二十章

中俄两国加强海洋合作，促成21世纪东北方向
海上丝绸之路的战略推进构想

在党的十八大胜利闭幕后，以习近平为总书记的新一届中央领导集体，便开始积极践行中国特色社会主义的政治宣言，大力推进全面建成小康社会的宏伟蓝图，已经获得了令海内外炎黄子孙振奋的良好开局。对此，世界各友好国家领导人、政党领袖和新闻媒体普遍给予了高度评价。作为中国战略协作伙伴的俄罗斯，不仅国家元首和政府总理及时发来电文表示祝贺，而且各大政党领袖也先后表达了友好合作意愿。这些贺电所表达的友好合作意愿，不仅仅是一般礼节性的，同时也阐明了全面深化两国战略协作伙伴关系的推进取向。这一推进取向，在2013年3月末习近平主席访俄期间与普京总统会谈内容中，以及9月初出席圣彼得堡二十国集团峰会时会见普京总统的讲话中，已经得到了明确体现。对于中共在十八大报告中提出"建设海洋强国"的战略目标，俄方从领导人到新闻媒体都给予了高度关注，双方有意加强双边海洋合作，充实两国战略协作伙伴关系内涵。[1]在美国战略重心东移搅得周边海域不得安宁的形势下，有必要对于建设21世纪东北方向海上丝绸之路这一重大课题加以现实论证，以利于为中俄两国全面深化海洋合作提供新思路和探索新路径。

1　胡锦涛. 坚定不移沿着中国特色社会主义道路前进　为全面建成小康社会而奋斗 [R]. 在中国共产党第十八次全国代表大会上的报告，2012-11-08（40，21）.

一、中俄加强海洋合作是两国共同面临形势的必然选择

进入2012年以后，俄罗斯和中国先后完成了领导人的新旧交替。国际社会普遍认为，新上任的俄罗斯总统普京和中共中央总书记习近平都是务实的有理想、有目标的政治家，并且表示相信他们能够携手把中俄战略协作伙伴关系全面推向前进。但是，中俄两国面临的国内外形势复杂多变，特别是来自海洋方向的压力很大，由此决定双方应当把海洋合作提升到一个新的层次，推动中俄全面战略协作伙伴关系呈现更加积极的发展势头。

1. 在当今世界潮流中，海洋权益的争夺愈演愈烈

海洋和陆地是地球表面两大基本地貌单元，它们共同组成了人类赖以生存的地球环境。[1]因此，海洋本身就是人类生存与发展的重要资源，也可以说是除了陆地以外的第二生存空间；海洋权益属于国家主权的范畴，是国家领土向海洋延伸而形成的自然禀赋。[2]从20世纪中叶后，随着陆地上人口不断增长，资源日益短缺，环境不断恶化，各国纷纷把希望的目光投向海洋，海洋的战略地位在世界各国发展中日益凸显，全球已经掀起了开发和利用海洋的时代浪潮。近年来，相邻和相向国家的海域划界之争日益突出。一些沿海国家围绕岛屿归属、大陆架划分、管辖海域等问题展开的争夺愈演愈烈，有的地方甚至发生了武装冲突。在东北亚地区，中日东海划界适用原则和钓鱼岛归属争端、俄日千岛群岛之争、韩日独岛争端直接导致了地区局势紧张。由于在东北亚地区的海域争端都与日本有关，而且其国内右翼势力气焰嚣张，军国主义势力抬头越来越明显，所以直接挑战了第二次世界大战后形成的国际秩序。作为第二次世界大战的胜利国，中俄双方已经在2010年共同发表了维护二战后国际秩序的政治宣言——《中俄两国元首关于第二次世界大战结束65周年联合声明》。[3]然而，令人遗憾的是，2012年以来，日本与中、俄、韩等国的领土争议不断升级，东北亚局势日趋紧张，已经达到了前所未有的激烈程度。

1　李文荣. 海陆经济互动发展的机制探索 [M]. 北京：海洋出版社，2010.

2　任向群. 增强海洋国土意识 维护国家海洋权益 [N]. 解放军报，2006-04-13 (6).

3　王莉. 胡锦涛同梅德韦杰夫会谈 [N]. 人民日报，2010-09-28 (1).

2. 美国战略重心的东移，直接威胁中俄战略空间

作为当今世界的唯一超级大国，美国近年来首先是通过冷战工具——北约干涉欧洲事务，妄图在欧洲全面布置反导系统。美国的这一举动是司马昭之心，路人皆知，就是把矛头直接指向俄罗斯，打压俄罗斯的战略生存空间。不仅如此，美国还先后多次在东欧地区采取军事行动，粗暴干涉一些原社会主义国家和独联体国家内政，直接威胁俄罗斯的国家安全，而且还用导弹轰炸中国驻南斯拉夫大使馆，严重地侵犯了中国主权。在这之后，美国又以反恐为名大肆武力干涉中东事务，用战争手段先后打败了伊拉克、利比亚等主权国家，使得中东地区不得安宁。而当前在扔下中东残局之后，又采取不负责任态度，美国正在把战略重心转向亚太地区，积极插手东亚事务，图谋在亚洲地区布设反导系统，其战略意图十分明显，就是要策动亚洲同欧洲同盟国一道，从两翼来包抄它的两个假想敌——俄罗斯和中国。世人看到，美国这次把军事力量投放到东亚地区是从海洋方向来的，直接导演南海和东海领域的主权争端，拉拢和操纵日本、菲律宾等盟国寻衅滋事，直接挑战中国，间接威慑俄罗斯。就像当年在欧洲一样，明目张胆地把矛头直接指向俄罗斯，又间接威慑中国。对于美国的这一战略意图，中俄双方应当保持清醒头脑和高度警惕，注重达成共识，采取有效措施，协力破解美国的战略围堵行径，努力维护各自的国家安全和利益。

3. 中国面临海上压力，需加强与俄罗斯的战略协作

从地缘关系上来看，中国海域被西太平洋第一岛链所环抱，处于封闭和半封闭状态，而且按照《联合国海洋法公约》所确定的300万平方千米海域仍然有一半被外国势力所染指和侵占。[1]在东海地区，特别是处于争端中的钓鱼岛，由于美国非法向日本进行私相授受，从20世纪70年代以来就一直被日方实际控制，而且某些日本政客的气焰还越来越嚣张。特别是在2012年9月以来，日本政府正式通过对钓鱼岛实施所谓"国有化"方针，从野田到安倍不断蓄意恶化争端，使东海紧张局势持续升温，严重伤害了中国的国家利益和人民的友好感情。2013年1月18日，正在美国访问的日本外交大臣岸田文雄与美国前国务卿希拉里举行会谈，又肆意拿钓鱼岛问题说事。希拉里公然声称，日本对钓鱼岛具有"施政"权限，在日美安保条约的适用范围内，并且表示反

1　胡波. 中国海权策 [M]. 北京：新华出版社，2012.

对任何单方面寻求破坏日本"施政权"的行为，把矛头直接指向中国。日本媒体应声附和，解读说希拉里的放话，是美国在钓鱼岛问题上最强硬的"牵制中国"表态。在南海地区，中国与相关国家专属经济区相互重叠交叉，致使中国海洋权益受到更大损害，主要表现为越南非法占据了南沙西部海域，菲律宾非法占据了南沙东北部海域，马来西亚非法占据了南沙西南部海域。除了中越、中菲、中马之间的南海争端之外，一些大国或地区集团出于各自不同的战略目的，积极扩大在南海地区的影响力，对南海地区事务横加干涉，妄图使南海问题国际化程度进一步加深。美、日、印等国各心怀鬼胎，从不同角度插手南中国海事务，使得问题越来越棘手。近年来，海岛和海域争端持续升级，美国动作频繁，其主要目的有两个：一是为了争夺从东海到南海的海洋资源，企图为日本、菲律宾等盟国撑腰，掠夺性开发中国主权海域的油气资源；二是企图在东亚沿海地区制造和维持低烈度的紧张局势，以便为美国兜售军火开拓市场。为了达到这些目的，美国及其东亚盟国竭力喧嚣"中国海上威胁论"，片面夸大中国的军事力量，图谋在这种紧张局势下获得最大利益。[1]而从地缘政治上来看，美国虽然是亚太国家，但并不是东亚国家；俄罗斯是东北亚国家，所以也是东亚国家，有权利也有义务维护东亚地区的和平与稳定发展局势，与中国一起建设东北亚区域合作关系。

4. 俄罗斯海上权益面临威胁，需加强与中国战略协作

俄罗斯既是世界上陆域面积最大的国家，也是海岸线最长的沿海国家。因此，海洋安全始终与俄罗斯的生存与发展息息相关。然而，俄罗斯海洋军事环境并不乐观。从实际情况来看，俄罗斯主要滨海地区不仅相互隔离，而且出海通道大多数被他国所包围，海上主要航道必须经过他国控制的海域、海湾和海峡。俄罗斯由巴伦支海进入大西洋必须经过挪威、英国、法国、荷兰、比利时等国的主权海域；在波罗的海的主要出海口是圣彼得堡，被芬兰、拉脱维亚、爱沙尼亚等国包围；加里宁格勒作为俄罗斯波罗的海舰队司令部所在地，也被立陶宛、波兰等国所隔断，致使加里宁格勒成为一块"飞地"；俄罗斯的黑海岸线，由乌克兰、格鲁吉亚、土耳其等国所环绕，其黑海舰队或者其他海上航船进入大洋必须经过由土耳其控制的博斯普鲁斯海峡和达达尼尔海峡。俄罗斯经地中海到大西洋必须经过西班牙和摩洛哥之间的直布罗陀海峡，到印度洋必须经由埃及控制的苏伊士运河；而海参崴作为俄罗斯的太平洋出海口，则被日

1　杨丽明. 核动力航母在中国周边 频频"亮剑"背后的美国战略焦虑 [N]. 中国青年报，2010-8-15 (3).

本列岛和朝鲜半岛所包围，特别是进入太平洋必须经过日本的宗谷海峡和对马海峡。更令俄罗斯人担忧的是，控制这些海域的国家很多都把俄罗斯看成一种威胁，甚至受美国怂恿而把俄罗斯看成敌对国家，所以在双边和多边关系中普遍存在不信任感。如欧洲的挪威、瑞典、芬兰、波兰、丹麦、西班牙、英国等国，还有亚洲的日本、韩国、菲律宾、土耳其等国家，普遍对俄罗斯缺乏善意。而波罗的海、黑海、里海的周边国家，又对俄罗斯认定的主权海域有领土要求。这些情况的存在，必然会对俄罗斯海洋安全形势带来消极影响，需要加强与中国海洋合作来逐步化消极为积极，化被动为主动，共同建设世界海洋新秩序。

二、中俄两国共建21世纪海上丝绸之路的重点领域

进入21世纪以来，由于海洋安全形势所迫和维护海洋权益急需，再加上海洋资源争夺和掠夺性开发愈演愈烈，促使中俄两国把海洋领域合作提到议事日程。值得一提的是，两国政府在2003年5月共同签署了《中华人民共和国政府和俄罗斯联邦政府关于海洋领域合作协议》，标志着中俄两国海洋合作已经进入到了启动阶段。[1]延至2012年6月，普京总统开始第三个任期之后首次访华，与胡锦涛主席共同签署了《中华人民共和国和俄罗斯联邦关于进一步深化平等信任的中俄全面战略协作伙伴关系的联合声明》，其中引人注目的是"全面"二字。[2]2012年12月6日，温家宝总理与俄罗斯联邦总理梅德韦杰夫在莫斯科举行了中俄总理第十七次定期会晤。这次会晤期间，中俄双方共同签署的大量文件说明双方的合作涵盖了所有领域。2013年10月23日，李克强总理与俄罗斯联邦总理梅德韦杰夫在北京签署了《中俄总理第十八次定期会晤联合公报》，并见证了20项双边合作文件的签署。无论是《关于进一步深化平等信任的中俄全面战略协作伙伴关系的联合声明》突出的"全面"表述，还是中俄总理第十七次、十八次定期会晤共同签署的大量合作文件涵盖的"所有领域"表述，虽然没有明确把海洋合作放在战略重点位置，但也应当被看作中俄两国全面战略协作伙伴关系发展的应有之义。而从现实情况来看，不管是领导人的定期会晤，还是签署的合作文件，最大

1　海洋环境保护技术的国际交流与合作［EB/OL］. 人民网，http：//www.people.com.cn/GB/huanbao/8220/37746/37747/2789164.html，2004-09-16.

2　郝亚琳，徐松. 普京：俄中相互协调已达到很高水平［EB/OL］. 新华网，http：//news.xinhuanet.com/world/2012-06/05/c_112127327.html，2012-06-05.

的问题是说的多做的少，共识达成的多，具体落实的少，这种情况必须改变。特别是在海洋合作的启动阶段，双方应当通过协商，积极拓展海洋合作的各个领域。应当指出，中俄两国共建21世纪海上丝绸之路可以成为中俄全面拓展海洋合作的进取目标和有力抓手，所涉及的重点合作领域攸关两国核心利益，所以中俄两国都应当不遗余力地加以推进。

1. 加强海洋权益维护合作，保障各自核心利益不受侵犯

应当指出，中俄两国最初建立战略合作伙伴关系的要义和宗旨，就是为了维护当代世界的战略平衡，维护各自的国家权益，维护双方作为世界大国和联合国常任理事国的国际地位。既然如此，双方联手捍卫各自的国家海洋权益，就应当成为两国战略协作伙伴关系的主要内容。美国为了维护自己的超级大国和海上霸主地位，一直保持着冷战思维，并且继续沿用冷战时期的军事工具北约组织，首先从欧洲方向以俄罗斯为假想敌加以军事包抄，又从亚洲方向以中国为假想敌进行战略围堵，事实上已经对俄罗斯和中国形成了不同程度的包围圈，已经分别危害到两国的国家权益和战略空间，近年来更加严重地威胁到了各自的国家海洋权益。目前对中国海洋利益的损害更为突出，主要是来自东海和南海两大海域。俄罗斯着眼于双方战略协作伙伴关系，支持中国维护东海和南海的国家权益，不仅涉及中国对外开放和拓展国家利益的一国权益，更重要的还涉及捍卫二战的胜利成果，维护战后的国际秩序，关系到两国合作建立公正合理的世界政治新秩序这一大国使命。对此，中俄两国领导人早已达成共识，主要表现为在2010年9月双方联合发表了捍卫反法西斯胜利成果的《关于第二次世界大战结束65周年联合声明》。《声明》指出，中俄作为联合国安理会常任理事国，决心与所有热爱和平的国家和人民一道，为建立公正合理的国际秩序，防止战争和冲突而继续共同努力。这深切表明了中俄两国人民坚决维护二战后国际秩序的坚定决心。2012年6月，《关于进一步深化平等信任的中俄全面战略协作伙伴关系的联合声明》指出，双方将在主权、领土完整和安全等核心利益问题上相互支持。2013年3月，两国共同签署的《中华人民共和国和俄罗斯联邦关于合作共赢、深化全面战略协作伙伴关系的联合声明》再次强调，双方在涉及对方主权、领土完整、安全等核心利益问题上相互坚定支持。当然，解决中国海域主权争端主要还是靠中国人民自己的努力和斗

争，但作为战略协作伙伴的俄罗斯适时表明相关立场无疑将是对中国的有力支持。[1]

2. 加强海洋经济开发合作，为各自建设海洋强国提供物质基础

中俄两国都是当今世界上的海洋大国，各自的海域国土辽阔，海岸线漫长，海洋资源丰富。据此，双方加强海洋经济合作开发，首先要进一步对所属海域的各种资源进行科学研究和勘探，并且在此基础上做出合作开发规划，以支持传统优势海洋产业，巩固领先发展地位；支持战略性新兴海洋产业，实现跨越式发展。在此基础上，还要注重以传统海洋优势产业和战略性新兴产业来带动其他海洋经济领域的各大产业的发展与繁荣。其中，包括海洋渔业、海上交通运输业、海洋装备制造业、海洋生物医药业、海洋油气资源开发业、海水综合利用业、滨海旅游业等各大产业的协调发展。以海洋渔业为例，中俄两国合作潜力很大，因为俄罗斯主权海域渔业资源丰富，而消费市场却相对有限，需要中方在养殖、捕捞、加工等方面进行合作。除了供应各自国内市场外，还可以利用渔业加工品开拓世界市场。俄罗斯有关人士表示，由于没有具体协议在先，经常碰到中国渔民到俄罗斯海域非法捕捞的问题，甚至出现意外事件，所以必须通过协商达成协议解决这方面问题。为此，在中俄两国共建21世纪海上丝绸之路的过程中，要积极落实《中华人民共和国政府与俄罗斯联邦政府关于海洋领域合作协议》，鼓励两国的国家主管部门和相关海洋单位在海洋政策、海域使用、海洋环保、研究和开发海洋自然资源、减灾防灾与保护海洋生物多样化、大洋与极地等领域的合作。[2] 如果这一实施纲要能够得到落实，那么无疑会为中俄两国各自实施海洋强国战略奠定良好的物质基础。

3. 加强海洋科技研发合作，为各自建设海洋强国提供战略支撑

普京总统早在第一个任期就明确表示，要用20年的时间把俄罗斯建设成为一流的世界大国和繁荣的经济强国，造福于俄罗斯各族人民。[3]普京所设定的世界大国和经济

1 中华人民共和国和俄罗斯联邦关于合作共赢、深化全面战略协作伙伴关系的联合声明 [EB/OL]. 新华网，http://news.xinhuanet.com/world/2013-03-23/c_124494026_4.html，2013-03-23.
2 海洋环境保护技术的国际交流与合作 [EB/OL]. 人民网，http://www.people.com.cn/GB/huanbao/8220/37746/37747/2789164.html，2004-09-16.
3 普京：给我20年还你一个强大的俄罗斯 [EB/OL]. 环球网，http://world.huanqiu.com/hot/2012-05/2717153.html，2012-05-13.

强国目标，自然包括海洋强国的具体内容，这和中共十八大提出的"建设海洋强国"的战略构想是不谋而合的。而中俄两国要建成各自的海洋强国，就必须以海洋科技创新作为战略支撑，也就是中共十八大所说的"实施创新驱动发展战略"。[1]实际上，当前海洋科技已经成为世界科技竞争的前沿和国与国之间综合实力竞争的重要体现，成为衡量国家科技总体水平和海洋强国的重要指标。2006年，我国《国家中长期科学和技术发展规划纲要（2006—2020）》，就把海洋科技列为我国科技发展的五大战略之一。[2]2008年，国家海洋局、科技部联合发布《全国科技兴海规划纲要（2008—2015）》。[3]可以说，这两个《规划纲要》，已经为我国海洋科技发展提供了新的战略导向，对于保障我国海洋经济发展具有重要意义。在海洋科技创新方面，可以说中俄两国各具优势。从苏联到俄罗斯，一直保持着雄厚的科研力量，主要分布在俄罗斯联邦科学院各专业研究所，还有国内一些著名的高等院校有关科研领域。俄罗斯继承了苏联的科研基础和优势，在基础科学研究领域一直保持着世界领先水平，有上百名诺贝尔奖获得者和国家专项科研授奖者仍然在第一线工作。而中国在改革开放以来形成的科研力量和科研成果优势，主要在应用开发领域，并且在高新技术成果产业化方面已经取得了突出成就。因此，中俄两国共建21世纪海上丝绸之路的过程中，在科学技术领域的合作应该把基础研究优势和应用研究优势更加紧密地结合起来，特别是要把海洋领域的基础研究优势与应用研究优势结合起来，为海洋经济发展和繁荣提供动力。具体而言，应当启动在海洋科学技术研究方面进行立项合作，在海洋工程技术开发项目上进行合作攻关，尽快通过协商和对接推进到国家层面确立课题，也要在各自国家确立课题的基础上实行双方的跨国合作研发，推动海洋科技开发与经济发展紧密结合，努力形成像中共十八大报告所指出的那样构建以企业为主体、以市场为导向、产学研相结合的海洋科学技术创新体系。事实上，《中华人民共和国政府和俄罗斯联邦政府关于海洋领域合作协议》已经在这方面明确了双方在基础和应用海洋学、海洋环境状况研究、监测和自然灾害预报、利用海洋及其资源有关活动对环境影响的研究和评价、海

1 胡锦涛.坚定不移沿着中国特色社会主义道路前进　为全面建成小康社会而奋斗［R］.在中国共产党第十八次全国代表大会上的报告，2012-11-08（40，21）.
2 《国家中长期科学和技术发展规划纲要（2006—2020）》［EB/OL］.中国科技战略研究网，http：//www.casted.org.cn/web/index.php?NewsID=3747，2009-04-21.
3 魏国旗.国务院批准并印发《国家海洋事业发展规划纲要》［EB/OL］.中央政府门户网站，http：//www.gov.cn/gzdt/2008-02/22/content_897673.html，2008-02-22.

洋生物多样性研究和保护、海洋在气候及全球变化中的作用、海洋新技术研发，包括海洋遥感技术和新型海洋仪器开发和实际应用等方面的合作内容。同时也明确了合作的形式：互派专家、学者及科学代表团；制订和实施共同合作方案；组织联合科学试验和海上考察；交换试验数据、研究成果、科技信息和文献资料，互相提供仪器设备及相关服务；共同举办研修班、学术研讨会和会议；联合申请国际招标项目并承担其实施等。现在看来，关键在于落实。

4. 加强海洋社会建设合作，为各自海域海岛开发提供战略平台

海洋社会建设是整个社会建设的重要组成部分。我国实行的是社会主义制度，因此发展海洋经济的根本目标是建设和谐海洋社会，而不是单纯地为发展经济而发展海洋经济。[1]发展海洋经济与发展其他经济形式一样，奉行理性和效率的原则，会促进海洋资源优先向高效率生产部门流动。这在客观上会加速资源消耗、造成贫富分化、产生社会矛盾。比如，海洋经济的发展会使原有的渔民群体逐步被边缘化，由此引发一些社会矛盾和问题。发展海洋经济是建设和谐海洋社会的根本途径，和谐海洋社会是发展海洋经济的根本目标。因此，在现阶段海洋经济优先发展的同时，必须重视海洋社会建设，以在效率和公平之间寻求一个稳定的平衡点。当前，我国海洋社会建设主要涉及的是渔村、渔业、渔民这"三渔"问题，也包括沿海地区的居民和涉海企业的广大员工，所以要像陆域社会那样，解决好他们的社会保障、医疗卫生、扩大就业、普及教育等方面问题。[2]对于海洋社会的建设努力，中俄两国有着共同或者相似任务，过去虽然有所忽视，现在必须提上日程。在各自的海洋社会建设中，应当借助于相邻的地缘优势，促进互动发展，加强合作交流。在这方面，可通过扩大沿海旅游规模、人文交往、经验借鉴等方式，共同推进海洋社会建设。因为只有加强海洋社会建设，才能够为建设海洋强国巩固前沿区域，也有利于向外界逐步展示海洋强国形象。

5. 加强海洋环境保护合作，努力协调建设两国的海洋生态文明

生态文明建设既离不开陆域，更离不开海域。从目前的情况来看，陆域污染越来

---

1 宁波. 关于加强海洋社会建设的思考. 上海海洋大学海洋文化研究中心［EB/OL］. http：//www.doc88. com/p-512938674007.html， 2012-07-06.

2 王朝华. 对渔业、渔民和渔船有关问题的认识与思考［EB/OL］. http：//www.cfmi.org.cn/index.php? m=content&c=index&a=show&catid=30&id=49，2003-05/09.

越严重，海域污染的态势也没得到有效遏制。中俄两国陆域相邻，海域相通，污染容易传导，所以必须共同防范与治理。《中华人民共和国和俄罗斯联邦睦邻友好合作条约》已经明确了双方要在保护和改善环境状况、预防跨界污染、公平合理利用边境水体、太平洋北部及界河流域的生物资源领域加强合作，共同努力保护边境地区稀有植物、动物种群和自然生态系统，并就预防两国发生的自然灾害和由技术原因造成的重大事故及消除其后果进行合作。[1]从2006年起，中俄两国已经设立了总理定期会晤机制下的环境保护合作分委会。这个机构的设置和运行，在促进落实中俄间环境保护相关协定方面发挥了重要作用，成为两国最高层次环保合作的重要平台。如今，经过双方的共同努力，两国已经建立了坚实的合作基础，中俄跨界突发环境事件应急联络机制等已经建立，双方环保交流与合作成果丰硕。近年来，在中国东北松花江流域发生的化工污染，一度通江达海顺流到俄罗斯海域，中俄合作共同应对，取得了较好效果。对于中方主动地向俄方通报相关突发环境事件并且及时采取措施，俄方表示感谢。加强海洋生态环境保护是我国环境保护的一项重要任务，国家和地方有关部门在海洋生态环境保护方面做了大量工作，从制定法律、法规、政策、规划到重点渔场河口港湾治理、海洋自然保护区建设、生态环境监测等各个环节按照科学发展观的要求开展工作，取得了一定成就，为进一步开展工作积累了许多宝贵经验。然而，不能否定的是，我国沿海经济社会的快速发展，还是给海洋环境造成了越来越大的压力。因此，在中俄共建21世纪海上丝绸之路的过程中，注重与俄罗斯在海洋生态环境保护方面加强合作，具有重大的现实意义。

6. 加强海上通道安保合作，保障各自国家发展利益的有效拓展

中国实施对外开放政策已经取得显著成效，对外贸易量逐年扩大，已经拥有30多条远洋运输航线，通达150多个国家地区的600多个港口，对外贸易90%是通过海上运输完成的。[2]我国所需石油资源的30%、铁矿石资源的50%和货物贸易的80%都需要从海上运输，大量船舶航行于各重要国际海峡，而对这些重要战略通道的安全却缺乏有

1　中俄睦邻友好合作条约［EB/OL］. 新华网，http：//news.xinhuanet.com/ziliao/2002-08/21/content_532202.html.

2　崔建文. 发展海洋经济壮大远洋渔业［EB/OL］. http：//www.farmer.com.cn/wlb/yyb/yy2/200906030219.htm，2009-6-3.

效控制。[1]中国目前的海上通道主要是在太平洋海域，而咽喉要道在东南亚地区的马六甲海峡。由于美国战略重心正在向亚太地区推进，不仅频繁地与日本、韩国、菲律宾等国家搞不同规模的军事演习，而且还与马六甲海峡地区的有关国家进行有震慑性的军事演习，直接威胁到中国的海上通道安全，特别是马六甲海峡这一咽喉要道的运输安全。不仅如此，美国作为超级大国还要图谋做海上霸主，因此对全球各大洋的海上通道均要掌控，这在一定程度上对俄罗斯的海上通道安全构成威胁。俄罗斯的海上通道所要经过的海域和海峡，有很多国家都是美国的盟国，即使不是盟国，美国也在挑拨离间制造麻烦，已经对俄罗斯海上通道造成了不利局面。这样看来，中俄两国在海上通道安全方面，都面临着来自霸权主义的严峻挑战。除此之外，中俄两国还面临着来自海上恐怖主义、海盗活动等方面的威胁。因此，中俄两国共建21世纪海上丝绸之路，加强海上通道安全合作已经成为当务之急。一方面，需要协作与美国海上霸权主义行径及其势力进行坚决斗争，按照《联合国海洋法公约》来维护海上通道安全；另一方面，要积极与国际社会、沿海国家一道，坚决与海上恐怖主义、海盗行为进行斗争，必要时要派出联合舰队对航行在海上的两国船只以及各国船只的正常航行进行护航。

三、中俄两国共建21世纪海上丝绸之路的对策探讨

完全可以认定，中俄两国加强海洋合作促成21世纪东北方向海上丝绸之路的前景十分广阔。然而，也要看到，仍处于启动阶段的中俄海洋合作还存在许多问题。如两国政府已经签署的海洋合作文件尚未落实到位，一些合作项目缺乏行为主体；合作领域过于狭窄，尚待在协商中全面加以启动；合作利益需要市场化运作，按照国际标准制订利益分配方案；合作中的环境污染问题需要重视，不能走"先污染后治理"的发展老路；合作存在"瓶颈"限制，需依靠科技研发合作开辟道路。针对这些问题，中俄两国应当面向未来，共同采取有效措施。

1　张向冰. 研讨海洋战略维护国家利益［EB/OL］. http：//www.defence.org.cn/article-13-40039.html，2006-11-18.

1. 抓好海洋协调工作，推动合作协议落实到位

自1996年中俄建立面向21世纪的战略协作伙伴关系以来，两国各领域的合作发展势头良好，签署了一系列综合的或者单项的合作条约、协议等文件，也搭建起一些合作框架，拟定了一些合作行动计划和项目。为促进这些条约、协议的全面落实，也进一步制定了实施纲要。在两国的共同努力下，双方已经取得一些合作成果，包括海洋合作成果。但是，这些合作成果显然离两国合作预期还有相当大的距离。而要保持双方密切往来的良好势头，取得更多的海洋合作成果，就必须对两国未来的海洋领域合作发展蓝图做好规划，展开更多更好的顶层设计。再就是对已经签署的合作协议和项目规划，双方必须加大落实力度。特别是要努力落实《中华人民共和国政府和俄罗斯联邦政府关于海洋领域合作协议》和"国家年"期间签约的项目和达成的共识。为此，应当利用好共建21世纪海上丝绸之路的契机，建立健全不同层次的合作机制，要完善像中俄海洋领域合作联合工作组会议、中俄船舶与海洋技术专项合作中心这样的合作机构和组织功能，使更多的人员能够根据需要参与到推动中俄共建21世纪海上丝绸之路各方面海洋领域合作的工作中来。

2. 积极进行高层对话，促进海洋领域全面合作

双方领导人定期互访，有关机构定期交流，继续展开海洋合作对话，既有助于及时沟通、消除误会，又有利于创造良好的政治、外交环境，促进两国海洋合作实现战略升级目标。经过10多年的持续努力，中俄两国已经建立起密切的高层交往机制，包括元首年度互访、议会领导人年度互访、总理定期会晤、总理定期会晤委员会会议和国家安全磋商等机制。这些高层交往形式，是中俄合作关系所特有的，已经成为促进两国战略协作伙伴关系不断向前发展的重要保障，有利于加强海洋领域合作。2012年6月，《中华人民共和国和俄罗斯联邦关于进一步深化平等信任的中俄全面战略协作伙伴关系的联合声明》再一次明确指出，双方将进一步落实两国领导人确定的未来10年中俄关系发展规划。为此，双方商定保持密切高层交往，完善议会、政府及部门之间的合作机制。在中俄两国领导层顺利换届以来，双边关系发展进入了新的最好的历史时期。《中华人民共和国和俄罗斯联邦关于合作共赢、深化全面战略协作伙伴关系的联合声明》再次强调，双方将继续保持密切、互信的高层交往，把两国前所未有的高水平政治关系优势转化为经济、人文等领域务实合作成果。这为进一步提升中俄海洋领域

合作关系，共建21世纪海上丝绸之路奠定了良好的基础，有利于拓展新的海洋领域合作空间。

3. 加大海洋资金投入，协商解决利益分配问题

在当今世界上，无论是传统海洋产业，还是新兴海洋产业，都是高投入的产业。因此，为了海洋产业的可持续发展，给高投入的海洋产业以财政倾斜是一些国家的通常做法。为了促进本国海洋经济的发展，美国、日本、韩国、加拿大、挪威、西班牙等国都有针对性地规定了国家的援助措施。例如，创造条件在零售贸易中获取补充利润、制定相应的税收和关税政策、建立直接向渔民的补贴和优惠贷款制度等。借鉴这些成功经验，中俄两国共建21世纪海上丝绸之路，应加强在海域合作的资金投入，大力支持海洋事业发展，并且通过高层协商对话，处理好两国海洋合作中的利益分配。此外，还可以通过建立有效的鼓励投资机制，来增加海洋项目开发的资金投入。首先应当从容易操作的第一产业做起，如鼓励建立渔业生产联合企业。在这方面，中国要注重利用俄罗斯远东海域鱼类、贝类、蛙类资源丰富的特点，鼓励大型食品企业赴俄采取合资、合作或独资的形式，兴办加工生产企业，进行渔业资源开发，合作养殖与加工各类水产品，以满足各自的国内市场需求，也可以共同开发国际市场，合理分配所获利益，有利于合作开发项目的长远发展。

4. 整合海洋科技力量，科学合理进行海洋开发

对于中俄两国海洋合作来说，国家海洋战略是海上力量所有非物质要素中最具活力的首要因素，民众的海洋行为是海上力量所有非物质要素中最具实在性的基础要素，那么优越的地理环境便是海上力量所有物质要素中最具实在性的基础要素，而海洋科技便是海上力量所有物质要素中最具活力的驱动要素。应当指出，海洋科技是人类海洋行为的最高成果体现，是海洋经济可持续发展的第一推动力。在航海活动中，海洋技术，其中主要是指造船技术和航海技术，每取得重大进展，都会引起人类航海能力的极大提高。[1]当今，全球已进入知识经济时代，中俄两国要在加快海洋科技创新体系建设，进一步优化海洋科技力量布局和科技资源配置，加强海洋资源勘探与利用技术的研究开发，科学合理开发海洋资源的同时，充分利用目前国际关注的海洋环境

1 郝延兵，杨志荣. 海上力量与中华民族的伟大复兴 [M]. 北京：国防大学出版社，2005.

和资源开发的有利条件，积极选择一批科技含量大、经济效益高的重点基础研究和工程开发项目，开展全方位、多层次、宽领域的海洋科技合作。与此同时，也要积极参与国际和地区海洋科技领域的合作与交流，特别是要加强开发、保护海洋资源和海洋环境的双边合作，促进海洋经济可持续发展。

5. 推进双边增强互信，夯实海上战略协作关系

在当代国际关系中，坚持和加强互信是发展国家间关系特别是协作伙伴关系的重要前提。应当说，中俄两国战略协作伙伴关系的建立和发展，已经为双方海洋合作奠定了稳固的政治基础；上海合作组织的建立及其顺利运行，进一步加强了我国与俄罗斯等周边国家的全面合作关系；两个"国家年"的成功举办，又使中俄两国人民的认同感与接受度进一步加深；中俄两军的海上联合军事演习的如期完成，更是中俄双边互信的集中体现。但是，不能否认的是，俄罗斯国内目前仍存在着"中国威胁论"和"中国在俄掠夺资源"等影响中俄两国全面加强合作的思潮。因此，中国应当在俄罗斯国内和国际上大力宣传中国发展机遇的共享性，让俄罗斯的国民和政府认识到中国的发展对俄罗斯是机遇，可以为世界各国特别是俄罗斯提供更广阔的市场和更多的合作良机，能够带动俄罗斯经济包括海洋经济的全面发展。在当前的国际形势下，中俄双方只有在政治上和经济上都坚持互信，才能进一步加强两国经贸发展的基础，也为海洋合作提供有力保障。因为只有在政治和经济上加强互信，中俄两国才能真正解决投资壁垒、贸易壁垒，彻底克服来自俄方对中国的歧视性政策。[1]只有推进双边增强互信，才能促进中俄两国海洋合作更好地发展，促进两国共同走向海洋强国的理想境界。

6. 深化海洋军事合作，为双方走向世界保驾护航

冷战结束以后，虽然两大阵营对峙的局面已经不复存在，但中俄两国仍然不同程度地面临着生存安全问题和发展安全问题。传统安全威胁和非传统安全威胁的相互交织，要求中俄双方在国防和军队现代化建设方面加强合作，特别是海洋军事合作需要有大的发展。[2]为此，近年来在中俄两国领导人共同签署的有关合作文件中，均已明确

1 魏浩. 中俄经贸关系现状、问题与对策 [J]. 经济与管理研究，2008（12）.

2 王冠中. 努力建设与我国国际地位相称、与国家安全和发展利益相适应的巩固国防和强大军队. 十八大报告辅导读本 [M]. 北京：人民出版社，2012.

表示要增进两军传统友谊，深化两军各层次、各领域合作，开展旨在提高两军协同能力和促进地区和平、安全与稳定的联合军事演习。这里所说的"各领域合作"，当然包括双方海洋军事合作。2012年4月，中俄海军在黄海海域举行了为期六天的"海上联合—2012"联合演习。随后，为了进一步加强中俄海洋军事合作，俄罗斯新任国防部部长绍伊古将军访华，受到了中方的高规格接待。中国国家主席胡锦涛、中央军委副主席许其亮，还有国防部长梁光烈将军，先后会见了绍伊古部长，就加强和深化两军合作问题进行了广泛而深入的协商，双方达成了许多重要共识，表明中俄两国战略协作伙伴关系中的最敏感的领域军事合作也已正式启动。其中，已经把海上军事合作、联合军事演习放在优先发展方向。[1] 必须说明，中俄两国共同加强海军装备的研发和采取必要的联合行动，是与各自的大国地位相适应的，目的是为各自国家顺利地走向世界市场提供保障。这种协作不针对任何第三方和第三国，能够为世界和平发展与建设和谐海洋创造前提条件。俄方注意到，中国的海军力量已经获得了跨越式发展，其里程碑就是在辽宁号航母上成功地完成了F15舰载机的起降试飞任务。这表明，中国海军装备已经达到了紧随美国之后，基本与俄罗斯以及欧洲沿海发达国家持平的程度，并且对日本、菲律宾等美国盟国的挑衅行为发挥了一定的威慑作用。中俄双方已经达成共识，两国加强海上力量合作，最终的目标是要在全球促成和谐海洋局面，努力把自身的海洋安全置于全球海洋安全之中，并且在全球和谐海洋建设中发挥中坚作用。这种战略取向和目标定位，与美国作为超级大国企图充当海上霸主的军事意图是根本不同的，并且贯穿于中俄两国加强海洋合作，共建21世纪海上丝绸之路的始终，所以能够得到世界各国和国际舆论的逐步理解和普遍赞同。

1　俄罗斯国防部长绍伊古受邀访华 [EB/OL]. 东方在线，http：//www.zgdfonline.com/html/2012/roll_1123/2321.html.

第二十一章

中俄两国合作开拓21世纪东北方向
陆海丝绸之路经济带的战略推进构想

习近平主席在2013年访问中亚四国期间，首创共同建设丝绸之路经济带的战略构想；在此基础上，2014年2月6日习主席在索契与俄罗斯总统普京会见时再次强调："中方欢迎俄方参与丝绸之路经济带和海上丝绸之路建设，使之成为两国全面战略协作伙伴关系发展的新平台。"对此，普京总统给予了积极回应："俄方积极响应中方建设丝绸之路经济带和海上丝绸之路的倡议，愿将俄方跨欧亚铁路与'一带一路'对接，创造出更大效益。"[1] 延至2014年5月，中俄两国元首在亚信峰会期间再次谈到这一重大话题，强调要"加快推进丝绸之路经济带和21世纪海上丝绸之路建设"[2]。值得注意的是，在这里已经把"海上丝绸之路建设"的前面冠以"21世纪"字样，从而开阔了建设海上丝绸之路的地域视野和时空维度，将会把中俄两国合作开拓21世纪东北方向海上丝绸之路经济带的重大跨国项目提到日程，所以有必要对此展开战略推进构想。

1、2 杜尚泽，陈效卫. 习近平会见俄罗斯总统普京［N］. 人民日报，2014-02-7（1）.

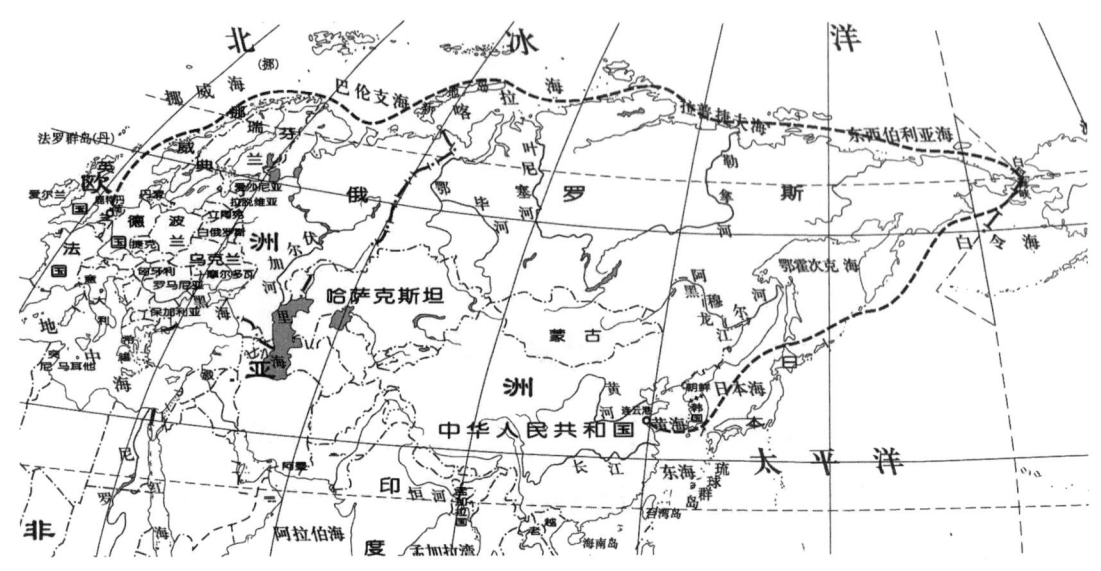

图21-1 中俄合作开拓21世纪东北方向海上丝绸之路经济带路线图解[1]

一、中俄合作开拓21世纪海上丝绸之路经济带的时代背景透视

受全球气候转暖影响，北极冰川正以一定的速度缓慢地消融，这给穿越北冰洋，连接亚欧的北极东北航道创造了通航条件。东北航道以重要战略地位及潜在的航运价值为各国所关注。中国正处于国家经济转型的关键时期，向海洋求发展更符合国家的长远利益。东北航道的开通与拓展有利于中国更紧密地联系国外市场，完善海运布局，缓解太平洋通道及印度洋通道的航运压力。然而，环北极的地缘政治格局使东北航道资源受世界瞩目，各国试图把这条关键的海上经济通道占为己有。对此，中国应研判东北通道争夺走势，正确树立起四通八达的海上通道大安全观，克服在通航技术设备等方面的问题，注重加强与俄罗斯在北冰洋东北航道方面的合作，共同开发建设可持续利用的21世纪海上丝绸之路。近年来全球气候变暖，北极航道特别是东北航道通航前景愈加广阔，对九成国际贸易依赖海运的中国来说意义非凡。世界各国的广泛关注，引发激烈争夺。

---

1 王宇强. 航经"东北航道"的中-欧航线设计及经济性分析 [J]. 航海技术，2013（2）.

1. 全球气候变暖，东北方向海上通航在即

东北航道作为连接亚欧的海上便捷通道之一，航道路线必须横穿北冰洋。受到北冰洋恶劣天气和复杂通航条件的影响，东北航道一年中适航时间极短。现在随着全球气候变暖，北极海冰加速融化，东北航道通航成为可能。来自美国的国家海洋和大气局地球系统研究实验室的气温统计数据显示：在20世纪70年代，北极年平均气温为-10℃；而到21世纪初期，气温已经上升到-8℃。北极地区气温急剧升高，直接导致北冰洋海冰呈加速消融之势。据日本宇宙航空研究开发机构观测，截至2012年8月，北冰洋海冰面积已降至421万平方千米，再创有观测史以来新低。[1]尽管在寒冷的冬季，北冰洋海冰面积有所回升，但总体来说，海冰仍以超乎想象的速度锐减，大概平均每10年减少7.8%，[2]并且减少趋势还在逐年增大。尤其在北冰洋南部诸海域海冰消融更为显著，诸如楚科奇海、东西伯利亚海东侧、拉普捷夫海东侧等海域，在夏季和秋季消融趋势达每10年10%—15%。[3]东北航道将会越来越适合航行，适航时间也会逐渐延长，甚至可能在不久的未来全面开通。因此，这条亚欧之间潜在的最经济的航道被寄予厚望，誉为未来远洋的"黄金航道"。

2. 海域价值凸显，北极地区各方争夺激烈

海洋既是潜力巨大的资源宝库，也是支撑未来发展的战略空间。早在1960年时任法国总统戴高乐就提出了"向海洋进军"的口号，1961年美国总统肯尼迪要求"美国必须开发海洋"。苏联、日本、英国不甘示弱，纷纷将海洋开发作为一项重要国策，并积极制定海洋开发的战略规划。自20世纪70年代以来，随着人口激增，生态环境遭大肆破坏，资源被掠夺性开发。社会经济环境矛盾突出，各国发展面临重大困局。在这种大背景下，许多国家特别是工业发达的国家开始将目光转向海洋，试图从潜力巨大的海域寻求出路。各国为把握国际竞争的先机和主动，纷纷提高对海洋的重视程度，加大开发力度，掀起新一轮的"蓝色圈地运动"。而北极地区蕴藏着全球近30%的油气

1　北冰洋海冰面积达有观测史以来最小纪录［EB/OL］. http：//news.xinhuanet.com/2012-08/25/c_123630792.htm，2012-08-25.

2　J. C. Stroeve, M. C. Serreze, F. Fetterer, et al. Tracking the Arctic's shrinking ice cover: another extreme minimum in 2004［J］. Geophysical Research Letters, 2005, 32（4）.

3　璩静. "雪龙"号穿越北极东北航道［M］. 中国水运报，2012-08-01（5）.

资源[1]，被称为地球上最后一个资源富集区，加之技术进步，北极开发成本降低，北冰洋正成为各方竞争的焦点。北冰洋沿岸五国先下手为强，以海域主权诉求为手段，掀起"北冰洋争夺战"。然而，"北极是全世界的北极"。随着世界上更多国家都参与到海洋开发中来，无论是石油、天然气等资源，还是作为连通世界的国际航道，都不可能由少数霸权国家决定归属。可以预见，超级大国垄断把持海洋的霸权现状必将面临重大变局，北极地区在未来将呈现国际社会多边合作的进取态势。

3. 引起各方关注，东北航道迎来开发时代

作为连接亚欧的海上便捷通道，一旦正式通航并商业运作，将极有可能改变现有的世界航运格局，对世界经济与贸易产生重大影响。届时，东北航道将出现商船穿梭、货畅其流的繁荣景象。近年来，随着北极海冰快速消融，北冰洋的商业航运时代正呼之欲出。2009年夏季，两艘德国商船从韩国釜山港出发，经北极东北航道到达荷兰，实现了首次穿越航行。自此，东北航道拉开了商业开发的序幕。此后，商业运营便开始快速升温。2010年8月25日，在破冰船引导下，一艘装载7万吨原油的俄罗斯油船，通过东北航道顺利到达中国宁波港；同年9月4日，丹麦货轮"北欧巴伦支"号从挪威希尔克内斯港起航，运载4万多吨铁矿石穿越北冰洋到达中国青岛港。[2]2011年8月，有一艘俄罗斯破冰船满载货物，仅用7天半时间就到达白令海峡，创下了穿越北冰洋的用时最短纪录。此后，从欧洲、俄罗斯诸港取道东北航道，驶向俄罗斯远东、东亚和东南亚诸港的船只数量猛增。据俄罗斯"白令观察家"提供的数据显示，2012年，东北航线总通航量增至45艘，远高于2011年34艘和2010年仅4艘的数量。这意味着东北航道在经历了探索阶段、试航阶段后，现在正迎来商业开发时代。2012年6月27日，中国第五次北极科学考察团乘坐中国"雪龙"号极地考察船首次穿越东北航道和北冰洋，拉开了我国船只探索穿越北极东北航道的序幕。到2016年9月4日，中国已经圆满完成了第七次北冰洋区域的科考任务，本次考察相比此前历次更为系统，考察设备和考察内容也更丰富。

1 北极权益之争加剧 [N]. 人民日报，2012-03-30.
2 李振福，孙建平. 北极航线地缘政治的规范博弈机制分析 [J]. 世界地理研究，2011（1）.

4. 应当因势利导，中俄两国共建海上丝路

对于中国提出的建设21世纪海上丝绸之路的构想，俄罗斯从学术界到有关职能部门包括外交部已经组织安排专门人员进行了认真研究，认为这一构想是有一定针对性的。具体地说，就是在这之前，美国早就开始推进跨大西洋投资与贸易协定，俄罗斯对此早有警觉；在美国战略重心转向亚太地区以后，施行所谓亚太再平衡战略，又积极启动了跨太平洋地区投资与贸易同盟，特别是为日本、菲律宾等国撑腰，从海上对中国施加压力。在这种形势下，习主席提出建设丝绸之路经济带和21世纪海上丝绸之路的构想，就是对美国推行上述两个计划的一种回应。中国人的习惯做法，就是你打你的，我打我的，从自己的实际需要出发，也量力而行地采取行动。这一点，俄罗斯是理解的，也是支持的，能够共同向前推进。因此中俄更应该携手，通过开拓21世纪东北方向海上丝绸之路等战略性合作，开启中俄全面战略协作伙伴关系新的一页。

二、中俄合作开拓21世纪海上丝绸之路经济带的现实问题分析

由于东北航道的航运线路具有比传统航线更为明显的优势，不可避免地引发了世界各国的抢占与争夺，在此背景下，中国在北极东北航道拓展利益面临诸多不利因素。

1. 人文环境复杂，制衡21世纪东北方向海上丝绸之路经济带建设

北冰洋战略地位之重要，引发了世界各国开发北冰洋意识的觉醒。这其中包括美国、加拿大、俄罗斯、丹麦等北极圈国家，各国在北极的力量角逐主要体现在建立军事基地实现军事控制，宣示北极领土及海底主权，对北极航道控制权的争夺以及制定北极开发远景规划等。早在2001年，加拿大就增加了在北极的军事力量。最早与加拿大开始争夺北极资源的是丹麦，双方坚持对北极汉斯岛拥有主权。也是在2001年，俄罗斯最早提出了对北极的领土主张。之后通过制定北极发展的国家战略，对北冰洋洋底开展考察等行动，渗透本国在北极的发展意图。而美国更是在冷战时期就在冰岛、挪威部署导弹和雷达基地，埋下了抢占北极资源的伏笔。这些环北极圈国家利用地理位置之便利，甚至结成了一定的同盟关系，以期通过内部协商解决环北极圈国家矛盾，并一致排他，将试图把自由通行北极的北极圈外围的国家一并排斥在外，如达成

了《伊卢利萨特宣言》。在此背景下，中国并非环北极圈国家，受到了明显的排挤，又由于中国目前的发展态势让北极圈国家更为忌惮中国在北极的"野心"，所以中国在开发东北航道的进程中，不可避免地受到多方制约。

2. 利益冲突难解，威胁21世纪东北方向海上丝绸之路经济带建设

北极这座冰封数亿年的自然宝库，随着人类社会发展的脚步，逐步揭开神秘的面纱。经初步勘测，该地区蕴藏石油、天然气、煤炭储量分别占全球储量达15%、30%、25%，北极圈蕴藏的钻石产量占全球10%。北极的冰层即是重要的淡水资源。北极重要的经济走廊即海上通道，可使跨洋航行时间缩短一半。由此可见，这样的一个资源要地又由于它是"无主之地"，使得北极各国上演"圈地运动"。地域控制，资源分配，还有贯通世界两端的特殊优势，注定了围绕着北极地区的争夺日益激烈。首先，主权争端旷日持久。围绕北极主权争端主要有阿拉斯加大陆架划分问题、汉斯岛归属问题、罗蒙诺索夫海岭之争，这些争端已经对《联合国海洋法公约》形成了挑战，公约规定北极点及附近地区不属于任何国家，那些争夺北极主权的国家相当于侵犯了世界人民的利益。其次，军事利益之争。围绕北极的争夺，从冷战时期就已开始。北极的军事战略意义体现在军事制高点，和更强的隐蔽性以利于发挥核潜艇等军事武器对北极地区的威慑作用等。另外，一些国家北极战略规划相继出台，如美国"高边疆"战略思想的进一步实施必然强化其对北冰洋的重视与控制力，俄罗斯北极地区综合战略《2020年前后俄罗斯联邦北极地区国家政策基础》再次强调北极区作为国家战略资源基地。此外，在利益驱使之下，加拿大、丹麦、挪威和瑞典等国积极行动，加强在北极地区的军事存在。

3. 自然环境特殊，有碍21世纪东北方向海上丝绸之路经济带建设

北极地区的特殊自然环境条件，决定了东北航道的航运条件较差。一是，气候条件恶劣，通航期较短。考虑到北极地区气候以及冷暖期的节律性交替变化情况，北极地区冷期（其时间也可长达几十年时间），这将直接对通航造成影响。二是航道常年冰封，覆盖面积大。北极地区纬度高，航道海域平均气温2.7℃。每年只有7—10月可以尝试通航。即使在8、9月份，温度回升，部分海域冰层消融，但是也有较厚的浮冰成为航行的障碍，船只只能在海冰的空隙中探索前行，没有所谓的固定水道，需要破冰船助航，航行风险较高。三是海雾笼罩难以消散。夏季的温度较适宜通航，但是夏季

雾大风小使得东北航道海上能见度较低。如东西伯利亚海和楚科奇海，每年夏季有20天左右的时间雾气弥漫，[1]更增加了东北航道的航行风险。四是航道路况不佳。东北航道是一条靠近俄罗斯大陆架的沿岸航道，受到来自俄罗斯对该地区通航权的制约，俄罗斯强制征收破冰引航的费用来加强对东北航道的控制。另外，该海域浅水海域较多，不利于大型船只航行，只能取道具有较高航行难度的高纬度海域，遭遇冰山、大型海冰、极端天气的可能性大增。

4. 助航能力薄弱，不利于21世纪东北方向海上丝绸之路经济带建设

中国对面向北极方向拓展利益的思路起步较晚，开展北极科考的尝试也落后于部分国家，缺乏对该地区系统而全面的认识：一是缺少相关的航海资料；二是极区船舶制造技术落后；三是缺少具有冰区航行经验的船员。此外，东北航道的顺畅还需要较高的助航能力辅助。因而东北航道开发与运营并不充分，助航条件跟不上航运要求：一是信息不足。东北航道的主要航运道路位于俄罗斯远东地区，该地区地广人稀，物资匮乏，气候恶劣，要建立对东北航道的观测设施和站点有较高难度，基础设施跟不上，严酷的气候条件提高了对监测设备的要求，这使得东北航道的海冰消融情况、海雾消散程度、海风等气象预测信息无法及时传送给航运人员。二是导航定位易受干扰。北极电磁辐射会干扰导航仪器的正常使用，使计程仪、雷达等船舶导航系统出现异常，从而威胁航运安全。[2]而且东北航道周边银装素裹，白茫茫的海面上缺少标志性物体，所以船舶很难识别定位。三是助航基础设施匮乏落后。东北航道所经之俄罗斯的港口设施老化，无法满足大型船只的修理和维护要求，货轮、破冰船数量严重不足。虽然俄罗斯港口在东北航道的地理位置得天独厚，而且近年来俄罗斯货运需求大幅提高，但是港口基础设施建设仍然跟不上发展需求。[3]纵观我国首次组织极地考察30年来，从1984年我国首支国家科考队远赴南极大陆迄今，我国已组织33次南极科考活动，7次组队赴北极科考。我国在北冰洋大气二氧化碳吸收能力和极盖区等离子体云块演化过程等尖端前沿，取得了突破性的科研成果。极地科学考察站更是从无到有——南极的长城站、中山站、昆仑站、泰山站和北极的黄河站。[4]然而我国极地助航设施和

1 李振福，李娜，闫力，等. 北极航道通航环境分析 [J]. 港口经济，2012（10）.
2 顾维国，张秋荣，胡志武. 北冰洋冰区航行的船舶操纵 [J]. 航海技术，2011（1）.
3 郭培清，管清蕾. 东北航道的历史与现状 [J]. 海洋世界，2008（12）.
4 我国极地科考走过30年 [N]. 湖南日报，2014-10-17.

信息情报不足，综合考察能力有待提高，后勤保障支持有待加强，这些问题必须予以重视并需要长期的不懈努力，以利于尽快有效维护和切实拓展我国在北极地区的国家利益。

三、中俄合作开拓21世纪海上丝绸之路经济带的推进对策创意

针对中俄合作开拓21世纪东北方向海上丝绸之路经济带这一重大课题，应当注重做好总体规划，做出时间表和路线图；注重统筹协调沿线各个国家、各个部门和地区关系，分工合作；注重全面加强海洋领域合作，充实两国全面战略协作合作伙伴关系内涵；依托两国相关沿海区域，共同开拓21世纪东北方向海上丝绸之路；注重加强科研合作，奠定21世纪东北方向海上丝绸之路开发基础等。

1. 注重全面加强海洋领域合作，充实两国战略协作合作伙伴关系内涵

中俄两国战略协作伙伴关系包含着丰富的内容，体现在双边关系的各个领域，其中当然也包括海洋领域中的合作意向。其主要标志就是在2003年5月两国政府共同签署了关于加强俄中两国海洋领域合作协议。令人遗憾的是，这一重要的双边协议，并没有得到真正落实。在新的形势下，重提这一协议，并且认真加以落实十分必要。因为在当代世界上，来自海洋方面的争夺愈演愈烈。以美国为首的西方国家，在海上有针对性地采取了攻势，分别对俄罗斯和中国构成了不利影响。因此可以说，俄中两国全面加强海洋合作，是双方共同面临严峻形势下的必然选择。

认真落实已经签署的双边海洋合作协议，有利于满足中俄全面深化发展两国战略协作伙伴关系的需要。习近平主席曾在俄罗斯与普京总统会谈中，侧重地强调了这一点，已经把海洋领域的合作提到日程。因为俄中两国携手加强海洋领域的合作，既有利于维护各自的海洋权益和国家核心利益，也有利于加强双边海洋经济合作开发，提升两国经贸合作水平，早日实现两国元首预定的经贸合作战略目标；既有利于共同加强相关海域的环境保护，提高海洋资源利用开发科技水平，也有利于海上通道安全建设。俄方注意到，习近平主席在2014年4月访问欧洲四国期间，均提到了加强海洋合作问题。同年5月，普京总统访华，与中方领导人进一步探讨海洋领域的合作问题，进一步共同采取有效措施。通过这次高层对话，将会促进已经签署的海洋领域合作协议，进一步加大资金投入和科技投入，推进海洋项目的合作开发。值得一提的是，自

从俄罗斯联邦国防部长绍伊古将军访华以来，两国在海军合作方面取得了积极进展，已经制定了年度和阶段性的联合军事演习规划，这是非常必要的，有利于为加强两国海洋领域全面合作保驾护航。

2. 依托两国相关沿海区域，共同开拓21世纪东北方向海上丝绸之路

陆上除了中国古代形成的向西、向南方向的古丝绸之路以外，还有向北进入中亚地区再到俄罗斯的丝绸之路，现在是要在原有的丝绸之路基础上建设经济带，这一点有利于进一步释放中国的经济能量，使沿线国家分享到中国快速发展的机遇。这条丝绸之路经济带还要从俄罗斯先后进入中东欧和西欧地区，从而能够使这条丝绸之路经济带释放出各种有价值的经济效益，也会产生积极的政治和外交效应。为此，李克强总理于2013年首次访问中东欧国家，会晤相关国家领导人，释放了积极的合作信号。随后不久，有些中东欧国家先后踏上了访华之旅，均得到了习近平主席的热情接见，进一步加强了中国与中东欧国家之间的合作关系，这对俄罗斯是有益的，所以乐观其成。

对于中方宣誓要建设的21世纪海上丝绸之路的构想，俄方认识到，除了中国明代郑和下西洋所开拓从太平洋到印度洋的海上丝绸之路以外，还包含新的价值取向。经过反复研究，俄方从学术界到官方认识到，习近平主席所宣称的"海上丝绸之路"前面突出加上了"21世纪"字样，也就是说，中方要建设的海上丝绸之路不会只局限于面向太平洋和印度洋的海上丝绸之路，还会开拓新的海上丝路方向，这就是我们已经注意到的俄中两国能够共同建设的北冰洋东北航道。这条海上丝绸之路，根据我们看到的中方研究材料，起点是中国的东部沿海地区，具体的所谓的桥头堡是在江苏的连云港。[1]从连云港出发经过中国东北部沿海地区进入俄罗斯远东沿海地区和俄罗斯腹地沿海地区，经过东欧沿海地区向北极方向延伸，再进入欧洲市场，这就是中国所划定的路线图。俄方不怀疑中方建设东北方向海上丝绸之路对俄罗斯有什么不利，相信这是全面落实两国全面战略协作伙伴关系的重要举措，也是落实中俄两国元首共同设定的经贸战略合作目标的一个积极方略。俄方很理解中国的一种提法，就是"要想富，先铺路"，中国在国内就是这么做的，促进了省区之间的经贸合作，逐步达到共同富裕的目标。根据这一成功经验，俄方确信共同建设东北方向海上丝绸之路，有益于两国

---

1 海上丝绸之路发展史上不可缺的一颗明珠连云港 [N]. 中国日报，2014-8-21.

沿岸地区共同富裕。

3. 着眼于经济全球化自由通航，积极合作完善沿线基础设施

落实和推进中俄两国合作开拓21世纪东北方向海上丝绸之路经济带的战略取向，能够有效推进经济全球化和区域经济一体化进程，为此中俄两国应当适时加快沿线城市基础设施建设，拉动沿线城市经济发展，实现海上丝绸之路区域经济合作目标。

具体而言，针对东北方向海上丝绸之路部分经济发展相对滞后的沿线城市，需要尽快集中力量加快基础设施建设。为此，在政策上，中俄应出台战略规划和措施，加大对该地区和城市的投资开发力度，促进双边经贸合作规模更上一层楼；在交通运输方面，应当促进沿线城市利用港口优势构筑物流大平台，改善周边交通基础设施条件，协调各地区运输方式、交通规划的对接，降低运输成本；发挥我国在基础设施建设方面累积的丰富经验，承揽基础设施建设项目，积极参与沿线城市电信、铁路、公路、管道等方面的建设工程；另外，还要完善沿线陆海港口海关、质检、税务、工商等多部门合作机制，简化通关手续，为沿线地区和城市经济融合创造有利条件。

4. 解决资金困难，创建海洋开发银行支撑海上丝绸之路建设

中俄两国合作开发21世纪东北方向海上丝绸之路的战略推进，离不开金融业的强力推动和有力支撑，尤其面对当前国家间和地区性海洋领域的合作开发事项逐渐增多，创建国家级的海洋开发银行越来越明晰和必要。有鉴于此，中国应当积极创建中国海洋合作开发银行，为中俄两国合作开发21世纪东北方向海上丝绸之路经济带建设以及我国正在蓬勃发展的海洋经济提供金融支持。当然，创建中国海域开发银行并非易事，从我国的海洋经济产业结构分析，我国海洋经济开发对海洋深层次、高附加值、高效益综合利用项目较少，海洋经济所承载的开发风险依然较大。如我国海洋渔业还存在着靠天吃饭现象，海域灾害频发，易造成第一产业生产经营不稳定；海洋资源开采业一般前期投入成本巨大，金融企业很难准确把握此类企业的生产经营情况，加上此类企业涉及诸多高精尖技术，在技术条件尚未完全成熟的情况下开展业务会放大风险效应；海岛旅游、海上观光为主的旅游服务业，其产业投入门槛低，在围海造岛开发房地产的带动下投入产出比较高，易受到金融企业的青睐，但是该类产业会造成生态环境问题，对海洋生态修复要求较多，开发难度较大。

针对这些问题，站在国家战略高度，从实际需要出发，有必要全面地展开中国海

洋开发银行的推进对策创意：接续陆域经济政策性启动，向海洋经济开发实行优惠的金融政策；进一步深化金融机构改革，推动完善海洋经济开发金融组织体系；努力健全直接投融资体制，积极促进完善海洋经济开发资本市场；优化海洋经济的投资结构，加大在对外开放中引进利用外资力度；积极推进沿海经济外延发展，逐步扩大区域经济规模；稳步探索海洋金融支持策略，拓展陆海统筹开发空间；能够顺势布局全国海洋开发银行，完善陆海统筹金融体系等。总的来说，要在创建中国海洋开发银行的过程中寻求创新发展，在面向海上丝绸之路的合作过程中，要注重按照国际惯例办事，按照国际经济金融秩序，严格履行金融规章制度，积极为有关沿线国家的基础设施建设提供资金支持，促进经济合作。

5. 重视科学研究合作，奠定21世纪东北方向海上丝绸之路开发基础

开拓这条东北方向海上丝绸之路并不容易，既有认识上的问题需要解决，又有技术问题需要解决，特别是自然条件困难也要充分估计到。东北航道纵横几千千米，受北极极地气候制约，且开发较晚，通航硬件设施跟不上，这与沿线国家支撑力度不足不无关系，而俄罗斯受自身经济条件限制，对东北航道的投入有限。鉴于当前东北航道沿线的基础设施落后，助航能力薄弱，中国应加强与俄罗斯的合作交流，并投资于东北航道的港口建设，加强港口及航道基础设施建设，引导资金、技术、人才汇集，并在这一过程中，始终注重开发与保护并重。

在开拓东北方向海上丝绸之路的过程中，极地科考能力至关重要，在这方面，中国独立探索、获取相关航道资料力有未逮。所以应加强与在这方面具有领先技术水平的国家合作，尤其是俄罗斯。即使"雪龙"号科考船于2013年首次成功穿越东北航道，也是在俄罗斯破冰船的导航和协助下实现的。而且东北航道目前处于俄罗斯的管控之下，对东北航道的考察也主要集中于欧美与俄罗斯，它们对东北航道自然环境的研究遥遥领先。[1]通过合作，中国进一步融入北极科考大潮，增加考察频率，扩大科考范围并及时了解航道气候条件、海冰融化情况，及时获得图像资料。[2]通过建立合作机制，还可以帮助我国培养极地航行人才，尽快提高我国对东北航道的认识和通航技术以及抵御风险能力。

1　何剑锋，吴荣荣，张芳，等. 北极航道相关海域科学考察研究进展 [J]. 极地研究，2012 (2).
2　李振福. 中国参与北极航线国际机制的障碍及对策 [J]. 中国航海，2009 (2).

6. 打造海上丝绸战略合作平台，领衔创建世界海洋城市总部

毋庸讳言，中国作为世界大国，在全球议题中的话语权显著提升。这就要求中国进一步在国际社会中塑造负责任大国的形象。而中俄两国合作开拓21世纪东北方向海上丝绸之路这一战略推进构想，是中俄双方为了进一步充实两国战略协作伙伴关系内涵所作出的循名责实的努力，有利于拓展两国新的海洋领域合作空间。有鉴于此，中国应当领衔创建世界海洋城市总部，打造海上丝绸之路战略合作开展的行为主体，并以此为起点，搭建针对海洋合作开发的全球性或者地区性的公共平台，使中国真正成为国际秩序治理进程中的参与者和建设者。需要指出，海上丝绸之路建设需提前谋划，主动参与，世界海洋城市总部致力于通过总部经济基地这一平台，为海上丝绸之路沿线国家企业入驻提供产前、产中、产后的全方位多角度服务，进一步连通各国沿海与内地的经贸合作往来。

可以预计，运作世界海洋城市总部，不仅能够促进各国海洋城市经济的协调发展，而且可以为相关城市区域开发带来积极的经济效应和社会效应。由此可见，创建世界海洋城市总部，中国作为负责任的世界大国和第二大经济体，必须勇于担当，当仁不让。为此，中国应当以全面经略海洋、建设海洋强国为取向，以中俄两国全面战略协作伙伴关系为依托，加快整合与发挥世界海洋城市总部的市场功能，助力我国海洋事业繁荣发展，从而加快中俄两国合作开拓21世纪东北方向海上丝绸之路经济带建设步伐，并通过与沿线国家和城市的共同努力，使其成为国家间和地区性海洋领域的开发合作的示范蓝本。

第二十二章

中蒙俄朝四方合作开拓图们江跨国
出海大通道的战略推进构想

鉴于建设贯穿东北亚运输通道对促进区域经济融合与政治和谐的重大战略价值，联合国开发计划署（UNDP）早在1992年举行的图们江区域合作开发会议上，就提出了建设东北亚陆海联运通道的前瞻性倡议。但是，由于当时正值冷战刚刚结束而且东北亚区域国际贸易规模偏小，建设东北亚陆海联运通道的经济、社会和政治效益并不明显，因此没有得到重视。近年来，随着图们江区域合作开发的深化，有必要加快推动中蒙俄朝四方合作开拓跨国出海大通道，完善东北亚区域基础设施。目前，中国境内的阿尔山至珲春市路段为既有铁路，这样中蒙两国合作建设阿尔山—松贝尔口岸—乔巴山这443千米的"两山铁路"，并共同推动在珲春方向实现借港出海的战略取向，便成为打通中蒙两国出海大通道的关键环节。此段线路贯通后，向西可以与即将建设的横贯蒙古东西部的铁路线（蒙古总理巴特包勒德2010年4月4日通过政府网站宣布）相连接，向北可以接轨俄罗斯西伯利亚的铁路网，向东可以借道俄、朝的港口群经由日本海实现蒙古出海运输的愿望。因此，畅通这条跨国大通道，将有力促进中国全面振兴东北老工业基地和加快内蒙古东部盟市的经济发展，有利于蒙古交通体系的完善和东部矿产资源的合作开发，有利于图们江区域的综合开发，以及加快推进东北亚区域经济一体化和中国东北方向陆海丝绸之路经济带的建设进程。因此，有必要对这一重大课题加以战略构想和现实论证，以促进落实以长吉图为开发开放先导区的中国图们江区域合作开发这一国家战略。

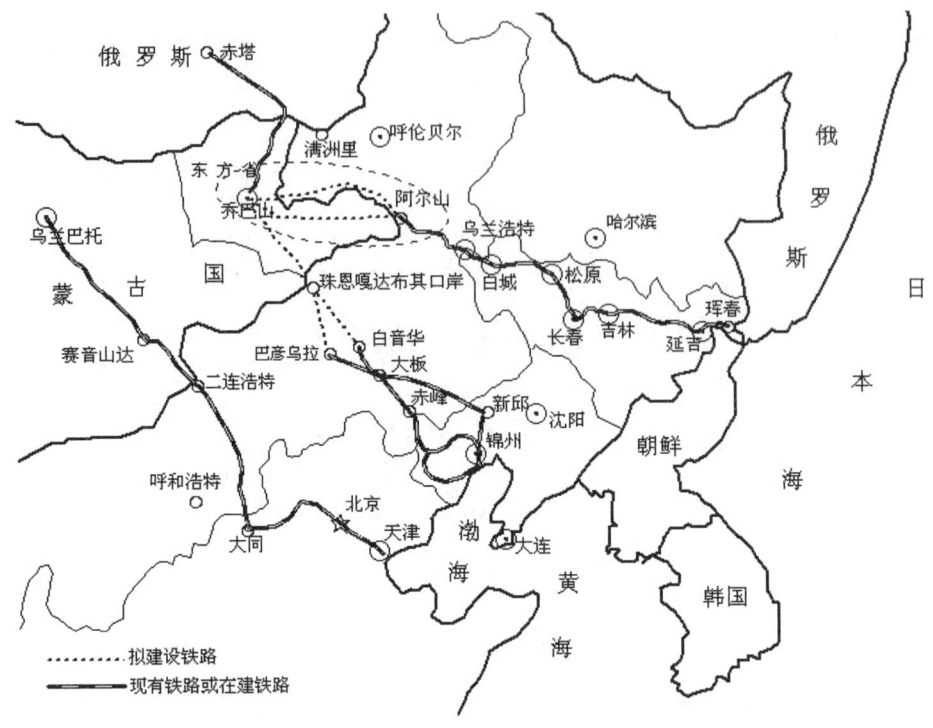

图22-1 中蒙俄朝四方跨国出海大通道路线图

一、中蒙俄朝四方合作开拓跨国出海大通道的时代背景透析

对于东北亚国家来说，当前必须积极凭借经济全球化带来的发展机遇，共同加快区域经济一体化进程。在短时间内政治障碍不可能完全消除的情况下，联合构建便捷通畅的国际大通道，不仅能够解决区域运力不足的问题，还可以通过加强各国经济联系来带动政治关系发展。有鉴于此，中蒙俄朝四方合作开拓跨国出海大通道工程便呼之欲出。

1. 中蒙俄朝四方合作开拓跨国出海大通道的国际背景

由于经济全球化进程的加快对整个世界经济与产业结构产生重大影响，使越来越多的生产经营活动和资源配置在全球范围内进行，所以全球性贸易与运输链正在逐步形成。世界上的每一个国家和地区，尤其是每一个沿海主枢纽港，都成了国际贸易网络的组成部分。因此，国际贸易的快速发展，已使交通运输成为现代经济社会赖以运行和发展的基本保障。在当前的国际贸易中，海运以其大运量、远距离、低成本的优势，占据着国际货物运输总量90％以上。[1]从世界范围来看，港口资源丰富的国家都在利用其港口资源为本国和邻近国家提供运输渠道，内陆国家借道于邻国港口促进国际贸易是实现区域经济发展有效的成功经验。这种跨区域组合，不仅可以促进港口资源丰富的国家经济繁荣，同时也能够解决内陆国家对外贸易的运输瓶颈，是一种互惠共赢的区域经济发展战略取向。例如荷兰的鹿特丹港，就是证明这种共赢战略取向的最好实例。年吞吐量超过5亿吨的鹿特丹港，被誉为"欧洲桥头堡"，承担着国际贸易和国内贸易的水陆中转任务，是联结国内外两个市场的国际化、多功能的大型海港枢纽。但是，通过鹿特丹港的货物80％的发货地、目的地都不在荷兰本国，而是通过一流的内陆运输网进行中转，运抵欧洲各国。在鹿特丹港，可以通过各种有效联运方式，为附近地区提供配送服务，能够在48小时内运到欧洲内陆各目的地。可以推断，得天独厚的地缘优势、欧洲各国经济资源的市场互补以及高度的外向型经济特征，是促成鹿特丹港如此发达的重要条件。

反观东北亚地区，中、俄、朝三国交界的滨海沿线，建港的天然条件良好。在这一区域，中国和蒙古需要通过珲春口岸，借俄、朝的港口作为贸易的中转站；而俄、朝的港口运营能力是过剩的，需要充足的货源支持。因此，连接"两山铁路"并在珲春附近打通东北亚出海口，对中、俄、蒙、朝四方活跃经济，促进边疆地区发展，都是有利的。必须看到，区域一体化作为经济全球化当前的表现形式，已经促成了当今世界的两大经济圈：欧洲联盟（欧盟）和北美自由贸易区。在东南亚地区，中国—东盟自由贸易区于2010年1月1日正式建立，策动东北亚区域经济一体化进程必须加快。因为这样做，对内可以使生产要素跨越国境实现优化配置，依据比较优势的原理通过加强专业化来提高生产效率；对外可以增强东北亚国家进行国际谈判实力，有利于得到更好的贸易条件。东北亚各国资源禀赋各异，在经济上的互补性很强，需要畅通的交通运输条件来促进国际贸易。可以预计，中蒙俄朝四方跨区域出海大通道建成后，将直接联系蒙古东部省区、中国内蒙古东部及东北三省、俄罗斯远东地区、朝鲜罗津—先锋经济贸易区，并通过日本海一天内就能够抵达日本和韩国，可以有力地加强东北亚各国的经济联系，促进造就东北亚区域经济合作关系。[2]

1　赵鹏军，吕斌. 港口经济及其地域空间作用：对鹿特丹港的案例研究 [J]. 人文地理，2005，20（5）.

2　李靖宇，等. 造就东北亚区域经济合作关系——从中国到东北对外开放的战略依托 [M]. 北京：人民出版社，2004.

2. 中蒙俄朝四方合作开拓跨国出海大通道的区域背景

2013年，东北亚区域GDP已经占到世界经济总量的1/5以上，被世界公认为最有发展活力的地区。然而，相对于生产总值而言，东北亚各国之间的经济资源互利程度不高，因此通过优化区域资源配置可以进一步激活各国的经济发展潜力。东北亚地区自然资源地域分布的差异性很大，其中俄罗斯远东地区和蒙古资源富集，而日本和韩国矿产资源贫乏。例如，俄罗斯远东地区已探明的煤炭储量为200亿吨，尚需进一步勘探的预测量高达3547亿吨；在已探明的储量中，约50%可进行露天开采。而蒙古的自然资源也非常丰富，尤其是由于地广人稀而使自然资源人均占有率极高，现已探明90多种矿产资源、3663个矿化点和417处矿床。主要矿物有煤、金、铜、钼、钨、铁、锡、萤石、铅、锌、铀、稀土、石油、宝石、石膏等，其中铜、磷、萤石、煤、石膏的探明储藏量居世界前列，开发前景相当广阔。[1]值得关注的是，蒙古的石油初步估算储量可达60亿—80亿桶，主要分布在南部和东部省份；铜矿目前探明储量2.4亿吨，主要分布在北部、中部和与中国接壤的南戈壁省。这些都是自然资源匮乏的日本和韩国正需要进口的矿产，也是快速发展时期的中国国民经济急需而又储量相对不足的资源。同时，中国东北地区的农业自然条件得天独厚，松辽平原、三江平原以及东部山区一些盆谷地是中国重要的农业基地，在全球粮食紧缺情况下对东北亚地区意义重大。

在冷战结束以来，由于政治原因和历史遗留问题所导致的东北亚区域合作开发不畅，一直未能将东北亚各国之间的优势互补体现出来。在短时间内政治上障碍不可能完全消除的情况下，通过贸易发展来促进东北亚各国经济紧密联系，以经济发展带动政治进步最符合东北亚的实际情况。在全球性金融危机爆发前的2000—2007年，东北亚区域贸易额已由7710亿美元增长为11120亿美元，年均增长6.31%。与此相适应，东北亚区域内GDP总额以年均4.70%增长率持续发展。从统计数据可以看出，东北亚区域进出口贸易对推动区域内各国经济持续快速增长起了重要作用。[2]可以预见，随着东北亚各国经济合作的愿望愈加增强，势必需要建设一条横贯东北亚的海陆运输通道来弥补基础设施建设缺失，以促进东北亚国际贸易发展。应当指出，中蒙俄朝四方合作开拓这条国际通道，是推进投资、贸易和过境便利化，加强区域合作的前提和基础。

1　娜琳. 中蒙经贸关系现状及双方在矿产领域的合作 [J]. 当代亚太, 2004 (10).
2　毛洪梅. 东北亚区域内贸易合作研究 [J]. 中国经贸, 2009 (6).

因此，为推进东北亚地区跨国基础设施建设，中国国务院于2009年8月30日批准《中国图们江区域合作开发规划纲要——以长吉图为开发开放先导区》，赋予吉林省在这方面先行先试的权利，作出了完善珲春—扎鲁比诺—束草—新潟四国陆海联运航线的区域安排，采取了大力推进图们江国际区域合作战略举措。与此相适应，蒙古总理巴特包勒德在2010年4月4日宣布，蒙古政府决定建设横贯该国东西的新铁路，新铁路将从蒙古西部边界经塔温陶勒盖、沙音山达、乔巴山至东部边界，并通过"两山铁路"连接中国阿尔山而直通中国东北的边境口岸珲春市。

3. 中蒙俄朝四方合作开拓跨国出海大通道的历史背景

蒙古在历史上曾经是中国领土的一部分。因此，蒙古与中国在政治、经济和文化上的关系源远流长。在12世纪末与13世纪初的宋代时期，中国北部游牧部落的一支开始兴起，因部落名字的缘故而被称为蒙古人。1271年，蒙古族可汗忽必烈征服中原，建立了统一的元朝帝国，蒙古地区全部纳入中国版图，在政治、经济、文化等各方面与中原更进一步融合，并成为中华民族的重要成员。1370年，蒙元势力被明朝瓦解，蒙古族贵族退回了北方草原，但是明朝始终无力收复蒙古地区统一中华民族。1660年，蒙古库伦活佛（喇嘛教）作出了影响后世的决定，拒绝向俄国沙皇投降，毅然归属中国。清朝时期，蒙古地区再次正式纳入中国版图。1911年，蒙古王公贵族在沙俄的支持下实行"自治"。1924年11月26日，蒙古人民共和国成立。在1945年的雅尔塔会议上，美、英、苏三方以"蒙古人民共和国维持现状"为条件，要求苏联参加对日作战。1946年1月5日，当时的中国政府正式承认蒙古独立。尽管如此，无论历史还是今天，中华民族与蒙古族都有着千丝万缕的联系。现在，全世界大约1000万的蒙古族人口有一半以上居住在中国内蒙古自治区，多于蒙古国人口总数。

有史以来，蒙古族就过着"逐水草而迁徙"的游牧生活，畜牧业是蒙古族人民长期赖以生存发展的主要经济，生产生活的很多物资都依赖其他国家援助。在资源能源稀缺的当今世界，蒙古发挥资源优势并以此为取向发展外向型经济，这是明智的。但是，蒙古开展国际贸易必须取道中国或俄罗斯。截至2014年，中国已经连续十余年是蒙古第一大贸易伙伴国和最大投资国，而且蒙古的国际贸易最近出海通道、到达目的地国最近的路程也必须经过中国。中国政府一直奉行"睦邻、安邻、富邻"的基本国策，从战略高度和长远角度重视发展对蒙关系，将蒙古作为周边外交的重点对象。多年来，中国不仅绝不附带任何条件地援助蒙古，并且积极配合蒙古推进基础设施建设，以促进蒙古与东北地区实现区域资源整合。因此，从2009年开始，内蒙古自治区铁路建设已经进入全面、快速发展的黄金时期，并且预计到2020年公路总里程达到19万千米的目标。正是鉴于这一态势，蒙古总理巴特包勒德于2010年4月4日通过政府网站宣布，蒙古政府决定建设横贯该国东西的新铁路与中国对接。同年6月，我国时任总理温家宝应邀访问蒙古期间，双方在金融贷款、能源开发、科技合作、基础设施、人文交流、海关合作、学历学位认证等领域达成了诸多重要共识。这些国家行为的推动有利于中蒙两国的基础设施对接和产业发展合作，并且将蒙古的对外贸易延伸到中国。因此，蒙古应该同中国一道积极推动珲春出海口的形成，降低物流成本以促进区域经济发展，这样符合两国的共同利益。

二、可以作为蒙古出海大通道节点的中国城市比较观

在为蒙古提供出海通道的问题上，涉及中国国家利益的大局。为此，必须根据中国东北经济区的区域发展取向和促进图们江区域合作开发的战略投放，由国家有关职能部门领导牵头，协调天津、辽宁、吉林、内蒙古、黑龙江共同协商蒙古出海贸易的问题，作出有利于区域经济长远发展的最优选择，确定可以作为蒙古出海大通道的节点城市，以防止发生内部利益纷争。

1. 天津市

天津港位于渤海湾畔的海河入海口，处于京津冀城市经济区和环渤海经济圈的交会点上，是华北、西北地区能源、物资和原材料运输的主要中转港，也是亚欧大陆桥的东端起点之一。天津港现有水陆域面积近260平方千米，2012年，天津港口陆域总面积达131平方千米，主要分为北疆、南疆、东疆、海河四大港区。北疆港区以集装箱和杂货装卸作业为主；南疆港区以干散货和液体散货作业为主；海河港区以5000吨级以下小型船舶作业为主；东疆港区为天津港的一个新港区，规划面积为30平方千米，航道最大可进出30万吨级船舶，最深达19.5米，拥有集装箱码头、铁矿石码头、煤炭码头、石油化工品码头、杂货码头、滚装码头、散粮码头、散化肥码头、国际客运码头等各类专业化泊位140余个。天津港所在的滨海新区，已被纳入国家总体发展战略布局，成为中国北方最具发展活力和投资热度的地区之一。蒙古的货物从乌兰巴托经过中国内蒙古的二连浩特市、山西的大同、北京可以抵达天津港。这条铁路是欧亚大陆

桥的东段部分，使天津港成为蒙古最早的出海口。在中国寻找其他的出海口的同时，蒙古还非常重视天津的出海大通道。2009年4月15日，蒙古国总理桑吉·巴亚尔率代表团访问天津。访问期间，天津市政府与蒙古交通建筑城建部签署了《关于在中国天津滨海新区深化经贸合作备忘录》。根据备忘录，双方将充分发挥地缘优势和互补优势，利用滨海新区开发开放的有利条件，尤其是东疆保税港区的功能和政策优势，共同拓展国际贸易、国际中转、国际采购和出口加工业务。由此可见，中蒙两国将会在天津滨海新区建设便捷的国际贸易合作平台。

从中蒙两国贸易总额来看，从1998年的2.43亿美元上升至2008年的24.38亿美元，在10年间提升了10倍多，在全球性金融危机前创下历史最高纪录。但在此以后，中蒙两国贸易最大的二连浩特口岸，过货量增幅却从2009年以来呈现下降趋势。二连浩特是内蒙古19个对外开放口岸之中为数不多的铁路口岸之一，目前是基础设施滞后、运力不足，致使天津—二连浩特—乌兰巴托这条便捷的欧亚通道受到明显制约，优势难以发挥。从地理位置上来看，该线路途经的山西和内蒙古路段担负着保障煤炭能源向中国南方省市运输的艰巨任务，是从北京到中国西北省份铁路北线的必经之地，是中国东北经济区和关内公路铁路运输的必经之地，也是中蒙矿产资源贸易依赖的重要线路。由于京津冀地区是中国区域经济快速发展的区域之一，所以山西、河北、北京和天津的路段在旺季的运输繁忙程度，使得中国国内的货物运力都得不到满足。如果继续扩大天津港的对蒙古的货物转运能力，将会进一步压缩中国京津冀区域的交通基础承载能力，不利于中国国内经济发展。因此，发掘天津港的潜力应该立足于国内腹地经济的发展。而在靠近蒙古的中国东北地区寻找新的出海口，是中蒙两国的务实之举。

2. 锦州市

锦州港是位于辽宁省西部、环渤海经济圈北部的区域性深水海港，主要为中国东北西部、内蒙古东部和华北北部的海上进出货物提供海上运输服务。港区海域为半日潮，最高潮位为4.22米，最高潮差为4.06米，平均潮差为2.05米，全年无台风袭扰，冬季冻而不封，365天均为有效营运时间。港口陆域依托宽阔，现有码头岸线长3983米、陆域500万平方米；港口规划岸线长度11700米，规划陆域面积1882万平方米，可容纳和建设45个泊位。据此，锦州港1990年10月30日正式通航，同年12月被国家批准为一类开放商港；延至2014年，锦州港吞吐量突破亿吨。锦州港主营业务为油品化工运输、集装箱运输和散杂货运输。在油品和化工方面：有1个5000吨级油品、化工泊位，设计通过能力60万吨/年；3个万吨级油品、化工泊位，设计通过能力325万吨/年；1个5万吨级油泊位，设计通过能力415万吨/年，乘潮最大可靠12万吨级油轮；1个25万吨级油泊位，设计通过能力1100万吨/年。在集装箱方面，有两个5万吨级集装箱专用泊位，总计年设计吞吐能力60万标准箱，具有装卸第五代集装箱船舶的能力。在散杂货方面，各类散杂货泊位可以满足每年1500万吨的运输要求。锦州港作为环渤海区域重要的煤炭支线港，煤炭吞吐量居各货种首位。另外，袋装化肥、散货装车和出口玉米装船，已成为锦州港的支撑名牌。锦州港交通便利，有5条高速公路和两条国家级公路通过锦州港，并呈扇面形辐射，伸向中国东北、华北和内蒙古广大地区。

从地理位置来看，锦州港是最靠近蒙古东部省份的中国港口，运距比绕道二连浩特至天津港转运约近1000千米。国家投资建设的赤峰—大板—白音华（赤大白线）铁路，已于2007年年底建成并投入使用；通过建设中的巴彦乌拉—阜新市新邱区的巴新铁路，以及新邱至锦州的既有铁路，可以直达锦州港。巴新铁路二期工程（巴珠线），将从巴彦乌拉镇延伸至中蒙边境的珠恩嘎达布其口岸。因此，蒙古国多次与辽宁省会商，表示有意建设珠恩嘎达布其口岸到乔巴山的铁路。蒙古东部各省代表团曾多次对锦州港进行参观考察，表示出浓厚的合作兴趣。可以理解，蒙古希望在中国拥有更多的出海口，而不必受限于天津港一家合作对象；而锦州市政府则一直致力于实施以港兴市战略，努力把锦州港建设成为辽西、蒙东的货物集散中心，也在积极促进锦州港成为蒙古的出海口。辽宁省域的基础设施良好，稍加建设便可以连通内蒙古东部至蒙古的铁路运输线路。相对于建设的低成本而言，辽宁省将获得蒙古货物过境的高收益，可以收获运费、铁路沿线经济的带动作用和利用蒙古资源的便利条件。因此，蒙古和辽宁省的地方政府都在积极推动锦州港成为蒙古的直接出海口。然而，锦州港并不是作为蒙古的出海口的最佳选择。从国内来看，这种选择忽视了吉林省和黑龙江省的发展需求；从国际来看，这种选择毕竟只是涉及中蒙两国之间的地方利益，而且进入的是中国内海——渤海，相对而言还缺乏国际性的广泛支撑。

3. 珲春市

珲春口岸地处图们江下游的中国、朝鲜、俄罗斯三国交界地带，是吉林省东南部的一座既沿边又近海的县级市，发展潜力巨大。珲春虽然不直接临海，但通过15千米的图们江下游朝俄界河即可入日本海，而且在珲春市200千米半径内就密集分布着10

个条件优良的俄罗斯和朝鲜港口，能够形成强有力的出海大通道阵容。这些港口，均可通过公路或铁路与珲春的4个口岸相对接。东北亚地区的地理几何中心的区位优势，使珲春在联合国开发计划署倡导的图们江区域国际合作开发中一直扮演着重要角色。20年来，在东北亚各国的积极推动下，图们江区域已经为国际合作开发打下了良好基础。主要表现为：1993年9月，图们市—马哈林诺（中俄）国际铁路图珲段实现贯通；1995年9月，珲春圈河—朝鲜元汀里公务通道开通；1996年8月，珲春—俄罗斯克拉斯基诺口岸旅客通道开通；2000年5月，中国唯一的一条借助第三国港口通海的海陆联运航线"珲春—扎鲁比诺（俄罗斯）—束草（韩国）"航线开通。从中国国内来看，阿尔山至珲春市的电化铁路早已投入使用，长春—珲春的客运专线施工顺利（其中，长吉高铁客运专线2011年年初投入运营）；长春—珲春的高速公路已经通车，长春—松原的高速公路2010年年底正式建成通车。在此基础上，基础设施建设的完善进程不断加快。

在中国政府的积极推动下，中蒙俄朝四方出海大通道的东端出口合作建设的前期项目稳步进行。2009年10月23日，中国国务院正式批复了《中国图们江区域合作开发规划纲要——以长吉图为开发开放先导区》，标志着以长吉图为开发开放先导区的图们江区域国际合作开发已经上升为国家战略。珲春市作为长吉图开发开放先导区的开放窗口，基础设施功能将得到进一步强化，区域发展政策将会更加优惠。与此同时，中蒙俄朝四方跨境大通道的西端出口建设得到了中国吉林省、内蒙古自治区和蒙古东方省的大力支持，进入了实质建设阶段。自2006年起，吉林省人民政府主管领导先后多次组织政府有关部门和中吉集团赴蒙古考察谈判，并与蒙古政府有关部门达成了合作建设"两山铁路"多项共识。在2007年，中吉集团与蒙古塔拉意吉日矿业公司签署了开发珠恩布拉格煤田的协议，使这条铁路大通道至少可以形成年2000万吨的运量，能够保证"两山铁路"建设投资的迅速回收。2009年6月，吉林省人民政府批准成立吉林中蒙铁路能源投资开发有限公司，正式开始项目的前期准备工作。据透露，"两山铁路"准备工作进展顺利，开工在即。特别是《中国图们江区域合作开发规划纲要——以长吉图为开发开放先导区》得到国务院批复后，中蒙俄朝四方出海大通道作为重大项目建设已经提上议程，其国际性和区域价值不容置疑，有利于加快东北亚区域经济合作开发的一体化进程。

三、珲春市作为中蒙俄朝大通道出海口的区域价值认证

之所以要在珲春开辟中蒙俄朝四方大通道的出海口，既是得益于珲春优越的地理位置，又是基于国家整体利益的长远考虑。珲春作为长吉图开发开放先导区的对外开放窗口，具有国家赋予东北老工业基地振兴和沿边开发开放的优惠政策。为此，珲春必须紧紧抓住历史机遇，积极融入长吉图开发开放先导区一体化建设，向着"中国沿边开放开发的重要区域、面向东北亚开放的重要门户、东北亚经济技术合作的重要平台"[1]的宏伟目标大步迈进。

1. 从长远发展来看，珲春市最适合作为蒙古的出海口

综合比较中国北方、俄罗斯远东和朝鲜北方的港口，通过珲春借俄、朝的港口实现陆海联运，可以打开东北亚区域最短的运输通道。珲春作为东北亚经济圈和图们江区域国际合作开发的核心市域，其独特的地理位置是其他港口城市无可比拟的，这是其能够作为蒙古出海口的天然条件。从东北亚六国整体的长远发展来看，打通西起乔巴山（可以延伸至俄罗斯赤塔）、东至珲春的中蒙俄朝大通道，最有利于东北亚各国之间生产要素跨境流动和优化组合，能够实现互利共赢。借助这条通道，蒙古向日本、韩国的出口货物，比通过锦州港和天津港至少提前两天到达目的地，能够使蒙古的矿产资源更快地进入国际市场；俄罗斯可以利用矿产资源丰富和港口对腹地经济的辐射功能，实现远东地区加快融入东北亚经济圈的进程，突破远东地区经济发展的瓶颈；中国黑龙江、吉林两省的货物外运通过珲春出口运输，其物流成本将会大大降低；内蒙古东部地区向北开放步伐将进一步加快，并有利于蒙东地区融入东北经济区。打造珲春出海口不仅是为中国东北地区增加一个新的对外开放窗口，而且也是为深居大陆内的蒙古实现出海愿望的富邻之举，有利于营造东北亚地区和平发展的国际环境。因此，选择珲春—乔巴山的铁路线会更容易得到国际社会的认可。早在1991年10月平壤—图们江开发会议上，联合国开发署就宣布要修建一条打通日本海至乔巴山，直通欧洲的铁路大航线，这便是证明。

1　中国吉林网. 中国图们江区域合作开发规划纲要——以长吉图为开发开放先导区［EB/OL］. http：//www.chinajilin.com.cn/content/2009–11/17/content_1770428.htm，2009–11–17.

在为蒙古选择出海口的问题上，中国必须从国家整体利益的大局出发来统筹安排，天津市和辽宁省也必须在党和国家战略部署下开展工作。在促进区域经济发展的角度来看，天津市可以依托京津冀都市圈实现经济发展。天津港的腹地坐拥中国华北、西北地区，辽阔的腹地和首都海上门户的特殊地位，使天津港成为中国北方第一大港。特别是京津冀地区经济的快速发展，已经为天津港提供了强大的货源支持，完全可以满足天津港的发展需求。与天津情况类似，辽宁省沿海拥有大连、营口、锦州和丹东4个主要港口，但是存在着严重的产能过剩问题，盲目竞争问题十分突出。这是本来定位于区域性服务的锦州港，热衷于争夺蒙古出海口原因之一。选择珲春市作为蒙古的出海口，可以进一步推进图们江区域改革开放，加快提升中国东北地区沿边开放的水平和质量；有利于增强中国在图们江区域国际合作中的综合实力，推动合作开发再上新台阶；有利于提升沿边地区的国际合作和对外开放水平，形成中国东北地区新的经济增长极；有利于加快沿边地区经济社会发展，推动中国边疆民族地区繁荣稳定和长治久安。[1]尤其是珲春出海口的打通，可以大大缩短黑龙江省入海的距离，优化东北物流网络。选择乔巴山至珲春的中蒙俄朝大通道线路，还可以缓解满洲里口岸的铁路运输压力，进一步激发内蒙古东部地区对俄开发的潜力，这样的区域布局最符合东北经济区整体利益和长远发展。

2. 促进中蒙俄外交，珲春将成为借俄罗斯港口出海的桥头堡

由于历史原因，属于中国东北的图们江没有出海口，出海口为俄罗斯和朝鲜所拥有。1860年，俄国利用英法联军兵临北京城下、火烧圆明园之机，借口"调停有功"，辅以武力威胁，迫使清廷签订了中俄《北京条约》，条约规定清政府把黑龙江口至图们江口大约40万平方千米的沿海领土划归俄国，从而使中国失去了日本海的出海口。此后，俄国还在继续蚕食中国领土。清朝爱国官员吴大澂在1886年中俄第二次勘界时，不惧俄方威胁，据理力争，迫使俄方退出一些非法强占的土地，将界碑向图们江出海口方向前移8千米，使之距海15千米。这次勘界后签订的《中俄珲春东界约》规定：由界碑至图们江口15千米与朝鲜连界之江面海口，中国船只可以出入，俄方不得阻拦。条约签订后，中国沿江居住的百姓利用这一航行权出海捕鱼、晒盐、经商，还曾

---

1 中国吉林网. 中国图们江区域合作开发规划纲要——以长吉图为开发开放先导区［EB/OL］. http：//www.chinajilin.com.cn/content/2009-11/17/content_1770428.htm，2009-11-17.

开辟了由珲春到日本海沿岸各国的航线，广泛开展了对俄、对日、对朝贸易。清末民初，这里一度成为东北亚的一个贸易重镇，1906年清政府就把珲春指定为开放地区，1907年将之辟为商埠，1909年又设立海关总管，统管东部边境海关事宜。民国初年的珲春资料显示，珲春县城有码头、海运公司。1929年，珲春码头出入船只共1500艘，总吨位达2.5万，可见当时中俄（苏）之间边境贸易的繁荣局面。1938年，日苏爆发张鼓峰战役。日本战败并封锁了图们江口，中国被迫停止出海航行贸易。从1886年至1938年，中国共行使出海航行权52年。

新中国成立后，中国政府一直积极同朝鲜、苏联斡旋，希望重新获得从珲春到日本海的出海权。但是，冷战时期东北亚区域国家外交关系的不稳定，使得中国图们江出海权问题一拖再拖。特别是图们江入海口处的俄朝大铁桥建成后，桥的高度有限以及河道的淤积使大船无法通过，从图们江口进入日本海的通道也被封堵。因此，目前只能通过与俄罗斯和朝鲜合作实现借港出海，推进内蒙古东部、吉林省和黑龙江省的陆海联运。2009年10月，《中国图们江区域合作开发规划纲要——以长吉图为开发开放先导区》得到批复，新的图们江区域合作开发规划赋予了长吉图开发开放先导区包括"开拓陆海联运国际运输新通道"等三个方面的先行先试权。因此，吉林省政府必须深刻领会这一政策深意，推动东北亚各国地方政府合作的广度与深度，发挥地方政府的优势，实施以下促上的工作策略。在中俄双边合作不够顺利的情况下，中国必须携手蒙古共同推动"借俄港出海"事业。从政治关系上来看，蒙古与俄罗斯传统友谊深厚，俄罗斯外交也有"重返蒙古"的倾向。在美国对蒙古的战略渗透背景下，俄罗斯出于巩固传统势力范围的目的，不会罔顾蒙方的声音。与此同时，在众多国际问题上，俄罗斯需要与中国相互协作和支持。因此，中蒙两国联合对俄谈判，可以加快进程。

3. 依托中蒙大通道，珲春市将成为东北亚的交通中转站

珲春市周围200千米半径内，分布着众多的俄罗斯和朝鲜港口，具备良好的出海条件。珲春市距俄罗斯哈桑区首府斯拉夫扬卡121千米，距克拉斯基诺46千米，距俄波谢特港45千米，扎鲁比诺港72千米；距朝鲜先锋港86千米，罗津港93千米，清津港171千米。从图们江口到韩国的釜山750千米，到日本的新潟港850千米，是日本、韩国和北美到达东北亚大陆最便捷的国际通道。在中蒙俄朝大通道打通后，中国东北内陆区域将会获得一条经由日本海到达中国南方的水陆运输新通道；吉林、黑龙江两省

与日本、韩国的进出口货物不必绕道大连港和营口港转运（中国东北的货物从大连到日本需要12天左右的时间，而走日本海只需要一天半的时间）；蒙古与日本、韩国的货物运输无论是在陆上距离还是在海上距离都会大大缩短，物流成本因此大大减低。因此，在重点实施借港出海战略的同时，珲春市也在大力推进珲春—俄扎鲁比诺高等级公路、珲春—俄海参崴高速公路、珲春—朝鲜罗津公路建设；恢复珲卡铁路运行，加快建设吉林至珲春快速铁路、珲春至东宁铁路。可以认定，珲春是东北亚区域内国际客货海陆联运的最佳结合点。在区域经济一体化的大背景下，畅通的内外通道可以有力促进东北亚各国经贸的密切往来。这样看来，珲春作为中蒙俄朝大通道东端出口，将会成为日本海西岸通向中国和东北亚内陆市场的唯一物资集散中心和交通枢纽。

特别是随着全球气候变暖，北冰洋航运条件改善，图们江口一带的海港将成为中国到达欧洲和美洲东海岸最近的港口，这是大自然为图们江区域提供的潜在的发展机遇。一份多国合作得出的北极气候调查报告显示，全球变暖将在不久的将来使北冰洋范围内一年里可以有5个月的适合航海时段。有环境学家认为，西北航道可能在未来几十年内变成真正的通航大道。估计在2020年以后，西北航道海面上的冰块将减少到商船基本可以安全航行的程度，到2050年，西北航道的冰块基本消除，则可以让商船畅通无阻地航行。[1]与此同时，造船技术和航海技术的进步，也使得商船对通航条件要求的逐步降低。因此，通过北冰洋实现缩短海上通航里程的愿望是可以预见的。目前，中国到欧洲的海上航线主要经过苏伊士运河，例如广州到鹿特丹的航程为9750海里；中国到美洲东海岸的海上航线主要经过巴拿马运河，例如上海到纽约的航程为10540海里。然而，如果北冰洋航线开通，图们江口经北冰洋到鹿特丹的航程仅为6830海里，比广州经苏伊士运河到鹿特丹的航程少2920海里；图们江口经北冰洋到纽约的航程约为7000海里，比上海经巴拿马运河到纽约的航程少3500多海里。这条航线，一方面可以降低中国对外贸易的物流成本，另一方面会使得原来无法通过两条运河的大吨位船舶，可从北冰洋航道顺利通过。

4. 强化长吉图开发，珲春市将成为吉林省对外开放窗口

在珲春实施借港出海战略，有利于形成以海港为中心的综合性都市群，有利于东北地区经济的长远发展。从近代历史上看，中国沿海主要大港和大都市多是在租界或

1 白春江，李志华，杨佐昌. 北极航线探讨［J］. 航海技术，2009（5）.

租借地的基础上发展起来的，如上海、天津、香港、广州、大连、青岛等。而现在的东北亚是世界经济发展基础最好的区域，并且还没有得到实质性的开发，发展潜力巨大。如果吉林省利用国家赋予的先行先试权，能够在借港出海等方面的探索取得成功，那么图们江口一带出现世界性的东方大港不足为奇。同时，在建设海港的基础上，通过促进多方合作，大力吸引国内外投资，能够在珲春一带建成一座由中国主导，俄、朝、韩、日等国共同参与建设的现代化城市。可以想象，得益于独特的海陆位置，占据世界经济贡献率1/5以上的东北亚区域，足以在20年内将珲春市域发展成为东北亚地区的经济中心之一。实际上，吉林省很早就开始谋划图们江区域的陆海联运，推动中朝"路港区"项目和中俄"路港关"工程。中朝"路港区"项目，是中国珲春市与朝鲜罗先市所属的两国边境区域内的公路、港口和出口加工、保税物流园区连为一体的区域性开发建设项目；中俄"路港关"工程建设项目，则是指珲春市通往扎鲁比诺港等相关的公路和铁路建设，以及由中俄合作经营俄罗斯扎鲁比诺港、波谢特港，并进行该区域边境口岸通道便利化建设。在陆海联运上，珲春市还要探索与俄罗斯、韩国、日本合作，在日本海建立一条四国航线。现已开通的珲春经俄罗斯扎鲁比诺至韩国束草、经朝鲜罗津至韩国釜山的陆海联运航线，初步实现了借港出海的战略取向。

而打通出海通道以及建成具有辐射功能的港口，是长吉图先导区建设取得成功的关键，关系到吉林和黑龙江两省的对外开放事业。目前，在图们江地区，中、朝、俄三国分别建立了自由贸易区并吸收了韩国和日本的投资。各个自由贸易区的发展，必将促进资源、资本、技术、劳动力和信息等生产要素在图们江地区的流动，使各国之间的经济联系日益紧密。因此，有必要在图们江区域的合作基础上，推动中、俄、朝三国的自由贸易区在分工协作过程中逐步地融为一体，形成完整的经济区域，实现区域经济一体化。珲春市作为长吉图开发开放先导区的窗口城市，便成为吉林省和黑龙江省参与图们江区域合作开发的重要平台。通过贯穿长吉图开发开放先导区的中蒙俄朝大通道，珲春市将吉林省、黑龙江省、辽宁省和内蒙古东部地区和东北亚地区各国联系在一起，这将大大地促进东北地区对外开放和经济发展。特别是对于吉林省来说，珲春不仅是联系内外的交通交流枢纽，更是集投资贸易、出口加工、国际物流等于一体的多功能经济区。在借港出海构想实现后，吉林省可以依托珲春经济合作区，加强与周边国家边境区域合作，促进东北亚地区经济合作关系不断地向纵深发展。

四、中蒙俄朝面向东北亚合作开拓跨国出海大通道的对策创意

在当前的形势下，中国必须加快推进"两山铁路"项目施工建设，并以"两山铁路"工程的示范效应和中蒙俄朝四方力量敦促俄方积极配合图们江区域合作开发，推动珲春建设成为中蒙俄朝大通道出海口。为此，中国东北经济区内部必须形成国家级别的监管机构，领导和协调各省市合力进行中蒙俄朝出海大通道建设；必须注重形成东北亚各国共同建设大图们江区域合作长效机制，营造良好的投资环境，吸引国内外资金参与区域经济合作开发进程。

1. 积极开展四方对话，强化政府间的战略共识

长期以来，建设中蒙俄朝四方出海大通道一直是中国积极推进的跨国铁路项目。吉林省政府从1993年就开始筹建东北亚运输通道东端出口——图们至珲春长岭子口岸铁路项目。2000年2月实现了对俄罗斯国际联运首次过货，随后开通了珲春—扎鲁比诺—束草陆海联运航线。从2006年起，吉林省先后组织政府有关部门和吉林省中吉集团，多次赴蒙古考察谈判，推动与蒙古政府有关部门达成了合作建设"两山铁路"的共识和协议。2007年8月国务院公布的《东北地区振兴规划》，已经把"两山铁路"列为重点建设项目。对于蒙古来说，希望打通一条最近的出海大通道，摆脱内陆国的局限和困境。2008年，在中蒙日三边委员会第五次会议上，蒙古会议小组主席卓日格特先生向中国代表团递交了蒙古铁路局关于授权中蒙日三边委员会就"两山铁路"蒙方境内段进行科研论证的授权书，并在蒙古编制的2010年东部地区铁路建设规划中明确了"两山铁路"建设规划。从近20年的发展历程来看，图们江区域经济的发展主要是依靠政府推动的，这是由图们江区域经济还处在比较低的发展阶段所决定的，特别是地方政府之间的合作在图们江区域合作开发中起到了主导作用。[1]正因为这样，中国国务院赋予吉林省先行先试的权利，鼓励吉林省在图们江区域经济合作开发中有所作为。因此，在下一步的跨国基础设施建设问题上，吉林省有关部门和相关企业应就项目具体建设事宜，尽早与蒙方进行具体磋商。

中蒙俄朝大通道是由中国和蒙古共同参与规划建设，并由中蒙两国推动在中俄朝

---

1 隋清江. 充分发挥地方政府在图们江地区开发中的作用 [J]. 东北亚论坛, 1998 (4).

三国交界的日本海沿岸形成出海口。因此，中俄朝三国外交关系的发展水平，会直接影响到大通道的建设进程及其建成后的使用效率和盈利率。这样一来，建设中蒙俄朝大通道存在着一定的政治风险。如何规避这种风险，既是中蒙俄朝四方政府必须回答的关键问题，也是吸引民间资本介入，为项目建设和运营破解融资难题不可回避的重大问题。大通道建成后，蒙古、中国、俄罗斯、朝鲜、日本和韩国，都是该项目的直接受益方。因此，上述六国必须遵守图们江区域合作开发项目提出以来各国共同签署的国际协定，勇于承担东北亚区域国际义务。具体来讲，蒙古必须推动乔巴山建设成为中蒙俄朝大通道西端的特别行政区，与珲春形成相互依存、相互促进的提携关系，提供金融、产业、贸易、税收、交通运输等国家级优惠政策；必须承认将中蒙俄朝大通道作为通向中国东北市场和日本海西海岸的唯一联结点，支持长春作为中蒙俄朝大通道的物资集散中心和交通枢纽中心以及金融、经济支撑中心；必须使珲春成为中蒙俄朝大通道通向日本海西岸的唯一物资集散中心和交通枢纽，作为日本海各关联港口通向中国市场的唯一物资集散中心和交通枢纽。与此同时，中国政府要正式批准珲春作为中蒙俄朝大通道东端特别行政区，促进形成与乔巴山之间相互依存、相互促进的提携关系，提供金融、产业、贸易、税收、交通运输等国家级特殊优惠政策，从而为开拓中蒙俄朝出海大通道提供保障。

2. 共同营造投资环境，吸引各界资金参与共建

将珲春建设成为中蒙俄朝大通道出海口是一项具体而又复杂的工程，需要巨大的资金投入。在社会主义市场经济条件下，首先应当充分发挥政府的政策导向功能，通过经济手段吸引民营资本积极投入。在世界银行《2005年世界发展报告：改善投资环境，促使人人受益》一书中，将投资环境定义为"是一个地区所特有的决定企业进行生产性投资、创造就业以及扩大规模的各种机会和激励因素的一系列因素"[1]。这个定义表明，世界银行非常看重政府在经济社会发展中的主导作用，充分肯定了企业在经济发展进程中的操作功能。因此，在图们江区域合作开发初期阶段，政府要作为主导力量大力推动区域经济发展。例如在"两山铁路"的筹建期间，吉林省成立了吉林中蒙铁路能源投资开发有限公司负责推动中蒙俄朝大通道的建设事宜。但是随着图们江区

---

1 World Bank. World Development Report 2005：A Better Investment Climate For Everyone ［M］. Washington D.C：A Copublication of The World Bank and Oxford University Press，2004.

域基础设施的完善，只有民营经济才能进一步激发经济增长的内生动力，稳固可持续发展的基础，促进经济长期平稳较快发展。[1]目前，民营资本对中蒙俄朝大通道的介入并不是很多。但是，在蒙古从事矿产资源开发和中蒙贸易的中国民营企业还是很多的，建设中蒙跨国铁路、突破中蒙运输"瓶颈"是中国在蒙企业期盼良久的愿望。据此，吉林省政府应当以开放的态度吸收民间资本参与中蒙俄朝大通道建设，这样做既可以破解融资难题，又可以通过资金来源多元化的方式降低铁路建设营运的风险。与此同时，政府必须通过政策行为，发挥对成本、风险和竞争壁垒的协调作用，改善投资环境。只有在资金运用效率和投资回收期得到保障的情况下，私人资本才会下决心介入其中。对于珲春来说，畅通国际运输通道本身就是改善投资环境之举，因此吉林省要积极引资形成良性循环。

值得关注的是，在积极筹建中蒙俄朝大通道同时，蒙古政府还计划修建从蒙古国西部省份经塔温陶勒盖、沙音山达、乔巴山至东部边界的横向铁路，以解决东部和中部省份以及戈壁地区铜、煤、铁、铀、石油等自然资源运输困难的问题。这样，新铁路可以和中蒙俄朝大通道相连接，为蒙古进一步拓展东北亚地区的经济关系创造条件。但是，无论是在财力上还是技术上，蒙古都没有能力自主实施这样一个项目，亟须外资的进入和外国公司的参与。然而，蒙古的投资环境令人担忧，世界经济论坛公布的2014—2015年全球竞争力报告中，蒙古在144个国家中名列第98位；世界银行2015年公布的全球商业环境报告中，蒙古在189个国家中排名第72位。尤其在特别许可、金融贷款等方面的政策相对滞后，蒙古还不能适应全球不断变化和发展的经济形势。在蒙古，商业活动的政策没有连续性、政府部门的官僚主义严重、基础设施建设进程缓慢、市场经济不稳定等因素，直接影响本国和外国投资者的信心。为了改善投资环境，蒙古必须保障外国投资者的合法权益，降低国外资金的政治风险。首先，要完善本国商业环境的法律法规，不断创造新的融资条件；其次，要对从事商业活动的企业给予优惠政策，缩短审批时间，提高政府效率，减少商业活动中不必要的花费和损失；再次，要不断放宽商业活动的条件，增加新进入市场的企业，建立健康公平的商业竞争环境；最后，要扩大市场规模，建立积极的商业政策，增加工作岗位。

1　国务院办公厅. 国务院关于鼓励和引导民间投资健康发展的若干意见（国发〔2010〕13号）[EB/OL].
　http://www.gov.cn/zwgk/2010-05/13/content_1605218.htm，2010-05-13.

3. 提升沿线开放力度，促进东北亚内贸易交流

中蒙俄朝大通道是区域经济发展的大通道，开拓中蒙俄朝大通道就是为了促进蒙古与东北亚各国的贸易往来；而日益发展的国际贸易规模，为修建中蒙俄朝大通道提供了有力的支撑作用。自中蒙俄朝大通道构想1991年提出以来，大通道的西端"两山铁路"迟迟没有实质性的进展，很重要的一个原因就是缺少足够的货物运输量。1995年，一家瑞典工程公司对"两山铁路"进行项目评估，结论是由于缺少货源，建设铁路在50年内没有效益。2001年，亚洲开发银行的一项研究认为，修建"两山铁路"的时机还不成熟。而近年来，随着中蒙经贸往来的日益密切以及东北亚区域合作领域的不断拓展，加快建设"两山铁路"的呼声日益高涨。据专家预测，每年300万吨的运量是"两山铁路"的盈亏点。从目前掌握的资料来看，蒙古东方省已探明5个煤炭矿区，总储量达到50亿吨，此外还有有色金属等矿产资源。其中，煤田地质情况比较简单，距地表较浅，适合露天开采，可以建成年产量1000万吨的大型露天矿；另外，为缓解满洲里口岸换装及铁路运输的压力，"两山铁路"每年还可以从满洲里口岸分流450万吨运量；再将蒙古对日本和韩国的贸易额算上，货源完全可以使铁路正常运转。尽管吉林省政府发展研究中心调研组的分析报告比较保守，但也认为到2020年中蒙俄朝大通道的货运量就可以达到2100万吨以上。因此，在加快运作和推进大通道建设的进程中，中国必须同时深化中蒙两国的经贸合作关系，鼓励更多的企业到蒙古进行投资，合作开发矿产资源。

作为长吉图先导区的窗口和东北亚经济技术合作的重要平台，中蒙俄朝大通道东端的珲春城市经济繁荣必将和东北亚各国贸易交流的深化紧紧地联系在一起。珲春必须凭借《中国图们江区域合作开发规划纲要——以长吉图为开发开放先导区》带来的政策优势，推进基础设施建设并拓展对外经贸合作领域。为此，要在珲春边境经济合作区的基础之上，加快建设成为集边境区域性出口加工制造、境外资源开发、生产服务、国际物流采购、跨国旅游等于一体的多功能经济区，进而为吉林省域对外开放打开窗口。在参与图们江区域国际合作交流中，珲春必须加强对外开放实力，奠定珲春作为东北亚区域交通枢纽的国际地位。可以预计，通过珲春窗口，吉林省和黑龙江省对外开放格局将会迎来更大的成长空间，长春、吉林、白城、松原等"中蒙俄朝大通道"沿线重要节点城市将成为第一批受益地区，因此应该尽快研究沿线城乡发展细节，优化沿线区域经济结构。与此同时，图们江区域经济的发展与繁荣，会使吉林省

借港出海战略的实施得到俄、朝两国更大的支持力度，并促进大通道的珲春出海口尽快形成。中蒙俄朝大通道的建设和沿线城市对外贸易的发展是相辅相成的关系，因此，必须同时推进中蒙俄朝大通道畅通工程和吉林省对外开放进程，使二者之间形成互动发展关系。

4. 改善沿线生态环境，保障绿色发展可持续性

在发展经济的同时注重保护和改善环境，是发展中国家总结发达国家发展历程得到的重要经验。一般说来，发展经济和保护环境的关系是辩证的，保护环境需要强有力的经济条件作为支持，经济发展也需要足够的生态环境承载力。中蒙俄朝大通道西段所在的蒙古东部、中国内蒙古自治区东部和吉林省的白城市，由于缺水，使这些地区生态系统十分脆弱。长期以来，中国在防沙治沙方面投入了大量的人力财力，采取了很多有效措施，然而荒漠化仍呈"局部好转，整体恶化"的态势。究其原因，就在于中国所发生的沙尘暴约有六成是来自境外的蒙古中南部戈壁地区，在严重时甚至还会波及中国南方地区和韩国、日本等国家。[1] 蒙古对防治沙尘暴和草原沙漠化虽然很重视，但对于以畜牧业为支柱的蒙古来说，生存需要与可持续发展之间是存在矛盾的。防止土地荒漠化是蒙古发展之本，但改善环境的愿望一直被资金问题和技术问题所困扰。可见，根治沙尘暴仅靠一国的努力是不够的，必须通过多国合作的方式，想办法从源头上阻断沙尘暴的形成条件。为此，在沙尘暴肆虐东北亚区域的危急关头，韩国和日本必须停止指责和怪罪之声，和中国一道积极帮助蒙古开展防沙治沙工作：可以利用日、韩等国在生态环境领域的先进技术，加强蒙古和中国资源综合利用并发展循环经济；推进中、俄、朝、蒙跨国自然保护区建设，加强跨国湿地等重点地区生态建设和环境保护的国际合作；改善蒙古生态脆弱状况，从根源上防治沙尘暴。

特别是在中蒙俄朝大通道沿线，中国各地方政府必须本着可持续发展的原则，处理好经济发展和环境改善的关系。现已查明，内蒙古中部的浑善达克沙地和科尔沁沙地，是中国境内沙尘暴的主要发源地之一，已经直接威胁到东北经济区的生态安全；呼伦贝尔草原出现的一定程度的退化和大兴安岭山地涵养水源的功能衰退，则是松辽流域发生洪涝灾害的生态根源。为此，加快实施草原"三化"治理、巩固东北防护林

---

1 刘洪利，侯青，牛涛. 近8年东北亚沙尘暴过程统计分析 [C]. 2007年中国气象学会年会论文集，2007，11.

体系、西辽河水土保持等重点生态工程的建设步伐，不仅是保障内蒙古东部地区可持续发展的自身需求，也是促进东北地区协调发展的客观要求。还要看到，白城市域是世界三大盐碱地之一，境内土地盐化碱化现象严重，所以必须以草原修复为重点，坚持工程措施、生物措施、管理措施相结合，进行综合治理，着力改善草原生态环境。为了解决蒙古高原缺水的难题，可以在技术成熟时开展对辽东湾北顶部海水西调工程的全面建设，并且与蒙古的北水南调工程规划实现跨国战略对接。而在矿产资源开发利用的同时，还要警惕地质勘查资金投入不足、矿业市场秩序混乱、资源利用效率低下、矿业结构不合理、生态环境破坏严重等问题，杜绝浪费现象。在这方面，必须采取采矿权和荒漠化治理义务的绑定方式，鼓励把中蒙俄朝大通道的运营和在蒙古开采矿产资源所产生的盈利，优先运用于沿线生态环境的改善和跨国生态保护工程的建设上来。只有这样，才能真正做到可持续发展。

第六部分

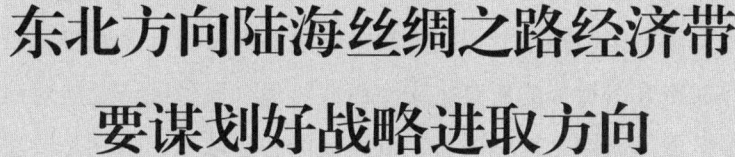

东北方向陆海丝绸之路经济带
要谋划好战略进取方向

第二十二章
以民营经济大发展进一步夯实东北方向
陆海丝绸之路经济带的开发基础

作为中国东北方向陆海丝绸之路经济带开发的主要阵地，我国东北区域由于在历史上曾为全国奠定工业基础，支付国家改革开放成本和保障国家粮食安全作出过透支性贡献，基于东北区域在东北亚区域经济合作中的战略地位，应当致力于把东北打造成国家重量级的新型战略区域。为达到这一目的，必须把发展民营经济作为东北老工业基地全面振兴的重中之重，以利于发挥民营经济在活跃市场、创造财富、增进就业等方面的独特作用。这不仅是面向21世纪中期促进国内区域经济全面协调发展的现实需要，也是进一步夯实中国东北方向陆海丝绸之路经济带开发基础，以及实现东北亚区域经济合作战略升级目标的应有之义。由此可见，民营经济发展对东北区域开发意义重大，必须全面落实国家扶持民营经济发展的各项政策，特别是要注重利用好近期国家确定大连、长春、哈尔滨、鞍山等13个城市为东北地区民营经济发展改革示范城市，在创新环境、政策环境、促民营企业转型升级等方面进行重点突破的有利时机，努力优化民营经济发展环境，促进民营经济实现跨越式发展。民营经济是东北振兴的重要推手，是激发东北经济活力的重要源泉，所以目前在新一轮东北振兴中，面对东北地区经济增长再度乏力的不利局面，必须积极推进民营经济又好又快发展来加以承托。

一、东北区域民营经济发展的时代背景透视

东北区域要审时度势，由民营经济与国有经济共同担当起振兴东北的历史重任，以利于适应东北亚区域合作战略升级，促进全国区域经济协调均衡发展和东北老工业基地全面振兴进程。

1. 构建东北亚区域合作引擎的战略需要

当前，全球经济继续呈现低速增长态势，在经济不景气的大环境下，东北亚区域经济蓬勃发展，区域内各国经贸合作日益频繁，贸易规模不断扩大。然而不无遗憾的是，由于长期以来在东北亚各国之间形成的分歧没有得到很好的解决，使东北亚区域经济发展水平始终落后于欧盟等经济联合体。值得注意的是，目前东北亚地缘政治格局出现新变化，如俄罗斯东移亚太战略加速推进，美国"亚太再平衡"战略实施受阻将进行调整，受韩总统政治丑闻影响，韩方无暇他顾，使得朝韩紧张局势似有缓解，安倍政府扩充军备解禁日本自卫队给东北亚安全局势带来新的不确定因素。可以看到，东北亚区域政治格局正在进入转型阶段，对于我国而言，中俄两国地理上相邻，贸易结构互补性强，能够实现深度与广度合作，对于维护双方能源安全、经济安全以及稳固周边安全环境都大有裨益，与此同时，俄罗斯东进战略难免与美国的"重回亚洲"战略发生碰撞，而美、日等国又希冀于深化合作遏制我国崛起，可见我国继续充实新型大国关系建构，全面强化中俄两国战略协作伙伴关系尤为必要。

而从区域经济协调发展来说，推动我国东北地区成为东北亚区域合作引擎，是中国参与东北亚区域经济合作的务实之举。《中国东北地区同俄罗斯远东及东西伯利亚地区合作规划纲要（2009—2018）》的签署与实施，体现了中俄两国共同的国际战略眼光，能够拉动东北亚各国在绥芬河综合保税区、长吉图开发开放中获得无限商机：黑龙江省绥芬河综合保税区作为我国目前开放层次最高、政策最优惠、功能最齐全的海关特殊监管区域，已成为东北亚的投资热土，既能够打通中、俄、日、韩之间的陆海联运大通道，也有利于东北亚各国在技术、人才、资源等领域的投资合作；国务院2009年11月对《中国图们江区域合作开发规划纲要——以长吉图为开发开放先导区》的批复和推进，标志着图们江区域开发已经上升到国家层面。长吉图地区作为我国面向东北亚的重要门户，预计到2020年对外开放水平能够实现重大突破，将成为我国东

北区域经济发展的重要增长极。目前，东北民营经济正在积极参与到东北亚区域合作之中，其势头应当得到各个层面的大力支撑。尤其是我国"一带一路"建设的深入实施以及中国东北方向陆海丝绸之路经济带的规划建设，为东北亚各国加强经济合作和人文交流提供了新的路径，特别是为我国东北地区的民营企业"走出去"提供了最好的机遇。毫无疑问，民营经济全方位参与国内外竞争与合作，对于推动东北区域成为东北亚经济合作引擎具有重要战略意义。

2. 东北适应我国市场经济发展格局的客观要求

改革开放以来，我国经济保持了平稳较快增长，年均增速接近10%。在这一进程中，作为市场经济天然主体的民营经济取得了巨大发展：民营企业数量持续增长、资金规模进一步扩大、民营企业进出口贸易不断增长。民营经济的不断发展，对外彰显了我国改革开放的优势成果，对内极大地推进了我国经济体制的市场化进程。2008年由美国次贷危机引发的金融危机席卷全球，我国民营经济在这次经济危机中也受到了深度影响，困难形势由东南沿海地区扩展到中西部地区，并且由一般行业向重点行业蔓延。尤其是为了保护本国利益，某些西方国家采取了反倾销、反补贴等措施，严重制约了我国出口型民营企业"走出去"的市场效益。

从历次周期性的经济危机中可以看出，民营经济受到的冲击虽然最大，但复苏的进程也最快。面对纷繁复杂的国际局势，我国要继续坚定不移地深化改革开放，促进民营经济成为经济复苏的活化剂。尤其随着我国积极融入经济全球化、区域一体化进程，我国民营企业参与对外经济合作与贸易的队伍在不断壮大。众所周知，民营经济是在国有经济占绝对主导地位的情势下发展起来的，可见民营经济具有强大的生命力。就其本质而言，这种强大的生命力是生产关系与生产力相适应的生动体现，也体现了民营经济在一定历史阶段更具有与现代市场经济条件相适应的优势特征。面对现实，我国经济社会发展仍然存在不平衡、不协调、不可持续的问题[1]，东北区域尤为严重。对此，民营经济能够进一步发挥作用，这是一种呼唤民营经济在东北区域发挥积极作用的客观要求，以利于进一步改变我国市场经济发展"南重北轻"态势，以利于形成多种所有制经济平等竞争、相互促进的新格局。

---

1 吉喆，丁吉林. 承前启后改革创新努力开创区域协调发展的新局面——访著名经济学家、国家发展改革委地区经济司司长范恒山[J]. 财经界，2011（8）.

3. 全面振兴东北老工业基地战略的强力驱动

我国东北地区地处东北亚中枢地带，既是我国对外窗口，也是沟通东北亚和欧洲之间里程最近的大陆桥的中间站和联络点。有鉴于此，党中央、国务院把"振兴东北老工业基地"纳入到我国现代化建设的战略布局中，大力推动辽宁沿海经济带成为东北开放大动脉，大力提升沈阳经济区的核心枢纽地位，大力加快东北三省与内蒙古东部地区经济一体化进程，力求在更高层次上加快东北综合经济区发展。环渤海地区是东北亚经济区的中心部分，与我国东北区域的互动发展可以提升东北作为战略前沿的对外实力。在改革开放重心"北扩"，全球生产要素"东移"的今天，有着天然资源和产业优势的环渤海地区必将顺势而为，迎来新的发展机遇。加快辽宁沿海经济带发展，对于促进我国沿海区域经济协调发展和扩大对外开放具有重要战略意义。从"三点一线""五点一线"再到辽宁沿海经济带，进一步升级为国家战略，意味着辽宁沿海经济发展已并入全国沿海开发布局当中。《沈阳经济区新型工业化综合配套改革试验总体方案》的批复和实施，正在从国家战略的高度来加以推进，以建设具有国际竞争力的先进装备制造业基地、重要原材料和高新技术产业基地为目标，实现以"大沈阳"为中心，形成区域性经济中心和全国新型工业化典型示范区。东北综合经济区包括辽宁、吉林、黑龙江三省和内蒙古东部五盟市，即赤峰市、兴安盟、通辽市、锡林郭勒盟和呼伦贝尔市。内蒙古东部地区既是东北区域重要的能源和原材料接续地，也是东北重要的生态防线，与东三省共同构成向北开放前沿。2011年7月26日，东北四省区合作行政首长联席会议签署"三个合作协议"和"四个行动计划"，标志着东北四省区的合作已全面展开。

国家"十三五"规划纲要明确提出要深入实施区域发展总体战略。[1]目前，我国已经形成东部大开放、西部大开发、东北大振兴、中部大崛起的区域经济协调发展总体布局。其中，东北作为国家重量级的战略区域，应当借助于我国近代志士仁人的战略眼光加以优化经略。自从国家振兴战略实施以来，东北区域深入贯彻落实科学发展观，认真落实党中央、国务院各项决策部署，民营经济增长保持了良好态势。特别是进入21世纪以来，东北综合经济区民营企业紧紧抓住国家实施西部大开发、振兴东北的战略机遇，有效应对国际金融危机冲击，促进东北地区实现经济发展目标。而站在

---

1 张紫鹏，周沫. 我国经济结构现状及其战略性调整的基本取向［J］. 领导之友，2012（1）.

"十三五"时期的新起点，民营企业应当做好充分准备，为东北区域经济可持续发展提供内生动力和活力源泉，对东北老工业基地全面振兴进行强力驱动。

二、东北区域民营经济发展的战略价值论证

应当认定，发展民营经济，特别是对于受到传统计划经济体制影响较深的东北区域，不仅有利于平衡经济格局和重构产业优势，而且能够优化资源配置和拓宽就业渠道，进而在一定程度上改善东北区域的产业结构和就业结构，带动区域经济整体发展，使东北作为国家重量级战略区域推动全国经济协调可持续发展。

1. 民营经济的发展有利于平衡东北区域经济格局

改革开放以来，我国政府树立了以市场为导向的经济观念，这为东北地区民营经济的发展营造了有利的政策环境。然而，东北区域国有经济比重过大，政府在市场准入等方面的差别对待，使得民营经济增长相对缓慢。借鉴东南沿海地区的发展经验，只有广泛地引入民营经济，放开行业内竞争，才能够改变单一的所有制结构，推进东北老工业基地的市场化进程。[1]自东北振兴战略实施以来，民营经济已占半壁江山，东北区域所有制结构调整取得重大突破，国有经济比重偏高的局面明显改变。

然而，发展民营经济并不意味着放弃国有经济的主导地位。我国处于社会主义初级阶段，民营经济是符合"三个有利于"的所有制经济形式，是可以而且也应当用来为社会主义建设事业服务的。尤其民营经济是具有效率高、生命力强的内源性经济，生产资料属于我国社会资本自己所有，具有较强的内生性和民族性，更能够将社会内部的发展潜力广泛而有效地调动起来，并且能够促进国有经济和民营经济之间形成合作关系，推动它们互动发展：国有经济能够在宏观稳定、技术创新、维护安全等方面发挥主导作用，为民营经济发展创造有利的宏观条件；而民营企业在活跃地方经济、培育市场经济环境等方面，能够为国有企业转制、升级提供资金和智力支持。因此，民营经济发展不仅不会削弱公有制经济的主导作用，还可以烘托公有制经济的优势作用，并且促进国有企业改革，从而更加巩固公有制经济的重要地位。由此可见，重视

1　王元龙. 民间资本的发展及其金融选择 [J]. 武汉金融，2011（2）.

民营经济发展，有利于完善和健全社会主义市场经济体制[1]，有利于在国家基本经济制度层面上构建和谐局面，平衡协调东北新型产业基地的经济格局，从而推动东北区域经济又好又快发展。

2. 民营经济的发展有利于重构东北区域产业优势

改革开放以来，东北区域的产业结构发生重大转变：三次产业结构与全国水平基本一致，第三产业和民营经济的比重明显加大，产业结构层次和资源转化效率显著提高。一方面，东北长期建设的以钢铁、机械、石油、化工、建材、煤炭等重工业为主体的工业基地，为我国形成独立、完整的工业体系和国民经济体系奠定了基础，也为民营经济发展提供了良好的外部环境；另一方面，民营企业机制灵活和快速反应的特点，容易找到参与国有企业改革、与国有企业进行产业关联和技术关联的契合点。但是，历史上东北三次产业间呈现的非均衡发展模式，致使工业长期以来对农业和第三产业发展影响不成比例，第一产业与第三产业发展的非均衡也不能形成对第二产业的有效支持，产业内部的自我循环减少了工业基地对本区域的扩散效应。尤其是近年来传统产业与高新技术产业无法高度融合，导致东北区域部分产业与世界先进的智能化、集成化技术水平仍然有明显差距。

为了改善东北地区产业结构的现实状况，应当依托本地资源，注重发挥产业和技术优势，培植以民营经济为主体的产业链条与产业族群，推动传统产业升级和新兴产业培育，包括具有技术和产业关联的装备制造业、以钢铁为主的工业原材料加工业和拥有一批区域特色的优势产业集群，从而推进生产力合理布局，促进产业分工与协作，既以一地为主发展优势产业，又争取在全国延伸产业链，呈现以轻型加工为主转向轻重并举、重化精密制造共同发展的进取态势。与此同时，还要注重以大中型国有企业为核心，以众多的民营企业为依托，建设具有高度的关联性和弹性特征的相关产业体系，以求形成规模效益和核心竞争力，以求增强东北区域经济发展后劲，从根本上打破计划经济时期延留下来的区域产业分工格局，进而加快我国区域产业结构的整体优化进程。

---

1 杨坚旭. 转变发展方式，走资源节约型发展之路 [J]. 金融经济（理论版），2011（1）.

3. 民营经济的发展有利于优化东北区域资源配置

在计划经济体制的长期作用下，东北区域的资源配置极不合理，致使大部分行业的生产竞争力在全国处于中下游水平，只有装备制造等重工行业的市场竞争力略高于竞争者，经济主体偏重于资本密集型和劳动密集型产业，服装、日化等轻工业相对较弱。由于产业结构的重型化，导致东北国有企业布局也不甚合理[1]，区域内的整体优势无法体现，从而抑制了规模效益和布局效应。改革开放以来的经济结构调整，也并未使东北地区国有经济存量的产业分布明显改善[2]，大量的国有资产依旧处于配置低效状态。有鉴于此，加快对现有资源配置结构的调整已迫在眉睫。

由于民营经济成分的日益活跃，可以使东北地区各市场主体间力量配置格局发生变化，其灵活的经营方式和广泛的经营范围，能够把各种潜在的、分散的生产要素整合起来，变成现实的生产力，使生产要素在流动中实现优化配置。而在这一进程中，国有资本与民营资本对接还能实现优势互补，产生积极的协同效应。在民营企业参与国有企业改制改组的过程中，可以把国有企业与民营企业的各自优势集中起来，实现资本的相互渗透、融合，促使公有和私有资本最终以社会化的形态融入社会主义经济的运作系统之中，从而形成一个打破所有制界限的资产再配置空间。这样一来，既解决了生产能力短缺与过剩、设备闲置与不足并存的问题，还能够促进一些长期严重亏损、资不抵债的国有企业运营起来，减轻政府负担，也可以使国有经济更具有针对性地集中精力开发关系到国家经济命脉的关键领域。也就是说，民营经济发展可以从搞活国民经济的高度，对东北地区全社会范围内闲置的资源进行再配置。由此可见，在区域经济整合方面，发展民营经济有助于打破区域内的行政阻隔和地方壁垒，按照市场经济的原则统筹区域经济一体化进程。

4. 民营经济的发展有利于拓宽东北区域就业渠道

近年来，随着东北区域经济社会的发展进程，就业形势也愈加严峻。主要表现为，东北区域就业总量大，结构性矛盾突出。一方面，由于东北地区资源丰富，长期以来形成了以资源开采、加工为主导的产业模式，随着资源的日渐枯竭，劳动力需求

---

1 马涛，王雅林. 东北地区经济运行中的"制度解锁"[J]. 学习与探索，2004（5）.
2 邹国庆. 推进东北老工业基地资产重组的思路 [J]. 经济纵横，2000（8）.

必然缩减。另一方面，东北区域经济结构单一，可替代产业发展滞后，在销售收入和经济效益大幅降低之后，需要减少劳动力以节约成本。与此同时，国有企业的战略重组，使大量员工下岗，失业人员剧增。总之，在东北地区，就业问题不解决不利于东北区域经济社会的和谐健康发展，甚至有可能引发一系列社会问题。

而在我国众多的经济形式中，最能够容纳社会就业量的当属民营经济。截至目前，民营经济吸纳了东北区域60%以上的就业人员和80%以上的新增就业人员，其中农村剩余劳动力绝大部分在民营经济中实现就业，大量的国有企业下岗职工也在民营企业中实现了再就业，还有一半以上的高校毕业生也在民营企业就业。民营经济的发展，不仅加快了东北地区商流、物流、信息流的更新速度，也吸引了大批外部经营者来东北投资，使就业岗位大大增多，有力地活化了区域社会资源。而被民营企业吸纳的大量劳动力，又进一步推动了民营经济发展。可见，劳动力不再是包袱，而是变成了社会财富，民营经济与劳动力就业二者之间形成了良好的互动关系。从战略高度着眼，国家提出要多渠道扩大就业，提倡非正规就业和自行创业。东北各地民营企业的财富故事，对年轻人所产生的启示作用不可估量，开启了千千万万年轻人的创业动能。青年人思维敏捷、思想解放、勇于创新，正处于创业的黄金时期，民营企业的经营形式较契合青年人创业特点，可为广大青年企业家创新创业、报效祖国、实现人生价值提供宽广的社会舞台。

三、东北区域民营经济发展的现存问题分析

必须承认，东北地区国有经济比重过高，其中辽宁省国有经济占比超过30%，吉林省超过40%，黑龙江省超过50%，都远远高出全国平均水平。国有经济比重过大，民营经济在经济结构中占比不足，必然会导致经济运行内生动力不足、结构调整困难。从这个角度出发，当前东北经济落后与民营经济发展不充分有着密切的关系。除此之外，民营经济在东北的根基较浅、基础薄弱，面向民营企业的社会化服务体系不够完善，市场准入壁垒较高，融资困难等。这些问题，使东北地区民营企业承受了过重负担，制约了民营经济对地区经济应有的拉动作用。

1. 东北区域历史包袱沉重，民营经济发展环境欠佳

东北区域长期以来计划经济体制惯性较大，人们在思想上习惯于"吃大锅饭"，甚

至排斥市场经济观念和竞争体制的成长和发展，在一定程度上导致体制僵化，至今在操作上仍不规范。因此，东北区域创业环境不够理想，外商投资进入的幅度有限，本地有潜力的企业很难发展起来；民营企业在发展之初很难与实力雄厚、条件优越的国有企业公平竞争，这就使得民营经济在东北区域发展相对困难。

值得一提的是，东北传统的黑土地文化与整个区域的开发史和经济地理环境紧紧联系在一起，其中也包含了对民营经济发展起抑制作用的不利因素。具体来说，一是东北自然资源丰厚且开发较晚，肥沃的黑土地使人稍事劳作就可以解决温饱问题，于是便产生了靠山吃山、靠水吃水的依赖情绪和怠惰心理，致使东北人不乐于也不善于经营非农产业，这与乡镇企业等非农产业不发达有一定关系。二是东北人得天独厚的优越感与传统的计划经济体制熏陶形成的等、靠、要思想叠加在一起，便滋生出一种思路不宽、贪大求奢的办事方法和生活习惯，对经济发展起着一种潜移默化的消极作用。[1]三是东北区域粗犷的文化惯性，加重了粗放式经营倾向，表现在劳作上就是不精于加工，这种文化心理不利于对经济活动进行理性管理。四是东北区域存在重实轻文的价值取向，这在一定时期内虽有促进实业的发展功效，但从根本上说它弱化了经济发展的人文动力。在现代经济中，文化含量、信息含量急剧增长，文化成了产业发展的重要因素。因此，重实轻文的传统取向会抑制产业的升级和优化。东北地区产业结构偏重，第三产业、服务业发展滞后，与这种文化基因不无关系。[2]由此可见，东北地区在历史上和传统上欠缺民营经济发展的土壤。从政府到企业家、从官员到民众，普遍受传统观念影响，所以缺少市场经济手段。可以说，民营经济要在黑土地上成长为参天大树，仍需要经历一个漫长而艰辛的开发过程。

2. 社会化服务体系不够健全，民营企业发展缺乏张力

社会化服务体系包括信息化建设服务、人才培训服务、中介服务、商会服务、金融服务、外经贸风险预警、国际法律保护等。企业通过政府搭建的公共服务平台，可以保障信息对称和实现市场对接，获得相关服务和保障合法利益。完善的社会化服务能够优化营商环境、维护公平竞争，从而促进民营企业健康发展。而在东北区域，社

1　董鸿扬. 文化力与世纪之交的黑龙江发展 [J]. 龙江社会科学，1996（8）.
2　刘素斌，姜卉. 大连市个体私营经济发展的现状、问题与对策——大连市个体私营经济发展状况的调查 [J]. 辽宁行政学院学报，2002（2）.

会化服务体系至今仍不够健全，致使民营企业发展缺乏张力。

主要表现为：一是东北区域由于受计划经济体制影响，致使项目的行政审批色彩浓厚，社会化服务体系建设严重滞后。政府仍被"重国有、轻民营"的传统思想束缚，对民营企业限制过多，服务意识淡薄。行政机关在层层审批的过程中存在腐败行为，[1]缺乏调控和监管手段。二是在向服务型政府转型的过程中，政府率先集中于国有和外资企业领域的服务体系的构建，民营企业尤其是中小型民营企业和农村民营企业基本被边缘化了。因此，不仅增加了民营企业的运营成本，也削减了民营企业发展的积极性。三是民营企业在兼并国有企业、保护土地使用权和知识产权、明晰财产权等方面，缺少专门性的法律法规护航，合法权益往往得不到有效保障。我国现行的相关法律有《企业法》《公司法》《个人独资企业法》《私营企业暂行条例》《中小企业促进法》等，但对民营企业的管理和保护仍然缺乏针对性。四是行业协会服务不到位。行业协会作为连接政府、企业、市场之间的桥梁和纽带，是承接政府职能转变的载体。[2]然而，东北区域大部分的行业协会尚处于起步阶段，作用十分有限。一些行业协会对自身的职能定位认识不清，管理职能发挥不够，缺乏亲和力、凝聚力和号召力。另外，行业协会人才培训服务不到位。目前，东北区域民营企业的人才总量不能满足民营企业用人需求，掌握高新技术技能的应用人才较少，且培训不力。由此可见，在东北区域，面向民营企业的社会化服务有待完善，服务体系亟待健全。

3. 市场准入壁垒较高，民营企业发展环境有失公平

在计划经济体制的惯性作用下，东北区域行业监管机构在实施准入监管时往往首先考虑是否有损国有企业的利益，而且许多垄断性行业已经结成了非正常的利益共同体，政府组建的投资公司往往直接担任项目业主，如果单一的投资主体不足以承担项目投资，则会在系统内寻找合资伙伴，但不会允许系统外的企业特别是民营企业参与营利性较为明显的基础类项目投资。因此，目前铁路、公路、城市交通、水电气等基础产业在项目建设过程中，从投资决策、资金筹措、施工建设到经营管理，均在部门内封闭运行，对民营企业必然会产生挤出效应。与我国其他地区相似的，东北区域的

1　杜两省，王晓姝. 民营经济的发展与东北老工业基地的振兴 [J]. 大连海事大学学报（社会科学版），2007（03）.

2　姬顺玉. 民营企业发展的现状及策略——以甘肃特色产业为例 [J]. 现代商贸工业，2008（5）.

民营企业近年来发展迅速，但面对"财大气粗"的国有垄断企业，还是难以望其项背。

为了改变这一现实情况，2005年2月颁布了《国务院关于鼓励支持和引导个体私营等非公有制经济发展的若干意见》，赋予民营资本以更大的投放空间，规定除资源开采、铁路运输、电力、药品、易燃易爆品、医疗卫生等直接关系国计民生的行业之外，一律对个体私营经济开放。[1]但在具体落实过程中，东北地方政府为保证国有企业的市场份额，人为地限制民营企业进入国有企业可以保持垄断的领域，有些行业虽然没有规定限制民资进入，但市场上还存在许多无形障碍，准入制度含混模糊。[2]另外，与国有企业相比，民营企业在投资、生产和经营各个方面，审批环节多，准入条件相当苛刻，在参与竞争的资格、条件和机会上明显处于劣势，这就造成了大量民间资本找不到合适的投资渠道而大量积压在各类金融机构。[3]在这种情况下，部分民营企业甚至不得不通过行贿等不正当手段来突破发展瓶颈。着眼于克服这一消极倾向，政府不仅要加强法律在这个领域的反腐工作，更要切实提高民营经济的竞争地位，为民营企业设定更为合理的市场和行业准入标准，这样才能从根本上解决问题。

4. 民营企业资金短缺融资困难，严重阻碍民营经济持续发展

在东北区域占有高比例的重工业和化工业，大多数是资金密集型产业，民营企业进入存在很高的资金壁垒。目前在东北区域，民营企业从国有银行获取的贷款不足30%，大部分民营企业不得不高息自筹资本，甚至有不少是来自地下钱庄，融资环境混乱无序。具体表现为：一是从民营企业自身来说，贷款多为流动资金。由于贷款需求频率高、数量少，所以增加了银行贷款的管理成本，降低了银行放贷的积极性。二是由于民营企业大多是家族式企业，企业盈亏与家族盈亏界限模糊，所以银行为了规避风险，对企业资产状况、偿债能力等方面的考察就更加严格。三是由于企业知名度不够，所以找不到合适的担保公司，资金规模有限无法提供合适的抵押，致使企业陷入融资难的恶性循环中。四是部分民营企业经营管理水平有限，抗市场风险能力差，银行和投资者从安全性考虑，往往不愿向民营企业贷款。在上述情况下，有的民营企业为了获得贷款，不惜伪造财务报表，使银行和企业之间信息不对称，一旦企业出现

---

1 田秋生，刘素斌. 消除歧视性待遇，营造公平的竞争环境——政府在个体私营经济发展中的作用 [J]. 科学·经济·社会, 1999 (6).

2 高元录，钱智勇. 东北地区民营经济发展的制度分析 [J]. 东北亚论坛, 2007 (1).

3 王清剑，安起雷. 我国民营经济发展的金融政策研究 [J]. 中国国情国力, 2010 (1).

问题，银行也要承担责任，也使得银行向民营企业贷款时慎之又慎。

除此之外，东北区域民营企业融资难的原因，主要还是由于金融机构机制不完善，信用中介服务体系不健全。尤其是在东北区域，四大国有商业银行长期以来一直主要服务于国有企业；各大商业银行从自身利益考虑，往往优先贷款给实力雄厚的大客户。在上市融资方面，由于证券交易市场实行配额制，民营企业很难能够争取到，而且民营企业在发展之初也很难达到上市公司的规模。虽然创业板上市是创新型和科技型民营企业融资的重要渠道，但目前创业板市场仍不成熟，需要民营企业符合其相对苛刻的准入标准。[1]总的来说，尽管国家开始重视民营企业融资服务问题，也采取了一些优惠政策，但收效甚微，致使东北区域民营企业发展难以借力。

四、东北区域民营经济发展的对策创意

着眼于承担起作为国家重量级战略区域的现实使命，针对民营经济发展中的现存问题，东北区域必须进一步加强市场经济体制建设，努力完善面向民营企业的社会化服务体系，拓宽民营经济融资渠道，扩大新兴产业的民营分量，鼓励民营经济参与海洋开发，促进民营经济对接国际市场。为此，必须作出正确的战略对策创意。

1. 强化政府服务职能，构建完备的社会化服务体系

因为民营企业是单性、弱势的个体，尤其需要社会化服务体系的支持。健全社会化服务体系，有利于使东北区域的民营企业在市场准入、信息共享、技术交流、人才开发、资金融通等方面发挥重要的支撑作用。[2]

为此，东北区域在完善社会化服务体系方面应做出切实努力。一是各级政府要继续解放思想，树立正确的民营经济发展观念，向服务型政府积极转变，为民营企业发展多提供服务、少设置障碍，简化行政审批手续。尤其是东北地区历史包袱沉重，各省区需要出台具有可操作性的、能解决实际问题和矛盾的相关制度保驾护航。二是要创造和谐的服务环境，放手让所有劳动、知识、技术、管理、资本等要素都能够有效地运作起来，充分服务于民营企业参与市场竞争，形成关心、支持民营企业发展的良

1 李淑环. 我国民营企业发展的制度环境研究——以长沙市为例 [D]. 长沙：湖南农业大学，2007.
2 刘建华，李仙子. 破解民营工业企业贷款难问题 [J]. 吉林金融研究，2008（10）.

好环境。三是要鼓励民营企业扩大出口和到境外投资办厂，给予民营企业在对外投资、进出口信贷、出口信用保险等方面与其他国有企业同等的待遇。四是要加快信息交互平台建设，充分发挥会计师事务所、律师事务所、审计所、咨询公司等组织在交互平台的中介作用，提高企业经营效率，[1]帮助民营企业改善产品质量。五是要规范社会化服务秩序。社会化服务要合法、合理地推进。合法指的是遵守国家法律、法规、政策和制度，合理指的是符合经济发展规律和符合企业发展要求。为此，可以将企业信用状况进行登记在册，引导企业自觉遵守行业法规，树立诚信形象，提高信用透明度，减少交易成本。六是要建立奖惩分明的考核制度，促使员工和管理人员根据企业的各项规章制度进行规范化操作。七是要加强行业协会建设，促进东北区域民营行业内部的交流与合作，形成内外监督机制，使民营企业能够在更加规范化运营的同时维护自身的合法权益。八是要注重优化民营企业的人才结构，健全民营企业家的成长机制。在这方面，可以与东北各高校共同建设培训基地，为在职人员设置职业素质养成课程，组织专业技术人员参加高级研修班，分门别类地对系统内业务骨干进行轮训，以求提高人才比例，形成人才品牌，满足民营企业发展过程中的用人要求。

2. 设法克服融资瓶颈，积极拓宽民营企业融资渠道

应当指出，东北区域民营企业融资困难，主要是由于金融机构运作机制不完善、信用监督机制不健全、企业信用程度低等原因造成的。而要改变这一局面，从民营企业角度出发，应当首选内部融资，增强企业内部融资能力，以求减轻企业的不合理负担，同时国家应当减少国土、房产、规划、环保等部门的行政性收费和验资、评估、鉴定等中介服务收费。为此，政府可以考虑将职能相似的行政机构合并起来，杜绝多头管理。[2]除此之外，外部融资主要包括股权融资、债券融资、风险投资。股权融资是指规模较大、资质较高的民营企业可以公开上市进行融资，具体来说可以通过直接改制，或者通过协议让非流通股份控股上市公司[3]，或者通过在二级市场收购上市公司实行控股，或者采取逆向借壳等方式进入股票市场融资。债务融资包括从银行等金融机构取得贷款，发行企业债券和公司债券等，还可以发行纯信用债券，也可以发行担保

1　张东松. 民营经济发展与政府管理制度创新 [J]. 赤峰学院学报（汉文哲学社会科学版），2007（12）.

2　王树文，高航. 民营企业家族式管理问题探析 [J]. 经济论坛，2006（6）.

3　孙朝霞. 我国民营经济可持续发展的法律环境研究 [J]. 生产力研究，2010（7）.

债券。常见的增信方式，有银行等金融机构无条件连带责任担保、不动产抵押担保等。在高新技术项目开发方面，应当鼓励境内外风险投资公司进入，支持大型企业集团及高科技企业参与风险投资，放宽对保险基金、信托投资、养老基金、捐赠基金等机构介入风险资本运营的限制，扩大风险投资的资金来源。

为了克服民营企业的融资瓶颈，还必须注重改善外部环境。一是要注重提高国有银行的服务水平，可以将企业的所属行业、信用情况、担保方式及与银行合作的关联度，作为利率浮动幅度的标准，通过科学的定价机制增加民营企业的信贷投入。特别是对产品有市场、有效益、讲信誉的民营企业，[1]银行要一视同仁地给予信贷支持。二是要注重发挥商业银行的灵活性远高于国有银行的运作优势，把商业银行作为解决民营企业融资问题的主力，增强对民营企业的主动营销意识，探索适应民营企业的信贷管理模式，如对一些规模相对较大、信誉良好的民营企业，可以考虑建立主办银行制度，减少对企业的管理层次；对一些资信等级高的民营企业，要适量发放小额信用贷款；对民营企业财务报表可信度较差的情况，为了防范信贷风险，可开展创新贷款模式，探索仓单质押贷款、权利质押贷款和民营企业之间的联保贷款等。[2]三是要注重发展民营金融机构，为民营企业开辟更为广阔的融资渠道，从而促进国内金融市场的公平竞争和推动国有金融机构加快改革进程。

3. 完善市场经济体制，破除民营经济发展的行业壁垒

东北民营经济的发展需要宽松的市场环境，现阶段要从深化传统垄断行业和领域改革、规范投资准入门槛及建立与市场经济相适应的项目审批和管理体制等多角度入手采取措施，切实破除民营经济准入壁垒，为民间资本营造更加广阔的发展空间。

为了达到这一目的，一是要促进政府各级领导部门把民营经济放在同等重要的战略性地位上，杜绝歧视性政策。目前，东北区域部分行业尤其是竞争性行业，国有企业的比重过大，不利于形成自由竞争的市场体制。跟从新一轮改革开放的新潮流，东北区域应当鼓励和引导民营企业通过参股、控股、资产收购等多种形式，参与国有企业的改制重组，[3]通过调节增量的方式降低国有控股企业的国有资本比例，达到激活民

1　霍东平，郭永梅. 新常态下非公有制经济发展及金融支持的调查与思考——以乌海市为例 [J]. 北方金融，2015 (6).

2　崔颖. 加强对民间资本引导和管理的几点浅见 [J]. 浙江金融，2010 (9).

3　王健安. 构建民营银行的发展环境 [J]. 中国科技投资，2011 (8).

营经济的现实效果，从而优化经济结构和增强经济活力。二是要进一步放宽市场准入政策，取消各种针对民营企业的准入限制和壁垒，分层次、分地方和分类型地降低民营经济在垄断行业、社会事业、基础设施建设、公共服务等领域的准入门槛，将所有竞争性领域和对外资开放领域都对民营资本开放，特别是要鼓励民营企业进入战略性新兴产业。在这方面，应当树立"非禁即允"的发展理念，除国家法律法规明确规定禁止的领域外，一律对民营企业开放。具体做法是通过股份制改造、企业业主招标、特许权转让、政府采购、制定优惠的税收和信贷政策等方式；可以利用特许经济、投资补助、贷款贴息等多种方式带动民间资本参与，组织一些有合理回报和一定投资回收能力的公益事业和公共基础设施的建设项目，通过特许经营权招标制度吸引民间资本参与建设。三是要突破金融行业的投资准入限制，满足实体经济融资多样化的需求，改变原来经济发展对贷款过于依赖的局面。为此，应当允许民间资本兴办金融机构，放宽对金融机构的股比限制；支持民间资本以入股方式参与商业银行的增资扩股，鼓励民间资本发起或参与设立村镇银行、贷款公司、农村资金互助社等金融机构；鼓励民间资本发起设立金融中介服务机构，参与证券、保险等金融机构的改组改制。[1]四是要健全与市场经济相适应的项目审批和管理体制，放宽工商登记审批条件、注册资金限制和企业冠名限制，放宽民营企业经营范围和经营方式，推行试营业制。

4. 拓展创新产业路径，扩大新兴产业中的民营分量

在国家调整经济结构、转变经济发展方式的大背景下，东北区域民营企业必须得到在资金、产业链配套、企业自主创新方面的支持，以保证在战略性新兴产业产业链的技术突破和联动发展。由于东北民营经济发展较晚、较慢，所以应当在市场准入、融资政策方面给予更多的优惠政策，积极扩大战略性新兴产业中的民营分量。战略性新兴产业包括节能环保产业、新一代信息技术产业、生物产业、高端装备制造产业、新能源产业、新材料产业、新能源汽车产业。在这些领域，东北民营经济都能够有所作为。

具体如下：一是关于大力发展节能环保产业。东北在历史上资源能耗巨大，民营企业应向节能环保型企业过渡，加快高能耗高污染产业的更新换代，建立"产学研"相结合的产业链条模式。二是关于发展新一代信息技术产业。云计算是目前世界信息

---

1 晓亮. 关于民营经济的几个理论问题——我的民营经济观 [J]. 中国流通经济，2010（10）.

产业的前沿技术之一，东北区域高度商业化的市场环境，能够保证云计算服务的稳定需求。东北科技型民营企业应集中建设云计算中心、移动互联中心和物联网中心，形成新一代信息技术产业集群，适时推出"北方中关村"建设方案。三是关于发展生物产业。以生物农业为例，农业是东北地区的优势产业，具备发展现代农业的基础，应努力引导民营资本推动传统农业产业转型，大力发展生物农业。四是关于发展高端装备制造产业。尽管国家主要装备制造技术和攻关能力集中在国有企业，但是为了保持装备制造创新的稳定性、快捷性、便利性，需要民营企业的更多参与。东北区域的装备制造业实力雄厚，民营企业有机会有所作为。进取方向是实施"走出去"战略，具体可以通过海外并购提升自主创新能力。五是关于发展新能源产业。民营企业勇于创新、勇于承担风险的特点，正是新能源产业发展需要的基本素质。东北地区的民营企业要提供一个新的思路和创新模式，积极打造节能环保和新能源产业，努力摆脱对传统能源的依赖。六是关于发展新材料产业。随着战略性新兴产业的不断发展，新材料拥有大量的潜在需求，化工新材料基本产品和改性产品中的高端市场的形成，能够吸引大规模民营资本参与投资，发展前景广阔。七是关于发展新能源汽车产业。在东北区域，新能源汽车的核心技术绝大多数掌握在民营企业手中，但是汽车行业需要雄厚的财力支持，国有企业掌握了很多资源，而民营企业先天不足，迫切需要通过市场关系实现技术和资金的对接与融合。

5. 推进海洋经济发展，鼓励民营经济参与海洋开发

国家"十三五"规划纲要提出拓展蓝色经济空间，从而坚定了我国海洋事业的发展方向。目前，我国沿海地区广泛吸引民间资本，不断推进海洋经济向着广度和深度发展。面对新的发展形势，东北也要紧跟时代步伐，推进民营经济参与海洋开发，特别是要积极策动中国东北方向陆海丝绸之路经济带开发建设，拉动区域经济实现跨越式发展。辽宁省作为东北区域唯一的沿海省，应当在海洋经济开发领域身先士卒，为我国海洋经济的总体发展贡献力量。尤其是我国对黄渤海区域拥有无可争议的所有权和使用权，辽宁省可以毫无后顾之忧地放手发展海洋经济，成为国家"经略海洋"战略后方。

然而，由于受政策等因素的制约，东北民营资本参与海洋经济开发面临许多实际问题。长期以来，东北区域的海洋资源和区位优势得不到充分利用，海洋经济开发和建设也没能全面地展开。为此，东北区域要大力推动民营企业围绕国家战略规划参与

海洋开发，推动辽宁沿海经济带开发树立起国家战略形象，切实使"海上辽宁"建设向纵深挺进。特别是要注重引导民营企业在加快大连长兴岛临港工业区、营口沿海产业基地、辽西锦州湾沿海经济区、丹东临港产业园区、庄河花园口经济区等重点区域开发中力拔头筹，进一步强化对东北腹地的带动作用。[1]与此同时，还要借助于辽宁沿海经济带开发作为国家战略的实施进程，依靠民营企业优化海洋产业结构，针对东北地区的海域特点，在拓宽海洋油气、海洋运输、海洋渔业、滨海旅游业等传统海洋产业发展路径的同时，积极培育和发展海洋生物医药、海水综合利用、海洋工程装备制造等国家战略性新兴产业。为此，必须拓宽投资领域，支持民营企业在海洋开发方面进入以往被国有企业垄断了的行业，为民营经济开辟出新的发展路径；鼓励民营资本投资海岛和沿海区域的公路、水利、输电设施建设，加快滨海旅游、海洋交通运输、仓储、信息咨询、市场流通等领域向民营资本开放的步伐。应当指出，东北地区民营企业在参与海洋开发过程中，要力挺陆海统筹上升为国家大战略，并且以实际行动促进辽宁省域成长为陆海统筹的国家先行区。为此，必须以市场为导向，以机制体制创新为动力，大力推进科技兴海、外向牵动和结构调整的战略取向，注重加强海洋的综合管理，保护性开发海洋资源，改善海洋生态环境，促进海洋与陆域经济社会全面协调可持续发展。

6. 大力推进国际合作，促进民营经济对接国际市场

我国东北区域凭借与俄罗斯、日本、韩国、朝鲜、蒙古的地缘关系，有条件逐渐整合东北亚的资源、资本、科技和产业优势，不断提高东北区域的对外开放水平。其中，辽宁沿海经济带、沈阳经济区、长吉图开发开放先导区、哈大齐工业走廊和哈牡绥宁沿边开放经济带建设步伐加快，大连东北亚重要国际航运中心建设成效显著，长春依托汽车产业正逐步向"世界级汽车产业基地"目标迈进，哈尔滨正在重振军工装备制造业，积极谋划成为大东北经济圈的新增长极，特别是"一带一路"建设背景下中国东北方向陆海丝绸之路经济带建设循序渐进，东北地区积极融入中俄蒙经济走廊建设以及全方位推进国际合作。而在这一进程中，民营企业大有可为。

以中国东北方向陆海丝绸之路经济带建设为契机，我国东北区域民营企业对接国际市场，可以推动企业完善产权制度，增强企业创新动力，助力企业树立国际品牌，

---

1 李靖宇. 辽宁沿海"五点一线"经济带开发研究 [J]. 经济研究参考, 2009 (16).

以利于加快东北对外开放步伐。目前，东北区域民营企业的对外贸易合作呈现较快发展态势。为进一步巩固成果，一是要努力建立技术服务窗口，推进产学研的对接和合作，促进民营企业融资、担保服务体系建设，引进国外投资银行进入东北区域设立分支机构，引导外资以中外合资方式设立融资担保、信用评估机构，推进东北区域民营企业海外上市。二是要努力发挥国际性的商会作用，组织携手开拓国际市场。发挥商会作用实现资源优化配置，这也是东北地区民营经济发展不可或缺的重要环节。为此应当建立一个东北地区民营经济国际合作商会，其宗旨是为东北区域的会员企业提供政府联系、投资项目、金融支持、人力资源、法律服务、国际合作六类平台式服务及VIP服务，商会致力于凝聚民营经济力量，服务于企业和市场、政府和民间国际经济合作，助力民营企业加快"走出去"步伐。三是要努力加强与世界五百强企业的联系，引进境外龙头型、旗舰型的外资大项目进驻我国东北区域，协调与民营企业对接。为此，要组织民营企业出访，境外展洽、境内对接，促进国外、境外优势产业、配套产业向东北区域转移。四是要努力引导东北区域民营企业明确进取方向，围绕主导产业和骨干企业进行各自定位，发展配套产业和服务业，拉长产业链条，建设和培育一批能够参与国际竞争，对振兴东北有较强带动作用的特色产业集群。五是要努力引导民营企业发展外向型经济，充分发挥东北区域港口和外贸优势，进一步提高技术含量、自主知识产权和自主品牌产品的出口比重，以带动腹地民营企业的产业升级和结构优化，从而以民营企业的发展改善东北经济引擎动力不足的问题，推进民营经济在新一轮老工业基地全面振兴中发挥市场主体作用，支撑东北作为国家重量级战略区域再上新台阶。

第二十四章

强化经济增长"三驾马车"对东北方向
陆海丝绸之路经济带的拉动功能

进入"十三五"期间以来，东北地区经济继续保持平稳增长，但仍然存在一些不稳定、不协调、不平衡的因素，如经济增长过度依赖投资拉动，对外开放水平需要进一步提高，居民消费价格上涨压力较大，城镇居民收入增长相对缓慢等。针对这些问题，《东北振兴"十三五"规划》要求以供给侧结构性改革为主线，着力完善体制机制，着力推进结构调整。为此，在今后一段时期内，应当坚持把结构调整作为东北地区的主攻方向，着重协调投资、消费、出口"三驾马车"同时发力，激发东北老工业基地经济发展的内生动力。特别是着眼于中共中央、国务院下发《关于全面振兴东北地区等老工业基地的若干意见》以及《东北振兴"十三五"规划》要求东北地区主动融入、积极参与"一带一路"建设。领受国家使命，东北地区应当协调驱动"三驾马车"，在中国东北方向陆海丝绸之路经济带的建设过程中不遗余力，并且推动形成东北对外开放的大通道、大平台、大格局，以利于尽快实现东北老工业基地全面振兴的现实进程。

一、经济增长"三驾马车"拉动东北老工业基地全面振兴的背景透析

在国家全面实施全国老工业基地调整改造计划的战略驱动下，东北地区作为全国老工业基地重点改造区域，应深刻分析理解"三驾马车"对东北老工业基地全面振兴拉动功能的时代背景，从而率先解决发展中出现的一系列问题，这不仅关系到东北地

区的社会发展和稳定,而且关系到国家以推进西部大开发、东北大振兴、促进中部崛起、鼓励东部加快发展为主体的"四大板块"区域发展总体战略的实施进程。

1. 国家全面振兴东北老工业基地的现实需要

中国经济的高速增长是以城市化、工业化形成的投资和消费需求为原始动力,以出口导向型战略形成的出口需求为加速器的结果。然而日益严重的世界经济失衡以及国内产业结构不合理使这"三驾马车"出现了失衡——投资和出口成为近年经济增长的主要拉动力,而消费拉动依然疲软。[1]投资过热根源在于地方政府主导的投资驱动型发展模式,这是深层次的体制性因素造成的,也是中央政府多次宏观调控措施遏制过快的投资增长重拳难以施展的主要原因;在外贸方面,全球特别是美国经济的减速对我国经济产生较为明显的影响。目前,我国出口增长面临入世以来最为严峻的形势,美国等发达国家就业压力的加大和贸易逆差的居高不下,与我国的贸易摩擦加剧,贸易保护主义倾向进一步强化;在消费方面,投资与消费比例失衡,使得居民生活水平不能随着经济快速增长同步提高,导致国内市场规模受限,生产能力相对过剩,经济增长对出口的依赖程度不断提高。而外贸顺差过大和国际收支盈余过多,还会造成国内资金流动性过剩,反过来又助长了投资的高增长。因此,无论是着眼于改善民生,还是着眼于产业结构调整和国际收支平衡,都要坚持扩大国内需求,鼓励合理消费,把经济发展建立在开拓国内市场的基础上[2],形成消费、投资、出口协调拉动经济增长的局面。

反观我国东北,"十三五"时期是东北地区大有可为的重要战略机遇期,党中央提出以科学发展为主题、以加快转变经济发展方式为主线,为全面振兴指明了方向。《东北振兴"十三五"规划》为新一轮全面振兴东北老工业基地明确了行动纲领。但也要看到,东北地区经济增长过度依靠投资拉动,消费率持续下降,对外开放水平有待深化的现实问题。因此转变经济发展方式已成当务之急,也就是说,从投资拉动一骑领先,向投资、消费、出口"三驾马车"并驾齐驱转变,这既是实现东北全面振兴的必要手段,也是推动配合国家区域经济协调发展的有效之举。今后,东北地区要着力加

1　徐菲. 从"三驾马车"出发论当前金融危机对中国经济增长的影响 [J]. 湖北大学成人教育学院学报,
　　2010 (4).

2　曾培炎. 促进国民经济又好又快发展 [N]. 人民日报,2008-01-31.

快转变经济发展方式、大幅改善民生，拉动经济增长"三驾马车"发展再上新台阶。

2. 后金融危机时代铸就区域引擎的战略驱动

后金融危机时期，我国经济发展的外部环境将是一个"缓慢复苏的世界经济"。这次国际金融危机对我国的冲击，从表层上讲是由于外部需求急剧收缩造成的出口大幅度下降，并造成国内工业生产快速回落和就业下降，但深层原因是经济增长模式积累的结构性矛盾加剧，不仅表现在需求结构上的内需和外需增长不平衡，投资与消费关系不协调，消费对经济增长的贡献率偏低，而且也表现在供给结构上的低附加值产业比重过大，自主创新能力不强，科技进步和创新对经济增长的贡献率偏低。这些结构性矛盾在金融危机爆发后更加突出地表现出来，也必须通过新一轮调整和转型逐步加以解决。在这个时候，只有扩张性宏观政策是不够的，而要转换经济增长模式，具体应该从更多依靠外贸转向更多地依靠内部消费，根本的是要推进改革开放。

应当看到，金融危机对外贸依存度高的地区影响较大，东北老工业地区外向型经济占比不高，受金融危机的直接冲击相对较小，但间接影响不容忽视。近年来，东北地区经济出现断崖式下滑，GDP、工业增加值、固定资产投资、财政收支等宏观经济指标增速纷纷出现大幅回落。2015年，东北三省GDP总量为5.9万亿元，比2014年仅增长1%，占全国GDP的比重下降到8.7%，对全国经济的贡献大幅减小。其中，辽宁、吉林、黑龙江省的GDP实际增速分别仅为3.0%、6.5%、5.7%，持续位列全国末位。应当看到，东北老工业基地振兴战略已推进了10余年，这期间东北老工业基地发生了翻天覆地的变化，但是目前却遭受到了前所未有的困境，有鉴于此，东北应当重新审视自身的发展问题，抓住国家深化改革的战略机遇期，把握东北地区发展的阶段性特征，充分利用东北老工业基地雄厚的装备制造业基础和优势条件，加快淘汰钢铁、煤炭等行业过剩落后的生产能力，努力推动城乡居民的消费结构升级以及推进服务业领域的对外开放，使东北实现制造业与生产型服务业的良性互动，从而有效促进东北区域经济发展的顺利转型，以区域经济发展为动力，使东北真正扭转颓势，成为中国经济增长的新引擎。

二、经济增长"三驾马车"拉动东北老工业基地全面振兴的功能论证

2016年前三季度经济数据显示，经过多轮振兴措施持续发力之后，东北三省经济

增速呈现回暖迹象，东北地区经济下行趋缓。为巩固已有成果，有必要进一步挖掘经济增长"三驾马车"对东北老工业基地全面振兴的拉动功能。

1. "三驾马车"并驾齐驱，带动黑龙江省经济回升向好

在经济下行的压力下，黑龙江省负重前行，转方式、调结构，加快老工业基地振兴步伐，在保持平稳发展的基础上，2016年前三季度全省地区生产总值实现了6%的增长。其中，黑龙江省把技术改造作为老工业基地转型升级的路径之一，前10个月全省完成工业技改投资461亿元，同比增长11.9%；注重高新技术产业发展，培育新动能，高新技术产业实现增加值6.1%；落实"三去一降一补"，全省煤炭去产能1010万吨，封存炼钢产能219万吨，在去产能的同时，工业内部结构调整也出现积极变化，能源经济比重显著降低；民营经济持续发力，截至2016年11月末，全省新登记市场主体35.4万户，同比增长9%。非公经济2016年前三季度实现增加值5315.7亿元，增长7.6%，占全省地区生产总值的57.6%。

总体来说，虽然遏制了断崖式下降的态势，仍须正视投资增长动力不足，市场主体投资能力弱，居民消费率有待提高，对俄经贸第一大省的地位仍需巩固等现实问题。因此，黑龙江省必须正确分析形势，根据中央经济工作会议"稳中求进"的工作总基调，统筹经济社会发展的基础条件和现实需要，并与国家"十三五"规划有效衔接，在今后努力推动固定资产投资大幅提升，刺激消费品市场温和回升，实现进出口贸易稳步增长，为实现黑龙江省加速转变经济发展方式，推动全省又好又快、更好更快发展而努力奋斗。

2. "三驾马车"齐头并进，引领吉林省域经济整体跃升

相比其他两省，吉林省经济回暖最为明显。数据显示，2016年前三季度，吉林地区生产总值（GDP）为9298.11亿元，按可比价格计算比去年同期增长6.9%，高于当期全国平均增速0.2个百分点。这是自2014年一季度以来，吉林省GDP增速首次超过全国平均水平。在工业生产方面，前三季吉林全省规模以上工业增加值4596.81亿元，按可比价格计算同比增长6.4%，增速创2015年以来的新高，比同期全国平均增速高0.4个百分点。值得注意的是，吉林经济产业以汽车和农业为主体，三季度汽车销售出现高速增长，对吉林经济将带来较大抬升作用。总体来说，吉林省经济回暖离不开"三驾马车"的各司其职、齐头并进，使吉林省域经济发展的内生动力能够不断增强。

回顾过去，我们也清醒地看到老工业基地长期积累的体制性、结构性难题还没有从根本上得到破解，"三驾马车"发展不均衡依旧是制约吉林省经济快速发展的旧伤新痛。为此，要进一步扩大投资规模，坚定不移地加大项目建设力度，加强项目管理和服务，坚持多渠道筹措资金，进一步鼓励和引导民间投资健康发展；千方百计扩大消费，着力增强农村消费能力，积极培育消费热点，进一步优化消费环境[1]；提高对外开放水平，着力保持对外贸易稳定增长。也就是说，要继续深度挖掘投资、消费、进出口对经济建设的拉动作用，为调整结构、转变方式、改善民生、维护稳定争取更大空间创造良好条件。

3. "三驾马车"渐入佳境，助力辽宁省经济跨越式发展

2016年上半年，辽宁省GDP增速同比下降1%，成为全国唯一经济负增长的省份。这其中有历史因素，更多的是现实问题。然而作为经济运行的"晴雨表"，辽宁全省工业用电量8月、9月分别增长2%和2.5%，结束了此前工业用电量连续长达23个月的负增长。此外，衡量经济景气指数的工业品出厂价格指数在连续51个月下跌后首次实现增长，在9月份上涨幅度为0.9%，释放出辽宁省经济回暖的积极信号。辽宁城镇新增就业41.9万人，超额完成了全年任务。产业结构、产品结构逐步优化，工业机器人产量增长44.7%，集成电路、软件信息等新兴产业发展较快，重点企业增幅均超20%。消费对经济增长拉动作用明显，全年服务业占GDP比重超过50%。前三季度辽宁经济显现出筑底企稳的特征，GDP增幅有望在2017年实现正增长。

可以看到，经过努力辽宁省经济下滑势头得到遏制。为巩固和扩大已有成果，超额完成"十三五"规划经济任务，辽宁人应继续坚定不移地"调结构、转方式"，促进投资、消费、出口"三驾马车"协调拉动，力争在2017年使辽宁省经济社会各方面步入健康发展的快车道，开创科学发展新局面，如期实现中央下达的各项东北振兴目标。

三、经济增长"三驾马车"拉动东北老工业基地全面振兴的对策创意

东北老工业基地作为我国重要的装备制造业基地、商品粮和农牧业生产基地以及技术研发与创新基地，在国民经济发展中有着举足轻重的作用。黑、吉、辽三省在制

1　王儒林：吉林省政府工作报告［R］. 吉林省第十一届人民代表大会第五次会议，2012-2-1.

订经济发展计划时，既要充分考虑自身的发展需要，又要兼顾东北老工业基地的统筹协调发展，做到发挥各自优势，补齐发展短板，从而共同形成全面振兴东北老工业基地的坚定的支撑力量。

1. 注重扩大内需和提高投资总量，拉动黑龙江省经济增长步入新台阶

在黑龙江省近一阶段的经济增长中，"三驾马车"所起到的作用十分不同。消费在推动经济增长中起到主要的作用，投资在黑龙江省经济增长中起到一定的作用，进出口的增长反而会抑制经济的增长。根据这样的情况，提出如下有针对性的对策建议。

（1）注重提高消费需求，为扩大内需持续注入动力

内需，始终是推动经济增长的不竭动力。黑龙江省每年的消费需求与辽宁省相比并不算多，而无论是从劳动力上看还是从自然资源上看，黑龙江省并不逊色，因此黑龙江省还有很大的内需挖掘空间。2009年以来，国家一直实施积极的财政政策和适度宽松的货币政策，黑龙江省牢牢把握这一机会，投入5000亿元用来扩大内需，以本省土地、矿产、森林、外贸等资源优势为依托，全面实施以大项目拉动的"八大经济区"建设。"八大经济区"既是黑龙江从省情出发，充分发挥本地资源优势和比较优势的强效之举，又是结构性大调整的突破之举，是实现经济发展方式大转变的战略主线。以"八大经济区"为载体，一批大体量、大惠民的产业项目和民生项目科学有序地铺开，无疑将有力地促进黑龙江资源优势向产业优势转化，推进该省经济发展方式大转变，[1]最终提升全省整体经济实力。与此相适应，千亿斤粮食产能工程、现代交通网络建设工程等"十大工程"全面推进，与"八大经济区"规划相辅相成，共同成为统筹协调、推进区域经济科学发展的坚实有力载体。

进一步扩大内需，特别是消费需求，这既是黑龙江省经济社会发展的长期战略方针，也是其发展的优势所在。黑龙江省人均消费水平有很大的提升空间，而要扩大内需，光靠政府行为是不可持续的。政策发生转变势必会影响到经济增长的持续性，对经济发展造成不良影响。因此要扩大内需依靠民间力量才是根本，尤其是提升乡镇居民的消费能力。在国家惠农政策的鼓励下，黑龙江省新农村建设的步伐将进一步加快，给农村市场带来前所未有的发展机遇。随着农村收入的稳定增加和市场环境布局的改善，农村的居民消费激情会逐步释放出来。当此之际，黑龙江省应当进一步加强

---

1 龙军. 黑龙江："八大经济区"加速领跑［N］. 中国产经新闻报，2011-11-14.

消费品市场的优化布局，适应居民消费结构的快速升级。引进新型业态，加速农村现代流通业发展。具体来说，一方面要加大对基层供销社改造、重组的力度，发挥其传统优势，加快农村消费品市场和农业生产资料市场建设，全力打造县、乡、村三级经营服务网络，实现镇镇有超市，村村有连锁。使传统的农村集贸市场和零售网点逐步退路进场，促进传统商贸业向现代流通业快速转变；另一方面，整合优势资源，培育龙头市场，应对县（市）级优势农产品进行整合，高质量建设一批蔬菜、优质粮、油、水果和养殖等特色市场，使其切实成为各地的招牌市场。要关、停、合并分布在黑龙江省各地的小市场，建设档次高、批量大、辐射广、功能强的农产品专业批发市场和综合市场，发展专业农产品物流。以此繁荣农村市场，扩大农村市场份额。黑龙江省农业人口众多，是拉动内需增加的主要后备力量。但是农民收入不稳定，若要他们拿出钱来去消费，就一定要解除他们的后顾之忧。国家已经出台了一系列的政策来缓解农村儿童上学难、农民看病难的现状，并且出台家电及汽车摩托车下乡的有关政策，在改善农民生产、生活条件的同时也扩大了农村的消费。所有这些政策的出台都是扩大内需的良好契机，黑龙江省要做的就是将这些相关政策落实好，加大监督力度，确保国家的惠民政策真正地落到实处。同时，省政府要做好相应的宣传工作，依靠媒体的力量改变人们的消费观念，帮助居民树立更符合时代发展的消费理念。近年来，电视、网络等传播媒体的快速发展使农村居民的文教娱乐生活更加丰富多彩的同时，农村居民接受新鲜事物和理念的渠道更加畅通，加上促进农民消费的优惠政策不断推出，消费领域不断拓宽，这极大地促进了黑龙江省消费支出的增长。[1] 总之，黑龙江省要充分整合政府和群众的力量，为扩大内需持续注入力量，从而有效拉动经济增长。

（2）全力扩大投资规模，实现投资总量历史新突破

多年来，投资对黑龙江省经济增长的贡献率始终保持在60%左右。可以说，投资仍然是拉动黑龙江省经济增长的主要力量。抓住了投资，就等于牵住了经济增长的"牛鼻子"。[2] 目前，黑龙江省的投资情况主要呈现以下特点：投资总量逐年扩大；投资主体日益多元化；对农业的投资比例不断攀升，基础地位日渐巩固；工业的投资重点

---

1 国家统计局. 黑龙江省扩内需成效显著 农民消费支出大幅增加 [EB/OL]. http：//www.stats.gov.cn/tjfx/dfxx/t20100225_402623156.htm.

2 投资被视为拉动经济增长的"三驾马车"之一 [N]. 黑龙江日报，2006-3-10.

日益明显，结构调整不断推进；房地产投资经历了从无到有、从有到多的迅速发展。

党的十一届三中全会以来，黑龙江省在投资领域贯彻执行党中央改革开放的大政方针，在大力增加投资的同时，全面推进投资体制改革，为全省经济持续发展奠定了雄厚的物质基础。全省全社会固定资产投资由1978年的27亿元，先后于1985年超过百亿元、2002年超过千亿元、2006年超过2000亿元，2008年达到3656亿元，是1950年的9140倍，年均增长16.7%。[1]但是与东北老工业基地中的其他省相比，黑龙江省的投资总量绝对值是最小的。可见扩大黑龙江省投资总量是一项长期而艰巨的任务，这就需要政府和企业的共同努力。省政府对于扩大本省投资额、加速经济增长是十分积极的，尤其是依托政策优势，进一步加大了对优势产业、重点产品投入的力度，促进了工业经济结构的调整，为经济发展增添了后劲。近几年不断上马大项目，建成投产了大庆30万吨乙烯工程、哈尔滨第三发电厂火力发电机组100万千瓦和牡丹江莲花水电站发电机组55万千瓦等一大批重点项目，显著拉动了黑龙江省经济增长。[2]随着投资环境的不断完善，企业投资占全社会投资的比例逐渐加大，但与政府投入的资金和规模相比企业投资数量仍然偏小，并且企业投资相对集中在黑龙江省的几个大城市里，如哈尔滨、大庆、齐齐哈尔，对于其他城市或者偏远地区的投资总量相对少了很多。因此，要扩大投资总量应主抓企业投资。要进一步优化投资环境，特别是经济欠发达城市的投资环境，制定一系列鼓励投资、上大项目、扶持重点产业的优惠政策，拿出最大的诚意、最好的政策、最优惠的条件支持招商引资，力争实现黑龙江省投资总量的历史性突破。

（3）改善对外贸易结构，巩固对俄贸易领先优势

改革开放以来，黑龙江省积极实行国家的对外开放战略，对外贸易额不断攀升，贸易往来国家数量不断增多。目前，与黑龙江省建立贸易往来的国家和地区已经发展到210多个，尤其是对非洲和拉美市场的开拓取得了实质性进展，与非洲有贸易关系的国家由33个发展到56个，与拉丁美洲有贸易关系的国家由27个增加到45个。从贸易方式来看，黑龙江省对外贸易方式以一般贸易和边境小额贸易为主。但随着经济外向度不断提高，"引进来"的外商投资企业和"走出去"的对外投资企业不断增加，加工

1 新中国成立六十年黑龙江固定资产投资建设成就巨大 ［EB/OL］. 振兴东北网，http：//chinaneast.xin-
huanet.com/2009-09/23/content_17785818.htm.

2 以重大项目为依托 推动经济跨越式发展 ［EB/OL］. 黑龙江统计信息网，http：//www.hlj.stats.gov.cn/
ggkfssn/9988.htm.

贸易、对外承包工程出口货物以及其他贸易方式也随之发展，对外贸易方式更加灵活，效果更为明显。从贸易规模来看，处在第一位的是欧洲，处于二、三位的是亚洲和北美洲。从国别看，对俄贸易仍居首位。

在黑龙江省对俄贸易初期，贸易结构比较单一，出口主要集中在初级产品和资源性产品上，工业制成品比重很小。随着改革开放的深入，贸易结构得到不断优化，目前黑龙江省出口的大宗商品里，初级产品如粮食、木材，初级制成品如服装、鞋类等所占比例逐渐下降，附加值较多的机电产品等所占贸易比重有明显的增多且增速较快。在进口贸易中，进口商品结构日渐趋于合理。机电产品和国内短缺的资源类商品进口增幅较大，进口的大宗商品中机电产品、原木、原油等占主要地位。其中，原木进口由2000年的1.8亿美元增加到2008年的11.6亿美元，增长5.4倍；原油进口由2000年的853万美元增加到2008年的9.8亿美元，增长114.2倍。目前，黑龙江省进出口贸易已逐步步入出口高附加值商品增多、进口以资源性商品为主的良性循环的轨道上。在今后的工作中，要继续依托全省对俄境内外加工区、保税区、经济技术合作区等资源优势，采用政策等手段，对自俄资源类商品进口加工产业进行扶持，增加产品附加值和实现出口增长；规范对俄出口经营秩序，调整对俄出口贸易方式和提升对俄出口产品质量；充分发挥境内外加工园区功能，大力发展原料和半成品出口；引导企业以身份合法、货源合法、经营合法的"三个合法"为牵动，大力发展符合国际贸易规则的对俄规范贸易，保证各重点口岸秩序井然，出口顺畅；黑龙江省外贸主管部门要创新思路，整合资源，促进对俄贸易合作转型升级；省商务厅要结合俄罗斯联邦州区的市场需求，发挥国内特别是本省产业优势，谋划和筹备建立电力、能源、林业、矿产、物流、基建六个行业的经贸合作体，共同巩固和拓宽对俄合作领域，提升合作水平。[1] 总而言之，黑龙江省要努力把握好新一轮老工业基地振兴规划和黑龙江和内蒙古东北部地区沿边开发开放规划投放的优势机遇，加快开发开放步伐，以利于促进东北地区等老工业基地全面振兴，以及巩固提升中俄全面战略协作伙伴关系，建立互利共赢合作机制，从而带动东北亚合作深入发展。[2]

1　2012年黑龙江对俄贸易总额预计达205亿美元 [N]. 中华工商时报，2012-2-6.
2　国务院. 黑龙江和内蒙古东北部地区沿边开发开放规划 [C]. 2013.

2. 注重优化投资结构和提高居民收入，提升吉林省经济增长踏上新高度

纵观吉林省的经济增长历程，投资、消费和进出口都起到了正向的拉动效应，不过各因素所起到的效应差距很大。消费在经济增长中起到了绝对的拉动作用，投资相对于消费来说拉动效应比较弱。进出口对经济增长的拉动作用不十分明显，几乎可以忽略，可见进出口不是拉动吉林省经济增长的主要因素。现针对以上情况提出如下建议。

（1）着重优化投资结构，推进结构调整向纵深发展

国内外经济发展的实践证明，投资结构调整是促进产业结构升级、优化经济结构的重要手段，是现阶段推进结构调整向纵深发展的着力点。近年来，吉林省在坚持扩大投资总量的同时，大力优化投资结构，加快重大项目建设，取得了一定的成效。民间外企投资、支柱优势特色产业投资领先增长，投资结构呈现积极变化。目前的主要问题是投资结构性矛盾仍较突出，外延扩张型项目投资多、内涵效益型项目投资少，高新技术产业和附加值高的精深加工项目少，特别是缺少具有较强带动作用的超大型项目，等等。具体来说，吉林省技术改造投资增速与城镇投资增速相比速度偏慢。全省增量投资中的新建项目投资和扩建项目投资占据绝大部分的比例；改建项目新增投资比重很小，外延投资扩大，说明投资主体在主观上有着强烈的"喜新厌旧"的想法，重增量轻存量，这还反映出作为政府在宏观引导、政策支持上对内涵式发展存在着认识不够或措施不得力的倾向。在工业投资中，吉林省长期沿袭的资源化、重型化投资格局依然没有彻底打破，对资源型的能耗较高的工业行业投资比重过大，对节能降耗是个冲击。[1] 近几年，吉林省投资重心虽然已向加工业转移，但比重依然较低。特别是个别地方追求投资总量的扩张，盲目招商引资，引进承接了一些发达国家和地区产业转移淘汰的高耗能、高资源消耗、高环境污染项目，一些小型低水平项目重复性建设，影响了投资效益。近两年，吉林省施工项目中亿元以上项目不少，十亿元、百亿元以上的有较强带动作用的大项目、超大项目数量却为数不多。

今后吉林省投资工作的重点主要是在保持投资总量持续稳定增长的前提下，积极调整优化投资结构，扩大内涵效益型项目的投资比例，增加高新技术产业和附加值高

---

1 国家统计局. 吉林省投资结构变化特点及调整思路 [EB/OL]. http：//www.stats.gov.cn/tjfx/dfxx/t20070907_402431843.htm.

的精深加工项目，特别要注意多引进具有较强带动作用的大型项目建设，带动吉林省中小项目配套和集群发展，提高产业层次和竞争实力。在招商引资的过程中，要以科学发展观为统领，结合实际，创新思路，找准招商引资的结合点和切入点，优化投资结构，着力发展低碳经济和循环经济。要高度重视对生态环境的保护，严格控制"两高一资"（高耗能、高环境污染、资源消耗）的项目投资，加大低投入、高产出、节能、节水、节材、节地和资源综合利用项目的投入，提高投资质量和效益。

（2）切实提高居民收入，着重提高农民可支配收入

要扩大内需，增加居民消费是关键。随着经济的发展，物价涨幅很大，居民消费率持续下降。只有加快居民可支配收入的增长速度，至少使其快于物价的涨幅，才能起到扩大内需、拉动经济增长的目的。新中国成立以后，伴随着工农业生产及国民经济的持续较快发展，吉林省城乡居民的收入水平不断提高。特别是改革开放以来，吉林省经济总量不断扩大、经济结构日益优化、经济效益显著提高，全省居民收入水平也得到了明显提升。2015年，全省城镇居民人均可支配收入达到31195元，增速比上年同期下降0.8个百分点。因此，要保持吉林省消费对经济增长强劲的拉动效应，必须进一步提高居民的可支配收入。

首要的工作是要提高农民的可支配收入。吉林是一个农业大省，农业人口占据较大部分。目前，吉林省城镇居民和农村居民的人均收入之间有一定的差距，并且这一差距有扩大的趋势，会严重制约经济社会的整体协调发展。可见，提高农民收入是重中之重。让农村居民转移到城镇就业和生活是增加农民收入、缩小城乡差距的重要途径。为此，应该尽快加强农民工职业技能培训，鼓励有条件的外出农民工返乡创业，支持农民就地就近就业。同时，在吉林省的一些中小城市和小城镇大力发展中小企业和民营经济，以吸纳更多的农民就业增收。目前，吉林省的社会保障制度仍很不完善，居民收入的相当一部分用来储蓄，消费支出相对减少。为了提高居民消费率，政府必须尽快完善社会保障制度，同时要完善消费市场的建设和管理，增强居民消费信心。具体而言，政府在宏观调控上要加强对市场的调控能力，使市场更加优化。要积极培育消费热点。加快发展社区商业、物业、家政、养老等便民服务，扩大旅游休闲、文化娱乐、教育培训、体育健身、信息通讯等服务型消费，推动消费结构优化升级。进一步优化消费环境，以肉类、食用油、蔬菜、饮品、酒类等商品为重点，建立完善的来源可追溯、去向可查证、责任可追究的食品安全追溯体系，促进安全消费。强化市场监管，严厉打击扰乱市场秩序、假冒伪劣、价格欺诈、虚假广告等违法犯罪

行为。此外，还要完善"万村千乡市场工程"连锁农家店，升级改造一批大型农产品批发市场和配送中心，加快实施"金土地店店通"工程，构建1个省级服务中心、32个县级网络平台、4000户农家店网络终端。积极推广"农超对接""农社对接""农校对接""农餐对接""农批对接"，鼓励引导城市超市和连锁店向农村延伸发展。在财政政策上，要加大转移支付的力度，提高低收入群体的补贴水平，提高最低工资的标准，同时对高收入阶层加大税收力度，缩小收入差距，促进形成合理的居民收入分配机制，避免因收入差距发生社会问题，保证吉林省的经济社会真正步入持续、稳定、健康、快速发展的轨道。

（3）加快对外开放步伐，继续深入实施"七大工程"

按照我国的平均水平来看，外贸对经济增长的拉动作用显著。随着外贸体制改革的不断深入，吉林省对外贸易平稳发展，外贸结构也在日益优化，而吉林省的对外贸易对经济增长的拉动作用十分有限，这与吉林省总体对外开放力度不大、进出口规模偏小有着直接的联系。

虽然吉林省利用外资规模呈逐年增长的态势，但与发达地区差距甚大。为扭转这一劣势，结合对吉林省对外开放和经济发展态势的把握，近期吉林省扩大对外开放应将力量集中于充分利用外资、加快引进技术和坚持实施"走出去"战略这三个方面上来。具体来说，吉林省要继续深入实施"七大工程"，提升吉林对外贸易质量：实施"主体壮大工程"，强化外经贸企业队伍建设。实施"基地建设工程"，积极推进长春汽车及零部件出口基地、长春和通化科技兴贸基地3个国家级出口基地建设；推动建设吉林省新规划的一批省级外贸出口基地，培育一批产业聚集程度高、发展潜力大的省级产业出口基地。实施"品牌培育工程"，增强出口商品核心竞争力。以大企业为依托，发挥各项外贸政策的综合效应，推动品牌企业做大做强。逐步建立品牌导向的目标营销体系，支持高新技术和机电产品出口，不断提高出口产品的附加值和竞争力。实施"边贸崛起工程"，充分发挥吉林省开展边境贸易的便利优势，大力推进沿边开放，以延边州被国家列为加工贸易重点承接地为契机，推进珲春出口加工区建设。加快中俄、中朝互市贸易区建设，支持各类企业与俄罗斯和朝鲜开展投资和贸易。在服务贸易领域实施"服务贸易跃升工程"，重点发展软件、动漫、金融、设计、医药等特色离岸外包集群，鼓励企业设立接发包中心。此外，吉林省还将深入实施"市场拓展工程"和"服务优化工程"，进一步优化外贸发展环境。[1]总之，以构筑"七大工程"为载体，扩大总量、提升质量，努力提高进出口对吉林省经济增长的贡献率。

3. 注重改善投资环境和优化产品结构，提高辽宁省经济增长达到新水平

目前，辽宁省"三驾马车"的拉动效用相对均衡。消费仍然是最主要的动力，投资总额虽然排名不高，但也有一定的带动效应。为了使辽宁省的经济状况得到进一步优化，现提出以下建议。

（1）完善投资"软环境"，着重提高从业人员素质

辽宁省是东北老工业基地中唯一的沿海省份，是我国东北地区通向世界的海路进出口门户，是连接东北经济区和环渤海经济区乃至中国内陆广大地区的接合部。这一独特的地理优势使辽宁省比东北老工业基地中的其他省区在对外开放方面具有更直接的比较优势。因此，对外开放一直是辽宁省经济工作中的重要组成部分。进入新世纪以来，辽宁省采取各种措施鼓励外商投资，外商投资企业更是成为拉动辽宁省经济增长的重要力量。

参考世界银行的评价方法，在各类评价指标中，辽宁省在税收、基础设施、劳动力市场灵活性和国际一体化方面有一定优势，而在私人部门参与以及技能和技术禀赋这两项中稍显薄弱。由此看来，辽宁省的基础设施等"硬环境"相对有优势，而从业人员技能等"软环境"方面相对较弱，所以发展非国有经济并积极培养拥有更高技能的从业人员成为改善投资环境的重点。从业人员素质首先反映在文化素质和技能水平上。由于辽宁省人口中的文盲、半文盲比重较少，从业人员素质在全国来看排名较靠前，但就业人口中的专业技术人员比重在全国的位次相对偏后，这说明辽宁省的职业技能培训还很欠缺。同时，专业技术人员数量呈减少趋势，人才流失严重。对此辽宁省要探索建立社会工作人才激励机制，逐步规范社会工作者属于专业技术人才的薪酬和保险待遇，并使其在发挥作用中逐步提高社会地位、职业威望，拓展职业生涯发展空间，使社会工作成为受人尊重的职业。同时，对于事业单位的社会工作者，设计好"资格与岗位挂钩，岗位与薪酬挂钩"的工资制度；对于在民办社会服务机构从业的社会工作人员，研究建立政府购买服务的财政支持体制和合理的薪酬指导标准。逐步完善社会工作的相关配套措施，如社会工作人才岗位设置、政府购买社工服务等，通过

1 "七大工程"提升吉林对外贸易质量 [J]. 国际商报，2011-2-23.

全方位的协调，建立完善社会工作人才队伍建设统筹发展机制，形成推进社会工作人才队伍建设的合力。[1]另外，为吸引专业技术人才来辽宁工作，可以考虑为其提供更优惠的落户政策、住房和医疗政策。同时，政府应联合企业一同创办职业技术培训学校，多渠道解决本省人才需求瓶颈。

（2）优化出口产品结构，巩固对外贸易比较优势

目前，辽宁省对外贸易发展不容乐观，多项经济指标呈下降趋势。2016年1—5月，辽宁省外贸进出口总额完成330.4亿美元，下降15.5%。其中，出口总额166.9亿美元，下降18.7%；进口总额163.6亿美元，下降12%。

应该明确，在一定时期内主要依靠数量增长和加工贸易的方式提升竞争力，这是一个国家和地区走向成熟工业化国家进程中一个必不可缺的阶段。然而依靠初级、低附加值产品以数量规模和价格优势的出口增长方式不能持久，特别是传统出口产品利用土地、资金和环保低成本的现状，依靠劳动力降低产品成本的扩张模式必须得到调整，出口商品的多元化仍需不断努力。近年来，辽宁省出口增长额的50%以上仍是由这些初级、低附加值的产品创造。同时，这些产品中包括钢材、纺织、服装等在辽宁省具有重要地位的出口商品也正是目前国际贸易摩擦最为严重的领域，频繁的贸易摩擦和关税壁垒严重影响出口的稳定发展。因此鼓励和吸引跨国公司把高技术、高增值的加工制造企业和研发机构转移到辽宁来，并给予必要的政策优惠和支持，以进一步改善目前的进出口商品构成，是当前吸收外资政策应该切实采取的手段；同时，帮助本土企业提高自主研发和技术创新能力，不断推进出口商品多元化，优化出口产品结构，逐步减少贸易摩擦给出口所带来的冲击应当成为政府的工作目标。另外，私营企业出口目前已经成为推动辽宁省出口快速增长的重要推动力，但基本停留在出口低级产品的状态。政府应为其提供必要的技术和政策支持，提高出口产品附加值，从而推动全省对外贸易结构的优化升级。应当看到，辽宁作为东北老工业基地进一步全面扩大对外开放的重要的一级，应尽可能使外贸结构更加优化、合理，以此加快全省经济结构优化进程，从而加速老工业基地外贸结构的整体战略升级。

（3）以就业带动消费增长，实现经济社会均衡发展

就业是民生之本，实现充分就业不只能维持社会的稳定，还会因为社会总收入的增加，扩大社会消费品零售总额，从而带动经济的持续增长。

1　徐蕴. 辽宁省计划未来5年内培养14万社会工作人才［J］. 中国社会工作，2011-9-22.

近年来，辽宁省就业态势趋向好转，处于机遇与挑战并存的新阶段，辽宁省要利用就业优先的宏观经济政策以及人口红利的契机，积极应对各种挑战，变经济增长优先为经济增长与就业并重，依靠充分就业带动经济增长，在经济结构调整过程中促进就业增长和结构优化，努力实现经济社会均衡发展。具体来说，政府要优先援助就业困难群体，大力促进下岗失业人员稳定就业和大龄就业困难群体再就业。建立城乡统一的劳动力市场，让农民工在就业等方面与城市其他人群享受同等待遇，妥善解决失地失业农民的就业问题。建立农民工输出地和输入地的区域劳务合作，推广培训与转移就业相结合的运作方式，促进农村富余劳动力合理有序地向城镇转移。由政府出资或同企业合办职业技术培训学校，吸引农民工等群体进入学校学习相应技能，提高自身的岗位竞争力，实现更高端的就业。实施"创业行动"计划，以创业带动就业。广开创业之路，为创业者提供更多的政策扶持，营造良好的投资创业环境，形成以创业带动就业的新机制。同时在全省大力弘扬劳动者的创业精神，帮助下岗失业人员转变就业观念和就业方式，创造生产型就业。依靠劳动者自筹资金、自主创业、自主经营，创造更多的工作机会，真正使工作成为人们生活的核心、生存的依靠，成为其融入社会、实现自我以及为后代带来希望的手段。[1]通过综合采取以上措施，可以极大地缓解就业压力并显著带动辽宁省消费增长，维持消费对经济增长的积极拉动效应，最终实现经济社会的均衡发展。

---

1 中国劳动力市场网：辽宁就业态势趋向好转 目前仍存五大挑战. 2008-6-24.

第二十五章

关于中国东北方向陆海丝绸之路经济带
开发的陆海统筹战略取向

作为一个传统的陆地大国，党和国家近年来加强了对海洋事业的关切。国家"十二五"规划提出陆海统筹战略，这意味着国家开始从"重陆轻海"的传统思维和做法转为陆海统筹，这是中国海洋经济开发的国家战略取向，为我国海洋经济发展指明了方向。"十三五"时期，国家更是延续了坚持陆海统筹的总基调，进一步把陆海统筹作为拓展蓝色经济空间、发展海洋事业的基本遵循。由我国倡议的"一带一路"建设宏图正在徐徐展开，已经成为我国建设海洋强国的一面旗帜，而陆海统筹发展是我国"一带一路"建设的显著特征。与此同时，作为"一带一路"建设的重要一环，中国东北方向陆海丝绸之路经济带的建设更应该把陆海统筹战略作为一以贯之的行动纲领，因为只有这样才能带动我国东北乃至沿线地区发挥最大效能，并且逐步支撑起海洋强国梦。有鉴于此，中国东北方向陆海丝绸之路经济带建设必须坚持陆海统筹，并且以发展海洋经济为契机，系统地展开陆海统筹战略的科学内涵和推进领域，以陆海统筹开发的"九统筹"充实海洋强国战略体系，进一步加强科学发展观在国家战略层面的操作力度。同时，要以陆海统筹战略为总领，通过九大统筹优化产业结构布局，促进海洋产业链不断延伸，把蓝色经济空间向更宽领域拓展，凝心聚力把中国东北方向陆海丝绸之路打造成为参与经济全球化竞争的战略区域。

一、新时期陆海统筹战略的内涵追溯

孙中山先生早在《建国方略》中就提出"经略海洋"的战略构想，只可惜他也像当年的诸葛亮一样"出师未捷身先死，长使英雄泪满襟"。中国共产党人能够实现孙中山先生留下的宏图遗愿，恰逢此时。为此，有必要回顾我国经略海洋历程，追溯陆海统筹思想的演进过程，挖掘新时期陆海统筹的战略潜力，以期从理论到实践形成由陆地向海洋的双向互动、协调发展的格局。

1. 中国海洋经济发展历程的回顾

以海强国，这是时代的呼唤，是人类发展进程中的必然选择。龙是中华民族的图腾，龙归大海方能尽显其威。自古代起，华夏民族就有意识地走向海洋，"兴渔盐之利，通舟楫之便"。指南针应用于航海，唐、宋、元时期发达的海外贸易，明朝郑和下西洋的壮举，都在世界历史上留下了辉煌的篇章。早在春秋时期，中国古代思想家和政治家就认识到了海洋对于国家强盛的重要性。齐桓公问管子何以富国，管子答："唯官山海为可耳。"即国家要强大昌盛，需要组织开发海洋资源。齐桓公采纳管子的建言，由国家出面垄断了海盐生产和运销，齐国逐渐走向富强。战国时期韩非子曾说过："历心于山海而国家富。"也是强调国家要重视山海资源的开发。直至中国封建社会后期，明、清两朝厉行海禁，400年的闭关锁国，使中华民族错失了崛起于海洋的宝贵时机，国力日下，遭到了资本主义列强的野蛮侵略。这样一段灰暗、屈辱的历史时刻警醒着后人，不能再犯同样的错误，闭关锁国是没有出路的。

我国海洋事业历尽坎坷、几经兴衰，有过海上丝绸之路的极盛时期，也曾在海上遭受西方列强的侵占和掠夺。中华人民共和国成立以来，中国人民站起来了，中国海洋事业必将崛起。20世纪80年代，我国在建立社会主义市场经济体制的同时敞开国门，实行对外开放，大大促进了我国沿海地区经济的发展。进入21世纪以来，我国海洋经济更是取得了显著的成绩，特别是党的十八大报告提出"建设海洋强国"的号召，宣告以海兴国、向海洋进取的信念和决心。自提出海洋强国的战略目标以来，我国海洋开发上升到国家战略层面，得到前所未有的重视，在各项利好政策的影响下，海洋经济正在向质量效益型转变，海洋科技研发加快步伐，海洋生态文明建设稳步进行，各项海洋事业有序开展。据统计，2014年全国海洋生产总值59936亿元，继续保持增长态势，增幅达7.7%。2015年作为"十二五"计划实施的收官之年，我国主要海洋产业总体继续保持稳步增长态势，部分海洋产业位居世界前列，海洋开发不断向纵深扩展，显示出了我国海洋开发的潜在优势，迈向海洋强国的步伐强而有力。

2. 前辈关于经略海洋的宏图大略

伟大的革命先行者孙中山认为："自世界大势变迁，国力之盛衰强弱，常在海而不在陆，其海上权利优胜者，其国力常占优胜。"中国近代史上，孙中山先生最早旗帜鲜明地提出了海权之重要，他认真地总结历史经验和反思中国国情，提出了经略海洋的战略思想，深刻揭示了海洋与国家政治、经济、社会进步的重大战略关系。在《实业计划》中，孙中山提出中国应向海洋求生存、求发展，强调要重视海洋实业发展，如重视港口的地位，制定一套完整的港口建设规划，要求独立自主地开发中国航运业与造船业等（《孙中山全集》第6卷）；提出在中国沿海地区分别修建一个世界级的大海港，并且以南部、北部和中部的各大港口为中心，以航运业和造船业为依托，构成联合全部海岸线的中国海港群体，外通内联，以国际贸易带动国家实业的整体发展。

新中国成立后，由于帝国主义的封锁，国内以阶级斗争为纲，把解放与发展生产力放在次要地位，而且经过"文化大革命"10年，国内经济到了崩溃的边缘。经历了30年自我封闭之后，改革开放的总设计师邓小平同志高瞻远瞩，提出了改革开放大战略，使中国走向海洋、走向世界，我国沿海一跃成为我国开放的前沿阵地。在这之后，党中央把发展海洋经济一再提上议事日程。江泽民同志在任时，提出"振兴海业、繁荣经济"；2004年3月10日，胡锦涛同志在中央人口资源环境工作座谈会上的讲话中提出："开发海洋是推动我国经济社会发展的一项战略任务。"温家宝同志在十一届全国人大一次会议上指出，要"搞好海洋资源保护和合理利用，发展海洋经济"。可以看到历届党和国家领导人越来越关心重视海洋事业的发展，中华民族的海洋意识被唤醒，中国人民团结一心，努力构筑实现蓝色中国梦的坚实支撑。

3. 陆海统筹国家大战略是辩证唯物主义的思想结晶

毛泽东同志1956年在《论十大关系》一文中明确指出：社会主义建设的基本方针就是"统筹兼顾，各得其所"；1957年在《关于正确处理人民内部矛盾的问题》一文中强调："我们的方针是统筹兼顾，适当安排。"邓小平同志和江泽民同志也都十分重视统筹兼顾这一经济社会发展的根本方法。胡锦涛同志在中共十七大报告中指出：深入贯彻落实科学发展观，必须坚持统筹兼顾。要正确认识和妥善处理中国特色社会主义事业中的重大关系，实现"五个统筹"。需要强调，在全面建设小康社会和实现现代化的过程中，科学发展观提出"五统筹"的战略方针是妥善处理好各种利益关系所必需的。

"陆海统筹"是基于科学发展观的一种延伸性的学术贡献，贯彻到区域经济开发进程中，必然会逐步收到"科学发展观全局，陆海统筹固国本"的社会效益。马克思主义哲学关于联系和系统的原理认为：整个世界是一个有机联系的系统，联系是指事物之间以及事物内部各要素之间相互影响、相互制约的关系。要使这个系统得以发展，使其功能发挥到最佳，就必须按照该系统的组成结构，协调系统内部各要素的关系。人类社会本身是一个庞大而复杂的有机体，陆海统筹实质上在于使陆地与海洋以及陆海内部各要素实现从无序到有序，从失调向和谐转变，各方面相互衔接，良性互动。要想使这个系统井然有序、蓬勃发展，就要整合和优化陆海各要素，促进系统内部要素的协调运作，充分发挥各方面的积极性和创造性，以协调各方面的利益，维护社会稳定发展的局面。

二、新时期国家审时度势科学定位实施陆海统筹的战略价值

我国已经迈入经济社会发展的"十三五"时期，从国际形势来看，世界经济将进入温和增长期，第三次科技革命走向深化，世界政治格局可能会因为美国、俄罗斯、中国等大国博弈发生变化。从国内来看，我国改革力度加大，利于经济发展，利于在区域联动发展方面培育出新的增长点。而备受国内外关注的我国新常态下实施的走出去战略，即"一带一路"蕴藏的无限机遇正在逐渐显现。应当指出，中国东北方向陆海丝绸之路经济带同样充分体现了陆海统筹的战略思想，**同时也再次强调了新时期国家审时度势科学定位实施陆海统筹具有重要战略价值。**

1. 人类社会发展趋势和我国基本国情要求必须实施陆海统筹战略

随着工业化和城市化的发展进程，很多国家和地区经济社会发展都面临着严峻考验，环境污染、资源短缺、就业压力、土地紧张等问题成为发展的桎梏，陆域对于人类社会的承载能力正逼近极限。而人类的发展与海洋息息相关，海洋蕴藏着巨大的开发价值，所以当前世界海洋科学的发展取向，就是要探索和完善人类对海洋的认知，

利用好海洋资源，开拓人类的生存空间。

目前，我国海洋事业尚处于起步阶段，推进海洋经济开发和管理体制改革任重道远，需要合理规划、加强统筹，制定科学的海洋发展战略规划，大胆地放手先试：2003年，国务院颁布《全国海洋经济发展规划纲要》，明确指出整合海洋区域、开发海洋经济、发展海洋事业，需要国家进行战略安排。2010年12月，《全国主体功能区规划》经批准实施。为了指导沿海地区海洋开发活动，科学规划海洋空间布局，推动海洋经济和海洋事业健康发展，《全国海洋主体功能区规划》于2015年8月1日发布。国家正在进行海洋战略顶层设计，我国海洋开发格局愈见清晰。当前是我国海洋开发加快调整和提升的关键时期，海洋是我国能源资源开发、维护国家安全的重要载体，更是未来我国实现可持续发展的战略依托。有鉴于此，应当从国情出发实施陆海统筹战略，面向海洋展现积极进取态势，推进陆海区域经济一体化，实现海域开发的"全国一盘棋"。尤其在全球经济复苏乏力的情况下，中国也无法独善其身，急需促进中国经济可持续发展的新增长点，为此需要大力提升陆海统筹的战略地位，以此来充实国家统筹兼顾方针的基本内涵，这样才能为我国在步入新常态下提升海洋开发内涵、实现转型突破的跨越式发展。

2. 新时期国家大战略体系匹配的现实要求必须实施陆海统筹战略

2013年下半年，习近平主席在访问哈萨克斯坦和印尼期间分别提出了建设"一带一路"的伟大构想。"一带一路"伟大构想的提出是追随古丝绸之路的历史印记，延续开放合作、互利共赢、和平共处的丝路精神，推动丝路沿线各国开展战略合作。"一带一路"是中国声音，一经提出一呼百应，应者云集。它之所以引起了国际社会的高度关注，也引起了50多个沿线各国的积极响应，是因为它顺应了经济全球化的发展潮流。对于中国而言，广袤的大西部、东北腹地便有机会成为开放前沿，给西部大开发、东北大振兴的国家战略实施注入了新动力，有利于促成陆海统筹、东西互济的对外开放新格局。对于沿线其他国家和世界而言，"一带一路"建设将带动发达国家和不发达国家合作，能够为亚欧非各国增加经济项目，带动就业，共同发展。由此可见，"一带一路"深刻地践行了陆海统筹的科学要义。

又由于落实科学发展观的根本方法，就是注重统筹兼顾。其中科学发展观关于五项统筹的发展方针，是指导全面建设小康社会的体制保障。在此基础上，为了加快我国960万平方千米陆域经济与约300万平方千米海洋经济的协调发展进程，应进一步充实科学发展观的基本内涵，在"五统筹"的后面加上"陆海统筹"，用以加强科学发展观在建设海洋强国战略层面的操作力度以及进一步充实关于社会主义和谐社会建设的统筹方针。由此可见，陆海统筹就是要以科学发展为主题，统筹陆域经济和海域经济一体化协调发展，是当前国家发展战略中的应有之义。有鉴于此，新时期国家大战略体系匹配的现实要求必须实施陆海统筹战略，应当促进陆海统筹在科教兴国、可持续发展之后上升为国家的第三大战略，以利于实现全面建设小康社会和海洋强国的远大目标。

3. 加快国民经济转型发展，改变粗放生产模式必须实施陆海统筹战略

虽然近年来我国海洋开发能力不断提升，海洋产业逐步升级，但是省际的海洋发展竞争加剧，彼此缺乏沟通，甚至出现互相矛盾的现象，主要原因就是行为主体之间没有形成全国性系统关联，即使是在一个沿海省域内，海洋发展总战略没能形成对子战略的整体统筹。这是从海洋发展战略角度来看，而从海洋经济、海洋产业发展方面来看，也急需陆海统筹管理。首先，我国海洋资源仍然存在开发利用方式粗放的情况。[1]今后随着大规模的开发利用，尤其是海上石油的开发，如不采取坚决有效措施，海洋环境污染将会进一步恶化。其次，海洋产业结构不够科学合理，产业布局亟待优化。和其他海洋大国相比，我国部分地区海洋产业结构比较落后，如海洋制造业等第二产业在三产中比重最大，对近海岸生态环境造成一定程度的破坏，需要优化升级；海洋旅游业等第三产业发展势头正旺，但是对国民经济的贡献不如预期；另外，海洋科技研发及成果转化能力不足，一些企业既不愿意投入先期的研究费用，在科研成果转化方面又不愿意加大投入，从而限制了该产业向高新技术方向的快速转变。

有鉴于此，应当贯彻实施陆海统筹战略，以陆海统筹母战略总领各级区域发展战略和规划，对陆海资源进一步地统一评价和规划，使陆域资源和海域资源进一步对接，加强陆海产业之间的关联性，对资源进行有效配置，以利于实现陆海联动发展和区域协调发展，加快经济发展方式转变。我国东部沿海地区作为率先发展的较发达区域，在海洋开发高新技术的研究开发以及应用方面具有领先优势，有条件率先贯彻和实施陆海统筹战略。这样做，一方面有助于发挥东部沿海地区率先发展的聚合和辐射作用，带动东北和中西部落后地区快速发展；另一方面依托东部沿海地区的发展优

---

1 叶向东. 海洋资源可持续利用与构想［J］. 太平洋学报，2006（4）.

势，有利于尽快接轨世界海洋科学尖端技术和产业发展潮流，以高端人才、高端科技、高端产业为着力点，优化陆海产业的产业结构，建设现代陆海产业体系，打造陆海产业集聚示范发展高地。只有以陆海一体化统筹区域空间，实施动态分类管理，才能宏观调控开发秩序，才能形成合理的开发格局，推动全国海洋经济和社会事业的健康蓬勃发展。

三、坚持陆海统筹作为国家战略的操作对策创意

陆海统筹，就是从陆海两域兼备的国情出发，从区域规划、资源配置、产业优化、科技研发、基础设施、交通网络、生态文明、金融市场、公共外交九大方面谋篇布局，树立"九统筹"的陆海统筹国家战略体系，从而加快整合强化国家海洋力量，形成强大的海洋软硬实力，尽快以海洋强国的姿态自立于世界民族之林。

1. 统筹陆海两域规划衔接，下功夫实施国家总体战略

沿海地区作为陆海两域的衔接地带，具有特殊作用，其支撑是陆域经济，而优势在于海洋经济，而只有陆域发展规划与海域发展规划统筹协调[1]，才能实现经济社会的可持续发展。

第一，要完善海洋法律法规，保障海洋战略实施。统观我国的海洋法规，绝大部分是专项法，缺乏统筹全局、统筹陆海两域的综合性法律法规，有的已经陈旧、过时，不能很好地适应国际形势发展。大力实施陆海统筹战略必须从法律上得到有力的保障。为此应加强海洋法律体系的建设，充分借鉴他国先进的海洋法律体系，并结合本国实际国情，建立中国海洋立法新秩序，实现依法治海，依法管海，促进海洋环境保护，有效维护我国的海洋权益，从法律上为陆海统筹战略实施保驾护航。

第二，完善海洋规划体系，对接陆域发展规划。目前，我国海域规划的特点是缺乏中长期规划，缺乏宏观规划之下的具体规划，且存在规划之间不匹配的情况。因此，我国应尽快设计海域规划体系并充分考虑体系结构，做好中长期与短期规划、宏观规划与具体规划，做到各级各类海域规划间的相互配合。[2] 要增强规划的可操作性，

---

1 李靖宇，王偲. 关于中国实施"海上屯田"战略的务实推进构想 [J]. 中国软科学，2010 (5).
2 刘佳，李双健. 世界主要沿海国家海洋规划发展对我国的启示 [J]. 海洋开发与管理，2011 (5).

特别是要加强与陆域规划的衔接的深度与广度。另外，应当用动态的视角看待本国海洋发展态势，定期调整与不同时期相适应的海洋发展规划。要下功夫研究制定规划评估指标体系和考核办法，逐步建立相应的实施保障及监督机制，这是保障海洋规划目标落到实处的重要措施。

第三，规划海洋维权工作，维护海洋权益。目前，我国部分地区存在着岛屿被占领、海域被染指、海洋资源被掠夺的严峻局面，维护我国海洋权益迫在眉睫。为此，国家应尽快组织有关部门制定维护海洋权益的工作规划，明确我国维护海洋权益的战略和政策，分阶段制定维护权益工作的指导思想、工作目标、工作任务和保障措施，使维护国家海洋权益工作走上有计划的发展道路；要坚决维护《领海与毗连区法》《专属经济区和大陆架法》的法律地位，健全法律配套，填补法律空白，建立起系统完善的海洋维权法规体系；要不断强化我国海上执法力量，健全海上执法体制，提升执法装备，有效整合执法资源；要着力巩固我国维权的技术支撑和保障体系，特别是要抓紧构建海上维权监控和应急系统，为国家海上执法等活动提供安全保障。

2. 统筹陆海两域资源配置，下功夫转变经济发展方式

第一，统筹海洋渔业资源，确保渔业资源的可持续发展。据统计，中国所处的西北太平洋海域已经有8%的海洋渔业资源达到了耗竭的水平，已经鱼不成汛，76%的海洋渔业资源产量已达到极限。中国近海海域的情况更为严重，渔业资源严重退化，表现为鱼类品质低层次和低营养级化，鱼类个体变小，低龄鱼比例增加，鱼类性成熟提前等。[1] 必须明确，顺应自然规律，统筹自然环境、经济、社会三者之间的动态平衡，才能实现海洋渔业资源永续利用。因此要做到：建立统一的海洋渔业资源监测系统，严格控制捕捞强度，贯彻执行海洋渔业资源捕捞准入制并加大监察力度；加大对近海海域环境治理力度，控制陆域污染源入海总量；不断健全和完善渔业资源管理体系，提高海洋渔业执法人员自身素质，提高渔政管理水平；分流渔业劳力，大力发展养殖业，兴办"海洋牧场"，走渔业农牧化可持续发展道路；在公海区域，要创造条件加强国际合作开发，保障渔业资源可持续发展。

第二，统筹海洋油气资源，实现国家能源战略目标。2015年我们国家的原油对外

1 沈金生，石陈陈. 海洋渔业资源优化与集体产权的经济研究 [J]. 中国海洋大学学报（社会科学版），2011（2）.

依存度超过60%，而近10年来，我国有53%的新增石油产量来自深蓝海洋，这意味着对于拥有丰富潜在海洋油气资源的中国来说，海洋石油大开发的时代已经到来。随着深海油气逐渐成为接替资源，勘探和开采难度在逐步增加，因此统筹海洋油气资源开发昆得极为重要。为此，要提高统筹海洋油气开发科技水平。目前，我国已形成包含海洋环境技术、深海勘探开发技术、海水淡化技术、海洋通信工程技术等，横跨20多个领域的海洋高新技术体系，仍需加大支持力度实现海洋油气开发技术攻关；要统筹规划海洋油气资源开发规模，提高资源利用效率，实现资源利用延续性；作为发展趋势必须要重视深海开发，同时也要兼顾近海资源保护性开发；要合理分配开发力量，创造条件适时开展我国南海区域的油气资源开发。

第三，统筹航运港口资源，实现航运港口现代化管理。自国家实行港口管理体制改革以来，港口管理政策向市场化靠拢，我国港口迎来了高速发展期，[1]但是，粗放型的发展也造成了部分港口低水平重复建设和港口间的恶性竞争。因此必须坚持科学发展观，以各大航运中心为依托，统筹航运港口资源，整合运力，切实加强港口的行政管理功能；要实现港口物流服务网络化、自动化、信息化和智能化，实现对操作对象的自动识别和实施跟踪，消除错漏，提高运输安全和物流服务效率；统筹陆海两域交通运输资源高效配置，高效对接港口与各交通运输方式、物流管理、服务企业、物流基地，通过物流信息平台实现信息集成和共享；建立港口规划和建设的长效问责制，建立严格而科学的港口规划审核机制与程序，配合国家实行项目全过程的监控，研究制定合理的港口评价指标体系以及加强港口资源整合的法制观念。

3. 统筹陆海两域产业结构，下功夫实现产业优化升级

坚持陆海统筹战略，加快沿海产业结构调整，要以培育和发展海洋战略性新兴产业为着力点，推进海洋产业集群化、规模化发展。第一，可以依托"海洋牧场"建设，发展海洋旅游产业。[2]可以说创建"海洋牧场"，可以集约化、综合开发利用海洋资源，是改善海洋生态环境的有效举措，还可以解决陆域的粮食安全问题和发展海洋旅游产业，进而缓解内陆社会经济发展中出现的各种矛盾，所以必将成为当今世界各国

1　周华军. 充分利用港口资源，推动承接产业转移示范区建设 [J]. 水运管理，2011 (7).
2　吴超，孙蕾. 关于长海县域创建"海洋牧场"的战略推进取向——为全国建制海岛经济开发建设提供示范基地 [J]. 中国软科学，2011 (6).

实施可持续发展的战略选择。我国发展海洋牧场是一个大有可为的新兴产业，着眼于此，需要从政策关联、产业定位、技术突破、资金筹措、环境评测等方面着手，进行合理布局和精心谋划[1]：加强对海洋牧场的科学规划，在规划前需深入考察拟选海洋牧场区域的资源状况及承载力，统筹海洋牧场建设的范围、规模、方向、路径和目标；加快养殖技术创新步伐，注重立体生态、立体、深度开发建设，配套设施跟进及时；推进海洋旅游业不断发展，创造条件使近海渔业资源休养生息；拓宽融资渠道，广泛吸收民间资本和外来资本，探索海洋资源证券化，保障海洋牧场建设资金需求。

第二，依托国内外市场资源，大力发展临港产业。以2008年为拐点，全球航运业持续低迷，受此影响我国港口发展空间受限，有鉴于此，亟待调整我国以往以需求推动、不断扩充港口产能的发展模式。[2] 为此，在"十三五"时期，要依托国内外市场资源，抓住机遇，加快确立国内部分港口的国际航运中心地位，依托已具有的规模性物流、资金流和信息流，将发展重心转移到提供航运融资、保险等金融服务，发展专业性交易市场的贸易平台服务，提供航运、价格指数等信息服务。加大与国际发达港口城市之间的合作交流，不断升级优化临港产业结构，依托新型临港产业群体，延展成为港口发展与区域经济增长的链接带，使之成为振兴区域经济的发展引擎。

第三，依托沿海地区航运中心，发展航运物流产业。当前全球贸易经济走势对我国传统航运物流提出了新要求。我国航运企业所面临的机遇与挑战并存，应确立与海内、外港口合作发展的思想，促进航运交通一体化，在把握枢纽港的基础上，抓好干线港、中继港等支线运输网络建设。这样才能使港口在海运物流节点上提供高效、快捷的装卸服务，进一步增强航运企业在世界范围内的物流服务，并与现有的遍布全球的代理网络相结合，利用航运企业在海运方面的集成优势，与国外的物流企业建立密切的业务代理关系，形成遍布全球的物流服务网络。

4. 统筹陆海两域科技研发，下功夫建设国家创新基地

统筹陆海两域科技研发，第一要统筹国家和地方科技力量，建设海洋科研基地。应当看到，我国海洋高新技术产业在海洋经济中的比重明显偏低。这就需要我们下大力气统筹陆海两域科技研发资源，以科技力量加快转变海洋经济增长方式，提高发展

1　王诗成. 海洋牧场——一个大有可为的新兴产业 [J]. 求是，2011 (1).

2　罗萍. 我国港口经济与临港产业集群的发展思考 [J]. 港口经济，2011 (4).

质量。为此，沿海省市要依据《国家中长期科学和技术规划发展纲要》文件精神，结合地方海洋产业发展实际需求，制定和实施海洋科技发展规划；要统筹国家和地方力量，建设一批具有世界领先水平的集理论研究、技术研发和装备制造为一体的海洋科研基地，以点带面，重点突破，从而促进海洋科技水平的快速提高；与海外高端海洋科研机构签约，重视产业园区建设，规划"蓝色农业"，聚焦水产苗种业、海洋生物医药、海洋生物制品、海洋功能性食品的研究与开发利用等领域，坚持创新成就海洋科技孵化器，为地方经济建设和国民经济社会发展做出更大的贡献。

第二，统筹国家和地方科技投入，保障重点项目攻关。国家相关部门已陆续启动相关工作，如"863计划"海洋技术领域设计资源开发、环境监测、深海检测等方面，"973计划"、国家自然科学基金已将海洋科学作为重点学科；"浓海水梯级利用产业化技术集成及工程应用"和"海洋重要生物资源养护与环境修复技术研究与示范"等一批重大项目列入国家科技支撑计划；部分海洋院所、大学被列入重点支持之列，给予更多科研经费、大型仪器设备购置经费支持；海洋公益行业科研也将得到专项支持。可以看出，国家对海洋科研项目的投入不断加大。为此，应统筹国家和地方科技投入，紧密围绕海洋事业发展的客观需要开展研究工作，形成合力，保障重点项目攻关；在实施国家海洋科技计划重大专项过程中，积极开展海外高水平海洋科技人才引进计划，要重视培养和造就一批高层次的海洋科技领军人物，全方位提高我国海洋科技研究水平和技术创新能力。

第三，统筹政府和企业科技力量，推进海洋产业市场化。目前，我国部分涉海企业的自主创新能力较低，还有一些先进适用技术成果长期不能向市场转化。因此，必须加深市场化以激发海洋产业创新力：建立产学研结合的以企业为主体的海洋科技创新体系，提升海洋科学技术对经济社会发展和国家安全的支撑和引领作用；加强以重大战略性产品和推动海洋新兴产业为中心的集成创新，在此基础上实现关键技术的突破；统筹考虑和规划项目、人才和基地发展，加快海洋科技创新发展示范区域建设，加强科学和技术基础设施与条件共享平台建设；加快面向海洋公益事业发展所需技术研究和科技成果转化，优先解决面向海洋公共服务的科学和技术问题。

5. 统筹陆海两域基础设施，下功夫加快"蓝色经济"进步

海洋自然生态环境复杂多变，海洋主权纠纷不容忽视，海洋经济资源开发风险高，所以必须要统筹陆海两域基础设施，为"蓝色经济"发展提供基本保障，具体要

做到，第一，要统筹水利设施，加强水利基础设施建设。一方面，完善水资源保障体系。要依托南北贯通、东西互济的大水网格局，构建配套完善的现代化供水保障工程网络，实现水资源合理调配。要积极利用淡化水，深度开发雨洪水，加强污水处理回用，提高区域供水、调节和蓄水能力以及应急保障能力。另一方面，加强防洪防潮设施建设。完善防洪防潮减灾体系，强化防洪防潮预警机制，加强骨干河道综合治理，实施河道修复工程和水库除险加固任务。重点城市要达到国家规定的防洪标准，确保安全。从促进生态恢复平衡的角度考虑，改造低标准的防潮堤坝，重点建设一线防潮堤和入海河道防潮堤，构筑防洪抗洪安全屏障。

第二，统筹能源建设，构筑安全能源供应体系。一方面，要大力发展可再生能源，有序开发风能资源，重点建设沿海大型陆地风电基地和内陆分布较广的风电项目，建设海上百万千瓦级风电基地，建设潮汐能和波浪能发电示范项目，逐步加快海洋能的开发利用步伐；鼓励建设生物质能热电联产机组，积极扩大沼气利用范围，提高沼气项目后续服务，响应国家号召推动非粮燃料乙醇发展；推进以太阳能为主的新能源城市建设，提高利用规模和水平；加大力度开发利用地热能，适时开展风光储输联合工程项目。另一方面，有序推进核电建设，加强对拟建厂址的勘察、论证工作。此外，要优化发展燃煤火电，以循环发展作为推动煤炭和电力发展的模式，重点建设60万和100万千瓦级大容量、高参数、环保型燃煤电厂，在沿海大中城市热负荷集中的地区，适当建设30万千瓦级热电联产机组，适当引入背压式热电联产项目，加强清洁高效煤电项目建设、燃煤电厂节能减排升级改造领域，促进城市节能减排。

第三，统筹信息资源，加强信息基础设施建设。根据国土资源部《关于进一步加强信息化工作统筹的若干意见》（国土资发〔2015〕16号）指导精神，沿海省市要加快构筑智能化、宽带化、高速化的现代信息网络，加快物联网、云计算发展，整合电信网、互联网、广播电视网融合发展；建设沿海各省市到现有国际通信业务出入口的专用通信通道，大幅提高跨境数据传输的稳定性，开拓面向全球的数据处理、托管和存储等业务；完善信息服务体系，构筑电子商务、政务、物流为一体的跨区域、跨行业、跨部门口岸公共信息平台；加快数字海洋工程建设，建立规范的海洋管理信息系统以及各类数据库，构建覆盖海陆的省、市、县三级分布式的基础信息服务平台；重点建设海洋生态环境监测与评价、海域使用动态监控与指挥、海洋防灾减灾、海平面变化分析预警信息、海洋生物病害防治专家系统等实时监控系统，整体提高海洋综合信息管理水平。

6. 统筹陆海两域交通网络，下功夫促进区域联动发展

历史经验表明，依托大型港口发展临港工业密集带，再到实现沿海城市化是陆海一体化的有效实现途径。第一，统筹陆海交通规划，促进交通一体化。海洋和陆地这两个紧密关联却极不相同的生态系统之间，存在着极为复杂的自然和经济联系，而这正是实现海陆经济一体化的天然基础。然而，这一切都是基于交通运输业的不断完善而发展起来的。发展海洋经济和发展海洋交通运输业，必须依靠强大的陆域经济作为基础，也必须依靠陆域的交通运输作为后续。目前，我国以"三横五纵"铁路干线为骨架的陆域交通网络成型，运力不断加强，同时沿海港口建设迅猛发展。今后要认真梳理"一带一路"、京津冀协同发展、长江经济带等国家重大规划项目，并率先启动部分桥梁和海底隧道等跨海交通基础设施和通道建设，加强港口资源空间整合及功能调整，强化陆海战略通道建设与维护，以日益完善的运输网络和措施得当有力的陆海通道安全保障支撑区域联动发展。

第二，统筹港口建设规划，有效整合港口资源。目前，由于多头审批、多头管理等原因，导致我国部分地区港口建设失控，出现重复建设现象，这种状态必须从根本上加以改变。因此，建议进一步加强各层次的港口布局规划管理工作，明确港口建设隶属关系，统一纳入交通行业管理。以全国港口布局规划为指导，各省、自治区、直辖市区港口主管部门应通过严密的分析论证，做好本地区的港口发展规划，作为本地区港口发展建设的主要依据。港口规划一经批准必须严格执行，与规划不符的项目一律不得列入建设计划。建立港航设施建设岸线审批制度，通过对建港岸线资源的管理，实现港口资源优化利用。而具体港口建设由企业按市场经济规律来进行决策，应该从以项目审批作为主调控转变到由市场自由配置为主，根据市场和经济形势的变化适时调整和完善。

第三，统筹物流产业规划，促进资源高效流通。必须认识到，我国的海洋产业要赶超世界海洋经济发展的先进水平，就必须把调整产业结构作为主线，强化对海洋经济新增长点的培植，尤其是要统筹物流产业规划，促进陆海两域资源高效流通。为此，要充分发挥沿海省市海洋资源优势，尽快建设物流技术规范标准体系，建立以物流网络体系为基础，加工贸易为延伸的产品综合加工配送基地，致力打造区域性的生产基地和现代物流基地。在"十三五"期间，要继续加大投资力度，可采取减免部分费用、精简审批手续、加强咨询服务等优惠政策，吸引各类海洋企业和投资者向物流

基地集中，尽可能地实现一定区域内的物畅其流，为涉海企业集群发展创造优势环境，提高辐射带动区域周边的能力，催生具有国际竞争力的国家级商贸物流基地。

7. 统筹陆海两域环境治理，下功夫提升经济社会质量

第一，要加强陆海污染源监管，提高陆海环境整治效率。据统计，我国沿海地区这条布满新兴产业和现代都市的沿海经济带，面积占我国陆域国土的13%，集中了全国近40%的人口，创造了全国60%左右的国民经济产值，然而它的发展也使岸线环境压力深重。目前，我国海岸地区的主要污染源为入海河口污染源、直排口污染源及近岸海域污染源，污染已从点状扩展到面状，污染物质在沉积中聚集并随沉积物运移，严重危害海洋生态环境和影响人们的正常生产和生活。因此，需要加强陆域污染源监管，控制入海总量，提高回收利用水平，不断提高陆海环境治理效率。要继续加大监督管理力度，组织开展近岸海域环境质量现状与趋势性监测、重要海洋功能区监测、典型生态脆弱区监测、脆弱生态恢复监测、赤潮灾害和水产品质量安全监测以及新增海洋垃圾监测点监测，全面掌握近岸各大海域环境质量现状和海洋生物状况及其趋势。

第二，加强海岸带综合保护，提高海岸带综合管理水平。我国目前海岸带管理整体缺乏综合性管理的理念，为此要科学规划管理工作，促进各个管理部门相互协调，做到同一等级不同经济部门间的水平整合，通过对海岸带进行功能分区等手段，加强协调并充分发挥旅游、渔业、规划等部门的管理职能；要做到不同级别的部门之间的垂直整合，加强沟通、增进了解，使上下级管理互不矛盾；横向协调各地区海岸线的空间要素，避免重复建设，保持应有的关联性与过渡性，形成国家级区域性的从宏观到微观，从整体到局部的规划设计；注重海洋城市品牌，强调各地区海岸线形象符合所在城市整体形象。

第三，加强和保护海洋生态环境，实现海洋开发可持续。保护海洋环境需要有严整的管理制度和方法，确保海洋开发政策得以执行和科学技术的有效应用。具体而言，要立足恢复和改善近岸海域的水质和生态环境，以海洋恢复治理工程建设为重点，以推行清洁生产为基本途径，陆海兼顾努力遏制近岸海域污染加重的趋势，实施污染物排污许可证制度，争取相关立法的规范与支撑，抓好沿海城市毗邻海域、主要河口海域的海洋环境保护工作。应按照集约、深水、绿色、安全等最新发展理念，加强法制，强化监督，提高违法成本，注重加快海洋生态文明体系建设，强化底线思维，确保和提升海洋生态环境承载力，推动形成人与自然和谐发展的海洋开发新格局。

8. 统筹陆海两域金融市场，下功夫解决资金短缺问题

第一，要接续陆域经济政策性启动，向海洋经济开发实行优惠的金融政策。要加强货币信贷政策向海洋产业倾斜，建议央行与政策性银行发放"海洋开发专项贷款"，提高海洋产业贷款比重，适当提高海洋开发中长期贷款比例，与此同时，要发挥贷款利率的机制作用，根据海洋开发项目风险程度大小，允许在一定范围内浮动贷款利率，增强海洋开发项目吸引资金能力；国家财政部应增加对政策性银行的海洋科技引进、研发、成果转化项目贷款贴息的数额，尽可能降低和消化风险。

第二，进一步深化金融机构改革，促进完善海洋经济开发金融组织体系。必须看到，单一形式的金融组织体系，无法有效地满足各类海洋经济部门多样化的金融服务需求。为此，一是要鼓励发展城市商业银行、民营银行、社区银行、农村合作金融机构这类地区性的中小金融机构，为具有比较优势的中小型海洋开发企业提供金融服务。二是要扶持一批符合市场经济发展要求的非银行金融机构，如融资租赁机构、信托、保险机构等，满足中小型海洋企业中长期的融资需求。三是要考虑组建海域开发银行等专门金融机构。由于海洋经济开发对资金的需求量大并且集中，因此有必要单独建立一个专门服务于此的银行，做到专款专筹专用。该银行在股权结构上要适度多元化，包括国资、民资以及战略投资者引进，在融资上仿照商业银行采取多种手段，如上市融资以及适当开展投资银行业务等。

第三，努力健全直接投融资体制，积极促进完善海洋经济开发资本市场。利用资本市场来直接融资，是弥补我国海洋经济开发资金缺口的一条重要渠道。具体来说：一是要积极鼓励大中型海洋企业到主板市场上市融资，对于处于研发或筹备阶段的中小企业，如专注海洋生物医药、海水综合利用产业的企业等，可以在创业板市场和中小板市场中直接融资。二是可以选择资信较好的海洋开发企业发行企业债券，进行直接融资，可减轻银行压力，又可促进企业增加收入；可以争取中央政府批准发行地方政府债券，筹集的资金主要用于海洋基础设施建设、高新科技项目及海洋科技成果的转化。三是要努力在防范风险的基础上，为信誉好的海洋企业扩大商业票据承兑和贴现业务范围。四是要注重借鉴国际创业投资基金运作办法，结合我国具体实际情况，设立海洋产业投资基金，直接投资未上市的海洋企业，从事资本的经营与监督，最终通过股权交易形成较高投资收益，形成集体出资、专家管理、收益与风险共担的运行机制。

9. 统筹陆海两域对外开放，下功夫构筑国际合作平台

第一，统筹国家各相关职能部门，形成陆海统筹开发合力。目前，我国海洋事业实行的是统一管理与分部门分级管理的体制形式，虽然能为陆海统筹战略提供组织上的基本保障，但多年来形成的行业管理模式，对海洋某种或某类资源开发利用实施单项管理，缺乏有效的综合协调，不利于陆海统筹战略实施。针对海洋管理政出多门的情况，国家需要形成海洋事务综合管理的统筹规划和顶层设计，建立多层次、跨部门的协调机制。例如，由国务院出面组织建立国家海洋事务协调委员会，作为行为主体协调中央与地方各涉海行业在海洋开发管理方面的矛盾，统筹国家和地方海洋发展战略、海洋开发规划和有关政策，保证海洋管理的统一协调运行，形成陆海统筹开发合力。

第二，统筹完善陆海管理法规体系，推进依法开发海洋建设。根据我国涉海法律、法规适用范围和法律效力的不同，可对我国海洋法律体系的基本框架结构作如下设想：第一层是宪法和海洋基本法；第二层是关于我国海洋权益的法律，包括领海和毗连区法，专属经济区和大陆架法；第三层是关于海洋资源的开发利用、交通运输、环境保护、科学研究等；第四层是为实施上述法律而制定的行政法规、部门规章、条例等规范性文件，是地方性法规和规章。在四层海洋法律体系格局下，在具体制定法律法规和操作执行的过程中要注意：首先，针对我国在法理研究、对外谈判的弱势方面，尽快推出海洋基本法，在海洋基本法上确立陆海统筹战略的基本地位，特别是在国家的宪法上，增加有关海洋开发与保护等方面的内容。其次，完善各项涉海法律，健全与细化与国际履约相关的海洋法律法规，形成完备的海洋法律体系。另外，加强法制宣传工作，让海洋法律深入人心，加强人民的海洋法律意识，强化海洋法的法律地位，共同维护我国海洋法律的法律效力。

第三，统筹陆海对外开放体系建设，推进和谐海洋环境建设。目前，我国海洋资源开发与多个国家存在着争议，为维护自身权益，使我国在划界谈判中争取有利地位，需要利用海洋产业对外依存度较高的特点，积极发挥对经济的外向拉动作用，例如以"一带一路"建设实施为契机，全面放开外商投资海洋领域；同时，注重确立和提升责任感和使命感，打造从中国山东省、东北地区、华北大部分地区经过俄罗斯和东欧地区国家直达欧洲市场腹地的战略通道，即中国东北方向陆海丝绸之路经济带。开创中国东北方向陆海丝绸之路经济带，从世界经济发展格局来说，是对国际经济发

展中的生产国际化和区域经济一体化的积极响应，能够多方促进我国海洋经济与国际经济接轨；从国内经济发展角度来说，特别是为我国东北区域提供了新一轮开放与发展的千载难逢的珍贵机遇，可以为实现老工业基地全面振兴的国家战略目标、为国家新一轮对外开放而促成"东进西拓南下北上"的陆海大通道格局做出创造性贡献。总而言之，统筹陆海两域对外开放，就是要统筹我国西部大开发、东北振兴、中部崛起和东部率先发展"四大板块"协同发展，加强我国从内陆到沿海的聚合和辐射能力，畅通"四通八达"的海上通道安全格局，以利于提升我国在国际事务中的参与度和话语权，向世界传递和平用海、合作共赢的理念，以更开放的姿态，努力维护经济社会发展和周边国际环境稳定，践行中国政府对国际社会关于建设和谐海洋的庄严承诺。

第二十六章

关于中国东北方向陆海丝绸之路
经济带开发的通江达海战略取向

作为国家级的战略区域，东北综合经济区新一轮开发开放具有重大的区域价值，所以国务院近年来频繁予以国家战略投放，以求推动区域经济结构进一步优化，提升区域自主创新能力，加快对外开放进程。然而在这一进程中，却没有很好地把陆域开发和海域开发结合起来。这一方面是受"重陆地轻海洋"的传统思想束缚，另一方面也是东北地区开发开放受出海通道的严重制约所致。实际上，东北综合经济区只有辽宁沿海港口在承担着出海通道的主要角色，这远不能满足对外开放的全方位要求。走向世界市场的最佳通道是海上，海洋运输是国际贸易的主要运输方式。而东北综合经济区出海通道比较单一的现状，不利于国际市场开发和区域经济进步。因此，要实现东北老工业基地全面振兴目标，寻找切实可行的出海路径必须提上日程。东北综合经济区的地缘优势非常显著，处于东北亚地区的中心位置，区域内又有黑龙江、图们江、鸭绿江3条通海水道。这3条江都是与周边国家有密切关系的大通道，水量丰沛，通航潜力大，适合江海联运。特别是借助中国东北方向陆海丝绸之路经济带开发大势，如果能够通力合作进行合理开发，充分发掘这三大水系的综合利用价值，积极融入"一带一路"建设版图，对于区域开发开放功能提升将会大有裨益，故而有必要对东北综合经济区新一轮对外开放的通江达海战略取向加以现实论证。

一、东北方向陆海丝绸之路经济带开发的通江达海战略的背景分析

进入21世纪以来，随着东北亚经济的快速发展，区域内国家和地区间的双边经贸合作广泛展开，且呈持续扩大之势。[1] 经济全球化和区域一体化的时代趋势，突出了对外开放的重要性，融入世界市场参与全球大分工，是每一个经济实体走向繁荣的必然选择。而海洋对于现代经济发展的作用已经显现出来，谁掌握了海洋谁就掌握了现代经济的主动权。进入海洋时代，必须具有更加长远的发展眼光，不能仅满足于低层次的通航要求，而是要放眼全局，开拓、升级整个流域的综合价值，尤其是对于东北地区来说，推进通江达海战略取向，参与中国东北方向陆海丝绸之路经济带建设可谓恰逢其时、因地制宜的重大举措。

1. 东北亚地区重视务实合作和区域一体化态势显著

区域经济一体化是东北亚合作的重要目标。从当今世界发展态势来看，经济全球化和区域一体化已经成为时代潮流，各国都在积极利用这一历史机遇为本国谋求战略利益。中国作为一个有众多邻国的国家，坚持奉行"与邻为善、以邻为伴"的周边外交方针，顺应和平与发展的时代潮流，把"睦邻、安邻、富邻"作为基本国策，积极主动地与周边建立合作关系，为中国区域经济开发开放营造了良好的周边环境。同时，俄罗斯、蒙古、朝鲜、韩国、日本也都意识到区域合作的必然性和重要性，积极参与东北亚区域合作开发进程。由此可见，随着东北亚各国的交流与合作，东北亚多边合作机制的逐步建立，东北亚跨国流域合作开发已经成为区域一体化的必然要求。

当代世界经济区域化发展的经验证明，任何一个国家、地区都不可能闭关自守地发展经济，而是必须面向周边区域，实行区域能源、资源、金融、文化等方面的全方位合作。对此，欧盟和北美自由贸易区两个相对成熟的区域经济共同体已经作出成功的表率。抓住机遇，化解矛盾，迎接挑战，走合作共赢之路，实现可持续发展，这是东北亚国家共同的正确选择。[2] 东北亚合作态势正在形成，东北亚区域正在进一步深化

---

1 徐长文. 东北亚地区经济一体化任重道远 [J]. 和平与发展，2008 (1).

2 李俊江，周华起. 构筑东北亚合作共赢的平台 [EB/R]. http://www.ce.cn/kfq/KFQSY/qyjjjlyhz/200512/28/t20051228_5663012_1.shtml.

产业和地区分工、完善优势互补的区域生产与服务体系、构建区域大交通体系和完善信息服务网络、强化市场机制配置生产要素的基本功能。以促进区域产业和市场整合为契机，启动东北亚金融合作，推进社会资本的形成，满足区域经济一体化的投资需求，加速东北亚区域经济一体化进程，为区域经济一体化打下坚实的战略投放基础。

2. 国家进一步加大东北老工业基地发展的支持力度

东北地区是新中国工业的摇篮，曾经在我国社会主义工业化初期为建设独立、完整的国民经济体系，推动我国工业化和城市化进程，作出了历史性的重大贡献。国家在2003年开始对东北地区投放振兴战略出台众多优惠政策，特别是国务院在2009年先后批准的《辽宁沿海经济带发展规划》《中国图们江区域合作开发规划纲要——以长吉图为开发开放先导区》《中华人民共和国东北地区与俄罗斯联邦远东及西伯利亚地区合作规划纲要（2009—2018年）》，进一步为东北综合经济区发展注入了新的生机。这三个规划有一个共同点，就是以省区行政单位为实际参与者和承担者，做到了责任到位，提高了可操作性。

辽宁沿海经济带开发上升为国家战略，说明在东北区域经济发展过程中，沿海地区应当作为突破口，成为东北腹地的畅通门户，制定《辽宁沿海经济带发展规划》是东北地区面向东北亚开发开放进程中的重大举措。图们江区域国际合作开发能够加快东北地区培育基于图们江流域面向东北亚开发的区域载体，有利于提升我国参与东北亚区域合作的主动权，有利于生产要素跨境流动和优化组合，有利于加强我国与东北亚国家经济合作关系，实现互利共赢。中俄关于东北地区和西伯利亚地区的合作有利于协调中俄两国边境区域经济合作关系，能够促进合作创建中俄边境区域经济振兴带。为此，中俄两国领导人早已达成边境区域经济合作的共识，力促两国边境区域合作的跨国战略对接，并且在合作文件中分别赋予东北各省区承担重要国家使命，主要是以黑龙江省作为行政驱动行为主体。国家作出的这些战略投放，无疑为东北地区的健康快速发展和进一步实现通江达海战略取向奠定了坚实基础和可靠保障。

3. 东北区域新一轮开发开放对海上通道有迫切需求

我国自改革开放以来，随着市场体制的建立和运作，对外贸易在快速增长，内陆地区借河道面向海洋开拓国外市场越来越重要。我国拥有18000千米的大陆海岸线，出海通道众多，不乏长江、珠江等世界级的大通道。然而，中国江河通道在地域分布上却显得并不均衡，主要表现为南方比北方更具优势，北方通海能力远远不及南方。东北地区包括辽宁省、吉林省、黑龙江省和内蒙古东部地区，土地面积为126万平方千米，占全国国土面积的13%，人口占全国的8.3%，占国内生产总值的11.33%，是我国东北边疆地区自然地理单元完整、自然资源丰富、多民族深度融合、经济联系密切、经济潜力巨大的大经济区域，更是我国重要的装备制造业基地、国家新型原材料和能源保障基地和重要的商品粮和农牧业生产基地，在全国经济体系中占有举足轻重的战略地位。

值得注意的是，东北地区产能巨大，但市场流通渠道和运输系统比较落后，铁路和公路运力满足不了发展要求，所以对开发海上通道提升水路运输能力有迫切需要。东北区域内有黑龙江、图们江、鸭绿江3条可以通海的水系，这3条水系都具有优越的通江达海条件，是天然的黄金水道。因此，开发这3条黄金水道为东北区域经济服务，已经成为东北综合经济区开发开放的迫切要求。区域互补性强加上得天独厚的跨国通道流域体系，构成东北地区与周边区域合作开发的巨大优势，运筹通江达海战略的时机也发展成熟，如果通过中国东北方向陆海丝绸之路这样的国家战略工程得以实践，必然能够切实加快区域经济一体化的现实进程。

二、东北方向陆海丝绸之路经济带开发的通江达海战略的突破路线图解

经验表明，东北振兴离不开对外开放，根据国家的投放战略，东北地区在建设东北方向陆海丝绸之路经济带的过程中实行通江达海战略取向，可以从北向南自然地划分为三个部分：第一，疏通黑龙江流域出海通道，提升流域战略层次。在东北区域黑龙江跨越的区域最广、流域面积最大，是中俄两国共同的地缘纽带。俄罗斯远东地区周边有丰富的石油天然气和煤炭资源，深入俄罗斯远东地区对于我国东北地区而言就是拥有了雄厚的资源能源后盾，能够为进一步加强中俄两国边境区域全面合作关系奠定基础，进而可以为中俄全域合作打开局面。第二，促进图们江区域国际合作开发，建立吉林省最近的出海通道，同时打通东北区域通向日本海的关键通道，借此把东北地区与日韩两国合作关系整合在一起，形成环日本海经济圈，进一步增强东北地区在东北亚各国中的实际地位。第三，加强鸭绿江通航能力，配合辽宁沿海经济带和沈阳经济区的战略投放，便于其辐射周边区域，与朝鲜、韩国完善合作关系，强化辽宁在环黄海经济圈的战略地位。由此可见，推进通江达海战略取向，对于东北综合经济区发展来说，无疑是海洋经济时代来临的正确选择，有望成为国家下一步要着重部署和推进的新一轮发展战略。

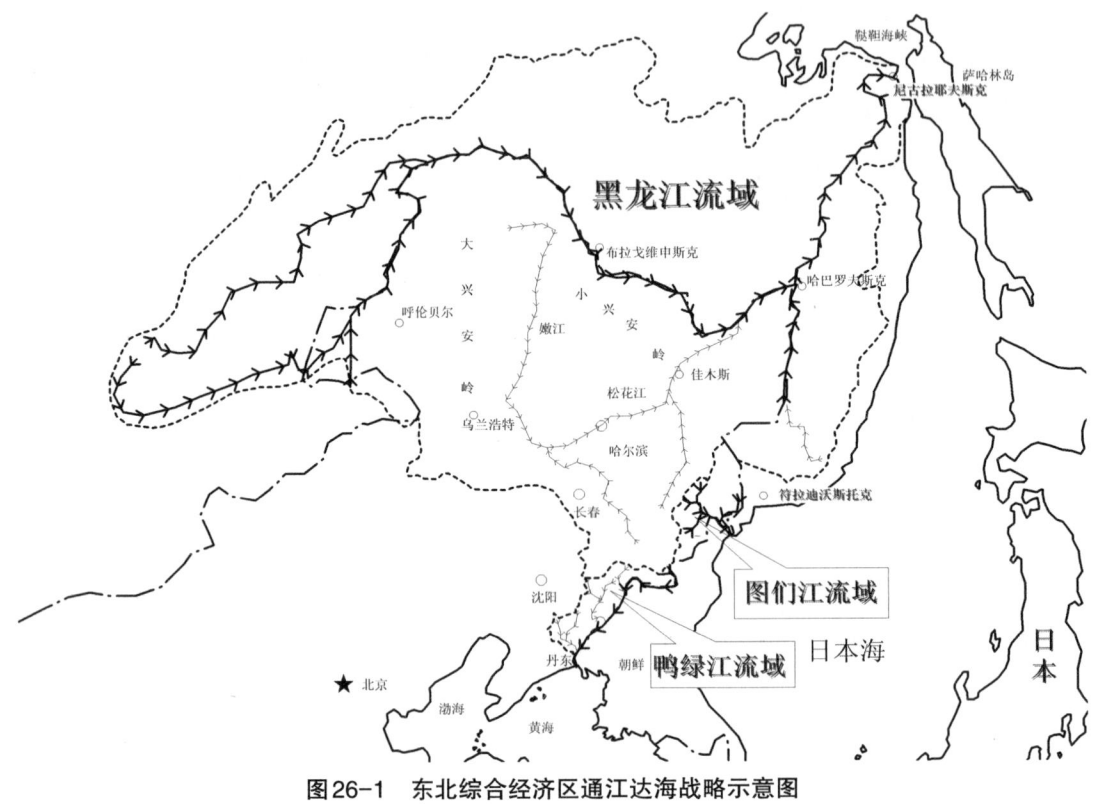

图26-1　东北综合经济区通江达海战略示意图

1. 黑龙江作为中国与俄罗斯界江，可以据此开拓北线出海通道

黑龙江发源于蒙古的肯特山南侧，在石喀勒河与额尔古纳河交汇处形成，再经过中国黑龙江省北界与俄罗斯哈巴罗夫斯克边疆区东南界，最终流到鄂霍次克海的鞑靼海峡。从黑龙江南北源汇合点起，到俄罗斯哈巴罗夫斯克的黑龙江与乌苏里江汇合点止，中国和俄罗斯的界江，中俄界河通航里程长达3577千米。黑龙江流域水量丰富，流域年径流量3465亿立方米，大约每年10月下旬开始结冰，第二年4月下旬结束冰期。从自然条件来看，黑龙江的通航条件比较优越，由于其水量丰富还可用来发展电力和农业灌溉，从而满足东北地区向北通江达海的客观需要。因此，中俄双方在黑龙江流域的开发开放和自由通航，能够造福两国周边相关地区。

黑龙江南岸中国境内的沿岸市县有：漠河县、呼玛县、黑河市、逊克县、嘉荫县、鹤岗市、佳木斯市、萝北县、绥滨县、同江市、抚远市、饶河县、绥芬河市；黑龙江北岸有俄罗斯重要城市哈巴罗夫斯克、下列宁斯克耶、共青城、尼古拉耶夫斯克、布拉戈维申斯克。依据边境区域相对应的口岸条件，中俄双方在经贸往来上已经建立了良好的双边关系，很多城市和地区为此结成友好城市，比如哈尔滨市和哈巴罗夫斯克边疆区、牡丹江市和滨海边疆区等，在经贸合作方面业已卓有成效。在中俄两国领导人的大力推动下，双方合作关系越来越紧密，政治、文化、能源、经贸等诸多领域都展开了深度对接。2010年3月，中国与俄、朝、蒙等建立了满洲里、绥芬河、珲春、黑河、丹东、二连浩特6个国家级边境经济合作区。为了协调中俄两国边境地区发展战略，促进中国《东北地区振兴规划》与俄罗斯《远东及外贝加尔地区2013年前经济社会发展联邦专项规划》的跨国战略对接，并根据2007年3月26日在莫斯科签署的《中俄联合声明》第一章第八部分和《中华人民共和国与俄罗斯联邦睦邻友好合作条约实施纲要（2009—2012年）》，已经制定了《中华人民共和国东北地区与俄罗斯联邦远东及东西伯利亚地区合作规划纲要（2009—2018年）》。[1] 在这份跨国合作文献中，明确了中俄口岸及边境基础设施的建设与改造，中俄地区运输合作、人文合作等多方位合作项目。其中包括了对于黑龙江流域的共同开发，为双边出海通航提供便利条件，从而提供了我国东北地区从黑龙江向北出海的成熟条件。

应当指出，黑龙江流域的开发条件十分优越，既有雄厚的自然资源禀赋，又有便捷的交通系统，优良口岸众多。从地理空间布局上看，黑龙江的通江达海战略可以分为3条线：额尔古纳河至黑龙江干流连接赤塔州、阿穆尔州、布拉戈维申斯克，构成西线；松花江贯穿吉林、黑龙江两省的广阔腹地，构成中线；乌苏里江连接符拉迪沃斯托克，构成东线。3条线汇集于哈巴罗夫斯克，一起经过共青城到达尼古拉耶夫斯克。开拓江海联运通道取向，概括起来就是：利用黑龙江、松花江、乌苏里江水系和内河港口，促进东北腹地物流到达俄罗斯的哈巴罗夫斯克，再经阿穆尔河至尼古拉耶夫斯克港出海。哈巴罗夫斯克边疆区位于俄罗斯远东地区南半部，中部、东南部与中国黑龙江省接壤，东邻鄂霍次克海和日本海，隔鞑靼海峡与萨哈林岛相望。哈巴罗夫斯克边疆区蕴藏丰富的煤、铁、锰、锡、金、钼和钨等矿藏，区内50%以上的土地被森林覆盖，原木储量达52亿立方米。滨海边疆区矿产资源比较丰富，主要有煤、铁、锡、钼、铜、锑等，其中，锡的储量最大，还有著名的帕尔季赞斯克煤田和乌格洛夫斯科

---

1 中华人民共和国东北地区与俄罗斯联邦远东及东西伯利亚地区合作规划纲要（2009—2018年）[EB/R]. http：//www.chinaeast.gov.cn/2010-06/03/c_13331199.htm.

伊煤田，区域内三分之二的面积为乌苏里原始森林所覆盖，木材总蓄积量约为15亿立方米。符拉迪沃斯托克港为俄罗斯的天然良港，货物吞吐量居俄罗斯各港口首位，由共青城通过铁路可以便捷地驶达黑龙江入海口尼古拉耶夫斯克港和苏维埃港。经由黑龙江的出海路线开阔，运输体系庞大，辐射面广且具有很大可操作性和重要的战略价值。

2. 图们江作为吉林最近出海通道，可以据此开辟日本海新航线

图们江作为中国大陆与朝鲜之间界河，位于吉林省东南边境区域，下游为朝鲜民主主义人民共和国与俄罗斯联邦的界河。图们江发源于长白山东南部，干流全长525千米，注入日本海。可以说，图们江区域是东北综合经济区的关键地带，也是东北亚区域的核心地带，其开发条件得天独厚，比较其他两条界河的重要性尤其突出。因此，在联合国开发计划署大力倡导下，中、俄、朝、韩、蒙五国早在1992年就已经共同启动了图们江区域合作开发项目，为进一步推进图们江区域国际合作、开拓出海大通道建设，提供了操作共识和历史前提。特别是在全球性金融危机后，图们江区域国际合作开发形势发生了积极变化，中、俄、朝、韩、蒙、日各成员国均加强了务实开发的力度。2006年，以中国东北东边道铁路工程建设项目的开工、中蒙阿尔山至松贝尔口岸建设以及中朝"路港区"项目进入实质性操作为标志，使得图们江下游区域合作向大图们江区域合作的大开放层面跃升。特别是图们江区域合作机制的不断健全，合作领域不断拓展，合作方式不断创新，都为进一步推进图们江区域国际合作以及东北亚地区的对外开放打下了坚实基础。[1] 由此为契机，以长吉图开发开放先导区为核心的东北亚区域经济合作，迎来了难得的历史发展机遇。长吉图先导区开发开放重点要放在以长春、吉林两市为依托，以图们、珲春为窗口的东北门户建设上，沿途构建新型产业基地；再以基础设施建设为突破口，建立沿江水道运输和公路铁路运输线路，进一步开拓区域对外大通道。

为此，中、俄、朝三国在图们江地区合作开发的模式上已取得共识：近期以三国各自开发为主，在通道基础设施建设方面适当协调；之后以联合开发建设为主，逐步进入一体化开发阶段。由于我国图们江地区地处近海而不是沿海，不具备修筑深水港的地理条件，所以要想争得物流中枢地位，必须适度超前开发图们江流域，掌握主动

---

1 李柏龙. 关于对长吉图先导区发展战略的几点思考 [N]. 延边日报，2009-12-02（6）.

性。只有这样，才能对俄、朝两侧的图们江地区开发施加影响并给予有力推动。[1] 图们江出海大通道建设是贯穿整个大图们江区域合作的主线，是东北地区实现对外开放的重中之重；没有图们江入海功能的建设和启动，就会严重弱化吉林省在东北综合经济区的竞争优势，进而也限制东北综合经济区在整个东北亚经济圈中的发展空间，以至于影响我国在东北亚各国间的政治经济地位。当然，打开图们江出海大通道并不是唯一目的，而提升东北综合经济区在东北亚区域的竞争优势、促进图们江沿岸经济带的开发建设才是通江达海的终极目的。随着《中国图们江区域合作开发规划纲要——以长吉图为开发开放先导区》作为国家战略的大力实施，国务院赋予长吉图先导区的"先行先试"权开始发挥作用，口岸城市珲春的地位也显得非常重要。珲春作为实现通江达海战略取向的龙头城市，处在长吉图先导区开发开放的最前沿，必须循名责实地承担起走向海洋的历史重任，必须利用好图们江区域建设项目启动、长吉图开发开放战略实施以及中国东北方向陆海丝绸之路经济带建设带来的难得机遇，不断加大开放力度，利用周边国家港口，辟建跨国陆海联运航线，为区域各国搭建良好的合作平台。

因此，珲春市相继于2000年4月和2009年7月依托俄罗斯扎鲁比诺港，先后开通了珲春—俄罗斯扎鲁比诺—韩国束草航线和珲春—俄罗斯扎鲁比诺—韩国束草—日本新潟航线。其中，韩国的束草航线是跨三个国家的陆海联运航线。经这条航线，中国、俄罗斯、韩国、日本可以进行商品贸易往来，进一步加强环日本海周边国家的经贸合作关系。而通往日本新潟航线，作为我国第一条横贯日本海直达日本西海岸的航线，东北地区货物不必再从陆路转运大连、丹东、营口，经渤海、黄海再转于日本海最后到达日本，可以直接深入东京经济圈。由此可见，这条航线具有航期少、运距短、成本低的突出特点。目前，从图们江推进通江达海战略取向，已经明确并且初具规模，以其良好势头再一次证实东北综合经济区向海洋进军的正确性和前瞻性。还应看到，在大图们江开发开放的新时期，开通珲春—俄罗斯扎鲁比诺—日本新潟航线，将有利于中日两国及东北亚区域经贸合作关系更加密切，促进相互间经济、文化交流。除此之外，日本的金泽、札幌、鸟取等也是潜在的航线开辟对象；可以考虑利用俄罗斯扎鲁比诺港和朝鲜罗津港，积极开辟珲春—俄罗斯扎鲁比诺、朝鲜罗津—韩国釜山的陆海联运航线。釜山港作为现今全球最大的中转港口之一，具有中转价格低的明显优势。最重要的是，开通釜山港航线，也就开通了连通世界各地的海上航线，代

1　朴日勋. 我国图们江地区开发开放的战略思考［J］. 经济纵横，2007（7）.

表着图们江真正意义上的通江达海愿景。

3. 鸭绿江作为中国与朝鲜界河，可以据此提升东北区域入海能力

鸭绿江作为中国与朝鲜之间界河，位于吉林、辽宁两省的东部边境区域，发源于长白山南麓，流经长白朝鲜族自治县、临江市、宽甸满族自治县、丹东市等地，沿中朝边界呈现西南流向，汇集浑江、虚川江、秃鲁江等支流，在辽宁丹东的东港市附近向南注入黄海。鸭绿江干流全长795千米，流域面积6.4万多平方千米，沿岸有临江、集安等旅游城市和丹东、新义州等工业城市。鸭绿江上下游落差较大，上游不适合水运和航行，自集安以下水量比较充沛，适合通航。鸭绿江两岸是两个经济发展水平悬殊的国家，朝鲜经济虽然落后，但拥有丰富的自然资源和市场空间，中国经济相对发达还拥有先进的技术和丰富的资金，从而可以实现优势互补，促进跨国区域经济发展。值得一提的是，辽宁沿海经济带开发和沈阳经济圈开发规划上升为国家战略，国家给予了优惠政策和全方位支持，为鸭绿江流域周边地区建设注入了新的活力。中朝两国自新中国成立以来一直是友好邻邦，对于鸭绿江沿岸区域开发开放的政治门槛较低，符合两国人民的共同富裕意愿。可以肯定，优越的自然条件、良好的双边关系和一定的经济基础，再加上国家对东北区域新一轮的战略投放，使得从鸭绿江实现通江达海战略取向水到渠成。

在此基础上，辽宁省积极跟进国家的战略部署，明确表示支持抚顺、本溪、丹东与吉林、黑龙江有关市共建东北东部经济带，共同推进东北老工业基地振兴。吉林省的白山市、通化市在通过鸭绿江流域开发和东北东边道建设工程，积极与鸭绿江下游沿岸的丹东市和庄河市以及花园口一线的北黄海沿岸经济带建立"沿鸭绿江交通经济带"。借助这一经济带的建设进程，吉林省将向环渤海经济圈拓展市场，并依托丹东港开拓新的"出海口"。应当指出，白山市、通化市和丹东市是东北东边道沿线经济带上13座城市中的重要节点。因此，它们之间加强合作，有利于构建东北东边道沿线经济带，并将带动整个东北东部城市的合作进程，从而形成一个纵贯整个东北东部的新型城市群经济区。由此可以推论出，创建鸭绿江沿岸经济带，能够使各个城市间进一步加强联系与沟通，优化资源配置，发挥整体与群体优势，实现互补、互动和互利。[1] 还

---

1 我国东北鸭绿江畔将构建"白通丹经济带"[EB/R]. http：//www.chinaeast.gov.cn/2010-06/29/c_13374899.htm.

应看到，白山、通化和丹东三市都地处边境区域，并且在地理位置上占据沿江优势，有着较好的经济合作基础；而在国家振兴东北老工业基地战略的大背景下，"沿鸭绿江交通经济带"必将成为依托鸭绿江流域、东北东边道铁路线和通化至丹东的高速公路，以通化、长白、丹东3座城市为主要节点，以鸭绿江和三市主要干道为连线，以点串线、以线带面的带状经济区域。为此，要在经济区内淡化行政区划概念，从区域经济角度强化鸭绿江沿岸的经济合作关系，开展沿岸跨界旅游业，整合区域资源进而形成发展合力。最为重要的是，创建中国东北方向陆海丝绸之路经济带，可以填补辽宁沿海经济带和图们江沿江流域经济带开发所剩下的区域空白，进而实现东北东部区域经济开发的全面覆盖。

三、东北方向陆海丝绸之路经济带开发的通江达海战略的制约因素探析

东北综合经济区包括黑龙江省、吉林省、辽宁省以及内蒙古东部地区，和东北老工业基地在空间范围上基本一致。东北地区具有大连、沈阳、长春、哈尔滨这四大中心城市，每一个中心城市都有各自的辐射范围，形成相对独立的经济区。而各大中心城市及其周边区域在功能分工和协作上不尽合理，交通、通信、能源等基础设施自成体系，致使区域经济社会发展与生态环境的支撑系统不够和谐。因此，东北地区作为一个综合经济区，面对周边国家开发开放，推进通江达海战略取向必然会面临诸多问题，值得关注。

1. 整体开发的基础设施还不够完善，流域规划还不够成熟

东北亚地区涵盖面积广，区域内国家国情差异较大，各国对于地处边疆的偏僻区域的基础设施建设大都不够重视，而且东北亚各国冷战思维还没有完全消除，彼此信任度不高，无法支持合作开发建设。因此，东北亚区域的铁路系统、公路系统、江海联运和空运能力，都远未达到理想水平。中方的努力是要打通黑龙江、图们江、鸭绿江这三大水道，实现通江达海的战略取向，为东北边疆跨界区域经济开发服务，进而通过这种"里应外合"的方式达到东北区域整体发展目标。这样一来，通江达海的基础设施建设，便成为关键问题。

从目前情况来看，由于黑龙江水系大多数地段处于高纬度、高寒地区，所有江河湖泊每年封冻期长达5个多月，年均航行期只有200天左右，所以航运业发展受到自然

条件的很大制约。而且黑龙江是东亚大河，总长度约5498千米，中间有很多浅滩、礁石、弯道及河道变迁，都是航运的不利因素。最重要的问题是，由于受到水资源管理体制、投资渠道、中央与地方之间利益取向差异等多方面因素的影响，目前还没有将黑龙江水系、图们江水系、鸭绿江水系作为整体对象加以科学规划。科学而又完整的流域规划，是东北综合经济区实现通江达海战略取向的重要前提。没有科学的整体规划，就无法建立循序渐进的全面开发模式，无法保证基础设施的建设和完善，也就无法实现三大水系的区域功能。

2. 受到历史和文化等因素的影响，各国之间合作层面太窄

东北亚区域由中国、俄罗斯、蒙古、日本、韩国、朝鲜6个国家组成，无论是民族构成，还是语言文化，都存在着巨大差别。特殊的地缘政治和地缘文化，在东北亚区域经济合作中的作用，显示出区别于其他地区的巨大特殊性。如果仅从地缘经济方面来看，东北亚地区具有得天独厚的经济互补优势，是最有经济发展潜力的区域。但是，历史发展表明，东北亚各国的民族、文化有着错综复杂的联系，民族和文化的区域凝聚力不足，反而是矛盾多于合作。特别是日本对在第二次世界大战中所犯罪行的暧昧态度和护短行为，严重伤害了很多国家和民族的感情。不仅如此，日本和韩国还依附于美国在亚洲沿用冷战思维而非合作的政治思路，更是阻碍东北亚区域经济一体化进程的重大障碍因素。因此，中国和平崛起的努力，受到了周边国家的警惕和提防，致使冷战思维和零和博弈观扭曲了这些国家的竞争心理，在一些领域的必要合作因此而进展缓慢。

这些负面因素都是客观存在的，对于中国东北方向陆海丝绸之路经济带进行通江达海战略是巨大的挑战。当前最关键的问题就是合作机制问题，黑龙江、图们江和鸭绿江都是界河，对应的流域是跨越国界的，而正如已经提到的，流域是一个完整的系统，流域开发必须整体开发才可以发挥正常的系统功能，这就要求有统一的开发主体、统一的流域规划和统一的管理体制。对跨国界河流及流域的开发如果能够上升为高于各国的独立开发层面，建立由各方指定部门和成员组成的独立机构全权承担和制定流域开发相关事宜和规划，就可以带来流域开发新的局面。这就迫切需要东北亚各国之间突破冷战思维和零和博弈心理进一步加强交流与合作，建立多方合作机制，研究具体的实施方案，推进区域一体化进程。因而可以预测，在双边自由贸易发展到一

定水平的基础上谋求实质性的多边合作，也许是东北亚区域经济合作的必由之路。[1]

3. 缺少大的经济合作项目，致使带动作用和支撑能力不强

应当指出，推进中国东北方向陆海丝绸之路经济带开发的通江达海战略是一个规模空前浩大的系统工程。面对如此浩大的工程，前期构想和规划准备是战略推进的必要前提。而在具体实施过程中，为了使合作更加富有成效和切合实际，需要一些具有带动作用、支撑能力的大项目作为达成目标的载体。没有这些载体的承担作用，战略取向只能是目标构想，永远不会实现。从目前的发展情况来看，发展经贸合作关系是东北亚各国的共同兴趣所在，东北亚各国都非常注重发展针对流域内外的国际贸易。包括日本三菱、住友商社、大发汽车、丰田汽车等著名公司，都在东北地区进行投资；虽然在东北的韩国企业大多数是中小型制造业企业，但也很活跃。[2]因此，由铸就贸易平台和建立贸易支柱产业来促成广义上的基础设施体系完善，是符合实际的。经贸合作关系的发展有利于推进东北亚各国间的经济结构优化，不仅会带来可以改善重大基础设施的项目投资，还有助于使经贸合作关系更加稳定，这能够为推进通江达海战略取向打下牢固的物质基础。

总体来看，东北亚各国在双边关系上缺少有力的经济合作项目，多边合作往往难以达到理想境界。主要原因是，东北亚各方彼此关系复杂，在很多方面比如能源和海洋划界问题上都存在竞争和分歧，导致多边合作步履维艰。东北亚各国之间不能促成积极的多边合作态势，直接影响着各国比较优势的充分发挥。因此，本来可以在各国之间自由进行产业结构调整、产业转移和接应，优化区域大分工，就是因为多边合作滞缓而阻碍了经济结构的梯度推移。由于多边合作无力和经济流动不畅，导致区域内无法形成具有一定规模和影响力的跨国企业公司，不仅项目找不到共同利益对接点，而且缺乏对周边和国际的资金、技术等生产要素的向心力和吸引力。综上可知，缺少重大的具有带动能力的项目和企业将导致增长极无法快速形成，严重阻碍区域经济一体化的发展脚步。

---

1 刘昌黎. 论东北亚经济联合的新制约因素和发展趋势 [J]. 东北亚论坛，2003 (1).
2 李玉潭，陈志恒. 振兴东北战略与吉林省对日合作的发展 [J]. 现代日本经济，2006 (3).

4. 政府外交和民间互访等通道，尚未整合为有效战略体系

如果说官方外交能够促进各国之间建立起不同形式的战略合作关系，民间外交的任务则是为这种战略合作关系打下稳固的社会群众基础。一般说来，两个国家的友好关系，肯定是建立在民众的相互理解与友好合作的基础上的。因此，加强民间文化交流，有利于东北亚各国民众之间加深了解、加强互信，进而为政治与外交方面的合作创造良好气氛，促进经济技术与安全方面的交流与合作。与此同时，加强文化与民间交流，还可以有效抑制保守的民族主义势力抬头，还可以跨越国家与民族的界限，跟进经济全球化，促进区域一体化。从发展现状来看，东北亚各国的政府外交、企业和民间交流互访比较频繁，取得的成果非常显著，但是站在区域发展的高度看，仍未形成相互联动、整合成熟的体系，普遍存在各行其是、互相孤立的情况。

除政府、企业之外的人民团体、社团组织、行业协会、基金会以及其他各种非营利性的民间机构，可以统称为非政府组织。东北亚区域民间组织的各种活动，都能够服务于国家层面的合作战略，服务于国家和区域经济合作的根本利益。近些年的政府外交进展非常巨大，但是政府外交和企业跨国交流不能够很好地"打包整合"形成政治经济一体的交流模式。外交工作之后，企业交流和民间组织的互动往往跟不上来。一方面，显示出我国外交模式有待改进，不能只局限于政治外交，经济已经成为外交的重要方面。另一方面，暴露出企业与政府的配合不够默契，不能主动利用政府带来的经济机遇。综合起来讲，就是国家在外交上还缺乏对全方位经济合作的重视，往往因为政治原因偏废了企业团体的经济合作；企业的发展缺乏国家战略思维，不能主动搭乘政府外交的便利大船。两者之间缺乏一种整合的力量，缺乏合二为一的有效组织体系。

四、东北方向陆海丝绸之路经济带开发的通江达海战略的推进构想

应当看到，东北亚地区的区情非常独特，区域内有发达国家、较发达国家与正在崛起的国家和欠发达国家等各种不同的经济体。根据梯度推移的经济发展规律，发达国家和较发达国家可以向欠发达国家和地区转移低端产业从而升级区域经济结构，以求进一步提升落后经济实体的发展层次；而区域内的发展中国家和欠发达国家，可以通过引进资金、先进技术设备及经营理念取得较快发展。东北亚六国的经济发展水平大致呈垂直状，有明显的级差，可以避免激烈的竞争，这种梯度结构对于开展经济合

作非常有利。这样一来，各个经济实体均有较大的发展空间。在中国东北方向陆海丝绸之路经济带的建设中推进通江达海的战略取向，首先是打通东北综合经济区直接走向海洋的通道，带动周边区域经济发展，进而促进与东北亚各国的政治、经济、文化交流，增强中国东北地区的综合地位。因此可以说，推进通江达海战略取向，是东北大振兴战略的重要一环，是东北实行"走出去"战略的关键一步。

1. 营造良好的周边环境，提供有利的开拓条件

良好的周边环境是一个总体概念，具体来说包括完备的基础设施建设、稳定的政治外交环境、网络化的通航航线以及流畅的物质流、信息流、技术流、人员流等方面。必须认定，在当今世界上畅通国际通道是推进区域投资、国际经济贸易和区域全面合作的前提和基础。目前，相对于欧盟和北美自由贸易区，东北亚区域经济合作总体上仍然处于起步阶段，还需要各方进一步完善相关机制。

首先，东北亚各国之间要协商配合，进一步搞好基础设施项目的合作建设，特别应当协力加强口岸建设。因为在对外通航的各项工作中，加强口岸建设就是巩固战略据点，就是强化对外开放门户。普遍规律表明，口岸的数量和质量，是一个地区对外开放水平和经济发展速度的重要标志之一。黑龙江省现有一类口岸25个，吉林省现有口岸18个，辽宁省现有口岸19个，但是区域内的口岸不仅发展不平衡，而且基础设施建设也很落后。面对这个问题，要坚持"两条腿"走路方针，做到规划先行，资金保障在后，这样才可以保证通江达海基础设施建设的顺利完成。一方面，要落实好口岸建设的发展规划，各经济功能区和有关部门必须按照口岸总体规划的部署要求，本着统筹规划、优化布局和效益优先的原则，对口岸基础设施建设及改造项目进行可行性研究论证，重点规划建设陆路口岸、港口口岸，加快口岸基础设施的配套改造。另一方面，要加大口岸基础设施建设的资金投入力度，确定资金的来源途径：一是积极地争取国家的大力支持，多方争取口岸建设资金，保证重点建设项目的资金落实到位；二是充分发挥各级政府的作用，将新开发口岸基础设施建设资金列入各级政府预算内基本建设投资计划，将老口岸设施维修、改造资金列入各级财政预算，并且确保口岸建设资金专款专用；三是扩大融资渠道，通过招商引资和区域合作项目吸引口岸建设资金，按照"谁投资，谁受益"的原则，鼓励、支持、引导境内外企业参与口岸基础设施建设，实现投资主体多元化。

其次，东北亚各国之间必须突破保守思想，建立全面的战略合作伙伴关系。从推

进通江达海战略的出发点来看，把6个既有巨大差异同时又唇齿相依的经济体整合为一个区域共同体，是促进东北亚区域经济一体化的终极价值取向。因此，在外交方面要加强对话，积极拓展合作空间，努力克服不和谐的思想和行为。除了国家高层互访机制的运作外，定期组织各种层次的政府相关部门会议或论坛也是一个重要途径，比如现在的博鳌亚洲论坛、东北亚地方政府联合会议等，作为高层对话平台都是很好的模式和经验。以此为参照系，应当启动有利于解决各种合作问题的东北亚高层论坛。

最后，必须建立完备的江海联运网络，完善海陆空三位一体的交通运输结构，实现物流信息流等高效且顺畅。一个区域系统走向成熟的标志，是网络发达、结构完整、流通顺畅。要建立成熟的通江达海区域体系，边境贸易秩序必须进一步规范，稳定区域开发政策，提高经济外向度。提升通关能力，简化通关手续，扩大人流、物流和信息流的流转规模。各方对已开通的陆海联运航线在通关便利、线路维护、开拓市场等方面要给予足够支持，实现互利发展；要加快推进公路、铁路建设，联合水路运输构成综合的交通运输体系，强化线路辐射带动功能，创建交通经济带，进而带动整体区域板块经济发展。在成熟的基础设施和外交政策的利导下，东北区域要在三大水系流域的共同开发带动下，由内向外实现系统的物质交换，促进结构和功能越发成熟和高级化，为实现通江达海战略取向提供有利条件。

2. 锁定战略进取目标，实行内推外引策略

实现东北亚区域经济一体化，既是启动中国东北方向陆海丝绸之路经济带的重要目标，也是通江达海战略的战略取向。从宏观层面上来看，着眼于国内和国外、区域内和区域外，建立双动力驱动机制，是实现通江达海的可行策略。为此，要在国内或者区域内实行全面规划领衔、国家政策跟进、地方政府实施、国有资本支撑、民营企业参与的综合开发模式；而对国外或区域外，主要是采取积极合作姿态，主动承担相关责任，吸引外资企业加入，建立高效合作平台。这样一来，就能够形成内外两个作用力，而且拉动的方向也是一致的。

而具体规划实施起来，还要遵从由易到难、循序渐进的原则。东北亚国家间的多元经济特性，决定必然有多种合作模式并存。首先在双边层面上开展低层次的合作，然后在多边层次上采取渐进策略，逐渐过渡到较高层面。因此，合理规划是战略落实的基本前提，能够保证领衔政策的跟进和政府后续工作的先行性，务必要花大力气认真做好，以达到事半功倍的效果。而启动阶段的低层次双边合作是全面合作的基础，

参与合作的对象越少，越容易达成一致意见，但推动力也相对比较弱小；合作对象越多，达成共识就越困难，各方关系协调起来就越复杂，但是相对力量也大。

因此，根据"由易到难"的原则，东北亚区域合作可以分为三个步骤：第一步应根据本地区经济发展的实际需要，建立不同形式、内容和范围的合作关系以及完备的次区域合作网络。这就要求国家积极投放优惠政策，构建区域战略体系，以次区域合作促进大区域合作。东北亚地区的"环日本海经济圈""环黄渤海经济圈"和"图们江地区开发"等局部的经济合作，就是如此。第二步应在次区域的基础上，通过进一步协调各国间的关系，逐渐扩大双边合作领域和范围，提高双边合作层次。在这个时期，政府主导的经贸合作和产业合作关系能够发挥主导作用，以国有企业为主的跨国合作也可以有效地催化区域的功能演进，进而提升区域合作水平；要注重利用次区域合作增强要素流动和优化配置，以实现社会生产成本的节省和投入产出效率，并在高层次双边合作的基础上加强贸易往来，促进实现产业跨境合作。第三步应建立基础性的多边合作框架，进一步扩大合作范围，拓展合作内涵。因为在这期间合作已经比较成熟，所以能够引入民营资本和社会投资，进行完全市场化的运作，建立有效的多边监管机制，使区域有价值的资源要素自由流动，形成完善的、成熟的、高效的一体化区域经济结构，最终建成整个区域的经济合作体系。

为此，东北区域发展应大力实施"走出去"战略，促进区域内向区域外发展，利用外部因素发展壮大自己。而要吸取有利的外部因素发展壮大自己，就必须进一步解放思想，采取开放模式，倡行锐意进取精神。一般说来，经过一段时间的内部组织和发展成熟，向区域外拓展是发展的必然趋势。对国外、区域外的合作，东北区域内有关省市要采取积极合作姿态，主动承担相关责任，吸引外资企业加入，努力建立对接高效的合作平台。例如，通过中国哈尔滨国际经济贸易洽谈会这个平台就有助于引领东北地区走向世界，区域内各省市应借此机会做好走出去的充分准备。值得一提的是，东北区域内近年来迅速崛起了多个国家级经济带和经济区，即辽宁沿海经济带、沈阳经济区、长吉图开发开放先导区、哈大齐工业走廊和哈牡绥宁经济走廊。这些经济带、区按照科学布局，以点带面的发展原则，在具有优势的自然、经济、人文的基础上落实和建立，并在对外合作方面具有重要作用，特别是中国东北方向陆海丝绸之路经济带的建设，不仅可以带动区域内的经济发展，还能够互相策应，实现优势互补，将会形成一体化的驱动体系，使得辽宁、吉林、黑龙江三省既保持密切的联动关系，又有独立的动力源，为实施"走出去"蓄足后劲。经验表明，东北区域发展必须面向东北亚，所以与东北亚各国进行经济合作开发是目前重大的战略措施。由于区域经济的发展离不开基础设施的先行建设，所以说基础设施特别是对外大通道的建设速度直接关系到区域经济合作的正常进行。

总而言之，进一步加快对外开放与合作步伐，已经成为东北老工业基地全面振兴的主要任务。因此，充分利用三大水系的有利条件开拓出海通道，并且大力发展流域经济，建设大通道经济带，是东北综合经济区新一轮开发开放的战略起点。

3. 积极探讨建设形式，深化区域合作内涵

东北亚各成员国之间山水相依、人脉相连，经济互补性强，有利于共同投入到和平与发展为主题的时代潮流之中。因此，作为友好邻邦的东北亚各国没有理由再消极保守，而应当充分利用好得天独厚的地缘优势，建设全方位、多层次、宽领域的开发开放合作格局。

首先，要注重协调各方利益关系，建立东北亚各国各层次的定期会晤合作机制。交流创造机遇，合作促进发展。加强经贸合作关系，实现共同繁荣与发展，符合区域内各国的共同利益。在互利共赢的基础上，东北亚各国要继续加强资源、能源、绿色农业、高新技术、环保产业、旅游等领域的合作，实现优势互补，促进共同发展；要探索建立黑龙江流域自由贸易区、图们江流域自由贸易区和鸭绿江流域自由贸易区，促进边境贸易向两边腹地纵深发展；要深度挖掘流域航运发展潜力，加快基础设施建设步伐，共同扩大航运合作领域，确定促进航运发展的基本思路，出台切实可行的航运规划，推动内陆省份跨国航运事业发展。为此，开发各方的领导层及相应部门应加强沟通与交流，首先要对推进通江达海战略取向的深远意义和市场价值取得共识，形成定期会晤，研讨黑龙江、图们江、鸭绿江这三条界河航运发展战略问题的合作机制。

其次，要注重以市场机制整合多边合作关系，为推进通江达海战略取向提供保障。在东北亚区域经济合作中，多边主体都比较强调自己的独特优势和区域优势的构造，把发挥本国的比较优势作为重要的合作目标。可以认定，当今时代的区域合作不仅受到国家宏观区域政策的影响，而且市场机制在区域空间开发方面的作用也越来越强，市场利益关系逐步成为区域合作的主导因素。一方面，市场机制对于区域合作的作用，主要表现为促进人员和信息交流。市场开放，人力资源必然会加速流动。国家组织劳务输出，可以更好地利用劳动力资源。此外，共同建立流动人口治安省际合作关系，有助于减轻就业安置和社会治安管理给地方政府带来的压力。市场是最好的生

产资料分配之手，可以刺激国与国之间进行人才流动与教育合作，鼓励企业家到国外办厂、开拓国外市场。在目前的形势下，将俄、蒙两国作为东北大企业对周边国家投资的重点方向，根据我国与俄罗斯、蒙古之间在要素禀赋上的差异及由此而存在的互补性，再加上我国在某些产业和行业上相对于俄罗斯、美国公布的比较优势，完全可以建立以市场为主导的合作开发平台并开展互利合作。[1] 另一方面，市场开放有利于共同进行基础设施建设，进一步加强原材料和能源的供给合作关系。市场机制能够规范生产者的生产行为，对自然资源进行合理开发利用，进而实现资源的优化配置。在原材料合作方面，能够逐渐过渡到以企业为主体的合作阶段，政府的行政手段则应更多地集中于对资源的可持续利用和保护上。而能源合作开发的主要形式，应由政府作为主导签订供应协议转变为在市场机制和政府担保相结合的基础上开发合资项目。原材料和资源开发的市场化，能进一步推动企业间的经济技术合作，比如高新技术产业化、生产流域协作、市场信息交流、跨国公司建立、民营经济崛起等，都要求加强基础设施的建设与完善，使推进通江达海战略取向成为东北亚区域经济合作的应有之义。

最后，在经济全球化和区域一体化的大背景下，政治经济越来越趋向于多元化。建立区域安全合作机制无疑是解决各国之间复杂利益关系和矛盾的一种可行且可贵的创见和尝试。因为区域安全合作机制是从区域整体性角度出发寻求地区事务上的共识和共同安排的一种合作意愿和政策，并在此框架内处理相互关系的一种多边主义制度形式。建立区域安全合作新机制，可以有效保障东北亚地区乃至亚太地区的和平与稳定，而且区域合作应当是政治、经济、军事、环境、能源、信息等全方位的合作，也需要一个框架或秩序，也就是区域安全合作机制的承载和规范。[2] 有了这样一个总的体系规范，可以建设各种区域专项合作机制，比如反恐、应对气候变暖、能源合作等。建立这种机制的思想和思考的角度和通江达海战略取向是一致的，都是秉着区域全局观、系统观、时空观，在研究区域大量事实和历史资料基础上，遵循事物发展客观规律提出的创见和尝试。所以可以论定，通江达海战略完全可以且应该尽快纳入这样的专项合作机制加以推进和催化。

1 赵定东，朱励群. 中国与俄罗斯职业结构变迁研究 [J]. 人口学刊，2008 (2).
2 李锦坤. 建立安全合作新机制 共创和平发展新局面 [J]. 东北亚学刊，2010 (7).

4. 合理谋划操作方案，促成区域互动格局

应当看到，东北亚区域目前正在以其独特的区位条件、资源禀赋、产业基础、发展潜力，成为继欧盟、北美自由贸易区之后最强劲的世界经济增长极。但是仍然存在经济贸易运行不畅、对外吸引力不足、无法建立支撑性企业等问题，不能把三大流域作为一个整体系统来对待，不能在东北亚区域开展全方位的多边合作，是流域开发步伐迟滞的深层次原因。有鉴于此，应当借助东北亚地方政府首脑会议、东北亚博览会等合作平台，进一步加强东北亚各国之间交流，加强区域合作关系，广泛开展大项目开发、投资贸易洽谈、企业项目对接等活动，为推进各国加强互信、深化合作、共同发展奠定基础。

为此，必须注重开发具有支撑能力的重大经济项目，为推进通江达海战略取向奠定基础。必须说明，区域经济增长是一个由点到面、由局部到整体依次递进的有机关联系统，跨国合作开发落实到具体内容就是要把资源重点放在实施对各国具有重要意义的经济项目上。因此，跨国合作开发各方要根据具体情况做出产业结构规划，选择重点项目加以推进。重点项目应具有如下特征：一是多层次性，这样可以实现各方期待的发展目标；二是增长特性，能够对区域的整体发展有较大的贡献；三是关联特性，合适的经济项目关联性越强越能带动周边区域的发展；四是序列更替性，能够随着时间和环境的变迁而转变，项目的选择不是一成不变的，要根据具体条件而推进。

还应看到，东北亚金融合作进程滞后，已经成为导致区域经济不稳定和制约区域经济合作进一步发展的重要因素，所以东北亚各国应大力加强区域金融合作关系。投资合作是区域经济协调发展的"第一推动力"，所以要始终坚持金融创新理念，通过金融体制、机制、制度和手段创新，形成对东北老工业基地全面振兴的有效支持。为了实现通江达海的战略取向，还要推动信贷管理方式创新，拓展金融创新的深度和广度；积极利用金融市场产品创新和工具创新，扩展企业融资渠道，优化企业融资结构；实现金融组织体系创新，推动农村金融组织体系完善；改善金融创新的基础服务，提高金融资源配置效率；主动参与地方金融生态建设，形成鼓励金融创新，促进金融发展和东北振兴的外部环境。[1] 目前，东北亚区域内的现状是金融市场分布不平

---

1 刘士余. 纵论金融支持东北老工业基地全面振兴——加快金融创新支持东北振兴 [N]. 金融时报，2008-08-05.

衡，资金流通不畅。针对这方面问题，可以尝试建立东北亚开发银行和组建流域开发基金。组建和运作东北亚开发银行，可以形成一个高效的互补整合机制，把最具潜力的资金需求市场与有效的资金供给有机地结合起来，以形成和完善东北亚区域内的独立金融体系，进而促进区域贸易和投资的大发展。

除此之外，能够吸引外资和民营资本，也是一个重要方面。民营经济是发展社会主义市场经济不可缺少的重要部分，是推动区域经济社会发展的重要力量，能够在结构调整中发挥重要作用。可以预见，民营经济在东北亚区域经济合作中将成为一个重要的潜在投资者，并对区域经济的发展做出重要贡献。

应当指出，推进东北地区的通江达海战略取向，有助于铸就东北亚经济圈，但绝非一日之功，必然要克服种种障碍，经历从小到大、从无到有的漫长道路。由此看来，通过推进通江达海战略取向铸就东北亚经济圈，必须首先发展小区域经济圈，再形成中等区域经济圈，进而发展到大区域经济圈。在这一进程中，还要经历由双边到多边再到区域整体合作的各个发展阶段。东北地区作为中国的重要战略区域，应当以中国东北方向陆海丝绸之路经济带为契机，以通江达海的战略取向而对此加以积极引领。

后　记

　　鲁冀两省闯关东，秦汉肇始成明清。陆海丝绸经济带，主路汇集挺辽宁。

　　先辈沿途洒汗泪，领袖经略重言行。告慰苏公贝加尔，北上通道正破冰！

　　在中国的版图上，东北方向的"一带一路"有着令人刻骨铭心的历史印迹。中华民族有史以来，东北区域作为蛮荒之地且人烟稀少，是我国少数民族的游牧、渔猎区域。它肇始于秦汉之际，特别是历经了唐宋元明清各个朝代才初具规模，主要是山东人、河北人闯关东踩出来的，是在长期的历史演进中形成的，是由先辈们流着泪、流着汗、流着血开拓出来的，其过程是极其悲壮的，正可谓"浩歌正气动天地，创业艰辛泣鬼神"，才有今天中国东北方向陆海丝绸之路经济带的基本走势与发展格局。有别于其他区域的显著标志是：中国东北方向的"一带一路"相互联通，所以应当面向未来建设中国东北方向陆海丝绸之路经济带，这是本书作者的主要创意和价值取向。

　　作为具有交叉性特征的陆海丝绸之路经济带，中国东北方向客观上存在着两条主线和两条辅线。其中两条主线，就是哈大主线与京哈主线及其各自的延长线。两条主线在沈阳重合与汇集，到长春又分道扬镳，分别朝着图们江和符拉迪沃斯托克（海参崴）方向与哈尔滨、满洲里方向前进。前者通过图们江借道符拉迪沃斯托克（海参崴）进入俄罗斯海域，成就了目前中国东北方向的21世纪海上丝绸之路；后者通过满洲里进入西伯利亚大通道，形成了另一条到达欧洲市场的陆域丝绸之路经济带。中国东北方向丝绸之路经济带的两条辅线，分别是东北东边道经济带和长吉图沿线经济带，具有巨大的开发潜力，所以不可忽视。

　　在长期的建设积累中，中国东北方向陆海丝绸之路经济带出现了京津冀经济圈、山东半岛经济区、辽东半岛经济区和烟台、大连、沈阳、长春、哈尔滨、符拉迪沃斯托克（海参崴）等重要的发端区域、中心城市和节点城市，代表了沿线的开发与繁荣景象。需要引起重视的是，中国东北方向陆海丝绸之路经济带的战略依托，是中国从北到南的大"S"形海域经济带；中国东北方向陆海丝绸之路经济带的西进使命，是辽东湾北顶部海水西调创建跨区域生态经济带；中国东北方向陆海丝绸之路经济带的战略平台，是正在大连筹建中的世界海洋城市总部；中国东北方向陆海丝绸之路经济带的当前抓手，是开拓从山东半岛到辽东半岛的渤海湾蓝色新干线；中国东北方向陆海丝绸之路经济带的主打项目，是在大连市域创建东北亚自由贸易先导区。跟进时代潮流，承担国家使命，这是有操作价值的思路与出路，作者以此向在北京举行的"一带一路"国际合作高峰论坛献礼，为国家全面振兴东北老工业基地的战略推进服务。

在这方面，应当达成共识，尽快采取行动。因为这样做，有利于唤醒当年山东人、河北人勇闯关东、建设东北的历史记忆，有利于唤醒人们对"赶崴子"大集、"江东六十四屯"悲惨遭遇的历史记忆，有利于唤醒东北抗日联军浴血奋战、甘为救亡图存而慷慨赴死的历史记忆，有利于唤醒中国人民志愿军抗美援朝、保家卫国的历史记忆，有利于唤醒毛主席当年号召东北建设工业基地支援全国、遭到多次多方面区域性透支而至今尚未得到补报的历史记忆。当然，在此基础上，要注重确立和提升责任感和使命感，凝心聚力共同开创中国东北方向陆海丝绸之路经济带，以便为实现东北老工业基地全面振兴的国家战略目标，为国家新一轮对外开放而促成"东进西拓南下北上"的陆海大通道格局，为实现历代志士仁人所追求的中华民族伟大复兴梦想，努力做出新的业绩与贡献。

为此，我们在2003—2014年的研究基础上，又于2015年5月与辽宁省新闻出版广电局、辽宁人民出版社有关负责同志就《中国东北方向陆海丝绸之路经济带：联通构想与推进方略》这一课题进行了广泛交流与深入论证，并且达成共识，一致认定出版这部著作具有重大意义：一是根据实际情况，明确中国东北方向陆海丝绸之路经济带联通一体化的建设导向，是为理论意义；二是感念区域乡愁，深情告慰从山东、河北两个方向闯关东悲壮历程的先辈英灵，是为历史意义；三是根据辽宁应领使命，建议领衔区域开发以求获得水涨船高的发展效益，是为经济意义；四是依据北疆民族演化，强调全面落实国家民族政策以利于安邦固边，是为政治意义；五是可以通江达海，与俄、蒙、朝等国协调建设东北方向陆海丝绸之路经济带，是为引领意义；六是由于所居方位，东北区域具有重要国防军事价值，是为战略意义；七是强化中华民族文化自信，既能充实其思想力内涵又能扩大其执行力外延，是为价值意义。如此等等，充分印证了《中国东北方向陆海丝绸之路经济带：联通构想与推进方略》这一选题的重要性，能够确立以习近平同志为核心的新一代中央领导集体全面经略海洋、建设海洋强国的东北方向战略支撑，把东北建设成为新时代的"中国工业基地和农业基地"。

根据近年来习近平主席与普京总统的多次会晤所达成的合作共识，根据习近平主席访问欧洲国家、李克强总理访问中东欧国家的讲话精神，落实国务院授权三部委发布的《推动共建丝绸之路经济带和21世纪海上丝绸之路的愿景与行动》，我们当时建议：一是在充分调研和论证的基础上做出咨询报告，由辽宁省委宣传部上报中央宣传部，并且出面与吉林省委宣传部、黑龙江省委宣传部、内蒙古自治区委宣传部协调立项组成课题组，尽快把《中国东北方向陆海丝绸之路经济带：联通构想与推进方略》纳入2017年度国家社会科学基金后期资助重大课题；二是会同辽宁省人民政府发改委，从落实国家"十三五"规划纲要的现实需要出发，尽快把《中国东北方向陆海丝绸之路经济带：联通构想与推进方略》纳入国家发改委东北振兴司的重要调研课题予以启动与资助；三是通过辽宁省民族事务委员会上报国家民委，站在安邦固边的高度全面落实国家民族政策，应时主张与西北方向丝绸之路经济带一视同仁而进行调研，尽快把《中国东北方向陆海丝绸之路经济带：联通构想与推进方略》正式纳入工作计划，组成课题组完成任务。本课题的调研成果，一是可以先后向党中央、国务院以及东北四省区党政领导分别提交调研报告，以求为党和政府进行务实决策提供咨询服务；二是可以在调研报告的基础上形成研究成果体系，并且作为著作由辽宁人民出版社出版发行，以求为建设中国东北方向陆海丝绸之路经济带提供理论支撑。

经过将近两年的努力，我们的建议和承诺得到了部分兑现，终于完成并由辽宁人民出版社出版了这部著作，期待能够为山东半岛经济区到辽东半岛经济区的渤海海峡跨海通道工程上马进而联通北南两大市场提供咨询服务，期待能够为东北老工业基地全面振兴进而成为国家重量级的战略区域提供理论支撑，期待能够为中国东北方向陆海丝绸之路经济带开发建设进而完善亚欧大陆经济合作格局提供进取思路，以利于促成全球和平发展新的力量平衡与战略均势奠定雄厚的物质基础。这就是写作与出版《中国东北方向陆海丝绸之路经济带：联通构想与推进方略》的根本目的。因此，对于各位作者甘愿付出调研和写作的辛勤学术劳动，对辽宁出版集团有关领导的大力支持，对辽宁人民出版社负责同志对本选题的应时策划与不懈努力，一并表示谢忱！

李靖宇

2018年11月3日于大连市亲亲家园